Piero Martinetti

Gesù Cristo e il Cristianesimo

pe

Primiceri Editore

PARTE PRIMA

L'AMBIENTE EBRAICO

I. L'Ebraismo nel periodo persiano[1]

1. Il Cristo, sebbene il suo nome e la sua opera si siano estesi a tutto il mondo, è stato l'ultimo e il più grande dei profeti ebrei: la sua personalità e le sue idee hanno la loro radice nella religiosità ebraica dei secoli che vanno dalla caduta di Babilonia (539 a.C.) all'inizio dell'era. Uno studio sul fondatore del Cristianesimo sarebbe incompleto se isolato dall'esposizione delle condizioni spirituali del tardo Ebraismo. Anzi, volendo aver riguardo più alle trasformazioni religiose che alla storia esteriore, questo punto di partenza dovrebbe essere portato quasi d'un secolo più in alto, al memorabile anno in cui venne in luce a Gerusalemme il *Deuteronomio* (o almeno il nucleo di quel libro che entrò poi nel *Pentateuco* sotto questo nome) e furono poste le basi della teocrazia ebraica (621 a.C.). In quell'anno, sotto il regno di Giosia, il gran sacerdote trovò nel tempio questo libro (probabilmente opera d'un sacerdote gerosolimitano) e lo presentò al re come opera di Mosè: il pio re lo accolse come una rivelazione, lo stabilì come legge fondamentale del piccolo Stato e vi giurò fedeltà anche in nome del suo popolo. Questo libro è un perfetto manuale del governo teocratico: «una legge sacerdotale concepita sotto l'ispirazione dei profeti» (Loisy)[2]. Esso non poté tuttavia avere un'applicazione duratura: nel 610 comincia con la morte di Giosia l'agonia del regno di Giuda; nel 586 Gerusalemme è conquistata da Nabucodonosor e il fiore della sua popolazione è deportato nella Caldea.

Ma la catastrofe politica non arrestò, anzi intensificò lo svolgimento religioso del piccolo popolo. Caduta la monarchia e distrutto il tempio, l'esilio strinse spiritualmente con più profonda devozione i superstiti intorno alla propria religione, che diventò il centro d'una nuova vita. Allora si formò veramente il giudaismo; allora la circoncisione, lo Shabbat, le prescrizioni sulla purità rituale acquistarono un'importanza essenziale nella fantasia dei sopravvissuti e fiorì la speranza d'una restaurazione d'Israele

---

[1] Sul tardo Ebraismo si veda in generale: E. Stapfer, *La Palestine au temps de Jesus Christ*,[5] 1892; Schürer, *Geschichte d. jüd. Volkes im Zeitalter Jesu Christi*, I,[4] 1901; Hölscher, *Geschichte der israelitischen und jüdischen Religion*, 1922; Schlatter, *Geschichte Israels von Alexander bis Hadrian*,[3] 1925; Bousset, *Die Religion des Judentums im späthellen. Zeitalter*,[3] 1926; Bindley, *Religious Thought in Palestine in the Time of Christ*, 1931; Loisy, *La religion d'Israel*,[3] 1933. Sulla letteratura dell'Antico Testamento: Steuernagel, *Lehrbuch der Einleitung in das A. Testamenti*, 1912; Meinhold, *Einf. in das A. Testamenti*, 1932.

[2] Kittel, *Alttestamentliche Wissenschaft*,[3] 1917, p. 91.

sotto la forma d'uno Stato retto da una rigorosa legislazione teocratica. Se questi piani di restaurazione siano sorti a Babilonia tra gli esuli o in Palestina fra i rimasti noi non sappiamo[3]: certo è ad ogni modo che essi diedero origine a una intensa opera di rielaborazione, di completamento e di adattamento delle consuetudini sacerdotali e dell'antica legislazione. Allora venne rielaborato il *Deuteronomio*: e sorsero accanto ad esso nuove raccolte (il codice contenuto nei capp. 40-46 dello *pseudo-Ezechiele*; la legge di santità, *Levitico*, 17-26; le leggi sulla purità, Ivi, 11-18, ecc.), di cui è difficile oggi determinare con precisione l'età e il reciproco rapporto.

2. Con la caduta di Babilonia (539 a.C.) e il dominio equo e mite dei Persiani si aprì per il popolo ebraico un'era più tranquilla. I rimasti in Palestina iniziarono, come sembra, con le proprie forze la restaurazione della comunità e del tempio. Nello stesso tempo comincia l'emigrazione degli esuli babilonesi che tornano in patria: verso il 520 viene dalla Caldea una numerosa schiera di reduci sotto la guida di Serubabel, nipote dell'ultimo re, che conduce vigorosamente innanzi, nonostante l'ostilità delle popolazioni circostanti, la riedificazione del tempio, la cui consacrazione ha luogo nel 516. Dell'ulteriore destino di Serubabel, e del popolo ebraico, ci manca ogni notizia fino all'anno 458, nel quale tornano in Palestina sotto la guida di Esdra[4] più migliaia di Ebrei, fra cui molti sacerdoti e leviti, che cooperano energicamente alla rinascita del piccolo popolo non senza uno spirito di ecclesiastica intransigenza; l'intrapresa di Esdra è completata da Nehemia, un eunuco ebreo della corte persiana, mandato nel 445 come governatore con l'incarico di rialzare le mura di Gerusalemme, che ci lasciò nel libro di Nehemia le sue memorie. L'opera capitale di questo gruppo sacerdotale fu la promulgazione di un nuovo testo sacro, del cosiddetto *Codice sacerdotale* (incluso attualmente nei libri del *Levitico* e dei *Numeri*) come legge fondamentale del piccolo Stato stretto intorno al tempio. Esso è un nuovo tentativo di codificazione teocratica; ma mentre la riforma deuteronomica di Giosia, che era stata la conclusione delle aspirazioni profetiche, dava un posto notevole all'elemento morale, nel Codice sacerdotale la parte leggendaria e morale serve soltanto di cornice all'elemento rituale ed ecclesiastico, che è decisamente dominante. Tutte le antiche prescrizioni sono richiamate e sviluppate: il precetto sabbatico, la circoncisione e tante altre vecchie usanze più o meno superstiziose sono trasformate in precetti divini.

---

[3] La prima supposizione è la più generalmente accolta: in contrario v. Gall, Βασιλεία τοῦθεοῦ, 1926, pp. 176-178, 198 sgg.

[4] Se la figura di Esdra sia storica o non, poco interessa; in ogni caso essa personifica l'opera del gruppo sacerdotale. Si cfr. Hölscher, § 64.

Il corpo sacerdotale, l'unica organizzazione rimasta nello Stato dopo la rovina della monarchia, viene costituito in un'aristocrazia chiusa, fondata sul diritto di nascita, ordinata in più categorie (sacerdoti e leviti), sottoposta a una regolamentazione minuziosa; a capo di esso è posto il gran sacerdote, che è, accanto al satrapo persiano, la persona più importante e diventa poco per volta anche il capo politico della nazione. Tutto il sistema è dominato dall'insieme dei precetti relativi alla liturgia dei sacrifici e al culto del tempio di Gerusalemme, che è, d'allora in poi, l'unico luogo di culto per tutto il popolo ebraico[5]. Così si costituisce una comunità teocratica, anzi una vera chiesa accentrata intorno alla religione del tempio: una religione sacerdotale dal carattere spiccatamente rituale e formalistico. Tuttavia le innumerevoli cerimonie, i canti liturgici, le feste solenni la circondavano d'una specie di fascino mistico: molti *Salmi* ci hanno conservato l'espressione di questa devozione intima e profonda verso la «casa di Jahvè».

3. La necessità di mantenere intatto nel popolo lo zelo verso questa riforma religiosa e di tenerne lontani i culti idolatri dovette imprimere fin da principio a questa teocrazia una tendenza rigoristica e intollerante: in modo speciale vennero vietati e dichiarati nulli i matrimoni con donne non ebree. Contro il costume di sposare «figlie di un Dio straniero» si leva l'autore di una breve profezia contemporanea pervenutaci sotto il nome di Malachia (II, 10-16). Una tacita difesa sembra essere invece il *Libro di Ruth*, dove è glorificata come antenata di David una donna moabita ed è presentato come lecito il matrimonio con una donna non ebrea quando questa, come Ruth, adotti la religione del marito[6]. Il divieto di Nehemia provocò una resistenza, che diede origine, in un'epoca non bene precisata, allo scisma dei Samaritani[7]. La Samaria è la regione che si stende a nord di Gerusalemme, fra la Giudea e la Galilea. Nella rovina del regno d'Israele la sua popolazione era stata dagli Assiri in parte deportata e sostituita con coloni caldei; essi avevano però finito per fondersi con gli Israeliti rimasti e per adottarne la religione. In origine i Samaritani tenevano perciò relazioni cordiali con Gerusalemme: Geremia ci dà notizia di Samaritani che, dopo la distruzione di Gerusalemme, vengono a portare offerte alle rovine del tempio di Jahvè

---

[5] Sull'organizzazione ecclesiastica dopo Esdra: Schürer, II,[3] pp. 224 sgg.; Bertholet, *Die judische Religion von der Zeit Esras bis zum Zeitalter Christi*, 1911, pp. 9 sgg.; Hölscher, § 66-68.

[6] Meinhold, *Einführung in das Alte Test.*, 3ª ed. 1932, pp. 336-337.

[7] Sui Samaritani: Jost, *Geschichte des Judentums und seiner Secten*, I, 1857, pp. 44-89; Stapfer, pp. 122 sgg.; Schürer, II,[3] pp. 17 sgg.; G. Kautzsch, *Samaritaner* «RE», XVII, pp. 428-445; Schlatter, pp. 45 sgg.; M. Gaster, *The Samaritans, their history, doctrines and literature*, 1925.

(*Geremia*, XLI, 4). Dopo la legislazione di Nehemia un certo numero di sacerdoti si esiliarono, per non ripudiare le loro donne, da Gerusalemme, organizzarono nella Samaria un culto rivale e vi edificarono sul monte Garizim un tempio. La scissione non dovette essere da principio assoluta, perché i Samaritani adottarono come testo sacro il *Pentateuco*, la cui redazione definitiva ebbe luogo soltanto verso il 400 a.C.: ma nell'età ellenistica[8] si fece completa e degenerò in una vera inimicizia tra le due popolazioni.

4. La storia interiore del popolo ebraico durante i due secoli e mezzo del dominio babilonese e persiano è per noi avvolta nelle tenebre. Con la perdita della libertà scompaiono le grandi personalità religiose: l'ultimo dei profeti, Ezechiele (625-571 a.C), sta sul margine delle due età. Deportato a Babilonia nel 597, egli fu il consigliere e il consolatore degli esuli e tenne viva in essi la speranza della patria perduta. Ma il suo spirito predilige le visioni fantastiche e subisce l'influenza delle tendenze sacerdotali: più che un profeta egli è il padre spirituale dell'Ebraismo postesilico. L'autore ignoto dei capp. 40-55 di *Isaia*, che scrisse in Palestina probabilmente verso il 550-500 a.C., ha ancora in sé l'ispirazione dei grandi profeti, ma è un letterato più che un profeta: se per un lato continua e compie il puro idealismo profetico di Geremia, per altri aspetti prelude alla apocalittica. Dopo di essi la profezia tace. Molte profezie anonime, giunte a noi sotto il nome dei grandi profeti, appartengono certamente a questa età e vi sono in esse dei tratti di grande bellezza. L'anonimo di *Isaia*, LXVI, 1 sgg. si leva contro l'edificazione del tempio e i sacrifici con parole che ricordano il Vangelo di Giovanni (IV, 20-24): «Il cielo è il mio trono – E la terra lo sgabello dei miei piedi – Quale casa mi potreste voi costruire – Quale potrebbe essere il luogo della mia abitazione? – Tutto è opera della mia mano – E tutte le cose sono mie. – L'occhio mio va all'uomo umile – Allo spirito che trema dinanzi alla mia parola». Ma in genere il profeta cede il passo al letterato, allo scriba: gli ultimi profeti, Aggeo, Zaccaria, lo pseudo-Ezechiele sono teologi, scrittori ecclesiastici, non rivelatori ispirati.

5. L'opera caratteristica di questo periodo è la raccolta dei *Salmi*[9]. Il libro dei *Salmi* è una raccolta di canti liturgici di età diversa: vi sono fra essi dei *Salmi* «regali», che risalgono senza dubbio all'età dei re, come ve ne sono di quelli che appartengono all'età maccabea: la composizione, verso il 50 a.C., dei cosiddetti *Salmi* di Salomone, che non furono più accolti nel libro

---

[8] Probabilmente nel tempo della conquista maccabea quando Ircano I (128 a.C.) distrusse il tempio sul Garizim.

[9] Sui *Salmi* si veda specialmente: Gunkel, *Reden und Aufsätze*, 1913, pp. 92 sgg.; Kittel, Alttest. Wiss.,[3] 1917, pp. 132 sgg.

dei *Salmi*, ci mostra che la composizione dei *Salmi* scorre parallela alla storia del culto. Ma la maggior parte di essi risale al 500-300 a.C. «La poesia dei Salmi esisteva già nelle stesse forme lungo tempo prima dell'esilio e questo non l'ha sensibilmente mutata, cosicché le forme fondamentali della poesia dei Salmi risalgono a età molto antica, sebbene debba concedersi che molti, forse i più dei Salmi conservatici derivano dal tempo dopo l'esilio» (Gunkel). Alcuni dei *Salmi* (ad esempio I, 19, 119) hanno un carattere spiccatamente cultuale, ecclesiastico: ma molti di essi sono composizioni personali, in cui l'anima pia effonde i suoi sentimenti, si esalta nella gioia intensa della sua unione con Dio o si tormenta della sua imperfezione. Spesso è il povero, l'umile, che leva a Dio il suo lamento contro l'oppressione dei malvagi: o l'anima semplice che celebra la magnificenza e la bontà di Dio[10].

Sebbene i *Salmi* siano composizioni fiorite all'ombra del tempio, la religiosità che spira in essi non è la religiosità sacerdotale: è una religione fresca e pura, ricca di sentimento, che non si risente delle complicate prescrizioni della pietà ufficiale. Dio non chiede sacrifici o digiuni, ma l'umiltà del cuore e il compimento dei doveri (40, 7 sgg.; 50, 8; 51, 18; 69, 31 sgg.). La viva corrente religiosa che viene in essi alla luce è quella che rifiorirà più tardi nella pietà dei «santi», nella religione dei «poveri». Rivive in essa l'avversione profetica contro le esteriorità del culto: e se anche vi sono dei *Salmi* che si ispirano a uno stretto particolarismo ebraico (si ricordi il *Salmo*, 137), nella maggior parte spira un senso universale e umano, conforme all'elevato spiritualismo dei profeti[11].

6. Ciò che più di tutto contribuì alla trasformazione della religione del tempio è la redazione dei libri storici e profetici dell'Antico Testamento, che cade in questo periodo ed è opera di teologi e di sacerdoti[12]. La critica dei testi ha su questo punto modificato radicalmente la concezione tradizionale che attribuiva la redazione dell'Antico Testamento a Mosè e a scrittori ispirati di età remota. Le sue laboriose indagini, sebbene siano lungi dall'essere definitive, hanno tuttavia condotto a un certo numero di conclusioni, che si possono considerare come stabilmente acquisite. Le più antiche tradizioni mitiche e storiche del popolo erano già state raccolte ed elaborate fin dal IX secolo per opera delle scuole profetiche in due redazioni diverse,

---

[10] Che molti dei *Salmi* siano realmente in origine composizioni individuali, non cultuali, mi sembra fuori di dubbio. Si cfr. Bertholet, pp. 235 sgg.; Kittel, *op. cit.*, pp. 144 sgg.

[11] Bertholet, pp. 150 sgg.

[12] Hölscher, §§ 57 sgg.; Kittel, *op. cit.*, pp. 75 sgg.; Meinhold, pp. 195 sgg.; 256 sgg.; 314 sgg.

nel regno d'Israele e nel regno di Giuda (la redazione jehovista e la redazione elohista): queste vennero poi fuse, durante il VI secolo in una narrazione unica. Accanto a questi documenti leggendari si erano costituiti all'ombra dei templi i primi «decaloghi», le prime raccolte di precetti morali, giuridici e rituali. La più antica di esse è il «libro dell'Alleanza», inserito più tardi nell'Esodo, che risale probabilmente ai primi tempi della monarchia. In questi sacri testi confluiscono anche elementi di origine cananea: il che spiega i contatti dei testi ebrei con gli antichi testi babilonesi[13]. La fusione dei documenti storici con il *Deuteronomio* – che è una raccolta sacerdotale di leggi, sorta, come si è visto, negli ultimi tempi della monarchia, sotto Giosia, dalla rielaborazione di materiali più antichi – diede origine durante l'esilio o nei primi tempi del ritorno al primo codice religioso, al Codice deuteronomico. Ad esso venne da Esdra opposto nel 458, come una riforma e una rielaborazione in senso teologico e rituale, il Codice sacerdotale, che fu il codice fondamentale della nuova comunità ebraica. Questo libro subì ancora, dopo il 458, notevoli aggiunte: finalmente, verso il 400, un anonimo redattore vi incorporò il Codice deuteronomico e altri documenti minori: da questa unione ebbe origine il nostro *Pentateuco*, che però solo durante il IV secolo ricevette la sua forma definitiva.

Nello stesso periodo vennero raccolte e rielaborate con interpolazioni e aggiunte, secondo il nuovo spirito, la letteratura profetica e il resto della letteratura storica: le due collezioni dovevano già essere quasi complete verso il 200 a.C., sebbene solo verso l'era abbiano ricevuto una costituzione e una sanzione definitiva. Esse sole, nell'età di Gesù, erano riconosciute come canoniche: onde le Scritture sono generalmente designate nei Vangeli (salvo in *Luca*, XXIV, 44) come «la legge e i profeti». La terza collezione (di opere didattiche e liriche) fu definitivamente fissata e riconosciuta solo alla fine del I secolo d.C.

7. Il nome di «legge» dato all'insieme delle Scritture caratterizza bene la concezione religiosa dell'Ebraismo formatasi in questo periodo: che è essenzialmente un sistema di prescrizioni e di riti, di fronte al quale l'elemento dogmatico ha scarsa importanza. Due punti soli sono quelli che meritano di essere posti in rilievo.

Il primo è quello dell'unità di Dio. L'Ebraismo postesilico mantiene, anzi compie il rigido monoteismo dei profeti: esso guarda con disprezzo al politeismo dei Gentili[14]. «Al Dio ebraico appartiene un tratto caratteristico,

---

[13] Kittel, *op. cit.*, pp. 25 sgg.

[14] Bertholet, pp. 238 sgg.; Bousset, pp. 202 sgg.; Charles, *A critical history of the doctrine of a future Life in Israel etc*, 2ª ed. 1913, pp. 82 sgg.

l'esclusività: è un Dio geloso che non soffre alcun altro né accanto a sé, né sotto di sé» (E. Meyer). Dio è l'altissimo onnipotente che abita nello splendore dei cieli: egli è pensato come giusto e terribile, ma anche, e più spesso, come un padre che pensa a tutte le sue creature, «che sazia la fame dei leoncelli accovacciati nel loro giaciglio e prepara al corvo il suo pasto, quando i suoi piccoli gridano verso Dio, perché non hanno da mangiare» (*Giobbe*, XXXVIII, 39). Dio tutto vede e prevede: da lui tutto deriva, a lui tutto appartiene. Egli è la provvidenza del mondo, il protettore dei giusti, che rimerita le azioni degli uomini e giudica le nazioni.

8. Il secondo punto è la concezione messianica, in cui si riassume il rapporto di Dio col suo popolo eletto[15]. Noi chiamiamo con questo nome le rappresentazioni sorte in questo tempo circa il regno di Dio che deve chiudere la storia, anche se il concetto del messia non ha sempre in esse un'importanza primaria. Esse si riattaccano certamente al pensiero profetico; anzi non possono sempre venirne distinte con precisione perché la rielaborazione postesilica dei profeti ne ha costellato il testo originario con interpolazioni e aggiunte che la critica non può sempre discernere con certezza.

Ciò che caratterizza l'opera dei profeti è la trasformazione del culto nazionale di Jahvè in una religione spirituale: il monoteismo d'Israele è una creazione del loro energico senso morale. Non solo essi hanno trasformato il Dio guerriero del popolo in un Dio della giustizia: ma hanno escluso che potesse nel mondo esservi una potenza superiore al Dio buono e giusto. Il mondo è governato da una volontà santa, la quale disdegna i sacrifici e non esige dagli uomini che la purezza del cuore. Il «giorno di Jahvè» non è quindi solo il giorno del trionfo d'Israele, ma è anche il giorno della rigenerazione del popolo ebraico secondo il volere di Jahvè. Certo il dramma morale del mondo si concentra ancora tutto per essi nel destino del popolo ebraico, nella sua conservazione e nel suo trionfo. Ma l'ira di Jahvè può volgersi anche contro il suo popolo quando esso si abbandona alla corruzione e alle iniquità sociali che la accompagnano. Il «giorno di Jahvè» diventa così, nella predicazione di Amos, di Osea, di Michea, di Isaia una minaccia: è il giorno in cui Jahvè pronuncierà un giusto giudizio anche contro il suo popolo traviato. Sebbene egli abbia in Gerusalemme il suo trono e in Israele il popolo prediletto, suoi non sono veramente che i giusti. Ma nel disegno di Jahvè le sventure del suo popolo devono servire alla conversione: quando esso ritornerà pentito al suo Dio, sarà liberato dalle afflizioni e ritroverà lo splendore antico. Anche Geremia, che fu spettatore dell'ultima rovina, esprime la sua speranza ardente in una nuova età (III, 12 sgg.).

---

[15] Bertholet, pp. 225 sgg.; Bousset, pp. 202 sgg.; Charles, pp. 82 sgg.

Quindi alla predizione delle calamità si associa quasi sempre l'esortazione al pentimento, la promessa della restaurazione. Questa non è proiettata in una lontananza indefinita: gli oracoli dei profeti si riferiscono sempre a circostanze concrete, strettamente connesse col presente. La conversione è attesa come un evento prossimo: la rigenerazione come l'opera d'un re, d'un rampollo della stirpe davidica divinamente guidato. Questo re pio, senza peccato, dotato da Dio di potenza miracolosa, debellerà i nemici d'Israele: le nazioni pagane saranno distrutte o si convertiranno e si sottometteranno. Quindi il re messianico riunirà tutti gli Ebrei dispersi sotto il suo mite governo: allora comincerà un'era di pace e di giustizia, una nuova età dell'oro.

> Beati quelli che vivranno in quei giorni per contemplare
> La felicità d'Israele nella riunione delle tribù!

9. Il messianismo posteriore all'esilio continua la tradizione profetica, ma libera più esplicitamente l'elemento morale e religioso dalle preoccupazioni nazionali e si eleva a una visione più vasta dell'ordine morale delle cose. I profeti considerano il rapporto di Jahvè col suo popolo come un rapporto collettivo: la retribuzione delle opere concerne l'avvenire della nazione senza distinzione d'individui. L'individuo si identifica con la sua famiglia e col suo popolo ed è legato con essi da una solidarietà che fa espiare le colpe dei padri ai figli e quelle del singolo alla comunità e alla nazione. Nel periodo postesilico la distruzione della monarchia nazionale e i tempi torbidi e tristi conducono l'individuo a isolarsi, a ripiegarsi su se stesso e a mettersi con Dio in un rapporto personale: le nuove condizioni politiche e sociali, aumentando la corruzione dei grandi e l'oppressione dei poveri, mettono dolorosamente a nudo il problema morale in una forma più profondamente umana. Il problema non riflette più solo il destino della nazione, ma anche e più quello dell'individuo: la piaga d'Israele non è solo più lo straniero oppressore con i suoi culti idolatri, ma anche il potente orgoglioso e ingiusto, il giudice prevaricatore, il ricco oppressore del povero. Allora sorge per il giusto sofferente il problema che ha angosciato da tutti i secoli la coscienza umana. Perché, se Dio è, il male sembra trionfare sul bene? Perché tarda la sua giustizia? Perché il giusto soffre senza speranza mentre i malvagi hanno tutti i beni della terra? In una profezia attribuita ad Habacuc, ma che è molto probabilmente postesilica, l'autore chiede angosciosamente a Jahvè perché non interviene quando il giusto lo invoca contro l'empio. «Fino a quando, o Eterno, implorerò senza che tu mi ascolti? Fino a quando griderò contro la violenza senza che tu intervenga? Perché mi lasci sopraffare dall'iniquità e soggiacere alla sventura?» (*Habacuc*, I, 2-4). Anche in molti dei *Salmi* sentiamo lo stesso grido della coscienza morale

(*Salmi*, 37, 49, 73, 94). Fino a quando, o Jahvè, trionferà il male? Il giusto si sente come abbandonato nel mondo: «Signore, Signore, perché mi hai abbandonato?» (*Salmo*, 22, 37).

Già gli ultimi profeti, Geremia ed Ezechiele, affrontano il problema affermando la responsabilità individuale dinanzi a Dio e la retribuzione personale delle opere[16]. Questa però è limitata alla vita presente, perché la potenza di Jahvè non si estende al di là della tomba, nel triste Sheol, dove tutti attende un eguale destino. Contuttociò essa è giusta e, nonostante ogni apparenza, proporzionata al merito. Gli orgogliosi e gli empi possono trionfare per un certo tempo, ma viene inevitabilmente il giorno in cui Dio li abbatte e disperde con disprezzo (*Salmo*, 73). «Io ho visto l'empio esaltato ed alto come i cedri del Libano: io sono passato: ecco: egli non era più: io ho cercato il suo posto e non l'ho più trovato. Conserva l'innocenza e pratica la giustizia: vi è un avvenire per l'uomo che ama la pace» (*Salmo*, 37, 35-38). Questa è ancora la forma che assume il problema della retribuzione nel *Libro dei Proverbi* di Gesù ben Sirach (circa 200 a.C.)[17]. Soluzione profondamente religiosa, ispirata dalla fede in un ordine morale, ma che le gravi contraddizioni dell'esperienza rendono fortemente problematica.

E che già fin d'allora la coscienza religiosa dovesse dolorosamente sentire le difficoltà di questa concezione ed esserne sospinta verso nuove vie, ce lo attesta un piccolo libro di età incerta, ma che molto probabilmente non risale oltre al IV secolo a.C.: il *Libro di Giobbe*[18]. L'autore affronta il gran problema mettendo in luce le terribili contraddizioni della vita con la coscienza morale e tentando tutte le soluzioni, ma senza uscire dal circolo incantato delle idee del suo tempo. Un vago bagliore d'una speranza in un altro ordine di cose sembra risplendere in qualche passo. Non potrebbe l'uomo rivivere come la pianta recisa? Non potrebbe lo Sheol essere solo un temporaneo soggiorno? (XIV, 7-15.) Altrove l'autore sembra invocare la revisione del giudizio e il rifiorire di un'altra vita (XIX, 25-27). Ma sono bagliori, senza seguito. E infatti la conclusione si richiama alla soluzione tradizionale: Giobbe, dopo tutte le sue sventure, si umilia ed è ristabilito da Dio nella sua prosperità primitiva: egli muore consolato e sazio di giorni.

10. Lo stesso spirito morale penetra più profondamente anche la concezione del destino collettivo ed estende la sua visione in più vasta sfera: nel

---

[16] Charles, pp. 59 sgg.; 102 sgg.

[17] Charles, pp. 167 sgg.

[18] Renan, *Le livre de Job*,[3] 1875; Bertholet, pp. 98-135; Steuernagel, pp. 688-711; Meinhold, pp. 322 sgg.

messianismo postesilico la volontà di Dio è il giudizio delle nazioni e attraverso esso la creazione d'un regno messianico della giustizia. Essa si leva non solo contro i nemici d'Israele, ma contro gli empi di tutte le nazioni: anche in Israele solo il «resto» dei pii sarà raccolto e salvato. Questa restaurazione doveva essere, secondo gli antichi profeti, l'opera d'un discendente della stirpe regale; speranza che sembrò un momento ravvivarsi, dopo l'esilio, col ritorno di Serubabel: *Aggeo* (II, 21-24) e probabilmente anche *Zaccaria* (VI, 9 sgg.) e lo *pseudo-Ezechiele* (XXXVII, 15 sgg.) hanno per un momento veduto in lui il re venturo eletto da Dio. Ma dopo questa breve illusione la figura del re venturo si perde sempre più nell'indeterminato: egli è genericamente il re sacerdotale, l'unto, il «messia»[19]. Egli è ancora sempre il trionfatore glorioso che distrugge i popoli insorti contro Jahvè e raccoglie dalle quattro parti della terra gli Ebrei dispersi: ma dopo la vittoria diventa l'umile re della pace che entra in Gerusalemme cavalcando un asino (*Zc.*, IX, 9-10). Qualche volta anzi la figura del re messianico sparisce del tutto: il re del regno atteso è Jahvè stesso. Il Deutero-Isaia attende dalla marcia di Ciro contro Babilonia la restaurazione d'Israele e del tempio, la conversione dei Pagani e la glorificazione d'Israele. Ma Ciro non è il re messianico, è solo lo strumento di Jahvè. Il re messianico è quasi del tutto assente dai *Salmi*: dei *Salmi* cosiddetti messianici qualcuno sembra alludere al regno di Serubabel (*Salmo*, 132), altri sono, secondo ogni probabilità, antichi *Salmi* regali interpretati più tardi messianicamente (*Salmi*, 2, 20, 72).

11. Nei rapporti con le nazioni pagane noi vediamo già disegnarsi in questo messianismo postesilico le due direzioni, particolarista e universalista, la cui opposizione si farà anche più sensibile in seguito[20]. Secondo Ezechiele i Pagani saranno annientati o soggiogati: ma in ogni caso esclusi dalla felicità messianica. Il profeta Gioele (verso il 400 a.C.?) condanna tutti i popoli pagani a una irrevocabile distruzione (IV, 1 sgg.). Anche in alcuni frammenti postesilici di Isaia le nazioni sono condannate alla distruzione (*Isaia*, XXXIV-XXXV) o a diventare i soggetti e i servi d'Israele (*Isaia*, XIV, 1-3; LX, 10 sgg.; LXI, 5 sgg.; LXVI, 12 sgg.). Secondo Zaccaria invece al regno di Dio prenderanno parte anche molti popoli pagani che si

---

[19] Vocabolo ebraico che significa l'unto, il «cristo» e che era un titolo regale (Bousset, pp. 226-28). Si cfr. D. Castelli, *Il messia secondo gli Ebrei*, 1874; Volz, *Die vorexilische Jahveprophetie und der Messias*, 1897; J. Gindraux, *Les espérances messianiques d'Israel*, 1899-902; L. Coulange (Turmel), *L'idée messianique*, «RHLR», 1910, pp. 131 sgg.; Bousset, pp. 222 sgg.; H. Gressmann, *Der Messias*, 1929.

[20] Charles, pp. 17; 109 sgg.

convertiranno a Jahvè (II, 15; VIII, 20-23). In un frammento postesilico d'Isaia l'Egitto e l'Assiria sono i popoli di Jahvè allo stesso titolo d'Israele (XIX, 21-25). Il Deutero-Isaia predice la conversione dei Pagani: essi aiuteranno gli Ebrei a fare ritorno in patria; Dio diventa per lui veramente il Dio universale, giusto e buono, re e padre di tutti i popoli. Il popolo di Israele è il «servo di Jahvè», che con fedeltà e costanza, attraverso le umiliazioni e le sofferenze, diffonde sulla terra lo spirito di Jahvè: col suo soffrire egli converte i Pagani e i peccatori e diventa la luce del mondo. «Non basta», dice a lui Jahvè, «ristabilire le tribù di Giacobbe e convertire quel che resta d'Israele: io fo di te la luce delle nazioni perché la mia benedizione arrivi alle estremità della terra» (*Isaia*, XLIX, 6).

Dopo la distruzione o la conversione delle nazioni comincerà a Gerusalemme il regno di Jahvè in tutto il suo splendore. Un anonimo, nelle profezie dello pseudo-Isaia, descrivendo questa città di santi e di profeti che non vedrà più né morte né pianti, e irradierà la sua luce in tutto il mondo, esclama: «Levati e risplendi perché il tuo giorno è venuto e la gloria di Jahvè si leva sopra di te. Le tenebre coprono la terra e l'ombra avvolge i popoli: ma su di te risplende l'Eterno. La sua gloria appare sulle tue cime: i popoli camminano verso la tua luce ed i re verso lo splendore della tua aurora» (*Isaia*, LX, 1 sgg.).

La descrizione del rinnovamento messianico ha già in parte un carattere apocalittico e tradisce, a tratti, l'influenza delle idee persiane. Le profezie dei primi capitoli, in *Zaccaria*, ricordano le apocalissi: lo stesso si dica dei capp. III e IV di *Gioele*, dei capp. XXXVII-XXXIX di *Ezechiele* e della preghiera di *Habacuc*, che è un vero Salmo apocalittico. Tuttavia resta una differenza essenziale: la restaurazione messianica è ancora sempre pensata nel messianismo postesilico come un fatto che sta nei confini di questo mondo e della storia. Il regno di Dio non è la fine del mondo: è l'instaurazione del regno ebraico sotto il governo di Jahvè[21]. La felicità avvenire è ancora tutta terrena: il solo aldilà è lo Sheol, che dà a tutti egualmente pace nelle sue tenebre. Il concetto monoteistico di Jahvè ha potuto persistere per secoli accanto alla primitiva concezione dello Sheol, che è escluso dal governo morale di Jahvè[22]. Anche nei *Salmi*, dove è tanto viva e sentita l'attesa della giustizia di Jahvè, la realizzazione sua è attesa esclusivamente in questo mondo: la salute che il pio invoca con preghiera fervida è ancora sempre l'avvento del regno di Dio su questa terra.

---

[21] v. Gall, pp. 185-188.
[22] Charles, pp. 35 sgg.

II. L'Ebraismo nel periodo ellenistico

a) *La diaspora*

1. La conquista macedone, l'ellenizzazione dell'Oriente dopo il 330 a.C. segnano anche nella storia dell'Ebraismo un momento capitale. Tre fatti lo caratterizzano: la diffusione del popolo ebraico in tutto il mondo (diaspora); lo svolgimento della religiosità ebraica sotto l'influenza del Mazdeismo; la conversione della religione del tempio in una religione della legge.

La storia dell'Ebraismo, dall'età ellenistica in poi, non è più confinata alla Palestina: la dispersione degli Ebrei in tutto il mondo civile dà origine nei grandi centri dell'Oriente e dell'Occidente alla formazione di comunità ebraiche che restano in contatto con la patria originaria, ma che, per lo scambio d'azione col mondo pagano, introducono nuove influenze nell'evoluzione dell'Ebraismo[23]. La dispersione ebraica più antica è quella che ebbe luogo nell'Assiria e nella Caldea per effetto della deportazione: una parte notevole dei deportati si stabilì nella nuova patria pur mantenendosi in contatto con la comunità palestinense. Anche nei secoli seguenti il commercio, le agitazioni politiche, l'emigrazione dalla Palestina impoverita dalle continue guerre avviano numerose schiere d'emigranti verso le regioni vicine dell'Asia e verso l'Egitto. In Egitto vi è già traccia di questa emigrazione fin dal VII secolo. Ma è soltanto con l'ellenizzazione dell'Oriente che il popolo ebraico si diffonde in tutto il mondo: prima di Alessandro gli Ebrei erano quasi sconosciuti nell'Asia Minore. Sotto Tolomeo I colonie ebraiche sono dirette verso l'Egitto, Cipro, Cirene; Antioco I trasporta colonie d'Ebrei dalla Babilonia nell'Asia Minore[24]. La diffusione ebraica venne favorita anche dai Romani: si formano allora comunità importanti anche in Occidente. Verso il 150 a.C. essi, dice la Sibilla, riempivano già la terra e i mari[25]. A questa diffusione concorse anche l'energico movimento nazionale dell'età dei Maccabei: allora sono giudaizzate (con la forza) le regioni vicine, tra cui la Galilea, e per una specie di impulso spiri-

---

[23] Sulla diaspora si cfr.: Renan, *Les apôtres*, pp. 285 sgg.; *Histoire du peuple d'Israël*, V, pp. 221 sgg.; Schürer, III,³ pp. 1 sgg.; Meyer, *Ursprung und Anfänge des Christentums*, 1923-1924, II, pp. 23 sgg.; 353 sgg.; Bousset, pp. 61-96; Hölscher, §§ 75-87; Schlatter, pp. 23 sgg.; A. Causse, *Les dispersés d'Israël*, 1929; H. Lietzmann, *Geschichte der alten Kirche*, 1932, pp. 68 sgg.

[24] Giuseppe Ebreo, *Antiq.*, XII, 3, 4.

[25] *Carm. Sib.*, III, 271.

tuale l'Ebraismo si diffonde anche nell'elemento semitico del mondo ellenistico. L'estensione del popolo ebraico non fu solo effetto della dispersione, ma anche d'un'attiva propaganda religiosa: in un suo libro, riedito recentemente, un orientalista e diplomatico, G. Rosen, ha così voluto spiegare la scomparsa del popolo fenicio diffuso nel mondo mediterraneo[26]: esso si sarebbe fuso, per effetto della sua conversione, col popolo ebraico.

2. Tuttavia né questa diffusione né il contatto intimo con gli altri popoli fanno perdere al popolo ebraico il senso della sua unità spirituale e la coscienza della superiorità della sua tradizione religiosa. Non mancarono naturalmente casi di defezione e di contaminazione con culti pagani: ma in generale l'Ebraismo della diaspora mantenne ferma l'unità della comunione religiosa. Quest'unità si traduce soprattutto nell'attaccamento inalienabile alle Scritture, anche se nella loro interpretazione è aperta la via a qualunque più libera speculazione. L'Ebraismo alessandrino, ad esempio, vedeva nelle Scritture solo il simbolo di verità più profonde: ma ciò non scuote la fede esteriore nella santità della legge. Esso conserva, per una specie di pietà verso la tradizione, le antiche usanze: rispetta le apparenze anche se è penetrato al di là di esse, nella loro vera essenza. Così anche la comunità degli Esseni e quella dei Terapeuti, che Filone descrive nel *De vita contemplativa*, sono ancora comunità ebraiche perché osservano lo Shabbat e riconoscono l'autorità di Mosè e dei profeti, sebbene si siano sciolte da ogni fede dogmatica e rassomiglino piuttosto a comunità filosofiche di asceti.

Anche in mezzo a popoli stranieri gli Ebrei si organizzarono in comunità indipendenti, nel cui seno poteva essere conservata la fede dei padri. Nelle grandi città costituivano delle vere comunità politiche con a capo un etnarca o un consiglio di anziani. Esse facevano affluire a Gerusalemme le loro ricche offerte per concorrere al mantenimento del culto: da esse partivano tutti gli anni, in occasione delle grandi feste, schiere di pellegrini per visitare la città sacra e il tempio. Questo attaccamento invincibile alla legge suscitò in Palestina la resistenza eroica della nazione contro Antioco IV Epifane (175-164 a.C.), un despota capriccioso e violento[27], che, dopo d'avere introdotto in Palestina costumi greci, ginnasi, giochi e feste, aveva creduto di compiere l'opera con la forza e di sradicare del tutto la religione ebraica. Questo condusse molti all'apostasia: ma provocò anche la violenta reazione maccabea che liberò la Giudea dalla tirannide siriaca.

---

[26] G. Rosen, *Juden und Phoenizier. Das antike Judentum als Missions-religion und die Entstehung d. jüd. Diaspora*, a cura di F. Rosen e G. Bertram, 1929.

[27] Se ne veda il ritratto in Polibio, XXVI, 10.

3. La propaganda ebraica nel mondo antico ebbe il suo più grande risultato non tanto nel numero dei proseliti, quanto nel numero dei simpatizzanti, che, senza convertirsi all'Ebraismo, adottavano credenze e usanze ebraiche: testimonio ne è la grande diffusione dello Shabbat ebraico[28]. Le donne, specialmente, erano attirate da questa propaganda: ad Antiochia, dice Giuseppe Ebreo, tutte le donne, con poche eccezioni, erano devote al culto ebraico[29]. Vi era intorno ad ogni comunità ebraica una sfera di Pagani «tementi Dio», che adottavano il monoteismo e la morale pura ebraica, rispettavano lo Shabbat, frequentavano le sinagoghe e si sottomettevano a qualcuna delle prescrizioni più importanti relative alla purità dei cibi.

Questa influenza è dovuta essenzialmente alla reale superiorità della legge ebraica sui culti pagani, dai quali ogni vera interiorità era quasi scomparsa. Gli spiriti religiosi che si accostavano alle sinagoghe dovevano sentire profondamente la purezza e l'elevatezza del monoteismo ebraico: noi lo vediamo in Giustino martire, Taziano, Clemente Alessandrino. Gli Ebrei, che sentivano questa superiorità, riconducevano tutto ciò che di vero e di alto si conteneva nelle dottrine dei saggi e dei filosofi pagani all'Ebraismo: essi ne facevano altrettanti discepoli di Mosè, che avevano derivato dalle scritture ebraiche il meglio delle loro dottrine. Inoltre l'Ebraismo era aiutato nella sua propaganda da quella tendenza generale del mondo classico verso il misterioso Oriente, che diffuse in Occidente i culti di Cibele, di Iside e di Mitra e diede origine alle religioni dei misteri. I Pagani erano attirati non soltanto dal lato ideale della religione ebraica, ma anche dalle sue credenze e pratiche superstiziose, dal fascino degli scongiuri e dei riti occulti: le formule magiche dei papiri contengono numerosi nomi e formule ebraiche, che sono già fin d'allora ricondotte a Salomone maestro d'ogni sapienza e dell'arte magica[30].

L'Ebraismo della diaspora seguiva in questa sua tendenza alla propaganda l'indirizzo universalistico del Deutero-Isaia. La Sibilla ebraica scrive (III, 194):

> Il popolo del gran Dio sarà di nuovo forte
> Ed i suoi figli saranno la guida dei mortali verso la vita.

---

[28] Sulla propaganda si cfr. Renan, *Histoire du peuple d'Israël*, V, 243 sgg.; Schürer, III,3 pp. 102 sgg.; Bousset, pp. 76 sgg.; G.F. Moore, *Il proselitismo giudaico* (RR 1927, pp. 97-126). Si veda un esempio in *Satira XIV* di Giovenale, v. 96 sgg.

[29] Giuseppe Ebreo, *De bello jud.*, II, 20, 2: si veda anche il fatto narrato in *Antiq.*, XVIII, 3, 5.

[30] Origene, *Contra Celsum*, I, 22 sgg.; IV, 33-34. Si cfr. E. Meyer, pp. 354-360; Hölscher, § 89.

Il *Libro di Giona* (sorto molto probabilmente nella diaspora nel III-II secolo a.C.) è un'espressione di questo universalismo che vede in Jahvè un padre comune, pietoso verso tutti, anche verso i Pagani. Sotto questo rispetto l'Ebraismo della diaspora fu veramente nel periodo ellenistico penetrato da un alto spirito umano e aspirò a trasformarsi in una grande religione universale destinata a ricevere l'eredità del Paganesimo morente.

4. Vi erano tuttavia nell'Ebraismo stesso dei fattori avversi a questa trasformazione, che l'Ebraismo lasciò, come un compito, al Cristianesimo[31]. Quella superiorità, di cui l'ebreo era conscio e che attirava verso di lui schiere di proseliti, provoca nel tempo stesso un senso d'avversione e d'ira, specialmente nelle classi dominanti che sentivano in essa l'oscura minaccia d'una ribellione. In un tempo nel quale era costume che ogni cittadino, oltre alle sue devozioni private, partecipasse al culto degli dei della città, l'astensione sprezzante degli Ebrei doveva apparire come un atteggiamento irreligioso, offensivo: «gens contumelia numinum insignis» li chiama Plinio (*Naturalis Historia*, XIII, 4, 46). I precetti stessi della legge imponevano inoltre all'ebreo un certo riserbo di fronte al pagano che era persona impura: la preoccupazione di non avere contatto con qualunque cosa avesse attinenza col culto degli idoli doveva rendere poco agevole il commercio sociale, ciò che era interpretato come mancanza di umanità: «adversus omnes alios hostile odium» (Tacito). Si aggiunga che alcune particolarità della legge come la circoncisione, il rispetto superstizioso dello Shabbat, l'astensione dalla carne di porco erano facile oggetto di pubblica derisione.

Ad accrescere l'avversione si aggiunsero tutte quelle altre condizioni negative che si svolgono necessariamente in ogni setta chiusa: la stretta solidarietà dei suoi membri, il favoreggiamento reciproco, l'assenza di scrupoli nello sfruttamento degli infedeli, considerato quasi come un diritto. Cicerone rileva il loro numero, l'unione, lo spirito d'intrigo: «scis quanta sit manus judaeorum, quanta concordia, quantum valeant in contionibus» (*Pro Flacco*, 66). Questi tratti hanno trovato la loro espressione più drastica, dice E. Meyer, nel romanzesco racconto dei Tobiadi, Giuseppe e Ircano, che Giuseppe Ebreo ci ha conservato (*Antiq.*, XII, 4), uno dei più repugnanti prodotti dell'Ebraismo. «Il tipo del Shylock viene in queste figure sfacciatamente alla luce: segno che questi tratti dell'Ebraismo non vi sono stati impressi dalle persecuzioni religiose, ma vi aderirono fin dal principio. Vi è nell'Ebraismo fin dalle origini qualche cosa d'ideale immediatamente unito con qualche cosa di basso e spesso stretto in un'unità inseparabile:

---

[31] Schürer, III,3 pp. 82 sgg.; Bousset, pp. 86 sgg.; Wendland, *Die hellenistischrömische Kultur*, 3ª ed., 1912, pp. 192 sgg.

non ne coglie l'essenza chi tendenziosamente mette in rilievo solo l'uno o l'altro dei due aspetti»[32].

Si capisce come il complesso di queste circostanze dovesse, con l'andar del tempo, far prevalere un senso di distacco fra gli Ebrei e il resto della popolazione. «Le città elleniche cercavano con ogni mezzo di sbarazzarsi di questi cittadini incomodi e irreducibili: le persone colte li disprezzavano, il volgo era sempre pronto ad alzare contro di essi la mano»[33]. La disposizione fondamentale che traspare dalle parole di Tacito (*Historiae*, V, 7-8) è quella di un profondo disprezzo verso questa «despectissima pars servientium»: che ha anche una più cruda espressione nelle parole che Ammiano Marcellino mette in bocca a Marco Aurelio (XXII, 5). Questi sentimenti trovano la loro espressione fin dall'antichità in una copiosa letteratura antisemitica[34]: un'ampia e sistematica difesa dell'Ebraismo, la sola che ci sia pervenuta dall'antichità è lo scritto *Contra Apionem* di Giuseppe Ebreo.

Ed essi vennero in certo modo anche giustificati quando, sotto l'influenza delle sanguinose lotte contro i Romani, prevalse nell'Ebraismo quello spirito strettamente particolaristico che traspare già, come si è visto, in qualcuno dei profeti e che caratterizza il nazionalismo farisaico. Dopo la distruzione di Gerusalemme gli Ebrei costituirono una specie di comunità etnico-religiosa sparsa per tutto il mondo, ma isolata profondamente dal resto della popolazione: tutte le sue istituzioni sembrano proporsi come fine di evitare ogni mescolanza contaminatrice con le altre nazioni e di giustificare da parte di esse quell'atteggiamento ostile, che ha qualche volta condotto a persecuzioni barbare e ingiuste.

b) *Le influenze iraniche*

1. I grandi rivolgimenti politici che seguirono alla conquista di Alessandro hanno esercitato un'influenza decisiva anche sull'evoluzione delle idee religiose. Gli antichi imperi orientali avevano lasciato a ciascun popolo soggetto la sua religione nazionale: essi non avevano abbattute le barriere spirituali che li separavano. La rivoluzione politica dell'ellenismo con le sue successioni d'imperi spezza le unità nazionali mescolando lingue, costumi e culture, libera la religione dalla sua unione con lo Stato, pone la coscienza individuale a immediato contatto con i problemi dell'esistenza e inizia l'era

---

[32] E. Meyer, II, p. 32.

[33] Schürer, III,[3] p. 397.

[34] Renan, *Histoire du peuple d'Israël*, V, pp. 84 sgg., 227; Schürer, III,[3] pp. 398-412; Stähelin, *Der Antisemitismus im Altertum*, 1905. Si veda la raccolta dei testi in: Reinach, *Textes d'auteurs grecs et romains relatifs au Judaïsme*, 1895.

delle grandi religioni universali. In questo confluire di movimenti spirituali di diversa origine dobbiamo distinguere due grandi correnti: quella che fa capo alla civiltà greca, con la sua scienza, la sua filosofia, le sue forme culturali, e quella che fa capo alla civiltà iranica e alla grande religione di Zoroastro. La prima penetrò anche il mondo ebraico come tutto l'Oriente e vi introdusse l'influenza della sua letteratura e del suo pensiero. Essa diede origine nella diaspora a un notevole movimento speculativo e non fu senza azione anche in Palestina: la dottrina degli Esseni ha probabilmente elementi d'origine greca e lo stesso *Libro di Enoch* rivela influenze greche[35]. Ma il pensiero greco non fu nel movimento religioso ellenistico il fattore principale: e d'altra parte nel mondo ebraico urtò contro la reazione maccabea e farisaica. Di gran lunga più essenziale fu invece l'azione della religione iranica, la cui importanza non è stata mai abbastanza valutata: tanto che risalendo la corrente spirituale che diede origine al Cristianesimo si può restare in dubbio se l'origine debba esserne cercata piuttosto nei profeti ebrei che in Zoroastro. La maggior parte dei concetti che caratterizzano la religiosità del tardo Ebraismo, e specialmente l'apocalittica, come religione di liberazione, sono venuti all'Ebraismo – e attraverso l'Ebraismo al Cristianesimo – dalla religione del grande profeta iranico.

2. Le influenze orientali sull'Ebraismo risalgono ben più in alto che l'età ellenistica: si può anzi dire che l'Ebraismo si è formato sotto queste influenze. Nell'età antichissima (dal 3000 al 1000 circa a.C.) si estendono nella Palestina l'influenza babilonese e l'egizia: quella più al nord, questa al sud; quella nell'età più antica, nel periodo amorreo (3000-1500 circa), questa soprattutto nel cananeo (1500-1000 circa)[36]. Nell'età più recente l'azione più profonda e più diretta è quella del parsismo, della religione di Zoroastro, che a ragione E. Meyer considera come una delle più importanti figure della storia religiosa. La religione babilonese posteriore, che riuscì a una religione astrale e diffuse largamente nel sincretismo ellenistico le sue dottrine e le sue superstizioni astrologiche, non esercitò sull'Ebraismo che un'influenza superficiale[37]. Sebbene i documenti che noi possediamo sulla religione persiana siano relativamente recenti e siano redatti solo nei secoli dopo l'era, non c'è dubbio che le rappresentazioni fondamentali del parsismo in essi consegnate non siano molto più antiche. Possiamo quindi credere che l'influenza persiana sull'Ebraismo, favorita dall'affinità delle due

---

[35] Martin, *Le livre d'Hénoch*, 1906, pp. CIV-CV.
[36] Renan, *Histoire du peuple d'Israël*, I, 1887, pp. 64 sgg.; 142 sgg.
[37] Bousset, pp. 475 sgg.; E. Meyer, II, pp. 53 sgg.; Meinhold, pp. 253-4; v. Gall, pp. 43-82.

religioni e dall'uso comune dell'aramaico, si sia esplicata già nella stessa età postesilica, quando la religione persiana cominciò a diffondersi nelle regioni sottomesse, specialmente nell'Asia Minore. Ma essa si fa più intensa nel periodo ellenistico dopo la caduta dell'impero persiano; anche la Persia, come la Grecia, estese la sua azione spirituale sulle altre nazioni soprattutto dopo la perdita dell'indipendenza politica[38].

3. Sull'età di Zoroastro non sappiamo nulla: l'opinione più verosimile è che abbia vissuto circa il 1000 a.C. La religione zoroastrica però non entra nella luce della storia che con Dario I (521-485 a.C.), che fu senza dubbio un suo seguace. Gli antichi testi del zoroastrismo costituiscono l'Avesta, una collezione di scritti, la cui redazione definitiva ebbe luogo solo nel IV secolo d.C. sotto i re Sassanidi. Ma il materiale è molto più antico: una parte considerevole risale certamente all'età degli Achemenidi; la più antica è costituita dalle Gathas, brevi testi metrici, nei quali parla Zoroastro stesso[39].

Zoroastro è il primo che abbia posto in alto come esseri divini le potenze morali, a cui capo sta il «Signore sapiente», Ahura Mazda, che egli contrappone alle potenze puramente naturali, ai daevas, come ai princìpi del male. Ahura Mazda è il Dio unico, la potenza del bene, il Dio della purezza e della giustizia, che materialmente si rivela nell'elemento luminoso del fuoco: intorno a lui si ordinano le potenze buone, gli angeli. A lui si oppone lo spirito del male, Ahra Manyu, intorno al quale si accentrano i demoni, i princìpi della menzogna, della morte e delle tenebre[40]. L'uno e l'altro principio danno origine a una creazione corporea e spirituale il cui contrapposto e la cui lotta incessante costituiscono il mondo presente. In mezzo a questa lotta sta l'uomo, dalla cui libera volontà dipende il pronunciarsi per l'uno o per l'altro: il suo compito consiste nel combattere per il regno della verità e della luce. A questa libertà dell'uomo non fa ostacolo che l'uomo già appartenga per la sua personalità spirituale preesistente (daena) all'una o all'altra creazione: come Ahura Mazda e Ahra Manyu sono il bene e il male

---

[38] Stave, *Über den Einfluss des Parsismus auf das Judentum*, 1898; G.W. Carter, *Zoroastrianism and Judaism*, 1913 (c. bibliografia); E. Meyer, II, pp. 77 sgg.; v. Gall, pp. 83 sgg.; 263-264.

[39] Sulla religione di Zoroastro (Mazdeismo) si cfr.: J. Darmesteter, *Ormazd et Ahriman, leurs origines et leur histoire*, 1877; Tjele, *Geschichte der Religion im Altertum* (tr. Gehrich): II, *Die Religion bei d. iranischen Völkern*, 1903; E. Meyer, II, pp. 58 sgg.; H. Lommel, *Die Religion Zarathustras*, 1930; Gressmann, *Die oriental. Religionen im hellenistisch-römischen Zeitalter*, 1930, pp. 124 sgg.

[40] La teoria del «tempo infinito» (*Zurvan akarana*) come unità superiore ai due princìpi è una teoria filosofica posteriore, straniera all'Avesta. Casartelli, *Philosophie religieuse du Mazdéisme sous les Sassanides*, 1884, pp. 4 sgg.

non per una fatalità di natura, ma per il fatto di una libera elezione ab aeterno, così le anime degli uomini appartengono all'una o all'altra creazione per un atto ab aeterno della loro volontà[41]. L'esistenza terrena compie questa elezione e decide del destino dopo la morte: allora le anime buone vanno in un mondo beato e luminoso, le anime dei cattivi in un inferno; le anime che partecipano dell'uno e dell'altro carattere in un regno intermedio, dove si compie la loro purificazione. Ma anche questo non è che uno stato provvisorio destinato a durare fino al grande cataclisma cosmico, per cui sarà definitivamente vinto e annullato il male. Allora avranno luogo la risurrezione dei corpi, il giudizio finale e la purificazione del mondo per mezzo del fuoco, che distruggerà, col male, le creature malvagie e restituirà tutti i superstiti nello stato paradisiaco primitivo. Come Gesù, Zoroastro credeva nell'imminenza di questa restaurazione: egli si considerava come il messia che avrebbe ancora veduto con i suoi occhi il regno di Dio. Più tardi, come nel Cristianesimo, questo termine finale è posto in una lontananza indefinita, alla fine della storia: allora comparirà l'ultimo messia, il discendente di Zoroastro, che, nato come gli altri da una vergine, scenderà sulla terra per compiere l'opera di Dio e liberare il mondo[42].

4. Uno dei primi punti nei quali si esercitò sull'Ebraismo l'influenza iranica è la concezione del mondo divino. Il concetto antropomorfico di Dio, proprio dell'Antico Testamento, è spiritualizzato e purificato: Dio è relegato in una profondità inaccessibile: il suo nome stesso è sacro e non può più essere pronunciato che nel culto. Il nome di Jahvè è sostituito da appellativi: il Santo, l'Altissimo, il Signore, l'Eterno, il Cielo[43]. L'inaccessibilità di Dio provoca lo svolgimento d'un mondo di esseri intermediari fra Dio e il mondo. Il concetto di esseri intermediari, che sono ora manifestazioni visibili della divinità, ora esseri distinti, non era nuovo alla religione israelitica. Già nel jahvismo anteriore ai profeti, Jahvè ha i ministri della sua volontà, i maleakim, gli angeli, che ora si distinguono, ora si confondono con lui: l'«angelo di Jahvè» è una specie di doppio di Jahvè, la forma che egli assume nei suoi rapporti con gli uomini[44]. Nei profeti il «nome di Dio» e la «gloria di Dio» appaiono come incarnazioni visibili della gloria di Dio (*Isaia*, XXX, 27; LIX, 19). Nel libro della *Sapienza*, la sapienza di Dio è

---

[41] Lommel, *op. cit.*, pp. 150 sgg.

[42] E. Meyer, II, pp. 58-71; Lommel, pp. 225 sgg.

[43] Bertholet, pp. 359 sgg.; Bousset, pp. 307 sgg.; Schlatter, pp. 52-54. Anche la rappresentazione figurata di Dio risente quest'influenza; «il vecchio Dio con una possente chioma bianca, in veste candidissima (*Dn.*, VII, 9) non è altri che Ahura Mazda». E. Meyer, II, p. 199.

[44] Renan, *Histoire du peuple d'Israël*, I, 285 sgg.

un'ipostasi che assiste Dio nella creazione (IX, 9), che ispira i profeti di Dio nei secoli (VII, 27): essa è una concezione ebraica, forse non scevra già di influenze orientali[45]. Anche la «legge» è uno di questi esseri intermediari che sono in parte astrazioni, in parte realtà concrete. Essa è l'incarnazione della volontà di Dio e assume qualche volta l'aspetto di una vera ipostasi[46].

Dopo l'esilio, sotto l'influenza iranica, l'angelologia prende un grande sviluppo; essa ha già una parte importante in *Ezechiele* e in *Zaccaria*, ma riceve la sua più completa esplicazione nell'apocalittica[47]. Gli angeli sono innumerevoli e divisi in più ordini. I capi di questa gerarchia sono i sette arcangeli: Michael e Gabriel (*Daniele*), Raphael (*Tobia*), Huriel, Phanuel (*Enoch*). Essi sono i messi di Dio e i protettori dell'umanità. Come vi è al di sopra dell'uomo un regno divino con più ordini sovrapposti di spiriti angelici, così vi è al di sotto un regno di spiriti malvagi. Secondo Enoch (XL, 7) questi spiriti, i «satana», hanno per compito particolare, come il Satana di Giobbe, di tentare gli uomini e gli angeli e di accusarli poi dinanzi a Dio. Nel libro dei *Giubilei* i demoni vaganti sono la decima parte degli spiriti cattivi che vennero da Dio, per mezzo degli angeli, legati e gettati negli abissi: solo questa parte venne lasciata libera perché servisse sulla terra ai disegni del Signore (*Giub.*, IV, 23 in Kautzsch, II, 58). Essi sono i nemici di Dio e degli uomini, abitano i deserti e le rovine e sono gli autori di tutti i mali. Il loro capo è chiamato variamente Satana, Azazel, Beliar, Beelzebub, Asmodeo (l'avestico Aesmo-deva). La fantasia ebraica si è data più tardi libera carriera in questo campo e ha creato gerarchie innumerevoli di angeli e di demoni: questi svolgimenti appartengono all'età talmudica, ma le tradizioni in essa contenute risalgono probabilmente molto più in alto[48].

Questa concezione dualistica del mondo spirituale si estende al mondo umano. Ma mentre la morale iranica divide il mondo sensibile in due parti e trova nell'elemento buono, che esso contiene, uno sprone alla lotta e alla vittoria, la morale del tardo Ebraismo, accostandosi all'indirizzo del sincretismo contemporaneo, vede nella totalità del mondo sensibile un male, un regno del demonio: la tendenza sua fondamentale è il senso di colpevolezza nell'uomo, il bisogno di penitenza, di abbandono del mondo. Per Filone il

---

[45] W. Schencke, *Die Chokma (Sophia) in der jüdischen Hypostasen-Speculation*, 1913; Hölscher, § 82.

[46] Sulle ipostasi: Bertholet, pp. 393 sgg.; Bousset, pp. 342 sgg.; E. Meyer, II, pp. 96 sgg.

[47] Bertholet, pp. 374 sgg.; Bousset, pp. 320 sgg.

[48] Bertholet, pp. 389 sgg.; Bousset, pp. 331 sgg.; Wendland, pp. 214 sgg.; Strack-Billerbeck, *Kommentar zum Neuen Testament, aus Talmud*, IV, pp. 501 sgg.

corpo è il carcere dell'anima e la causa della corruzione. Anche l'apocalittica è ascetica: essa accoglie il concetto della risurrezione dei corpi, ma questa si accompagna con una trasfigurazione completa dell'elemento sensibile. La vita nel mondo, così come essa è, è un male che consegue a una colpa: perché l'eros che la sostiene – il desiderio erotico e l'unione dei sessi – è entrato nel mondo per il peccato di Adamo[49].

5. Anche la teoria della risurrezione è molto verosimilmente dovuta, secondo E. Meyer, a influenze iraniche[50]. Con essa era risolta la contraddizione insita nella dottrina della retribuzione individuale propria dell'Ebraismo postesilico. La giustizia esige la retribuzione delle opere: ma se noi vediamo che il destino dei pii è la persecuzione e la morte, come possiamo credere nella giustizia di Dio? Vi deve dunque essere una risurrezione dei morti e una restaurazione ultraterrena dell'ordine morale violato. In *Ezechiele*, nel *Deutero-Isaia*, nei *Salmi* questa fede è ancora assente. «Non sono i morti che lodano Jahvè – né quelli che discendono nel paese del silenzio» (*Salmo* 115, 17). Anche Giobbe celebra la pace della tomba uguale per tutti (III, 14-19). Essa appare per la prima volta nell'apocalisse profetica di Isaia (cap. XXIV-XXVII), che i critici pongono verso il 300 a.C.; i morti sorgeranno dalle tombe e vivranno di nuovo per partecipare alla felicità messianica (XXVI, 19); e non morranno più perché Dio distruggerà la morte per sempre (XXV, 8)[51]. Poi in *Daniele* (circa 165 a.C.): «E molti di quelli che dormono nella polvere della terra si risveglieranno, gli uni alla vita eterna, gli altri alla miseria eterna» (XII, 2). Tuttavia anche nell'età maccabea la risurrezione non sembra ancora essere stata una credenza diffusa. I Sadducei mantengono l'antico punto di vista nazionalista e terreno: così nel *I Libro dei Maccabei* (circa 100 a.C., ispirazione sadducea) non vi è altra rimunerazione di opere che sulla terra: la gloria e il successo per i fedeli, la morte miserabile per gli altri. E là dove appare, non è una dottrina ben definita e costante: in genere sono quelli che hanno avuto un merito o una colpa fuori dell'ordinario, che rivivranno: degli altri non è fatta parola. Così nel *II Libro dei Maccabei* (100-70 a.C.) vi è una risurrezione per i martiri e per i morti in pro della legge: ma per gli altri il giudizio di Dio avrà la sua esecuzione sulla terra. Solo col progresso del tempo si generalizza il concetto d'una

---

[49] *Apocalisse* di Baruch, 56, 7.

[50] E. Meyer, II, pp. 174 sgg.; Bousset, pp. 269 sgg.; A. Bertholet, *Israelitische Vorstellungen vom Zustand nach d. Tode*,[2] 1914; Strack-Billerbeck, IV, pp. 1016 sgg.

[51] Se la fede in una vita futura compaia già nei *Salmi* 49 e 73 è molto dubbio: si veda tuttavia Charles, pp. 73 sgg.

risurrezione universale, cui segue il giudizio; e, come nella concezione iranica, i morti aspettano la risurrezione in un soggiorno provvisorio, dove però già sentono in anticipazione il bene e il male del loro destino futuro[52]. Sulla natura di questo soggiorno e sul suo rapporto con la risurrezione finale la dottrina è sempre stata oscillante. In genere, secondo l'Ebraismo rabbinico, le anime dei giusti sono custodite presso il trono di Dio, in una specie di paradiso, «nel seno di Abramo»; le altre errano miserabili per qualche tempo sulla terra e poi discendono nello Sheol (*Shabbat*, 152 B) o nell'inferno, dove il fuoco purifica le anime degli Ebrei e distrugge le altre.

Anche più decisa e profonda è stata l'azione delle rappresentazioni iraniche sul ciclo delle idee messianiche. Queste appaiono, nell'età ellenistica, come diffuse in tutto l'Ebraismo, ma ben presto si scindono in due correnti[53]: la corrente che diremo rabbinica o farisaica e che continua a pensare il regno messianico come l'ultima fase dell'esistenza terrena; e la corrente apocalittica che lo trasporta nell'aldilà, nel trascendente, dopo la fine del mondo. Sull'una e sull'altra dovremo tornare più avanti a suo tempo.

c) *La religione della legge*

1. Il terzo fatto che caratterizza l'Ebraismo dell'età ellenistica è la trasformazione della religiosità ebraica in una religione della legge[54]. La religione rituale del tempio era già stata per l'indirizzo profetico una delusione: Geremia, che aveva salutato con entusiasmo la riforma deuteronomica (XI, 1-8), vede più tardi con dolore il prevalere del legalismo (VII, 4 sgg.) e chiama il *Deuteronomio* legge di menzogna (VIII, 8). Questa religione sacrificiale grossolana aveva deluso le aspirazioni religiose più profonde; essa era anche in contraddizione con le umane e civili prescrizioni del parsismo[55]. A questa reazione morale e spirituale è dovuta senza dubbio la crescente avversione contro la religiosità del tempio e il suo culto materiale che avvertiamo negli ultimi secoli avanti l'era[56]. A ciò può aver contribuito anche la degenerazione della casta sacerdotale: non mancano nella letteratura del tempo accenni polemici irosi contro il clero ricco e potente. La notizia più importante che abbiamo degli eventi gerosolomitani nell'età persiana è che verso il 400 a.C. il gran sacerdote Johannes uccise nel tempio

---

[52] Strack-Billerbeck, IV, pp. 1166 sgg.
[53] Si veda Gall, pp. 211-12.
[54] Bousset, pp. 119 sgg.
[55] E. Meyer, II, 62.
[56] Bertholet, pp. 323-324; Schürer, II,[3] pp. 464 sgg.

stesso il suo fratello Gesù, perché questi con l'aiuto del governatore persiano Bagoas voleva sostituirsi a lui nell'ufficio. E lo spettacolo che danno nell'età seleucide le competizioni dei grandi sacerdoti è tutt'altro che edificante. Si aggiunga infine l'influenza degli Ebrei della diaspora che, pur riconoscendo il tempio di Gerusalemme come il centro del culto, non potevano certamente farne il centro della loro vita religiosa: essi dovevano o volgere verso l'idolatria o cercare nelle tradizioni sacre un nuovo centro interiore spirituale della loro religiosità. Questo centro fu per essi la tradizione scritta, la legge stessa. Già Nehemia nel giorno stesso che aveva letto al popolo il Codice sacerdotale aveva posto la legge come la suprema manifestazione di Dio sulla terra. Nella dichiarazione di guerra dei Maccabei essa è posta come il vero oggetto della fede. «Io e i miei figli e i miei fratelli vogliamo rimanere fedeli al patto stretto da Dio con i nostri padri: Dio ci guardi dal mancare alla legge e alle sue prescrizioni» (*I Libro dei Maccabei*, II, 19 sgg.).

La legge diventa ora qualche cosa di divino: essa è, secondo Filone, il più grande miracolo di Dio, il riflesso sulla terra del mirabile ordine divino; come la legge morale kantiana, essa è il fine ultimo della creazione del mondo[57]. In quanto rivelazione di Dio, essa è qualche cosa di immutabile e di sacro. «Le prescrizioni di Mosè sono immutate ed inconcusse e come segnate dalla natura stessa col suo sigillo: dal giorno che sono state scritte esse persistono e persisteranno, come speriamo, per tutte le età avvenire finché persisteranno il sole, la luna, il cielo e l'universo»[58].

La legge era costituita essenzialmente dal *Pentateuco*, dove è contenuta la legislazione attribuita a Mosè. Ma l'applicazione di un codice composto in un'età e in condizioni diverse doveva naturalmente essere possibile solo per mezzo d'un complesso di adattamenti e di interpretazioni, che costituì ben presto un codice tradizionale parallelo al codice scritto. La legge scritta diede origine anche qui, come in ogni altra religione, a una «tradizione». E come nelle altre religioni la tradizione venne artificiosamente collegata alle origini: tutto l'insieme di queste tradizioni venne fatto risalire fino a Mosè, il quale avrebbe dato accanto alla legge scritta anche una legge orale ai settanta anziani, dai quali sarebbe stata trasmessa poi, di generazione in generazione, fino ai dottori delle scuole rabbiniche[59]. È degno di nota che tutte queste speculazioni sulla legge si rivolgono esclusivamente alla pratica e

---

[57] Montefiore, *Gesù di Nazaret nel pensiero ebraico contemporaneo*, tr. it., 1913, pp. 20 sgg.

[58] Filone, *Vita Mosis*, II, 3, 14 (trad. Cohn, I, p. 301).

[59] Bousset, pp. 157-158.

non si occupano della fede teorica: fra tutti i precetti non ve n'è alcuno che dica: «tu devi credere a questo od a quello». Le tradizioni fantastiche, con cui viene abbellita la parte storica della legge, non costituiscono affatto dei dogmi. Come affermazioni necessarie vennero poste solo quelle che sono condizione dell'esistenza della legge: Dio, la sua attività legislativa, la rimunerazione delle opere.

Hillel, contemporaneo di Erode I, fu il primo che pensò a redigere per iscritto queste tradizioni classificandole sotto sei titoli: e questo fu il primo nucleo di quella grande raccolta che costituì verso il 200 d.C. la *Mishnah* e in unione con i suoi commenti posteriori (IV-VI secolo) il *Talmud*.

2. Questa trasformazione d'una religione prevalentemente rituale e sacrificale in una religione accentrata intorno alla legge fu senza dubbio una nobilitazione[60]. Il centro di gravità fu trasportato dal culto nel campo della vita morale e sociale: la successiva estensione della legge finì per trasformare in precetti religiosi tutte le norme della vita in modo da lasciare ben poco spazio all'arbitrio dell'individuo. Ne sorse così un sistema di moralità elevato e rigoroso, sebbene a tendenze ristrette e particolaristiche: lo spirito di carità e la beneficenza vi erano eretti a doveri religiosi; nel campo rituale una parte notevole era fatta al digiuno e alla preghiera. Il culto stesso vi era ridotto a un esercizio della legge: «Il Signore non ha bisogno di pane, né di lumi, né di sacrifici di animali, ma mette a prova con questi mezzi il cuore degli uomini» (*Enoch*). Anzi la legge conservò, più tardi, il sistema dei precetti rituali anche quando essi, per la distruzione del tempio, non avevano più ragione di essere.

Ma con ciò era posto anche il principio di una rapida degenerazione. Come ogni morale che fa appello non alla libera e viva adesione razionale, ma all'obbedienza assoluta a un codice, essa aprì la via alla trasformazione di questa obbedienza in una devozione cieca e assoluta, pronta a piegarsi anche dinanzi a princìpi incomprensibili o moralmente futili; nel qual caso l'attaccamento scrupoloso dell'individuo resta ammirevole, ma riveste, per l'indegnità dell'oggetto, un carattere ristretto e superstizioso. E d'altro lato con la trasformazione del precetto morale in un precetto legale fu posto il principio d'una casistica dissolvente. La legge contenuta nel *Pentateuco* è anche una legislazione civile e rituale: essa amalgama precetti giuridici, morali e rituali facendo seguire al precetto della carità prescrizioni formali insignificanti e mettendole tutte allo stesso piano come cose egualmente divine. Con ciò anche la legge morale è trasformata in un patto giuridico

---

[60] Schürer, II,[3] pp. 330 sgg. Sulla morale della «legge» si cfr. Bertholet, pp. 414 sgg.; Bousset, pp. 140 sgg.; Strack-Billerbeck, IV, pp. 536 sgg.

fra l'uomo e Dio: il fariseo (*Luca*, XVIII, 11) enumera a Dio i suoi meriti come tanti titoli di credito; l'atto morale si esaurisce nell'esecuzione esteriore della legge. E, posto questo carattere, basta che siano rispettate le formalità esteriori, anche se nella sostanza la legge viene elusa; nel Vangelo di Marco (VII, 10-13) si mostra come la dottrina dei farisei insegnasse a eludere santamente il dovere di aiutare il padre e la madre[61].

3. Anche col culto della legge il centro ufficiale dell'Ebraismo è sempre ancora il tempio di Gerusalemme: ma la vita religiosa si crea accanto ad esso un'altra sede, la sinagoga[62]. La stessa costituzione d'un solo tempio come centro del culto a Gerusalemme aveva posto l'inizio del distacco del popolo ebraico dal culto del tempio. Che cosa poteva essere il tempio per gli Ebrei della diaspora? E anche per gli Ebrei della Palestina che cosa poteva contare la visita annuale della Pasqua al sacro luogo? Questa centralizzazione del culto staccò a poco a poco il popolo ebraico dal culto e lo condusse a sostituire al tempio la sinagoga. Le sinagoghe erano edifici religiosi dove ogni sabato la comunità si raccoglieva per pregare ed essere ammaestrata dagli anziani, che leggevano e parafrasavano (in aramaico o, per la diaspora, in greco) agli intervenuti il testo delle Scritture e lo facevano servire all'edificazione morale e religiosa. «Nel giorno di Shabbat (così Filone descrive le sinagoghe degli Esseni) essi si recano nel luogo sacro che è detto sinagoga e seggono in ordine ad ascoltare con il dovuto raccoglimento. Allora uno di essi prende i libri e legge: un altro, dei più esperimentati, interviene e spiega i passi difficili». Erano anche (specialmente le sinagoghe dei farisei) case di preghiera: alla spiegazione era sempre fatta precedere e seguire una preghiera. Ma non vi era un vero sacerdozio: qualunque membro della comunità e anche uno straniero poteva levarsi a leggere e spiegare, per quanto a quest'ufficio venissero chiamati di preferenza quelli che si applicavano allo studio della legge, i dottori, i cosiddetti «scribi». A queste spiegazioni potevano aggiungersi anche discorsi sacri, omelie. Nelle sinagoghe regnava la massima libertà di parola e fioriva una vita religiosa intensa e attiva, nei sensi più diversi. La sinagoga era amministrata dagli anziani che delegavano a ciò un «archisinagogo» (*Marco*, V, 22)[63].

---

[61] Bousset, pp. 136 sgg.; Strack-Billerbeck, IV, pp. 13 sgg.

[62] Sulla sinagoga: Stapfer, pp. 322 sgg.; Renan, *Histoire du peuple d'Israël*, IV, pp. 217 sgg.; M. Friedländer, *Synagoge und Kirche*, pp. 53-78; Schürer, II,[3] pp. 428 sgg; Bertholet, pp. 338 sgg.; Bousset, pp. 171 sgg.; Travers-Herford, *Les Pharisiens* (tr. fr.), pp. 102-122; Strack-Billerbeck, IV, pp. 115 sgg.

[63] Filone, *Quod omnis probus liber* (ed. Mangey, II, 458); si veda anche il piccolo quadro intuitivo in *Luca*, IV, 16-21. Sul culto e sulle istituzioni sinagogali si v. Schlatter, pp. 51 sgg.

Il culto sinagogale sorse probabilmente durante l'esilio babilonese dopo la distruzione del primo tempio: ma noi ne troviamo tracce solo assai più tardi. Vi sono resti di sinagoghe in Egitto che risalgono al III secolo a.C. L'iscrizione di Schedin in Egitto attesta l'esistenza d'una sinagoga sotto Tolomeo III Evergete (247-222 a.C.). Noi ne abbiamo la prima menzione nella petizione che rivolge (verso il 165 a.C.) il sacerdote Onia a Tolomeo VI per erigere a Leontopoli (Egitto) un tempio che fosse per l'Egitto centro del culto ebraico come era per la Giudea quello di Gerusalemme[64]. Noi vi apprendiamo che le comunità avevano edilizi sacri particolari e che questi alimentavano le discussioni interne sulla dottrina. In Palestina, accanto al tempio, essi dovettero sorgere più tardi: al tempo della persecuzione di Antioco (175-164 a.C.) non vi è ancora, in Palestina, traccia dell'esistenza di sinagoghe: ma ve n'erano già, pochi anni dopo, in Antiochia, dove erano centro d'attrazione per molti Greci[65]. Le prime sinagoghe di cui abbiamo notizia nella Giudea sono quelle degli Esseni. Nel tempo di Gesù vi era a Gerusalemme un numero considerevole di sinagoghe (*Atti*, VI, 9): ogni piccolo villaggio, come Nazareth, aveva la sua sinagoga, che serviva da centro religioso alla popolazione vicina. Le sinagoghe erano allora il vero centro della vita religiosa ebraica: esse furono il vero mezzo della conservazione e della diffusione dell'Ebraismo. Nella catastrofe dell'anno 70 sparisce il tempio e sparisce il sacerdozio: ma l'Ebraismo con le sue sinagoghe e i suoi dottori sembra appena accorgersi di questa scomparsa.

4. In una religione del libro le guide sono i sapienti del libro, i dottori, gli «scribi». Interpreti della legge erano certamente in origine i sacerdoti; ma a poco a poco i laici s'impadronirono di quest'ufficio e così sorse accanto ai sacerdoti del tempio una corporazione di scribi, che avevano per compito di conservarne la tradizione, cioè di trascrivere ed esplicare la legge: erano i teologi, i dotti – poiché non v'era altra scienza che delle cose sacre –, i quali nelle sinagoghe avevano i primi posti ed erano i maestri più ascoltati[66]. Fin dai tempi più antichi, nella Babilonia, lo scriba, formato all'ombra dei templi, aveva un carattere ufficiale: era nello stesso tempo letterato e amministratore e costituiva una corporazione privilegiata. Questa denominazione passò, in Palestina, ai dottori della legge, alla classe di coloro che si occupavano della tradizione e dello studio delle Scritture e

---

[64] Questo tempio fu sede fino al 73 d.C. d'un culto ebraico parallelo a quello di Gerusalemme, ma non riconosciuto dai dottori di Gerusalemme. Schürer, III,[3] pp. 97-100.

[65] Giuseppe Ebreo, *De bello judaico*, VII, 3, 3.

[66] Sugli scribi: Stapfer, pp. 289 sgg.; Schürer, II,[3] pp. 305 sgg.; Bertholet, pp. 335-356; Bousset, pp. 162 sgg.; Dictionnaire de Théologie Catholique, VIII, pp. 1609-1614.

quindi erano naturalmente chiamati alla predicazione, all'insegnamento, alla direzione del costume e dei rapporti giuridici.

La prima funzione dello scriba è una funzione religiosa. Dal momento che la religione dei profeti è stata codificata nella legge, essa non lascia più luogo che all'esplicazione e al commento. Gli scribi prendono perciò il posto del profeta e del sacerdote. Sebbene procedenti in gran parte dal laicato o dalle classi sacerdotali inferiori, essi costituiscono una classe che, pur senza autorità ufficiale, sta a lato del sacerdote e lo sorpassa di gran lunga in prestigio presso il popolo (cfr. *Marco*, XII, 38-40). La direzione spirituale della nazione è nelle loro mani: le loro parole finiscono per avere un peso uguale, se non superiore, a quello della legge. Essi erano anche i maestri (rabbi) che radunavano intorno a sé i discepoli nelle scuole o sotto le gallerie del tempio. Poiché ad essi era, almeno per principio, vietato esigere un compenso per l'opera loro, vivevano esercitando un mestiere o per lo più di elargizioni (*Marco*, XV, 41; *Luca*, VIII, 1-3): più di cento rabbini che figurano nel *Talmud* erano anche artigiani e ne portano il nome. Alcuni di essi erano sacerdoti o in qualche modo addetti al tempio: ma la maggior parte erano poveri: il *Talmud* ricorda la povertà estrema del famoso dottore R. Akiba, del R. Iehuda ben El'ai, l'autorità più spesso citata nella *Mishnah* e di altri celebri dottori dei primi secoli d.C.[67]. Come interpreti della legge gli scribi erano in terzo luogo anche i giuristi e giudici più accettati. Nell'età romana erano entrati a far parte del sinedrio e costituivano accanto ai laici (πρεσβύτεροι) e ai grandi sacerdoti (ἀρχιερεῖς) un gruppo particolare. E quando, dopo la distruzione di Gerusalemme, scomparvero sinedrio e sacerdozio, essi rimasero i veri e propri legislatori e giudici di tutto il popolo.

---

[67] Fr. Delitzsch, *Jüdisches Handwerkerleben zur Zeit Jesu*, 1869, pp. 75-6; I. Jeremias, *Jerusalem zur Zeit Jesu*, II, pp. 30-32.

III. Le correnti dell'Ebraismo durante il periodo ellenistico

a) Nella diaspora

1. Noi dobbiamo ora seguire le varie diversificazioni dell'Ebraismo nell'età ellenistica, che si produssero nella diaspora e a Gerusalemme sotto l'influenza della cultura greca e orientale. Queste sono le due grandi correnti culturali che, componendosi con la tradizione religiosa dell'Ebraismo, concorsero a modificarla in sensi diversi.

Nell'Occidente e in Egitto la prevalente influenza greca diede origine a un vero Ebraismo ellenistico. Già Aristotele trova (verso il 348-345 a.C.) nell'Asia Minore un ebreo colto, che era greco non solo per la lingua, ma anche per lo spirito[68]. Ma è soltanto dopo la conquista macedone, che questa influenza acquista una vera importanza. Uno dei primi e più notevoli frutti di questo Ebraismo ellenistico fu la versione greca dell'Antico Testamento, la versione dei Settanta (cosiddetta dalla leggenda dei settantadue traduttori), il cui nome non deve però indurci nell'errore che si tratti di un'opera unitaria. Esso è solo il nome collettivo delle traduzioni diverse che autori diversi fecero in età diverse[69]. La più antica è quella del *Pentateuco* (verso il 250 a.C.), che era il centro del canone e il libro più letto nelle sinagoghe: gli altri libri vennero tradotti fra il 250 e il 150 a.C. È una traduzione di vario valore in un greco pieno d'ebraismi. Essa presenta, rispetto al testo ebraico, qualche differenza nel canone che, specialmente nella diaspora, era ancora fluttuante: così vennero accolti nei LXX (e di qui passarono nel canone cristiano) scritti che rimasero esclusi dal canone palestinense (i cosiddetti apocrifi). Questa versione venne accolta dagli Ebrei della diaspora come testo canonico: per Filone essa è il vero testo. Il fatto che essa venne adottata dalle comunità cristiane la rese odiosa agli Ebrei: i quali più tardi le preferirono una nuova traduzione, la traduzione di Aquila, un proselito greco del tempo di Adriano, discepolo di R. Akiba. Questa era anche, per quanto possiamo giudicare dai pochi frammenti che ce ne giunsero, una versione più aderente al testo delle scuole rabbiniche.

2. L'Ebraismo ellenistico ha avuto tutta una letteratura di storici e di poeti[70]: le sole opere giunte a noi sono quelle di Giuseppe Ebreo. La propaganda nel mondo pagano che voleva ad ogni costo ricondurre la sapienza

---

[68] Schürer, III,³ p. 10.
[69] Schürer, III,³ pp. 308 sgg.
[70] Schürer, III,³ pp. 135-139; 304 sgg.

dei Gentili a Mosè diede anche occasione a numerose e grossolane falsificazioni, attribuite a poeti e filosofi antichi[71].

Nella filosofia ha avuto luogo una fusione dello spirito greco e dello spirito ebraico che ha dato origine, con Filone, a una creazione originale[72]. Certo questa filosofia non abbandona, nelle idee fondamentali, il terreno dell'Ebraismo e mantiene intatti i princìpi del monoteismo puro e della divinità della legge. Il primo filosofo ebreo è Aristobulo, di cui Eusebio e Clemente Alessandrino ci hanno conservato frammenti: egli sarebbe fiorito verso il 170-150 a.C. È un eclettico con tendenze peripatetiche: vuole mostrare la concordia del *Pentateuco* con la filosofia greca, anzi che questa ha derivato le sue dottrine essenziali da Mosè[73].

Un altro frutto di questo connubio delle idee greche con l'Ebraismo è il libro della *Sapienza* (attribuito a Salomone): opera d'un ebreo alessandrino vissuto verso il 150-50 a.C. È un libro diretto contro l'empietà irreligiosa: si rivolge agli Ebrei come ai Pagani, per i quali è inserita (capp. XIII-XV) una lunga dissertazione contro l'idolatria: condanna l'epicureismo scettico dei ricchi e dei potenti (cap. I, 1 sgg.). Esso respira un vivo senso religioso, pur muovendosi con una certa libertà di fronte alle idee fondamentali dell'Ebraismo: esprime una fede ardente nell'immortalità (II, 22-25); predice un giorno della rimunerazione, in cui i giusti giudicheranno i popoli e il Signore regnerà su di essi per sempre (capp. III-V). La «Sapienza» è una vera ipostasi divina, un efflusso di Dio, un riflesso della luce divina: in un passo (XVIII, 15) questa esecutrice delle volontà divine (VIII, 3-4) è chiamata il «Logos onnipossente».

Ricco dovette specialmente essere lo svolgimento dell'Ebraismo platonizzante: noi conosciamo Filone perché in certo modo il Cristianesimo lo fece suo; del resto sarebbe scomparso, come altri, senza lasciar quasi traccia[74]. Filone (32-20 a.C. – 40-50 d.C.) è veramente già, sotto un certo aspetto, un filosofo greco: egli si è appropriato non solo la filosofia, ma anche la lingua greca e ogni finezza della cultura classica. È essenzialmente platonico e pitagorico: forte è anche l'influenza dello stoicismo. Ma nel nu-

---

[71] Schürer, III,[3] pp. 450-487.

[72] Sulla filosofia ebreo-greca si v. Zeller, *Die Philosophie der Griechen*, III, 2,3 1881, pp. 242 sgg.

[73] Secondo Renan, Wendland, ecc. sarebbe l'opera d'un falsario del II secolo d.C.; ma Schürer e Zeller ne difendono l'autenticità. Schlatter, pp. 77 sgg.

[74] Su Filone si cfr. Zeller, *Die Philosophie der Griechen*, III, 2ª, pp. 338-418; Friedländer, *Rei. Bew.*, pp. 247 sgg.; Bertholet, pp. 485 sgg.; Bousset, pp. 438 sgg.; Brehier, *Les idées philosophiques et religieuses de Philon d'Alexandrie*,[2] 1925.

cleo della dottrina è rimasto fedele all'Ebraismo. I suoi scritti possono essere considerati come il testo d'una religione ebraica dei misteri: forse furono il Vangelo d'una piccola sinagoga alessandrina[75]. Filone pensa Dio come la perfezione assoluta che è sopra l'uno, sopra il bene, sopra ogni pensiero e ogni parola. Egli solo può conoscere se stesso: noi possiamo conoscerlo e denominarlo solo nel suo rapporto col mondo. Appunto perché è un essere trascendente, egli può agire sul mondo solo per mezzo di esseri intermediari, delle ipostasi divine. Il primo e il più alto di questi intermediari è il Logos, in cui Filone fonde il concetto orientale ed ellenistico del mediatore divino con il concetto filosofico platonico e stoico. Esso è il primogenito di Dio, il primo arcangelo, distinto da Dio come dal mondo, che interviene nella creazione come forza creatrice, come demiurgo e come sede delle idee divine che dirigono la creazione. Esso è anche la legge che tiene insieme il mondo e così la provvidenza per le cose e per l'uomo. Però la formazione del mondo sensibile ha avuto luogo per mezzo dei princìpi inferiori, degli angeli: per questo esso è sede dell'imperfezione e del dolore. L'anima umana è un momento, una «partecipazione non separata» del Logos. Prima della creazione le anime vivevano in una beata contemplazione di Dio; dopo la creazione una parte di esse, cedendo all'attrazione delle cose inferiori, si è rinchiusa nei corpi e nel mondo materiale come in un carcere: questo è il peccato originale che pesa su tutti gli uomini[76]. Compito dell'uomo sulla terra è rinunciare alle cose finite e di fare ritorno al mondo divino: la perfezione è il frutto della contemplazione, della visione mistica. Le anime che si elevano alla visione del mondo spirituale ritornano, dopo la morte, a Dio: le altre sono abbandonate per sempre al miserabile destino che esse hanno scelto[77]. Filone concilia questa sua visione filosofica con l'ortodossia per mezzo dell'interpretazione allegorica: in ciò egli ha seguito i rabbini e i Greci[78], così ha potuto leggere nelle tradizioni ebraiche le sue teorie filosofiche. Egli espone anzi in generale la sua filosofia per mezzo di commenti alla legge. Mosè è il vero maestro dell'umanità: i filosofi greci hanno attinto da lui. La legge ebraica è una rivelazione assoluta che coincide con la legge divina universale; ma Filone non distingue in essa il nucleo spirituale dal suo travestimento storico. Quindi egli può rimanere un fedele seguace della legge e biasimare energicamente coloro che, interpretando spiritualmente la legge, ne respingono poi la pratica esteriore.

---

[75] Filone, *De Cherubim*, 12, 42-43 (tr. Cohn, III, pp. 182-183).
[76] Filone, *De gigantibus*, 7, 31 (tr. Cohn, III, p. 172).
[77] Filone, *De Cherubim*, I, 2 (tr. Cohn, III, p. 172).
[78] Schürer, III,[3] p. 546.

Egli accoglie il messianismo terreno tradizionale, ma senza annettervi grande importanza. Verrà un tempo in cui gli Ebrei, guidati da un segno divino, saranno di nuovo tutti raccolti nella Palestina: i malvagi saranno soppressi dall'ira celeste; gli altri uomini si piegheranno dinanzi alla forza e alla bontà del popolo dei santi. Allora regnerà la pace non solo fra gli uomini, ma anche tra gli uomini e gli animali; e l'umanità condurrà una vita beata. A capo di essa starà il re messianico, di cui Dio si servirà per tenere sottomesse tutte le nazioni. Ma questo regno è un'utopia terrena, non un aldilà apocalittico. Non vi è giudizio finale: ogni anima riceve alla morte il suo giusto destino. Non vi è altro aldilà che il mondo spirituale: i particolari escatologici delle promesse messianiche sono da Filone allegorizzati e spiritualizzati come immagini dell'immortalità che attende le anime beate.

Il pensiero dualistico, ascetico di Filone, nel quale culmina l'Ebraismo ellenizzante, è nella sua essenza un pensiero religioso, diretto nello stesso senso del pensiero di Gesù: ma a lui mancò, per essere il profeta d'una religione, l'energia ardente del riformatore. Egli ebbe più tardi un'influenza notevole sulla speculazione cristiana e sulla filosofia alessandrina di Plotino e di Origene, ma non esercitò alcuna azione sul corso dell'Ebraismo, né ebbe parte nella genesi del Cristianesimo: la teologia rabbinica lo ignorò completamente.

3. Nelle regioni orientali, più superficialmente ellenizzate, e specialmente nelle regioni oltre il Giordano, la diaspora ebraica invece subì più profondamente l'azione delle grandi religioni e dei movimenti mistici dell'Oriente. Vi era del resto nell'Ebraismo stesso una tendenza alla speculazione teosofica e mistica, gravitante specialmente intorno alla cosmogonia delle prime pagine della *Genesi*, che diede origine alle fantastiche dottrine intorno alla creazione, al mondo celeste, agli angeli e ai demoni, al problema del male, trasmesse dai dottori rabbinici nel *Talmud* e nei commentari alla *Scrittura* (*Midrashim*), e che si esercitò più tardi nella speculazione cabbalistica, la cui storia ci è, disgraziatamente, così poco nota. Che in questa corrente, qualche volta tollerata, qualche volta avversata dall'Ebraismo ortodosso, si facessero strada dottrine indipendenti e sospette, vediamo da molte tradizioni conservateci nel *Talmud*; ad esempio dalle tradizioni relative a quel rabbi Elischa ben Abouïa, contemporaneo di R. Akiba, messo in cattiva luce nel *Talmud* per la sua eterodossia, che sembra aver inclinato verso una forma di dualismo[79]. Il sacerdote Onia nella sua petizione a Tolomeo VI si duole già della molteplicità di sette che sorgevano nel seno delle sinagoghe. Nelle appassionate discussioni di Filone contro i

____

[79] Hagiga, 15 A. (trad. Goldschmidt).

negatori (Ebrei) della legge ha molto verosimilmente ragione un critico di vedere altro che delle semplici disquisizioni teoriche: esse erano vere controversie contro le sette sorte nelle sinagoghe al suo tempo[80]. Egli distingue queste sette in due classi: sette negatrici, materialistiche (i figli del senso) e sette speculative (i figli dello spirito). È probabile che le prime fiorissero nelle comunità dell'Occidente sotto l'influenza della scienza e della filosofia greca: erano gli empi, gli increduli, che negavano le Scritture e l'immortalità. Le seconde dovettero fiorire di preferenza nell'Oriente sotto l'influenza della speculazione religiosa orientale; il Friedländer (con cui lo Schürer consente) le identifica con i Minim del *Talmud*; anch'essi respingevano l'osservanza della legge e in parte professavano, specialmente in materia sessuale, princìpi liberissimi. Con questo movimento deve molto probabilmente identificarsi quello gnosticismo ebraico precristiano, intorno al quale così poco sappiamo, ma che certamente fu connesso col movimento apocalittico e con le sette battezzatrici dell'Oltre Giordano. In questo ambiente trovò un'ampia diffusione fin dagli inizi il Cristianesimo (*Marco*, III, 7-8; X, 1; *Matteo*, IV, 25; XIX, 1-2) e con esso tornò a confondersi più tardi come Cristianesimo ebionitico. Le apocalissi a tendenze gnostiche, come l'*Enoch* slavo e l'*Apocalisse* di Abramo[81], possono fornirci un esempio di questa corrente d'idee.

4. Ma l'antichità ci ha conservato il ricordo di una di queste sette misteriosofiche: la comunità degli Esseni, che aveva le sue sedi a oriente di Gerusalemme, sulle rive del Mar Morto[82]. Il significato del nome (i pii, i santi?) ci è oscuro come la loro origine. Essa sorse nel II secolo a.C.; ma il nome del profeta che la fondò e le diede ordini e libri sacri non ci è pervenuto. La comunità comprendeva due specie di adepti: quelli che vivevano più rigorosamente nei conventi e quelli che vivevano come semplici aderenti, nel mondo, e potevano contrarre matrimonio. I primi erano riuniti in grandi conventi e avevano una specie di regola monastica rigorosa: si sostentavano con l'agricoltura, praticavano il più rigido comunismo, condannavano la proprietà individuale, il commercio, il giuramento, il matrimonio;

---

[80] Friedländer, *Der vorchristliche jüdische Gnosticismus*, 1897; *Relig. Beweg.*, pp. 60-75; 196-7 (nota); 287.

[81] Schürer, III,[3] pp. 336 sgg.

[82] Sugli Esseni si cfr.: Zeller, *Die Philosophie der Griechen*, III, 2,[3] pp. 277 sgg.; Hilgenfeld, *Die Ketzergeschichte des Urchristentums*, 1884, pp. 87-149; Stapfer, pp. 436 sgg.; Friedländer, *Rei. Bew.*, pp. 114-168; Reville, I, pp. 124 sgg.; Bertholet, pp. 311 sgg.; Bousset, pp. 456 sgg.; Schürer, II,[3] pp. 558 sgg. Hölscher, §§ 90-91; Klausner, *Jesus von Nazareth etc.*, 1930, pp. 277 sgg.; Schlatter, pp. 173 sgg.

si astenevano dall'uso delle carni. Prendevano in comune i loro pasti, preceduti e seguiti da preghiere, in solenne silenzio, sotto la direzione dei capi. Vestivano di bianco, purificavano sovente il corpo con numerose abluzioni, vegliavano con attenzione scrupolosa a tenere lontano da sé ogni contatto impuro. Erano contrari alla guerra e alla schiavitù, ma presero attiva parte alla sollevazione contro i Romani. Mantenevano fermi i loro legami con l'Ebraismo e perciò osservavano la legge e lo Shabbat e mandavano offerte al tempio; ma avevano, per i sacrifici, le loro usanze particolari. Possedevano libri segreti sugli angeli e le loro virtù; credevano nella preesistenza delle anime, pregavano rivolgendosi verso il sole, nel quale vedevano qualche cosa di divino. Anch'essi avevano le loro sinagoghe e facevano un'attiva propaganda per attirare a sé giovani discepoli: questi dovevano attraversare un rigoroso noviziato e impegnarsi a un assoluto segreto sulle regole dell'ordine e a una perfetta obbedienza ai loro capi. Erano divisi in quattro gradi rigidamente separati.

Un'opinione assai diffusa (Kuenen, Renan, Reville, Stapfer, E. Meyer) vede in essi un puro prodotto dell'Ebraismo; essi avrebbero costituito una chiesa di *hassidim*, di «santi»; sarebbero stati una specie di farisei al superlativo. Secondo altri (Zeller, Friedländer, Schürer) sarebbero sorti sotto l'influenza delle idee pitagoriche e dell'orfismo. Noi dobbiamo confessare su questo punto la nostra ignoranza; ma è difficile vedere nell'essenismo una dottrina puramente ebraica: l'opinione più verosimile è che in esso confluiscano anche influenze orientali (Hilgenfeld). La catastrofe del 70 disperse le comunità degli Esseni che dopo d'allora scompaiono dalla storia. Ma è possibile che essi abbiano continuato a vivere oscuramente, per qualche secolo, nella Palestina Orientale: le colonie monastiche trovate da Epifanio nel IV secolo sulle rive del Mar Morto si riattaccavano probabilmente agli Esseni.

È certo assai verosimile che Gesù abbia conosciuto gli Esseni: e vi sono tra l'essenismo e la dottrina del Vangelo coincidenze notevoli. Nessuno può quindi escludere che l'essenismo abbia avuto qualche influenza sul Cristianesimo nascente: secondo l'Hilgenfeld la letteratura apocalittica sarebbe un prodotto degli Esseni[83]. Ma non si può dimostrare d'altra parte che vi siano stati rapporti col Cristianesimo e le biografie romanzesche di Gesù che hanno messo in stretto rapporto Gesù con gli Esseni (Bahrdt 1782, Venturini 1880-82) sono invenzioni fantastiche che non riposano su alcun fondamento. Accanto alle analogie vi sono tra l'essenismo e la dottrina di Gesù distinzioni nette e profonde. L'essenismo era una setta monacale isolata dal

---

[83] Bugge, *Ueber das Messiasgeheimnis* «ZNW», 1906, p. 99.

mondo, retta da un rituale complicato, da una gerarchia rigorosa: l'esseno doveva purificarsi anche se avesse solo toccato un novizio; la sua vita era regolata da tutto un cerimoniale monastico. L'attività di Gesù è rivolta invece verso il mondo e il suo spirito mira verso l'interno dell'uomo: egli non conosce né gerarchie, né rituali. Inoltre l'essenismo era una dottrina esoterica, riservata agli iniziati: Gesù non voleva che la luce si nascondesse: la dottrina non doveva essere un segreto settario. Il detto di Gesù sulla lampada sotto il moggio (*Marco*, IV, 21; *Matteo*, X, 26-27) sembra diretto contro quelli che, come gli Esseni, facevano della verità una dottrina occulta, che non era partecipata se non dopo un impegno al segreto.

Nel trattato *De vita contemplativa* Filone ci ha lasciato la descrizione di un'altra comunità monastica, della comunità ebraica dei Terapeuti, simile agli Esseni, fondata presso Alessandria: in essa dobbiamo forse vedere un'imitazione del monachismo egizio. I dubbi contro l'autenticità del trattato sembrano oggi dissipati. Ma fin dove la descrizione di Filone sia storica e dove invece cominci l'idealizzazione filosofica è difficile decidere[84].

b) *Sadducei e Farisei*

1. Di fronte agli svolgimenti speculativi o mistici fiorenti nella diaspora l'Ebraismo gerosolimitano rappresentava l'ortodossia, la fedeltà alla lettera e alla tradizione della legge: le divergenze concernevano soltanto l'estensione che doveva essere data, nella legge, alle innovazioni della tradizione. Vi era una parte che voleva attenersi rigorosamente alla legge scritta e respingeva tutto lo svolgimento che la tradizione orale aveva introdotto nella legge e nella dottrina: questi erano i Sadducei (seguaci o discendenti di Sadoq, che sarebbe, secondo l'opinione dominante, il grande sacerdote nominato da Salomone)[85]. A questo partito appartenevano in gran parte il sacerdozio del tempio e le classi ricche della popolazione; essi rappresentavano l'elemento conservatore, aristocratico, ligio alla tradizione, nemico di ogni innovazione e di ogni movimento pietistico. Perciò essi ripudiavano anche le nuove dottrine sulla risurrezione dei morti e sull'angelologia: nel Vangelo appaiono come negatori della risurrezione (*Marco*, XII, 18 sgg.), anzi come materialisti puri (*Atti*, XXIII, 8). Nella *Mishnah* ci è stato conservato un'eco

---

[84] Wendland, *Die Therapeuten und die philosophische Schrift vom beschauenden Leben*, 1896; Strathmann, *Geschichte der frühchristliche Askese*, 1914, pp. 148 sgg.

[85] Sui Sadducei: Stapfer, pp. 259 sgg.; Schürer, II,² pp. 406 sgg.; Hölscher, § 93 (che vede nei Sadducei una scuola, non un partito); Schlatter, pp. 165 sgg.; Klausner, pp. 291 sgg.; Strack-Billerbeck, IV, pp. 339 sgg.; E. Meyer, II, pp. 289 sgg.

delle loro discussioni col partito opposto dei Farisei sulla interpretazione della legge[86].

Ma questo carattere si connette con un altro non meno essenziale. Le loro tendenze conservatrici non procedevano da zelo religioso: essi costituivano soprattutto un partito politico e mondano il cui supremo interesse era la conservazione del proprio predominio e delle proprie ricchezze. La loro fedeltà alla legge era fedeltà alle forme, alle tradizioni, allo stato presente e si conciliava benissimo con una mentalità scettica: anche oggi non è rara questa mescolanza di scetticismo religioso e di formalismo conservatore. Le loro ricchezze, il loro lusso, la loro corruzione destavano naturalmente la più viva riprovazione nelle anime pie[87]. Al tempo dei Seleucidi avevano accolto con favore le riforme ellenistiche: più tardi, sotto Giovanni Ircano (135-104 a.C.), si accostarono alla dinastia maccabea e, nonostante la prevalenza dei Farisei, seppero mantenersi al potere anche sotto Erode e sotto i Romani. Furono contrari alla guerra contro i Romani; ma la guerra li travolse nella comune rovina e il partito scomparve con la caduta di Gerusalemme.

2. Il libro dell'*Ecclesiaste*[88] è la conclusione triste di questa corrente mondana del pensiero ebraico: Loisy lo chiama l'evangelo del sadduceismo nascente[89]. Esso è stato scritto, secondo ogni probabilità, verso il 200 a.C. da un ebreo mondano, nutrito del pensiero greco, profondamente scettico, ricco di un'amara esperienza della vita. Egli vede chiaramente le ineguaglianze della vita, dove non vi è proporzione tra la virtù, la saggezza e il destino. «Io vidi tutto quello che si commette di ingiusto sotto il sole: vidi le lacrime degli oppressi che nessuno consola e le violenze degli oppressori che nessuno reprime. E stimai più felici i morti che i vivi e più felici che gli uni e gli altri quelli che non sono mai stati: per lo spettacolo di tutto il male che si fa sotto il sole». Tutte le cose poi si dileguano egualmente nell'universale vanità, «che mutando non muta». La sorte del giusto e del malvagio, del saggio come dello stolto è una sola: dopo una vita effimera, la morte e l'oblio eterno. Meglio dunque godere rassegnati di ciò che Dio ci concede, cercando di dimenticare in mezzo alle attività e ai piaceri del mondo la vanità dell'esistenza. Questo è ancora il meglio che l'uomo possa fare nei suoi

---

[86] Schürer, II,[3] pp. 384 sgg.; Strack-Billerbeck, IV, pp. 344 sgg.

[87] Sul lusso dei grandi sacerdoti si v. S. Jeremias, *Jerusalem zur Zeit Jesu*, II, pp. 11-14.

[88] Sull'Ecclesiaste: Renan, *L'Ecclesiaste*, 1882; *Histoire du peuple d'Israël*, V, pp. 157-187; L. Levy, *Das Buch Qohelet, e in Beitrag zur Geschichte des Sadduzäismus*, 1912; E. Meyer, II, pp. 35-40.

[89] Loisy in «RHLR», IV, p. 448.

giorni fuggitivi: nello Sheol che lo attende non vi è più né pensiero, né vita, né saggezza, né stoltezza.

3. I Farisei costituivano il partito opposto, anzi, meglio che un partito, un'associazione, una setta organizzata di zelanti, di pietisti, accentrata intorno alla legge e alla sinagoga, che si opponeva all'aristocrazia sacerdotale mondanizzata e si proponeva, come ideale, la costituzione d'uno Stato teocratico dove regnasse assoluta la legge di Mosè con tutti gli sviluppi e le aggiunte che la tradizione dei dottori vi aveva introdotto[90]. La loro origine risale probabilmente molto addietro: il partito fariseo esiste già, prima del nome, nel partito rigorista e separatista che compare dopo l'esilio: nella guerra dei Maccabei all'esercito maccabeo si unisce anche la «società dei pii»; ma il loro nome appare per la prima volta (in Giuseppe Ebreo) sotto il gran pontefice Gionata, verso il 145 a.C. Associati prima ai Maccabei nell'opera di liberazione contro i Seleucidi, se ne staccarono in seguito quando nella dinastia maccabea gli interessi politici e dinastici prevalsero sulle preoccupazioni religiose. Sotto il regno di Alessandro Janneo essi anzi si sollevarono e chiamarono contro lui in aiuto uno degli ultimi Seleucidi, Demetrio III Eukairos (circa 88 a.C.). La guerra civile condotta con odio selvaggio durò sei anni. Ma Alessandro Janneo avendo avuto il sopravvento ne prese feroce vendetta facendo crocifiggere ottocento ribelli e massacrare davanti ai loro occhi le loro donne e i bambini, mentre egli e le sue concubine banchettavano assistendo al supplizio. Morto Alessandro Janneo, sotto la regina Alessandra essi ripresero il potere e si vendicarono sui loro persecutori. Dopo di allora conservarono il dominio spirituale dell'Ebraismo e anche Erode per convenienza politica evitò di venire con essi a conflitto. Tuttavia l'influenza del fariseismo non si estendeva allora al di là della Giudea; gli Ebrei della diaspora non lo conoscono: esso avrebbe reso loro la vita impossibile tra i Pagani. Dopo la catastrofe del 70 d.C. il fariseismo estende la sua azione e diventa la guida esclusiva dell'Ebraismo. Il nome scompare perché scompare ogni opposizione; esso si identifica e si continua con l'Ebraismo rabbinico.

Essi si chiamavano col nome di «sodi»: il che vuol dire che non riconoscevano in tutti il loro compagno, il loro «prossimo»; il nome di farisei (separati) fu dato loro probabilmente dai loro nemici e indica il rigore settario con cui si consideravano come separati dal resto del popolo. Appartenevano

---

[90] Sui Farisei: Stapfer, pp. 259 sgg.; Schürer, II,[3] pp. 388 sgg.; Bertholet, pp. 295 sgg.; Bousset, pp. 183 sgg.; I. Abrahams, *Studies in Pharisaism and the Gospels*, 1917; Travers-Herford, *Les Pharisiens* (tr. fr.), 1928; Schatter, pp. 137 sgg.; Klausner, pp. 285 sgg.; Strack-Billerbeck, IV, pp. 334 sgg.

in generale alle classi colte e agiate: la loro società contava, secondo Giuseppe Ebreo, al tempo di Gesù più migliaia di affiliati. È naturale che gli scribi appartenessero per la maggior parte alla setta che propugnava la più perfetta osservanza della legge: vi erano certo anche scribi non farisei (*Atti*, XXIII, 9); ma tutti i grandi teologi che conosciamo del tempo di Gesù e in genere tutti quelli, dei quali il *Talmud* ci ha conservato il nome e le dottrine, erano Farisei.

4. I Farisei non avevano propriamente una dottrina; qui, come nella pratica, si limitavano ad accogliere la fede tradizionale includendovi anche gli svolgimenti della tradizione orale, cioè quelle dottrine che le influenze orientali avevano introdotto nell'Ebraismo: la fede nella risurrezione dei morti, l'angelologia e la demonologia, ecc. L'essenziale era per essi la pratica nella quale erano così intransigenti e precisi come per la dogmatica i cattolici. Perciò san Paolo (*Lettera ai Romani*, X, 2) dice di loro: «Hanno zelo per le cose divine ma senza discernimento».

La morale farisaica era quella della religione della legge: i suoi precetti erano elevati e puri, specialmente la carità e l'elemosina erano elevati alla dignità di precetti rituali[91]. Ma essa aveva un carattere legale, quasi cerimoniale: il suo principio era che si dovesse eseguire in tutto la volontà divina espressa nella legge. Non vi sono perciò grandi e piccoli precetti: tutto ha un uguale valore. «Prendi la stessa cura di un precetto lieve e di un precetto grave: perché tu non sai quale è il compenso di ciascuno di essi»[92]. I Farisei si consideravano perciò obbligati a una scrupolosa osservanza di tutte le prescrizioni della legge, piccole e grandi, specialmente di quelle relative al puro e all'impuro, le quali li costringevano a tanti scrupoli e a tante precauzioni nei rapporti con il mondo, che questi venivano resi estremamente difficili: essi venivano così a costituire una classe separata dal volgo, il cui semplice contatto era impuro per un fariseo. Avevano perciò in avversione la turba dei rustici (*Amhaarez*), dei peccatori che non potevano né conoscere né mettere in pratica tutte le finezze della legge e che non avevano scrupolo di entrare in rapporti con l'impuro mondo pagano. Si capisce quindi come i farisei vedessero poco di buon occhio i Pagani convertiti: essi li tenevano sempre per Ebrei d'un rango inferiore e li chiamavano la scabbia d'Israele[93]. Certo anch'essi facevano la propaganda, ma una propaganda ristretta e arida

---

[91] Dice Simone il giusto (II secolo a.C.): «Su tre cose riposa il mondo: sulla legge, sul culto e sulla carità» Abot, I, 2.

[92] Abot, II, 1, b.

[93] Schürer, III,³ pp. 133 sgg.

che non mirava né alla conversione delle masse, né alla conversione interiore. Essi «circuivano il mare e la terra» per attirare a sé seguaci influenti, ma li rendevano così angusti e fanatici come essi erano[94]. E si comprende altresì l'avversione del mondo fariseo verso l'apocalittica, della quale non è fatto menzione nel *Talmud*: essa apparteneva alla religiosità della spregiata moltitudine.

Un punto di vista di questo genere doveva facilmente condurre alla casistica e all'ipocrisia. Una gran parte della casistica era consacrata a eludere i precetti con finzioni convenzionali: onde il nome di «fariseo» venne nel linguaggio comune (come in altri tempi il nome «gesuita») a significare «ipocrita». L'ipocrisia dei Farisei è già bollata nell'Assunzione di Mosè (uno scritto apocalittico contemporaneo dell'era), dove sono detti (cap. 7): «honorum comestores, dicentes haec facere propter misericordiam, queruli et fallaces, celantes se ne possint conosci: [...] manus eorum et mentes immunda tractabunt et superdicent: noli me tangere ne inquines me»[95]. Anche nei *Salmi* di Salomone (uno scritto farisaico) è lamentata l'ipocrisia dei Farisei nel Sinedrio; Luca dice che erano amanti del denaro (XVI, 14). Certo questo giudizio non deve essere generalizzato troppo. Vi erano dei Farisei sinceramente pii; vi furono dei Farisei partigiani di Gesù che lo invitarono alla loro mensa (*Luca*, VII, 36); sono dei Farisei che mettono in guardia Gesù contro Erode Antipa (*Luca*, XIII, 31). Negli *Atti* (XV, 5) sono ricordati dei Farisei convertiti; uno dei capi dei Farisei, Gamaliel, difende gli apostoli contro il gran sacerdote e i Sadducei (V, 33 sgg.).

5. La religione stessa della legge tendeva naturalmente ad essere esclusiva: se soltanto la legge e la pratica dei suoi precetti giustificano dinanzi a Dio, gli altri popoli sono condannati inesorabilmente[96]. Con gli ultimi profeti, Geremia, Zaccaria, il Deutero-Isaia si erano tuttavia fatte vive delle tendenze più umane, universalistiche. Hillel e Shammai, due celebri dottori contemporanei del re Erode, sembrano rappresentare su questo punto le due tendenze: nella *Mishnah* (*Shabbat*, 13 B sgg.) è riferita la controversia tra gli scolari di Hillel e quelli di Shammai circa le diciotto regole che fissano i rapporti tra Ebrei e non Ebrei. Ma l'idolatria della legge doveva necessariamente condurre i Farisei a un orgoglio nazionalistico insensato. Il fariseo considerava la nazione ebraica come radicalmente separata da tutte le altre:

---

[94] Giustino, *Dialogo*, e. 122. È probabile che il detto di Matteo si riferisca alla conversione del re di Adiabene (34 d.C.) raccontato da Giuseppe Ebreo (*Antiq.*, XX, 2, 4-5).

[95] Kautzsch, II, p. 325.

[96] Bertholet, pp. 285 sgg.; 430 sgg.; Strack-Billerbeck, IV, pp. 353 sgg.

i Pagani e tutto ciò che veniva da essi era impuro. Non era possibile assidersi a una mensa pagana: anche la polvere della terra pagana era un'impurità (onde l'espressione evangelica «scuotere la polvere dai propri sandali»). A quali conseguenze dovesse condurre questo disprezzo, che fu ben presto reciproco, già si è visto.

Questo atteggiamento aveva però sempre un carattere religioso, non politico: i Farisei erano in genere indifferenti di fronte al potere, purché questo permettesse l'osservanza della legge. Al tempo della prima grande guerra il dottore Jochanan ben Sacchai consigliava, per un senso religioso, la rassegnata subordinazione ai dominatori. Nella seconda sollevazione sotto Adriano i Farisei si tennero in disparte: R. Akiba fu il solo dottore che sostenne il re messianico Bar Cocheba. Gli zeloti, un partito di patrioti accesi, che predicavano non la rassegnazione, ma la rivolta, mescolandovi speranze messianiche, si erano su questo punto recisamente separati dai Farisei[97].

6. Il messianismo farisaico continua nelle sue linee generali il messianismo postesilico: anch'esso si muove sostanzialmente nei confini del mondo presente ed è, nei suoi tratti essenziali, la promessa di una rigenerazione nazionale, d'una glorificazione terrena del popolo ebraico[98]. Certo anch'esso non poté del tutto sottrarsi all'influenza dell'escatologia persiana. Le due forme di messianismo, il messianismo terreno, nazionalistico dei Farisei e il messianismo trascendente degli apocalittici non devono essere considerate come due correnti separate, ma piuttosto come due fattori che concorrono diversamente nelle varie concezioni messianiche. Nell'Ebraismo apocalittico prevale il fattore religioso, escatologico, connesso con l'influenza persiana; nell'Ebraismo farisaico prevale il fattore nazionalistico. Questo carattere si accentuò maggiormente nei periodi in cui l'ideale nazionale sembrò vicino a realizzarsi, come nell'età dei Maccabei: e infiammò a una disperata resistenza contro gli oppressori, come nell'epoca romana. E questo messianismo terreno che ispirò i movimenti di rivolta contro i Romani a cominciare da Giuda di Gamala (6 d.C.) fino a Bar Cocheba, e che armò la mano degli zeloti, i violenti che volevano forzare il regno di Dio (*Matteo*, XI, 12). Invece dopo la catastrofe del 135 d.C.

---

[97] Schlatter, pp. 259-264; Klausner, pp. 264 sgg.

[98] Sul messianismo farisaico: Weber, *System der altsynagogalen palästinensische Theologie*, 1880, pp. 322 sgg.; J. Drummond, *The Jevish Messiah: a critical History of the Messianic Idea among the Jews from the Rise of the Maccabees to the closing of the Talmud*, 1877; P. Volz, *Jüdische Eschatologie von Daniel bis Akiba*, 1903, pp. 2, 55 sgg.; Klausner, *Die messian. Vorstellungen des jüd. Volkes im Zeitalter der Tannaiten*, 1904; Friedländer, *Rei. Bew.*, pp. 22 sgg.; v. Gall, pp. 352 sgg.; Strack-Billerbeck, IV, pp. 815 sgg.

il messianismo perde ogni importanza pratica: le preghiere sinagogali per il regno e il messia diventano pure frasi liturgiche.

Però nel messianismo farisaico (a differenza del messianismo postesilico) il nuovo concetto della risurrezione rende possibile la giustizia di Dio e la partecipazione di tutti i giusti alla restaurazione futura. La prima opera del messia sarà la distruzione del regno di Edom (Roma): seguirà la riunione delle tribù disperse. Poi il messia scenderà alle porte dell'inferno e libererà i figli d'Israele purificati dal fuoco: allora essi e i giusti, che aspettano presso Dio, risusciteranno con lo stesso corpo e con gli stessi abiti in cui furono posti nel sepolcro. Con la risurrezione comincerà il regno del messia, la cui durata sarà, secondo R. Akiba di 40 anni, secondo altri di 100, di 600, di 1000 anni. Allora risorgeranno in tutto il loro splendore Gerusalemme e il tempio e Mosè stesso restaurerà il culto. La terra sarà un soggiorno beato: i figli d'Israele non conosceranno più la morte. Israele regnerà al posto di Roma sui popoli, perché Roma è sorta solo a causa dei peccati d'Israele. Una parte dei Pagani si convertirà e farà parte del popolo eletto: ma la parte maggiore resterà, con le sue leggi, a servire Israele. Alla fine del periodo messianico avrà luogo l'attacco dei popoli di Gog e di Magog contro Gerusalemme: e ad essi si uniranno, nella rivolta, i popoli pagani. Allora avrà luogo l'ultimo giudizio: i Pagani saranno precipitati nell'inferno e votati alla distruzione e alle pene eterne, e sulla terra non rimarrà che il popolo di Dio per godere in eterno di una perfetta beatitudine.

Il messia venne nelle diverse età variamente identificato: così nell'età maccabea con i re-sacerdoti della stirpe dei Maccabei, nell'età di Adriano con Bar Cocheba; ma in generale resta fermo il principio della sua discendenza davidica[99]. Egli è un uomo, come gli altri, che dopo la restaurazione del suo regno sarà re, giudice, sacerdote e maestro del suo popolo. Egli non ha nulla di soprannaturale: egli preesiste in Dio, ma preesiste solo quanto al nome, all'idea, come preesistono, nel pensiero di Dio, il popolo eletto e la legge. Anche i Targum insistono sempre sull'origine davidica del messia e ne accentuano il carattere nazionale e terreno. «Le preoccupazioni cosmologiche e trascendenti spariscono. Il messia non si avanza sulle nubi, non è un eroe mitico, una figura dell'al di là: è un uomo, un ebreo, un santo rabbi, è il re possente del tempo della consolazione: è il figlio di David promesso agli Israeliti pii»[100].

---

⁹⁹ Sul messia rabbinico: Weber, *op. cit.*, pp. 191; 339-40; v. Gall, pp. 383.

¹⁰⁰ P. Humbert, *Le Messie dans le Targum des prophètes*, «R. de Théol. et de Philos.», 1911.

7. I Farisei hanno lasciato qualche traccia nella letteratura biblica più recente. Il *Libro di Ester*, un romanzo ispirato al più feroce egoismo nazionale (composto verosimilmente verso il 150 a.C.), è già un libro pieno dello spirito farisaico. Alla stessa età e al medesimo indirizzo appartiene anche la leggenda di Giuditta, il cui autore, infiammato da un odio feroce contro i nemici del suo popolo, vuol mostrare che Jahvè non abbandona chi segue scrupolosamente le prescrizioni della legge.

Il libro dei *Giubilei*[101] è un commento alla storia delle origini fino all'uscita dall'Egitto con aggiunte leggendarie, ispirato a una pietà superstiziosa verso la legge. La legge era scritta in cielo su delle tavole prima d'essere promulgata in terra e gli angeli la mettevano in pratica. Accanto alla legge vi è una tradizione segreta che dai patriarchi è stata trasmessa in libri segreti alle generazioni più tarde. L'autore predice la corruzione d'Israele, la sua rovina e la sua restaurazione nell'età messianica (I, 8 sgg.; XXIII, 16 sgg.); non vi è fatta parola del messia. Il libro risale probabilmente al II-I secolo a.C.

Ma il documento più interessante è costituito dai *Salmi* di Salomone, che sono l'opera d'un fariseo devoto, il quale scrisse verso la metà del I secolo a.C.[102]. Spirano un senso di religiosità intima e profonda; l'autore maledice gli ipocriti (*Salmo* IV), confessa i peccati degli abitanti di Gerusalemme e riconosce la giustizia della punizione (*Salmo* VIII), esprime la sua fiducia nella bontà di Dio (*Salmi* XIII, XV). La paternità di Dio è sentita profondamente come nel Vangelo: «Signore, tu sei buono e misericordioso, tu sei il rifugio del povero, quando io grido verso di te tu mi ascolti... – Se io avrò fame, griderò a te, o Signore – E tu mi darai da mangiare – Tu nutri gli uccelli ed i pesci – quando mandi la pioggia ai deserti per farvi crescere l'erba – e preparare nel deserto il cibo a tutti gli esseri che vivono; – Essi quando hanno fame levano la faccia verso di te. – Tu nutri i re, i principi ed i popoli; – ma la speranza del povero e del bisognoso dov'è se non in te o Signore?» (*Salmo* V, 2-3, 10-13). L'autore è avverso al sacerdozio del tempio: l'opposizione tra i giusti e gli empi equivale per lui all'opposizione tra i farisei e i Sadducei fautori della dinastia maccabea. Egli lamenta le persecuzioni subite dai farisei: «Lungi da essi (dagli empi) erano fuggiti quelli che amano le assemblee dei santi, come i passeri che volano via dal nido.

---

[101] Ed. in trad. tedesca in: E. Kautzsch, *Die Apokryphen und Pseudepigraphen des Alten Testaments*, 1900, II, pp. 31-119.

[102] Ed. in tr. ted. in: E. Kautzsch, *op. cit.*, pp. 127-128; J. Viteau, *Les psaumes de Salomon* (intr. et trad.), 1911. Secondo Charles (pp. 267 sgg.) essi appartengono a più autori e la concezione messianica esposta nei *Salmi*, 1-16 è diversa da quella dei *Salmi*, 17-18.

Essi erravano nel deserto per salvare la loro vita in pericolo: essi erano stati dispersi per la terra dagli empi» (*Salmo* XVII, 13-20). Le speranze dell'autore sono rivolte al re davidico, un re puramente terreno, che libererà la Giudea dai Pagani, riunirà le nazioni sotto il suo giogo e farà d'Israele un nuovo popolo di santi che egli governerà con giustizia. «Beati quelli che vivranno in quei giorni per contemplare i benefizi del Signore che egli riverserà sulla generazione ventura!» (XVIII, 7).

8. Sul valore del fariseismo i giudizi, anche da parte ebraica, sono diversi. Secondo gli uni il fariseismo ha spezzato il naturale svolgimento dell'Ebraismo e lo ha chiuso in un nazionalismo ristretto che gli impedì di diventare una religione universale e lo condusse alla degenerazione[103]. Altri invece vedono nel movimento farisaico un fatto provvidenziale per il popolo ebraico e per l'umanità. Naturalmente non si può estendere l'accusa di ristrettezza mentale e di ipocrisia alla totalità del fariseismo e la difesa di Travers-Herford (pp. 139 sgg.) è sotto questo aspetto legittima: una comunità di ipocriti che sussiste da duemila anni non è concepibile. Ma quello che di elevato e di puro può aver prodotto nel suo svolgimento ulteriore l'Ebraismo rabbinico non è una giustificazione del fariseismo. La precisa accusa, che ad esso legittimamente si muove, è di essere una religione puramente legale, esteriore e di rendere così possibile, anzi facile la degenerazione in un formalismo ipocrita: ora è questa possibilità appunto che costituisce, per una religione, un'inferiorità spirituale. Si può ammettere che la minuziosa legislazione talmudica sia stata una «siepe» quasi provvidenziale per la conservazione di un popolo disperso fra le genti ed esposto ogni momento alla dissoluzione: ma questo carattere nazionalistico è dal punto di vista religioso un carattere negativo. La serietà profonda con cui l'Ebraismo si sottomise e si mantenne fedele alla sua legge divina attraverso asprissime prove, fino all'età moderna, non è certo un merito del fariseismo. In essa si continuò la fiamma del profetismo antico, nel quale l'Ebraismo ebbe il suo momento di grandezza spirituale e diede veramente all'umanità un pensiero religioso di valore imperituro. Il trionfo del fariseismo fu invece l'inizio d'una decadenza: con esso l'Ebraismo scompare dalla storia ideale dell'umanità. Il fariseismo è stato un processo degenerativo, che, ponendo a base della religione esteriorità non essenziali, ha reciso ogni possibilità d'un rinnovamento e d'un approfondimento della coscienza religiosa. Perciò questa religione, se ebbe dei martiri, non ebbe né santi, né profeti: essa non si elevò al disopra d'un attaccamento devoto alla propria legge, nel

---

[103] Friedländer, *Rei. Bew.*, III-XII; *Syn. u. K.*, pp. VII-XV.

quale entrava ed entra in gran parte l'attaccamento al gruppo etnico. La religione dei profeti è stata da esso trasformata in una stagnante palude, che non ha più per la storia religiosa alcuna sensibile importanza.

c) *A Gerusalemme durante il periodo farisaico: l'apocalittica*

1. Il sadduceismo e il fariseismo non comprendevano che una piccola parte dell'Ebraismo gerosolimitano: erano l'aristocrazia politica ed ecclesiastica; di fronte ad essi stava la grande massa del popolo, stretta anch'essa intorno alla legge, ma dominata da movimenti diversi. Per i farisei tutta questa moltitudine non era che volgo ignorante e spregevole: e tuttavia in questa massa fioriva e si svolgeva una religiosità pura e viva, da cui doveva avere origine il Cristianesimo. Vi era già nella religione dei profeti una tendenza antirituale in pro della moralità interiore e della giustizia sociale: Amos disdegna le feste e i sacrifici (V, 18-25) e si indigna per le ingiustizie commesse contro i poveri e gli umili (II, 6 sgg.; IV, 1 sgg., ecc.). Noi abbiamo visto come anche nel periodo postesilico si svolgesse accanto al culto del tempio una religiosità interiore, che trovò la sua espressione in molti *Salmi*. «Io sono umile e miserabile – Possa il Signore pensare a me! – Tu sei il mio aiuto e il mio salvatore – O mio Dio! non tardare oltre!» (*Salmo* 40, 17).

Anche nel periodo ellenistico fiorisce, accanto alla pietà farisaica, una corrente più umile, la comunione dei «poveri» e degli oscuri, che aspetta non il ristabilimento d'Israele, ma il trionfo della giustizia e la glorificazione di quelli che soffrono[104]. Di questi poveri facevano probabilmente parte molti fra i sacerdoti stessi, specialmente fra i leviti che servivano nelle liturgie e vivevano miseramente sotto l'orgoglio e lo sprezzo dell'aristocrazia del tempio[105]. Nelle apocalissi parla spesso l'indignazione degli umili che sono oppressi e spogliati, che non trovano pietà, né aiuto; che devono piegare il dorso a odiati padroni e non vedono da nessuna parte speranza di giustizia (*Enoch*, CIII, 9-15). Noi abbiamo visto come già durante l'esilio e

---

[104] Sui «poveri» d'Israele: I. Loeb, *La littérature des pauvres dans la bible*, 1892; Friedländer, *R. Bew.*, pp. 87 sgg.; P.W. Schmidt, *Die Geschichte Jesu*, I, pp. 35 sgg.; II, pp. 223 sgg.; Bousset, pp. 187-188; Charles, pp. 193 sgg.; Causse, *Les pauvres d'Israël*, 1922; W. Sattel, *Die Anawim im Zeitalter Jesu Christi*, 1927 (Jülicher-Festgabe).

[105] Se qui debba essere compresa la comunità zadokita, di carattere sacerdotale e pietistico, la cui esistenza ci è stata rivelata nel 1910 dalla scoperta d'un documento al Cairo, non è possibile decidere, dato il carattere estremamente congetturale delle conclusioni dei competenti. Si cfr. Levi, *Un écrit sadducéen antérieur à la mine du Tempie*, «Revue des études juives», 1911, pp. 161 sgg.; E. Meyer, *Die Gemeinde des neuen Bundes im Lande Damaskus*, 1919, Berlin, Akad., con trad. tedesca; Charles, pp. 278 sgg.; Schlatter, p. 250.

la servitù persiana i problemi della vita nazionale si fossero intrecciati con i nuovi problemi che erano sorti, per l'individuo, dalle nuove complicazioni politiche e sociali. Queste si erano fatte anche più terribili durante il fosco e agitato periodo idumeo: la tirannide, le violenze, le invasioni e le guerre intestine avevano creato uno stato di cose incerto e pauroso. Scomparso l'antico ordine patriarcale, si era formata un'aristocrazia di ricchi e di violenti oppressiva e rapace, dura e sprezzante verso il povero, che copriva con la vernice della raffinatezza e della mondanità il suo materialismo pratico: il suo scetticismo era un'irrisione alle speranze degli spiriti religiosi. Contro di essi è rivolta l'ultima parte dell'*Apocalisse* di Enoch (capp. XCII-CV), che insiste specialmente sulla certezza della giustizia divina. «Come noi moriamo, così sono morti i giusti (così Enoch fa parlare gli empi) e qual profitto essi ebbero dal loro agire? Ecco, essi sono morti nel dolore e nelle tenebre e quale è adesso il loro privilegio? Noi siamo adesso tutti uguali: che cosa ne ritrarranno essi, qual luce essi vedranno nell'eternità?» (cap. CII). L'apocalittica è una risposta all'angosciosa incertezza dei poveri, dei giusti, degli umili, che il mondo calpesta e travolge. Di fronte ai suoi problemi scompaiono i problemi del particolarismo ebraico; Jahvè non è più il Dio d'Israele, è il Dio della giustizia, che ama i poveri e gli oppressi e che è il loro rifugio nelle ore della persecuzione e del dolore. Questo è il Dio verso il quale anelavano le folle che accorrevano a farsi battezzare da Giovanni (*Matteo*, III, 2-7)[106].

In questa corrente il pensiero è accentrato intorno alle speranze e alle rappresentazioni della vita futura: l'ideale del rinnovamento messianico d'Israele si converte nell'ideale d'una rivoluzione catastrofica, la quale annullerà l'ordine presente e metterà al suo posto il regno di Dio: ai profeti succedono gli apocalittici. Il primo carattere di questa letteratura è l'energia della sua fede morale: il cardine di tutti i suoi problemi è il problema dell'ordine morale nel mondo. Non è più questione d'una restaurazione nazionale contro i Caldei o i Romani: ma di un rinnovamento universale, dell'avvento del regno di Dio. Un secondo carattere è la prevalenza dell'elemento fantastico. L'oggetto essenziale è la rivelazione (*apocalypsis*) del rivolgimento venturo. Tutto ciò che avviene nel mondo, la successione degli imperi, la

---

[106] Sull'apocalittica: P. Volz, *Jüd. Eschatologie von Daniel bis Akiba*, 1903; Friedländer, *Rei. Bew.*, pp. 22 sgg.; E. König, *Gesch. d. Reiches Gottes bis auf Christus*, 1908; A. Causse, *L'évol. de l'espérance messianique dans le christianisme primitif*, 1908, pp. 23-61; Bertholet, pp. 435 sgg.; Bousset, pp. 242 sgg.; Charles, pp. 173 sgg.; H.J. Wicks, *The doctrine of God in the jewish apocryphal and apocal. Literature*, 1915; A. v. Gall, B*Eine religionsgesch. Studie zur vorchristl. Eschatologie*, 1926; *Dictionn. Theol. Cathol*, I col. 1479 sgg.

miseria dei popoli, la stessa corruzione crescente, è una preparazione del cataclisma finale. Le apocalissi dividono questo processo in più età: esse ci hanno dato i primi saggi di una filosofia della storia che abbraccia il cielo e la terra. Fissato e chiuso il canone delle Scritture, queste rivelazioni non potevano più, come la predicazione dei profeti, pretendere di far parte della rivelazione divina: perciò esse sono presentate in generale come visioni profetiche di qualcuno dei grandi patriarchi o profeti delle età remote (Enoch, Abramo, Elia, ecc.), e in esse confluiscono le speculazioni più fantastiche sulle potenze soprannaturali che reggono il mondo, sugli angeli, sui demoni, sui mediatori divini. Un terzo carattere, connesso col precedente, è la stretta dipendenza dalle speculazioni orientali[107]. Le leggende più antiche del *Libro di Daniele* (*Dn.*, 1-7) e del *Libro di Enoch* (6-36) sono «quasi interamente irano-babilonesi»[108]. La cosmologia apocalittica è d'origine babilonese: la teoria babilonese dei sette cieli e delle loro porte è familiare agli apocalittici (vedi ad esempio *Esdra*, VI, 1). L'acqua di sesso maschile e l'acqua di sesso femminile in *Enoch* (LIV, 8) risalgono alla stessa fonte: i cherubini, i draghi, i mostri ricordano gli esseri misti creati dalla mitologia babilonese. Ma il fattore fondamentale è l'elemento iranico. L'influenza delle idee persiane, che nel periodo precedente era stata quasi latente, si fa in questo periodo più viva e più intensa: sono le elevate concezioni del popolo persiano che, fruttificando sul terreno semitico, hanno generato l'apocalittica e, attraverso essa, il Cristianesimo[109]. La dualità profonda dell'esistenza che pervade il cielo e la terra, il giudizio provvisorio dopo la morte, il rinnovamento apocalittico, il messia celeste, il regno millenario, il grande giudizio cosmico con la purificazione per mezzo del fuoco sono concetti che l'apocalittica ebraica ha ricevuto dalla religione iranica.

2. L'apocalittica, sebbene abbia avuto nell'Ebraismo la sua espressione più caratteristica, è un fenomeno più o meno proprio di tutte le religioni in determinati periodi della loro storia. Essa nasce da un'esasperazione di quell'aspirazione verso il mondo divino, che è il fondamento della religione stessa: esasperazione prodotta dal contrasto fra le esigenze ideali e le condizioni reali che sembrano opporsi ad esse come per l'influenza di un potere demoniaco. La coscienza religiosa si sforza allora di chiarire e di giustificare a se stessa la miseria profonda del presente: e ad essa contrappone la prossima, sicura vittoria del bene con la quale avrà fine l'ordine terreno

---

[107] Sulle fonti orientali dell'apocalittica: E. Meyer, II, pp. 53 sgg.; Bousset, pp. 497 sgg.; Reitzenstein, *Das iranische Erlösungsmysterium*, 1921.

[108] Hölscher, *Problèmes de la littér. apocryphe juive*, «RHPhR», p. 105.

[109] v. Gall, pp. 262-264.

corrotto nelle sue radici e comincerà un nuovo ordine, il regno di Dio. «Che Dio vincerà, che la giustizia trionferà sugli uomini della violenza e del peccato, che vi è ancora un regno della pace per questo mondo tormentato dalle guerre e dalla civiltà – questa è l'antica speranza che ha trovato la sua espressione nelle apocalissi» (Weinel).

Non ci deve perciò sorprendere se nella stessa età di Cristo l'aspettazione messianica suscitò anche fra i Samaritani movimenti religiosi e profeti; tra essi quel Dositeo, il quale fondò una setta ricordata ancora da Sâhrastani nel XII secolo; e forse anche Simon Mago, il fondatore leggendario dello gnosticismo, che era nativo di Gitta, nella Samaria. Le terribili condizioni sociali dei tempi fecero sorgere vaghe aspirazioni analoghe anche nel mondo pagano, che hanno trovato la loro espressione in quella vera apocalisse classica che è la quarta egloga di Virgilio[110]. Un'apocalisse pagana del II o III secolo è contenuta anche in uno dei libri ermetici, l'*Asclepio*. Manifestazioni analoghe ci offrono le religioni dell'India, dell'Iran e dell'Egitto[111]. Anche i movimenti mahdistici nel seno dell'Islam sono movimenti messianici ai quali certo non sono straniere, in origine, influenze ebraico-cristiane. «Il profeta Elia, rapito al cielo e che deve tornare sulla terra alla fine dei tempi per ristabilire il regno della giustizia, è bene il prototipo degli "Imam nascosti", rapiti alla terra e viventi in modo invisibile, che riappariranno un giorno come Mahdi salvatori del mondo»[112].

3. L'apocalittica distingue nettamente due età, due eoni, separati fra loro da un contrapposto inconciliabile. «L'Altissimo non ha creato un'età (αἰών), ma due» (*Esdra*, VII, 50). L'una è il grande periodo in cui viviamo (ὁ αἰών οὑςτος), pieno di peccati e di miserie, dominato da potenze demoniache; l'altra è l'età ventura (ὁ αἰών ἐρχόμενος), il mondo dell'eternità che ora è invisibile, ma che si rivelerà quando sarà venuta la «pienezza dei tempi». Non vi è transizione dall'uno all'altro: il male si potenzierà nel mondo finché questo si sfascerà in mezzo a convulsioni spaventevoli; allora comincerà il regno di Dio. Il mondo presente è irrimediabilmente corrotto, soggetto a Satana e ai suoi satelliti: ma esso volge alla fine ed è imminente

---

[110] v. Gall, pp. 460 sgg.; Jeanmaire, *Le messianisme de Virgile*, 1930; J. Carcopino, *Virgile et le mystère de la IV.me Eclogue*, 1930; Gressmann, *D. Messias*, 1930, pp. 462-478.

[111] J.E. Böhmer, *Der religions gesch. Rahmen des Reiches Gottes*, 1909 (aduna tutto il materiale relativo all'aspettazione d'un messia, che troviamo nell'antichità, esclusi gli Ebrei); Jeremias, *Die ausserbiblische Erlöser-Erwart-ung*, 1927; Gressmann, *Der Messias*, 1930, pp. 415-445; Abegg, *Der Messiasglaube in Indien und Iran*, 1928 (si cfr. J. Przylusky in «RHR», 1929, II).

[112] Goldziher, *Le dogme et la loi de l'Islam* (tr. fr.), 1920, p. 182; Blochet, *Le messianisme dans l'hétérodoxie musulmane*, 1903.

il giorno dell'ira, quando le forze demoniache saranno scatenate in tutto il loro orrore e lo travolgeranno nell'ultima rovina. Questo rivolgimento è dato come prossimo: il passato sta al tempo che ancora rimane come un temporale a due gocce d'acqua; la fine è imminente. Però Dio solo ne conosce il termine in modo preciso: il che non toglie che noi troviamo già nelle apocalissi antiche quel calcolo angoscioso della durata del mondo che si è perpetuato fino ai nostri giorni nella teologia del chiliasmo. Questa convinzione che l'ordine terreno è per finire è in fondo una condanna assoluta, un ripudio della realtà terrena: l'anima si volge con tutto il suo ardore alle realtà superiori. Nelle apocalissi ebraiche appare infatti sempre più fosco il senso della vanità delle cose terrene. «A che la forza che diventa debolezza, la sazietà che ridiventa fame, la bellezza che desterà un giorno orrore?» (*Baruch*, XXI, 14). Quindi l'aspettazione di un nuovo mondo destinato a durare in eterno; quindi l'esortazione ad abbandonare le cure terrene per volgere gli occhi verso Dio e il suo regno imminente.

Il passaggio dall'una all'altra età sarà accompagnato da sconvolgimenti naturali, fenomeni paurosi, guerre atroci e altre calamità terribili: lo stesso principio del male, Beliar, apparirà sulla terra come una specie di messia satanico, come un tiranno empio e feroce o come falso profeta (l'Anticristo)[113]. Nell'Ascensione di Isaia appare sotto la forma di un re d'iniquità, uccisore della madre (Nerone). Quando il male avrà raggiunto il colmo, allora si rivelerà il messia, l'inviato celeste mandato da Dio che abbatterà le potenze demoniache e inizierà il regno di Dio[114]. La sua venuta sarà annunciata e accompagnata dall'apparizione sulla terra di altri messi di Dio destinati a prepararne il regno: Elia, Mosè, Enoch, «gli uomini che sono stati rapiti al cielo senza aver gustato la morte» (*Esdra*, VI, 26). Il messia apocalittico è un essere trascendente, una figura celeste che deve liberare la creazione e sedere alla fine delle cose come giudice del mondo. Questo salvatore preesiste già dall'inizio della creazione in Dio e rimane in lui nascosto per venire alla luce sulla terra quando il suo tempo è venuto[115]. La figura del salvatore soprannaturale che deve venire sulle nubi assorbe qui completamente la figura del re messianico della teologia rabbinica, non tanto però da annullarla del tutto: alcuni dei suoi caratteri trapassano al messia celeste

---

[113] Bousset, *op. cit.*, pp. 254 sgg.; *Der Antichrist*, 1895.

[114] Sul messia apocalittico: Volz, *op. cit.*, pp. 197 sgg.; Bousset, pp. 259 sgg.

[115] Enoch, che in *Enoch*, LXXI, 14 è identificato con lo stesso messia celeste, è rapito in cielo e là vive, ignoto agli uomini in attesa di compiere la sua missione. Il figlio della donna che nell'*Apocalisse* di Giovanni (XII, 5) è salvato dalla persecuzione del dragone ed è rapito presso il trono di Dio è il messia.

che è sì un essere divino venuto a giudicare il mondo, ma deve anche risollevare il popolo ebraico oppresso e ha il centro dell'attività sua nella città santa, Gerusalemme. Anche il messia della Sibilla (II, 286 sgg.; 652 sgg.; V, 414 sgg.) è un messia celeste: ma abbatte la potenza dei Pagani e restaura Gerusalemme come il re messianico. Questa medesima dualità vediamo rispecchiata nel concetto evangelico del messia. Gesù è spesso invocato come il messia davidico (*Marco*, X, 47): sebbene Gesù stesso respinga l'asserzione dei dottori che il messia deve essere della stirpe davidica. D'altra parte egli è chiamato e si chiama il «Figlio dell'uomo» – il nome caratteristico del messia celeste –; e il gran sacerdote gli chiede se egli sia il Figlio dell'Altissimo[116].

Con la venuta del messia sulla terra comincia il regno messianico: egli distrugge la potenza di Satana (cfr. *Luca*, X, 18) e inizia sulla terra un regno di giustizia e di pace, la cui durata è variamente determinata, ma che venne più tardi generalmente fissata a mille anni (chiliasmo)[117]. È la dottrina che appare chiaramente nella Sibilla, in *Esdra*, in *Baruch* e che era anche propria, come sembra, dell'apocalittica samaritana. Allora la tromba di Dio chiamerà a Gerusalemme da tutte le parti del mondo gli Ebrei dispersi (*Enoch*, LVII, 1-2; *Esdra*, XIII, 39 sgg.): sorgerà una nuova Gerusalemme (*Enoch*, XC, 23 sgg.; *Esdra*, VIII, 52; X, 24 sgg.; *Baruch*, VI, 9; XXXII, 4). Solo i viventi parteciperanno al regno messianico; gli altri non verranno risvegliati che alla fine per partecipare al giudizio. Quelli che entrano viventi nel regno del messia compensano questo privilegio con le sofferenze dei giorni che precedono e chiudono il regno messianico. Intanto, in attesa del giudizio, le anime dei morti subiscono, per una specie di anticipazione provvisoria, il destino, buono o cattivo, che si sono meritato sulla terra; e nello stesso tempo aspettano con impazienza, nel loro stato di «nudità», di essere riunite nuovamente, per la risurrezione, al loro corpo (*Esdra*, IV, 41 sgg.). Nei testi apocalittici la dottrina su questo stato provvisorio e sul suo rapporto con lo stato finale non è concorde[118].

Alla fine del periodo millenario il messia tornerà in cielo; allora Satana sarà nuovamente slegato e i re della terra rinnoveranno il loro attacco contro Gerusalemme (*Enoch*, LVI; *Esdra*, XIII, 1 sgg.; *Baruch*, XXIX, 2). Ma Dio

---

[116] Per una determinazione più esatta del rapporto fra i due concetti si cfr. v. Gall, pp. 409 sgg. Ma, data la natura dei testi, si tratta e si tratterà sempre di costruzioni congetturali molto problematiche.

[117] Sul regno messianico intermedio: Volz, *op. cit.*, pp. 62 sgg.; Bousset, pp. 286-289.

[118] Sullo Stato provvisorio: Volz, *op. cit.*, pp. 133 sgg.; Bousset, pp. 293 sgg. Sul sonno delle anime in Enoch, Esdra e Baruch si v. Gall, pp. 311-312.

debellerà definitivamente le potenze demoniache, farà risorgere i morti dalle loro tombe e comincerà l'ultimo giudizio che già descrive *Daniele* (VII, 9-12).

> Tuba mirum spargens sonum
> per sepulcra regionum,
> coget omnes ante thronum.

Tutti allora risorgeranno: la terra restituirà tutti quelli che in essa riposano. Tutti verranno giudicati: gli uomini, gli angeli, i cattivi spiriti, le stelle (*Enoch*, XC, 24). In questa rappresentazione del giudizio ultimo il preconcetto nazionale che identifica i Pagani agli empi e li condanna alla distruzione non si può dire sparito ancora del tutto (si veda ad esempio *Enoch*, XCI, 9; *Baruch*, LXX, 7-10; LXXII, 4-5), ma non è più che un motivo assolutamente secondario: il giudizio è un giudizio universale, trascendente, di carattere morale, determinato soltanto dalle azioni degli individui che gli angeli hanno registrato. Tutti gli uomini indistintamente avranno parte alla risurrezione e tutti i giusti, siano Ebrei o Gentili, saranno accolti sotto le ali di Dio (*Enoch*, X, 21): «in quei giorni saranno beati tutti quelli che accolgono la parola della saggezza, che osservano la via dell'Altissimo, che camminano sul sentiero della giustizia, che non fanno lega con gli empi; perché essi saranno salvati» (*Enoch*, XCIX, 10).

Col giudizio comincia la vita eterna, il vero regno di Dio. Il mondo sarà rinnovato col fuoco: quel fuoco che, secondo *Daniele* (VII, 10), scorre eternamente dinanzi al trono di Dio. Il nuovo cielo e la nuova terra si confonderanno in una città celeste, nel «paradiso della pace e della giustizia», nel quale i giusti condurranno una vita eternamente beata: anche il loro corpo sarà trasformato, dopo il giudizio, in un «abito celeste» (*Baruch*, LI)[119]. I perversi saranno condannati al fuoco: che sembra essere, nella maggior parte dei testi, una condanna ai tormenti eterni; in altri invece (ad esempio*Enoch*, XXII, 13; XCIV, 10) una condanna alla morte definitiva[120].

4. La letteratura apocalittica si distende dal 300 a.C. al 150 circa d.C. dopo le grandi catastrofi (Tito, Adriano) essa scompare dalla letteratura ebraica[121]. Certo essa dovette essere abbondante (*Baruch*, XLVIII, 4): ma il

---

[119] Sulla rappresentazione del paradiso nell'apocalittica: Volz, *op. cit.*, pp. 325 sgg.; v. Gall, pp. 324 sgg.

[120] Sullo stato dei dannati: Volz, *op. cit.*, pp. 270 sgg. Bertholet, pp. 469-471.

[121] Sulla letteratura apocalittica ebraica: E. de Faye, *Les apocalypses juives*, 1892; Volz, *op. cit.*, pp. 3-54; Schürer, II,³ pp. 181 sgg.; Beer in «RE», XVI, pp. 237-256; Charles, pp. 207 sgg.

fariseismo la disprezzava e nella letteratura rabbinica è passata sotto silenzio. Le apocalissi ebraiche ci pervennero quasi tutte attraverso il Cristianesimo (versioni greche, latine, siriache, etiopiche).

L'apocalisse più antica è il frammento inserito in *Isaia* (capp. XXIV-XXVII), che è dai critici posto verso il 300 a.C.[122]. È una apocalittica ancora più semplice che in *Daniele*. La colpa d'Israele è la sua corruzione morale: la restaurazione sua coinciderà con una rivoluzione cosmica e sarà preceduta da un giorno dell'ira nel quale l'Eterno discenderà sulla terra, abbatterà con la spada i mostri che l'abitano e darà ai giusti che soffrono una beatitudine senza fine.

Il *Libro di Daniele* – redatto verso il 165 a.C. – è, come già vide chiaramente Porfirio, un conglomerato di libretti profetici, dei quali alcuni hanno un colore decisamente apocalittico: in esso è rielaborato un materiale leggendario più antico e, come sembra, non tutto ebraico[123]. Questo libro contiene nella prima parte una serie di racconti leggendari relativi al profeta Daniele – un saggio mitico che sarebbe vissuto verso il tempo di Nabucodonosor e della caduta di Babilonia (538 a.C). Già in questa parte Daniele, interpretando un sogno di Nabucodonosor, annuncia (II, 44-45) che ai quattro imperi terreni succederà il regno di Dio, il quale durerà in eterno. La profezia è ripetuta (Ivi, VII, 13-14). Nella seconda parte sono esposte quattro visioni profetiche nelle quali Daniele, parlando alla prima persona, traccia un quadro dell'avvenire fino allo stabilimento glorioso e definitivo del regno di Dio. Egli descrive la successione dei quattro grandi imperi del mondo (Babilonia, Media, Persia, Macedonia), sotto i quali soffrì Israele, le calamità terribili che accompagneranno la fine della storia e dalle quali si salveranno solo quelli che sono scritti sul libro della vita e infine l'avvento del regno di Dio e la risurrezione finale dei morti alla gloria o alla pena eterna. La restaurazione del popolo ebraico è simboleggiata nel misterioso essere «simile ad uomo» che verrà sulle nubi del cielo e riceverà da Dio un impero glorioso e indistruttibile (*Dn.*, VII, 13). Di un re messianico non è fatta parola.

Tra le apocalissi è posto da qualche critico anche il pseudepigrafo che ha per titolo *I testamenti dei dodici patriarchi*: un libro popolare comparso nel II secolo a.C., che contiene i discorsi rivolti da ciascuno dei dodici figli

---

[122] Steuernagel, *Lehrbuch d. Ein. in das Alte Test.*, pp. 496-498.

[123] Trad. ted. in Kautzsch, II, p. 458-506. Si cfr.: Charles, pp. 224-234; Causse, *L'idéal ébionitique dans les Testaments des douze Patriarches*, «Congr. d'Hist. du Christianisme», 1927, I, pp. 55-76; Hölscher in «RHPhR», 1929, pp. 104 sgg.; R. Eppel, *Le piétisme juif dans le Testament des douze Patriarchęs*, 1930.

di Giacobbe ai propri discendenti poco prima della morte[124]. È certamente l'opera d'un fariseo ed è scritto da un punto di vista rigorosamente rispettoso della legge; ma contiene violente invettive contro la corruzione dei sacerdoti. L'elemento propriamente apocalittico è poco sviluppato: il messia è un sacerdote nuovo, «al quale saranno rivelate tutte le parole del Signore»; egli rispanderà la luce e la pace sulla terra, incatenerà Beliar e aprirà ai santi le porte del paradiso (T. Levi, 18). L'autore condivide il generoso universalismo della maggior parte degli apocalittici: anche i Gentili saranno salvati per mezzo d'Israele. Ma l'opera è interessante soprattutto in quanto ci dà un esempio della predicazione morale nelle comunità dei «poveri», degli apocalittici: essa pone sopra tutte le cose la semplicità del cuore, il perdono delle offese, l'umiltà, la dolcezza.

Il *Libro di Enoch* – uno dei patriarchi anteriori al diluvio, figura leggendaria di saggio e di profeta – è una vera enciclopedia apocalittica in 108 capitoli, comprendente brani di età diversa dal 150 al 50 a.C.58. Fu composto in Palestina in aramaico. A noi giunse in una traduzione etiopica del 500 circa d.C., introdotta in Europa nel 1773; nel 1866 venne scoperta la traduzione greca dei primi 32 capitoli. Ebbe grande diffusione nella chiesa antica: la chiesa etiopica lo accolse tra i libri canonici. La parte più antica (capp. 1-36, 72-93) risale al 150 circa a.C. Prima Enoch narra le sue visioni del dramma della caduta e del giudizio degli angeli (capp. 1-16): seguono altre visioni dei segreti della natura e dell'aldilà (capp. 17-36). Nei capp. 72-82 Enoch partecipa le conoscenze astronomiche ricevute dall'angelo Uriel; i capp. 83-91 e 93 contengono una visione simbolica di tutta la storia futura d'Israele fino all'età maccabea e altre predizioni apocalittiche. Ricco è in questa parte l'elemento mitico e fantastico, d'origine orientale, che ci ricorda le leggende della posteriore letteratura rabbinica e le speculazioni della Kabbala. Il giudizio finale è invocato con desiderio ardente. Nel cap. 22 l'arcangelo Raphael mostra a Enoch un grande e alto monte dove in luoghi diversi sono raccolte le anime degli uomini in attesa del giudizio e dove le anime degli uccisi levano senza tregua un grido a Dio per invocare vendetta sui loro uccisori; altrove (cap. C, 4) troviamo la dottrina del sonno delle anime dei giusti, le quali dormono, vegliate dagli angeli, in attesa della resurrezione. Lo stato finale è, secondo i capitoli angelologici, una specie di regno millenario, una vita terrena purificata da ogni corruzione e da ogni miseria, piena di benedizioni materiali: Dio stesso discenderà su d'un alto monte per contemplare questa terra felice (XXV, 3). Anche allora gli uomini

---

[124] Martin, *Le livre d'Hénoch*, 1906. Si cfr. Renan, *Hist. du peuple d'Israël*, V, pp. 22 sgg.; Schlatter, pp. 178 sgg.

morranno: ma chiuderanno naturalmente la loro vita carichi d'anni come i patriarchi antichi (V, 9; X, 17; XXV, 6). Del messia non è fatta menzione.

A età posteriore appartengono i capp. 92, 94-105 (i cosiddetti capitoli parenetici), che contengono lamentazioni sulla corruzione dei tempi con esortazioni e predizioni. Essi hanno già un pretto sapore evangelico: in essi la minaccia del veggente è rivolta contro i re, i potenti, i ricchi, con accenti che ricordano le apostrofi del Vangelo. «Guai a voi ricchi, perché avete confidato nella vostra ricchezza; voi ne sarete spogliati perché non avete pensato all'Altissimo nei giorni del vostro splendore. Voi avete peccato per le bestemmie e per l'ingiustizia: ora vi attende il giorno del sangue, delle tenebre e del grande giudizio» (XCVIII, 8-9). Gli empi non sono solo quelli che con la ricchezza e la potenza opprimono i miseri e vivono del loro sudore, ma anche gli increduli, che non si curano del nome di Dio e del mondo a venire, che leggono libri mondani e trascurano la scienza delle cose divine (capp. XCIV-CII). I capp. 96-99 ricordano le beatitudini evangeliche. «Non temete dunque, voi che soffrite, perché vi sarà un rimedio per voi: una chiara luce risplenderà per voi e dal cielo sentirete la voce del riposo» (XCVI, 3).

La parte più recente (capp. 37-71), il cosiddetto libro delle parabole, si stacca dal tutto come una profezia escatologica raggruppata intorno al concetto del messia celeste[125]. Questi è un uomo, non un angelo, ma un uomo d'una natura particolare, una creatura di aspetto umano che Dio ha eletto dall'eternità e che appunto perciò è chiamato l'Eletto, il messia. Solo nei cap. 70-71 (che fanno parte a sé) il messia è identificato con Enoch stesso. Nella prima visione Enoch contempla l'eletto che è stato prescelto da Dio prima della creazione del mondo (XLVIII, 6) e che in attesa del giorno ultimo abita «sotto le ali del Signore» (XXXIX, 6-7). Egli è come uno che ha figura d'uomo (XLVI, 1); è il Figlio dell'uomo (LXXI, 14), che farà alzare i re e i potenti dai loro seggi e spezzerà i denti dei forti (XLVI, 3-4). Egli sarà la luce dei popoli e la speranza di quelli che soffrono (XLVIII, 4). Dio gli ha conferito la saggezza, la potenza ed egli verrà alla fine dei tempi ad abbattere le potenze terrene e a giudicare gli angeli e gli uomini. Il giudizio sarà preceduto sulla terra dal «periodo della spada», in cui i popoli si agiteranno, i giusti si leveranno con energia disperata contro i malvagi e il sangue scorrerà a fiumi sulla terra. In *Enoch* l'orizzonte è limitato alla società ebraica: ma l'ispirazione è universalistica. Il regno di Dio sarà stabilito in una terra e in un cielo rinnovato, dove gli uomini vivranno in eterno nella luce, nella pace e nella giustizia alla presenza del messia. Altrove è detto

---

[125] Si cfr.: Gry, *Les paraboles d'Hénoch et leur messianisme*, 1910.

che i giusti diventeranno angeli (LI, 4, cfr. *Luca*, XX, 36) e il loro regno si stabilirà nel cielo dove essi brilleranno come stelle (CIV, 2).

Del *Libro di Enoch* ci è pervenuta anche una relazione più recente e più breve (68 capp.): la materia è la stessa, ma liberamente rielaborata[126]. Fu redatto originariamente in greco da un ebreo ellenistico verso il I secolo dell'era; a noi è pervenuto in una traduzione slava. È un libro escatologico a tendenze gnosticizzanti. Non è più parola di Ebrei o di Pagani: il dramma è puramente morale. Il regno di Dio è già reale e presente al di là di questo mondo; il mondo presente, che è il mondo del dolore, corre incontro alla sua distruzione: col giudizio finale comincia il nuovo evo, l'evo della giustizia e della beatitudine; la parte del mediatore è rappresentata da *Enoch* (LXIV, 5).

L'*Ascensione di Mosè*, scoperta e pubblicata nel 1861, è un lungo di un'apocalisse composta da un contemporaneo di Gesù, la quale contiene le predizioni di Mosè morente a Giosuè sulla storia futura degli Ebrei fino ai primi giorni dopo la morte di Erode: epoca probabile della sua redazione[127]. Fu scritta in Palestina e redatta originariamente in ebraico e in aramaico; a noi giunse in una vecchia traduzione latina. Essa espone le angosce della fine (capp. 7-9) e il giudizio finale (capp. 10-12) che è opera di Dio e dei suoi angeli: il messia non vi è nominato. L'autore è un pietista avverso così ai sacerdoti del tempio come ai farisei (VII, 6-9).

L'*Apocalisse* di Esdra, scritta primitivamente in ebraico (verso l'80-100 d.C.), poi tradotta in greco, onde ci pervennero le attuali redazioni in latino, siriaco, etiopico, arabo, armeno, è la più bella delle apocalissi ebraiche[128]. Essa ebbe una grande diffusione nella chiesa antica e medioevale e venne anche accolta col nome di libro IV di *Esdra* nell'Appendice della Volgata, dove però i capp. 1-2 e 15-16 sono un'aggiunta cristiana. Per l'autore il popolo ebraico resta naturalmente il centro dei suoi pensieri: ma le sue considerazioni si estendono al destino di tutta l'umanità e non vi è traccia di odio per i persecutori. Il problema che egli si pone fin dalle prime linee è il problema del male e dell'ingiustizia che sembrano trionfare sulla terra.

---

[126] Trad. ted. in Bonwetsch, *D. slawische Henochbuch*, 1896. Si cfr.: Schürer, III,[3] pp. 209 sgg.; Loisy in «RHLR», 1896, 1.

[127] Tr. ted. in Kautzsch, II, pp. 311-331. Si cfr.: Schürer, III,[3] pp. 213 sgg. Secondo Bertholet (pp. 321-322) è l'opera d'un esseno; G. Hölscher in «ZNW», XVI, pp. 108-127, la pone invece nel secondo secolo, circa il tempo della persecuzione di Adriano.

[128] Tr. ted. in Kautzsch, II, pp. 331-401. Si cfr. Charles, pp. 337 sgg.; Schürer, III,[3] pp. 232 sgg. Essa non deve venir confusa con l'*Apocalissen* di Esdra pubblicata dal Tischendorf (*Apocalisse* apocr., pp. 24-33), che è una posteriore imitazione cristiana.

L'*Apocalisse* di Esdra (come quella di Baruch), composta dopo la distruzione di Gerusalemme nel 70 d.C., risente naturalmente della commozione che questa ultima sciagura aveva dovuto destare nella coscienza ebraica: il mistero che ad essa si propone è in prima linea quello di questa grande sventura piombata sul popolo di Dio. Israele ha peccato, è vero; e più di lui peccano i popoli gentili: ma perché Dio aggrava la sua mano su Israele, che pure è il suo popolo diletto, l'unico suo figlio? «Tu sopporti i peccatori», dice l'autore a Dio, «e risparmi gli empi: tu hai distrutto il tuo popolo, ma hai conservato i tuoi nemici» (III, 8). La risposta dell'angelo è in fondo quella stessa di Giobbe: le vie del Signore sono imperscrutabili (IV, I sgg.). Ma Esdra risponde: «Meglio sarebbe non essere mai venuto al mondo che vivere nel peccato e soffrire e non saperne la ragione! (IV, 12; VII, 62-68). Io non chiedo di sapere cose sopra la ragione: ma il dolore è ben presente e ben nostro!». E allora l'angelo gli rivela il mistero: il secolo presente corre con violenza verso la fine! La fine verrà quando il numero dei giusti sarà completo. Ma il tempo è breve: quando il temporale è passato, restano poche gocce di fronte alla pioggia caduta (IV, 44-50). Non bisogna guardare il presente, ma il futuro che è imminente! L'angelo gli rivela i segni degli ultimi giorni (IX, 7 sgg.), quando verrà «colui che il mondo non attende», cioè l'Anticristo. Allora scenderà dal cielo a combattere le potenze nemiche il messia, che è «a somiglianza d'uomo» (XIII, 3): colui che Dio riserba presso di sé per liberare la creazione. Egli verrà nel suo giorno sopra Sion, distruggerà i nemici d'Israele, richiamerà da tutta la terra i suoi figli dispersi e darà letizia ai sopravvissuti per quattrocento anni. Dopo i quali il messia morrà e con lui tutti gli uomini che respirano (VII, 28 sgg.). Allora il mondo tornerà per sette giorni al silenzio delle sue origini. Dopo sette giorni il grande anno, che ora dorme, si risveglierà e il passato scomparirà. La terra restituirà quelli che in essa dormono, i sepolcri restituiranno le anime loro affidate. Allora il messia risorgerà e cominceranno il giudizio e il regno di Dio (VII, 28-32).

L'*Apocalisse* di Baruch, pervenuta a noi in una traduzione siriaca, è contemporanea a quella di Esdra; secondo lo Schürer sarebbe stata composta verso il 70 d.C.; secondo giudizi più recenti sarebbe da porsi verso il 115 d.C.[129]. Dall'ignoto autore è riferita a Baruch, l'amico di Geremia, vissuto nel VI secolo a.C.: che, rimasto a Gerusalemme a piangere sulle sue rovine, avrebbe ricevuto da Dio questa rivelazione del futuro. Anch'essa è pene-

---

¹²⁹ Tr. ted. in Kautzsch, II, pp. 402-457. Si cfr. Charles, pp. 323 sgg.; Schürer, III,³ pp. 223 sgg.

trata da un oscuro pessimismo. Se vi fosse soltanto questa vita, non vi sarebbe niente di più amaro. Ad ogni momento la natura dell'uomo muta e torna nel nulla: quello che noi fummo più non siamo e quello che siamo ora, fra breve più non saremo (XXI, 13-16). Ma questa oscura visione è soprattutto determinata da un acuto disagio morale. Perché i giusti continuano a soffrire? Perché tarda il regno di Dio? L'autore vuole dare, con la sua rivelazione, un'assicurazione e una promessa. Vicino è il tempo in cui il secolo presente con tutte le sue iniquità sarà distrutto. Precederà un tempo di calamità terribili: poi scenderà dal cielo il messia, il quale distruggerà i popoli che hanno oppresso Israele e sottometterà gli altri. Allora comincerà un'età dell'oro per quelli che saranno stati risparmiati dai flagelli precedenti la venuta del messia: la terra produrrà con meravigliosa abbondanza senza fatica; dal cielo scenderà di nuovo la manna. La donna partorirà senza dolore e nessuno morrà prima del tempo; le fiere serviranno l'uomo e il dolore scomparirà dalla terra. Poi, finito il tempo del messia, questi ritornerà in cielo e comincerà il giudizio: i morti risorgeranno e avranno principio la beatitudine e l'infelicità eterna. Allora i giusti «vedranno il mondo che è ad essi invisibile e vedranno il tempo che ora ad essi è celato» (LI, 8): essi prenderanno l'aspetto di angeli e il loro splendore durerà per sempre immutato.

All'apocalittica appartiene anche una parte della letteratura sibillina. Questa era in origine un prodotto pagano, una raccolta popolare di profezie connessa con un movimento orgiastico-profetico sorto verso l'VIII secolo a.C. nell'Asia Minore, probabilmente in rapporto col culto di Cibele[130]. Chi erano queste donne profetizzanti? È oggi difficile dirlo. In ogni modo ne ebbero origine da una parte un ciclo di leggende sulle dieci sibille, dall'altra una letteratura di profezie, di libri di sorti, alcuni dei quali furono anche considerati a Roma come oracoli segreti ufficiali[131]. Non erano naturalmente opere unitarie, ma raccolte di profezie staccate, di brani più o meno lunghi messi l'uno dopo l'altro, che venivano di continuo accresciuti o modificati secondo l'arbitrio dei raccoglitori. Imitazioni ebraiche di questa letteratura vennero utilizzate per la propaganda dagli Ebrei della diaspora. Il Cristianesimo se ne impadronì a sua volta e rielaborò nel suo senso la Sibilla ebraica, aggiungendovi altri libri; nel Medioevo questa letteratura continuò

---

[130] Gressmann, *Die oriental. Relig.*, 1930, p. 58.

[131] Sulla letteratura sibillina in generale: Rohde, *Psyche*,[2] 1898, II, pp. 62 sgg.; Kautzsch, *Die Apokryphen und Pseudep. d. A.T.*, 1900, II, pp. 177-184; S. Geffcken «n. Preuss. Jahrbücher», 1901, pp. 193 sgg.; Buchholz, *Sibylla n. Lexicon* di Roscher IV, (1910), pp. 790-813; Bousset, *Sibyllen und Sibyll. Bucher*, «RE», VIII, pp. 265-280.

a ricevere sempre nuove aggiunte. Così ci pervennero otto libri di profezie ebraiche e cristiane, attribuite alla Sibilla, che furono già editi nel XVI secolo: nel 1828 vennero scoperti e pubblicati i libri 11-14. In questa raccolta ci vennero probabilmente conservati anche elementi antichi pagani: ma in un'agglomerazione di questo genere, che è una vera selva selvaggia, ogni distinzione sicura è impossibile. Certamente d'origine ebraica è la maggior parte del libro III, che risale al II secolo a.C. Più discordi sono le opinioni sui libri IV e V: anche in essi tuttavia la parte maggiore sembra essere d'origine ebraica, ma è d'un ebreo che ha visto la caduta di Gerusalemme e quindi è pieno d'odio contro Roma. I libri rimanenti sono, secondo ogni probabilità, d'origine cristiana.

La Sibilla ebraica[132] si volge ai Pagani mostrando la stoltezza dell'idolatria, rimproverando loro la corruzione, predicando la rovina finale che li attende (III, 295-380; 652-807; IV, 152 sgg.; V, 344 sgg.). Contiene quindi minacce e promesse di carattere messianico, nelle quali è evidente l'influenza apocalittica. Gran parte del libro III è dedicato alla pittura delle sciagure degli ultimi giorni: l'autore si ispira visibilmente al *Libro di Daniele*. Infine proclama, nello stile convenzionale, l'imminenza del giudizio, la felicità del regno venturo. L'autore parla qui anche d'un re che Dio manderà dall'Oriente (III, 652; cfr. V, 108): ma d'un messia vero e proprio non è fatta parola. Anche nel breve tratto apocalittico del libro IV, dove l'autore esorta i mortali a pentirsi e a «bagnare tutto il corpo in acque correnti», non è ricordato il messia. Invece nel libro V è annunciato il messia celeste, un uomo divino che scenderà dal cielo con lo scettro datogli da Dio, che distruggerà i malvagi col fuoco e innalzerà la nuova Gerusalemme «più risplendente che il sole, le stelle e la luna» (V, 414 sgg.).

5. Giovanni il battezzatore, in cui la tradizione giustamente vide il precursore di Gesù, è il grande profeta dell'apocalittica[133]. Egli è uno fra i tanti riformatori e fondatori di ordini di quel tempo: una figura analoga a quell'eremita Bannus, vissuto circa trent'anni dopo, che fu maestro di Giuseppe Ebreo: «egli viveva nel deserto, prendeva il suo vestito dagli alberi, il suo nutrimento da ciò che la natura gli offriva e si lavava spesso giorno e notte per conseguire la purità»[134]. Su Giovanni Battista non abbiamo (fuori

---

[132] Sulla Sibilla ebraica: Friedländer, *Rei. Bew.*, pp. 289-314; Schürer, III,³ pp. 321 sgg.; Renan, *Hist. du peuple d'Israël*, V, pp. 86 sgg.; Pincherle, *Gli oracoli sibillini giudaici*, 1922.

[133] Su Giovanni il Battista: Dibelius, *Die urchristliche Ueberlieferung von Johannes dem Täufer*, 1911; L.A. Bernouilli, *Johannes der Täufer und die Urgemeinde*, 1917; M. Goguel, *Au seuil de l'Evangile. Jean Baptiste*, 1928; E. Lohmeyer, *Das Urchristentum. I Johannes der Täufer*, 1932.

[134] Giuseppe Ebreo, *Vita*, § 2.

delle scolorite, ellenizzate notizie di Giuseppe Ebreo) altre informazioni
che le notizie, cristianizzate certamente, dei sinottici. Il racconto di Luca
sull'infanzia (I, 5-25; 46-55; 57-80) è probabilmente una leggenda sorta
nella comunità di Giovanni, collegata poi con il ciclo cristiano[135]. Dai sinottici appare chiaramente che egli fu un continuatore dei profeti, un predicatore apocalittico, che annunciava la venuta del regno di Dio: il più forte,
a cui egli rinvia, non è il messia, ma Dio, che purificherà col fuoco nel giudizio finale, «che raccoglierà il grano nel granaio e brucerà la paglia in un
fuoco inestinguibile» (*Matteo*, III, 12). Egli risiedeva nella regione deserta
fra la Giudea e la Petrea e battezzava nelle acque del Giordano i discepoli
che accorrevano a lui da ogni parte. Il suo battesimo era un rito simbolico
di purificazione. A quale origine debba ricondursi è difficile dire: probabilmente si connetteva con qualche setta sincretistica dell'Oltre Giordano[136].
Egli dovette destare una profonda impressione nel suo popolo: intorno a lui
si raccolse una schiera di discepoli (*Marco*, II, 18), costituenti una specie di
setta che durò anche dopo la sua morte; Paolo ne incontrò un piccolo gruppo
a Efeso (*Atti*, XIX, 1-7)[137]. Noi non conosciamo la data precisa della sua
morte: e quanto alla causa, la narrazione dei Vangeli è una leggenda popolare senza fondamento. La vera causa è quella che dà Giuseppe Ebreo: il
tetrarca Erode Antipa, figlio di Erode I, che regnò nella Galilea e nella Petrea dal 9 al 39 d.C., lo fece mettere a morte come un agitatore pericoloso.

In quale rapporto sia stato Giovanni con Gesù non ci è noto. Certo sembra solo che Gesù, attratto dalla fama di Giovanni, venne a farsi battezzare
come suo discepolo e che più tardi ne continuò l'opera: ma di più nulla
sappiamo[138]. Quello che dai Vangeli appare è una tendenza polemica a diminuire l'opera di Giovanni e a subordinarla a quella di Gesù, presentan-
dolo come un semplice precursore: ciò che deve renderci scettici di fronte
a tutte le narrazioni evangeliche sui loro rapporti[139]. I pochi tratti di luce che

---

[135] Usener in «ZNW», 1903, pp. 5-6.

[136] Schlatter, p. 172; Heitmüller, *Im Namen Jesu*, 1903, p. 272.

[137] Sui discepoli di Giovanni B. si cfr. «RGG»,2 III, p, 591. Oltre a *Marco*, II, 18; VI,
29; *Matteo*, IX, 14; *Luca*, V, 33 e forse *Atti*, XVIII, 25; XIX, 1 sgg. non sappiamo nulla di
sicuro. Negli scritti pseudoclementini sono discepoli di Giovanni anche Simon Mago e Dositeo (Hennecke, p. 217; cfr. Recogn. I, 54).

[138] E. Meyer (I, pp. 82 sgg.) mette in dubbio anche la storicità del battesimo.

[139] Cfr. «RGG»,2 I, p. 414. Sulla tendenza della tradizione cristiana a subordinare sempre
più Giovanni a Gesù v. *ibid.*, 591-592. Vi sono nei Logia della tradizione islamica detti, nei
quali Giovanni appare di fronte a Gesù come il maestro: ve ne sono altri che riferiscono
semplicemente detti, predizioni e parabole del Battista e che sono probabilmente tradizioni
del gruppo battista (*Logia et Agrapha domini Jesu apud moslemicos scriptores ed. Michael
Asín et Palacios, Patrol. Orient.*, XIX, 3-4, 1916-26, I, pp. 36 sgg.).

i Vangeli gettano sulla sua figura rendono ancora più profonde le tenebre che lo circondano: Giovanni resta, contro l'oscuro fondo sul quale si leva, una misteriosa figura a cui il martirio conferisce, come al Cristo, una tragica grandezza.

6. Se la setta dei Mandei (*manda* = *gnosi*) o Nasorei, designati nel Corano col nome di Sabei (battezzatori), che con una resistenza ammirabile si è conservata fino ai giorni nostri e conta ancora qualche migliaio di seguaci che vivono nella Babilonia inferiore e parlano oggi arabo o persiano, si riattacchi al Battista (Reitzenstein, Lidzbarski) o sia una formazione indipendente del sincretismo orientale (Brandt, Burkitt, Lietzmann, Kessler) è difficile oggi decidere: certo da molti indizi – la grande parte che hanno nei loro libri Gerusalemme e il Giordano, la venerazione per il Battista, il loro alfabeto, alcune particolarità linguistiche – sembra altamente probabile che essi abbiano avuto la loro origine, sotto l'influenza del Battista, in mezzo alle sette battezzatrici fiorite nell'Oltre Giordano verso l'età di Gesù Cristo[140]. Uno storico siriaco dell'VIII secolo li chiamò Dositei dal profeta samaritano Dositeo, che gli scritti clementini pongono tra i discepoli del Battista. I loro libri sacri (che sono stati di recente tradotti e resi accessibili ai lettori dell'Occidente) non risalgono certo nella loro redazione oltre al VII o VIII secolo; ma constano di elementi più antichi, i quali ci ricordano la letteratura apocalittica. La loro dottrina si ispira a un reciso dualismo. Il mondo del bene e della luce, che è nel cielo supremo, è il regno della divinità: di lì sono venute le anime dei giusti e l'anima dell'uomo primo che è il mediatore e il redentore mandeo; l'ultima delle emanazioni divine è Giovanni Battista, il quale è tornato, compiuta la sua missione, nel regno della luce. Nel profondo dell'universo sono il regno delle tenebre e delle acque nere. Al nord della terra vi sono dei monti che toccano con le vette il regno della luce: di là discendono i fiumi le cui acque vive e chiare rappresentano sulla terra l'elemento luminoso; perciò i bagni nelle acque correnti sono un rito purificatore. La storia del mondo è una lotta dell'elemento luminoso con le tenebre: alla fine delle cose si avrà una specie di regno messianico, dopo il quale le tenebre saranno annientate e il regno della luce durerà eter-

---

[140] Sui Mandei si cfr., oltre alle traduzioni del Lidzbarski: Brandt, *Die mandäische Religion*, 1889; *Mandäische Schriften*, 1893; *Die Mandäer*, 1915; K. Kessler, *Mandäer* «RE», XII; H. Gressmann, *Das religionsgeschichtl. Problem d. Ursprungs der hellenistischen Erlösungsreligion*, II, «ZKG», 1922, pp. 165 sgg.; M. Lidzbarski, *Alter und Heimat d. mand. Religion* «ZNW», 1926, pp. 321 sgg.; Goguel, *Jean Baptiste*, 1928, pp. 114 sgg.; Tondelli, *Il mandeismo e le origini cristiane*, 1928; Loisy, *Le mandèisme et les origines chrétiennes*, 1933.

namente. Il solo maestro che essi riconoscono è Giovanni Battista: essi detestano egualmente la religione ebraica, la cristiana e la maomettana. Gesù è stato un falso profeta. I Mandei non osservano lo Shabbat, né la circoncisione, disapprovano il digiuno, non riconoscono le distinzioni del puro e dell'impuro. Tuttavia conservano alcuni precetti che ricordano l'Ebraismo: di purificare i cibi comprati, di non assidersi a tavola con gli stranieri, di astenersi dal sangue degli animali. Hanno una specie di eucarestia celebrata col pane azzimo e con l'acqua. Quali siano stati i rapporti col Cristianesimo ebraizzante è impossibile stabilire: i rapporti che si è voluto stabilire fra la letteratura mandaica e alcuni scritti del Cristianesimo primitivo (Vangelo di Giovanni, *Apocalisse*, ecc.), riposano sopra ipotesi troppo fragili per poterne tenere conto.

PARTE SECONDA
LE FONTI

I. Delle fonti della storia evangelica
in generale[141]

1. Le sole fonti per la conoscenza della personalità e della dottrina di Gesù si riducono in fondo ai tre Vangeli sinottici (Matteo, Marco, Luca). La predicazione e la morte di Gesù passarono al loro tempo inosservate come fatti locali e solo più tardi l'importanza assunta dalla comunità cristiana richiamò l'attenzione degli storici sul suo nome. Ma queste tardive testimonianze sono scarse e incerte. Testimonianze antiche insospettabili sono il passo di Tacito (*Annales*, XV, 44) e la lettera di Plinio a Traiano (*Epistularum.*, X, 97): Svetonio e Giuseppe Ebreo sono malsicuri[142]. La lettera di Claudio agli Alessandrini del 41 d.C. pubblicata recentemente da un papiro è un documento estremamente dubbio[143]. Appena occorre parlare di impudenti falsificazioni come la lettera del medico egizio Benan pubblicata in due volumi con commento da E. Edler v. d. Planiz sul supposto fondamento di un papiro copto[144]. Questa lettera, difesa e diffusa con grande energia dal suo editore, trovò larga e credula accoglienza non solo tra i teosofi e gli occultisti, ma anche, ciò che sorprende, fra i teologi.

2. Altrettanto povera è la messe che possiamo raccogliere dalla letteratura ebraica antica[145]. Gli scarsi resti della letteratura contemporanea, compresa l'apocalittica, sono preziosi documenti per entrare nello spirito del tempo: ma non contengono intorno a Gesù alcun accenno. I dati relativi a Gesù della letteratura rabbinica raccolti dal *Talmud* e rielaborati nei *Toldoth Jeschu* (una compilazione sulla vita di Gesù, edita per la prima volta nel 1681, che risale nel suo materiale originario al IV o V secolo d.C.) non

---

[141] Si veda l'eccellente riassunto di P. Wernle, *Die Quellen des Lebens Jesu*, 2ª ed. 1906; Klausner, pp. 13-168; Goguel, pp. 49-141; Guignebert, *Jesus*, 1933, pp. 15-58.

[142] Schürer (I, pp. 544-549) ed E. Meyer (I, pp. 206 sgg.) considerano l'intero passo di Giuseppe Ebreo (*Antiq. hebr.*, XVIII, 3, 3) come un'interpolazione cristiana.

[143] S. Reinach, *La première allusion au christianisme dans l'histoire*, «RHR», 1924, II, pp. 108 sgg.

[144] G. Schmidt und H. Grapow, *Der Benanbrief, eine moderne Leben-Jesu-Fälschung*, 1921.

[145] R.T. Herford, *Christiana y in Talmud and Midrasch*, 1903; P. Fiebig, *Jüdische Wundergeschichten des neutestam. Zeitalters*, 1911; *Die Gleichnisreden Jesu im Lichte d. rabbin. Gleichnisse*, 1912; S. Abrahams, *Studies in Pharisaism and Gospels*, 1917-24, 2 vol.; H. Strade und P. Billerbeck, *Kommentar zum Neuen Testam. aus Talmud und Midrasch*, 1922-28, 4 vol.; G. Kittel, *Die Probleme des palästinischen Spätjudentums und das Urchristentum*, 1926; G.F. Moore, *Judaism in the first Centuries of the Christian Era*, 1927, 2 vol.; C.G. Montefiore, *Rabbinic Literature and Gospel Teachings*, 1930; Klausner, pp. 17 sgg.

contengono che una caricatura ostile senza alcun valore storico[146]. La conoscenza della letteratura rabbinica ha importanza per la luce che essa getta sul mondo nel quale si è svolta l'opera di Gesù, sul materiale letterario e leggendario dei Vangeli: i numerosi contributi presentano incontestabilmente da questo punto di vista un grande interesse. Ma quest'importanza non deve essere esagerata. La redazione dei testi rabbinici più antichi (*Mishnah*) non risale oltre il 200 d.C. e perciò rispecchia un'età in cui i gravi mutamenti avvenuti nell'Ebraismo gli avevano dato un'impronta del tutto diversa. È vero che le tradizioni in essi raccolte risalgono a tempi più antichi: ma noi non dobbiamo dimenticare che la letteratura rabbinica ci fa conoscere la corrente opposta a Gesù, quella che deviò verso un ristretto legalismo il messianismo profetico, di cui Gesù è un continuatore e che, qualunque siano le coincidenze letterali, vi è fra le due dottrine un abisso[147]. Le parabole evangeliche hanno nelle parabole rabbiniche un riscontro che colpisce: ma è una coincidenza nelle forme d'espressione, non nella sostanza. Hillel è una bella personalità e i suoi precetti respirano un senso di mitezza evangelica: e tuttavia quale distanza fra Hillel e Gesù[148]. Non dobbiamo pertanto meravigliarci se lo studio dei paralleli rabbinici non ha finora sensibilmente contribuito alla migliore conoscenza del pensiero e della personalità di Gesù.

3. È altamente probabile che Paolo (nonostante *II Lettera ai Corinzi*, V, 16) non abbia conosciuto direttamente Gesù; ma conobbe a Gerusalemme tre anni dopo la sua conversione (che cade verosimilmente verso il 33 d.C.) Pietro e gli altri che avevano vissuto con Gesù. Tuttavia le sue epistole non hanno che notizie insignificanti: del resto esse erano scritti d'occasione, lettere d'un missionario per la direzione delle sue comunità. Inoltre Paolo vedeva in Gesù più il mediatore soprannaturale che l'uomo: la sua realtà umana non aveva per lui importanza.

4. Anche i detti che ci pervennero di Gesù fuori dei Vangeli, i cosiddetti *Agrapha*, hanno scarsa importanza e non aggiungono nulla di essenziale[149]. Essi ricorrono generalmente come citazioni nell'antica letteratura cristiana (vedi ad esempio il detto conservatoci negli *Atti*, XX, 35: «Meglio è dare

---

[146] H. Laible, *J. Christus im Talmud*, 1891. Sui *Toldoth Jeschu* v. S. Krauss, *Das Leben Jesu nach jüd. Quellen*, 1902.

[147] Kittel, pp. 124 sgg.

[148] Hillel, celebre dottore rabbinico, fiorì verso l'era cristiana. Si cfr. Delitzsch, *Jesu und Hillel*,[3] 1879; Stapfer, pp. 277 sgg.

[149] Resch, *Agrapha*,[2] 1906; Hennecke, *Agrapha*, «RE», XXIII, pp. 16-25; V. Dunkerley, *The unwritten Gospel: Ana and Agrapha of Jesu*, 1925.

che ricevere») e risalgono probabilmente alla tradizione orale che persistette per qualche tempo parallelamente ai Vangeli. Ma non tutti possono essere riconosciuti come buona tradizione. Anche le scoperte fatte nel 1896 e nel 1904 a Oxyrhynchus, in Egitto (1896-97: un foglio di papiro con 7-8 detti, scritto probabilmente verso il 150-300; 1904: un altro foglio con 5 frammenti derivati, come sembra, dal Vangelo degli Ebrei; cfr. Hennecke, pp. 48-52) non hanno dato nulla di notevole.

I detti conservatici dalla tradizione musulmana e raccolti da M. Asin y Palacios (*Patrol. Orient.*, XIII, 3-4) contengono probabilmente elementi degni di attenzione: numerosi sono i passi che richiamano corrispondenti passi evangelici, ma in contesto diverso e in veste diversa, segno che essi sono giunti alla tradizione musulmana per altre vie. In essi è accentuato il carattere ascetico: i precetti dell'odio del mondo e del disprezzo della ricchezza sono espressi in forma assai più cruda che nei Vangeli. Ma a noi manca completamente il modo di giudicare della loro autenticità.

5. I soli scritti che abbiano per noi importanza come documenti della vita e dell'opera di Gesù sono perciò i Vangeli e particolarmente i tre sinottici. Certo essi non sono scritti storici, ma sono rivolti all'edificazione e all'apologetica e il loro riferimento a personaggi dell'età apostolica è un riferimento tendenzioso che ha lo stesso valore di quello degli inni orfici a Orfeo: ma in ogni modo essi contengono quanto di più attendibile noi possediamo intorno a Gesù.

I primi discepoli vissero del ricordo della parola viva di Gesù che era trasmesso per mezzo della predicazione e della tradizione: Paolo e le sue chiese, vent'anni dopo la morte di Gesù, non sembrano preoccuparsi eccessivamente della sua personalità terrena e non conoscono altro che la tradizione orale. Ancora verso il 140 Papia, vescovo di Ierapoli, dichiara che egli preferiva attingere alla tradizione orale anziché ai libri (Eusebio, *Historia ecclesiastica*, III, 40, 4). Questa tradizione era composta di narrazioni (specialmente sulla passione e risurrezione) e dei detti isolati che correvano di bocca in bocca e che venivano citati, commentati, trasformati, secondo i bisogni del momento: noi ne abbiamo un esempio nelle citazioni che fa Paolo dei detti del Signore. Renan insiste con ragione sull'importanza e sulla estensione che aveva allora la tradizione orale[150]. A ritardare la fissazione scritta possono aver concorso molte cause: la scarsa cultura, la mancanza di attitudine allo scrivere, il timore di partecipare le cose sacre agli indegni (Clemente Alessandrino, *Stromata*, I, 1). Tuttavia ben presto, con lo sparire dei testimoni della vita di Gesù e col diffondersi della tradizione

---

[150] Renan, *Les évangiles*, 1877, pp. 76 sgg.

in una cerchia sempre più vasta, si dovette sentire il bisogno di stendere per iscritto dei brevi testi frammentari sui detti e sui fatti del Signore: testi ispirati essenzialmente a motivi pratici (la propaganda, l'istruzione, la lettura nelle riunioni di culto), nei quali accanto all'elemento storico dovette insinuarsi in vario senso l'elemento tendenzioso e leggendario[151]. Questi primi documenti scritti vennero col tempo sottoposti a un'opera di comparazione e di compilazione e diedero così origine a quelle composizioni più organiche e più vaste che noi conosciamo sotto il nome di Vangeli: perciò appunto essi vennero resi inutili e scomparvero.

Anche i Vangeli dovettero costituire in origine una molteplicità svariata. Ogni setta, ogni comunità ebbe i suoi libri preferiti. Ancora verso il 450 d.C. Teodoreto vescovo di Kyros trova in uso presso le sue comunità più di duecento libri non canonici che egli fa mettere da parte e sostituire con i quattro Vangeli (*Haeret. fab. comp.*, I, 20). Ma il quasi unanime consenso delle chiese ne prescelse e ne impose quattro, quelli che probabilmente erano più universalmente accolti o che meglio rispondevano alle tendenze predominanti: questi sono i nostri quattro Vangeli canonici. Gli altri, anche se rimasero per qualche tempo i libri di sette o di comunità particolari, scomparvero quasi totalmente e non ne giunsero a noi che esigui frammenti. Noi non possiamo più sapere quindi oggi quale valore storico avessero questi altri antichi Vangeli: ma in complesso si può dire che la chiesa antica, sebbene determinata nella sua scelta da motivi dogmatici, ci ha conservato, in essi, documenti di notevole valore che, in mezzo a interpolazioni e travestimenti tendenziosi, contengono un substrato di notizie abbastanza sicure sulla vita e specialmente sulla dottrina di Gesù. Con lo stabilimento definitivo (verso l'anno 150) della raccolta canonica dei quattro Vangeli non si chiude però l'era della composizione: anche più tardi vengono alla luce nuove compilazioni, ma con sempre crescente prevalenza dell'elemento leggendario.

---

[151] Sul carattere poetico della narrazione evangelica si veda le belle osservazioni di Renan, Ivi, pp. 99 sgg.

II. I sinottici

1. Nei quattro Vangeli canonici una distinzione si è imposta ab antico, come evidente al più superficiale esame, fra i tre primi che hanno un carattere più nettamente storico, una più evidente affinità e sono più facilmente riducibili in un'esposizione unica, in un quadro sinottico (onde il nome), e il quarto, il Vangelo di Giovanni, che ha un carattere più speculativo e teologico e si separa dagli altri anche per la disposizione diversa dello schema narrativo. L'affinità e le differenze dei tre Vangeli sinottici hanno dato origine al grave problema del loro rapporto: l'enumerazione delle ipotesi successivamente proposte non ha più oggi che un interesse storico[152]. I critici convengono oggi, quasi unanimi, nella ipotesi delle due fonti che si può riassumere in due proposizioni: I. Il Vangelo più antico è il Vangelo di Marco, di cui gli altri due riproducono, spesso letteralmente, tutto il contenuto, inserendovi le loro aggiunte[153]; II. Gli altri due Vangeli hanno in più utilizzato un'altra fonte oggi perduta, che conteneva essenzialmente una raccolta di detti (*Logia*) di Gesù.

2. L'autore del Vangelo di Marco fu probabilmente il primo che intraprese a riunire gli elementi dispersi della tradizione in una narrazione, storicamente connessa, della vita di Gesù[154]. Egli trovò nella tradizione solo dei dati confusi e staccati, isolati da ogni determinazione precisa di tempo e di luogo: il battesimo di Giovanni, l'attività di Gesù in Galilea, i discepoli, il viaggio di Gerusalemme, la catastrofe finale. Egli strinse tutti questi elementi in un racconto unico, ma è facile vedere che l'ordine da lui introdotto è un ordine fittizio: eccetto che per la passione, che la tradizione dovette, per la sua importanza, conservare nel suo ordine e nei suoi particolari, il resto non è una successione cronologica, ma un aggruppamento arbitrario,

---

[152] Per la storia della controversia sinottica si veda Jülicher, *Einl. in das Neue Test.*, 4ª ed., 1901, pp. 266 sgg.; Loisy, I, pp. 59-83; Knopf, *Einführung in das Neue Test.*, 2ª ed., 1923, pp. 101 sgg.; Wernle, *Die synoptische Frage*, 1899. Sui sinottici in generale: P.W. Schmidt, *Die Geschichte Jesu*, II, 1904, pp. 40 sgg.; Reville, *Die Rel. d. röm. Gesellschaft* etc. (tr. ted.) 1906, I, pp. 273-303; Loisy, *Les év. synoptiques*, 1907-8, 2 vol.; Wellhausen, *Die drei ersten Evangelien*,[2] 1911.

[153] Sulle ragioni che pongono il Vangelo di Marco come il più antico e originario si veda il chiaro riassunto di E. Klostermann in «RGG»,2 II, pp. 423-425.

[154] Sul Vangelo di Marco: Renan, *Les évangiles*, pp. 125 sgg.; Goguel, *L'évangile de Marc et ses rapports ave e ceux de Mathieu et de Luc*, 1909; Loisy,*L'évangile selon Marc*, 1912.

dove l'accozzo dei fatti è determinato per lo più dall'affinità dell'argomento; qualche volta è ancora ben visibile la ripetizione della stessa materia in due versioni diverse (ad esempio IV, 35-41 e VI, 47-52; VI, 34-46 e VIII, 1-10). Questo ci spiega molte sconnessioni, molti accostamenti artificiosi che alterano e oscurano il senso dei detti di Gesù. Il Wendland paragona giustamente Marco a Erodoto, che anch'egli raccolse materiali leggendari disparati in una narrazione, la quale non è senza discrepanze e contraddizioni. Ma Erodoto è già uno storico: Marco è un narratore popolare che si accontenta di vaghi collegamenti e di indeterminati accenni cronologici. «Il monte, il deserto, la casa sono a sua disposizione quando la situazione lo esige o quando gli sembrano opportuni: gli scribi vengono fuori misteriosamente quando l'evangelista ne ha bisogno»[155]. Non vi sono transizioni, gradazioni, non vi è uno svolgimento storico: Gesù è fin da principio il messia, quale se lo era creato la mentalità della comunità primitiva.

Questa stessa semplicità storica costituisce tuttavia anche il suo massimo pregio: essa ha permesso di trasmettere con tanta freschezza le tradizioni da lui elaborate in una narrazione d'una vivezza intuitiva. Essa ha fatto anche sì che nel suo racconto ci siano stati conservati tratti della tradizione storica, che sono in contraddizione con la sua concezione del Cristo: il battesimo di Giovanni, l'incredulità degli Ebrei, l'incomprensione dei discepoli e dei familiari, l'amara rassegnazione di Gesù sulla croce: tratti che mal si conciliano con la potenza e la gloria messianica che accompagnano Gesù fin dal principio[156].

Le soluzioni che ne dà Marco sono espedienti ingenui facilmente riconoscibili. È degno di nota che Marco non conosce ancora le leggende della nascita soprannaturale e dell'infanzia. Certo anch'egli ha, sebbene in modo meno accentuato, le sue preoccupazioni dogmatiche[157]. Tra queste idee direttive la prima è la preoccupazione apologetica di dimostrare che la qualità di messia in Gesù è attestata dai miracoli: ciò che spesso diminuisce la figura storica di Gesù e sovrappone alla sua grandezza spirituale un elemento taumaturgico quache volta grottesco. La seconda è la tendenza a giustificare

---

[155] Che il quadro cronologico e geografico di Marco sia in sé senza valore è quanto è già detto in Eusebio (*Historia ecclesiastica*, III, 40, 17): «scrisse, ma senza ordine». Si cfr. a questo riguardo il Reuss, *Hist. évangelique* (La Bible, N. Test, I), 1876, pp. 103 sgg.

[156] Sul valore di questi dati per la conoscenza del Gesù storico si veda Schmiedel, *Das vierte Evangelium*, 1906, pp. 16 sgg.

[157] L'influenza della dottrina di Paolo sul Vangelo di Marco, uno dei dogmi della scuola di Tubinga, è oggi generalmente contestata: si cfr. M. Werner, *Der Einfluss paulin. Theologie im Markus-Evangelium*, 1923.

la morte di Gesù sulla croce, oggetto di tante obiezioni, come un fatto provvidenziale previsto da Gesù e predetto dalle Scritture. La terza è una lieve tendenza antiebraica, per la quale addossa agli Ebrei, anziché ai Romani, la colpa della morte di Gesù e attribuisce a Gesù il proposito inconcepibile di mantenerli volontariamente nell'incredulità celando nelle parabole il senso più profondo della sua dottrina (*Marco*, IV, 11-13).

Con tutto questo il Vangelo di Marco è ancora il Vangelo che ha il carattere più nettamente storico, ciò che ne fa per noi una fonte di primo ordine. La sua semplicità, la sua chiarezza, il suo verismo realistico, portano con sé, nella loro ingenuità, il suggello della verità: in molti particolari (il concorso delle turbe, la scena di Gesù coi bambini, molti particolari della passione) noi abbiamo l'impressione di essere dinanzi a tradizioni genuine e dirette. Il Vangelo di Marco è stato redatto, secondo ogni probabilità, a Roma, in greco poco dopo il 70: esso fu, secondo Loisy, il Vangelo della comunità romana, che lo adottò, lo conservò e lo impose[158]. Il suo autore sarebbe Marco, figlio di quella Maria che aveva a Gerusalemme una casa dove si radunava la comunità primitiva (*Atti*, XII, 12), nipote di Barnaba (*Lettera ai Colossesi*, IV, 9), ricordato più volte nelle lettere di Paolo. Secondo tradizioni antiche l'autore sarebbe stato anche compagno e interprete di Pietro, dal quale avrebbe avuto molte testimonianze dirette intorno a Gesù; e questo spiegherebbe anche la prevalenza data nel suo racconto a Pietro (Eusebio, *Historia ecclesiastica*, II, 15). Secondo altri, l'autore, discepolo di Paolo, avrebbe semplicemente utilizzato un documento contenente i ricordi di Pietro. Che Marco possa avere avuto dinanzi a sé, oltre alla tradizione orale, anche qualche fonte scritta è possibile; ma ogni determinazione più precisa non può che rimanere, nello stato presente delle cose, allo stato di pura ipotesi[159]. Su un punto solo possiamo avere qualche certezza: nel caso del cap. XIII, nel quale Marco ha evidentemente utilizzato un documento apocalittico redatto prima del 70 d.C. Così pure è fuori questione che la conclusione del Vangelo (XVI, 9-20) è un'aggiunta posteriore, antica, ma straniera al testo originale. Se il Vangelo avesse una conclusione diversa e quale questa fosse, noi non lo possiamo più sapere. L'ipotesi più verosimile (Jülicher) è che la conclusione primitiva di Marco sia stata molto presto soppressa e sostituita perché in contraddizione con i racconti che si

---

[158] Loisy, *op. cit.*, p. 52.

[159] Si cfr.: R.A. Hoffmann, *Das Markusevangelium und seine Quellen*, 1908; E. Wendling, *Die Entstehung des Markusevangelium*, 1908 (distingue nella redazione di Marco tre elementi); Loisy, *op. cit.*, pp. 73 sgg.; E. Meyer, I, cap. V: *Die Quellen d. Markus* (pp. 121-160).

trovano negli altri Vangeli. Il contenuto di questa conclusione (che doveva raccontare una apparizione del Cristo risorto in Galilea) è probabilmente da ricercarsi nel Vangelo di Giovanni, (XXI, 1-13) e nella (monca) conclusione del Vangelo di Pietro (Hennecke, p. 63.)

3. Gli altri due sinottici sono composizioni posteriori che accolgono come piano la disposizione di Marco e vi inseriscono una quantità di parabole e di insegnamenti del Signore che Marco non contiene e che è in gran parte comune ai due Vangeli: Luca la inserisce in due grandi tratti (VI, 20 – VII, 35; IX, 51 – XVIII, 14); Matteo la spezza in più tratti minori, dei quali il più notevole è il cosidetto Sermone sul monte (V-VII). Siccome dal confronto di Matteo e di Luca si può escludere quasi con certezza che l'uno sia stato utilizzato dall'altro e d'altra parte la concordanza nell'elemento comune è tale che non può essere ricondotta soltanto all'uso della stessa tradizione orale, ma ci rinvia necessariamente all'uso d'una fonte scritta comune, così si è dovuto assumere che entrambi si siano serviti di una fonte comune designata ordinariamente con Q (*Quelle* = fonte), contenente una raccolta di detti del Signore[160].

Questa raccolta fu probabilmente una specie di catechismo degli insegnamenti di Gesù, messo insieme per le esigenze dell'ammaestramento e della predicazione. A questa fonte Q appartengono probabilmente non solo gli elementi comuni a Matteo e a Luca, ma molti altri che ricorrono solo nell'uno o nell'altro. È probabile che i detti di Gesù vi fossero raccolti, secondo la materia, in un certo numero di gruppi, come si presentano in Matteo; ma questa distribuzione dovette essere un ordinamento artificioso introdotto dal raccoglitore, il quale unì l'uno all'altro i pensieri staccati di Gesù in modo da dar loro l'apparenza di discorsi connessi d'una certa lunghezza: ciò che in alcuni casi diede probabilmente anche ad essi un senso che i pensieri singoli nel loro contesto originario non avevano. Il Sermone sul monte è verosimilmente un primo gruppo di questo genere, intorno al quale sorse poi la raccolta dei *Logia*, quale fu utilizzata dai Vangeli. Non si può escludere che questa raccolta contenesse anche elementi narrativi; certo però dovevano avere in essa un'importanza molto subordinata.

Il Loisy fa risalire la composizione della raccolta al 60-70 d.C.; che essa sia stata stesa in aramaico è verosimile, che risalga all'apostolo Matteo è

---

¹⁶⁰ La teoria delle due fonti venne per la prima volta esplicitamente formulata da H.J. Holtzmann, *Die synopt. Evangelien*, 1863. Sulla fonte Q si veda: Harnack, *Sprüche und Reden Jesu. Die zweite Quelle des Matthäus und Lukas*, 1907; Wellhausen, *Einl. in die drei ersten Evangelien*,² 1911, pp. 57 sgg.; E. Meyer, I, pp. 212 sgg.; W. Bussmann, *Synoptische Studien*, II, 1929.

una tradizione che non riposa su alcun dato sicuro, ma che non vi è ragione di respingere[161]. Certamente essa sorse nella primitiva comunità ebraizzante: il che spiega forse certe tendenze che traspaiono ancora nei Vangeli, specialmente in Matteo (osservanza scrupolosa della legge, divieto di missione tra i Pagani, ecc.). In quale rapporto essa stia con il Vangelo di Marco non sappiamo con certezza: ma è credibile (contro Wellhausen e Wendland) che i *Logia* costituiscano un documento più antico, il quale sarebbe stato da Marco, con la sua esposizione storica, completato e in qualche punto compendiato. Essendo stata inserita nei Vangeli di Matteo e di Luca, l'opera originale venne negletta e sparve rapidamente: già nel II secolo non ve n'è traccia.

4. I Vangeli di Luca e di Matteo hanno un carattere diverso da quello di Marco. Mentre in questo la tradizione è offerta ancora con una certa purezza, qui la parte dello scrittore è già più grande: le preoccupazioni apologetiche pervadono maggiormente la narrazione e concorrono a modificare la tradizione, a riplasmarla, ad arricchirla di nuovi elementi. Queste variazioni sono considerevoli soprattutto nei punti che interessano la fede della comunità. Ad esempio quanto al rapporto di Gesù col Battista è evidente in Luca e Matteo la preoccupazione di subordinare il Battista a Gesù; e in genere di eliminare tutto ciò che nel racconto di Marco sembra diminuire la grandezza di Gesù. Così essi eliminano il particolare di Marco (III, 21), secondo cui i parenti di Gesù volevano rinchiuderlo come pazzo e cercano di cancellare nel racconto della morte ogni segno di impotenza e di debolezza; aggiungono le storie leggendarie della nascita con le complicazioni di Betlemme e di Nazareth, completano e precisano le apparizioni di Gesù risorto.

In Marco (VI, 3) i concittadini di Gesù meravigliati dicono: «Non è costui il falegname, figlio della Maria [...]?». Matteo vi sostituisce: «Non è costui il figlio del falegname [...]?». Ora noi sappiamo da Celso che più d'un anticristiano derideva i Cristiani perché avevano per maestro un falegname. Una più grande importanza è data alle dimostrazioni per mezzo delle profezie, ciò che da una parte conduce a creare di sana pianta nuove profezie e anche a «grossolane falsificazioni cristiane» (Harnack), dall'altra arricchisce la narrazione di nuovi particolari in accordo con le ipotetiche profezie. Soprattutto poi prevale la tendenza a mettere in mostra il miracolo, il miracolo visibile e tangibile: carattere che si va sempre più accentuando

---

[161] A. Reville, *Évang. selon Mathieu*, 1862, pp. 66-67. A questa opinione, che è già quella di Schleiermacher, accedono anche Harnack (*Die Entstehung d. N. Test.*, 1914, p. 53) ed E. Meyer (I, p. 250).

nei Vangeli posteriori per raggiungere poi nei Vangeli apocrifi dell'infanzia il grottesco.

Quale dei due ultimi sinottici debba considerarsi come anteriore nel tempo non è ben chiaro: la maggior parte dei critici li considerano come indipendenti l'uno dall'altro.

5. Il Vangelo di Luca è già una composizione letteraria, che ha la sua prefazione e la sua dedica: è il primo libro di un'opera complessiva, la cui seconda parte costituisce i cosiddetti *Atti degli apostoli*[162]. Esso si appoggia in gran parte al Vangelo di Marco che vi si trova quasi completamente riprodotto: ma lo arricchisce di nuove materie, specialmente nel racconto della nascita (capp. I-II) e nei due tratti tolti dalla raccolta Q, dei quali il primo contiene la grande predicazione di Gesù alle turbe che comincia con le note beatitudini e il secondo è un'amplificazione del viaggio a Gerusalemme, che in Marco è brevissimamente esposto e che qui si estende per otto capitoli ricchi di episodi, di parabole e di detti. Gran parte di questi sono comuni, come si è detto, a Matteo: ma Luca ha anche una parte tutta sua, ricca di parabole (il racconto del samaritano pietoso, del figliuol prodigo, di Epulone e di Lazzaro), per la quale egli dovette avere dinanzi a sé o una redazione più estesa della raccolta Q o altre fonti minori (aramaiche), le quali specialmente in alcuni particolari relativi alla passione (ad esempio nel racconto della cena) sembrano aver conservato tradizioni molto antiche[163]. Non è nemmeno da escludersi che in questa parte abbiano confluito tradizioni orali: Harnack rinvia all'apostolo Filippo e alle sue figlie (*Atti*, XXI, 8-9). È da notarsi però che nel riportare dalle sue fonti le parabole e le similitudini Luca qualche volta le fraintende e le torce dal loro vero senso. Così ad esempio nella parabola del samaritano dove tutto il senso è nel contrasto fra i sacerdoti che passano oltre e il samaritano pietoso, non nel rispondere alla domanda: chi è il mio prossimo? E così in quella di Lazzaro, in quella dell'ingiusto amministratore[164], ecc.

L'autore è uno spirito mite e conciliativo che vuole offrire un quadro d'armonia e d'innocenza proprio alla edificazione del lettore: perciò attenua i contrasti e si preoccupa soprattutto di presentare il Cristianesimo come inoffensivo per l'ordine stabilito. Gesù fu solo una vittima del fanatismo

---

[162] Sul Vangelo di Luca si cfr. Renan, *Les évangiles*, pp. 251 sgg.; A. Harnack, *Untersuch. zu den Schriften des Lukas*, 1908; E. Meyer, I, pp. 1-51; Loisy, *Lev. de Luc*, 1924.

[163] F. Dibelius, *Die Herkunft der Sonderstücke des Lukasevangeliums*, «ZNW», 1913, pp. 325 sgg.

[164] Si cfr. un'opportuna correzione di A. Pallis in «RHR» 1927, II, p. 410; Jülicher, *Die Gleichnisreden Jesu*, 1910, II, pp. 495-514.

ebraico. Della dottrina cristiana è messo prevalentemente in luce l'elemento ascetico: essa è la religione dei poveri e degli umili. La separazione dall'Ebraismo è più decisa che in Marco e ha un altro carattere. I dissensi tra Cristiani ebraizzanti e Cristiani ellenizzanti che avevano agitato la chiesa primitiva e hanno un così vivo riflesso nelle lettere di Paolo, sono scomparsi: la rottura con l'Ebraismo è definitiva, l'illusione della conversione finale degli Ebrei è svanita. Quindi è accentuato il carattere universalistico del Cristianesimo: la legge antica appare come alcunché di oltrepassato, che vale per il cristiano solo come un preannuncio della fede cristiana.

Da più d'un dato (soprattutto dalla innegabile dipendenza da Giuseppe Ebreo che scrisse verso l'80-100 d.C.) si può arguire che il Vangelo di Luca fu composto circa o poco dopo il 100 d.C.: autore non può quindi essere Luca, il compagno di viaggio di Paolo (*Col.*, IV, 14; *I Lettera a Timoteo*, IV, 11). Autore fu probabilmente un cristiano ellenizzante della comunità di Roma, colto, conoscitore degli scritti di Giuseppe Ebreo, che volle far servire questa esposizione idealizzata delle origini cristiane a un'esaltazione apologetica del Cristianesimo. Questo ignoto autore, che al Vangelo fece seguire l'esposizione delle origini del Cristianesimo (gli *Atti degli apostoli*) avrebbe utilizzato in quest'ultima parte un diario di viaggio di Luca (conservando anche il linguaggio in prima persona prima, il «noi»): di qui l'attribuzione a Luca dell'intera opera e quindi anche del Vangelo.

6. Il Vangelo di Matteo ha un singolare carattere in quanto mostra evidentemente di contenere in sé elementi molto antichi e per certi altri si rivela innegabilmente come una tarda compilazione eclettica di carattere quasi ufficiale, ecclesiastico[165]. Anch'esso riproduce nelle linee generali il Vangelo di Marco: lo segue apparentemente più da lontano, ma in realtà anch'esso inserisce le sue aggiunte nel quadro tracciato da Marco. Oltre a Marco e agli elementi comuni con Luca derivanti dalla raccolta Q, ha anche un fondo proprio, nel quale è particolarmente più grande che negli altri sinottici la parte dell'elemento leggendario.

Il Vangelo di Matteo si distingue per tre particolarità. La prima è la composizione dei detti di Gesù in lunghi discorsi, che in parte riproducono più fedelmente la raccolta Q. Così esso ci dà nei capp. 5-7, che contengono il famoso Sermone sul monte, un'esposizione complessiva della morale evangelica, un «trattato completo della giustizia cristiana», che contrappone alla legge antica proclamata sul Sinai la legge nuova destinata a compiere la

---

¹⁶⁵ Sul Vangelo di Matteo: A. Reville, *Ét. crit. sur l'Evangile selon S. Mathieu*, 1862; Renan, *Les évangiles*, pp. 176 sgg.

prima[166]. Per questa fedele conservazione dei «detti di Gesù» giustamente Renan chiama il Vangelo di Matteo «il libro più importante del Cristianesimo, il libro più importante che sia mai stato scritto». La seconda particolarità è che rivela in più luoghi uno spiccato carattere ebraizzante per le frequenti citazioni dell'Antico Testamento, per la precisa conoscenza delle condizioni ebraiche, per la viva polemica contro i Farisei: con ciò si accordano anche le sue tendenze crudamente ascetiche (condanna del matrimonio, apprezzamento dell'evirazione religiosa in XIX, 10-12). Ciò non può spiegarsi se non col supporre che esso sia stato originariamente composto, almeno nella sua redazione primitiva, in un ambiente di Cristiani ebraizzanti: questo spiegherebbe anche le sue tendenze retrograde, rispetto a Gesù, nel senso d'un più ristretto particolarismo ebraico e d'un attaccamento più scrupoloso all'osservanza dell'antica legge. La terza particolarità è il suo carattere ufficiale, ecclesiastico. L'elemento leggendario della nascita vi è già elaborato secondo le nuove esigenze dottrinali: in esso appare per la prima volta la parola *chiesa*, straniera al Vangelo (XVI, 18; XVIII, 17). In esso ricorre il famoso detto di Gesù a Pietro: «Tu sei Pietro e su questa pietra edificherò la mia chiesa [...]» (XVI, 18), che è il linguaggio d'un presbitero del II secolo, non certamente quello di Gesù. Ecclesiastica è la sua dottrina di fede, la sua concezione del Cristo. In esso già traspare l'inizio della disciplina ecclesiastica: le tendenze socialistiche di Luca sono ripudiate, il sogno apocalittico comincia a svanire in un avvenire indefinito.

Questi caratteri in parte contrastanti hanno per lungo tempo reso i critici incerti nel determinare l'età di questo Vangelo: oggi se ne riconosce quasi universalmente il carattere relativamente recente. Esso è attribuito a Matteo apostolo: ma ciò si spiega probabilmente col fatto che il nucleo primo di questo Vangelo sarebbe stato costituito dalla raccolta Q, la quale può benissimo essere attribuita al discepolo immediato di Gesù, Matteo. Ma comunque sia, certo è che il Vangelo, così come oggi ci sta dinanzi, fu scritto in greco non molto tempo dopo il 100 d.C.: perché esso è già conosciuto e utilizzato da sant'Ignazio, il cui martirio cade verso il 110 d.C. o poco dopo. Quanto al luogo e all'autore, il complesso carattere del Vangelo rende difficile qualsiasi congettura. Secondo un critico recente ne sarebbe autore un rabbi ebraico che avrebbe messo la sua scienza rabbinica al servizio del Vangelo[167].

---

[166] Si veda: Loisy, I, pp. 534-645; H. Weinel, *Die Bergpredigt*, 1920.
[167] E. v. Dobschütz, *Matthäus als Rabbi und Katechet*, «ZNW», 1928, pp. 338 sgg.

1. Il Vangelo di Giovanni ha, come già si è detto, un carattere e un contenuto del tutto diversi: la sua inconciliabilità coi sinottici è già stata riconosciuta da Reimarus, da Herder. Strauss per primo nella sua *Vita di Gesù* (1835) ne ha determinato con esattezza il carattere corrispondente a una fase ulteriore dell'elaborazione teologica della tradizione cristiana, in cui al concetto giudaico-messianico del Figlio dell'uomo si sostituisce il concetto greco-metafisico del Logos[168]. I tre sinottici hanno ancora un certo carattere storico: narrano senza imporre troppo visibilmente il loro punto di vista e senza alterare essenzialmente il dato tradizionale. Sebbene si tratti di tre autori diversi, la narrazione ha una certa impronta comune e una certa obiettività: Gesù è una persona storica che opera, che sente e che soffre. Nel quarto Vangelo invece ciò che è in prima linea è la speculazione teologica. Più che di una storia esso ha l'apparenza di un'interpretazione teologica e mistica della storia evangelica, dove la materia storica è semplice occasione allo svolgimento dottrinale: il Cristo è solo più un'astrazione, una figura ieratica che non ha più nulla di umano. E questa speculazione teologica, che riempie i suoi discorsi, è nel più diretto contrasto con il carattere di Gesù, come noi lo conosciamo dai sinottici. Chi legge il Sermone sul monte e un capitolo del quarto Vangelo deve dire: se Gesù ha parlato come nel Sermone sul monte, non possono essere suoi i discorsi che il quarto Vangelo gli attribuisce. Chi parla e agisce nel quarto Vangelo non è più il Gesù storico, ma il Cristo metafisico: oggetto dei suoi discorsi sono la sua persona, il suo rapporto con Dio Padre, la necessità della fede in lui come mediatore. Il mondo reale in cui ha vissuto il Gesù della storia è oramai lontano: gli Ebrei del IV Vangelo sono ombre, sono un nome per gli empi e gli increduli. Esso non contiene più né parabole né discorsi apocalittici: non è più questione della prossimità del regno di Dio: Gesù promette non di tornare in tutta la sua gloria, ma di mandare lo spirito di Dio sui discepoli. Si aggiunga che i discorsi attribuiti a Gesù non differiscono dai passi in cui l'autore – come nel prologo e nelle epistole a lui attribuite – ci parla in persona propria:

---

[168] Sul quarto Vangelo si veda: Schmiedel, *Das vierte Evangelium*, 1906; *Evangelium, Briefe und Offenb. d. Johannes*, 1906; A. Reville, I, pp. 304-331; J. Reville, *Le quatrième évangile*, 1901, 2ª ed. 1912; Loisy, *Le quatrième évangile*, 2ª ed., 1921; H.L. Jackson, *The problem of the fourth Gospel*, 1918; Knopf, pp. 116 sgg.; Goguel, *Introd. au N.T.*, II, *Le quatrième évangile*, 1924; E. v. Dobschütz, *Zum Charakter des IV Evangeliums*, «ZNW», 1929, pp. 161 sgg.

segno che chi parla nel quarto Vangelo non è il Gesù storico, ma l'autore stesso del Vangelo.

Ma anche l'elemento narrativo, che serve di fondamento a questo commentario teologico, non mostra di avere, nella più parte dei casi, un maggior valore storico. Il quarto Vangelo ha certamente utilizzato il Vangelo di Marco, però riplasmandolo con grande libertà e mescolandovi qualche tradizione antica, non meglio determinabile, indipendente dal racconto sinottico. L'attività di Gesù si svolge qui quasi interamente a Gerusalemme e dura molto più che nei sinottici: altri sono i luoghi, altri i miracoli, altri molti particolari della vita e della passione. Ma il suo piano generico non sembra essere anche qui altro che un ordine creato dall'autore per dare al contenuto l'apparenza d'una storia: e gli elementi che l'autore vi introduce di proprio sono o riferimenti indeterminati, privi d'ogni connessione con la viva realtà o, come i grandi miracoli, costruzioni artificiose dirette a sostenere e simboleggiare la dottrina. Il solo elemento storicamente utilizzabile sembra dato da alcuni particolari nei quali l'autore ha evidentemente seguito una tradizione speciale di alto valore storico[169]: come ad esempio là dove narra la venuta di Gesù a Gerusalemme nella festa dei tabernacoli (VII, 1 sgg.), il ritiro di Gesù nella Perea (X, 40-42), il più lungo periodo di attività a Gerusalemme, la maggior parte avuta dall'autorità romana nell'arresto di Gesù (XVIII, 3). Noi possiamo perciò, indipendentemente da ogni interpretazione, arrestarci qui a questa prima constatazione: che siamo dinanzi a un'opera radicalmente diversa dai sinottici, fatta con tutt'altro spirito e – tenuto conto delle poche eccezioni sopra rilevate – con tutt'altro fine che di narrare la vita di Gesù. L'autore è un teologo, che si è proposto non di fare opera di storico, ma di comporre in un quadro ideale una serie di racconti simbolici e di meditazioni mistiche su tempi della storia evangelica (Goguel).

Una determinazione più precisa del carattere del quarto Vangelo non è qui necessaria, né sembra per ora possibile. L'autore è evidentemente uno gnostico, che però ripudia il docetismo e si accorda con la dottrina della chiesa. Ma la questione della sua posizione storica è complicata anche dal fatto che il quarto Vangelo è molto probabilmente un'opera composita, dove una sottile analisi riscontra incoerenze e contrasti che possono autorizzare il tentativo di distinguere fra un nucleo primitivo e le modificazioni successive. Secondo la critica più autorevole, questo nucleo sarebbe costituito da

---

[169] Su questo punto la critica è generalmente d'accordo. Il valore di questa tradizione propria del quarto Vangelo è già accentuato da A. Reville, *Ét. crit. sur l'évangile de S. Mathieu*, 1862, pp. 39 sgg.

un'opera speculativa originale, da una specie di poema drammatico in onore di Gesù, che rifacimenti posteriori avrebbero cercato di avvicinare ai sinottici e di rendere accettabile alla chiesa[170]. Non è mancato anzi chi ha supposto che si tratti d'un vero Vangelo gnostico (o marcionita), d'ispirazione docetica, che sarebbe stato più tardi rielaborato in senso ortodosso[171]. Dopo che i testi mandei sono stati resi accessibili si è cercato anche di mettere in relazione il quarto Vangelo con le correnti gnostiche ebraizzanti e mandaiche e di vedere in esso la traccia lasciata nella tradizione dall'indirizzo originario del Cristianesimo[172]. «La predicazione di Gesù fu forse in connessione col movimento battistico-gnostico più di quel che traspaia dai Vangeli. La corrente da cui procede la tradizione sinottica segnerebbe una reazione ebraica, rappresentata essenzialmente da Pietro» (Bultmann). Ad ogni modo si tratta di ipotesi troppo discutibili per poterne ricavare una conclusione: il quarto Vangelo rimane ancora sempre, secondo l'espressione di Harnack, il più grande mistero della storia del Cristianesimo antico.

Anche rispetto alla questione del suo autore non sono possibili che vaghe congetture[173]. Che il quarto Vangelo emani dall'apostolo Giovanni è recisamente da escludersi. La testimonianza di Ireneo, malsicura in sé, è contraddetta da troppi particolari. Giovanni era uomo rozzo e illetterato (*Atti*, IV, 13): un discepolo di Gesù non avrebbe negletto o contraddetto in tanti punti la sicura testimonianza dei sinottici. Un critico ha notato che la conoscenza dei luoghi nel IV Vangelo sembra più quella di un pellegrino che li ha percorsi che non quella di un uomo che vi abbia vissuto[174]. Che Giovanni abbia sofferto il martirio come il fratello Giacomo di Zebedeo (e probabilmente anch'egli nel 44 d.C.) risulta con quasi certezza dal vaticinio *ex eventu* di *Marco*, X, 35-40[175]. Ignazio di Antiochia verso il 120 nella sua

---

[170] Così anche Loisy nella 2ª ed. del suo commentario. Per la storia di questi tentativi si veda: H. Wendt, *Die Schichten im vierten Evangelium*, 1911; F. Overbeck, *Das Johannesevangelium*, 1911; Goguel, *Les études sur le quatrième évangile*, «Rev. de théol. et de philos.», 1914, pp. 48 sgg.; 123 sgg. Una sicura e tarda interpolazione è il racconto dell'adultera (VIII, 1-11), che manca nei codici più antichi e che apparteneva originariamente, secondo Eusebio, al Vangelo dei Nazarei.

[171] J. Kreyenbühl, *Das Evangelium der Wahrheit, neue Lösung d. Johann. Frage*, 1900-1905; H. Delafosse, *Le quatrième évangile*, 1925.

[172] R. Bultmann, *Die Bedeutung der neuerschlossenen mandäischen und manichäischer Quellen für das Verständniss des Johannesevangelium*, «ZNW», 1925, pp. 100 sgg.; Dibelius in «RGG»,² III, pp. 358-360; si veda anche il comm. di W. Bauer nel Manuale di H. Lietzmann, 2ª ed., 1925.

[173] P.W. Schmiedel, *Evangelium, Briefe und Offenb. d. Johannes*, 1906, pp. 1-27.

[174] K. Kundsin, *Topologische Ueberlieferungstoffe im Johannesevangelium*, 1925.

[175] Hölscher, *Gesch. d. israelit. u. jüd. Religion*, 1922, § 96, 13; E. Meyer, III, pp. 174-

lettera ai Cristiani di Efeso non ha alcuna conoscenza del soggiorno di Giovanni tra di essi: così Policarpo (70-166 circa) vescovo di Smirne non ricorda nemmeno nella sua lettera l'apostolo Giovanni, di cui sarebbe stato, secondo la tradizione, il discepolo: Eracleone (verso il 170) non lo ricorda fra gli apostoli che non subirono il martirio (Clemente Alessandrino, IV, 9, 71). Lo stesso silenzio troviamo in tutte le epistole del II secolo, negli *Atti degli apostoli*, nelle Epistole clementine: silenzio che sarebbe per sé sufficiente a mostrare l'inconsistenza della tradizione d'un Giovanni apostolo e vescovo a Efeso. È solo verso il 170 che si diffonde, specialmente per opera di Ireneo, l'opinione, diventata poi ufficiale nella chiesa, della lunga vecchiaia dell'apostolo Giovanni a Efeso e della sua attività come autore del quarto Vangelo e dell'Apocalisse. Questa tradizione sembra essere dovuta alla confusione dell'apostolo Giovanni con il «presbitero Giovanni», un discepolo di Gesù o dell'apostolo Giovanni, che fu il centro d'una scuola e d'un gruppo mistico e che visse fino a tarda età in Efeso (Eusebio, *Historia ecclesiastica*, III, 40)[176]. Secondo la più verosimile ipotesi il quarto Vangelo venne composto nell'Asia Minore (o nella Siria) verso il 130-140 da un discepolo del presbitero Giovanni. Secondo Loisy l'autore fu un cristiano gnosticizzante: la sua opera, anonima, adottata da qualche gruppo mistico, sarebbe da questo passata nelle mani del gruppo efesino adunato intorno al presbitero Giovanni; di qui, completata del cap. XXI per designare come autore l'apostolo Giovanni, essa si sarebbe a poco a poco diffusa e imposta, non senza opposizione, come opera apostolica.

2. Accanto alla letteratura canonica dovette esistere nei primi secoli una larga tradizione orale, i cui resti furono raccolti in parte nei cosiddetti Vangeli apocrifi[177]. Ma i dati che se ne possono ricavare si riducono a ben poca cosa. Tra i Vangeli apocrifi meritano di essere segnalati tre antichi Vangeli di origine ebraizzante, che sembrano aver avuto, per quanto possiamo giudicare dagli scarsissimi frammenti, un certo valore storico: il Vangelo dei

---

177.
[176] Cfr. Pfleiderer, II, pp. 409 sgg.; per la formazione della leggenda si veda: W. Heitmüller, *Zur Johannes-Tradition*, «ZNW», 1916, pp. 189 sgg.

[177] Hennecke, *Neutestamentliche Apokryphen*,[2] 1924, pp. 10-110; Bauer, *Das Leben Jesu im Zeitalter der neutestam. Apokryphen*, 1909. La parola *apocrifo*, che valeva in origine, secondo l'etimologia, 'segreto', 'occulto', venne a significare poi (poiché in generale questa letteratura segreta era opera di settari) 'falso', 'illegittimo'. In un senso più vasto e mitigato designa anche tutti quegli altri scritti che, anonimi o non, pretendono a una certa autorità nella chiesa senza tuttavia far parte dei libri che vennero inclusi nel canone dell'Antico o del Nuovo Testamento (Hölscher, *Kanonisch und apokryph*, 1905).

Nazarei, il Vangelo degli Ebioniti (o dei dodici apostoli), il Vangelo degli Ebrei.

Il primo è stato da alcuni considerato come una semplice variante del Vangelo di Matteo. Hennecke lo considera come un'opera indipendente che rappresenta una più antica elaborazione del materiale che troviamo in Matteo. Sembra fondato, come Matteo, su Marco e sui *Logia*: ad esso appartiene l'episodio della donna adultera che una parte dei codici ha inserito nel Vangelo di Giovanni (VIII, 1-11). Fu composto probabilmente in Antiochia verso il 100 d.C. o poco prima, e scritto originariamente in greco o in aramaico. Fu il Vangelo delle comunità ebraizzanti ortodosse della Siria, alle quali rimase fino verso al V secolo la denominazione di «Nazarei» usata in origine a designare i Cristiani in generale. A noi ne giunsero circa una ventina di brevi frammenti.

Il Vangelo degli Ebioniti (o dei dodici apostoli perché sono introdotti come narratori gli apostoli: cfr. framm. 2) sembra essere stato il Vangelo degli ebraizzanti della tendenza sincretistica, gnostica: è, secondo Harnack, il Vangelo ritoccato dagli Elkesaiti[178]. In esso mancava la storia dell'infanzia: Gesù è un uomo che diventa il messia solo all'atto del battesimo. Fu composto probabilmente in greco, verso il 100-130 nella Siria dell'Oltre Giordano. A noi pervennero solo sei brevi frammenti: ma ad esso vengono riferite le citazioni evangeliche che troviamo negli scritti pseudoclementini[179].

Il Vangelo degli Ebrei è anch'esso un Vangelo ebraizzante a tendenze gnostiche. In esso la madre di Gesù, Maria, è una potenza celeste. «Quando Cristo doveva venire sulla terra, Dio padre elesse un'altra potenza del cielo che è detta Michael ed affidò Cristo alle sue cure. E la potenza venne nel mondo e si chiamò Maria e Cristo fu sette mesi nel suo seno» (fr. 1, Hennecke, p. 54). Fu scritto probabilmente in greco verso il 150 d.C. e venne adottato dalle comunità ebraizzanti (Eusebio, *Historia ecclesiastica*, III, 28, 4). Ne giunsero a noi quattro frammenti, uno dei quali coincide con uno dei cinque *Agrapha* scoperti nel 1904 a Oxyrynchus: è quindi altamente probabile che anche gli altri quattro abbiano la stessa origine.

D'origine più recente sono altri due Vangeli, di cui abbiamo egualmente qualche frammento: il Vangelo degli Egizi e il Vangelo di Pietro. Il primo aveva, per quanto possiamo arguire dagli scarsi avanzi, un deciso carattere gnostico-ascetico. Ad esso appartiene il detto di Gesù: «Io sono venuto a

---

[178] Harnack, «LDG», 1909-10, I, 330.

[179] Su questo Vangelo si cfr. H. Waitz in «ZNW», 1914, pp 338 sgg. e 1915, pp. 38 sgg., 117 sgg.

sciogliere le opere della donna». Appartenne a qualche comunità gnostica dell'Egitto e la sua origine è posta circa il 150 d.C. Esso è utilizzato nella seconda lettera clementina (XII, 2; prob. anche IV, 5; V, 2-4; XIII, 2). Del Vangelo di Pietro fu scoperto nel 1886-87 ad Akhmim (Egitto superiore) nella tomba d'un monaco dell'VIII-X secolo un lungo frammento che si riferisce alla passione e risurrezione e che dà come autore l'apostolo Pietro. Esso può identificarsi sicuramente con il Vangelo di Pietro di cui parla Eusebio (*Historia ecclesiastica*, VI, 12) come di un Vangelo a tendenze gnostiche, sorto nel II secolo nella Siria. Sembra dipendere, per la materia, dai Vangeli canonici: ma con notevole complicazione dell'elemento leggendario. Al Vangelo di Pietro si riferisce visibilmente in più punti la Didascalia siriaca (tr. Nau, pp. 167, 175).

Molto più esteso è invece ciò che possediamo dei Vangeli leggendari dell'infanzia, che risalgono (almeno nella redazione originaria) a un'età abbastanza antica e trovarono subito una vasta diffusione come letteratura popolare, anche perché servirono (come i romanzi sui viaggi degli apostoli) alle scuole gnostiche quale mezzo di divulgazione delle loro idee. I principali Vangeli dell'infanzia sono il Protevangelio di Giacomo e il Vangelo dell'infanzia attribuito a san Tommaso[180]. Il primo (scoperto in Oriente dal celebre G. Postel e pubblicato per la prima volta in una traduzione latina nel 1552) vuole essere opera del fratello del Signore: ma sorse verosimilmente verso la metà del II secolo. Contiene un ricco svolgimento della leggenda sulla nascita che troviamo già in Luca e Matteo e ha per fine di narrare la storia di Maria e di proclamarne la purezza verginale. La chiesa lo ha respinto: ma molte parti del suo contenuto vivono tuttora nel Cristianesimo popolare. Il secondo è una collezione di storie relative all'infanzia di Gesù: non è improbabile che le leggende che esso contiene si riattacchino in parte a fonti indiane; l'unico punto nel quale si possa pensare a un'influenza dell'India sul Cristianesimo antico[181]. Il libro ebbe probabilmente origini gnostiche verso il 150 d.C., ma fu ben presto rielaborato in senso ortodosso e giunse a noi in molteplici redazioni e traduzioni. Né l'uno né l'altro hanno, dal nostro punto di vista, alcuna importanza. Lo stesso deve dirsi di tutta la copiosa letteratura posteriore interessante quasi esclusivamente come materiale leggendario.

---

[180] *Le Protévangile de Jacques*, ed., tradotto e commentato da E. Amann, 1910 (contiene in append. due rielaborazioni latine); *Evangiles apocryphes* tr. di P. Peeters e Ch. Michel, 1911-14, 2 vol.

[181] Si cfr. Bergh v. Eysinga, *Indische Einflüsse auf evangelische Erzählungen*, 1909.

1. Da quanto si è detto circa i Vangeli già appare che le nostre certezze intorno a Gesù sono necessariamente confinate in limiti molto modesti. Noi non abbiamo una vera storia della sua vita, ma solo un certo numero di particolari isolati: e ancora, è necessario un certo tatto critico per discernere in essi ciò che è leggenda o trasformazione intenzionale dal reale nucleo storico. Dovremo dire che anche questo esiguo nucleo è un pio desiderio e che un Gesù storico per noi non esiste? Questa tesi ha avuto la sua più rigida espressione nelle teorie recenti sulla non storicità di Gesù: la sua personalità sarebbe soltanto una creazione leggendaria, nella quale avrebbero preso forma concreta determinate correnti religiose dell'età evangelica: essa sarebbe la traduzione giudaica del Dio morente e rinascente del sincretismo contemporaneo. Il Drews ci ha dato una storia della teoria del Cristo mitico a partire da Volney e Dupuis[182]. Il primo a dare forma scientifica a questa tesi è stato Bruno Bauer (1809-82)[183]: il fautore più geniale e più infaticabile è stato lo stesso A. Drews, che vi ha dedicato una serie di volumi[184]. Anche in Francia questa teoria ha trovato eco in storici recenti[185]. Il concetto che ha mosso il Drews è in fondo un sano concetto religioso. Secondo il Drews la religione non è storia: essa è fondata su d'una concezione metafisica, la quale è indipendente da qualunque tempo e da qualunque personalità sorta nel tempo. «La vita del mondo come vita di Dio: il doloroso svolgimento dell'umanità come storia della passione: il processo del mondo come il processo d'un Dio che soffre, lotta e muore in ogni creatura per vincere nella coscienza religiosa dell'uomo i limiti della natura finita e preparare il suo trionfo avvenire su tutto il dolore del mondo: questa è la verità della teoria cristiana della liberazione». Rinnovare oggi questo concetto facendo astra-

---

[182] A. Drews, *Die Leugnung der Geschichtlichkeit Jesu in Vergangenheit und Gegenwart*, 1925.

[183] Si veda A. Schweitzer, *Gesch. der Leben-Jesu-Forschung*, 4ª ed., 1926, pp. 141-161.

[184] A. Drews, *Die Christusmythe*, 1ª ed. 1909-11, 2 vol.; 2ª ed. rifusa, 1924, tr. fr. 1926; *Die Petrus-Legende, ein Beitrag zur Mythologie d. Christentums*, 1910, 3ª ed. 1925; *Das Markusevangelium als Zeugnis gegen die Geschichtlichkeit Jesu*, 1921; *Die Entstehung des Christentum aus dem Gnosticismus*, 1924; *Der Kampf um die Christusmythe*, 1924.

[185] P.L. Couchoud, *Le mystère de Jésus*, 1924; E. Dujardin, *Le Dieu Jésus*, 1927 (il mito d'un Dio crocifisso è nato da un rito millenario della crocifissione del Dio); P. Alfaric, *Le Jésus de Paul*, «RHR», 1927, I, pp. 250-286; (nessuno dei dati su Gesù contenuti nelle lettere di Paolo ha carattere storico).

zione da ogni sovrapposizione storica è veramente un fare ritorno alle origini del Cristianesimo. Ora l'ostacolo più forte a questa rigenerazione religiosa è il culto del Dio Gesù: dimostrarne la non storicità vuol dire far ritorno al senso profondo della dottrina cristiana eliminando le degenerazioni mitologiche ridotte a storia. Questo è l'ordine d'idee che ha condotto il Drews a risolvere la personalità storica di Gesù in un mito.

Secondo il Drews il Cristianesimo ha avuto origine nelle aspirazioni e nelle speranze d'una comunità gnostica ebraica, d'una setta di Nazarei, il cui dio era chiamato Gesù. Uno scrittore cristiano, Epifanio († 403), nella enumerazione delle sette ebraiche ricorda una setta di Nazarei o Nazirei (da *nazir*, uomo consacrato che ha fatto voto di astinenza, vedi Amos, II, 11-12), che sarebbe esistita prima di Cristo e non avrebbe saputo nulla di Cristo: tutto induce a credere che si tratti qui d'un errore di Epifanio, che è un compilatore senza critica; in ogni modo nessun altro storico conosce questi Nazarei, e nemmeno Epifanio afferma che essi adorassero un Dio col nome di Gesù. Ma un papiro magico del IV secolo d.C. chiama Gesù «Dio degli Ebrei»: dunque Gesù era un dio del pantheon ebraico. Vi era nell'Ebraismo precristiano un culto segreto del dio Gesù, fiorente nel I secolo a.C.: il quale dio diventa poi per i Greci (ἰάομαι, ἴησις: guarigione) il «Salvatore». Il culto di questo Dio andò più tardi incontro alla generale tendenza verso il monoteismo e diventò un mistero, un culto segreto gnostico. Il mito fu tradotto inconsciamente in storia; ciò avvenne nel I secolo dell'era quando più ansiosa si fece nel popolo, per la miseria presente, l'aspettazione del messia, del dio morto e rinascente e perciò più vivo fu l'impulso a fissare la leggenda della sua vita e della sua morte. I primi suoi adoratori avevano anche fatto del dio mitico Gesù un «nazireo»; in seguito quando, dopo grandi lotte (delle quali non sappiamo nulla), prevalse nel Cristianesimo l'indirizzo antiascetico, «nazireo» si convertì in «nazareo» e diventò una denominazione locale. La letteratura evangelica deve perciò essere interpretata non come una storia reale, ma come la traduzione in linguaggio storico delle rappresentazioni mitologiche e delle aspirazioni mistiche d'una comunità religiosa ebraica che estese, più tardi, la sua fede a tutto l'Occidente.

Ora, per ciò che riguarda le premesse, noi dobbiamo riconoscere che il Drews ha ragione nell'esigere che la religione debba essere speculativamente fondata: una pura fondazione storica è sempre un imbarazzo dogmatico per un pensiero religioso vivente. È vero che una concezione religiosa ha sempre il suo fondamento in una tradizione: ma questo appoggio non deve trasformarsi in dipendenza servile. Noi comprendiamo perciò benissimo la reazione del Drews contro la povera e vuota religione della teologia cosiddetta liberale, che aveva fatto divorzio dalla speculazione filosofica e si era convertita in una scolastica filologico-storica coronata da una fede sentimentale assoluta nel Gesù storico. Ma il Drews si è messo su d'una falsa via col suo tentativo di richiamare la religiosità contemporanea verso la speculazione negando la storicità dell'oggetto centrale della sua fede. Anzitutto questa negazione non è una tesi che si possa seriamente difendere. Che la storicità di Gesù non possa essere dimostrata è fuori di dubbio, come non può nemmeno essere dimostrato il contrario. Ma una dimostrazione di questo genere non si può esigere. Ogni narrazione storica è sempre una costruzione e quindi una ipotesi più o meno probabile. Ora è appunto come ipotesi che la costruzione del Drews (e più ancora quelle dei suoi antecessori J.M. Robertson[186] e W.B. Smith[187]) è inaccettabile: i suoi argomenti si riducono, nella maggior parte dei casi, ad arbitri sofistici e a ravvicinamenti fantastici che non possono essere abbastanza severamente giudicati[188]. Tutta questa scuola, che ha nel *Ramo d'oro* di Frazer il suo repertorio mitologico, opera con altri schemi e altri motivi, ma con assai minore genialità e serietà, lo stesso travestimento del fatto religioso che aveva operato, or è qualche decennio, la scuola di Max Müller, quando ogni eroe religioso era invariabilmente un mito solare. Anzi è opportuno ricordare che lo stesso tentativo era stato fatto allora per la leggenda di Buddha. Non solo Buddha è il sole, la sua legge è la luce, suo padre è il cielo, sua madre la notte, sua moglie la terra e loro figlio è l'eclisse; ma la stessa interpretazione è successivamente estesa a tutte le persone che vengono con lui in rapporto, ai suoi discepoli e ai suoi protettori, ai luoghi in cui si arresta, alle sue corse annuali, ecc. Quest'interpretazione, frutto di un'ingegnosità e di un'erudizione senza pari, che ebbe per sé uomini come H. Kern ed E. Senart, riposa su d'un concetto vero e cioè sul riconoscimento di elementi mitici nella leggenda di Buddha; ma nella sua esagerazione e unilateralità è assurda e ci fa oggi sorridere. Lo stesso si può dire con sicurezza della teoria mitica

---

¹⁸⁶ J.M. Robertson, *Christianity and Mythology*, 1900.

¹⁸⁷ W.B. Smith, *Der vorchristliche Jesu*, (tr. ted.) 1908.

¹⁸⁸ Per la critica si veda: Harnack, *Hat Jesu gelebt?* (*Aus Wissenschaft und Leben*, II, pp. 165 sgg.); C. Clemen, *Der geschichtliche Jesu*, 1911; M. Puglisi, *Gesù ed il mito di Cristo*, 1912; Loisy, *Le mythe du Christ*, «RHLH», n. scrie, I, pp. 401-435; F. Conybeare, *The historical Christ: an investigation of the views of MM. Robertson, Drews, Smith*, 1914; Guignebert, *Le problème de Jésus*, 1914; *Le Jésus de l'histoire* (in: *Jésus et la conscience moderne*, 1928, pp. 7-28); *Jésus*, pp. 59 sgg.; Schweitzer, pp. 444 sgg.; Goguel, *Jésus de Nazareth, mythe ou histoire?*, 1925; L. Salvatorelli, *From Locke to Reitzenstein*, «Harvard Theol. Review», 1929, pp. 342 sgg.

di Gesù. Radicalmente scettica di fronte ai testi evangelici, essa si abbandona alla più sconcertante assenza di spirito critico quando si tratta di derivare la leggenda di Gesù da fonti mitiche e accoglie senza batter ciglio avvicinamenti che parrebbero strabilianti anche nella letteratura pseudoscientifica dei teosofi. Così l'assunto fondamentale di una setta ebraica praticante il culto del dio Gesù come la costruzione della leggenda di Gesù, che vorrebbe dissolvere la sua realtà storica in un mito, sono ipotesi fantastiche che nessuno spirito critico può prendere in seria considerazione.

A tutto questo si aggiunga l'impossibilità in cui ci troviamo, in questa ipotesi, di costruire con qualche ragionevole verosimiglianza la storia evangelica primitiva. Per quanti elementi leggendari o tendenziosi contenga la vita di Gesù, a fondamento di tutto questo vi deve essere stata una realtà storica: la vita d'una personalità eccezionale chiusa da una morte tragica. Anche intorno a Elia non abbiamo che un tessuto di leggende: e tuttavia a nessun critico dell'Antico Testamento, è venuto in mente di contestarne la realtà storica. È notevole ad esempio il fatto che nessuno degli Ebrei, che nelle origini polemizzano contro il Cristianesimo nascente, mise in dubbio la storicità di Gesù. Essi l'avrebbero certo fatto, dice giustamente Harnack, se vi fosse stata anche solo l'ombra d'un'incertezza: perché nessuna confutazione del Cristianesimo sarebbe stata più radicale. Inoltre come inserire, senza assurdi, questa pretesa realtà mitica nella realtà storica che sotto mille rapporti la presuppone? Gesù ebbe un fratello che parecchi anni dopo la morte diventò capo della comunità di Gerusalemme; fino al II secolo vi furono in Palestina parenti di Gesù nelle comunità cristiane. Paolo, sebbene non avesse ricordi propri su Gesù e lo avesse identificato col Cristo celeste, non ebbe il minimo dubbio sulla sua esistenza terrena e dovette conoscere a Gerusalemme persone che erano nel caso di sapere la verità sulla storia di Gesù: tutta la sua storia sarebbe un cumulo di assurdi se Gesù non fosse realmente esistito. «Solo la realtà storica di Gesù permette di comprendere la nascita e lo svolgimento storico del Cristianesimo, che senza di essa sarebbero un enigma, anzi un miracolo» (Goguel). E un critico contemporaneo conclude anche più recisamente: «Il dubbio sull'esistenza reale di Gesù non merita una parola di confutazione»[189].

2. Un atteggiamento scettico di fronte ai racconti evangelici assume anche, in linea generale, la cosiddetta storia formale (*Formgeschichte*), che oggi domina, con le sue preoccupazioni metodiche, la critica evangelica[190].

---

[189] R. Bultmann, *Jesu*, 1926, p. 16.

[190] Sulla *Formgeschichte* si veda: Dibelius, *Die Formgeschichte des Evangeliums*, 1919 (il primo programma); Bultmann, *Die Erforschung der synoptischen Evangelien*, 2ª ed.,

Il Vangelo prima di essere scritto fu trasmesso oralmente per una o due generazioni. Le nuove teorie si propongono di studiare il periodo della tradizione orale: all'analisi letteraria dei documenti scritti esse aggiungono un'analisi che tenta di determinare, per mezzo di una comparazione con le altre tradizioni, il carattere e il valore delle tradizioni orali che hanno preceduto la fissazione per iscritto. La tradizione orale dovette essere costituita di brani isolati, di piccole unità, che i redattori hanno poi messo insieme: anche il racconto della passione dovette risultare dall'accozzo di tanti racconti isolati. Ora le esigenze dell'apologetica, dell'insegnamento, del culto hanno già dovuto variamente plasmare e arricchire questo materiale primitivo: ciascuna di queste esigenze dovette dare origine a una forma, a un genere particolare (l'esempio, la novella, ecc.). La storia formale parte dall'osservazione che la letteratura popolare, non colta, si muove in forme relativamente fisse, le quali hanno le loro leggi. Queste forme sono fenomeni sociologici, hanno la loro spiegazione in determinate esigenze sociali e partono da collettività, da gruppi. Si tratta quindi di isolare le unità originarie studiandole alla luce delle leggi generali della tradizione orale, col sussidio delle tradizioni elleniche e orientali: ad esempio, l'analisi dei miracoli di Gesù rivela al conoscitore dell'antica letteratura taumaturgica la presenza di motivi leggendari diffusi, che o vennero introdotti nei Vangeli o servirono ad abbellire e rivestirne i racconti originari. «L'antica scuola su ogni punto della vita di Gesù poneva semplicemente l'alternativa: storico o no? e così non usciva dal soggettivo; il nuovo metodo prima di quell'alternativa pone la questione: "in quale forma ci è stato trasmesso?", cerca di rispondervi a seconda della forma e dello stile del passo relativo e così arriva ad un giudizio sul valore della tradizione» (Dibelius).

Quale risposta debba darsi alla questione del valore è facile prevedere. Le preoccupazioni della comunità cristiana (fra cui non vi era certo quella dell'esattezza storica) hanno modificato e arricchito in così larga misura il dato, che noi possiamo ben dire che esse hanno creato la tradizione. Così ad esempio tutto il racconto della passione è, secondo G. Bertram, la creazione di esigenze del culto; quali siano i fatti reali che stanno a fondamento

<hr>

1931; O. Cullmann, *Les récentes études sur la formation de la tradition évangélique*, «RHPhR», 1925, n. 5-6. Vi si accosta anche Loisy, «RHLR», 1922, pp. 572 sgg.; si cfr. *Mémoires*, III, pp. 409-410. Come esempi tipici del metodo: G. Bertram, *Die Leidensgeschichte Jesu und der Christuskult; eine formgesch. Untersuchung*, 1922; *Le chemin sur les eaux*, «RHPhR», 1927, n. 6; Lyder Brun, *Die Auferstehung Christi in der urchristlichen Ueberlieferung*, 1926; M. Dibelius, *La signification religieuse des récits évangéliques de la Passion*, «RHPhR», 1933, pp. 30 sgg.; P. Fiebig, *Rabbinische Formgeschichte und Geschichtlichkeit Jesu*, 1932 (un tentativo di applicare la *Formgeschichte* alla tradizione rabbinica).

di questo racconto noi non lo possiamo più sapere. Certo, quanto meno il contesto ci appare rivestito di queste forme tradizionali, maggiore è la probabilità che esso appartenga al nucleo originario della tradizione e ci metta in contatto con la generazione che fu testimone della vita del Cristo. Ma anche questo nucleo originario, se è un documento eccellente per ricostruire la vita della prima comunità, non ha alcun valore per la vita di Gesù. La comunità primitiva era guidata da un'esperienza religiosa, mistica, della personalità del Cristo: quindi era tratta a rivestire il dato storico d'una forma soprannaturale per adattarlo alla sua convinzione interiore. Noi non siamo più pertanto in grado d'indicare qual è il dato storico che ha dato origine al formarsi della tradizione: possiamo solo rappresentarci quale fu l'azione che Gesù esercitò sulla collettività, come egli le apparve. «Anche se noi riuscissimo a provare che la prima forma d'un racconto risale a testimoni oculari, sarebbe sempre vero che questa forma è stata provocata da un bisogno della comunità e che dietro a questo bisogno vi è l'atteggiamento di adorazione rivolto non ad un personaggio storico, ma ad un essere divino sceso sulla terra» (Cullmann). La storia evangelica, anche ricondotta ai suoi elementi originari, ci conduce non al Gesù storico, ma a una potenza incomparabile che si fa sentire dietro la formazione della leggenda evangelica. Questa pertanto, se non ha alcun valore storico, ha un valore mistico: lo scetticismo della nuova critica si arresta dinanzi alla misteriosa personalità di Gesù per costruire o almeno rendere possibile intorno ad essa una nuova concezione soprannaturalistica. La nuova scuola ci dà «l'impressione generale» che Gesù era più che un uomo: vi deve essere stato nella vita o nella morte di Gesù un elemento misterioso, irrazionale, che si prestava all'adorazione. Per questo lato la «storia formale» si ricongiunge con l'irrazionalismo mistico di R. Otto e di K. Barth.

Senza dubbio la storia formale si pone un problema che la critica evangelica dopo Herder e Strauss aveva troppo perduto di vista e richiama opportunamente la necessità di studiare anche la genesi psicologica delle leggende evangeliche[191]. Fra gli avvenimenti stessi e l'epoca in cui vennero stesi per iscritto i primi documenti intercede un periodo durante il quale ha avuto luogo una inconscia elaborazione della tradizione, di quell'evangelio orale che fu sin dalle origini la sostanza della predicazione e dell'insegnamento. La esegesi letteraria dei Vangeli deve quindi essere completata con quell'esegesi psicologica che la storia formale si propone di costituire, e

---

[191] Per la critica della *Formgeschichte* si veda: Harnack, «LDG», I, pp. 45-46; E. Fascher, *Die formgeschichtliche Methode. Eine Darstellung und Kritik*, 1924; M. Goguel, *Une nouvelle école de critique évangélique*, «RHR», 1926, II, pp. 114-160.

che certo non era, anche prima di essa, del tutto sconosciuta. Ma essa inizia la sua analisi con un principio dogmatico inaccettabile. Noi non possiamo ammettere che la tradizione evangelica sia perfettamente assimilabile a una tradizione leggendaria popolare e che i suoi elementi siano creazioni d'una collettività, espressioni delle sue tendenze e perciò non abbiano alcun valore obiettivo.

In primo luogo dobbiamo in linea generale respingere la tesi che attribuisce alla folla un'attività creatrice e considera i redattori come semplici testimoni e raccoglitori della tradizione orale. Le formazioni popolari, la poesia popolare e simili sono – se letteralmente prese – fantasmi insussistenti: chi crea è l'individuo, chi imita è sempre ancora l'individuo; la folla è passiva. Se noi potessimo conoscere minutamente la storia anche dei più umili movimenti spirituali, dietro la folla noi troveremmo sempre l'iniziativa di qualche individuo: l'azione della folla è una formula fatta dietro la quale si adagia solo la nostra ignoranza dei particolari[192]. In particolare poi dobbiamo assolutamente escludere che la tradizione evangelica sia la creazione anonima di una comunità o di una folla: tutto ci inclina anzi a credere che essa è stata il risultato dell'azione personale di determinati individui, probabilmente dei dirigenti spirituali o temporali. L'opera di uno di essi, Paolo, ci è pervenuta sotto il suo nome: che cosa hanno da vedere i motivi popolari con lo spirito di Paolo? E che cosa hanno da vedere con i miracoli del quarto Vangelo, dei quali è ancora così trasparente il senso simbolico? Anche la raccolta di «detti del Signore» fu probabilmente opera di personalità palestinensi; così i primi abbozzi dei Vangeli. Che poi nella tradizione storica abbiano potuto interferire (e sempre per opera di individui) motivi letterari, religiosi, leggendari, si comprende: ma sono motivi secondari che in generale possiamo ancora discernere con una certa sicurezza. Il fatto che i racconti della nascita si rivelano come una creazione letteraria ispirata a motivi religiosi non implica che dobbiamo dire la stessa cosa del racconto della passione. Che la predicazione e l'apologetica abbiano potuto amplificare e abbellire certi elementi della tradizione, è comprensibile: ma che questa abbia avuto completamente in esse la sua origine, è inconcepibile. Che il bisogno di adorazione nel culto e nella preghiera abbia conferito a trasformare l'immagine storica del Cristo è fuori di dubbio: ma per credere che esso l'abbia di sana pianta creata, bisogna far violenza ai testi e un poco anche al sano senso storico. La comparazione dei Vangeli con le leggende agiografiche ha valore solo fino a un certo punto: posta in modo assoluto, è un presupposto arbitrario che assimila e costringe in un letto di Procuste

---

[192] Si veda le osservazioni di Jülicher nella «Theol. Literaturzeitung», 1923, 1.

due generi di composizione che hanno uno spirito diverso. E il carattere arbitrario di questa applicazione alla storia evangelica di classificazioni e di motivi validi per la letteratura popolare vera e propria (letteratura caratterizzata da un contenuto particolare e da modalità particolari di origine e di trasmissione), si rivela già in questo, che per farli coincidere con il materiale evangelico, si è dovuto accogliere il concetto di forme miste, intermedie: cioè si è dovuto rinunciare all'applicazione delle leggi della tradizione orale popolare. Ed è anche interessante notare che nelle parti studiate contemporaneamente dal Dibelius e dal Bultmann, essi arrivano a conclusioni direttamente opposte[193].

Più ragionevole sembra quindi il chiederci: vi è anche, sotto il rivestimento leggendario, un nucleo storico obiettivo? La natura della tradizione evangelica è tale da permettere di ricavarne un qualche contenuto positivo? Certo i documenti non ci permettono di dimostrare né questa tesi, né la tesi opposta: ma per uno spirito non fanatizzato da preoccupazioni metodologiche la tesi affermativa appare come infinitamente più probabile. Le stesse ragioni, del resto, che concedono ai fautori della «storia formale» di ammettere almeno che Gesù è stato una personalità storica, devono permettere a noi di sceverare nella tradizione quegli elementi a cui possiamo con tutta verosimiglianza attribuire un valore storico. E questo vale particolarmente nella dottrina dei Vangeli, che non può essere stata se non la creazione di una grande personalità: «il quadro che essa ci presenta si comprende se essa è il pensiero d'un individuo, diventerebbe totalmente incomprensibile se si volesse vedervi una produzione collettiva» (Goguel)[194]. Ora con l'aiuto di questo sistema di idee non è impossibile ricostruire, almeno nei suoi tratti essenziali, anche la personalità storica del suo autore.

La «storia formale» ha, come la teoria del Drews, il suo punto di partenza in preoccupazioni filosofiche e religiose: essa è, sotto questo aspetto, un momento della reazione antirazionalista. Il Cristianesimo deve avere un fondamento storico: ma questo non può essere «quel povero nucleo storico» che era il risultato ultimo della teologia liberale; quindi la *necessità* di risolvere questo nucleo in elementi leggendari per porre di là da esso, all'origine, un fatto irrazionale, il Cristo divino della comunità primitiva. Qui arrivati, soccorre l'intuizione, l'«illuminazione improvvisa», che apre il senso del mondo spirituale della comunità primitiva: qui bisogna «essere affetti dallo spirito del Cristo», il che vuol dire che qui è aperta la via a tutte le

---

[193] Fascher, *op. cit.*, pp. 187 sgg.
[194] Si veda anche: Holl, *Urchristentum und Religionsgeschichte*, 1927, p. 25.

costruzioni dogmatiche. Quale illusione! Per le menti filosofiche la religione è fondata in ultimo sullo spirito dell'uomo e non ha bisogno di nessun fondamento storico né razionale né irrazionale. Anche nell'irrazionalismo di R. Otto e di K. Barth l'elemento storico è solo un occasionale punto di partenza: la loro religione mistica ha le sue ragioni ultime nella profondità dello spirito. Il credere di potere, in base a un'analisi storica dei documenti evangelici estremamente contestabile, scoprire in essi un fondamento assoluto che permetta di afferrare, attraverso l'esperienza religiosa della comunità primitiva, le profondità e i misteri del mondo divino, è solo un'asserzione dogmatica senza fondamento. Che cosa ha necessariamente di comune la nostra vita intellettuale e religiosa con le impressioni e le concezioni della cristianità primitiva? E con quale diritto vengono risolti i più gravi problemi della filosofia religiosa in assenza di ogni fondamento filosofico? Questa superficialità filosofica della «storia formale» getta una cattiva luce anche sopra le sue analisi storiche, perché legittima il sospetto che anch'esse siano in segreto dirette, più che da un severo senso critico, da preferenze religiose inconfessate.

3. Il riconoscimento del valore storico dei Vangeli non deve certo renderci ciechi dinanzi alle difficoltà, spesso insuperabili, che offre la loro interpretazione[195]. Senza dubbio i tre sinottici sono dei documenti storici estremamente imperfetti. Non solo infatti essi sono il prodotto d'una generazione lontana da Gesù, ma furono composti con l'aiuto di tradizioni orali d'un valore molto discutibile. Queste si arrestano in generale all'esteriorità dei fatti e nulla o quasi nulla sanno dirci della sua vera vita, della vita interiore; in più sono già, nella loro stessa origine, determinate dalla mentalità particolare e dalle esigenze religiose della comunità: ciò che le ispira non è il desiderio di trasmettere dei ricordi sulla vita di Gesù, ma quello di comunicare la fede che la comunità aveva in Gesù e l'idea che essa si faceva della sua missione. Si aggiunga che queste tradizioni ci sono state trasmesse come una congerie disordinata di dati frammentari, dei quali non vediamo più la connessione. L'ordine in cui vengono generalmente esposti è quello dato da Marco: ma noi sappiamo che il Vangelo di Marco è una collezione di detti e di fatti del Signore raggruppati arbitrariamente secondo il contenuto. La lettura dei Vangeli dà chiaramente l'impressione che la maggior parte dei racconti è stata inserita in un contesto artificioso: vi sono dei detti

---

[195] Si cfr. per tutto questo: Harnack, *Vorfragen die Glaubwürdigkeit der evang. Geschichte betreffend* (*Aus Wissenschaft und Leben*, II, pp. 183 sgg.). Si vedano anche le considerazioni di Loisy nella «RHLR», n. serie, VI, pp. 318 sgg. e in: *Jésus et la tradition évangélique*, 1910, pp. 5-13.

del Signore che rassomigliano a blocchi erratici caduti, senza che se ne sappia la causa, in un terreno straniero. Questi dati originari hanno poi dovuto subire nella trasmissione scritta, per le stesse cause, ulteriori alterazioni. L'antichità non conosceva la superstizione della purezza e della genuinità dei testi, anche sacri: ogni setta correggeva senza scrupoli la tradizione, toglieva, aggiungeva, alterava per sfuggire a un'obiezione, per giustificare un'opinione o una pratica. Il caso di quel presbitero dell'Asia Minore che confessò di aver composto egli stesso come un romanzo gli atti di Paolo per amore di Paolo è una dimostrazione caratteristica della mentalità che presiedette alla redazione dei sacri testi[196]. La stessa opera della critica, infine, ha spesso concorso a moltiplicare le difficoltà e ad addensare le tenebre. Molti quadri che sembravano noti e familiari sono di nuovo diventati, col progresso delle ricerche, stranieri e problematici. Noi non possiamo più, ad esempio, oggi considerare con semplicità il Cristianesimo come il risultato d'una fusione dell'Ebraismo con l'ellenismo: l'ellenismo è oggi esso stesso per noi un oceano nel quale confluiscono movimenti religiosi e speculativi, intorno ai quali siamo molto imperfettamente informati. Così la complessità crescente dei problemi, l'avvicendarsi continuo delle ipotesi, la scoperta di nuovi elementi rimettono sempre di nuovo in questione problemi che sembravano risolti e fanno rassomigliare le nostre ricostruzioni alla tela di Penelope che era continuamente fatta e disfatta.

4. Queste riflessioni non autorizzano tuttavia un completo scetticismo: le difficoltà, le divergenze infinite, gli errori stessi della critica, se debbono consigliare ad essere cauti, non devono rendere ciechi verso i suoi risultati positivi. Vi sono pure, nonostante tutto, delle linee generali abbastanza sicure che ogni progresso avvenire potrà modificare nei particolari, non nel loro indirizzo: anche qui è possibile, come in tutte le scienze, tentare una costruzione complessiva che, senza pretendere a niente di definitivo, può tuttavia soddisfare le esigenze d'un sano spirito critico. Ciò deve essere accentuato in particolare contro quell'empirismo scettico che ha una specie di terrore per ogni collegamento generale e che vuole arrestarsi al «nudo fatto». Anzitutto questi empirici non sanno quanto dogmatismo vi sia ancora nella superstizione del nudo fatto. Il nudo fatto è una chimera: l'apprensione del fatto implica sempre una concezione personale, un punto di vista generale, sia pure non chiaramente cosciente; è per questo che ogni

---

[196] Tertulliano, *De bapt.*, 17. La falsificazione, caso raro, venne scoperta e condannata perché giudicata sconveniente (non perché fosse una falsificazione), ma ciò non toglie che il libro non sia per poco entrato a far parte del Nuovo Testamento e che parti di esso siano state accolte nella Bibbia siriaca, nell'armena e in antichi manoscritti della versione latina.

secolo, ogni grado di cultura intellettiva, anzi ogni indirizzo vede diversamente il «fatto». Una collezione di fatti è sempre già, per la mentalità che presuppone, un'interpretazione implicita: il vero spirito critico consiste nel portare a piena coscienza questa mentalità presupposta per giungere a una nuova e più obiettiva apprensione del fatto. Ma, anche indipendentemente da ciò, che cosa vale per sé il «nudo fatto»? Per quanto meritoria sia l'opera dei critici, un laico non può assistere ai loro sforzi sempre rinnovati senza un ironico senso di scetticismo. Come malsicuro è ogni punto di partenza, come fluttuante è ogni dato! Quello che sembra meno malsicuro è l'impressione complessiva: e questa è in fondo quel che più importa. «Ciò che importa in queste materie è la verità generale della prospettiva nonostante la fluttuazione inevitabile dei particolari»[197]. Non è del resto soltanto una giustificata esigenza teoretica ciò che sospinge oltre il nudo fatto, ma anche l'esigenza stessa della vita, senza di cui il sapere non ha alcuna ragione d'essere. È giusto cercare il sapere per il sapere e attribuire al sapere un valore fondamentale e primario: ma la ragione ultima del sapere consiste nell'operare e nel vivere. Anche Pirrone, che negava ogni sapere, ammetteva delle ipotesi necessarie per la vita. Amiel, in una pagina del suo giornale, pronuncia sopra questo scetticismo erudito un giusto giudizio[198]. Quando si tocca all'erudizione propriamente detta, dinanzi alla sua immensità ci sentiamo smarriti. E tuttavia noi non possiamo arrestarci a questa prodigiosa massa di sapere: se essa non genera un pensiero, a che cosa serve? L'anima ha bisogno di ben altro, lo spirito domanda di più! La casa non è un ammasso di pietre: ciò che essenzialmente la costituisce è un ordine, una forma. Così l'ipotesi, la costruzione razionale non è un'aggiunta arbitraria, ma un elemento essenziale del sapere e un'esigenza indeclinabile dello spirito. La scoperta d'un nuovo fatto ha la sua importanza, perché la determinazione dei fatti è il fondamento del sapere: ma la collocazione dei fatti in una totalità logica ha un'importanza anche maggiore. Solo attraverso questa ricostruzione organica la storia diventa scienza e vita: fuori di essa qualunque sapere non ha che un ben modesto valore.

La conclusione di tutte queste considerazioni può essere fissata in due punti. Il primo è che bisogna rinunciare all'illusione di poter risolvere tutti i problemi della storia evangelica e di poter scrivere una «vita di Gesù». Le narrazioni ortodosse sono puerili ripetizioni del materiale leggendario: e le altre sono biografie romanzate più o meno geniali, ma non sono storia. Il secondo è che noi non dobbiamo per questo rinunciare a una ricostruzione:

---

[197] Loisy, *La religion d'Israël*,[2] 1908, p. 16.
[198] Amiel, *Journal*, ed. Bouvier, II, p. 310.

possiamo ancora, nonostante le gravi difficoltà, mettere in evidenza un certo numero di punti abbastanza sicuri e dal loro insieme ricavare un'immagine complessiva dalle linee abbastanza determinate. «Il partito migliore per la scienza», scriveva nel 1864 E. Scherer criticando l'opera di Renan, «sarebbe forse di riconoscere che una biografia propriamente detta è impossibile. Nell'assenza di notizie sicure su tanti punti essenziali, bisogna limitarsi a quello che si sa. Raggruppando sotto alcuni capi tutto ciò che una critica intelligente può ricavare dai Vangeli, si avrebbe un'opera un po' severa, un po' nuda, una serie di dissertazioni piuttosto che una biografia: ma sarebbe un'opera che per le sue lacune stesse farebbe sentire lo stato reale della questione»[199]. Una sintesi tenuta in queste linee modeste, sfrondata di tutte le ipotesi non necessarie e di tutte le domande che non avranno mai risposta, non solo è legittima, ma è necessaria: essa sola permette di raggiungere, attraverso tutte le ricerche filologiche e storiche, quella conclusione che da un punto di vista universale e umano ne è il naturale, il logico coronamento.

---

[199] Scherer, *Mélanges d'histoire religieuse*, 1864, pp. 86 sgg. Si cfr. Goguel, *Critique et histoire. A propos de la vie de Jésus*, «RHPhR», 1928, pp. 139 sgg.

PARTE TERZA

GESÙ

1. Noi non conosciamo nulla della vita di Gesù anteriormente alla sua predicazione[200]. Non conosciamo con precisione nemmeno l'anno della sua nascita, che possiamo solo congetturare approssimativamente dalle vaghe indicazioni dei sinottici[201]. I dati sul preteso censimento, che hanno sollevato controversie interminabili, non hanno alcuna base solida[202]. Secondo Matteo, Gesù sarebbe nato sotto il re Erode (morto nell'anno 4 avanti l'era), quindi verso il 5-4 avanti l'era. Luca dà un'indicazione più precisa, non inconciliabile con la precedente: secondo Luca, Gesù aveva circa trent'anni quando si fece battezzare (III, 23) e Giovanni Battista avrebbe iniziato la sua predicazione nel 15° anno di Tiberio, cioè, secondo il calcolo ufficiale del tempo, dal 1° ottobre 27 al 1° ottobre 28 dopo l'era[203]. Posto che Gesù fosse nato nel 5-4 avanti l'era, egli avrebbe avuto all'inizio della predicazione di Giovanni 31-32 anni: ciò che corrisponde alla indicazione di Luca. Inutile dire che la data del 25 dicembre è una data puramente liturgica, fissata nel IV secolo, che non è fondata su alcuna tradizione storica.

2. Solo sappiamo che egli era un galileo. La Galilea[204], che è la parte settentrionale della Palestina, non aveva una popolazione di puro tipo ebraico come la Giudea: essa era, come tutto il regno d'Israele, fortemente mescolata. I conquistatori assiri vi avevano deportato coloni caldei e siriaci: i Greci vi avevano eretto fiorenti città di carattere ellenistico; all'epoca dell'inizio della guerra maccabea non vi erano che delle piccole comunità giudaiche. Solo più tardi sotto Aristobulo I (109-103 a.C.) la popolazione (almeno quella della campagna e dei villaggi) venne stabilmente assimilata e convertita: la Galilea non cedeva, nell'età di Cristo, alla Giudea in zelo per la legge e per l'indipendenza ebraica. Ma il galileo era sempre considerato dal giudeo con un lieve senso di avversione (*Giovanni*, I, 46; VII, 52).

Essa era allora sotto il regno di Erode Antipa (4 a.C.-34 d.C.), uno dei figli del primo Erode, che col titolo di tetrarca governava la Galilea e la

---

[200] C.H. Guignebert, *La vie cachée de Jesus*, 1921 (con buona bibliografia).

[201] Sulla cronologia v. Goguel in «RHR», 1916, II, pp. 1-48.

[202] Schürer, I, pp. 508-543.

[203] C. Cichorius, *Chronologisches zum Leben Jesu*, «ZNW», 1923, pp. 16-20.

[204] Sulla Galilea si veda: Stapfer, pp. 119 sgg.; Schürer, II, pp. 5 sgg.; Strack-Billerbeck, I, 1922, pp. 156 sgg.; J. Leipoldt, *War Jesu Jude?*, 1923; W. Bauer, *Jesus der Galiläer*, 1927 (Festg. A. Jülicher).

Perea. Era un principe ambizioso e astuto. Gesù lo chiama «quella volpe» (*Luca*, XIII, 32).

Marco lo fa provenire da Nazareth, borgo costruito su d'una collina (*Luca*, IV, 29)[205]: la nascita a Betlemme è una leggenda che fa parte del ciclo leggendario della nascita e venne introdotta solo in ossequio al dogma tradizionale che poneva Betlemme come patria del messia davidico. Secondo alcuni la parola *nazareno* (*Marco, Luca*) che ricorre anche nella forma *nazareo* (*Matteo, Luca, Giovanni, Atti degli apostoli*) non sarebbe una denominazione locale. Era, secondo il Loisy, la denominazione dei discepoli di Giovanni: fra i quali era posto in origine anche Gesù[206]. Solo più tardi, perdutosi il senso primitivo, la parola *nazareo* sarebbe stata riattaccata a Nazareth e trasformata in *nazareno*. Ciò è possibile, ma è possibile anche l'inverso: e cioè che una denominazione locale poco nota si sia confusa fin dal principio con un vocabolo più comune e più noto.

La leggenda della nascita soprannaturale, che troviamo in Matteo e in Luca, è una formazione posteriore: essa è ancora ignota a Paolo, a Marco, alla «Fonte»; e la versione di Matteo è inconciliabile con quella di Luca. Le stesse genealogie di Luca e di Matteo, che vanno da David a Giuseppe, mostrano che, quando furono redatte, non si pensava ancora alla nascita da una vergine. La leggenda poetica di Luca non doveva in origine sapere della nascita soprannaturale: l'angelo doveva soltanto annunciare la nascita; i versi 34-35 sono una aggiunta dell'ultimo redattore[207]. La creazione di queste leggende è già in gran parte opera della religiosità ellenistica[208].

3. Sappiamo che era figlio d'un artigiano e artigiano egli stesso (*Marco*, VI, 3); Τέκτων che nella Palestina biblica (come nell'attuale) era legnaiolo e muratore a un tempo. La discendenza davidica è una tradizione messianica accolta dalla comunità primitiva (*Rm.*, I, 3); ma contro di essa sta

---

[205] G. Dalmann, *Orte und Wege Jesu*, (tr. fr.) 1930, pp. 84 sgg.

[206] Friedländer, *Syn. u. K.*, pp. 136-143; Salvatorelli, *Il significato di «Nazareno»*, 1911; Jackson-Lake, pp. 426-432; Bultmann in «ZNW», 1925, pp. 143-4; v. Gall, p. 432; Goguel, pp. 172-179; Guignebert, pp. 76 sgg.

[207] Havet, *Le Christianisme et ses origines*, IV, pp. 284-285; Harnack, *Zu Luc*, I, 34-35, «ZNW», 1901, pp. 53-57; Conybeare in «ZNW», 1901, pp. 192-197; Usener, *Geburt und Kindheit Christi*, «ZNW», 1903, pp. 1-21; Reville, I, pp. 333-376. Del resto gravi indizi inducono a credere che *Luca*, I, 5 – II, 52 sia un'interpolazione.

[208] H. Gressmann, *Das Weihnachtsevangelium auf Ursprung und Geschichte untersucht*, «Religion und Geisteskultur», 1914, pp. 75-109; sui paralleli pagani si cfr. Clemen, *Religionsgesch. Erklärung des N.T.*,² 1924, pp. 192 sgg.; E. Meyer, I, pp. 54 sgg.; Petersen, *Die wunderbare Geburt des Heilandes*, 1909.

Marco, XII, 35-37[209]. Sua madre si chiamava Maria: egli aveva quattro fratelli (Giacomo, Giuseppe, Simone e Giuda) e sorelle. Del padre, Marco non parla: probabilmente era morto da lungo tempo e la famiglia era sotto la direzione della madre. Per i rapporti di Gesù con la famiglia è caratteristica la notizia di Giovanni (VII, 5) che i suoi fratelli non credevano in lui; e di Marco (III, 21) che, quando iniziò la sua predicazione, i suoi cercarono di arrestarlo come pazzo.

Da qui il disdegno con cui li respinge quando vengono a lui, mentre egli predica alle turbe: «Chi è mia madre e chi sono i miei fratelli? E guardando quelli che erano seduti intorno a lui disse: Ecco mia madre ed i miei fratelli!» (*Marco*, III, 33-34)[210]. È anche notevole il fatto che mentre Gesù chiama Dio il Padre celeste, egli non ricorda mai l'amore materno. Nessuno dei suoi familiari è nominato fra i discepoli; fra le donne che Marco ricorda come presenti alla crocifissione non vi è la madre (*Marco*, XV, 40). I suoi fratelli e forse la madre entrarono poi a far parte dei suoi seguaci, ma solo dopo la sua morte. Giacomo il giusto, fratello di Gesù, ebbe un'importanza preminente nella prima comunità cristiana e anzi ne fu per lunghi anni il capo: morì martire della persecuzione ebraica il 62 d.C.

La questione dei fratelli del Signore è stata complicata da preoccupazioni dogmatiche e i teologi hanno speso tesori di sottigliezza per conciliare coi testi il dogma della verginità di Maria. È inutile arrestarsi su di un problema che in fondo non esiste: perché «leggendo i testi con cura non si vede alcuna ragione per non intendere i passi che parlano dei fratelli di Gesù nel loro senso più semplice e naturale, cioè come riferentisi a figli dello stesso padre e della stessa madre»[211].

4. Della sua preparazione e della sua cultura non conosciamo se non quello che appare dalla sua predicazione[212]. Egli procede direttamente, sotto questo riguardo, dal suo popolo. Certo egli non era un dotto (*Marco*, VI, 2-3): ma era probabilmente cresciuto in ambiente di viva e umile pietà. L'esigenza stessa della conoscenza della legge aveva fatto fiorire nell'Ebraismo intorno al tempio e alle sinagoghe, l'insegnamento infantile; ma Gesù poté, come ogni ebreo, completare la sua istruzione frequentando la sinagoga,

---

[209] Knopf, p. 274.

[210] R. Maluski, *Les rapports de Jesus avec sa famille durant son ministère public d'après les synoptiques et le IV évangile*, 1898.

[211] Goguel in «RHR», 1928, II, p. 121; Guignebert, *La vie cachée de Jesus*, 1921, pp. 133-153.

[212] Si cfr. W. Schubart, *Das Weltbild Jesu*, 1928, pp. 26 sgg.; P. Wernle, *Die Anfänge unserer Religion*, 1904, pp. 1 sgg.; *Jesus*, 1917, pp. 1-36; sulla formazione del suo spirito si veda anche le fini osservazioni di A. Reville, I, pp. 377-403.

dove era letta e commentata la legge. Certo non seguì alcuna scuola rabbinica. Viva per contro deve essere stata l'azione di Giovanni, del quale egli fu, in un senso più alto, il continuatore. La sua predicazione non ha alcun rapporto con l'ellenismo (Wendland); ma non si può escludere un'azione indiretta. Nonostante la reazione maccabea, durante i due ultimi secoli prima dell'era, una forte corrente di cultura ellenica si era diffusa sopra la Siria seleucide: e ciò vale in modo particolare per la Galilea, che non era che un piccolo centro ebraico tutto circondato da città ellenistiche, dove fioriva, accanto alle influenze orientali, l'antica cultura greca[213].

La conoscenza della lingua greca era diffusa nella stessa Giudea; nomi greci erano comuni anche tra il popolo (Simone, Filippo, Andrea, ecc.). Un'iscrizione del 197 a.C. sopra una sinagoga a est di Giscala è in greco; i grandi rabbini del primo secolo conoscevano la lingua greca che doveva essere, se non parlata (ciò era proprio degli «ellenisti»), almeno universalmente intesa a Gerusalemme. Non è quindi possibile che Gesù non abbia avuto contatti con una civiltà così universalmente diffusa. Senza dubbio egli vide intorno a sé costumi greci e udì parlare la lingua greca; ma, come pio ebreo, respinse da sé con avversione questo mondo profano. Il che tuttavia non toglie che esso abbia potuto esercitare su di lui un'azione che oggi noi non possiamo determinare: come l'esercitò ad esempio sull'essenismo che ci rivela la presenza di elementi indubbiamente estranei allo spirito ebraico senza che noi sappiamo da dove e come vi siano giunti. Le espressioni aramaiche ancora ricorrenti nei Vangeli mostrano abbastanza sicuramente che Gesù parlava aramaico; il grido attribuito a Gesù morente in *Marco*, XV, 34, è in aramaico[214].

---

[213] Friedländer, *Syn. u. K.*, pp. 124 sgg.; Schürer, I, p. 189; II, pp. 42 sgg.; Schlatter, pp. 1-23; Kittel, *Probleme d. Palästin. Spätjudentums*, 1926, pp. 34 sgg.

[214] A. Meyer, *Jesu Muttersprache*, 1896; A. Schweitzer, pp. 260-266. Sull'aspetto esteriore di Gesù si v. J. Anstett, *Étude sur les images de Jesus pendant les six premiers siècles*, 1853; Dobschiitz, *Christusbilder*, 1891; N. Müller, *Christusbilder*, «RE», V, pp. 63-82; F. Wolter, *Wie sah Christus aus?*, 1930. Tutti i ritratti di Gesù, anche i più antichi, sono opera di pura fantasia: «qua fuerit ille facie nos penitus ignoramus», dice Agostino (*De trinit.*, VIII, 5).

1. Le nostre notizie intorno a Gesù cominciano con l'ingresso nella vita pubblica, col battesimo. Gesù apparteneva al movimento battistico che viene dai paesi dell'Oltre Giordano, dove scarsa era l'influenza di Gerusalemme. Egli fu discepolo del Battista e ne ricevette il battesimo. Di questo non è possibile dubitare: perché altrimenti non si capirebbe la ragione dell'invenzione di un racconto simile, dal momento che anzi Matteo (II, 14-15) e il Vangelo degli Ebioniti (Hennecke, p. 45) sentono il bisogno di giustificare questo atto di Gesù che si fa battezzare da un suo inferiore e il IV Vangelo tace del battesimo (I, 29-36) come d'un atto che avrebbe diminuito la grandezza del messia. Anche i suoi primi discepoli vengono a lui da seguaci di Giovanni (*Giovanni*, I, 35-39). Nella tradizione mandaica Gesù è rappresentato come un apostata della comunità battista.

Fu probabilmente la predicazione di Giovanni, «la voce che grida nel deserto», che ispirò Gesù e gli diede coscienza della sua missione. Gesù cominciò la sua predicazione dopo la prigionia di Giovanni (*Marco*, I, 14; *Matteo*, II, 12); ciò che il quarto Vangelo narra della loro predicazione simultanea (*Giovanni*, III, 22-23) e ciò che Matteo e Luca narrano del riconoscimento di Gesù da parte di Giovanni mentre stava in carcere (*Matteo*, XI, 2 sgg.; *Luca*, VII, 18 sgg.) non ha altro fondamento che il desiderio degli evangelisti di accentuare la superiorità di Gesù sul Battista e di trasformare questo in un semplice precursore di Gesù. Si può con quasi certezza ritenere che Giovanni non ebbe, fuori dell'atto del battesimo, rapporti con Gesù e fu semplicemente un profeta ebraico, il profeta dell'apocalittica. Anche Gesù predicava come Giovanni, che i tempi erano maturi e vicino era il regno di Dio ed esortava gli uomini alla conversione. In un punto però la predicazione di Gesù differiva, anche esteriormente, da quella di Giovanni: Gesù errava tra la gente e non battezzava. Sebbene la tradizione abbia più tardi ricondotto a Gesù l'istituzione del battesimo, non pare vi sia alcuna ragione di credere che a lui risalga l'adozione di questo rito, che l'antica comunità cristiana accolse, come sembra, dalla comunità del Battista. Dei tre passi, che nei Vangeli attribuiscono a Gesù il battesimo, il passo di *Giovanni*, III, 12 è formalmente contraddetto dal passo IV, 2, dove è detto che battezzavano i discepoli, ma Gesù non battezzava; gli altri due (*Marco*, XVI, 16 e *Matteo*, XXVIII, 19) rispecchiano evidentemente le idee d'un'età ben posteriore, in cui l'universalità della missione era un fatto riconosciuto e si cominciava a battezzare con la formula trinitaria. Manca nei sinottici ogni traccia di battesimo praticato o prescritto da Gesù; non si vede mai che quelli, i quali erano accolti tra i suoi seguaci, si facessero battezzare. Anche Paolo sembra ancora considerare il nuovo rito con una certa indifferenza, quando dice nella *I Lettera ai Corinzi* che Gesù lo ha mandato a predicare, non a battezzare.

2. Gesù iniziò la sua attività sulle rive del lago di Tiberiade o mare di Galilea posto una trentina di chilometri a nord-ovest di Nazareth; la piccola città di Cafarnao, sulla riva settentrionale del lago, non lungi dal punto in cui sbocca il Giordano, fu il primo teatro della sua attività; lì incontrò anche i primi discepoli (*Marco*, I, 16-21)[215].

Gesù insegnava nelle sinagoghe il sabato errando di luogo in luogo, come facevano anche molti dottori del suo tempo; Luca ci ha lasciato un quadro intuitivo d'una di queste scene. «Ed egli venne a Nazaret, dove era stato allevato; e, come egli era solito, entrò nella sinagoga il giorno di sabato e si alzò per leggere. E gli fu dato il libro del profeta Isaia: ed avendolo dispiegato trovò quel passo dove è scritto: lo spirito del Signore è sopra di me [...]. Indi ripiegato il libro e consegnatolo al ministro, si pose a sedere; e gli occhi di tutti nella sinagoga erano affissati in lui. Ed egli prese a dire [...]» (*Luca*, IV, 16-21).

Ma egli predicava anche all'aperto dappertutto dove si adunava intorno a lui la folla; anzi amava particolarmente trattenersi con quelli che i dottori consideravano generalmente con sprezzo, con il minuto popolo, con quelli che il Vangelo chiama i peccatori e i pubblicani. È curioso e senza dubbio bene fondato nella tradizione il fatto che la sua predicazione non ebbe alcun successo in Nazareth (*Marco*, VI, 1-6; *Matteo*, XIII, 54-58; *Luca*, IV, 16-30).

L'insegnamento di Gesù non doveva differire molto, quanto all'esteriorità, da quello dei dottori del suo tempo; insegnava nelle sinagoghe e fuori, commentava, disputava, raccoglieva intorno a sé discepoli che lo chiamavano rabbi (maestro, signore); e, come facevano spesso i dottori (sebbene dovessero secondo la legge insegnare gratuitamente), traeva dai suoi seguaci il necessario sostentamento (*Luca*, VIII, 3). E come quello dei dottori del suo tempo, il suo insegnamento doveva essere costituito di brevi commenti, precetti, esempi: il famoso Sermone sulla montagna non è un discorso unico, ma un'artificiosa raccolta di precetti appartenenti a tempi e circostanze diverse. Anch'egli si serviva come essi di esempi, di parabole:

---

215 M. Brückner, *Die Wirksamkeit Jesu in Galiläa*, 1919; Knopf, pp. 242 sgg.

con profonda sapienza esprimeva la realtà della vita spirituale nelle immagini della vita quotidiana e della natura[216]. Non sembra credibile che egli si valesse del linguaggio in parabole per nascondere la sua dottrina, come vorrebbero gli evangelisti, seguendo le teorie di Paolo (*Marco*, IV, 11-12, 34)[217].

Gesù condannava il secreto dell'insegnamento settario; chi ha ricevuto dal Padre celeste il dono della verità deve farla risplendere in alto perché tutti possano ricevere la luce. «Una città posta sopra un monte non può stare nascosta, né si accende la lampada per metterla sotto il moggio, ma sul candeliere, perché splenda a tutti quelli della casa. Così splenda la vostra luce dinanzi agli uomini» (*Matteo*, V, 14-16). E in altro luogo paragona il settario che chiude in sé la verità al servo poco diligente che, ricevuto un talento dal padrone, lo nasconde per timore nella terra, invece di commerciarlo e di ricavarne un ricco interesse per il suo padrone (*Matteo*, XXV, 13-30; *Luca*, XIX, 11-26). Vero è piuttosto che gli evangelisti hanno deformato molte parabole volendo vedere in esse allegorie o significati riposti; sì che di qualcuna di esse ci sfugge oramai il senso[218]. La comparazione con le parabole rabbiniche giova in qualche caso a chiarirne il senso; e ci aiuta a penetrare lo spirito di questa forma popolare e tradizionale di sapienza che Gesù tolse dal suo tempo e rivestì d'un valore incomparabile[219].

3. Nella predicazione di Gesù parlava un genio religioso d'una efficacia e d'una potenza ben superiore a tutti i dottori della legge. Marco ci descrive intuitivamente la meraviglia suscitata dalla sua parola nei suoi primi uditori (I, 22); egli ci dà in più d'un luogo un quadro realistico della turba che si accalcava intorno a lui per ascoltarlo e per toccarlo: onde sulle rive del lago predicava qualche volta da una navicella (*Marco*, III, 9). I Vangeli sono una relazione troppo povera e schematica per darci anche solo una pallida immagine dell'azione spirituale che Gesù dovette esercitare sopra i suoi uditori e della comunione morale che quest'azione creò intorno a lui. Ma essa traspare da tutto il racconto evangelico; e solo la profondità e l'intimità di

---

[216] Strauss, *Nouvelle vie de Jesus* (tr. fr.), I, pp. 331 sgg.; A. Bugge, *Die Hauptparabeln Jesu*, 1903; H. Weinel, *Die Gleichnisse Jesu*,[4] 1918; Jülicher, *Die Gleichnisreden Jesu*, 1910; E. Buonaiuti, *Le parabole di Gesù*, «Religio», 1934, 1-2.

[217] Si cfr. Wrede, *Das Messiasgeheimnis*, 1901; A. Bugge, *Über das Messiasgeheimnis*, «ZNW», 1906, 2.

[218] Questo vale anche di molti detti di Gesù: si veda p. es. *Matteo*, V. 25; VI, 22-23; *Luca*, XI, 5-8; XVIII, 7 sgg.

[219] Fiebig, *Altjüdische Gleichnisse und die Gleichnisse Jesu*, 1904; *Die Gleichnisreden Jesu im Lichte d. rabbin. Gleichnisse*, 1912. (Fiebig esagera il valore del materiale rabbinico).

questa vita può spiegarci il fatto che la piccola e umile schiera dei suoi discepoli poté diventare nel suo nome il nucleo di una umanità nuova.

Di questo gruppo di discepoli facevano parte anche alcune donne, che sembrano aver avuto nella vita di Gesù maggiore importanza di quella che accordino loro i Vangeli: «erano con lui i dodici e alcune donne che erano state da lui guarite dai cattivi spiriti e da infermità, Maria detta Maddalena (di Magdala), Giovanna, moglie di Chuza, l'amministratore di Erode, Susanna ed altre che lo sovvenivano dei loro averi» (*Luca*, VIII, 1-3). Queste furono pure le sole, tra i suoi seguaci, che assistettero da lontano alla sua agonia sulla croce (*Marco*, XV, 40); gli altri erano fuggiti. Nella *Pistis Sophia* si fa cenno anzi di rivalità e gelosie fra i discepoli e queste donne: «Signore», dice qui Pietro, «fa che queste donne cessino di far domande, sì che possiamo farne anche noi» (cap. 146).

Da più d'un passo dei Vangeli traspare tuttavia anche l'amarezza con cui Gesù sentì sempre la distanza che lo separava dai suoi discepoli: «Quelli che sono con me non mi hanno compreso», dice il Signore nel Vangelo degli Egizi (Hennecke, 59)[220]. E in un papiro di Oxyrhynchus (Hennecke, 36): «Io venni nel mondo e apparvi loro nella carne, ma trovai tutti ubbriachi, nessuno assetato; e l'anima mia si travaglia intorno agli uomini perché essi sono ciechi e non vedono» (si cfr. *Luca*, XVIII, 8). Anche la maledizione alle città della Galilea (*Matteo*, XI, 20 sgg.) rivela una profonda delusione. Egli rimprovera spesso ai discepoli la loro poca fede (*Marco*, VIII, 18; IX, 19; VIII, 33). Quanti, dice loro Gesù, avrebbero voluto udire e vedere quello che voi udite e vedete! (*Matteo*, XII, 17). Egli espresse nella parabola del seminatore la sua dolorosa esperienza degli uomini e nello stesso tempo la fiducia che la verità avrebbe trionfato ugualmente nonostante la loro pochezza.

Egli aveva promesso loro che essi avrebbero condiviso con lui il trionfo nel regno di Dio (*Luca*, XVI, 29-30); quindi tra essi sorgevano discussioni circa la preminenza (*Matteo*, XX, 17-28); e Gesù doveva richiamarli al senso dell'umiltà e ricordare loro che gli ultimi nel mondo sarebbero stati i primi nel regno di Dio. In *Luca*, IX, 51 sgg., i discepoli Giacomo e Giovanni vorrebbero che Cristo facesse piovere fuoco dal cielo su di un villaggio samaritano che non li ha ospitati: e il maestro deve rimproverar loro la mancanza di carità. Soprattutto egli rimprovera loro la mancanza di attività e di energia nel bene. Non crediate, dice loro, che la perfezione sia cosa facile e si conquisti con le parole! Il carattere dell'uomo si riconosce dalle sue

---

[220] Sulla delusione di Gesù si v. Knopf, p. 246; Bauer, *Das Leben Jesu im Zeitalter d. neutest. Apokryphen*, 1909, p. 431.

azioni, come l'albero dai frutti. Non basta quindi ascoltare il maestro e gridare: Signore! Signore! Bisogna mettere le parole in pratica. Chi ascolta la parola del maestro e non la pratica è come lo stolto che fabbrica la casa sulla rena (*Luca*, VI, 43-49; *Matteo*, VII, 13-27).

Come tutti i grandi maestri spirituali, Gesù ebbe intorno a sé una piccola schiera di discepoli attirati dalla grandezza della sua personalità e dalla purezza luminosa della sua dottrina; ma nessuno di essi chiese a lui, come chiese il discepolo al Bab, morendo al suo fianco: «Maestro, sei contento di me?»[221]. Quando venne l'ora della prova qualcuno forse lo tradì e gli altri, che avevano giurato di seguirlo fino alla morte, al primo urto si dispersero come pecore.

4. Ciò che richiamava intorno a Gesù la moltitudine non era soltanto la sua predicazione religiosa, ma anche la potestà soprannaturale che gli si attribuiva di guarire gli infermi e in genere di compiere miracoli[222]. A questo riguardo bisogna tener conto che è una preoccupazione dei sinottici il provare il carattere soprannaturale di Gesù per mezzo dei miracoli. Questo ha alterato senza dubbio – e talora in modo fantastico e grottesco – l'immagine vera della sua personalità, la sua grandezza spirituale. La tendenza dell'età a confondere la religione con la magia e a vedere nel miracoloso la prova della superiorità spirituale ha certamente aiutato in più d'un punto la formazione della leggenda, anche se noi non siamo più sempre in grado di scoprire la realtà che vi ha dato occasione. In qualche caso la leggenda è una semplice amplificazione fantastica. Ad esempio il racconto del fico maledetto che si dissecca (*Marco*, XI, 12 sgg.) è sorto da un paragone conservatoci ancora da *Luca*, XIII, 6-9; l'acquietamento della tempesta nel lago ci si presenta in Marco in due forme, che sono due gradi di sviluppo della leggenda stessa (IV, 35-41 e VI, 45-52), di cui il primo non testimonia in fondo che della meravigliosa fiducia in Dio mostrata da Gesù in mezzo alla tempesta.

Ma anche se in molti altri casi la leggenda ha un fondamento reale, questo non è se non quel medesimo che s'incontra nella storia religiosa a ogni piè sospinto; noi ci troviamo qui di fronte a fenomeni di quella vita psichica

---

[221] Gobineau, *Religions et philosophies dans l'Asie centrale*, 1865, p. 270.

[222] La copiosa letteratura relativa all'esplicazione dei miracoli del Nuovo Testamento non presenta, dal nostro punto di vista, un maggior interesse che l'esplicazione degli altri innumerevoli miracoli della storia sacra e profana. Si veda: Strauss, *Nouvelle vie de Jésu* (tr. fr.), I, pp. 345 sgg; A. Reville, II, pp. 57-78; G. Traub, *Die Wunder im N.T.*, 1907; J.M. Thompson, *Miracles in the New Testament*, 1911; G.I. Wricht, *Miracle in History and in modern Thought*, 1930, pp. 273 sgg.

anormale che da poco si è cominciato a studiare obiettivamente come una manifestazione naturale della psiche umana[223].

Le guarigioni per mezzo della preghiera, dell'imposizione delle mani e di altre pratiche magiche sono un fatto che si riscontra in tutte le religioni, che fa sempre parte della medicina primitiva; né può dirsi, se si tien conto del mutato abito, che sia totalmente scomparso dalla medicina attuale. Del resto Gesù esplicava in ciò un'attività che non aveva, per il suo tempo, niente di singolare. Come i dottori del suo tempo egli era anche medico: un medico che si valeva di mezzi spirituali, religiosi; raramente egli si vale di altro che non siano la parola e lo sguardo (ad esempio *Marco*, VII, 32; VIII, 22). Notevole è che in *Marco*, V, 30 il potere magico di Gesù è dato come una specie di potere magnetico emanante da lui, quasi senza sua volontà: δύναμις ἐξ αὐτοῦ ἐξελθοῦσα. Non meno notevole è anche il fatto che a Nazareth l'incredulità non gli permise di far miracoli (*Marco*, VI, 5); in questi fatti la prima condizione per subire l'influenza è la fede. Alcune narrazioni di guarigioni hanno in Marco una freschezza meravigliosa. Una donna da lunghi anni malata senza speranze si avvicina nella calca a Gesù, ne tocca l'abito e incontanente è guarita. «E tosto Gesù sentì in se stesso la forza che era uscita da lui e rivoltosi alla turba disse: Chi ha toccato le mie vesti? E i suoi discepoli gli dissero: Tu vedi la turba che ti preme e chiedi chi ti ha toccato? Ma egli guardava intorno per vedere chi aveva fatto questo e la donna, paurosa e tremante, ben sapendo quel che le era avvenuto, venne e si gettò ai piedi e gli disse tutta la verità. Ed egli disse: Figliuola, la tua fede ti ha salvata: vattene in pace e sii guarita dal tuo flagello» (*Marco*, V, 25-34).

I suoi malati erano in genere malati di mente, isterici; un medico potrebbe ancor oggi in più casi determinare le forme che essi presentavano. Alcune di queste guarigioni non erano forse che momentanee: di un'esperienza in questo senso testimonia il passo in *Matteo*, XII, 43: «Quando lo spirito immondo è uscito dall'uomo, egli viaggia per i deserti cercando riposo e non lo trova. Allora dice: Farò ritorno alla mia casa donde sono uscito. E, venuto, la trova sgombra, spazzata e addobbata. Allora se ne va e prende seco altri sette spiriti più tristi di lui: ed entrati abitano quivi: e le condizioni di quest'uomo diventano peggiori di prima. Così ancora sarà di questa generazione malvagia».

Anche l'Ebraismo contemporaneo aveva i suoi taumaturghi ed esorcisti (*Atti*, XIX, 13); Gesù stesso (*Matteo*, XII, 27) attribuisce questa virtù anche

---

[223] Nippold, *Die psychiatrische Seite d. Heilstätigkeit Jesu*, 1889; H. Seng, *Die Heilungen Jesu in medizinischer Beleuchtung*, 1926.

ai discepoli dei Farisei. Nelle comunità paoline il dono di guarire è considerato come un ufficio, simile a quello di profetare o di insegnare (*I Lettera ai Corinzi*, XII, 9; Ivi, 28-30).

I Cristiani erano ancora nel II secolo come i medici universalmente riconosciuti delle malattie mentali (Tertulliano, *Apologetico*, 43); ad essi ricorrevano anche i Pagani. E in tutti i tempi, compresi i nostri, abbiamo esempi di uomini dotati di facoltà curative singolari inesplicabili, che nella maggior parte dei casi non sembrano affatto connesse con doti eccezionali dello spirito. Anche attualmente nei vari movimenti del «risveglio», che fanno capo a G.C. Blumhardt, la guarigione per mezzo della preghiera è uno dei momenti più importanti; in America è il fondamento della chiesa della «Scienza cristiana». Presso i mormoni la guarigione è operata con l'imposizione delle mani (la medicina è condannata come scienza vana ed empia); e i loro annali registrano migliaia di miracoli, tutti accuratamente garantiti da testimonianze oculari.

La fede popolare, e Gesù con essa, considerava gran parte delle malattie come prodotta dalla presenza di demoni. Che vi fossero nel mondo innumerevoli spiriti che influivano sul corso delle cose era credenza generale: anche gli uomini ispirati erano penetrati da uno spirito divino che conferiva loro sapienza e potenza soprannaturale. I cattivi spiriti invece erano causa di disordini e di malattie: la demonologia ebraica non differiva sostanzialmente dalle credenze allora diffuse in tutto il mondo ellenistico[224]. Del resto anche il cattolicesimo attuale tiene ancora in onore gli esorcismi contro la possessione diabolica[225]. A Parigi nel 1852 un francese furiosamente tormentato dal demonio è esorcizzato da due missionari mormoni e per opera loro istantaneamente liberato[226]. Non possiamo quindi fare a Gesù seria colpa di avere seguito, in questo, la credenza generale del suo tempo. Del resto da più d'un passo si vede che egli non considerava affatto la potestà di guarire come un titolo di superiorità e non accettava questo compito, a lui quasi imposto dalla fede popolare, che con una specie di riluttanza; perciò egli raccomanda a coloro che si allontanavano guariti, di non diffondere la voce della loro guarigione miracolosa; la sua missione era di predicare,

---

[224] P.W. Schmidt, *Die Geschichte Jesu*, II, 194, pp. 202 sgg. È curioso notare che questa credenza rispunta ancora qua e là nel Cristianesimo attuale (*Le Dèmon cause et principe des maladies, moyens de les guérir, par un prêtre du clergé de Paris*, 2a ed., 1890).

[225] V. Hoensbroech, *Das Papsttum in seiner sozial-kulturellen Wirksamkeit*, 1901, I, pp. 212 sgg.; 435 sgg. Si veda: J. Jülliaud, *Une possedée en 1862*, Paris, 1862.

[226] Remy, *Voyage au pays des Mormons*, 1860, II, pp. 53-55. Si veda anche l'interessantissima relazione della esorcizzazione d'un posseduto da parte d'un rabbi taumaturgo in J. Fromer, *Vom Ghetto zur modernen Kultur*, 1906, pp. 57 sgg.

non di guarire (*Marco*, I, 40-45; VII, 36)[227]. Seguendo l'esempio stesso di Gesù, noi non dobbiamo dare alcuna importanza a questo aspetto della sua attività. Se anche egli si piegò a malincuore alle concezioni correnti del suo tempo, noi dobbiamo ricordare che non è per questo che egli è stato il salvatore degli uomini, né dobbiamo degradarlo assimilandolo ai taumaturghi di tutti i tempi: ciò appartiene alla sfera inferiore della religione; mentre la grandezza di Gesù sta anzi per noi in ciò che questo lato della sua opera è per lui così poco essenziale, che noi possiamo lasciarlo completamente da parte.

---

[227] In *Marco*, VIII, 11-13 e *Matteo*, XII, 39-41 Gesù dice chiaramente che il solo segno che egli darà sarà il segno di Giona, cioè la predicazione. *Matteo*, XII, 40 è un'inintelligente interpolazione. Si v. Schmiedel, *Das vierte Evangelium*, 1906, pp. 15-18.

1. Passando ora dalla vita alla dottrina e all'opera di Gesù, noi ci troviamo su di un terreno alquanto più sicuro; l'insegnamento di Gesù è la parte più solida della tradizione evangelica. Non che manchino qui le incertezze dovute all'insufficienza e alle alterazioni intenzionali della tradizione: ma le linee essenziali non ne sono alterate. Il pensiero religioso di Gesù brilla di tanta bellezza e di tanta purezza, che si isola come spontaneamente dal resto del racconto evangelico e da sé si compone in una visione semplice e luminosa, che non lascia ombra di dubbio[228].

Le premesse fondamentali del suo pensiero sono in fondo quelle dell'Ebraismo del suo tempo; egli ha raccolto la tradizione religiosa del suo popolo con tutti gli elementi estranei che si erano con essa compenetrati. Tuttavia esse non sono mai oggetto d'una diretta attenzione da parte sua, ma sono appena accennate come un presupposto necessario delle grandi verità pratiche del suo insegnamento.

Il concetto di Dio è ispirato al rigido monoteismo dei profeti: ma insieme ad esso Gesù accoglie anche la demonologia e l'angelologia che l'Ebraismo aveva preso dal parsismo[229]. Egli non specula sulla natura di Dio; ne toglie semplicemente il concetto dall'ambiente religioso del suo tempo, ma lo rivive profondamente in sé come qualche cosa di interiore. Il Dio di Gesù è veramente il Padre celeste: egli lo pensa sotto l'attributo della bontà, non della potenza. Si paragoni il concetto di Dio che ci offre il *Libro di Enoch* (XIV, 15 sgg.): un Dio che abita un palazzo di fuoco sotto una volta di stelle e di lampi e dal cui trono scorrono fiumi di fuoco. Egli è avvolto da una fiamma ardente e circondato da miriadi di angeli: nessuna creatura può levare lo sguardo verso di lui. Certo la designazione di Dio come Padre (padre e re) non è infrequente nell'Ebraismo dell'età ellenistica: essa s'incontra anche in Akiba e nell'antica letteratura rabbinica. Ma più che il padre egli è ancora sempre il giudice severo che tiene con l'uomo un conto di un rigore inesorabile: la giustizia antecede in lui la grazia; l'uomo deve in primo luogo mirare ad essere giustificato dinanzi a lui. Per Gesù invece Dio non vuole che la bontà e non è che bontà: bontà superiore alla giustizia, che dà a tutti gli operai la stessa mercede (*Matteo*, XX, 1-6), che perdona tutte le colpe, apre le braccia a tutti i peccatori e «fa sorgere il suo sole sopra i

---

[228] Grimm, *Die Ethik Jesu*, 1903, pp. 23 sgg.

[229] Bousset, pp. 377 sgg.; R. Gyllenberg, *Gott der Vater im A.T. und in der Predigt Jesu*, 1925.

malvagi e buoni e fa piovere sopra giusti ed ingiusti» (*Matteo*, V, 45). Gesù concepisce Dio come personale, ma ne allontana tutto ciò che è limitato, particolare, umano, e conserva solo il carattere della bontà universale e profonda. Come un padre egli è vicino a noi: fra lui e i suoi figli non vi è nessun libro, nessun intermediario, nessun sacerdote, nemmeno Cristo, che non è se non il primo dei suoi figli.

2. Circa i rapporti di Dio col mondo, Gesù adotta la concezione apocalittica del suo tempo, con la sua visione dualistica, le sue aspettazioni e le sue speranze. Il punto cardinale nella predicazione sua è l'avvento del regno di Dio: «convertitevi perché il regno di Dio è vicino»[230]. Anche Gesù è penetrato dal senso di essere alla fine d'un ordine di cose e considera come suo compito il combattere il regno di Satana e il richiamare gli uomini verso il regno di Dio.

L'importanza del fattore escatologico era già stata accentuata da Reimarus e da Strauss; ma in seguito nell'ermeneutica del XIX secolo esso era stato generalmente eliminato o interpretato spiritualmente. La prima opera fondamentale che lo ristabilì nel suo vero senso è quella di J. Weiss, *Die Predigt vom Reiche Gottes*, 1892. Determinare in tutti i particolari il concetto che Gesù aveva del regno di Dio non ci è possibile: ma una ricostruzione approssimativa può essere tentata con una certa sicurezza. Pure ammettendo infatti che gran parte delle predizioni apocalittiche dei Vangeli (e specialmente il cap. XIII di Marco, che è senza dubbio d'origine ebraica) rappresentino lo svolgimento di queste idee nella prima comunità cristiana, è impossibile non riferire a Gesù uno sfondo di idee apocalittiche e una concezione trascendente del regno di Dio. D'altra parte da molti dati evangelici, che è difficile interpretare figuratamente, appare che egli pensò questo regno di Dio anche come una restaurazione terrena e prossima, una repubblica dei giusti, dei poveri e degli umili in Israele. È molto verosimile quindi che, come già aveva riconosciuto Reimarus, egli abbia conciliato questi due ordini di idee in quella specie di chiliasmo che troviamo anche nell'*Apocalisse* di Esdra e che sembra essere stata concezione corrente dell'Ebraismo al suo tempo. In un primo momento, dopo un periodo di tri-

---

[230] Sul «regno di Dio», che Matteo chiama «regno dei cieli» si veda: E. Issel, *Die Lehre vom Reiche Gottes im N.T.*, 1891; O. Schmoller, *Die Lehre vom Reiche Gottes in den Schriften des N.T.*, 1891; E. Krop, *La pensée de Jésus sur le royaume de Dieu*, 1897 (con bibliogr.); P.W. Schmidt, *Die Geschichte Jesu*, 1904, II, pp. 133 sgg.; Wernle, *Die Anfänge unserer Religion*, 1904, pp. 38 sgg.; A. Causse, *L'évolution de l'espérance messianique dans le christ. primitif*, 1908; Bousset, *Jésus*, 1907, pp. 33 sgg.; Pfleiderer, I, pp. 615 sgg.; Charles, pp. 370 sgg.; R. Otto, *D. Heilige*, pp. 109-113; v. Gall., Βασιλεία τοῦ θεοῦ, 1926.

bolazioni e di torbidi, avrà luogo la restaurazione messianica, la quale inizierà il regno messianico e assicurerà sulla terra per un certo tempo pace e beatitudine ai giusti; in un secondo momento non ben determinato avverrà la restaurazione finale delle cose; i morti risorgeranno e dopo cataclismi terribili cominceranno una nuova terra e un nuovo cielo, che non avranno più fine. La terminologia dei Vangeli confonde spesso i due regni nell'unico nome «Regno di Dio»; che evidentemente in *Marco*, XIV, 25 designa il regno messianico; mentre questo in *Luca*, XXII, 30 è detto «il mio regno», in *Matteo*, XVI, 28 è detto il regno del Figliuolo dell'uomo, ecc. Ma confusioni di questo genere non devono meravigliarci se pensiamo alle trasformazioni a cui andò incontro, dopo la morte di Gesù, il ciclo delle idee apocalittiche.

3. Il concetto fondamentale resta però sempre quello del grande rivolgimento apocalittico. Il regno di Dio era senza alcun dubbio inteso da Gesù in senso puramente escatologico: voler trasformare questo concetto in quello d'un regno puramente morale e presente solo nel cuore degli uomini è un falsarlo completamente. La critica si trova qui dinanzi a un dilemma ben preciso: o bisogna eliminare come non appartenenti a Gesù i passi in cui il regno di Dio è interpretato spiritualmente, o bisogna eliminare tutta la predicazione escatologica, che pure è nella predicazione del Battista e di Gesù un elemento essenziale, risponde alle idee diffuse dell'Ebraismo del tempo e fa parte della prima predicazione cristiana[231]. Che questo passaggio a un'interpretazione spirituale si sia compiuto più tardi dopo la morte di Gesù nelle generazioni successive, si comprende. Morto Gesù, il suo trionfo venne posto di là dalla tomba, in un avvenire più o meno prossimo, quando sarebbe tornato a giudicare i vivi e i morti. Ma dopo che al contatto con la realtà anche questo sogno cominciò a svanire, il regno di Dio diventò a poco a poco una cosa puramente interiore: la catastrofe apocalittica venne trasferita in un avvenire remoto, alla fine della storia e perdette, di fatto, ogni reale importanza. Già nel II secolo i Cristiani pregano che Dio allontani questo giorno più temuto che desiderato: «oramus... pro statu saeculi, pro rerum quiete, pro mora finis» (Tertulliano, *Apolog.*, 39). Il regno di Dio annunciato da Gesù si risolse quindi in una trasformazione morale, nella creazione di un «regno di Dio» nel seno del mondo e della storia. Ma Gesù era ben lontano da questa posteriore interpretazione.

---

[231] Loisy, *L'évangile et l'église*, 1904, p. 41.

La maggior parte dei passi che sembrano porre il regno di Dio come spirituale e presente alludono soltanto alla sua predicazione che era una preparazione immediata al regno messianico[232]. Essa è un umile inizio, ma si svolgerà in tutta la sua grandezza più tardi (*Marco*, IV, 30-32). La semente è già stata gettata e germoglierà senza fallo. Dopo verrà la mietitura (*Marco*, IV, 26-29): allora si farà la separazione dei buoni dai tristi (*Matteo*, XIII, 24-30; 47-50). Gesù aveva già visto Satana cadere dal cielo (*Luca*, X, 18): il regno di Dio era prossimo perché i demoni cedevano dinanzi a lui (*Luca*, XI, 20).

Ma questi sono soltanto i segni precursori del grande sconvolgimento che avrebbe preceduto il regno messianico e che sarebbe venuto all'improvviso (*Marco*, XIII, 28 sgg.). Forse anche queste espressioni rispondono a momenti nei quali Gesù considera l'avvenire con un senso di speranza nel prossimo trionfo della sua opera[233].

L'interpretazione puramente spirituale è stata in generale largamente accolta perché poteva sembrare una diminuzione della grandezza di Gesù l'aver fondato la sua concezione sopra un sogno apocalittico: onde, anche tra i recenti, il tentativo di negare lo stretto rapporto di Gesù con l'apocalittica ebraica[234]. Non bisogna tuttavia credere che le rappresentazioni apocalittiche siano soltanto creazioni fantastiche. Sono rappresentazioni mitiche, attraverso le quali traluce una verità profonda: la vanità della vita presente e la necessità, per l'uomo, di guardare di là da essa, verso il regno di Dio. Le condizioni tristissime e la profonda abiezione morale dei tempi avevano acuito questo presentimento di tutte le anime religiose; nelle visioni apocalittiche si confondono queste due tendenze: l'aspirazione verso l'aldilà e l'orrore per la corruzione morale del proprio tempo. Non dobbiamo perciò meravigliarci se Gesù espresse queste aspirazioni spirituali nella lingua del suo tempo. Anche Gesù, nonostante la grandezza incomparabile della sua personalità, è stato fino a un certo segno e sotto certi aspetti un uomo storico del suo tempo e ne ha subito l'azione[235]. Del resto anche qui egli non accentuò le forme, non diede importanza alla veste. La fantasmagoria apoca-

---

[232] Loisy, *op. cit.*, pp. 47 sgg.; Dibelius, *Evangelium und Welt*, 1929, pp. 39-40; Knopf, pp. 251-260.

[233] Il passo più spesso citato in favore della presenza spirituale del regno di Dio (*Luca*, XVII, 21) dice solo che il regno di Dio sarebbe venuto all'improvviso (Wernle, *Die Anf. unserer Religion*, 1904, p. 42). Sul senso di ἐντός vedasi «RGG»,[2] III, p. 131.

[234] G.B. Bruston, *La vie future d'après l'enseignement de Jésus*, 1890; Wellhausen, *Israelit. u. jüd. Geschichte*, 1921, pp. 385 sgg.

[235] Si veda le eccellenti considerazioni di E. Grimm, *Die Ethik Jesu*, 1903, pp. 30 sgg.

littica serve solo a lui per tradurre nella forma più efficace questa sua profonda convinzione: il mondo presente è un regno di potenze demoniache, ma non è che un regno effimero; volgiamoci quindi verso il regno del Padre che dura in eterno!

4. Appunto perciò la concezione apocalittica di Gesù dovette essere assai semplice. Il capitolo apocalittico di Marco non appartiene secondo ogni probabilità a Gesù: ma in ogni modo quanto più semplice è già la sua visione escatologica di fronte alle invenzioni fantastiche dell'apocalittica persiana, ebraica e cristiana! Si paragoni ad esempio l'apocalittica dei Vangeli con quella del *Libro di Enoch*, complicata con visioni immaginose dell'aldilà, alcune delle quali hanno, nel loro orrore, una grandezza dantesca (*Enoch*, capp. 17-18). Niente di tutto questo in Gesù. Egli dice semplicemente che i giorni del Signore saranno preceduti da grandi tribolazioni: e che questo grande rivolgimento non deve essere molto lontano. Una delle grandi preoccupazioni dell'apocalittica era stata di calcolare e di predire questo evento: tutti sanno quanta parte abbiano avuto nella storia del millenarismo i numeri misteriosi. Gesù è avverso a questa curiosità superstiziosa e irreligiosa: nessuno, fuori del Padre celeste, può dirne l'ora (*Marco*, XIII, 23). Ma egli era convinto che fosse vicina. Certo non sarebbe passata la generazione d'allora prima che queste cose fossero avvenute: questa è ancora la ferma aspettazione della comunità primitiva (*I Lettera ai Tessalonicesi*, IV, 15). Quel giorno terribile sarebbe venuto improvvisamente come un ladro nella notte (*Matteo*, XXIV, 43), come un lampo nel cielo (*Matteo*, XXIV, 27). Perciò egli esorta i discepoli ad essere vigilanti come i servi che aspettano il padrone: il padrone può venire in qualunque ora della notte. «Nei giorni anteriori al diluvio si mangiava e si beveva, si prendeva moglie e si prendeva marito fino al giorno che Noè entrò nell'arca e gli uomini di niente si avvidero finché venne il diluvio che li sommerse tutti. Così sarà ancora la venuta del Figliuol dell'uomo. [...] Vigilate dunque perché non sapete in qual giorno il vostro Signore verrà» (*Matteo*, XXIV, 37 sgg.).

5. Come Gesù concepisse il «secolo di là» noi non lo sappiamo, ma è verosimile che la sua concezione non fosse diversa da quella dell'apocalittica contemporanea e della comunità primitiva: l'immortalità, la presenza di Dio, una vita libera dalle miserie morali e materiali di questo mondo. L'espressione «regno dei cieli» equivale esattamente a «regno di Dio»: la parola «cielo» era usata per reverenza invece di «Dio». Certo Gesù risponde ai Sadducei che in quel mondo non vi sono più nozze e che gli uomini vivranno allora come angeli in cielo (*Matteo*, XXII, 23-32): ed è anche possibile che egli condividesse la concezione tradizionale, espressa da Paolo in

I Cor., XV, 39-52, che essi rivestiranno allora un corpo incorruttibile di natura celeste. Fino a qual punto possiamo riferire a Gesù le immagini evangeliche del regno messianico, che è rappresentato da Luca come la partecipazione al convito messianico (XIII, 29), con i patriarchi dell'Antico Testamento (*Matteo*, VIII, 11), nel quale i discepoli siederanno alla mensa del messia e parteciperanno con lui al giudizio (*Luca*, XXII, 30) non possiamo assolutamente sapere.

Così ignoriamo come Gesù pensasse l'avvenire immediato delle anime prima del giudizio: su questo punto *Luca*, XVI, 19 sgg. e XXIII, 43 non hanno per noi valore. Molto probabilmente egli condivise l'antica credenza ebraica in un regno sotterraneo dei morti, nel quale erano provvisoriamente riunite le anime in attesa del giudizio finale: quel regno nel quale egli discese, secondo la leggenda, per portare con sé in cielo le anime dei giusti dell'Antico Testamento. E sebbene molti passi dei Vangeli parlino del fuoco eterno, può venire messo in dubbio se egli abbia accolto il pensiero dell'immortalità per tutti gli uomini (*Matteo*, XXV, 3 sgg.) o l'abbia limitata ai soli giusti. A un annientamento completo sembra alludere *Marco*, VIII, 35. Nel noto dialogo coi Sadducei Gesù parla di «coloro che saranno reputati degni di partecipare al secolo di là ed alla risurrezione» e i giusti sono detti «*figli della risurrezione*» (*Luca*, XX, 35-6; cfr. XIV, 14). E in *Matteo*, X, 28 Gesù esorta a non temere coloro che uccidono i corpi, ma piuttosto colui che può distruggere anima e corpo nella gehenna. Anche secondo *Giovanni*, V, 29 i malvagi risorgeranno solo per il giudizio, non per la vita[236]. Una più precisa determinazione su questo punto è impossibile. Il che ha poca importanza del resto: la stessa assenza di dati dimostra che Gesù non ha avuto la pretesa di darci su questo argomento alcuna rivelazione. Le dottrine tradizionali, che egli accolse, non erano per lui che la veste per mezzo della quale doveva essere reso sensibile il concetto che solo gli stava a cuore: il concetto dell'opposizione irreducibile tra il secolo presente e il regno di Dio.

---

[236] Charles, pp. 396 sgg. Nella Lettera agli Ebrei la condanna dei malvagi è un fuoco consumante (X, 27), la distruzione (ἀπώλεια, X, 39). Così anche in Enoch e nell'Ascensione d'Isaia, un breve scritto apocalittico contemporaneo di Gesù (IV, 18: «Il fuoco consumerà tutti gli empi ed essi saranno come se non fossero stati creati»). Per Hermas (*Simil.*, VI, 2, 4) la condanna degli empi è l'annientamento eterno; negli *Atti* di Tommaso (capp. 55-57) le anime punite sono distrutte.

1. Ora quale è la parte che Gesù si attribuiva in questo rivolgimento? Con il concetto del regno di Dio era strettamente connesso nell'apocalittica ebraica il concetto del messia celeste, un essere soprannaturale presente in Dio sin dalle origini, che alla fine delle cose sarà mandato sulla terra a restaurare il regno di Dio[237]. Ora che Gesù si considerasse come predestinato da Dio a compiere una grande riforma nel suo popolo non è dubbio, ma né egli mirava a rappresentare la parte del messia terreno, davidico, né poteva identificare se stesso con un essere celeste: questo ci spiega perché egli ripetutamente vieta ai suoi discepoli di dire che egli è il messia (*Marco*, VIII, 30). In questa naturale riluttanza di Gesù ad assumere apertamente le qualità di messia si è anzi da alcuno voluto vedere la prova che Gesù non ha mai pensato a considerarsi come tale[238]. È tuttavia difficile sostenere in pieno questa tesi di fronte a tanti gravi indizi in contrario. Certo la questione è per se stessa in alto grado problematica. Si tratta qui essenzialmente di un processo interiore che forse Gesù stesso non vedeva con chiarezza e che gli uomini che erano intorno a lui non erano in grado di penetrare: ora come decidere in base agli imperfetti dati della tradizione? Ma già l'atteggiamento di Gesù è poco conciliabile con la tesi antimessianica. Solo la convinzione della sua intima unione con la volontà di Dio può spiegarci quella sicurezza con cui Gesù si pone sopra la tradizione, i profeti e la legge stessa, la forza tranquilla con cui giudica, esalta o condanna, la severità inesorabile con cui impone ai suoi discepoli rinunce sovrumane. Egli ha detto: «Chi non abbandona il padre e la madre e la moglie e i figli e il fratello e la sorella, anzi la sua stessa vita non può essere mio discepolo» (*Luca*, XIV, 26). E a lui i discepoli rispondono: «Vedi, noi abbiamo lasciato ogni cosa nostra per seguirti» (*Marco*, X, 28). Così poteva parlare solo un uomo che sentiva in sé l'autorità d'una missione divina. Un aperto riconoscimento di questo carattere si può vedere nella sua disputa a Gerusalemme (*Marco*, XII, 35-37), dove contesta che il messia dovesse essere della discendenza

---

[237] Sul problema messianico: F. Strauss, *Nouvelle vie de Jésus* (tr. fr.), I, pp. 292 sgg.; P.W. Schmidt, *Die Geschichte Jesu*, II, pp. 157 sgg.; Bousset, *Jésus*, 1907, pp. 77 sgg.; Wernle, *Die Anfänge unserer Religion*, 1904, pp. 30 sgg.; A. Reville, II, pp. 165-189; Pfleiderer, I, pp. 660 sgg.; Knopf, pp. 269 sgg.

[238] Wrede, *Das Messiasgeheimnis*, 1901. La tesi sua è difesa da R. Bultmann, *Die Frage nach d. messian. Bewusstsein Jesu*, «ZNW», 1919-20, pp. 165-173. Sul «segreto messianico» vedasi anche: F. Bickemann, *Das Messiasgeheimnis und die Komposition des Markusevangelium*, «ZNW», 1923, pp. 122-140.

di David; il che sembra dire che egli, pur non essendo di discendenza davidica, poteva ritenersi come il messia[239]. Non sembra inoltre si possa mettere in dubbio che Gesù dinanzi al grande sacerdote si riconobbe come il Figlio di Dio, cioè come il messia e che fu processato e condannato come falso messia, aspirante al regno. Se Gesù, dice giustamente Loisy, non avesse predicato che il regno della carità, Pilato non vi avrebbe trovato niente di male. Ma l'idea del regno messianico, per quanto spiritualizzata, implicava in un prossimo avvenire un profondo mutamento anche nell'ordine stabilito. E infine è difficile comprendere come una tale credenza avrebbe potuto sorgere dopo il suo supplizio tra i suoi discepoli, se egli non si fosse già tale professato in vita[240]. Tutto induce quindi a credere che egli si sia riconosciuto come «messia»: considerandosi come il primo dei figli d'Israele, che era il primogenito dei popoli, Gesù poteva ben considerarsi come il figlio di Dio per eccellenza e credere che, per quanto fosse un semplice uomo, la sua natura avrebbe subito le mutazioni necessarie quando fosse entrato nella pienezza del suo compito messianico all'avvento finale del regno celeste[241].

2. Quando poi egli abbia assunto questa qualità e quale fosse il preciso concetto che egli si faceva del messia, è un'altra questione a cui è molto difficile rispondere. Poco verosimile è la tesi del Loisy, secondo cui Gesù si considerò come il messia o almeno come predestinato alla dignità di messia fin dall'inizio della sua carriera[242]. Ben più credibile è invece che Gesù da principio non abbia avuto coscienza del suo compito messianico, anzi quasi abbia indietreggiato dinanzi ad esso come Geremia dinanzi alla vocazione di profeta. Da principio egli molto probabilmente non si considerò e non fu considerato che come un profeta, un uomo posseduto e diretto dallo spirito di Dio (*Marco*, VI, 4; *Matteo*, XXI, 11). Come un secondo Giovanni, investito al pari di lui d'una missione divina e mandato a compiere l'opera sua interrotta dal martirio, è possibile che in tal periodo egli abbia fatto distinzione fra sé e il messia celeste, il «Figlio dell'uomo»: questo spiegherebbe perché in più d'un passo dei Vangeli (ad esempio.*Matteo*, XXIII, 10) Gesù sembra parlare del Cristo celeste come d'un altro essere distinto da

---

[239] Vedasi tuttavia l'interpretazione (poco verisimile a mio avviso) di A. Schweitzer, pp. 325-326. Così anche secondo Bousset (*Kyrios Christos*,[3] p. 43) questo passo è da riferirsi non a Gesù, ma alla teologia della prima comunità.

[240] Loisy, *Jésus et la tradition évangélique*, 1910, pp. 113 sgg.

[241] Anche Zarathustra si considera non solo come la guida e il salvatore degli uomini, ma anche come il messia e il giudice futuro (Gressmann, *Die oriental. Relig.*, 1930, pp. 124-125).

[242] Loisy, *op. cit.*, pp. 75 sgg. Sul celebre passo *Matteo*, XI, 25-27 si veda Harnack, *Sprüche und Reden Jesu*, 1907, pp. 189-216.

sé. Solo più tardi, quasi vinto dall'entusiasmo dei suoi seguaci, avrebbe accettato questo compito, abbandonandosi alla volontà di Dio[243].

Vi è stato nella vita di Gesù un momento decisivo nel quale egli prese una più chiara e precisa coscienza del suo compito messianico? I Vangeli ci hanno conservato la traccia di qualche cosa di simile in due punti. Il primo è il racconto mitico della trasfigurazione (*Marco*, IX, 1-8): l'apparizione di Elia e di Mosè e la voce divina che proclama Gesù figlio di Dio sono i segni con cui la leggenda simboleggia la vocazione messianica[244]. Il secondo è il racconto del suo dialogo con Pietro durante il viaggio a Gerusalemme presso Cesarea di Filippo[245]. «Gesù con i suoi discepoli se ne andò alla città di Cesarea di Filippo e strada facendo domandò ai suoi discepoli: "Chi dice la gente che io sono?". Ed essi risposero: "Gli uni dicono che tu sei Giovanni Battista, altri che sei Elia, altri che sei uno dei profeti". "E voi chi dite che io sono?". E Pietro rispondendo disse: "Tu sei il messia"» (*Marco*, VIII, 27-29). Questa scena non può essere stata trovata dalla leggenda: perché anzi la tendenza della comunità era di rappresentarsi Gesù come identico col messia fin dalla nascita. Ad essa corrisponde perciò molto verosimilmente qualche cosa di storico.

3. Tuttavia questa persuasione di essere lo strumento eletto da Dio non gli tolse mai la coscienza della distanza infinita fra l'uomo e Dio[246]. A chi lo chiamava «buon maestro» risponde: «Perché mi chiami buono? Nessuno è buono se non Dio» (*Marco*, X, 17-18).

Egli non ha mai posto sé come fine, e nemmeno come mediatore necessario: il concetto della necessità della fede in Cristo, così frequente in Giovanni, non ricorre mai nei sinottici. Vi sono, è vero, dei passi nei quali Gesù attribuisce a sé la missione di giudicare alla fine delle cose i morti e i viventi: ma essi rispecchiano piuttosto la fede della prima comunità cristiana che il pensiero di Gesù. Certo egli confidava che sarebbe tornato nella gloria del Padre come il primo dei suoi figli, ma pensava che non toccasse a lui nemmeno l'assegnare ai suoi discepoli accanto a sé il primo o il secondo posto, bensì a Dio e a quelli che ne avessero da lui ricevuto il potere (*Marco*, X, 40).

---

[243] Piepenbring, *Jésus historique*, 1922, pp. 113 sgg.; 157 sgg.; *L'évangile de Jésus d'après Loisy*, «RHR», 1914, II, pp. 151-155.

[244] Schweitzer, pp. 619-620.

[245] Città fondata dal tetrarca Filippo, figlio di Erode I (4 a.C.-37 d.C.) a nord del lago di Genezaret, chiamata Cesarea in onore d'Augusto e detta «di Filippo» per distinguerla da Cesarea al mare fondata nel 22 a.C. da Erode I.

[246] Wernle, *Jesu*, 1917, pp. 314 sgg.

4. La denominazione più frequente che Gesù applica a se stesso, riferendosi alla sua dignità messianica, è quella di «Figlio dell'uomo». La parola *Cristo* (unto), traduzione dal vocabolo aramaico 'messia', era originariamente un titolo regale; nel cap. 24 dei *Re*, David chiama Saul l'unto del Signore, e la *Vulgata* traduce «Christus Domini». Fu quindi, come «messia», un appellativo generico: anche Ciro è per Isaia (XLV, 1) un «unto» da Dio, un «Cristo». Nel Cristianesimo ellenistico il significato perdette d'importanza e il nome fu usato come un nome proprio. Però esso ricorre raramente nei sinottici: in *Marco* Gesù lo usa una volta sola (IX, 41) e anche qui dal confronto con *Matteo*, X, 42 sembra dovuto all'evangelista.

Un'altra espressione equivalente è quella di «Figlio di Dio». Questa espressione, che ricorre in Paolo e in Giovanni come nei sinottici (in *Marco* Gesù l'applica a sé solo una volta, XIII, 32 e indirettamente nella risposta al sinedrio, XIV, 61-63), può avere due sensi. Nel primo essa esprime figuratamente il rapporto per cui ogni ebreo pio vedeva in Dio il padre: in questo senso Gesù chiama spesso gli uomini «figli di Dio» e poteva chiamare Dio, come tutti gli uomini, «Padre». Nel secondo essa esprime un rapporto particolare di filiazione spirituale nel classico senso del *Salmo* II, 7: una denominazione familiare nell'antico Oriente e applicata agli eroi, ai re per significare che essi stavano con Dio in un rapporto più intimo: il re era figlio di Dio per una specie di adozione e questa era anche celebrata in una cerimonia speciale. Ora non sembra che Gesù abbia mai applicato a sé, in questo senso speciale, la denominazione «Figlio di Dio»[247]. Essa si diffuse invece nel Cristianesimo ellenistico e diventò una specie di traduzione greca del concetto ebraico «messia».

La denominazione più frequente di «Figlio dell'uomo» è anche la più enigmatica: le lunghe discussioni di cui è stata oggetto non hanno condotto finora ad alcuna conclusione sicura[248]. Quest'espressione equivale in aramaico a *uomo*: vi sono nei Vangeli dei passi in cui essa vale semplicemente *uomo, io*. Sembra tuttavia indubitabile, se non si vuole fare violenza ai testi, che l'espressione sia già stata d'uso corrente nel linguaggio apocalittico

---

[247] Guignebert, *La vie cachée de Jésus*, 1921, pp. 121 sgg.; C. Clemen, *Religionsgesch. Erklärung des N.T.*,[2] 1924, pp. 76 sgg.; v. contro v. Gall, pp. 433-35.

[248] Nella copiosa letteratura si veda: Carrairon, *Essai histor. et crit. sur le titre de fils de l'homme*, 1886; H. Lietzmann, *Der Menschensohn*, 1896; F. Dillmann, *Der Menschensohn*, 1907; Bousset, pp. 266 sgg.; *Jésus*, 1907, pp. 83 sgg.; *Kyrios Christos*,[3] 1926; P.W. Schmidt, *Die Geschichte Jesu*, II, pp. 169 sgg.; E. Hertlein, *Die Menschensohnfrage im letzten Stadium*, 1911; Knopf, pp. 276-278; Schweitzer, pp. 266-275; G. Dupont, *Le fils de l'homme. Essai historique et critique*, 1926 (con bibliogr. completa); H. Weinel, *Bibl. Theologie des N.T.*,[4] 1928, pp. 171 sgg.; Gressmann, *Der Messias*, 1930, pp. 343-414.

aramaico per designare il messia celeste. Essa deve molto probabilmente venire messa in relazione con l'«uomo originario» dei miti iranici e mandei, che tornerà alla fine delle cose per il giudizio finale[249]. Una espressione simile ricorre già in *Daniele*: «Io guardai ancora [...] ed ecco sulle nubi del cielo venne uno simile ad uomo [...] ed a lui furono date la potenza, la gloria ed il regno» (VIII, 13). Qui il «simile ad uomo» è la personificazione del popolo ebraico: ma più tardi l'espressione venne applicata al suo rappresentante, al messia. Così nel *Libro di Enoch*, nel giudizio finale accanto all'Altissimo sta «uno la cui figura è simile all'uomo»: in seguito esso è designato come «il figlio dell'uomo». Così nell'*Apocalisse* di Giovanni troviamo ancora designato il giudice ultimo come «uno simile a figlio d'uomo» (I, 13); nella visione del cap. XIV appare su d'una nube bianca uno «simile a figlio d'uomo» (XIV, 14). Sembra quindi legittimo ritenere che nell'età di Gesù questa fosse un'espressione tradizionale del messianismo palestinense che serviva a designare il messia e più precisamente il messia apocalittico, soprannaturale, non il re terreno della stirpe di David: e che anche Gesù se ne sia servito, nella sua predicazione.

Ma, anche ciò ammesso, resta per noi un'altra e più grave questione. Nei Vangeli Gesù usa quest'espressione parlando di sé, specialmente quando vuole accennare al suo carattere di messia, al suo destino futuro, alla potestà che esso gli conferisce: ora Gesù ha realmente applicato questo termine a se stesso? E. Meyer crede di poter rispondere affermativamente: Gesù si sarebbe servito di questa denominazione ambigua, quasi esoterica per designare se stesso come il messia futuro senza urtare troppo duramente contro le idee correnti. E veramente, se Gesù ha in qualche momento attribuito a sé la dignità messianica, egli può anche avere applicato a sé questo nome: che è difficile ammettere sia soltanto una denominazione creata dopo la morte dai suoi discepoli. Ed egli può aver preferito questa denominazione in quanto essa accentuava il carattere religioso, trascendente del suo messianismo e lo distingueva nettamente dal messianismo politico dei messia dell'età sua, che si levavano come ribelli per cingere una corona e «rapire con violenza il regno». D'altro lato però non sembra conforme alla semplicità di Gesù il fatto che egli abbia fatto uso abituale, nel linguaggio corrente, d'una espressione che ha in sé qualche cosa di manierato e di solenne; né alla sua umiltà di fronte a Dio il riferire a sé abitualmente un titolo, che implica una natura quasi divina. Ed è anche innegabile che noi abbiamo esempi nei quali un Vangelo posteriore introduce questa denominazione al

---

[249] Reitzenstein, *Iran. Erlösungmysterium*, 1921, pp. 117 sgg.; E. Meyer, II, pp. 335 sgg.; v. Gall, pp. 409 sgg.; pp. 432 sgg.

posto dell'«io» del Vangelo più antico. Marco (VIII, 27) dice: «Gesù [...] domandò ai suoi discepoli: Chi dice la gente che io sono?». E Matteo (XVI, 13): «Gesù [...] domandò ai suoi discepoli: Chi dice la gente che sia il Figliuol dell'uomo?». Così anche in altri casi. La soluzione più probabile sembra dunque essere questa: che Gesù abbia realmente applicato questo nome al messia venturo e a sé soltanto in via eccezionale e in qualche momento grave e solenne come per esprimere la divinità della sua missione: e che solo molto più tardi i Vangeli ne abbiano esteso l'uso quasi dappertutto dove Gesù parla nella sua qualità di messia. Questo e il fatto che si tratta di una denominazione d'origine ebraizzante spiegherebbero perché essa non ricorra mai in Paolo.

V. Il regno messianico

1. L'avvento del regno di Dio avrebbe dovuto essere preceduto, secondo la concezione apocalittica, dal regno messianico: dallo stabilimento d'un ordine nuovo nel seno del popolo ebraico per mezzo della conversione interiore degli spiriti dalla corruzione del mondo e dall'ipocrisia della religiosità tradizionale alla religione vera che consiste nell'amor di Dio e nella carità verso gli uomini. Il fine immediato di Gesù era pertanto di svolgere a Gerusalemme per mezzo della predicazione un movimento di riforma spirituale che avrebbe dovuto essere anche una riforma sociale: essa avrebbe liberato il popolo dalla dominazione sacerdotale e farisaica, risollevato i poveri e gli umili e ristabilito il regno della giustizia. Questo era un regno tutto terreno nel quale coloro che avevano fame si sarebbero saziati nel vero e proprio senso della parola (*Luca*, VI, 21): i fedeli si sarebbero seduti a mensa nel regno di Dio (*Luca*, XIII, 30; XIV, 15; XXII, 30). Vi è in questo tratto del messianismo evangelico qualche cosa ancora del messianismo politico dei profeti. Come anche là dove Gesù è accolto in Gerusalemme dal grido: «Benedetto il regno che viene del nostro padre David!» (*Marco*, XI, 10), e dove i discepoli interrogano Gesù: «Signore, è forse in questo tempo che tu ristabilirai il regno d'Israele?» (*Atti*, I, 6). Attraverso Papia e Ireneo è giunta ancora a noi l'eco dei sogni dei primi Cristiani circa la felicità che avrebbe regnato sulla terra durante il regno del messia (framm. 12, 15 in Hennecke, pp. 544-545). Con questo rinnovamento religioso si connette l'accenno alla distruzione e ricostruzione del tempio (*Marco*, XIII, 1-2; *Matteo*, XXIV, 1-2; *Giovanni*, II, 18-20), che diede argomento a un'accusa nel suo interrogatorio dinanzi al Sinedrio (*Marco*, XIV, 58), alle ingiurie dei nemici quando egli era in croce (*Marco*, XV, 29) e che ritorna anche nelle accuse mosse a Stefano (*Atti*, VI, 14): lo stabilimento di un nuovo ordine di cose avrebbe richiesto un nuovo santuario e un nuovo culto. Certo questo regno doveva avere un carattere religioso, non politico e non doveva toccare la questione dei rapporti del popolo ebraico con la dominazione romana. In questo senso può valere il celebre detto di Gesù nel Vangelo di Giovanni (XVIII, 36): «Il mio regno non è di questo mondo»; se pure esso non è dovuto alla preoccupazione del Cristianesimo primitivo, che vediamo accentuata in Tertulliano, Origene, Giustino, Ireneo, di difendere Gesù contro l'accusa di aver voluto erigere un regno terreno. È altamente probabile tuttavia che, se Gesù fosse riuscito nell'impresa, la forza delle cose lo avrebbe travolto al di là del suo fine e avrebbe scatenato un conflitto politico (cfr.

Giovanni, VI, 15; XI, 47-48). Del resto anche Giovanni Battista era stato ucciso perché l'opera sua inquietava il tetrarca Erode Antipa: e tutti i riformatori religiosi, fino a Davide Lazzaretti, non sono stati perseguitati appunto perché la loro attività religiosa poteva avere ripercussioni politiche?

2. Gesù fu quindi anche un sovvertitore sociale. Il suo Vangelo è il Vangelo dei poveri[250]: questo spiega l'avversione dei Farisei e la coalizione delle classi superiori dell'Ebraismo per perderlo (Farisei ed Erodiani, *Marco*, III, 6). Ma egli non si propose direttamente alcuna riforma sociale, non vagheggiò alcun sistema politico o economico: è assurdo vedere in lui in primo luogo un riformatore sociale o un predicatore del comunismo[251]. Ciò che preoccupava Gesù non era l'ordinamento sociale, ma l'assenza di carità, l'avidità dei beni della terra, la cecità dinanzi alle cose divine; ciò che lo ispirava anche nella sua opera non era un ideale sociale qualunque, ma la pietà profonda che egli sentiva per la turba degli umili e dei poveri, «i quali sono come pecore senza pastore» (*Marco*, VI, 34; cfr. VIII, 2). Gesù ha fatto ben più che dare un programma di riforme sociali: egli ha dato alla società un indirizzo religioso, ha subordinato tutta la vita e perciò anche l'attività sociale alla legge di Dio. Egli ha insegnato che la coscienza non permette di essere ricchi finché vi sono miserie sociali: e ha aperto così la via a una società da cui la ricchezza individuale, egoistica, dovrà sparire. Certo se egli vivesse oggi, dice Harnack, sarebbe dalla parte di coloro che si sforzano energicamente di addolcire la dura legge che pesa sui poveri: ma il suo occhio mirava ben più al di là di tutte le riforme sociali. Là dove sorge la coscienza d'un'unità morale di tutti gli uomini in Dio, il problema degli interessi e delle classi sociali cessa di essere un problema predominante.

3. Il regno di Dio era già cominciato con la sua predicazione: ma anche il suo trionfo era vicino. L'avvento del regno messianico era imminente: e ad esso avrebbero seguito in un avvenire indeterminato, ma prossimo, la restaurazione finale, il giudizio e il regno di Dio. Gesù non attendeva la realizzazione del suo sogno messianico da alcuno sforzo umano: questa era nelle mani di Dio e all'uomo non restava che prepararsi e rendersi degno di farne parte. Vi sono, è vero, nei Vangeli delle espressioni nelle quali Gesù

---

[250] Questo aspetto «proletario» dell'opera di Gesù è accentuato da M. Maurenbrecher, *Von Nazareth nach Golgatha*, 1909, pp. 155 sgg. Quest'accentuazione ha un aspetto di verità. Gesù fu un povero e conobbe senza dubbio nell'umile mondo in cui visse tutte le amarezze e le miserie della vita povera. Ed egli sentì sempre coi poveri: la sua religione fu la religione degli umili, degli oppressi, dei vinti.

[251] Harnack, *Das Urchristentum und die soziale Frage*, Aus *Wiss u. Leben*, II, pp. 251 sgg.

sembra affermare la necessità di osare: è l'ora di rapire con violenza il regno ai violenti (*Matteo*, XI, 12 sgg.), perché cominci il regno della giustizia e della pace: egli stesso non si nasconde che avrebbe dovuto forse sconvolgere la società e portarvi la discordia e la guerra (*Luca*, XII, 49-53; *Matteo*, X, 34-35).

Non è mancato anzi, recentemente, chi ha voluto vedere nei Vangeli (si cfr. i misteriosi versetti XIII, 1-5 in *Luca*, l'accenno della rivolta cui aveva partecipato Barabbas in *Marco*, XV, 7 e *Giovanni*, VI, 15) le tracce di un più accentuato carattere rivoluzionario dell'opera di Gesù[252]. Quest'interpretazione sarebbe confermata dai frammenti del cosiddetto Giuseppe slavo: otto passi di Giuseppe Ebreo concernenti Giovanni Battista e Gesù, che si trovano nella traduzione in vecchio russo della «Guerra degli Ebrei» e che non figurano nel testo greco. Secondo il Giuseppe slavo Gesù aveva intorno a sé centocinquanta schiavi, i quali, uniti coi suoi discepoli, si sarebbero sollevati contro i Romani (framm. 6); la storia di Gesù non sarebbe che un capitolo di più nella lunga serie di rivolte politico-religiose degli Ebrei, che i governatori romani soffocarono coi supplizi e con le stragi. Ma l'inautenticità di questi frammenti si può considerare come sicura[253].

Le espressioni di Gesù che involgono una oscura minaccia possono avere avuto la loro origine in circostanze o stati d'animo che oggi sarebbe inutile voler indagare, ma la sua disposizione generale era diversa: la sua fiducia era in Dio, non negli uomini. Nel passo di *Matteo*, XI, 12 (cfr. *Luca*, XVI, 16) non possiamo vedere che un biasimo di Gesù contro i movimenti rivoluzionari dei capi zeloti che dalla morte di Erode in poi si levano nella Giudea con evidenti pretese regali e messianiche e di cui vi è qualche traccia anche nei Vangeli (*Marco*, XV, 7; *Luca*, XIII, 1; *Matteo*, XXIV, 26; *Giovanni*, VI, 14-15; *Atti*, V, 36-37; XXI, 38)[254]. Anche nel *Talmud* l'uomo non può cooperare al regno di Dio che con l'esatta osservanza della legge: quando il numero dei giusti sarà compiuto, la rivoluzione futura avverrà da sé, come il bambino lascia il seno della madre quando è venuto il suo tempo.

---

[252] Così specialmente l'interpr. socialistica di K. Kautsky, *Der Ursprung des Christentums*, 1919. Si veda: P. Fiebig, *War Jesu Rebell?*, 1920.

[253] Essi sono stati tradotti in tedesco da A. Berendts nel 1906 («TU», n. F., XIV, 4) e in francese nella «RHR», 1906, I, pp. 44-52. Si veda: A. Goethals, *Mélanges d'hist. du christianisme*, 1909-12; Goguel in «RHR», 1926, 1-2; R. Eisler, *Jésus d'après la version slave de Flavius Josèphe*, in «RHR», 1926, I e la sua grande opera: *Jésus Basileus ou basileusas*, 1929, 2 vol. (per la quale cfr. Goguel in «Revue histor.», 1929, pp. 217 sgg. e «RHPhR», 1930, pp. 177 sgg.).

[254] Volz, *Jüd. Escatologie*, 1903, pp. 209-210; Harnack, *Zwei Worte Jesu*, 1907, «Akad.», pp. 947 sgg.; E. Meyer, II, pp. 402 sgg.; v. Gall, p. 353; Dibelius, *Evang. u. Welt*,[2] p. 39.

Gesù vedeva che i tempi erano maturi: «quando vedete che una nube sorge ad occidente, dite: ecco viene il temporale. E quando soffia il vento di sud, dite: vi sarà un grande calore: e così avviene. Ora voi che sapete scrutare la faccia del cielo e della terra, non vedete i tempi che si avvicinano?» (*Luca*, XII, 84-86; *Matteo*, XVI, 3-4). Quindi le parole liete con cui incoraggia i suoi discepoli: «Non temete o gregge di pusilli: perché Dio ha stabilito di dare a voi il regno» (*Luca*, XII, 32). Forse anche, se dobbiamo tener conto delle disperate parole della croce (*Marco*, XV, 34), sperava in un aiuto soprannaturale, per cui nelle ore più gravi del pericolo Dio lo avrebbe salvato e rivestito d'una forza sovrumana come il vero messia (si cfr. *Matteo*, XXVI, 53). Giuseppe Ebreo riferisce che nel 70, immediatamente prima della caduta di Gerusalemme, quando già i Romani salivano sulle mura, molti degli Ebrei assediati credettero fermamente fino all'ultimo istante che Dio dinanzi all'estrema rovina sarebbe intervenuto e li avrebbe miracolosamente salvati.

Ad ogni modo, forse contro ogni sua volontà, Gesù fu tratto dalla sua stessa missione e dall'entusiasmo dei discepoli a cercar di operare in Gerusalemme, per mezzo del favore popolare, una vera trasformazione sociale[255]. L'autorità ebraica assistette da principio, impaurita dalla moltitudine, alla sua predicazione e al suo intervento nel tempio; ma più tardi, sentendosi minacciata, si adoperò a porre fine, con l'aiuto dei Romani, alla pericolosa agitazione.

4. Si capisce che in qualche momento, specialmente nell'ultimo periodo e dinanzi all'ostilità dei potenti e alle delusioni incontrate nella sua predicazione, Gesù abbia potuto essere preso da gravi presentimenti e abbia potuto meditare in se stesso sulle persecuzioni che lo attendevano e parlarne con i discepoli atterriti. Il pensiero d'un possibile sacrificio della vita dovette presentarglisi alla mente: tale era stato anche il destino dei profeti che Dio aveva mandato prima di lui, tale il destino dell'ultimo di essi, Giovanni il Battista. A questo stato d'animo si riattaccano probabilmente i passi in cui egli parla del messia sofferente che deve patire l'umiliazione e l'abbandono prima di entrare nella gloria. «Bisogna prima che il Figliuol dell'uomo soffra e che egli sia reietto da questa generazione» (*Luca*, XVII, 25). Forse anche qualche passo relativo all'ultima cena (*Marco*, XIV, 24; cfr. X, 45) e alle fosche previsioni contenute nei rimproveri ai Farisei (*Matteo*, XXIII, 34-35; *Luca*, XI, 49-51).

---

[255] Wellhausen, *Einl. in die drei ersten Evang.*, 1911, p. 83. Un discepolo di Akiba dice: «Fra questo mondo e il regno del messia la sola differenza è che in questo non comanderanno più i ricchi» (Volz, *op. cit.*, p. 63).

Vi sono su questo punto nei Vangeli passi che hanno un'impronta di grande verità. Come quando Pietro, tratto Gesù in disparte, gli fa delle rimostranze per la via pericolosa su cui si è messo e Gesù guardando i suoi discepoli gli risponde con viso severo: «Va via da me Satana, perché non hai l'animo alle cose di Dio, ma alle cose degli uomini» (*Marco*, VIII, 32-33). E anche il quadro dei discepoli che, mentre Gesù è in via per Gerusalemme, lo lasciano andare avanti e lo seguono sbigottiti, è pieno di verità. Tutto questo è umano. Ma ciò non vuol dire che Gesù andasse a Gerusalemme per morire. Una tale previsione sicura e precisa non solo contraddice all'atteggiamento dei discepoli, che lo seguono fiduciosi e dopo la catastrofe fuggono spaventati, ma anche a tutta la condotta di Gesù fino alla cena, all'orto di Getsemani e alla morte: che dà l'impressione d'un uomo venuto non per morire, ma per trionfare, senza tuttavia poter escludere del tutto il pensiero d'un possibile sacrificio personale. Senza di ciò non si spiegherebbero le parole così misteriose della cena quando non beve il vino e passandolo ai discepoli, come per esprimere un voto, dice: «Prendetelo e distribuitelo fra voi, perché io vi dico che oramai non berrò più di questo frutto della vite finché non sia venuto il regno di Dio» (*Luca*, XXII, 17-18).

La ragione per la quale gli evangelisti hanno trasformato i presentimenti di Gesù in vere previsioni si capisce: così doveva necessariamente foggiarsi la loro fede e non altrimenti che così potevano essi giustificare il supplizio di Gesù, che smentiva così radicalmente agli occhi della moltitudine la sua missione divina. E lo stesso deve dirsi della teoria dell'espiazione in Paolo, che non è se non una formulazione teologica più profonda della necessità provvidenziale della morte di Gesù. Anche qui non possiamo certo escludere in Gesù il pensiero che le sue sofferenze immeritate potessero servire presso Dio alla salute del suo popolo: il concetto del valore del soffrire dei giusti e del martirio si incontra già nel *Deutero-Isaia* e nei *Libri dei Maccabei*[256]. Ma ben altro è dire che egli abbia espressamente considerato come compito suo il morire martire per espiare le colpe degli uomini. Questa è una dottrina paolinica, un dogma della barbara teologia secondo cui solo il sacrificio ha virtù espiatrice: e per cui gli altari devono grondare del sangue di vittime innocenti, la cui morte è destinata a placare l'ira di un Dio crudele. Essa è in contrasto non solo con l'atteggiamento di Gesù, ma anche con la sua dottrina intorno a Dio, il quale ama i peccatori pentiti e liberalmente li perdona senza bisogno di mediazione espiatrice, e anzi condanna la durezza di chi non rimette i debiti ai propri debitori e fa su di essi pesare il suo inesorabile diritto.

---

[256] Bousset, p. 198.

5. Secondo la tradizione evangelica Gesù avrebbe anche fondato una comunità scegliendo dodici discepoli – i dodici apostoli – particolarmente incaricati della diffusione della dottrina[257]. Molti argomenti inducono a credere che un'istituzione di questo genere risalga già a Gesù: ma essa acquistò veramente importanza solo dopo la sua morte, quando gli apostoli costituirono una specie di direttorio per il governo della comunità. Bisogna però chiarire il senso della parola. Apostoli erano chiamati nell'Ebraismo i missionari mandati da Gerusalemme per la raccolta delle offerte e la sorveglianza delle comunità della diaspora. Nel Cristianesimo primitivo vennero così chiamati i missionari mandati dalla comunità di Gerusalemme (come Barnaba) o anche per proprio decreto (come Paolo): essi conservavano una funzione direttiva nelle comunità da essi fondate; noi ne abbiamo un esempio nelle chiese fondate da Paolo. Altro perciò sono i dodici, altro gli apostoli, che naturalmente erano molti di più (cfr. *I Cor.*, XV, 5 sgg.). Paolo annovera anche sé tra gli apostoli, mentre non era dei dodici; altrove chiama apostoli Barnaba, Epafrodito e altri. Ma anche i dodici vennero poi così chiamati per le funzioni da essi esercitate nella chiesa di Gerusalemme, e più tardi con la decadenza e la scomparsa dell'apostolato, questo nome rimase ad essi: un senso che è ancora ignorato da Paolo.

Gli apostoli erano un gruppo di discepoli fedeli che si raccoglievano più strettamente intorno a Gesù, non senza rivalità: fra questi intimi erano Pietro e i fratelli Giacomo e Giovanni figli di Zebedeo. Non sembra affatto che costituissero una chiesa o un ordine nel vero senso della parola: di ciò non vi è traccia nel Vangelo. La tendenza di alcuni critici a vedere in questo gruppo la preformazione d'una chiesa è una sottigliezza senza fondamento[258]. I tanto discussi versetti *Matteo*, XVI, 18-19 (che furono visibilmente inseriti nel contesto di *Marco*, VIII, 29-30) sono stati citati, così come sono, per la prima volta da Tertulliano e d'allora in poi seguitano ad essere utilizzati come «titolo giuridico del primato di Roma». Ad ogni modo, siano essi interpolati o non, certo non hanno nulla da vedere con l'istituzione d'una autorità, d'una gerarchia o d'una chiesa – cose assolutamente straniere al pensiero di Gesù. Una delle interpretazioni più probabili è che essi

---

[257] Zahn, *Skizzen aus dem Leben d. alten Kirche*, 1898, p. 341; H. Monnier, *La notion de l'apostolat*, 1903; Harnack, «LDG», I, pp. 180 sgg.; *Mission und Ausbreitung d. Chr.*, I, pp. 307 sgg.; E. Meyer, I, pp. 264 sgg.; III, pp. 258 sgg.; Wellhausen, *Einl, in die drei ersten Ev.*, pp. 138 sgg.; Knopf, pp. 244 sgg.

[258] K.L. Schmidt, *Die Kirche d. Urchristentums*, 1927; E. v. Dobschütz, *Die Kirche im Urchristentum*, «ZNW», 1929, pp. 107-117.

ci abbiano conservato un'affermazione anti-paolina della comunità ebraizzante (in risposta a *Lettera ai Galati*, I, 16 sgg.), un'esaltazione di Pietro e della sua importanza centrale nella chiesa di Gerusalemme[259].

Ma secondo i Vangeli Gesù avrebbe raccolto e ammaestrato questi discepoli perché andassero a predicare il regno di Dio, come un gruppo di missionari (*Marco*, VI, 7-13, 30). Egli avrebbe mandato i dodici a predicare e a guarire investendoli della sua autorità (*Matteo*, XVIII, 18-20).

I Vangeli contengono anche una serie d'istruzioni relative a questi predicatori erranti. Coloro che sono da lui chiamati a questa missione debbono rinunciare alla famiglia, agli averi e a tutti i legami sociali per diventare i predicatori del regno dei cieli. Essi non debbono pigliare con sé né argento né oro e niente di superfluo. Coloro a cui insegnerete, dice Gesù, vi accoglieranno in nome mio: e ciò che sarà dato o fatto per voi sarà come dato e fatto a me. Egli li esorta a predicare coraggiosamente la verità e a non tacere per timidezza o per paura. Voi siete la luce del mondo, egli dice loro, voi siete il sale della terra: se anche il sale si corrompe, con che cosa si rigenererà la terra? Gesù mette in guardia i discepoli contro gli uomini: «io vi mando come pecore fra i lupi». Raccomanda di non prodigare le cose sante agli indegni: non mettete le perle al grugno dei porci, che le calpesteranno coi piedi e poi si rivolteranno contro di voi (*Matteo*, VII, 6)[260]. Fuggite le persecuzioni quanto vi è possibile e nascondetevi ai vostri persecutori. Ma se essi vi prenderanno, deponete allora ogni paura e testimoniate della vostra fede con fermezza: non pensate alle parole che dovete dire, perché Dio parlerà per voi. Non temete il loro potere: essi non hanno potestà sulle anime vostre; la provvidenza di Dio che pensa a tutte le creature penserà anche a voi che siete suoi figli.

Che cosa vi sia di storico in questa missione degli apostoli è difficile dire. Che Gesù abbia considerato i suoi discepoli come predicatori della sua parola e abbia ad essi rivolto esortazioni alla rinuncia e al sacrificio si può comprendere: ma che abbia veramente istituito una missione in grande stile, come vogliono i Vangeli, non appare verosimile[261]. Il racconto di questa

---

[259] R. Bultmann, *Die Frage nach d. messian. Bewusstsein Jesu*, «ZNW», 1919-20, pp. 169-174. Oppure poté anche essere un'esaltazione di Pietro contro Giacomo: si cfr. Reville, *Orig. de l'épiscopat*, 1894, pp. 24 sgg.; Weiss, *Urchrist.*, pp. 559-560.

[260] Seguo qui contro la lezione comune diventata proverbiale la correzione proposta da F. Perles in «ZNW», 1926, pp. 163-164 (cfr. «RHR», 1927, II, p. 408). Le perle infatti non sono un nutrimento né per gli uomini né per i porci. Le donne ebree si mettevano dei gioielli al naso, come oggi le indiane. Nei *Logia et Agrapha Jesu apud moslem. scriptores* di Asin y Palacios, 1916, p. 30 è detto: «Ne appendatis margaritas ad porcorum colla etc.».

[261] Strauss, *Nouv. vie de Jésus* (tr. fr.), I, pp. 361 sgg.

missione è troppo staccato dal resto: né nei Vangeli appare più traccia di questa pretesa attività degli apostoli. E forse quindi più conforme al vero vedere in questi precetti le norme ideali dell'apostolato, le istruzioni che accompagnavano i primi missionari della comunità cristiana.

a) *L'amore di Dio*[262]

1. La verità cardinale dell'insegnamento di Gesù è l'imminenza del regno di Dio: lo stato presente delle cose è giunto al suo momento estremo; la grande rinnovazione è imminente, il regno di Dio è alle porte. Con la predicazione di Gesù è cominciata l'era messianica che annuncia e prepara il regno di Dio. L'uomo non ha in questo processo alcuna parte: la sola cosa che gli incombe è di abbandonare le cure che lo legano al mondo e di rendersi degno di prendere parte al regno di Dio. Perché tra il mondo e il regno di Dio nessuna conciliazione è possibile: bisogna scegliere fra la morte al mondo e la morte eterna. «Chi vorrà salvare l'anima sua la perderà e chi la perderà per l'evangelo la salverà» (*Marco*, VIII, 35).

Il primo precetto è perciò quello dell'amore di Dio (*Marco*, XII, 29-30): e amare Dio vuol dire rinnegare la nostra vita particolare, lasciar da parte le non necessarie sollecitudini terrene per abbandonarsi interamente a lui. Questo è il senso del rimprovero che Gesù muove dolcemente a Marta, la quale si affaccenda nella casa sua dove ha ricevuto Gesù, mentre la sorella Maria, seduta ai piedi del Signore, ne ascolta la parola: «Marta, Marta, tu ti occupi e ti turbi per tante cose, mentre una sola cosa è veramente necessaria: Maria ha scelto la parte migliore che non le sarà tolta» (*Luca*, X, 41-42). Non si può servire a Dio e agli interessi materiali a un tempo. Dove è il tesoro vostro, là è il vostro cuore: non volgete quindi il vostro desiderio alle cose del mondo che periscono e che non sono mai vostre. Quando Dio richiamerà l'anima vostra, che vi gioverà l'aver asservito lo spirito alle cose della terra? «Le cose che avrete accumulato di chi saranno?». Non siate nemmeno troppo solleciti delle cose necessarie alla vita, non pensate con troppa inquietudine al domani: perché preoccuparvi tanto, se credete fermamente che tutto è nelle mani di Dio? Egli sa che cosa è ciò di cui veramente abbisognate e ve lo darà (*Luca*, XI-XII; *Matteo*, VI).

2. Questo senso di serena e quasi ottimistica dedizione alla volontà di Dio prende però qualche volta il carattere di un'aspra rinuncia. Non si tratta qui di una contraddizione, ma di due aspetti inseparabili di un medesimo pensiero: la dedizione può anche essere, sotto altro aspetto, condanna inesorabile. «Chi vuole venirmi appresso rinneghi sé medesimo, prenda la sua

---

[262] Sulla morale evangelica si cfr. Grimm, *Die Ethik Jesu*, 1903; Möhring, *Die Sittenlehre Jesu*, 1910; J. Herckentrath, *Die Ethik Jesu in ihren Grundzügen*, 1926.

croce e mi segua» (*Luca*, XIV, 27; *Matteo*, XVI, 24). E questo senza esitare né volgersi indietro: «chi mette la mano sull'aratro e si volge indietro non è maturo per il regno di Dio» (*Luca*, XII, 62). Il primo aspetto di questa rinuncia è la rinuncia alla ricchezza formulata nella prima delle «beatitudini»: «Beati i poveri in ispirito perché di essi è il regno dei cieli» (*Matteo*, V, 3). «L'addizione "in ispirito" vuol significare che la povertà di cui si tratta non è solo la privazione materiale delle ricchezze, ma è una disposizione dell'uomo, un sentimento di povertà spirituale, che dà alla povertà reale il suo valore e il suo merito» (Loisy). Non è quindi una giustificazione dell'ipocrisia del ricco che si atteggia a povero «in ispirito». La parabola del ricco Epulone e di Lazzaro non è di Gesù Cristo: essa si trova già in un libro popolare egizio più antico e ricompare in diverse versioni nella tradizione ebraica[263]; ma esprime bene la condanna decisa e radicale che Gesù pronuncia contro la ricchezza. Questa appare a Gesù come una vera colpa la quale dovrà essere espiata nella vita ventura: «dulcedo mundi amaritudo est futurae vitae» (*Logia et agrapha ap. moslem.*, p. 122). Perciò la prima condizione richiesta a quelli che vogliono seguirlo sino in fondo è l'abbandono completo dei beni terreni. «Chi non rinuncia a tutto ciò che possiede non può essere mio discepolo» (*Luca*, XIV, 33). Il ricco pubblicano che accoglie Gesù in casa sua distribuisce ai poveri metà dei suoi averi e restituisce il quadruplo del maltolto (*Luca*, XIX, 8). Ma al giovane che vuole essere suo discepolo e dichiara di aver adempito tutti i comandamenti della legge, Gesù risponde: «Una cosa ti manca: va, vendi quello che hai e dà tutto ai poveri, poi vieni e seguimi». E il Vangelo dei Nazarei aggiunge: «Il ricco si grattò la testa e non gradì questa risposta. E il Signore gli disse: Come puoi tu dire di avere osservato la legge ed i profeti? Perché nella legge è scritto: Ama il tuo prossimo come te stesso. Ora guarda: la folla dei tuoi fratelli, dei figli di Abramo è lacera ed affamata, mentre la casa tua è piena di ricchezze. Ma tu non vuoi farne parte agli altri!» (Hennecke, p. 20). E poiché il giovane ricco si allontana triste, Gesù guardando intorno i suoi discepoli esclama: Come è difficile per un ricco entrare nel regno di Dio![264] (*Marco*, X, 17 sgg.) E a un altro che dichiarava a Gesù di volerlo seguire dappertutto, egli risponde con dure parole da cui traspare, con la severità del precetto, anche la tristezza della rinuncia: «Nessun povero è più povero di me!» (*Logia et agrapha ap. moslem.*, p. 25). «Le volpi hanno le loro tane

---

[263] H. Gressmann, *Vom reichen Mann und armen Lazarus*, Berlin, «Akad», 1918.

[264] Sul singolare paragone del cammello e della cruna dell'ago v. P.W. Schmidt, *Die Geschichte Jesu*, II, pp. 133-134.

e gli uccelli del cielo i loro nidi; ma il Figliuol dell'uomo non sa dove posare il capo» (*Luca*, IX, 58).

3. Un altro aspetto di questa dedizione a Dio è la rinuncia a tutti i sentimenti naturali che tendono all'esaltazione della personalità: non basta essere volontariamente poveri; bisogna anche essere umili e semplici di cuore come i bambini. «Chi non riceverà il regno di Dio come un bambino non vi entrerà» (*Marco*, X, 15). Nel mondo chi è in alto domina: nel regno di Dio chi è in alto si glorifica di servire: «io sono in mezzo a voi come un servo» (*Luca*, XXII, 27). Il cuore di Gesù è per gli umili. Egli ne comprende e ne apprezza la bontà e lo spirito di sacrificio: l'offerta della povera donna che porta al tesoro del tempio la sua tenue moneta lo commuove perché essa ha dato, con il necessario, tutta la sua vita (*Marco*, II, 41-44). Quindi l'amore di Gesù per l'ingenuità e la semplicità dell'anima infantile: il regno dei cieli appartiene alle anime semplici. Egli sente il valore delle sofferenze ignorate degli umili. Meglio essere fra i poveri e gli oppressi che fra i potenti: «beati quelli che piangono». Egli è venuto a sollevare i miseri: «venite a me voi che soffrite e siete oppressi ed io vi conforterò».

Lo stesso sentimento lo attira più verso i peccatori e gli erranti che verso gli impeccabili, orgogliosi della loro perfezione: verso gli umili che il fariseo sprezzava come impuri perché non potevano, per le esigenze della loro vita difficile, tener dietro a tutte le minuziose esigenze della devozione farisaica. Egli era, come il popolo diceva, «l'amico dei pubblicani e dei peccatori» (*Matteo*, XI, 19)[265]. Gesù condanna con asprezza la presunzione del merito che quasi si atteggia a una pretesa di fronte a Dio: meglio le meretrici e i pubblicani disposti a pentirsi che i Farisei, la cui osservanza della legge è fatta di ipocrisia e di orgoglio (*Matteo*, XXI, 28-32; *Luca*, XVIII, 10-14). Il fariseo che rende grazie a Dio della sua impeccabilità è molto al di sotto del peccatore che si prostra con umiltà dinanzi a Dio e gli chiede perdono delle sue colpe (*Luca*, XVIII, 9-14). Il primo non è il più delle volte che un ipocrita, il quale vede il fuscello nell'occhio altrui e non vede la trave nel proprio (*Matteo*, VII, 1-5). La pecora smarrita è più preziosa delle novantanove rimaste all'ovile (*Matteo*, XVIII, 12-13; *Luca*, XV, 1-7): il ritorno del figliuol prodigo è più caro che la presenza dei giusti (*Luca*, XV, 11-32). «Io non sono venuto a chiamare i giusti, ma i peccatori» (*Matteo*, IX, 13). Il

---

[265] I pubblicani erano gli appaltatori al servizio del fisco romano: essi erano doppiamente odiati sia per il loro ufficio sia perché il servire un dominatore straniero era una specie di apostasia religiosa. Perciò erano per i «puri» oggetto di sprezzo. Il *Talmud* li mette al livello degli assassini e dei ladri: un fariseo che avesse accettato un ufficio nelle gabelle sarebbe stato senz'altro scacciato.

vero segno della santità è l'umiltà del cuore e spesso quelli che sono venuti a Dio gli ultimi sono poi i primi al suo cospetto (*Matteo*, XXI, 1-16).

4. La rinuncia alle cose del mondo per l'amore di Dio si esprime ancora secondo Gesù sotto un'altra forma, nella rinuncia agli affetti familiari. Che Gesù dovesse esigere la purezza della vita e la continenza del desiderio si comprende: la fornicazione e le lascivie contaminano l'uomo (*Marco*, VII, 21-22). Egli condanna l'abbandono al senso perché uno spirito che si immerge in esso non può nutrire un amore sincero delle cose divine: «beati gli uomini dal cuore puro, perché essi vedono Dio». Ma all'infuori di ciò egli non ha a questo riguardo niente di affettato e di farisaico: egli non impone affatto la continenza sessuale, riconosce il matrimonio, considera con indulgenza la vita del senso: accoglie con pietà la prostituta entrata nella casa del Fariseo (*Luca*, VII, 36), assolve la donna adultera. Anche qui egli sa considerare i problemi della vita umana con uno spirito pieno di carità e di vero senso delle cose divine[266]. Egli ha della famiglia un concetto alto e severo. La corruzione dell'età tendeva non solo a una vita rilassata, ma anche a una concezione molto libera dei rapporti familiari, favorita in questo dal basso concetto in cui, come in tutto l'oriente, era tenuta la donna. La questione del divorzio era allora vivamente agitata nelle scuole rabbiniche. Vi era un indirizzo che concedeva il divorzio solo nei casi assolutamente gravi; un altro, quello di Hillel, lo accordava anche in base ai motivi più futili: il grave e celebre dottore Akiba lo faceva dipendere dal solo capriccio dell'uomo. Gesù condanna il divorzio (*Marco*, X, 2-9; *Luca*, XVI, 18), che è stato concesso da Mosè solo per la durezza di cuore degli Ebrei[267]. Ma anche qui il precetto assume qualche volta un tono più aspro e radicale: l'ideale più alto non è la santificazione della famiglia, bensì la rinuncia. «Se alcuno viene a me e non abbandona il padre suo e la madre e la moglie e i figli e i fratelli e le sorelle e persino l'anima sua, egli non può esser mio discepolo» (*Luca*, XIV, 26)[268]. E al discepolo che gli chiede di poter prima seppellire il padre suo, Gesù risponde duramente: lascia questo ufficio a chi ne ha la cura: tu va e annuncia il regno di Dio (*Luca*, IX, 59-60)[269]. Noi non

---

[266] J. Leipoldt, *Jesu und die Frauen*, 1921, pp. 68 sgg.

[267] Matteo (V, 31-32; XIX, 3-9) ammette il divorzio per adulterio: però né Marco, né Luca, né Paolo (*I Cor.*, VII, 10-11) conoscono quest'eccezione che è probabilmente solo una glossa ebraizzante.

[268] Luca dice propriamente «odia»; ma questa espressione paradossale riposa probabilmente su un fraintendimento del testo aramaico: si cfr. *Matteo*, X, 37 (Kittel, *Probl. d. Paläst. Spätjudentums*, 1926, p. 54).

[269] Sull'espressione strana «lascia i morti seppellire i loro morti» v. F. Perles in «ZNW», 1919-20, p. 96.

dobbiamo vedere in questo una contraddizione. Poiché nel regno di Dio «gli uomini non prendono moglie, ma sono come angeli nei cieli», la vita familiare non conta per il regno di Dio; essa è per Gesù come un rapporto per sé indifferente che deve sempre subordinarsi alla legge della carità, ma che deve anche, quando le circostanze lo esigono, cedere innanzi ai doveri più alti verso Dio.

5. La morale di Gesù è sotto tutti gli aspetti una morale religiosa, non una morale ascetica; essa apprezza e prescrive la rinuncia nel suo valore positivo, come preparazione o condizione del regno di Dio, non per se stessa[270]. Essa esige la rinuncia totale da parte di quelli che devono predicare la parola di Dio, perché possano attendere interamente alla loro missione; condanna la ricchezza perché è in contrasto con la legge della carità; condanna le cure e le preoccupazioni mondane perché esse rendono ciechi per le cose divine. Ma non prescrive mai la rinuncia come un atto meritorio in sé: non è magnificata la povertà o la sofferenza per se stessa; il dolore e il sacrificio hanno pregio solo in vista del loro immediato rapporto con l'amore delle cose celesti. Quindi il formalismo esterno che ha tanta importanza nella vita ascetica, non ne ha per lui alcuna; egli non organizza i discepoli in un ordine monastico, non impone regole di vita, non conosce esercizi ascetici, non impone nemmeno il digiuno, che pure gli Esseni, i Farisei, i discepoli di Giovanni praticavano (*Marco*, II, 18). Egli stesso distingue in questo la sua condotta da quella di Giovanni (*Matteo*, XI, 18-19).

Le sue prescrizioni relative all'abnegazione di se stessi sono forse più dure che in qualunque altra regola ascetica: e tuttavia la presenza immediata del fine superiore a cui servono toglie ad esse ogni carattere formalistico, superstizioso, e ogni asprezza; la sua morale non perde, per essa, il suo aspetto mite e sereno.

b) *La carità*

1. Ma per essere degni di entrare nel regno di Dio non basta volgere le spalle al mondo: bisogna anche seguire la volontà di Dio, rendersi simili a lui. Dio non è soltanto per Gesù l'unico, l'onnipotente che verrà con la maestà terribile a giudicare i morti e i viventi, ma è anche il padre di tutte le sue creature, pieno di provvidenza e di amore per tutti gli esseri, anche i più umili. Se dunque Dio è per noi essenzialmente bontà, che cosa ci rende simili a lui? Non le preghiere, i sacrifici o le cerimonie, ma la bontà e l'amore. La legge di Dio comprende perciò un secondo grande precetto,

---

[270] Friedländer, *Rel. Bew.*, pp. 336 sgg.; Knopf, pp. 263-264.

quello della carità: «siate misericordiosi come è misericordioso il padre vostro» (*Luca*, VI, 36). Fate agli altri quello che vorreste fosse fatto a voi; ecco la legge e i profeti (*Matteo*, VII, 12).

Questo precetto non era certo un precetto nuovo e anche Gesù riconosce che esso è già compreso nella legge. Questa è una osservazione che è stata ripetuta a sazietà, specialmente da parte ebraica. Ma quante altre cose contiene la legge! I precetti di carità evangelica sono nella legge rabbinica casi isolati e periferici, mescolati con mille elementi eterogenei; per Gesù sono la legge fondamentale della vita. Inoltre per l'Ebraismo «il prossimo» è normalmente l'ebreo: i suoi precetti valgono in misura diversa per l'ebreo e per lo straniero. Certo non mancano nell'Ebraismo rabbinico precetti di amore verso tutti gli uomini e di carità verso i nemici, ma sono casi isolati e rari, che confermano la regola[271]. E questa ristrettezza si estende in qualche caso anche oltre; ogni setta pretendeva l'osservanza dei precetti solo per i suoi: per il fariseo solo il fariseo era prossimo e il resto del popolo era plebe, verso cui era inutile nutrire sentimenti caritatevoli. Per Gesù invece la carità è un precetto universale e assoluto che vale egualmente per tutti gli uomini: noi lo apprendiamo dalla bella parabola del samaritano, che oppone alla durezza di cuore del sacerdote la generosità larga e umana del Samaritano. I Samaritani, di cui s'è vista l'origine, avevano continuato a sussistere come una comunità separata accanto agli Ebrei: la conquista maccabea mise fine al tempio eretto sul monte Garizim e incorporò i Samaritani nel regno ebraico (circa 109 a.C.). Tuttavia il monte Garizim continuò ad essere il loro sacro monte e la sede del loro culto: essi conservarono come codice religioso il *Pentateuco* e non parteciparono all'ulteriore svolgimento dell'Ebraismo; nella lotta contro i Romani stettero in disparte. Quindi, pure avendo la stessa legge e adorando lo stesso Dio, erano considerati dagli Ebrei, nel secolo di Gesù, come eretici detestabili: la parola *samaritano* era una ingiuria mortale. Tale odio era del resto ricambiato: non era senza pericolo per gli Ebrei attraversare la Samaria (si cfr. *Luca*, IX, 52; *Giovanni*, IV, 9). Il senso della parabola evangelica è nella contrapposizione del sacerdote e del levita da una parte e del samaritano dall'altra: laddove il sacerdote passa senza curarsene, l'aborrito samaritano è quello che pratica la carità verso l'ebreo di Gerusalemme. In questo atto caritatevole Gesù mostra l'ideale della carità universale che è al di sopra delle distinzioni e delle divisioni umane. Lo stesso senso ha l'episodio del lebbroso samaritano in *Luca*, XVII, 11-19[272].

---

[271] Kittel, *op. cit.*, pp. 110 sgg.; Bousset, pp. 134 sgg.

[272] Si veda la parafrasi poetica del Campanella nel sonetto: «Da Roma ad Ostia un pover

La carità deve essere praticata in primo luogo verso coloro che sono disgraziati, che nulla possono rendere in cambio: «quando bandisci un convito, invita i poveri, gli umili, gli sciancati ed i ciechi. E sarai beato perché essi non potranno nulla renderti in cambio» (*Luca*, XVI, 13-14). «Dare è meglio che ricevere» dice un detto del Signore conservatoci negli *Atti* (XX, 35).

2. Del resto, secondo Gesù bisogna nutrire sensi di carità non solo verso gli estranei, ma anche verso i nemici e i persecutori. Quale merito vi è ad amare coloro che ci amano? La carità deve essere senza limiti come quella del Padre celeste che fa sorgere il sole sopra tutti gli uomini, buoni e cattivi. «Amate i vostri nemici, fate del bene e prestate senza attendere la restituzione; allora la vostra mercede sarà grande e voi sarete figli dell'Altissimo, perché egli è benigno anche verso i malvagi e gli ingrati» (*Luca*, VII, 35; *Matteo*, V, 43-48).

L'espressione di questo precetto è paradossale e non deve essere presa letteralmente. Non si possono amare i nemici: anche Gesù non ha mostrato di amare i Farisei. Il precetto può avere un senso ed essere umanamente possibile solo quando per esso si intenda che bisogna trattare con mitezza anche i nemici, non lasciarsi trascinare dal loro esempio ad accogliere in sé sentimenti inumani d'odio e di vendetta. Anche Marco Aurelio si propone di amare i suoi offensori (VII, 22) e cerca di darne a se stesso le ragioni, soprattutto pensando che in ultimo anch'essi non sono degni d'altro che di pietà (II, 1); ma anche in lui questo amore è in fondo mitezza, umanità, serenità. Nelle beatitudini del Sermone della montagna sono detti beati i miti e i misericordiosi: ad essi appartiene il regno di Dio. Non basta non uccidere: bisogna astenersi anche dall'ira e dalla durezza; è inutile andare al tempio a offrire un sacrificio e poi conservare nel cuore l'odio per il fratello (*Matteo*, V, 20-26). Onde le belle parole di tolleranza che Gesù oppone alla sospettosa intolleranza dei discepoli: «Chi non è contro di voi è per voi» (*Marco*, IX, 37-39).

Onde anche il precetto, così problematico e così discusso, della non resistenza al male. «Se alcuno ti percuote in una guancia, tu porgigli l'altra. Se alcuno ti toglie il mantello, lasciagli anche la tunica[273]. Dà a chi ti chiede

---

uomo andando etc.». (Op. ed. D'Ancona, II, p. 89). Alla parabola sembra contraddire il precetto in *Matteo*, X, 5: «Non entrate in alcuna città di Samaritani, ma andate piuttosto verso le pecore smarrite d'Israele». Questo precetto, come tutti quelli che respirano un ristretto particolarismo ebraico, risale molto probabilmente, anziché a Gesù, a un redattore ebraizzante.

[273] La tunica (χιτών) e il mantello (ἱμάτιον) erano i capi di vestiario di ogni ebreo del I secolo. La tunica, con maniche era come una camicia aderente al corpo.

e non ripetere le cose tue da chi te le ha tolte» (*Luca*, VI, 29-30; *Matteo*, V, 38-42). Precetto che, se si considera in rapporto alla costituzione e alla conservazione d'una società, deve apparire naturalmente impraticabile, e che perciò è stato esplicato col carattere provvisorio della morale di Gesù, che aveva dinanzi a sé l'imminenza della fine. Ma un'esplicazione simile (che è anche una rispettosa condanna) non è necessaria se si prende il precetto di Gesù non nel suo senso letterale e assoluto, ma come l'espressione immaginosa dello stato d'animo del giusto che preferisce, dappertutto dove è umanamente possibile, cedere del suo diritto anziché fare ricorso alla contesa e alla violenza.

1. Una religione di così pura interiorità doveva necessariamente trovarsi in opposizione con il legalismo tradizionale, che costituiva l'essenza della religione ebraica contemporanea[274]. Ogni religione positiva, in quanto si fissa in dogmi e in istituzioni esteriori, necessariamente sostituisce a poco a poco allo spirito vivente delle sue origini una specie di ritmo meccanico; diventa così un ostacolo e uno scandalo alle anime religiose, per cui la religione è spirito vivificatore e creatore. Questo è un tragico contrasto che si ripete, si può dire, ad ogni passo della storia religiosa; e anche qui doveva venire in luce con particolare crudezza. La religione dell'Ebraismo farisaico non era un sistema dogmatico, ma una legge, un sistema complicato di precetti che si estendeva a tutta la vita e che aveva a poco a poco assunto un aspetto legale e casuistico[275]. Il rapporto fra Dio e i suoi fedeli era tutto regolato da norme minuziose; come ogni religione, a cui viene mancando la vita interiore, essa si esauriva per la più gran parte in precetti negativi, formali, in cui l'essenziale era appunto la forma, la pratica esteriore. Questo poteva facilmente condurre all'ipocrisia, al culto dell'esteriorità; e per contraccolpo alla vacuità interiore, all'inaridimento della vita spirituale: dietro al formalismo della religiosità esteriore possono fiorire l'avarizia, l'ambizione, la malvagità e ogni peggiore corruzione morale. La legge del riposo del sabato ad esempio era una legge che in fondo aveva un intento umanitario e sociale: il riposo di Dio nel settimo giorno era anche il riposo di tutte le sue creature. Ma il testo della legge: «tu non farai opera alcuna nel giorno di sabato» era diventato nelle scuole rabbiniche un soggetto di discussioni interminabili e di commenti fantastici: tutto un trattato della *Mishnah* vi è dedicato[276]. Il sabato incomincia al cader della notte tra il venerdì e il sabato; ma quando comincia la notte? Quando sono comparse tre stelle: allora in tutte le case si doveva accendere la lampada del sabato; perciò in Luca della sera della crocifissione è detto: «il sabato cominciava a splendere»

---

[274] Friedländer, *Rel. Bew.*, p. 318; Sabatier, *Les religions d'autorité et la religion de l'esprit*, 1904, pp. 450 sgg.; Harnack, *Hat Jesu das altestam. Gesetz abgeschafft?*, Aus *Wiss. und Leben*, II, pp. 225 sgg.; Bauer, *Das Leben Jesu im Zeitalter der nt. Apokryphen*, 1909, pp. 351 sgg.; Bousset, *Jesu*, 1907, pp. 59 sgg.

[275] Schürer, II, pp. 464 sgg.

[276] *D. babil. Talmud Übers*, v. L. Goldschmidt, I (Berl. 1929), *Vom Sabbath*, pp. 436 sgg.; Stapfer, pp. 335 sgg. Ben s'intende che questo riferimento non ha che il valore di un'esemplificazione e non vuole affatto trasportare i precetti della Mischna nell'età di Gesù.

(ἐκέφωσκε) (*Luca*, XXIII, 54). Erano trentanove i lavori interdetti; seminare, arare, mietere, accendere il fuoco, spegnerlo, etc. Ma ciascuno di questi precetti aveva col tempo dato occasione a chiarimenti più minuziosi. Si poteva scrivere una lettera dell'alfabeto, ma non due. Era considerato mietere (e perciò vietato) lo strappar anche solo due spighe (*Marco*, II, 23 sgg,). L'ultimo dei lavori proibiti nel trattato del sabato è il portare un oggetto da un luogo all'altro. Questo precetto aveva naturalmente delle complicazioni infinite: secondo un dottore, ad esempio, uno storpio non poteva uscire con una gamba di legno; secondo un altro poteva. Esso avrebbe finito, se rigorosamente osservato, per rendere impossibile, di sabato, qualunque movimento: perciò veniva eluso con l'unire per mezzo di una finzione più stanze, case, ecc. in modo che esse contavano come un luogo solo.

Una parte delle sottigliezze rabbiniche era dedicata a rendere inefficaci, con aggiunte e restrizioni artificiose, le disposizioni della legge che erano o erano diventate ineseguibili (come ad esempio quella della remissione del debito ogni settimo anno). Non era lecito di sabato curare gli ammalati, fare l'elemosina; solo il pericolo imminente di morte poteva scusare la violazione del precetto. Questa decisione era stata presa al tempo dei Maccabei, quando un certo numero di fedeli, sorpresi dal nemico, si erano lasciati massacrare piuttosto che estrarre le spade (*I Mac.*, II, 34-38). Ma in tempo di pace non si poteva portar le armi nel giorno di sabato; perciò i Romani erano stati costretti a dispensar gli Ebrei dal servizio militare. Si poteva curare gli animali e condurli a bere. Perciò Gesù, rimproverato di aver guarito la paralitica in giorno di sabato, risponde: «Ipocriti! Ciascuno di voi non scioglie forse di sabato il suo asino e il suo bue dalla greppia per menarlo a bere?» (*Luca*, XIII, 15).

2. L'attaccamento scrupoloso alla legge era essenziale alla pietà ebraica: l'omissione anche di precetti insignificanti della vita quotidiana era un segno di irreligiosità, di ripudio della tradizione. Ora quale è l'atteggiamento che Gesù assume di fronte alla legge? Come concilia la sua opera di riformatore con le esigenze della tradizione?

In linea di principio Gesù è lungi dal voler abrogare la legge con cui si era immedesimata la religione ebraica: «non crediate che io sia venuto a disfare la legge ed i profeti; non sono venuto a disfare, bensì a compiere» (*Matteo*, V, 17). Anzi non solo Gesù non nega, per principio, la legge, ma fortifica i suoi precetti facendo appello alla legge (*Marco*, II, 23-26; X, 17-19; XII, 28-31, ecc.); anche quando sembra ripudiare la legge, la ripudia appellandosi alla legge stessa (*Marco*, II, 25-28; X, 2-9). Egli riconosce il culto del tempio (*Matteo*, V, 23); paga l'imposta del tempio (*Matteo*, XVII,

24-27) e raccomanda al lebbroso di fare l'offerta (*Marco*, I, 40-45). Così non vi è traccia che Gesù si sia assiso alla mensa dei Pagani; i peccatori e i pubblicani erano persone riprovevoli, ma sempre figli di Abramo. Né vi è in tutto il Vangelo anche una sola parola contro la circoncisione.

Viceversa è certo che in più d'un punto egli si è posto nettamente al di sopra della legge (*Matteo*, V, 1 sgg.); nella questione del divorzio, dello Shabbat, dei cibi proibiti egli si è espresso in modo che traspare evidente la sua opposizione alla lettera della legge[277]. Vi sono espressioni in Marco che alludono a un rinnovamento radicale: «il vino nuovo non si deve mettere in otri vecchi» (*Marco*, II, 21-22). E nonostante il suo rispetto per la legge, predice, quasi con ira, la rovina del tempio (*Marco*, XIII, 1; *Atti*, VI, 14)[278]. In un frammento del Vangelo degli Ebioniti Gesù dice: «Io sono venuto per abolire i sacrifici e se voi non cessate di sacrificare, l'ira di Dio non si ritirerà da voi» (Hennecke, p. 45). Strauss fa notare che la cacciata dei mercanti dal tempio (dove la loro presenza era necessaria per i sacrifici) è segno di disposizione poco favorevole per i sacrifici[279]. Tutta la sua vita si svolge lontano dal tempio e dalle cerimonie; nessuno più di lui ha posto l'anima dell'uomo immediatamente dinanzi a Dio senza intermediari e senza imbarazzo di riti e di simboli.

3. La contraddizione, di fronte a cui qui ci troviamo, non è risolubile con un semplice raffronto di testi. Come conciliare infatti l'esplicita indipendenza che Gesù mostra di fronte alla legge tradizionale e scritta, con le sue dichiarazioni rigidamente conservatrici che proclamano immutabile anche ogni accento della legge? Due considerazioni possono aiutarci ad attenuare la contraddizione. La prima è che molto probabilmente il pensiero di Gesù ha qui subìto qualche cambiamento e che con il fortificarsi della sua coscienza messianica e con l'ostilità incontrata nel suo popolo esso poté mutare sensibilmente anche il suo atteggiamento di fronte alla legge[280]. La seconda è che il Vangelo di Matteo e gli stessi «detti di Gesù», che hanno dato la materia prima ai precetti evangelici, hanno subìto l'azione di redattori ebraizzanti; qui è probabilmente l'origine delle espressioni conservatrici dei Vangeli, le quali si propongono evidentemente di essere una correzione, una

---

[277] Si vedano le sensate osservazioni del manicheo Fausto di Milev in Agostino, *Contra Faustum*, XVII-XIX.

[278] Si cfr. Knopf, pp. 292-293.

[279] Si veda su tutta la questione Strauss, *Nouv. vie de Jésus* (tr. fr.), I, pp. 274 sgg.

[280] P.W. Schmidt, *Die Geschichte Jesu*, II, 1904, pp. 176 sgg.

attenuazione dell'atteggiamento riformatore di Gesù. Questo ci spieghe-rebbe perché in qualche passo (ad esempio in *Luca*, XVI, 16-17) troviamo i due opposti punti di vista violentemente accozzati insieme.

Se noi facciamo astrazione da queste dichiarazioni sospette, possiamo allora comprendere la posizione di Gesù di fronte alla legge, che non è quella di un conservatore intransigente, né quella di un rivoluzionario, e che ci ricorda la sensata posizione che prende nella stessa questione lo gnostico Tolomeo nella sua lettera a Flora[281], nella quale egli fa replicatamente ap-pello a Gesù. La legge non è più per Gesù un codice assoluto che leghi anche la coscienza: al di sopra della legge egli pone la coscienza che istin-tivamente giudica e discerne fra gli elementi diversi quelli che sono real-mente la parte di Dio. Perciò può esortare i suoi discepoli all'osservanza della legge; ma della legge intesa secondo il suo spirito e non della legge meccanizzata nelle tradizioni umane che la soffocano. Buona cosa è ad esempio l'osservanza dello Shabbat; ma è giusto trasformare quest'osser-vanza in una superstizione minuziosa andando contro i precetti della carità? Solo nelle cose indifferenti si può, per amor di pace, ammettere qualche volta un adattamento (cfr. *Matteo*, XVII, 24-27).

Gesù non faceva in questo che continuare l'opera dei profeti, i quali ave-vano difeso, contro il legalismo sacerdotale, la causa della religiosità inte-riore. «È la carità che io prediligo, non i sacrifici; la conoscenza di Dio, non gli olocausti» (*Osea*, VI, 6). Che cosa mi importa la molteplicità dei vostri sacrifici (dice l'Eterno in Isaia). Non continuate a portarmi delle vane of-ferte! Io odio le vostre cerimonie e le vostre solennità, io non ascolto le vostre preghiere. Purificatevi! Cessate di fare il male, apprendete la giusti-zia, proteggete la vedova e l'orfano! (*Isaia*, I, 11 sgg.). Che cosa farò io (dice il popolo in *Michea*) per rendermi grato all'Eterno? Mi presenterò a lui con degli olocausti senza numero? O mortale (risponde il profeta), ecco ciò che l'Eterno esige da te: di amare la carità e di camminare umilmente con il tuo Dio (*Michea*, VI, 6 sgg.).

4. Praticare e compiere la legge vuol dire quindi per Gesù in primo luogo liberarla da tutta quella vegetazione parassitaria di tradizioni esteriori che sembrano completare la legge, ma in realtà conducono, con la loro sofistica,

---

[281] Ptolemaeus, *Brief an die Flora*, ed. Harnack, 1904. Si cfr. le *Omelie Clementine*, III, 51: «Quando Gesù dice: "Io non sono venuto a sciogliere la legge" e tuttavia sembra scio-glierla, vuole con ciò mostrare che ciò che egli scioglie non appartiene alla legge. E quando dice: "Il cielo e la terra passeranno, ma non passerà un jota della legge", mostra che ciò che passa prima del cielo e della terra non appartiene realmente alla legge» (*Clementis Homiliae*, ed. Dressel, 1853, p. 106). Si veda anche Tolstoj, *Quelle est ma foi?* (tr. fr.), 1924, pp. 60 sgg.

a contraddirla. Anch'egli dice con Osea: «Io voglio la carità, non i sacrifici» (*Matteo*, IX, 13; XII, 7). Preoccupato dall'essenza morale della legge, egli tratta con un certo disdegno le minuziose aggiunte posteriori senza valore reale: soprattutto quando l'osservanza di queste minuzie serve a mascherare la vacuità interiore. «Lasciando il precetto di Dio, voi tenete le tradizioni degli uomini, le abluzioni e cose simili; così rendete vano il precetto di Dio per conservare le tradizioni vostre» (*Marco*, VII, 8-9). Così egli e i suoi discepoli non praticavano le abluzioni prima del pasto. «Avendo (i Farisei) veduto alcuni dei suoi discepoli prendere il cibo senza aver fatto le abluzioni alle mani, li biasimarono. Perché i Farisei e tutti gli Ebrei non mangiano se non hanno lavato più volte le mani secondo le tradizioni degli antichi. Ed al ritorno dal mercato non mangiano se non hanno fatto le abluzioni: e vi sono molte altre cose che praticano per tradizione, come le abluzioni di bicchieri, vasi di terra, vasi di rame, letti. Ed i Farisei e gli scribi domandarono: Perché non si comportano i tuoi discepoli secondo la tradizione antica, ma prendono il cibo con mani impure? Ed egli rispose: Ben profetò di voi, ipocriti, Isaia dicendo: Questo popolo mi onora con le labbra, ma il suo cuore è lontano da me: ed invano mi adora insegnando dottrine e precetti di uomini» (*Marco*, VII, 2-7).

Così i discepoli di Gesù non digiunano in opposizione a quelli di Giovanni, che seguivano in ciò la legge farisaica. Egli permette che i suoi discepoli strappino delle spighe il giorno di sabato: anzi giunge, in un passo, a contraddire il precetto che vieta di cibarsi di carni impure – ciò che costituiva una contaminazione abominevole – perché non è ciò che entra nella bocca che contamina, ma ciò che ne esce, le cattive parole e i cattivi pensieri con tutte le loro conseguenze (*Marco*, VII, 14-23).

5. Compiere la legge vuol dire in secondo luogo per Gesù interiorizzarla, interpretarla secondo il suo valore spirituale. Quando la morale religiosa è fissata in un codice, essa si trasforma in una specie di rapporto contrattuale fra l'uomo e Dio. L'uomo non ha che da adempiere i precetti scritti: nel resto è libero e non pecca se agisce secondo il piacer suo. L'ebreo era legato da mille precetti minuziosi; ma in fondo nella direzione interiore della vita la legge non poteva legarlo. La casistica è appunto l'arte di soddisfare alle obbligazioni precise dell'uomo col minor sacrificio possibile, in modo che è possibile accoppiare un'esteriorità formalistica impeccabile con una direzione immorale della vita.

Non senza ragione infatti vediamo nella letteratura ebraica accanto alla legge scritta nei codici e nei loro interpreti fiorire una letteratura morale aforistica ispirata al senso pratico dell'interesse personale e del godimento della vita. Inoltre nella legge codificata il precetto morale non solo è esteriorizzato, ridotto a una formalità pratica, ma è mescolato con i precetti cerimoniali, in modo che esso perde il suo valore particolare, si assimila alle pratiche esteriori moralmente indifferenti: e poiché l'eseguirlo costa di solito più che il praticare i precetti cerimoniali, è naturale che col tempo passi dopo di essi. Quindi l'esecuzione minuziosa di precetti vani congiunta con la inosservanza dei veri e propri doveri morali. Il richiamo di Gesù all'interiorità della legge è stato un richiamo energico alla coscienza, un ritorno alla sorgente viva della religione e della morale.

Questa è anche una risposta all'accusa che la promessa d'una beatitudine futura conferisca alla morale di Gesù un carattere eudemonistico[282]. Certo è facile trovare nei Vangeli espressioni che si prestano a questa interpretazione (ad esempio *Matteo*, X, 40-42; *Luca*, VI, 35); del resto tutta la letteratura apocalittica concepisce il giudizio di Dio da un punto di vista forense, contabile: «i libri vengono aperti» (*Dn.*, VII, 12). Ma vi sono anche espressioni in senso contrario; e bisogna osservare che è difficile esprimere il fatto del trionfo definitivo del bene senza ricorrere alle espressioni eudemonistiche: lo stesso rimprovero è stato mosso anche a Kant. Occorre quindi andare di là dalle parole e giudicare della sostanza.

Nella morale eudemonistica si tratta, nell'atto morale, di dare in una determinata misura per poi avere: in questo avere, cioè nel compenso, sta la ragione del dare. Nella morale della coscienza invece il dare non ha la sua ragione in un calcolo utilitario, ma è un dovere, un obbligo assoluto (*Luca*, XVII, 7-10); e il bene, anche se è posto come un premio, non è un vero premio, un compenso, ma una grazia, un dono della bontà divina (*Matteo*, XX, 1-16). Il che vuol dire che non vi è più qui un dare e un ricevere, ma la semplice coscienza d'un dover essere; il quale riveste per noi l'apparenza di un sacrificio e d'un premio, ma è veramente prima e poi una cosa sola e cioè il dover essere dell'assoluta realtà del bene.

6. Si capisce perciò l'avversione profonda che Gesù dimostra contro ogni formalismo esteriore, ogni ostentazione che in fondo è sempre falsità, ipocrisia. Anche nelle buone opere bisogna evitare la ricerca delle apparenze: quando preghi, dice Gesù, entra nella tua camera, chiudi la porta e prega in segreto. E quando digiuni, è inutile che tu lo faccia sapere: ti basti che il tuo sacrificio è noto a Dio (*Matteo*, VI, 1-6; 16-18). Anche l'elemosina deve restare ignorata: «quando tu fai la carità, non suonare la tromba». «Colui che fa l'elemosina di nascosto è più grande di Mosè», dice una bella sentenza del *Talmud*.

---

[282] Knopf, pp. 268-269.

Soprattutto in rapporto alla preghiera Gesù raccomanda di lasciar da parte le molte preghiere – che non sono più preghiere – e di mettere a nudo con sincerità il proprio cuore dinanzi a Dio[283]. Del formalismo farisaico facevano parte anche le lunghe e frequenti preghiere meccanicamente recitate secondo determinate formule e in determinate ore. Ogni ebreo doveva ad esempio mattino e sera recitare la lunga preghiera detta *Schema*: «Ascolta Israele: l'Eterno, nostro Dio, è il solo Eterno [...]»; l'inizio e la fine del pasto erano segnati da una preghiera; ogni atto della vita era occasione di preghiere. Tutto il primo trattato della *Mishnah*. (Berakot) vi è dedicato. Inoltre i dottori usavano comporre essi stessi nuove preghiere per i loro discepoli, che essi recitavano in aggiunta alle altre. Si comprende che in gran parte queste lunghe preghiere si riducevano a un meccanismo: e già i dottori rabbinici condannavano questa degenerazione. Il trattato Berakot ci ha lasciato questa bella sentenza di un rabbi: «la migliore adorazione è il silenzio». Anche l'Ecclesiaste consiglia di essere parchi di parole nel pregare: «perché Dio è in cielo e tu *sei* in terra: le tue parole devono quindi essere poche» (V, 1). «Non effondetevi in vane parole, dice Gesù ai discepoli: Dio conosce il vostro cuore. Fate semplicemente a lui l'offerta della vostra volontà e chiedetegli ciò che è necessario alla vostra vita» (*Matteo*, VI, 5-15)[284]. Il Padre nostro, che, se anche nella sua forma tradizionale è una ricomposizione posteriore, una preghiera liturgica della comunità primitiva, certo risale nelle sue forme essenziali a Gesù, ed è rimasto attraverso i secoli la preghiera più intima e pura dei figli al Padre celeste[285].

7. Il giudizio pronunciato da Gesù contro il formalismo dei dottori e dei Farisei doveva naturalmente attirare sopra di lui la loro ostilità; essi lo accusavano di non osservare scrupolosamente i precetti della legge, specialmente i precetti del sabato; ai loro occhi egli non era che un falso profeta invasato dallo spirito maligno (*Marco*, III, 22). All'accusa egli risponde con una condanna veemente della loro ipocrisia e del loro orgoglio: egli che

---

[283] Sulle preghiere ebraiche nell'età di Cristo v. Bousset, pp. 176-179; 364-373. Sul formalismo farisaico Schlatter, *Gesch. Israel*,[3] 1925, pp. 208 sgg.

[284] Secondo la parabola di *Luca*, XVIII, 1-8 bisogna «pregare Dio continuamente e non stancarsi»; gli eletti «gridano a lui giorno e notte» con le loro preghiere. Dato che la parabola risalga a Gesù, Luca ne ha frainteso il senso: lo scopo di essa non è di istigare a pregare giorno e notte, ma di distinguere fra il giudice terreno, che ha bisogno di essere assordato con le preghiere, e il giudice celeste che «fa giustizia con prontezza». Lo stesso si dica per *Luca*, XI, 5 sgg.

[285] Sul Padre nostro come preghiera liturgica si v. J. Schusboe in «RHR», 1927, II, pp. 233 sgg., 253 sgg.

insisteva così vivamente sul precetto della dolcezza e dell'amore per i nemici, chiama i Farisei progenie di vipere e agli della perdizione[286]. Voi onorate Dio, egli dice loro, solo esteriormente e con le labbra; ma in realtà andate appresso alle vostre tradizioni umane e per esse negligete la vera legge di Dio (*Marco*, VII, 8-13). Voi date grande peso alle piccole osservanze e negligete i doveri più gravi, la fede e la carità: colate la zanzara e inghiottite il cammello (*Matteo*, XXIII, 23-24). Voi accumulate precetti sopra precetti e imponete agli uomini un peso insopportabile: così chiudete loro le vie della salute e mettendo loro davanti un falso ideale della legge ne fate degli ipocriti (*Matteo*, XXIII, 3-4, 13). Voi imponete bensì al popolo una catena grave di precetti, ma in fondo, per vostro conto, non li osservate: «dite e non fate». Voi avete solo l'apparenza e la fama della santità: e con le lunghe preghiere divorate le case delle vedove. Voi edificate le tombe dei profeti e onorate i monumenti dei giusti; ma perseguitate i profeti che Dio manda per richiamare il popolo alla vera legge. Guai a voi, esclama Gesù nella sua celebre invettiva (*Luca*, XI, 37 sgg.; *Matteo*, XXIII, 1 sgg.), che avete fuori l'apparenza di uomini giusti e dentro siete pieni di rapacità e d'ipocrisia! Voi siete simili ai sepolcri sparsi per la campagna, che sembrano belli perché sono imbiancati con della calce[287] e dentro sono pieni di putredine. Tutti i peccati sono rimessi agli uomini; ma il peccato vostro è un peccato contro lo spirito stesso di Dio e non vi sarà perdonato in eterno (*Marco*, III, 28-29).

8. Sebbene Gesù credesse di essere venuto soltanto a purificare e a perfezionare la legge antica, un abisso profondo separa in realtà la sua dottrina da quella del legalismo farisaico del suo tempo. Che il suo insegnamento abbia molti particolari comuni con le dottrine rabbiniche contemporanee non importa: ciò che è in lui profondamente mutato non sono i particolari, ma lo spirito. Il legalismo rabbinico era una pietà esteriore, che aveva il suo fondamento nell'attaccamento alla tradizione: Gesù insegna che nessuna tradizione ha valore se non in quanto corrisponde a una disposizione interiore e che in questa risiede il criterio del valore della tradizione; il divorzio è ripudiato, sebbene faccia parte della legge, perché ripugna alla coscienza morale. Quindi prima vengono i precetti morali essenziali; questa è la parte

---

[286] È interessante leggere la versione dei rapporti tra Gesù e i Farisei dal punto di vista di un «fariseo» contemporaneo in R. Travers Herford, *Les pharisiens* (tr. fr.), 1928, pp. 245 sgg. Si cfr. D.W. Riddle, *Jesus and the Pharisees*, 1931. Si v. anche l'interessante versione musulmana in *Logia et agrapha ap. moslem. script.*, pp. 50-53. «Voi siete ben vestiti di vesti sacre: ma i vostri cuori sono cuori di porci e di lupi rapaci».

[287] Per renderli visibili ai passanti, essendo il loro contatto impuro.

viva della tradizione, che esprime veramente la legge di Dio. Prima l'amore fraterno, poi la preghiera; prima la carità, poi i sacrifici; prima l'adempimento dei doveri filiali, poi l'offerta al tempio (*Marco*, VII, 10; XI, 25; *Matteo*, IX, 13). I precetti cerimoniali, lo Shabbat, il sacrificio, ecc. non sono respinti da Gesù, ma accolti con una specie di indifferenza; l'essenziale è di amare Dio e il prossimo; in ciò si riassume la legge. «Gesù si pose come nemico dei capi ufficiali dell'Ebraismo; ma era la bassa concezione religiosa inculcata da essi all'umanità, che egli combatteva. Essi consideravano Dio come un despota che veglia con cura gelosa al cerimoniale della sua corte; egli respirava la presenza di Dio. Essi lo vedevano solamente nella sua legge, di cui avevano fatto un labirinto di lacci e d'imbrogli; egli vedeva e sentiva Dio dappertutto. Essi possedevano migliaia di precetti divini e credevano con ciò di conoscere Dio; egli non aveva che un precetto solo e perciò lo conosceva. Essi avevano fatto della religione un mestiere – il più vile di tutti i mestieri – ed egli era il nunzio del Dio vivente e dell'eccellenza dello spirito»[288].

Lo spirito che anima Gesù in tutta la sua predicazione contro l'ipocrisia farisaica è in fondo quello medesimo che animerà ancora tanti altri riformatori contro la degenerazione ecclesiastica, la quale fa della religione un mercimonio mal dissimulato. Si comprende come egli abbia perciò dovuto apparire agli occhi dei Farisei come un distruttore (*Luca*, XXIII, 2)[289], e come, non appena la sua opera riformatrice parve mettere in pericolo la quiete e gli interessi della casta ricca e potente dei sacerdoti del tempio, egli abbia trovato gli uni e gli altri uniti per cooperare alla sua perdizione.

[288] Harnack, *L'essence du christianisme* (tr. fr.), pp. 55-56.

[289] Alcuni codici dell'Itala hanno: «subvertentem gentem nostram et solventem legem nostram et prophetas».

Il carattere dell'insegnamento di Gesù lo libera anche, almeno in linea di principio, dal particolarismo ebraico e gli conferisce un aspetto più universalmente umano[290]. Uno degli aspetti meno simpatici della legge ebraica è sempre stata la sua ostilità contro lo straniero. Già nel *Deuteronomio* il trattamento del cittadino e dello straniero è diverso: a differenza della legislazione di Hammurabi, che non stabiliva distinzione[291].

Nei profeti e nei *Salmi* lo spirito ebraico si apre a una visione più umana e più larga; il popolo eletto sarà il legislatore dei popoli; ma l'Eterno chiamerà a sé tutti quelli che obbediscono alla sua legge, senza distinzione di origine: «e gli stranieri che si attaccheranno all'Eterno per servirlo e per amare il suo nome [...] io li condurrò verso il sacro monte e li rallegrerò nella mia casa di preghiera [...] perché la mia casa sarà una casa di preghiera per tutti i popoli!» (*Deutero-Isaia*, LVI, 3 sgg.). Il *Libro di Giona*, citato da Gesù (*Matteo*, XII, 39-41), ha per fine di celebrare la bontà di Dio, che ha pietà dei peccatori; e questi peccatori sono dei Gentili. Anzi l'ultima sua parola è una parola di pietà verso gli animali. Anche nell'apocalittica, in generale almeno, la distinzione non è più fra Ebrei e non Ebrei, ma fra giusti e reprobi; la salute finale è estesa anche ai Pagani. E il Battista avverte gli Ebrei che la salvazione non è un privilegio del loro popolo: «Non dite fra voi stessi, abbiamo per padre Abramo!» (*Matteo*, III, 9). Anche la religione di Gesù non ha più nulla di nazionalistico e si muove in una sfera nella quale non vi sono più né nazionalità, né patrie. Egli non fa dipendere la salute da questioni di nazionalità; la via è aperta a tutti gli uomini di buona volontà (*Marco*, III, 35). Anch'egli, come i profeti, deplora qualche volta con amarezza la cecità dei connazionali e annuncia che vi saranno dei Pagani che entreranno a far parte del popolo eletto (*Matteo*, VIII, 11; *Luca*, XIII, 28-38).

Tuttavia questo universalismo rimane come in potenza; di fatto Gesù non estende lo sguardo al di là del suo popolo. Egli estende la carità a tutti gli uomini, come mostra chiaramente la parabola del buon Samaritano; ma

---

[290] Strauss, *Nouvelle vie de Jésus* (tr. fr.), I, pp. 286 sgg.; Harnack, *Mission und Ausbr. d. Chr.*,[3] pp. 31 sgg.; Loisy, *Les mystères païens et le mystère chrétien*,1930, pp. 203-204 (accentua il carattere ebraico, particolaristico di Gesù: si cfr. le osservazioni di Piepenbring in «RHR», 1911, II, pp. 161 sgg.; Goguel, *Jesus et les origines de l'universalisme chrétien*, «RHPhR», 1932, pp. 193 sgg.

[291] Bertholet, *La civilisation d'Israël* (tr. fr.), p. 315.

né in Luca, né negli altri sinottici è raccomandata la missione ai Gentili. Il precetto che troviamo in Marco nel capitolo apocalittico (XIII, 10) è generalmente considerato come un'interpolazione; esso manca nel passo parallelo (*Luca*, XXI, 12 sgg.). E in Matteo l'esortazione finale (XXVIII, 18 sgg.) è posta in bocca a Gesù risorto, non al Gesù storico. Un vago accenno a una predicazione fuori dai confini dell'Ebraismo si è voluto vedere nella parabola del padrone della vigna (*Marco*, XII, 1 sgg.), che manda via i lavoranti infedeli, e in quella dell'uomo che ha preparato un convito e al posto degli invitati che non vengono convita altri (*Matteo*, XXII, 2-10). Ma né nell'un passo, né nell'altro è assolutamente necessario pensare ai Pagani: in ogni caso si tratta di vaghi accenni senza portata concreta.

Anzi vi sono nei Vangeli dei passi che sembrano contraddire a questa visione universalistica. Nei precetti dati ai discepoli per la loro opera evangelizzatrice Gesù dice: «Non cercate le città dei Gentili e dei Samaritani, ma andate appresso alle pecore sperdute d'Israele» (*Matteo*, X, 5-6; cfr. VII, 6). Quando viene a Gerusalemme, evita il territorio dei Samaritani; quando entra nel territorio di Tiro e Sidone, accede con riluttanza alle preghiere di una donna siro-fenicia e dice con durezza «Non bisogna prendere il pane dai figli e gettarlo ai cani» (*Marco*, VII, 27).

Ma anche qui è necessario ripetere le osservazioni fatte a proposito del rapporto con la legge antica. Non si può anzitutto escludere che sia avvenuta nel pensiero di Gesù una evoluzione e che l'amara esperienza fatta da Gesù nella sua predicazione abbia risvegliato in lui le tendenze universalistiche che erano in germe nel suo pensiero[292]. Vi sono nel Vangelo passi dai quali traspare un senso di delusione, quasi d'irritazione contro l'indifferenza del suo popolo (*Marco*, XI, 16-24; *Luca*, XII, 54 sgg.): il profeta Giona ha trovato nei Niniviti più docili ascoltatori! (*Luca*, XI, 29-32). Bisogna in secondo luogo ricordare che nella redazione dei Vangeli hanno lasciato traccia le tendenze ebraizzanti della chiesa di Gerusalemme[293]. In un passo di Matteo, ad esempio (XVIII, 17), il pagano e il pubblicano sono menzionati da Gesù come gente con cui non si deve avere alcun rapporto; ma il passo appartiene evidentemente a un contesto che è d'origine posteriore. Lo stesso deve dirsi di *Matteo*, X, 5-6 e delle poche altre espressioni particolariste dei Vangeli, che molto verisimilmente non appartengono a Gesù e sono soltanto documento dell'esclusivismo ristretto dell'antica comunità ebraizzante.

---

[292] Wernle, *Die Anfänge unserer Religion*, 1904, pp. 47 sgg.; Piepenbring, *Jésus historique*, 1922, pp. 39 sgg.; 93 sgg.

[293] Si cfr. W. Bauer, *Jesu der Galiläer*, 1927, pp. 28 sgg.

Ed è anche possibile, infine, che le dure parole di Gesù avessero un altro senso. Se si confronta *Marco*, VII, 27 con *Matteo*, VII, 6 e con un frammento del Vangelo dei Nazarei (framm. 26 in Hennecke, p. 32) possiamo intendere le espressioni di Gesù nel senso del frammento 19 del Vangelo degli Ebioniti conservatoci in *Hom. Clem.*, 5 (Hennecke, p. 46): «non è lecito dare i beni che sono riserbati ai figli del regno a quelli che per mancanza di discernimento rassomigliano a bestie irragionevoli». E in un frammento conservato da Clemente Alessandrino (Hennecke, p. 48): «Serbate il segreto per me e per i figli della mia casa». Questo è un motivo che ricorre anche in Paolo (*Gal.*, VI, 10; *Col.*, IV, 5).

Ad ogni modo questo è indiscutibile: che Gesù ha conservato il carattere di profeta ebraico in quanto ha pensato in primo luogo al suo popolo, che egli amava, e in quanto era sua convinzione che in esso dovesse in primo luogo stabilirsi il regno messianico, che di là si sarebbe poi esteso a tutti i popoli della terra. Noi non dobbiamo meravigliarci se nel periodo della sua attività, che fu così breve, egli non ebbe né il tempo, né l'occasione di estendere la sua visione di là dal suo popolo verso un'umanità che del resto egli doveva conoscere così poco. Ma il suo Padre celeste era il padre di tutti gli uomini: il suo cuore non conosceva confini di nazionalità o di razza. Per questo la missione ai Gentili di Paolo non fu una contraddizione, ma un compimento della sua opera.

1. Secondo i sinottici la prima attività di Gesù si svolse nella Galilea, intorno al lago di Tiberiade. Dalla Galilea passò per un momento nella Perea, che è la regione situata sulla riva sinistra del Giordano; là gli evangelisti pongono l'episodio dell'indemoniato Geraseno. La riva sinistra del Giordano era un paese prevalentemente pagano che era stato conquistato e solo in parte giudaizzato sotto Alessandro Janneo (103-76 a.C.); ciò spiega forse come Gesù sia stato invitato ad andarsene (*Marco*, V, 17). Vi sitò anche una parte del territorio di Tiro e Sidone a nord della Galilea (*Marco*, VII, 24 sgg.), ove guarì la figlia d'una donna siro-fenicia; ma di là fece rapidamente ritorno nella Galilea per volgersi verso la città dove lo chiamava il compimento della sua missione e del suo destino, Gerusalemme. A questa decisione non pare siano state estranee anche le delusioni incontrate da Gesù nella Galilea (*Giovanni*, VI, 66 sgg.; cfr. *Matteo*, XI, 20 sgg.).

Quanto sia durato questo periodo della vita di Gesù che va dall'inizio della sua predicazione al viaggio di Gerusalemme, non lo sappiamo con precisione[294]. Secondo i sinottici esso non sarebbe durato più d'un anno e Gesù avrebbe allora esercitato per la prima volta la sua attività a Gerusalemme: attività durata pochissimi giorni dal suo ingresso all'arresto avvenuto cinque o sei giorni dopo. Sembra tuttavia dai sinottici stessi che la loro narrazione debba essere in questo punto corretta e che la durata del soggiorno di Gesù a Gerusalemme sia stata maggiore di quello che essi vorrebbero. Il lamento di Gesù sopra Gerusalemme (*Matteo*, XXIII, 37): «Gerusalemme, Gerusalemme! Quante volte io ho voluto raccogliere i figli tuoi [...]» e le stesse invettive contro i Farisei difficilmente si comprenderebbero se Gesù non avesse già avuto campo di fare amara esperienza a Gerusalemme della inanità delle sue speranze; e il versetto XXIII, 39 in Matteo sembra implicare una partenza di Gesù amareggiato e deluso, con un accenno al ritorno che avrebbe fatto più tardi in occasione della Pasqua. In *Marco*, XIV, 49 Gesù dice a quelli che lo arrestano: «Ogni giorno ero presso di voi insegnando nel tempio e non mi avete preso»; ciò che implica una predicazione antecedente di cui i sinottici non fanno parola. Infine i sinottici accennano a famiglie già conosciute da Gesù in o presso Gerusalemme

---

[294] Reville, II, pp. 207 sgg.; P. W. Schmidt, *Die Geschichte Jesu*, II, 1904, pp. 127 sgg.; H. Windisch, *Die Dauer d. öffentl. Wirksamkeit Jesu*, «ZNW», 1911, pp. 141 sgg.; K.L. Schmidt, *Der Rahmen d. Geschichte Jesu*, 1919, pp. 1-17.

(*Marco*, XI, 1 sgg.; XIV, 12, 13); ciò che sarebbe inesplicabile senza un antecedente soggiorno a Gerusalemme.

Giovanni invece sembra assegnare al ministero di Gesù la durata di circa tre anni: egli sarebbe venuto l'ultima volta a Gerusalemme al momento della festa dei Tabernacoli (che cadeva verso la fine di settembre) e vi sarebbe rimasto fin verso la metà del dicembre; allora per sfuggire la persecuzione si sarebbe rifugiato nella Perea (X, 39 sgg.) da dove sarebbe tornato, sei giorni prima della Pasqua, a Betania in Giudea e poi a Gerusalemme[295]. La soluzione più verosimile è che la durata del ministero di Gesù sia stata d'un anno e pochi mesi, come nei sinottici[296], ma che l'inizio del suo soggiorno a Gerusalemme debba essere posto (come in Giovanni) nel settembre dell'anno antecedente la morte (Goguel).

Ad ogni modo, comunque sia di ciò, certo è che Gesù, dopo un breve periodo di predicazione, nella primavera d'un anno non ben precisabile, dal 26 al 35 dopo l'era, nei giorni che antecedevano la Pasqua ebraica, entrò risolutamente (*Luca*, IX, 51) in Gerusalemme per compiervi, come indicano il suo ingresso solenne e il suo intervento nel tempio, la sua opera di riformatore. Anche qui, come in rapporto alla nascita, ci è impossibile fissare la data con certezza; noi non sappiamo in fondo altro se non che la catastrofe avvenne sotto il governo di Ponzio Pilato, procuratore romano (26-35 d.C); «patì sotto Ponzio Pilato». In base al dato dei sinottici, che la morte di Gesù avvenne di venerdì, nel giorno stesso della Pasqua ebraica, e in base al dato che la Pasqua degli Ebrei cadeva sempre nel plenilunio di primavera si è cercato di determinare per mezzo di calcoli astronomici in quale anno, fra il 27 e il 35, il plenilunio di primavera era caduto in venerdì: in base a tali calcoli Gesù sarebbe morto nella Pasqua dell'anno 30[297]. Ma la nostra conoscenza del calendario ebraico è troppo incerta per fondare su di essa un calcolo sicuro; e d'altra parte anche la tradizione evangelica che pone la morte di Gesù in un venerdì è tutt'altro che solida[298]. Un punto di partenza più sicuro si è creduto di trovare nel passo di *Giovanni*, II, 20, dove è detto che quando Gesù cacciò i mercanti dal tempio la costruzione del tempio durava da quarantasei anni (esso fu compiuto solo sotto il governatorato di Albino, 62-64 d.C.). Sapendo che il tempio fu cominciato da Erode verso

---

[295] Anche secondo Scharahstâni (*Religionsparteien*, tr. Haarbrücker, I, p. 260), che si riconnette ad antiche fonti ebraizzanti, il ministero di Gesù durò tre anni, tre mesi e tre giorni.

[296] Così anche Origene, *De principiis*, IV, 5.

[297] Stapfer, pp. 452 sgg.; Preuschen, *Todesjahr und Todestag Jesu*, «ZNW», 1904, pp. 1-17.

[298] Goguel in «RHR», 1916, II, pp. 21 sgg.

la seconda metà del 20 a.C., i quarantasei anni sarebbero stati compiuti nell'autunno del 27 d.C.; il fatto narrato da Giovanni (che deve verosimilmente porsi, come i sinottici vogliono, negli ultimi giorni prima della passione) avrebbe dovuto aver luogo nella primavera dell'anno 28 dopo l'era. Ma sorge in questo caso la difficoltà di inserire tra la predicazione di Giovanni (autunno dell'anno 27 dell'era) e la morte di Gesù (primavera dell'anno 28) il periodo della predicazione di Gesù. Ciò non presenterebbe alcun ostacolo se la durata della predicazione di Gesù non fosse che di pochi mesi (Guignebert, Maurenbrecher); ma pochi vorranno consentirvi. Se invece, come è altamente probabile, la carriera di Gesù è durata un anno o poco più, converrà rinunciare a prendere con precisione letterale il dato di *Giovanni*, II, 20 e ammettere che Gesù è secondo ogni verosimiglianza morto nella primavera dell'anno 29 dopo l'era.

2. Gerusalemme era la sede del tempio, il centro della vita del popolo ebraico; era allora una popolosa città di più di centomila abitanti. Ma nel periodo della Pasqua vi conveniva per le feste una folla innumerevole. Gli Ebrei accorrevano in quell'occasione a carovane da ogni parte della Palestina (*Luca*, II, 44) e alloggiavano sotto le tende o nei villaggi dei dintorni: grande era l'affluenza anche degli stranieri[299].

La Pasqua, un'originaria festa della primavera, dedicata dagli Ebrei alla memoria della liberazione dall'Egitto, era la più importante delle feste ebraiche; essa aveva principio col plenilunio di primavera e durava sette giorni (i giorni degli azzimi, *Marco*, XIV, 1); il primo e l'ultimo giorno erano i più solenni. Siccome il giorno cominciava per gli Ebrei a sera al cader del sole, così la festa si iniziava il 14 nisan di sera; allora appunto aveva luogo il convito pasquale in cui si mangiava l'agnello pasquale immolato al tempio.

Gesù entrò a Gerusalemme di sera, accompagnato dalle acclamazioni dei suoi discepoli (*Marco*, XI, 9-10), destando la curiosità della moltitudine là convenuta per le feste (*Matteo*, XXI, 10-11). La sera stessa Gesù si recò al tempio e «guardò attorno ogni cosa», ma essendo tardi si recò a Betania, un piccolo villaggio presso Gerusalemme, dove aveva preso alloggio con i suoi. Il giorno dopo, tornato al tempio, guardò con indignazione il mercato che vi si teneva in occasione della Pasqua, nel Cortile dei Gentili (così detto perché aperto a tutti). Questo grande cortile, che era chiuso nella prima cinta e circondato di portici, era pieno di mercanti che vendevano gli animali del

---

[299] J. Jeremias, *Jerusalem zur Zeit Jesu*, I, 1923, pp. 67-10.

sacrificio e cambiavano le monete. Era un mercato sacro, i cui lucri andavano in parte ai grandi sacerdoti[300]; ma anche secondo la legge questo era un abuso; il mercato doveva tenersi fuori della cinta, vicino alle porte. Gesù scacciò con sdegno questi mercanti; un atto che più d'un fariseo dovette approvare nel suo segreto[301].

Questo fu probabilmente il primo fatto che lo additò all'attenzione e alla persecuzione dei sacerdoti del tempio. Questi costituivano una specie di casta chiusa: erano nominati dal sinedrio, ma si reclutavano in un certo numero di famiglie in cui l'ufficio era ereditario. Non avevano in fondo nulla di religioso; vivevano dei lucri che venivano loro dal tempio e si arricchivano delle decime e delle offerte. Giuseppe Ebreo li dipinge come dei grandi signori, conservatori per interesse, immersi in una vita fastosa, avversi in fondo ai Farisei e agli scribi, ma paurosi dell'influenza che questi avevano sul popolo, spietati nelle condanne. Essi avevano sotto di sé numerosi servi e satelliti che custodivano il tempio ed esigevano le decime. I grandi sacerdoti del tempio furono i veri artefici della morte di Gesù[302].

Infatti il giorno dopo essi (Marco dice: i capi sacerdoti, gli scribi e gli anziani, le tre categorie in cui era diviso il sinedrio) lo chiamano e gli chiedono con quale autorità si fosse arrogato un tal diritto sui mercanti del tempio. Gesù avrebbe, secondo i sinottici, con un artificio, evitato di rispondere (*Marco*, XI, 27-33). Giovanni sembra seguire una migliore tradizione, confortata anche da qualche passo dei sinottici (*Marco*, XIV, 58); secondo la quale Gesù avrebbe arditamente risposto alludendo alla missione sua, che era di ricostruire la vita e l'organizzazione religiosa del popolo ebraico (*Giovanni*, II, 13-22)[303].

A questo atto si aggiunse anche la predicazione contro la classe sacerdotale che aveva corrotto il ministero divino e perseguitato i profeti; egli pronuncia contro di essa la parabola dei cattivi vignaioli che maltrattano i messi del padrone e che alla fine il padrone caccia dalla vigna (*Marco*, XII, 1-9). Fin d'allora i sacerdoti avrebbero voluto impadronirsi di lui per disfarsene; ma temevano il suo seguito. In quei giorni si fanno intorno a lui anche

---

[300] J. Jeremias, *op. cit.*, pp. 54-55.

[301] L'evangelo dei Nazarei riferisce anche di qualche vivace incontro che Gesù ebbe coi sacerdoti del tempio (Hennecke, p. 31).

[302] Accanto ai Farisei e ai grandi sacerdoti i Vangeli nominano anche gli «Erodiani» (*Marco*, II, 6; XII, 13; *Matteo*, XXII, 16). Erano probabilmente i fautori della dinastia erodiana; si cfr. P.W. Schmidt, *Die Gesch. Jesu*, II, pp. 214-215; Travers Herford, *Les Pharisiens* (tr. fr.), p. 57; «RGG»,[2] II, p. 2068.

[303] Cfr. Goguel in «RHR», 1916, II, pp. 26 sgg.

molti altri per mettere a prova la sua sapienza[304]. Alcuni Sadducei cercano di creargli difficoltà con la sua dottrina della risurrezione dei morti (*Marco*, XII, 18-27); ma Gesù risponde loro che Dio è il Dio dei viventi in eterno, non dei morti; qual valore avrebbe la fede in Dio senza l'immortalità? Qualche dottore lo interroga e conversa con lui amichevolmente (*Marco*, XII, 28-34).

3. Ma la catastrofe non si fece attendere a lungo: secondo il racconto evangelico essa sarebbe stata anzi fulminea. Gesù era protetto di giorno dall'affluenza dei suoi seguaci, alcuni dei quali erano probabilmente armati (*Marco*, XIV, 47); di notte egli si nascondeva in qualche rifugio vicino a Gerusalemme. Secondo i sinottici egli sarebbe stato arrestato una sera, mentre, dopo aver partecipato a una cena in comune con alcuni discepoli, si avviava con essi verso la collina degli ulivi, che è sulla via di Betania. Ciò sarebbe avvenuto la sera stessa in cui cominciava la solennità della Pasqua: l'ultima cena di Gesù doveva perciò essere stata la cena pasquale. Processato nella notte stessa, Gesù sarebbe stato crocifisso il mattino dopo, venerdì 15 nisan, primo giorno della Pasqua[305].

Anche qui l'ordine cronologico seguito dai sinottici va incontro a gravi inverosimiglianze: che l'arresto e il processo di Gesù abbiano avuto luogo in una sola notte; che il processo e l'esecuzione siano stati spediti nella festa solenne del primo giorno pasquale, durante la quale era d'obbligo il più rigoroso riposo sabbatico; secondo Marco, Simone da Cirene, che aiutò a portar la croce (*Marco*, XV, 21) tornava dalla campagna, mentre nel primo giorno della Pasqua, e il viaggiare e il lavoro dei campi erano vietati. Nella cena i sinottici dicono che Gesù prese e spezzò il pane (ἄρτος), mentre nella cena pasquale si usava il pane non lievitato (ἄζυμος); se si fosse trattato d'una cena pasquale, non sarebbe mancato questo accenno[306]. Lo stesso

---

[304] Qui è inserto anche l'episodio che conclude nel «Date a Cesare quel che è di Cesare e a Dio quel che è di Dio» (*Marco*, XII, 13-17). Un detto che, per quanto celebrato, non risponde affatto al pensiero di Gesù e che probabilmente venne anch'esso aggiunto qui per accentuare il carattere pacifico del Cristianesimo di fronte allo Stato.

[305] Sulla cronologia della passione: Reville, *Ét. sur l'év. de Mathieu*, 1863, pp. 39 sgg.; Brandt, *Die evang. Geschichte und der Ursprung d. Christ.*, 1893, pp. 283 sgg.; Heitmüller, *Abendmahl*, in «RGG» (1ª ed.), I, pp. 20 sgg.; C Cwolsohn, *Das letzte Passahmahl Christi und der Tag seines Todes*,[2] 1908; Wellhausen, *Einl. in die drei ersten Ev.*,[2] 1911, pp. 130 sgg.; Goguel, *Notes d'histoire évangélique*, «RHR», 1916, II, pp. 1 sgg.; Strack-Billerbeck, *Komm.*, II, pp. 812 sgg.

[306] È un'osservazione di Wellhausen, «ZNW», 1908, p. 182.

fatto che l'eucaristia nella primitiva comunità cristiana veniva celebrata almeno ogni domenica, esclude che la prima cena sia stata connessa con la festa di Pasqua.

Vi è inoltre un passo in Marco, ove è detto che i sacerdoti non volevano far perire Gesù durante le feste (XIV, 2); probabile traccia di un'antica tradizione. Si noti infine che l'accenno di Marco alla Pasqua (XIV, 12-16) sta da sé e può essere tolto senza lasciare alcuna soluzione di continuità nel contesto; qualche critico lo ha considerato come un'interpolazione[307]. Sembra probabile quindi che su questo punto i sinottici, per fare dell'ultima cena di Gesù una cena pasquale, abbiano contratto in un brevissimo periodo una serie di eventi che dovettero distendersi in un periodo antecedente più lungo.

Giovanni invece e la tradizione talmudica pongono la morte di Gesù nel giorno antecedente la Pasqua, il 14 nisan. L'ultima cena di Gesù, cui anche Giovanni accenna (XIII, 2 sgg.), avrebbe avuto luogo la sera stessa dell'arresto, come vuole la tradizione dei sinottici e di Paolo (*I Cor.*, XI, 12), ma non sarebbe stata la cena pasquale perché sarebbe avvenuta alcuni giorni prima della Pasqua. Così anche la versione della Didascalia siriaca (XXI, 17, 6-8) che pone l'arresto di Gesù al lunedì sera. La condanna sarebbe stata pronunciata qualche tempo dopo e il supplizio sarebbe avvenuto il 14 nisan, il giorno prima della Pasqua.

Col volgere del tempo, essendo Gesù morto nel pomeriggio del giorno in cui si sacrificavano gli agnelli per la cena pasquale, non si tardò ad assimilare Gesù alle vittime pasquali (*I Cor.*, V, 7); onde l'agape commemorativa diventò la commemorazione del sacrificio di Gesù come simbolico agnello pasquale. Ma più tardi questo simbolico sacrificio di Gesù venne identificato non con la sua morte sulla croce, bensì con la dedizione che egli avrebbe fatto di sé nell'ultima cena; così questa fu collocata nel giorno antecedente la Pasqua e diventò una cena del sacrificio, una cena pasquale[308]. Questa trasposizione fu facilitata probabilmente dal bisogno di rendere possibile, nella primitiva comunità ebraizzante, la celebrazione della Pasqua ebraica col dare ad essa il senso di una commemorazione della cena pasquale del Signore.

---

[307] Ch. Rauch in «ZNW», 1902, pp. 300-314. Anche P. Batiffol (*Études d'hist. et de théologie positive*, II, p. 36) esclude il carattere pasquale dell'ultima cena. Il v. XIV, 26 non accenna necessariamente all'inno pasquale.

[308] Strauss, *Leben Jesu*, 1835, II, pp. 411 sgg.; Loisy, *L'évangile selon Marc*, 1912, p. 405. Si vedano tuttavia le acute osservazioni contrarie di P.W. Schmiedel, *Das vierte Evangelium*, 1906, pp. 95-107.

X. *L'ultima cena*

1. L'avvenimento più importante degli ultimi giorni della vita di Gesù, prima della passione, fu la cena in comune coi discepoli, che ricevette fin dalla più antica tradizione un altissimo valore simbolico. Questa cena non fu molto probabilmente, come si è visto, una cena pasquale: fu una cena ordinaria, come Gesù doveva avere praticato spesso coi discepoli, rompendo il pane e benedicendo (*Marco*, VI, 41; VIII, 6). E probabilmente essa non fu la prima cena celebrata da Gesù col pane per simboleggiare la comunione spirituale con i suoi discepoli. È verosimile che i racconti della moltiplicazione dei pani non fossero che delle comunioni col pane accompagnate dalla benedizione[309] e ampliate poi dalla leggenda. Ed è anche utile ricordare che la riunione dei discepoli nel regno dei cieli è raffigurata spesso nei Vangeli come un festino comune (*Luca*, XIV, 15; XIII, 29-30).

O fu forse una cena del sabato, simile a quella che si celebra ancora oggi in ogni casa ebraica, che ricevette dalle circostanze una solennità particolare. Rudolph Otto assistendo per caso a questa cerimonia fu colpito dalla sua somiglianza con la cena eucaristica[310]. «Molti anni or sono eravamo acquartierati per le manovre in una piccola città della Franconia, in una casa di Ebrei. Era un venerdì sera, vigilia del sabato. I nostri buoni e gentili ospiti avevano preso a prestito piatti, coltelli e forchette per noi da vicini Cristiani. Ma noi sedevamo insieme amichevolmente a tavola. Finito il pranzo notammo che stava per cominciare la cerimonia religiosa del sabato. Noi ci alzammo per andarcene, ma fummo pregati di restare e di assistere. Il padre e il primogenito si misero in testa il cappello, la lampada del sabato fu accesa. Un armadietto nell'angolo venne aperto; il capo di famiglia ne tolse del vino e lo pose sulla tavola con del pane bianco. Seguì una rapida preghiera detta a voce alta. E così dopo il pane. Allora e pane e vino vennero distribuiti; una lunga preghiera terminò la cerimonia. Io ero meravigliato della somiglianza con la nostra eucaristia e chiesi che cosa fosse. Questo (mi si rispose) è la nostra cerimonia tradizionale del sabato e si chiama Kiddusch; noi la celebriamo sempre alla vigilia del sabato». Il Kiddusch risale ai tempi di Gesù, perché già Hillel e Shammai danno su di esso delle istruzioni divergenti. Molto probabilmente in quella sera solenne Gesù celebrò

---

[309] Piepenbring, *Jésus historique*, 1922, pp. 101 sgg.
[310] R. Otto, *D. Heilige. Aufsätze*, 1930, p. 259.

coi suoi discepoli un Kiddusch, una cena rituale, dando ad essa un nuovo senso, un senso adatto al momento.

Secondo la tradizione Gesù celebrò quella memorabile cena nella casa d'un discepolo che attendeva per quella sera il maestro. Venuta l'ora, si assise a tavola coi discepoli, benedisse e distribuì fra i discepoli il vino senza toccarlo; poi benedisse il pane che spezzò e divise in comune. Distribuendo il vino e il pane pronunciò delle pàrole, le quali dovevano esprimere il senso profondo che aveva ai suoi occhi quest'ultima cena. Ma quali sono queste parole? E quale ne è il senso? Qui ci troviamo di fronte alle più gravi divergenze; l'importanza del fatto esige tuttavia che noi cerchiamo una risposta a queste domande con un più minuto esame della tradizione[311].

2. Noi abbiamo quattro relazioni dell'ultima cena, Paolo e i tre sinottici; Giovanni non ne parla. Ma dei tre sinottici, Matteo riproduce con lievi variazioni il testo di Marco; quindi i testi sono in realtà tre: Paolo, Marco e Luca. Paolo scrive (verso il 50 d.C.): «Io ho ricevuto dal Signore quello che ho tramandato anche a voi, cioè che il Signore Gesù nella notte in cui fu tradito prese del pane e dopo aver reso grazie lo ruppe e disse: Questo è il mio corpo che è spezzato per voi; fate questo in memoria di me. Parimenti ancora dopo la cena prese il calice dicendo: Questo calice è il nuovo patto nel mio sangue; fate questo, ogni qualvolta ne berrete, in memoria di me. Perché ogni qual volta voi mangiate questo pane e bevete questo calice, voi celebrate la morte del Signore finché egli venga» (*I Cor.*, XI, 23-26). Marco (verso il 70 d.C.) scrive: «Mentre mangiavano egli prese del pane e fattane la benedizione lo spezzò e lo diede loro dicendo: Prendete, questo è il mio corpo». Poi prese un calice ed avendo rese grazie lo diede loro e ne bevettero tutti. Ed egli disse loro: Questo è il mio sangue, il sangue del nuovo patto che è sparso per molti (Matteo aggiunge: in remissione dei peccati). In verità vi dico: io non berrò più del frutto della vite fino al giorno in cui lo berrò di nuovo nel regno di Dio» (XIV, 22-25). Luca (verso il 100 d.C.) scrive: «Ed egli disse agli apostoli: Ho grandemente desiderato di mangiare con voi questa Pasqua prima che io soffra, perché vi dico che non la mangerò più finché non sia adempiuta nel regno di Dio. Ed avendo preso un calice rese grazie e disse: Prendete e distribuitelo fra voi; perché vi dico che

---

[311] Sull'ultima cena si veda specialmente: Harnack, *Brot und Wasser. Die euchar. Elemente bei Justin*, 1891; Heitmüller, artic. *Abendmahl* in «RGG» (1ª ed.); *Taufe und Abendmahl im Urchristentum*, 1911, pp. 39 sgg.; Loisy, *Autour d'un petit livre*, 1903, pp. 237 sgg.; A. Schweitzer, *Das Abendmahl*, 1901; Brandt, *op. cit.*, pp. 283-304; J. Hoffmann, *Das Abendmahl im Urchristentum*, 1903; J. Reville, *Les Origines de l'Eucharistie*, 1908; Goguel, *L'Eucharistie des origines à Justin martyr*, 1910; H. Barbier, *Essai histor. sur la signif. primitive de la Sainte Cène*, 1911.

oramai non berrò più di questo frutto della vita finché non sia venuto il regno di Dio. Poi avendo preso del pane lo spezzò e lo diede loro dicendo: Questo è il mio corpo (che è dato per voi: fatelo per mia memoria. Parimenti dopo la cena prese il calice dicendo: Questo calice è il nuovo patto nel mio sangue, che è sparso per voi)» (XXII, 18-20).

È da notarsi che in un'antica lezione del testo di Luca, autorevole per la sua età, mancano i versetti chiusi sopra fra parentesi: che vengono generalmente dai critici considerati come un'aggiunta posteriore fatta per armonizzare il testo di Luca con quello di Paolo e degli altri due sinottici[312].

Se noi ora teniamo conto di questa eliminazione, abbiamo una serie di testi che si dispongono secondo una complessità crescente: Luca, Marco (e Matteo), Paolo. Cominciando da Paolo, dobbiamo anzitutto notare che egli fa appello a una rivelazione personale: «io che ho ricevuto dal Signore». Ciò è conforme allo stile di Paolo, che pur non avendo conosciuto Gesù, dichiara di aver ricevuto da lui direttamente l'evangelo mediante una rivelazione (*Gal.*, I, 12). Questa rivelazione non può riferirsi ai fatti, che Paolo doveva aver trovato nella recente tradizione; ma al senso, all'interpretazione di questi fatti. Questo vuol dire che nel suo racconto Paolo non si propone di narrare obiettivamente i fatti, ma di esporre ai Corinzi la sua dottrina della cena, fondata su di una rivelazione; e che quindi egli non può essersi fatto scrupolo di adattare ad essa le parole di Gesù non ancora fissate da alcuna tradizione. E se analizziamo ciò che egli aggiunge al testo più semplice trasmessoci da Luca, abbiamo due elementi: l'esortazione a ripetere la cerimonia; il riferimento al sacrificio che egli fa del suo corpo e del suo sangue per la salute dei discepoli.

Quanto al primo non possiamo non notare che l'esortazione non si trova nei sinottici, i quali, se si fosse trattato d'una tradizione genuina, non l'avrebbero certamente omessa. E se riflettiamo che la cena era una pratica rituale corrente nell'antica comunità cristiana, troveremo naturale che si sia cercato di giustificarla con l'attribuire a Gesù l'esortazione a ripetere la cena in memoria della sua morte. Quanto al secondo punto, è ben chiaro che l'aggiunta: «il mio corpo che è spezzato per voi» e l'aggiunta parallela relativa al vino, che è comune anche a Marco e Matteo e accenna alla virtù espiatrice del suo sangue, sono una giustificazione teologica della morte di Gesù, che per la comunità primitiva era stata prima una catastrofe disperata (*Marco*, XIV, 27), poi, dopo la fede nel ritorno di Gesù, un problema. Già la prima comunità e poi più decisamente Paolo avevano cercato di risolverlo

---

[312] Barbier, *op. cit.*, pp. 22 sgg.

col fare apparire la morte di Gesù come un sacrificio necessario, una espiazione. Questo è dunque un commento teologico che è impossibile risalga a Gesù; ben più probabile è che a lui risalgano solo le semplici parole dei sinottici: «Questo è il mio corpo».

Da questo esame risulta che, secondo la massima probabilità, noi abbiamo nelle relazioni di Paolo e dei due sinottici, più che delle relazioni storiche della cena, le interpretazioni che le comunità dell'età apostolica se ne erano fatte; e che queste interpretazioni erano fondamentalmente due. Dalla relazione di Paolo, Marco e Matteo apprendiamo che in alcune comunità si celebrava periodicamente in memoria della morte di Gesù una cena comune in cui erano elementi essenziali il pane e il vino, e che si era persuasi di partecipare soprannaturalmente per mezzo di essa al corpo e al sangue di Gesù.

La relazione di Luca (nel suo testo genuino) ci rinvia invece probabilmente a un'altra tradizione, secondo la quale la cena era una commemorazione dell'ultima cena di Gesù, non della morte: la funzione principale era la divisione del pane che era messo in relazione col corpo di Gesù. Forse si gustava anche del vino, ma senza che ciò facesse parte essenziale della cena e solo in senso di gioia per la prossima riunione nel regno dei cieli. La prima è una concezione teologica, ellenistica, un'interpretazione che si è sovrapposta per ragioni di culto all'altra; la seconda è la versione più antica, di origine ebraizzante palestinense ed è senza dubbio quella che contiene i dati più veritieri sulla ultima cena di Gesù.

Una valida conferma di questa distinzione ci è data nel rituale eucaristico della «Dottrina degli apostoli» che risale nei suoi elementi essenziali al Cristianesimo ebraizzante di Gerusalemme. In esso non ricorrono le parole «questo è il mio corpo», né è fatto alcun accenno alla morte di Gesù: la preghiera rituale pronunciata nell'eucaristia è un atto di grazie reso a Gesù e un'invocazione all'unità della chiesa nel regno di Dio.

Ora che cosa contiene questa seconda versione? In primo luogo l'atto relativo al vino. Gesù prende il calice, lo benedice e lo distribuisce ai discepoli dicendo: «Io non ne berrò più finché l'opera mia non sia compiuta». In secondo luogo l'atto di Gesù relativo al pane. Egli prende il pane, recita su di esso la preghiera tradizionale, poi lo spezza e lo divide fra i discepoli pronunciando le misteriose parole: «Questo è il mio corpo».

Le parole che nei sinottici si accompagnano alla distribuzione del vino sono così poco in relazione con le teorie eucaristiche dell'antica comunità, che non possono essere state inventate. Esse risalgono senza dubbio a Gesù ed esprimono solo la sua speranza nel prossimo trionfo[313]. Erano una specie di voto, come ne troviamo un altro esempio negli *Atti* (XXIII, 12): «Fattosi giorno i Giudei ordirono una congiura e con imprecazioni fecero voto di non mangiare e di non bere finché non avessero ucciso Paolo». Un altro esempio troviamo in un frammento del Vangelo degli Ebrei (Hennecke, p. 55). Dopo la risurrezione Gesù appare a Giacomo il giusto suo fratello: «perché Giacomo aveva giurato di non mangiare più pane dall'ora in cui aveva bevuto il calice del Signore finché non lo avesse veduto sorgere dai dormienti. Allora il Signore disse: portate una tavola e del pane. Poi prese il pane, lo benedisse, lo spezzò e lo diede a Giacomo il giusto dicendo: Mangia il tuo pane, o fratello, perché il Figlio dell'uomo è risorto dai dormienti». Un legittimo dubbio può certamente persistere se Gesù non abbia anche aggiunto in rapporto al vino le parole oscure: «Questo è il mio sangue»; una forma che troviamo anche in Giustino (*I Apologia*, 66), non sappiamo in base a quale fonte. Ciò non altererebbe ad ogni modo il senso dell'atto e sarebbe solo un riscontro alle parole pronunciate sul pane. Ma è più probabile che la celebrazione dell'atto sia avvenuta solo con la spartizione del pane. Anche nella cena di Gesù ai discepoli di Emmaus (*Luca*, XVI, 30) Gesù non fa che benedire e spezzar loro il pane: di vino non è parola. Così è anche rappresentata l'eucaristia negli *Atti* (II, 43, 46, XX, 7); la cena era celebrata con letizia, senza vino e senza accenni alla morte di Gesù. In quella figurazione allegorica della cena che è la moltiplicazione dei pani (*Marco*, VI, 41; VIII, 6) Gesù spezza e distribuisce il solo pane. Negli atti apocrifi degli apostoli la cena ha luogo col solo pane ed è un atto di gioia, di iniziazione mistica[314]; le sette cristiane ebraizzanti dell'Oltre Giordano celebrano ancora per lungo tempo l'eucaristia senza il vino: e tale uso ebbe una certa diffusione nella stessa chiesa antica.

3. Ma quale è il senso delle misteriose parole: «Questo è il mio corpo»[315]? La risposta non può essere che ipotetica, tanto più che non abbiamo nemmeno la sicurezza che esse risalgano a Gesù. Certo è in ogni modo che non possono avere il senso mistico-magico che dà loro Paolo: questa è un'interpretazione posteriore che i discepoli non avrebbero nemmeno compreso. La particella «è» non ha bisogno di esprimere un'identità,

---

[313] Pfleiderer, I, pp. 459-460; così le intende anche W. Schubart, *Das Weltbild Jesu*, 1928, p. 46.

[314] *Atti* di Tommaso, 29 (Hennecke, p. 266); 49-50 (pp. 269-270); *Atti* di Pietro, 2, 5 (pp. 231, 234); *Atti* di Giovanni, 110 (p. 190). Si cfr. Lietzmann, *Messe und Herrenmahl*, 1926, pp. 240 sgg.

[315] Wellhausen, *Das Ev. Marci*, 1909, ad XIV, 22-25; Hoffmann, *op. cit.*, pp. 90 sgg.; Reville, *op. cit.*, pp. 137 sgg.

ma vuol dire, come altrove: «simboleggia, rappresenta». «La semente è la parola di Dio» (*Luca*, VIII, 11): «il seminatore in luoghi pietrosi è colui che ode la parola» (*Matteo*, XIII, 20)[316]. Nemmeno sono da intendersi nel senso che per mezzo di esse Gesù alluda alla propria morte prossima dicendo: Come questo pane è qui spezzato per voi, così il mio corpo sarà spezzato e sacrificato per voi. Così le intendono oggi molti teologi: così anche R. Otto, il quale pensa che Gesù avesse allora dinanzi alla mente la morte per lapidazione – la pena dei sacrileghi che toccò pochi anni dopo a Stefano. Ma non vi è nelle semplici parole del testo di Luca nulla che si possa intendere come un'allusione alla morte prossima: e la cena nella comunità più antica non era affatto intesa come una commemorazione della morte di Gesù, ma come una commemorazione di Gesù e una comunione con lui, piena di speranza e di letizia. Il senso più probabile deve essere chiesto alle circostanze in cui Gesù si trovava. Giunto a Gerusalemme, egli aveva dovuto conoscere la gravità della lotta e del pericolo: si comprende il suo desiderio di riunire in quella sera sacra i suoi discepoli intorno a sé nella cena del sabato per stringerli a sé, per affermare la comunione indivisibile che doveva legarli nel momento decisivo. Le parole «Questo è il mio corpo» vogliono dire pertanto: «Questo pane che noi prendiamo insieme rappresenta me stesso: la partecipazione del pane che io vi do sia come una partecipazione di me stesso che stringa voi in unità fra voi stessi e con me». Per intendere questo simbolismo bisogna ricordare che secondo un antico concetto semitico il mangiare dello stesso pane crea un'alleanza protettiva, una solidarietà di vita: quest'uso era penetrato anche fra gli Israeliti[317]. Quando si conclude un'alleanza essa è confermata da un pasto in comune, dove entrano il pane e il vino (*Giosuè*, IX, 14). Anche presso gli Arabi attuali lo spezzare e dividere in comune il pane è segno di solidarietà fra il protettore e il protetto[318]. Paolo (*I Cor.*, X, 17-18) accenna anch'egli a questo concetto. «Il pane che noi rompiamo non è egli la comunione del corpo di Cristo? Poiché vi è un solo pane, noi siamo, in molti, un corpo solo: perché tutti siamo partecipi d'un solo pane». E nella preghiera eucaristica della *Didaché* dall'unità del pane l'autore toglie occasione a implorare da Dio l'unità della chiesa: «come questo pane spezzato era disperso sui monti e venne insieme raccolto, così sia raccolta la tua chiesa da tutti i confini della terra nell'unità

---

[316] Si cfr. anche *I Cor.*, X, 4: «E quella roccia era Cristo».

[317] Bertholet, *La civilisation d'Israël* (tr. fr.), pp. 135, 208. Si cfr. Smith, *Rel. d. Semiten*, 1899, pp. 202 sgg.

[318] A. v. Wrede, *Reise in Hadramaut*, 1870, p. 227. Vi accenna già Hegel nella sua Vita di Gesù (*Theol. Jugendschriftem*, 1907, p. 126).

del tuo regno» (cap. 9)[319]. In uno degli *agrapha* musulmani Gesù nella cena dice: «Ego vado ad Patrem meum et Patrem vestrum, sed ante discessum divinitatis meae mandatum dabo vobis atque foedus et pactum vobiscum inibo» (*Logia et agrapha ap. moslem. script.*, p. 126). A. Schweitzer dà a questo simboleggiamento della solidarietà di Gesù coi discepoli un senso escatologico. Gesù avrebbe dato loro con questa espressione simbolica la promessa che essi sarebbero stati con lui partecipi anche del venturo regno dei cieli: il pane diviso con Gesù sarebbe stato come il segno che in *Ezechiele* distingue gli eletti, il sigillo di Dio che nell'Apocalisse gli eletti portano sulla fronte (IX, 4; XIV, 1): una specie di sacramento escatologico come già era stato il battesimo per Giovanni[320]. Ma io non credo, per quanto Gesù e i suoi giudicassero prossimo l'avvento del regno di Dio, che in quelle ore gravi questo pensiero cancellasse interamente la preoccupazione immediata della lotta per il regno messianico. La cena del Signore non fu probabilmente altro che il simbolo di una solidarietà indissolubile fra Gesù e i suoi discepoli. Forse Gesù pensò allora alla possibilità della sua morte, alla continuazione della sua opera da parte dei discepoli, alla vittoria finale che li avrebbe di nuovo riuniti nonostante la sua morte; forse – e più probabilmente – non pensò che alla lotta e al trionfo: a questo sembra alludere il voto che egli fa porgendo il calice ai suoi discepoli. Certo fu un momento e un atto solenne e si capisce che la comunità cristiana lo abbia poi ripetuto come il segno più profondo della sua unione con Cristo.

---

[319] È singolare che questo concetto ritorna in un oscuro anabattista del XVI secolo: «Come i numerosi grani vengono schiacciati dalla macina e raccolti in un unico pane... così noi uomini veniamo raccolti dal vincolo dell'amore in un corpo di cui Cristo è il capo etc.», «ZKG», 1932, p. 553. L'eucaristia che accompagna nelle *Omelie clementine* l'iniziazione (ed. Dressel, 1853, p. 9) è un atto di solidarietà.

[320] Schweitzer, pp. 430-435.

1. Il racconto della passione è l'unica parte della narrazione evangelica nella quale possiamo riconoscere un ordine cronologico obiettivo; il che non vuol dire però che noi possiamo accoglierlo nella sua totalità[321]. Una gran parte è costituita per certo da ricordanze dell'ultimo, memorabile periodo della vita di Gesù, che dovette lasciare nei suoi discepoli una più profonda impressione: ma a lato di esse dovettero insinuarsi anche motivi dell'Antico Testamento (la comunità antica vedeva nell'Antico Testamento un accenno continuo a Gesù) e tendenze a conformare il racconto alle rappresentazioni dogmatiche e agli interessi pratici della comunità cristiana[322]. Anche qui però, se è facile enunciare il principio in astratto, è difficile applicarlo in concreto e bisogna ricordare che nella maggior parte dei casi non possiamo fare altro che dare la ricostruzione più probabile.

2. Il sogno della restaurazione messianica che aveva condotto Gesù a Gerusalemme doveva necessariamente spezzarsi contro la dura realtà delle cose. Che cosa provocò la catastrofe? Il suo messianismo coi pericoli politici che esso comportava o il suo spirito di riforma contro il ritualismo? Secondo Loisy la causa fu prevalentemente politica. Già il Battista era stato vittima del movimento da lui provocato: e lo stesso Erode Antipa aveva dimostrato qualche inquietudine per l'attività di Gesù in Galilea e lo aveva costretto a rifugiarsi nel deserto (*Marco*, VI, 14-33; *Luca*, XIII, 31). Quando poi Gesù lasciò la Galilea per la Giudea, retta da un procuratore romano, i capi ufficiali dell'Ebraismo, inquieti per la loro tranquillità e per la pace della nazione denunciarono Gesù come pretendente al trono all'autorità romana, che lo arrestò e lo fece perire. L'ostilità dei Farisei contro il novatore religioso può avere contribuito alla sua perdita: ma non è certamente stata la causa determinante. Quelli che provocarono la condanna sono i Sadducei, i sacerdoti del tempio: e l'autore diretto della condanna e della morte fu il procuratore romano Ponzio Pilato. I processi di Paolo negli *Atti* (XVI, 19-40; XXI, 26 sgg.) mostrano con quale arbitrio e con quale severità i magistrati romani procedessero contro coloro che non erano cittadini romani e

---

[321] Sulla passione e sulla morte si veda specialmente: Brandt, *Die evangel. Geschichte und der Ursprung des Christentums*, 1893.

[322] F.K. Feigel, *Der Einfluss des Weissagungsbeweises und anderer Motive auf die Leidensgeschichte*, 1910; A. Wautier D'Aygalliers, *Les sources du récit de la Passion chez Luc*, 1920.

che provocavano disordini popolari nelle province da essi governate. D'altra parte sappiamo, attraverso le volute attenuazioni di Giuseppe Ebreo, con quale inumanità procedesse Pilato nella repressione di questi movimenti: anche al tempo di Gesù egli aveva brutalmente soffocato un movimento di Galilei nel tempio «mescolando il sangue ai loro sacrifici». «Egli era uomo crudele», dice di lui il re Agrippa I in Filone (*Legatio ad Gaium*, § 38), «e il suo cuore non conosceva la pietà». E Gesù venne condannato non come novatore religioso, ma come sedizioso, come aspirante al regno, «rex judeorum». Un sottile esame delle fonti evangeliche può ancora oggi mettere in luce residui d'una tradizione più antica, secondo la quale i Romani furono gli autori del processo e della condanna di Gesù[323]. Questo fatto doveva naturalmente essere attenuato e palliato in un'altra età, quando il Cristianesimo aveva rotto completamente con l'Ebraismo e si accingeva a conquistare il mondo romano. Infatti vi è nei Vangeli una tendenza, tanto più spiccata quanto più si procede nel tempo, a diminuire e quasi annullare la responsabilità dell'autorità romana e a riversare la colpa sul popolo e sull'autorità ebraica. Ad essa si deve l'episodio di Barabba che non ha storicamente alcun fondamento: e forse anche la comparizione davanti a Erode Antipa fu introdotta per associare Erode nella condanna di Gesù. La versione favorevole ai Romani si accentua nella letteratura apocrifa posteriore, ad esempio negli *Atti* di Pilato, nella lettera di Pilato a Claudio; secondo il Vangelo di Pietro è Erode che dà l'ordine dell'esecuzione (Hennecke, 60). Per Tertulliano Pilato è già quasi cristiano: «jam pro sua conscientia christianus» (*Apologetico*, 21). Nella prima letteratura cristiana è anche generale la tendenza a mettere fuori di causa i soldati romani, che pure furono i carnefici di Gesù, e ad attribuire la crocifissione di Gesù agli Ebrei;[324] ed è strano che il *Talmud* condivida la stessa opinione: sarebbero gli Ebrei che avrebbero lapidato Gesù e poi ne avrebbero appeso il cadavere a una croce.

3. La narrazione evangelica ci ha conservato le tracce dello smarrimento e dei foschi presentimenti che dovettero invadere lo spirito di Gesù quando l'ostilità minacciosa delle autorità ebraiche gli fece comprendere tutta la gravità del momento. Si capisce perciò la crisi di abbattimento che lo prese una sera sulla via di Betania, mentre i suoi discepoli si erano raccolti in un campo ed egli si era tratto in disparte per raccogliersi e pregare. Ma il dado era tratto: non era più possibile sfuggire alla battaglia. Luca ci ha conservato

---

[323] Cfr. Havet, *Le christianisme et ses origines*, IV, 1884, pp. 20 sgg.; Goguel, *Juifs et Romains dans l'histoire de la Passion*, «RHR», 1910, II, pp. 165 sgg., 295 sgg. Su Pilato si v. Schürer, I, pp. 488 sgg.

[324] Bauer, *Das Leben Jesu im Zeitalter der Apokryphen*, 1909, pp. 129 sgg.

il particolare dell'acquisto delle spade consigliato da Gesù (*Luca*, XXII, 36): egli deve aver avuto, almeno per qualche momento, l'intenzione di difendersi con la forza. Egli non voleva fare una rivoluzione armata, ma difendersi da un possibile agguato che potessero tendergli i sacerdoti del tempio. Perciò quando i discepoli gli dissero che avevano due spade, rispose: «Bastano». Certo questo non sembra in armonia con la dottrina, ma la lotta per l'ideale esige talvolta questi compromessi. Anche nelle invettive di Gesù contro i Farisei traspare un'ira implacabile che è poco in armonia con la carità evangelica.

Le autorità sacerdotali che da tempo attendevano l'occasione per far tacere questa voce molesta, ma temevano di suscitare un tumulto arrestandolo pubblicamente, furono aiutate, secondo la tradizione, dal tradimento di uno dei suoi discepoli, che rivelò il rifugio notturno di Gesù e lo indicò agli esecutori. Ciò che indusse un intimo di Gesù a tradirlo non fu probabilmente il lucro, come la tradizione vuole, ma la delusione, la sfiducia, la paura[325]. Non sembra possibile eliminare, come qualche critico vorrebbe, questo particolare che la comunità cristiana, la quale venerava gli apostoli come santi, non avrebbe certo inventato né introdotto[326]. Una sera, la sera stessa della cena, un manipolo di soldati della coorte romana (secondo la più verosimile versione di *Giovanni*, VIII, 3) o di satelliti e servi dei sacerdoti (secondo i sinottici) lo arrestò in mezzo ai suoi discepoli. Qualcuno di questi tentò una debole difesa, poi tutti fuggirono e lo abbandonarono. Solo alcuni lo seguirono da lontano: tra essi era un giovinetto che fu preso anch'egli, ma poté fuggire nudo, lasciando nelle mani dei persecutori il leggero mantello in cui era avvolto (*Marco*, XIV, 51-2). Gesù sarebbe stato prima condotto nel palazzo del gran sacerdote: là Pietro, che lo aveva seguito da lungi e si era introdotto fra i servi, riconosciuto come Galileo e accusato di essere un seguace di Gesù avrebbe rinnegato il suo maestro giurando e spergiurando di non conoscerlo. Di là poi sarebbe stato condotto nell'antico Palazzo Erodiano dinanzi al quale i procuratori romani solevano tenere giudizio[327].

4. Sulla procedura seguita nel giudizio contro Gesù non sappiamo nulla di certo, perché noi non conosciamo con precisione le norme seguite dai Romani in Palestina al tempo di Gesù e i dati evangelici contengono troppi elementi tendenziosi per ricavarne un risultato inoppugnabile[328]. Come se-

---

[325] A. Reville, II, pp. 312 sgg.

[326] G. Schlager, *Die Ungeschichtlichkeit des Verräters Judas*, «ZNW», 1914, pp. 50 sgg.

[327] Cfr. Giuseppe Ebreo, *De bello jud.*, II, 14, 8-9.

[328] Sul processo di Gesù: S. Buss, *The Trial of Jesus*, 1896: Rosadi, *Il processo di Gesù*,

dizioso e aspirante al regno, egli avrebbe dovuto essere giudicato dall'autorità romana: ma più tardi, per gravare gli Ebrei, si accentuò la parte avuta dal Sinedrio. Il Sinedrio era una specie di senato di 71 membri creato, probabilmente già fin dal periodo persiano, per l'amministrazione interna, che aveva continuato a sussistere sotto i Greci e i Romani. Era composto di membri dell'aristocrazia sadducea, di Farisei e di scribi: aveva larghi poteri amministrativi e giudiziari e poteva anche pronunciare la pena capitale che era generalmente eseguita per mezzo della lapidazione; ma nell'età di Gesù sembra che, specialmente nei processi aventi un qualche carattere politico, le sue condanne dovessero essere ratificate dall'autorità romana. Però il Sinedrio sapeva anche sfuggire a questo controllo: e d'altra parte l'autorità romana era sempre assai compiacente[329]. Secondo la versione tendenziosa dei sinottici il Sinedrio avrebbe istituito il giudizio e sentenziato a morte Gesù come seduttore del popolo (*Marco*, XIV, 64) e poi lo avrebbe consegnato al procuratore romano il quale lo avrebbe interrogato e, mosso a pietà, avrebbe cercato di salvarlo graziandolo[330]. Ma ne sarebbe stato impedito dal fanatismo della turba ebraica eccitata dai sacerdoti: onde a malincuore, per compiacere ai sacerdoti e alla folla, lo avrebbe abbandonato al suo destino. Contro questa versione stanno le numerose irregolarità che, secondo il diritto ebraico, sarebbero state commesse in questo giudizio sommario di Gesù e sta la pena della crocifissione che era supplizio specificamente romano: né l'atteggiamento sentimentale di Pilato, quale è descritto nei Vangeli, corrisponde al suo carattere duro e sanguinario. Il Sinedrio può quindi aver avuto parte nella morte di Gesù per la sua denuncia e non è improbabile che esso abbia aperto un'istruttoria preliminare[331]; ma Gesù fu giudicato dall'autorità romana e da essa condannato a morte come agitatore e sospetto ribelle per le sue pretese messianiche[332].

5. Condannato dall'autorità romana per un delitto di Stato, Gesù fu destinato a morire sulla croce[333]. Era una forma di supplizio venuta ai Romani

---

1904; G. Aicher, *Der Prozess Jesu*, Berlin, «Akad.», 1931; W. Brandt, pp. 33 sgg.; Regnault, *Une province procuratorienne au début de l'Empire romain. Le procès de Jésus Christ*, 1909.

[329] Stapfer, pp. 93 sgg.; Schürer, II, pp. 188 sgg.; F. Buchsel, *Die Blutgerichtsbarkeit d. Synedriums*, «ZNW», 1931, pp. 202 sgg.

[330] Sull'episodio di Barabba si v. Brandt, *op. cit.*, pp. 94 sgg.

[331] Klausner, pp. 462-463.

[332] Così generalmente: v. in contrario Mommsen, *Die Pilatus-Akten*, «ZNW», 1902, pp. 191 sgg.

[333] Sul supplizio della crocifissione: Mommsen, *Le droit pénal romain* (tr. fr.), III, pp. 254 sgg.; H. Fulda, *D. Kreuz and die Kreuzigung*, 1878 (mit 7 Taf.); L. De Feis, *Il patibolo della croce secondo la Bibbia e i monumenti assiri*, 1900; Brandt, *op. cit.*, pp. 167 sgg. (che

dall'Oriente e da essi applicata specialmente agli schiavi e ai ribelli: pena atroce per le sofferenze e per l'ignominia, al tutto degna della barbarie romana. La croce era abitualmente fatta di due travi in forma di T, poco elevata dal suolo, in modo che i piedi del suppliziato toccavano quasi la terra; qualche volta come nella croce descritta negli *Atti* di Pietro, cap. 38 (Hennecke, p. 248), aveva la forma d'una vera croce, d'un palo diritto, nel cui mezzo è inchiodato un legno trasversale. I carnefici spogliavano nudo il paziente, gli mettevano il legno trasversale (*patibulum*) sul dorso legandogli o inchiodandogli le braccia distese alle due estremità del legno, poi così legato lo issavano lungo il palo verticale precedentemente infitto nella terra, al quale venivano legati o inchiodati i piedi. Il morituro era lasciato lì esposto all'ignominia e alle sofferenze; la morte avveniva in generale per esaurimento e per i turbamenti della circolazione, ma poteva anche farsi attendere più giorni: di solito quando la morte era lenta a venire si finiva il condannato spezzandogli le gambe. L'anno della nascita di Cristo il generale Quintilio Varo proconsole della Siria aveva fatto mettere in croce duemila Ebrei insorti; Tito, nell'assedio del 70, ne faceva crocifiggere più di cinquecento al giorno, tanto che, dice Giuseppe Ebreo, non vi era quasi più né legno, né spazio sufficiente per le croci[334].

Gli esecutori del giudizio furono i soldati romani della coorte speciale addetta ai governatori delle province, che esercitavano lo spregiato ufficio di esecutore e di carnefice (*apparitores, speculatores*, cfr., *Marco*, VI, 27)[335]. Come condannato a morte Gesù doveva subire prima la flagellazione. Così dopo essere stato flagellato venne abbandonato alla brutalità dei soldati romani che si divertirono a deridere il povero galileo accusato di aspirare a diventare re dei Giudei, lo rivestirono di un cencio di porpora e lo coronarono di spine[336]. Poi, rivestito dei suoi abiti, da un centurione con i suoi soldati venne condotto, con altri condannati, a una piccola altura nuda presso Gerusalemme, che serviva per le esecuzioni capitali. Forse perché le forze non gli bastavano, i soldati costrinsero per via un passante a portare il *patibulum* a cui doveva essere appeso. Prima del supplizio gli venne offerto,

---

riferisce a pp. 190-192 due casi moderni di supplizio per crocifissione); A. Reville, II, pp. 369 sgg.; P.W. Schmidt, *Die Gesch. Jesu*, II, pp. 386 sgg. Sulle sue conseguenze fisiologiche Ivi, pp. 409 sgg.

[334] Giuseppe Ebreo, *De bello jud.*, II, 5, 2; V, 11, 1.

[335] Schürer, I, pp. 470 sgg.; E. Le Blant, *Recherches sur les bourreaux du Christ* (*Les persécuteurs et les martyrs*, 1893, pp. 321 sgg.).

[336] Se questa scena crudele sia stata, come alcuno vorrebbe, una soldatesca imitazione dei Saturnali è impossibile sapere ed è del resto senza alcuna importanza. Si cfr. Frazer, *Le rameau d'or* (tr. fr.), II, 1911, pp. 439 sgg.

come si usava per un resto d'umanità, del vino aromatizzato[337]: ma Gesù lo respinse. Così fu legato sul legno ed eretto in alto fra le derisioni dei soldati e di coloro stessi che venivano con lui suppliziati: da lontano assistevano angosciate alcune fra le donne che lo avevano accompagnato a Gerusalemme e non lo avevano abbandonato. Il supplizio durò alcune ore. Verso la fine uno dei soldati gli offrì per pietà su d'una canna una spugna imbevuta d'aceto: ma Gesù gettò un grande grido e spirò[338].

6. Dopo la morte di Gesù, secondo la tradizione, un notabile ebreo che simpatizzava con Gesù ed era fra quelli che aspettavano il regno di Dio, si fece coraggio e richiese a Pilato il corpo del suppliziato: avendone avuto l'assenso, avvolse il corpo in un lenzuolo e lo ripose in un sepolcro scavato nel sasso e chiuso da una grande pietra sepolcrale. Le sole donne fedeli a Gesù avrebbero assistito a questo atto estremo di pietà; Pietro e gli altri discepoli erano già fuggiti nella Galilea ed erano tornati al loro lago e alle loro reti (Vangelo di Pietro, 58-60). Ma questo racconto contraddice a un dato degli *Atti* (XIII, 29), che attribuisce agli Ebrei la sepoltura di Gesù: il racconto della tradizione è probabilmente solo una leggenda intenzionale connessa con le leggende della risurrezione e tendente per di più a eliminare lo scandalo che Gesù fosse stato, alla sua morte, completamente abbandonato. Da alcuni dati del Vangelo di Pietro (v. 5) e di Giovanni (XIX, 31) appare che la deposizione di Gesù dalla croce nello stesso giorno sarebbe avvenuta per evitare la profanazione del giorno sabbatico della Pasqua: durante il sabato nessun corpo di suppliziato doveva rimanere esposto. Molto probabilmente quindi furono gli Ebrei che tolsero, per ragioni rituali, il corpo di Gesù dalla croce e lo seppellirono oscuramente in qualche fossa comune con i cadaveri degli altri suppliziati[339].

---

[337] Quest'uso è riferito anche nel *Talmud*: si vedano i testi in Stracke-Billerbeck, I, p. 1037.

[338] L'appello disperato in Marco: «Signore, Signore, perché mi hai abbandonato?», che gli altri evangelisti hanno cambiato, è il primo versetto del *Salmo* 22 e non ha molto probabilmente alcun fondamento: non è verisimile che un uomo nell'angoscia della morte si esprima in citazioni; d'altronde uno dei primi effetti fisiologici della sospensione in croce è la soppressione della parola.

[339] Si cfr. Loisy, *Le quatrième Évangile*,[2] 1921, pp. 496-498; G. Baldensperger, *Le tombeau vide*, «RHPhR», 1932, pp. 517 sgg.

XII. La risurrezione

1. Con la morte di Gesù si chiude la sua storia e comincia, come per la nascita, il regno della leggenda[340]. E anche qui abbiamo un materiale leggendario che si amplifica di mano in mano che la realtà storica si fa più lontana. La prima relazione della risurrezione è quella di Paolo, scritta vent'anni dopo la morte di Cristo, là dove narra la sua visione presso Damasco: «Vi ho tramandato anzitutto quello che ho ricevuto, cioè che Cristo è morto per i nostri peccati, secondo le Scritture: che egli è stato sepolto ed è risuscitato nel terzo giorno secondo le Scritture; che egli fu visto da Pietro e poi dai dodici. Indi fu visto ad un tempo da più di cinquecento fratelli, dei quali i più sono ancora vivi, altri sono morti. Poi fu visto da Giacomo e da tutti gli apostoli. E infine fu visto anche da me, povero aborto, ultimo degli apostoli, anzi indegno di essere chiamato apostolo perché ho perseguitato la chiesa» (*I Cor.*, XV, 3-8). Egli non conosce ancora la tradizione riferita da Marco circa la tomba vuota e l'angelo: se l'avesse conosciuta, non avrebbe mancato di fondare anche su questa testimonianza il fatto così importante della risurrezione. Così non conosce l'ascensione, incompatibile del resto con la sua teoria del corpo spirituale (*I Cor.*, XV, 35 sgg.; *II Cor.*, V; *Lettera ai Filippesi*, III, 21): colui che gli è apparso è il Cristo spirituale che è in cielo: la risurrezione è stata per Cristo anche la riassunzione del suo corpo celeste, spirituale. In Marco abbiamo già l'elemento leggendario delle donne che vanno al sepolcro e trovano l'angelo il quale annuncia loro la risurrezione. I discepoli sono ancora a Gerusalemme: Gesù fa dire loro che li precederà in Galilea (*Marco*, XIV, 28; XVI, 7). Là avrebbero dovuto aver luogo le apparizioni, ma il Vangelo di Marco qui s'interrompe: l'appendice (XVI, 9-20) è, per concorde giudizio dei critici, un'aggiunta posteriore. Il Vangelo di Pietro riproduce semplicemente, con qualche ampliamento, il racconto di Marco dell'apparizione dell'angelo alle donne (Hennecke, 62-63). Matteo arricchisce Marco col racconto delle guardie al sepolcro (dove è evidente il fine apologetico): alle pie donne appare, dopo l'angelo, il Cristo stesso; di un'ulteriore apparizione in Galilea è fatto soltanto un vago cenno (XXVIII, 16-17). In Luca le apparizioni avvengono

---

[340] Sulla risurrezione: Strauss, *Nouvelle vie de Jésus* (tr. fr.), I, pp. 380 sgg.; Pfleiderer, I, pp. 1-13; A. Reville, II, pp. 391 sgg.; R. Otto, *Aufsätze*, pp. 159-170; E. Meyer, *Ursprung und Gesch. d. Mormonen*, 1912, pp. 281 sgg.; M. Goguel, *La foi à la résurrection de Jésus dans le christianisme primitif*, 1933; Reville, *Hist. du dogme de la divinité de Jésus Christ*, 1904, pp. 19-20; Weiss, *Urchrist.*, pp. 71-75.

tutte a Gerusalemme. Le pie donne trovano al sepolcro due angeli che annunciano loro la risurrezione: in quel giorno medesimo Gesù, appare prima ai due discepoli di Emmaus, poi poco dopo agli undici e immediatamente appresso risale in cielo. In Giovanni all'annuncio dei due angeli segue (come in Matteo) l'apparizione alle due donne; la stessa sera appare agli undici (come in Luca). A queste seguono altre apparizioni a Gerusalemme e in Galilea. Nel Vangelo degli Ebrei il Cristo, appena risorto, appare a Giacomo il giusto, suo fratello (Hennecke, 55). Nell'*Epistula apostolorum*[341] alle donne che sono andate al sepolcro appare il Cristo stesso e poi, poiché gli apostoli non vogliono credere, appare agli apostoli stessi e tiene ad essi un lungo discorso. Secondo gli *Atti* Gesù rimane quaranta giorni con gli apostoli, dopo i quali risale al cielo: questa è la tradizione che prevalse nella chiesa.

2. Che cosa dobbiamo pensare di questi racconti leggendari, appena occorre dirlo. Essi fanno parte di tutta una concezione soprannaturale, che è già stata giudicata nel suo complesso. La questione che diremo storica non è nemmeno seriamente discutibile[342]. Il problema della risurrezione di Gesù come fatto fisico, nel senso in cui è generalmente intesa, è un problema storico: ora è senza senso pretendere che si creda in un fatto storico, il quale può essere dimostrato vero solo con argomenti obiettivi, non imposto come oggetto di fede. E dal punto di vista obiettivo, storico – a parte le considerazioni di principio – è fuori discussione: che nessuno degli avversari di Cristo lo ha visto dopo la morte[343]; che le visioni hanno carattere leggendario e sono connesse con elementi leggendari (apparizioni di angeli, ecc.). che coloro che lo hanno visto hanno visto un corpo celeste, glorioso, di Cristo; che anche i racconti più grossolanamente materiali gli riconoscono un corpo che penetra attraverso le porte chiuse, quindi non un corpo nel senso ordinario. È perciò un andare contro gli stessi documenti evangelici il credere che Gesù sia risorto riassumendo il corpo di prima: e l'apparizione d'un corpo spirituale, etereo, ci trasporta già fuori della realtà storica obiettivamente constatabile, nel regno delle visioni subiettive e della fede.

3. Le questioni che solleva il racconto della risurrezione sono ben altre. Baur dice giustamente che il fatto essenziale, indispensabile presupposto

<hr>

[341] Traduzione di C. Schmidt, 1919, pp. 39 sgg.

[342] Si veda la nota di Harnack, «LDG», I, pp. 95-96.

[343] Questo rilevano già ironicamente Celso (in Origene, *C. Cels.*, II, 54 sgg.) e Porfirio (Harnack, *Kritik des N.T. von einem griech. Philos.*, 1911, p. 25). Si veda anche Spinoza, *Lett. 75* (ed. v. Vloten, 1895, II, p. 415).

del costituirsi della comunità cristiana, non è la risurrezione, ma la fede nella risurrezione.

Noi dobbiamo quindi chiederci in primo luogo: come ha potuto sorgere nella comunità primitiva questa fede? In secondo luogo: quale valore ha, dal punto di vista religioso, questa fede?

Ciò che indiscutibilmente risulta dal racconto di Paolo è che la fede nella risurrezione ebbe a fondamento dei fenomeni di visione individuali o collettivi, sul tipo della visione che ebbe Paolo sulla via di Damasco – una visione eterea, luminosa che i suoi compagni non videro (*Atti*, IX, 7; si cfr. XXII, 9) – o di quella per cui fu rapito in cielo e vi apprese misteri ineffabili (*II Cor.*, XII, 2 sgg.). Dove, come ebbero luogo queste visioni? Noi lo ignoriamo del tutto. Questo solo sembra risultare dal racconto di Paolo: che il primo che vide Cristo risorto fu Pietro: forse là sul lago, che aveva veduto i giorni sereni della predicazione galilea, in una notte di tempesta, come un fantasma che cammina sulle acque[344].

Per comprendere l'origine e la diffusione di questa fede bisogna ricordare che cosa era la prima comunità cristiana: una comunità di entusiasti che aveva i suoi ispirati, i suoi profeti (*Atti*, XI, 28; XV, 32; XXI, 11) e profetesse (XXI, 10); che nelle sue riunioni il linguaggio estatico, la glossolalia, era un fenomeno frequente e che alla glossolalia si associavano ordinariamente le visioni, le profezie, i miracoli.

Pietro ha, nel racconto degli *Atti*, delle visioni (I, 5-6); e che Paolo fosse un visionario appare da tante sue confessioni (*II Cor.*, XII, 2-4). Bisogna ricordare ancora che il concetto della risurrezione era familiare alla mentalità del tempo: quando si era sparsa la fama di Gesù in Galilea, alcuni pensarono che egli fosse Giovanni Battista risorto, altri il profeta Elia (*Luca*, IX, 7-9).

E bisogna ricordare, per ultimo, quanto fosse diffusa nell'Oriente semitico la credenza agli dei morenti e risorgenti[345]: credenza che certo ebbe la sua parte nella rapida diffusione della fede nella risurrezione. Esempi di fenomeni di visione estatica e di suggestione collettiva ci sono offerti in copia dalla storia delle religioni. Il filosofo Massimo di Tiro, un platonico del II secolo d.C., asseriva con giuramento di aver visto e non in sogno, ma

---

[344] Un critico vede nei racconti di *Marco*, IV, 35-41 e VI, 47-52 la traccia del più antico racconto delle apparizioni (S. Kreyenbühl, *Der älteste Auferstehungsbericht* in «ZNW», 1908, pp. 257-296). Si veda anche l'appendice al Vangelo di Giovanni (XXI, 1-13) e la conclusione del Vangelo di Pietro (Hennecke, p. 63). Si cfr. Maurenbrecher, *Von Nazareth nach Golgatha*, 1909, pp. 37 sgg.

[345] M. Brückner, *Der sterbende und auferstehende Gottheiland*,[2] 1920.

nella veglia, il dio Esculapio (*Dissertazioni*, XV, 7). Dopo che il martire del sufismo Al Hallâj venne crocifisso e suppliziato a Baghdad il 26 marzo in presenza d'una grande folla, si diffuse la leggenda che Al Hallâj non aveva realmente sofferto, che Dio aveva operato il miracolo d'una sostituzione e lo aveva tratto a sé, vivente, in cielo. E alcuni suoi discepoli lo videro il giorno dopo del supplizio: i suoi seguaci ne attesero il ritorno in mezzo a loro[346]. Parlando dei calvinisti vecchio stile delle isole olandesi, Reville scrive: «Dei pastori che conoscono questi luoghi mi hanno spesso detto che i contadini morivano in pace quando sul loro letto di morte avevano veduto Gesù apparire loro per benedirli e chiamarli: e che queste apparizioni non erano rare. Questo mi è sempre parso un esempio calzante della facilità con cui lo spirito umano, in un certo grado di cultura e di esaltazione, può individualizzare un'idea od un sentimento in modo da percepirla in forma obiettiva e personale. I nostri calvinisti francesi del XVII secolo sentivano gli angeli cantare sull'area delle loro chiese distrutte [...] Questo mi pare che getti una gran luce sui racconti evangelici della risurrezione»[347]. Eduard Meyer nella sua storia dei mormoni ricorda la visione avuta in una foresta dopo lunghe preghiere dal profeta Smith e da tre suoi seguaci d'un angelo che appare in tutto il suo splendore per mostrar loro le tavole del libro sacro Mormon. I tre fedeli non solo confermarono per iscritto la loro visione, ma la mantennero più tardi anche dopo usciti dalla chiesa mormonica, quando gli avversari di questa si sforzavano di indurli a una ritrattazione: la confermarono anche sul letto di morte. Uno di essi diceva, cinquant'anni dopo, di aver veduto le tavole così chiaramente come gli oggetti che aveva intorno a sé e di aver chiaramente inteso la voce dell'angelo[348].

4. Questa spiegazione psicologica – la sola che un uomo di sano intelletto possa ammettere[349] – non vuole però essere affatto un giudizio sbrigativo che respinga la fede dei primi discepoli come un'illusione senza valore; noi possiamo riconoscere il valore religioso di questa fede senza perciò essere costretti ad accettarne la verità in senso letterale. Ciò che dà ad essa valore è che questa illusione era l'espressione inadeguata di una fede ardente nella personalità del Cristo. Gesù non poteva, per i suoi discepoli, essere scomparso nella morte come gli altri uomini. Egli doveva attendere

---

[346] L. Massignon, *Al Hallâj*, «RHR», 1911, I, p. 196.

[347] A. Reville, *Lettera a Renan* dell'8 dic. 1865, «RHPhR», 1925, p. 455.

[348] E. Meyer, *Ursprung und Gesch. d. Mormonen*, 1912, pp. 21 sgg.

[349] Io faccio qui astrazione dagli assurdi tentativi di spiegare la risurrezione con un reale ritorno alla vita: tentativi ripetuti anche di recente. Si veda: Spitta, *Die Aujerstehung Jesu*, 1918.

senza dubbio l'ora in cui sarebbe tornato sulla terra rivestito di gloria: e fino a quel momento egli era vivo e spiritualmente presente in mezzo a loro, dappertutto dove essi erano radunati nel suo nome. Così interpreta anche Tyrrell la fede nella risurrezione. Che i discepoli abbiano avuto delle apparizioni di Gesù dopo la sua morte non si può mettere in dubbio: senza di ciò la speranza e l'entusiasmo della prima comunità non sarebbero esplicabili. Che essi abbiano dato a queste visioni un'interpretazione fisica è pure indubitabile. E in questo solo stava la loro illusione: che essi consideravano le loro visioni come segni d'un fenomeno dell'ordine fisico, mentre esse erano traduzioni di esperienze dell'ordine spirituale. Ciò che traducevano in un fenomeno fisico era la convinzione che con la morte di Gesù non era tutto finito, che la sua personalità spirituale doveva continuare a vivere e ad agire in una realtà spirituale superiore, sottratta ai nostri sensi[350].

Noi non poniamo perciò queste visioni come obiettive nel senso che in esse agisse un fattore trascendente qualsiasi[351]. Questa sarebbe solo un'altra forma di appello al soprannaturale, che noi dobbiamo respingere nel modo più reciso: come fenomeni psichici esse erano senza dubbio illusioni e niente altro. Ma già nei discepoli stessi la fede entusiastica, di cui esse erano il segno, era la fede nella vita immortale del Cristo crocifisso ben più che nel fatto suggerito al nostro spirito dalla parola «risurrezione» (Loisy).

La fede nella risurrezione di Gesù è stata per la comunità primitiva ciò che era per Gesù la fede nel regno dei cieli: la forma simbolica della fede nel valore assoluto della realtà spirituale di fronte al mondo sensibile. È questa fede che ha commosso le coscienze e che è stata la consolazione della storia. «Qualunque cosa», dice giustamente Harnack, «sia avvenuta alla tomba e nelle apparizioni del Cristo, certo è che in quella tomba ha avuto la sua origine la fede nella vittoria sulla morte e nella vita eterna». Le prove dei filosofi hanno, al loro posto, un proprio valore; ma l'umanità non ha tolto dai filosofi la certezza della vita eterna. Questa fede liberatrice e consolatrice è venuta agli uomini dalle visioni dei discepoli del Cristo.

5. Le visioni estatiche non furono che il primo nucleo della leggenda; ad essa si aggiunsero di mano in mano nuovi elementi suggeriti soprattutto dai due seguenti motivi: mostrare realizzate le pretese profezie dell'Antico Testamento; difendere la verità del racconto contro gli increduli. A questo secondo motivo si deve la materializzazione sempre più grossolana; nel Vangelo degli Ebrei Gesù risorto consegna al servo del gran sacerdote il sudario (Hennecke, 55), certo per documentare che era risorto. Quale dimostrazione

---

[350] Tyrrell, *Le Christianisme à la croisée des chemins* (tr. fr.), 1911, pp. 174 sgg.

[351] È la soluzione di Weisse, *Die evang. Geschichte*, 1838, II, pp. 339 sgg.

migliore della sua risurrezione, per menti infantili, che il fatto di mangiare e di bere coi discepoli e di far mettere il dito agli increduli nelle sue piaghe? (*Luca*, XXIV, 36 sgg.; *Giovanni*, XX, 24 sgg.). Nei Vangeli apocrifi il numero delle apparizioni e delle persone che vi assistono è ancora più grande; e così la durata della sua presenza sulla terra, che è d'un giorno in Luca, e di quaranta giorni negli *Atti*, di 545 giorni nell'*Ascensione di Isaia* (IX, 16) e, in alcuni testi gnostici, di undici anni.

Con queste leggende comincia anche un periodo ben diverso della storia di Gesù. L'umile galileo diventa un essere soprannaturale, il Dio d'una religione che a poco a poco conquista tutto il mondo ellenistico; la leggenda si consolida in dogmi e intorno ad essi inizia la sua opera la speculazione teologica: all'ombra del nome di Gesù sorgono una nuova gerarchia e una nuova chiesa, contro le quali gli spiriti simili al suo dovranno riprendere quella lotta che non avrà mai fine.

PARTE QUARTA

LA CHIESA CRISTIANA

I. Il Cristianesimo ebraizzante

1. La storia della comunità cristiana primitiva prima della riforma di Paolo è per noi avvolta in un'oscurità quasi completa. Tolte le poche notizie contenute nelle lettere di Paolo, che si riferiscono per la maggior parte alle sue controversie con gli apostoli di Gerusalemme, noi non abbiamo altre fonti che la prima parte degli *Atti degli apostoli* attribuiti a Luca, medico e discepolo di Paolo, che ci avrebbe dato così una continuazione del terzo Vangelo. Su questa attribuzione le opinioni dei critici sono discordi. Non mancano, anche oggi, voci autorevoli in pro dell'autenticità[352]; ma il libro dà più l'impressione di una compilazione artificiosa da documenti anteriori che d'una relazione diretta; sembra inoltre che un uomo della prima generazione cristiana, testimonio dei fatti, colto, avrebbe tracciato un quadro ben più ricco e intuitivo. L'autore del libro non sembra essere una persona sola con l'autore dei passi redatti in prima persona (noi), come se si trattasse di un giornale di viaggio; ma è molto verosimilmente un redattore posteriore, che utilizzò la relazione del viaggio missionario e della prigionia di Paolo (capp. 16-28) e fuse questo documento con altri documenti e con notizie derivate dalla tradizione[353]. Anche secondo il Loisy l'opera risulta di due parti distinte. La prima, a cui appartengono i passi in prima persona, sarebbe un documento originario dovuto al medico Luca e composto verso l'anno 80 d.C. La seconda sarebbe costituita dalle addizioni d'un redattore ulteriore che, verso il 125 d.C., avrebbe elaborato e completato in senso apologetico la relazione storica di Luca[354]. In quest'ipotesi si comprende anche il diverso valore storico delle singole parti degli *Atti*. Mentre alcune di esse (specialmente i passi in prima persona) sembrano avere un carattere particolarmente attendibile, il resto della narrazione più che un racconto storico è un'idealizzazione apologetica che mira all'edificazione, non alla verità: ciò appare chiaramente nel racconto delle trattative di Paolo con Gerusalemme che possiamo anche seguire nelle lettere di Paolo e che negli *Atti* è piamente accomodato in omaggio alle tendenze conciliative dell'autore. La

---

[352] A. Harnack, *Beitr. z. Einl, in das N.T.: I Lucas der Arzt*, 1906; *III Die Apostelgeschichte*, 1908; *IV Neue Untersuch. zur Apostelgeschichte*, 1911; E. Meyer, III, pp. 3 sgg.; M. Maurenbrecher, *Von Nazareth nach Golgatha*, 1909, pp. 22 sgg.

[353] J. Weiss, *Das Urchristentum*, 1917, pp. 3 sgg.; pp. 103-107; H.H. Wendt, *Die Hauptquelle d. Apostelgeschichte*, «ZNW», 1925, pp. 293-305.

[354] A. Loisy, *Les Actes des Apôtres, trad. nouv. avec introd. et notes*, 1925. Nella sua traduzione il Loisy ha distinto le due parti con un diverso carattere tipografico.

predilezione per il miracoloso e il romanzesco ricorda già gli atti apocrifi: la storia della chiesa primitiva ci è data qui in un travestimento leggendario da cui è ben difficile ricavare qualche cosa di sicuro e di preciso.

2. La morte di Gesù aveva disperso i discepoli. Essi avevano nutrito forse, come Gesù, le più chimeriche speranze e avevano atteso che qualche cosa di soprannaturale realizzasse quel regno del messia, nel quale essi avrebbero avuto il primo posto accanto a Gesù. L'apostasia di Pietro, di cui la leggenda ci ha conservato notizie, ci mostra quanto profondo dovesse essere il loro avvilimento. La maggior parte di essi fuggì in Galilea e riprese le reti (*Giovanni*, XXI, 2 sgg.). Ma dopo non molto tempo essi sono di nuovo a Gerusalemme e si riuniscono e fondano una società e una chiesa. Che cosa è che li rianimò e li ricondusse a Gerusalemme?

Nella comunità primitiva noi vediamo Ebrei della diaspora originari di Cirene, di Cipro, d'Antiochia (*Atti*, IV, 36; XI, 20; XXI, 16); ne fanno parte leviti del tempio (IV, 5). La predicazione di Gesù doveva avere esercitato una profonda azione anche a Gerusalemme sopra tutti quegli spiriti che attendevano un rinnovamento religioso; e quest'azione si era fatta più viva con la morte. Fu probabilmente questo gruppo gerosolimitano che attrasse a sé i discepoli galilei. Però questi, e specialmente Pietro, continuarono ad avere nella piccola comunità una parte preminente; essi erano quelli che avevano seguito Gesù fin dal principio e avevano vissuto nella sua intimità, partecipato del suo quotidiano insegnamento. Nel loro seno avevano avuto luogo, in Galilea, quelle visioni su cui si fondò poi la fede nella risurrezione.

Nella piccola comunità di Gerusalemme si ripeterono quei fatti e quelle visioni che avvengono in tutti quei gruppi dove la fede è viva e l'esaltazione religiosa è intensa; e questi fatti li confermarono nella loro persuasione che Gesù era un essere di natura superiore, il quale era morto solo in apparenza e sarebbe fra breve tornato sulla terra per fondarvi il regno di Dio. La Pentecoste, di cui narrano gli *Atti*, ci rappresenta forse uno dei momenti più salienti di questa commozione religiosa che ignoriamo da quali circostanze sia stata determinata. I fenomeni soprannaturali sono quelli che conosciamo: visioni, profezie, glossolalia. Certo è che allora ebbe origine la chiesa cristiana. Le speranze apocalittiche di Gesù presero nella loro mente una più salda consistenza; ed essi sentirono più vivo il dovere di rimanere uniti nella fedeltà al loro maestro per attenderne il ritorno.

Così la fede di alcuni pii discepoli salvò l'opera di Gesù e la trasmise alle generazioni venture. Il Cristianesimo si estese da principio per una propaganda silenziosa negli strati umili della popolazione: onde il nome di *ebionim* ('poveri'). Il centro della comunità era a Gerusalemme: tuttavia pare che gruppi di credenti nel messia si formassero ben presto, prima della conversione di Paolo, nella Giudea, nella Galilea e nella regione al di là del Giordano.

3. Quale sia stata la vita interiore di queste comunità primitive è un punto che è difficile ricostruire; gli *Atti* sono una sorgente troppo povera e malsicura; le lettere di Paolo non danno che scarse notizie[355]. Questi primi discepoli di Gesù non si separarono esteriormente dall'Ebraismo e rimasero fedeli alla legge; condizioni essenziali erano per essi, come per tutti gli Ebrei, la circoncisione e l'osservanza dei riti ebraici, specialmente del sabato. Perciò essi furono più tardi dai Cristiani ellenizzanti chiamati semplicemente «Ebrei»; essi si distinguevano dagli Ebrei ortodossi in quanto impersonavano in Gesù l'atteso messia e si imponevano una condotta di vita rigorosamente ascetica come preparazione al regno di Dio. Di più essi dovevano tenere adunanze separate per la preghiera, essendo le preghiere ebraiche tutte penetrate dall'attesa messianica.

Furono probabilmente queste divergenze rituali che, mentre nei primi tempi la piccola comunità viveva in pace nel seno dell'Ebraismo, determinarono più tardi attriti e persecuzioni contro i seguaci della nuova legge. A capo di essi stava il gruppo degli apostoli, il cui capo riconosciuto era Pietro: esso corrispondeva verosimilmente al consiglio degli anziani delle sinagoghe ebraiche[356]. Sebbene Pietro fosse tutt'altro che un modello di inflessibilità e di energia, egli conservò nella comunità, almeno per un certo tempo, quella posizione preminente che aveva già avuto durante la vita di Gesù; Paolo verso il 34 d.C. veniva a Gerusalemme per conoscere Pietro. Ma dopo la cosiddetta conferenza di Gerusalemme (verso il 48 d.C.) Pietro scompare dagli *Atti*; il suo posto come capo della comunità è preso da Giacomo, fratello di Gesù; nell'ultimo soggiorno di Paolo a Gerusalemme (verso il 58-59 d.C.) è ricordato soltanto Giacomo; agli apostoli è sostituito un gruppo di «anziani» (*Atti*, XXI, 18). Quale crisi abbia determinato questo

---

[355] Sul Cristianesimo ebraizzante: C. Weiszäcker, *D. apostol. Zeitalter*, 1892, pp. 1-64; Harnack, «LDG», I, pp. 310-334; Hoennicke, *Das Judenchristentum im I und II Jahrh.*, 1908; Piepenbring, *Jesus et les apôtres*, 1911, pp. 1-116; J. Weiss, *D. Urchristentum*, 1917, pp. 1-102; Loisy, *Les premières années du christianisme*, «RHLR», 1920, pp. 161 sgg.; H. Achelis, *Das Christentum in den ersten drei Jahrhund.*, 1925, pp. 4 sgg.

[356] Qui si ripresenta la questione già toccata nel capitolo precedente: quale realtà storica hanno i «dodici»? Se essi hanno veramente costituito una specie di sinedrio della comunità primitiva, è difficile che la loro nomina non risalga in qualche modo a Gesù: ma bisogna anche tenere conto dell'ipotesi che si tratti solo d'una leggenda ecclesiastica intessuta intorno alle parole di Gesù ai discepoli in *Luca*, XXII, 30, *Matteo*, XIX, 28 (S. Weiss, *Urchr.*, 1917, p. 34).

mutamento noi non sappiamo: probabilmente esso segna la vittoria dell'elemento gerosolimitano intransigente contro l'elemento galileo impersonato in Pietro. Certo ad esso corrisponde una specie di trasformazione teocratica: Giacomo è una specie di grande sacerdote: nelle *Ricognizioni Clementine* (IV, 35) egli è il vescovo universale, il vero primo Papa ebraizzante; il suo seggio era ancora mostrato nel IV secolo (Eusebio *Historia ecclesiastica*, VII, 19). Secondo la leggenda, Pietro avrebbe viaggiato come missionario e sarebbe morto a Roma martire verso il 64 d.C.: un punto sul quale non abbiamo dati sicuri[357].

4. Il Codice sacro era per questi primi Cristiani, come per gli Ebrei, l'Antico Testamento: certo però l'interpretazione era diversa. Esso conteneva, per la nuova fede, una storia che aveva la sua conclusione in Gesù; perciò era naturale che si cercassero e si trovassero in esso accenni e predizioni. Anche questo contribuì a trasformare a poco a poco, di mano in mano che la realtà storica si allontanava, l'immagine di Gesù, ad arricchirla di dati tradizionali, a trasportarla in una sfera più alta che l'umana. Cominciò a formarsi intorno alla memoria di Gesù una specie di teologia messianica: il cardine della vita religiosa si sposta verso il mediatore, il Cristo. La giustificazione che Gesù traeva dalla sua alta coscienza religiosa viene ora tratta dalle «prove», dai miracoli, dalle predizioni dell'Antico Testamento; la sua morte fu considerata come un destino provvidenziale e preveduto, condizionante la sua elevazione al cielo. Numerosi passi dell'Antico Testamento riferentisi metaforicamente alle sofferenze e al trionfo finale dei giusti, ad esempio il famoso capitolo 53 d'Isaia, dove è descritto lo stato del servo di Dio (la massa innocente del popolo ebraico), che deve subire umiliazioni e sofferenze infinite per le colpe altrui, vennero applicati a dimostrare la predestinazione divina della morte di Gesù e concorsero ad arricchire i particolari della vita e della passione. Un'importanza particolare venne data alle testimonianze della resurrezione: su di esse dovettero accendersi fra Ebrei e Cristiani quelle vive controversie che hanno lasciato tracce nella redazione evangelica della leggenda (*Matteo*, XXVII, 62-66; XXVIII, 11-15).

L'alto concetto che Gesù aveva di sé come inviato da Dio venne fissato e dogmatizzato; in Gesù era discesa, nell'atto del battesimo, una potenza divina, lo spirito di Dio (*Matteo*, III, 16). Gesù è ancora un semplice uomo (*Atti*, II, 22); è il servo di Dio (*Atti*, III, 13; 26; IV, 27; 30); anche nella bella preghiera della *Didaché* (cap. 10), rivolta a Dio padre, Cristo è il servo di Dio. Ma egli è anche il gran profeta annunciato da tempo antico, un profeta

---

[357] La soluzione tradizionale, che è generalmente accolta, è difesa da H. Lietzmann, *Petrus und Paulus in Rom*, 1915; E. Meyer, III, pp. 497, sgg.

come Mosè (*Atti*, III, 22; VII, 37), che Dio ha scelto per salvare il suo popolo (*Atti*, V, 31). La potenza scesa in lui è il messia celeste, il «Figlio dell'uomo»; ciò lo eleva al di sopra di tutti i profeti. «Figlio mio», dice a Gesù nel Vangelo dei Nazarei la voce celeste, «in tutti i profeti io aspettavo te, che tu venissi ed io riposassi in te. Tu sei il mio riposo, tu sei il figlio primogenito che regna in eterno»[358]. Nella vecchia versione latina di Luca (III, 22) nel momento del battesimo la voce dal cielo suona (come in *Salmi*, II, 7): «Tu sei il mio figlio ed oggi ti ho generato»[359].

Tutta la comunità era sorretta dalla fede viva di essere alla fine dei tempi, alla vigilia di un grande rivolgimento che avrebbe realizzato le loro speranze iniziando il regno messianico (*Atti*, I, 6) e preparando la rinnovazione definitiva del cielo e della terra. La missione di Gesù era ristretta a Israele: il regno messianico doveva essere una teocrazia rinnovata col suo centro in Gerusalemme. Questi primi discepoli sembrano avere qui, a differenza di Gesù, dato un accentuato rilievo al particolarismo ebraico.

Nel seno di queste comunità furono stesi i primi scritti storico-apologetici in pro della difesa e della propaganda; forse le prime relazioni, fra storia e leggenda, della passione e della risurrezione; probabilmente anche raccolte delle profezie messianiche dell'Antico Testamento[360]; e le prime esposizioni della dottrina sull'aspettazione del regno di Dio, le prime collezioni di parabole e di precetti; quali dovettero essere quelle memorie dei detti di Gesù, attribuite all'apostolo Matteo, che furono una delle fonti più importanti dei Vangeli. Allora forse vennero rielaborate o interpolate nel nuovo senso le apocalissi ebraiche e vennero composte le nuove apocalissi cristiane (il capitolo apocalittico di Marco, le prime redazioni dell'*Apocalisse di Giovanni*). Al Cristianesimo gerosolimitano risale verosimilmente anche, almeno nei suoi elementi essenziali, la Dottrina dei dodici apostoli (*Didaché*), la più antica codificazione della vita cristiana, la cui prima parte (capp. 1-6) è un catechismo morale modellato molto probabilmente su d'un antico catechismo ebraico; anche la seconda parte (capp. 7-10, la più antica liturgia dell'eucaristia) e la terza (capp. 11-15, prescrizioni relative agli uffici

---

[358] Hennecke, p. 29. Anche Geremia è predestinato da Dio prima della nascita. «E la parola di Jahvè mi disse: Prima di averti formato nel seno di tua madre, io ti conosceva e prima che tu uscissi dalla matrice, io ti aveva consacrato e posto come profeta per le nazioni» (*Ger.*, I, 1).

[359] Un certo numero di passi del Vangelo, oltre a quello del battesimo, conserva ancora traccia di questo concetto dello spirito di Dio che discende in Gesù: il passo della tentazione (*Marco*, I, 12), della bestemmia contro lo Spirito Santo (*Marco*, III, 28-30) e il passo di *Luca*, X, 21: «In quel momento Gesù trasalì sotto l'azione dello Spirito Santo e disse, etc.».

[360] Loisy in «RHLR», 1920, pp. 321-322.

dell'antica comunità) rispecchiano visibilmente concezioni e condizioni dell'antico Cristianesimo ebraizzante[361].

5. Sotto l'aspetto rituale il culto di questa prima comunità dovette essere, con poche differenze, il culto sinagogale[362]. La comunità si radunava in certe occasioni presso il tempio (*Atti*, V, 12), nel portico di Salomone, come una società cultuale ebraica; ma aveva anche le sue riunioni in case private di fedeli. Queste riunioni non avevano soltanto per oggetto la preghiera, la spiegazione dell'Antico Testamento: avevano un carattere entusiastico e in esse dovevano avere gran parte le rivelazioni profetiche (*Atti*, XI, 27; XXI, 10-11), i discorsi ispirati, la glossolalia (*Atti*, II, 5 sgg.)[363].

La nuova comunità aveva però due elementi cultuali caratteristici: il battesimo e la cena eucaristica. Gesù, come è noto, non battezzava; gli apostoli non ricevettero da lui alcun battesimo: il battesimo che egli promette a Iacopo e Giovanni (*Marco*, X, 35-40) è il battesimo del sacrificio e della morte. D'altra parte è certo che il battesimo venne praticato nella comunità gerosolimitana fino dai suoi inizi come un rito d'iniziazione religiosa. Data la connessione del primo Cristianesimo con la setta di Giovanni Battista, è verosimile che il battesimo cristiano si riattacchi al battesimo di Giovanni. Sul significato del rito non possiamo fare che delle congetture. Il battesimo avveniva nel nome di Gesù; esso era una purificazione simbolica, che, come il battesimo di Giovanni, mondava dai peccati e nello stesso tempo una specie di sigillo che poneva il fedele sotto la legge e sotto la protezione di Gesù[364].

Il rito della cena eucaristica si riattacca invece direttamente a Gesù e alla sua ultima cena[365]. Sebbene Gesù non avesse pensato affatto a istituire una

---

[361] Sulla *Didaché*: Chiappelli, *Studi di antica letter. cristiana*, 1887, pp. 21-148 (le pp. 39-61 contengono la traduzione); J. Reville, *Orig. de l'épiscopat*, 1894, pp. 234-243; Harnack in «RE», I, pp. 711-730; Seeberg, *Dogmengeschichte*, 3ª ed., I, 191, pp. 253 sgg.

[362] Friedländer, *Syn. u. Kirche*, pp. 217-222.

[363] Sulla glossolalia: Renan, *Les apôtres*, pp. 63-71; Lombard, *La glossolalie*, 1910; E. Mosiman, *Das Zungenreden geschichtlich und psych. untersucht*, 1911. Per fatti analoghi recenti: Bois, *Le réveil religieux au pays de Galles*, 1906; Harnack, *Aus Wiss. u. Leben*, II, pp. 277 sgg. (lo stundismo in Russia).

[364] Heitmüller, *Taufe und Abendmahl im Urchristentum*, 1911, pp. 10 sgg.; E. Meyer, I, p. 91. Secondo un critico il Vangelo di Giovanni, III, 22 sgg. ci avrebbe conservato il ricordo di questo contatto della prima comunità cristiana con la setta di Giovanni e dell'adozione del battesimo (K. Kundsin, *Eine wenig beachtete Ueberlieferungsschicht im IV Ev.*, in «ZNW», 1923, pp. 82 sgg.

[365] O. Holtzmann, *Das Abendmahl im Urchristentum*, «ZNW», 1904, pp. 89 sgg.; Heitmüller, *op. cit.*, pp. 61 sgg.; H. Lietzmann, *Messe und Herrenmahl, eine Studie z. Gesch.*

cerimonia, è probabile che i discepoli, quando si riunirono di nuovo a Gerusalemme nell'attesa del suo ritorno, abbiano considerato i loro pasti in comune come una ripetizione della cena e un rinnovamento del patto che li aveva stretti al loro maestro; uniti dalla comune fede ardente e dalla comune aspettazione, essi espressero questa unione nella comunione del pasto serale, «rompendo il pane di casa in casa». Forse furono diretti in questo anche dall'esempio dei pasti in comune degli Esseni e degli Ebrei della diaspora, che avevano un carattere quasi cultuale[366]. Ciò che era presente al loro spirito non era tanto la morte di Gesù, quanto la promessa del suo prossimo ritorno; perciò la cerimonia era compiuta con un senso di gioia e di speranza e si chiudeva con un ringraziamento al Signore per i doni terreni e spirituali (onde il nome di «eucaristia»).

Essa aveva luogo in una casa privata; colui che stava a capo di essa benediceva il pane, lo spezzava e lo distribuiva: a ciò seguiva il pasto in comune. Questo «rompere il pane» era un atto rituale; i discepoli di Emmaus (*Luca*, XXIV, 35) riconoscono il Signore «nel rompere il pane». Quando al pane si univa il vino, questo era benedetto, secondo l'usanza ebraica del tempo, prima del pane. Nei capp. 9 e 10 della *Didaché* ci sono state conservate le antiche formule che erano pronunciate nell'atto eucaristico e alla fine del pasto. Dopo la preghiera era concesso ai profeti e agli ispirati di parlare così come lo spirito dettava loro, anche «in lingue», cioè con suoni incomposti che poi un interprete dichiarava (*Didaché*, X, 7; *I Cor.*, XIV, 1 sgg.).

Il rito eucaristico era verosimilmente nei primi tempi un atto della vita quotidiana (*Atti*, II, 46); ma molto presto diventò una cerimonia riservata alla sera del primo giorno della settimana (dopo lo Shabbat), del «giorno del Signore», che era, secondo la tradizione, il giorno della resurrezione (*Atti*, XX, 7; *Did.*, XIV, 1). Anche i Nazarei che avevano conservato lo Shabbat e gli altri riti ebraici, celebravano l'eucaristia nel giorno del Signore (Eusebio, *Historia ecclesiastica*, III, 28, 5).

6. Gli *Atti* celebrano la perfetta fraternità che regnava in questa antica comunità: tanto che frequente era l'abbandono dei beni (*Atti*, II, 45; IV, 32-34); una tradizione, questa, che probabilmente idealizza il passato. La sua unità sembra essere stata già fin d'allora scossa da profondi dissensi. Nel suo seno si contendevano il predominio due tendenze: l'una conservatrice,

---

d. *Liturgie*, 1926; Loisy, *Les origines de la cène eucharistique*, «Congr. d'hist. du christianisme», I, 1927, pp. 77 sgg.; Völker, *Mysterium und Agape*, 1927, pp. 27-50.

[366] Friedländer, *Relig. Bew.*, pp. 148-155; Bertholet, pp. 317-318.

fedele alla legge, l'altra a tendenze riformatrici; il principio di una separazione che doveva poi condurre alla riforma di Paolo. Una conseguenza di questi dissensi era stata la nomina di sette diaconi destinati a dirigere, sotto la sorveglianza degli apostoli, i Cristiani ellenizzanti; di questa innovazione, che dovette sparire quasi subito, non vi è più traccia nel libro degli *Atti*[367]. Fra questi sette vi è Stefano, il primo martire del Cristianesimo. Egli occupava già senza dubbio fra i discepoli un posto eminente: apparteneva alla tendenza riformatrice e predicava nelle sinagoghe degli Ebrei della diaspora (*Atti*, VI, 9). Accusato di bestemmiare la legge, fu lapidato. Il discorso che gli *Atti* gli attribuiscono e al quale anche Harnack riferisce una certa attendibilità quanto alla sostanza, è per noi interessante come la professione di fede d'uno dei più fedeli discepoli di Gesù verso il 31 d.C. o poco dopo.

La colpa mossa a Stefano non era d'essere cristiano, ma d'aver predicato che la legge di Cristo metteva fine alla legge e al culto del tempio. Gli apostoli, che sentivano in questo come gli Ebrei ortodossi, non vennero molestati (VIII, 1). I suoi avversari erano Ebrei della diaspora (ellenisti, secondo l'espressione degli *Atti*, IX, 29), zelanti della legge, che potevano anche essere, secondo il Friedländer, Cristiani[368]. La persecuzione si estese ad altri Cristiani a tendenze riformatrici, che abbandonarono Gerusalemme e si dispersero nella Palestina, nella Siria e nell'Asia Minore, predicando dappertutto, anche fra i Samaritani e i Pagani, la parola del Signore (*Atti*, VIII, 1 sgg.); essi fondarono le prime chiese e fra le altre la chiesa di Antiochia, donde partì poi la predicazione di Paolo. Questa persecuzione, che abbandonò in mano agli ebraizzanti puri la chiesa di Gerusalemme, ci spiega come questa si sia venuta trasformando in una setta chiusa, conservatrice: né è forse senza relazione con queste lotte di tendenze il fatto che poco appresso la direzione della comunità venne assunta dalla famiglia di Gesù, specialmente da Giacomo, suo fratello, un fanatico dell'osservanza della legge, che Egesippo dipinge come «santo fin dall'utero della madre» (Eusebio, *Historia ecclesiastica*, II, 25, 4-18).

Le nuove conquiste di Paolo e la libertà della sua predicazione suscitarono quindi a Gerusalemme inquietudini e gelosie; gli *Atti* narrano che Paolo e Barnaba dovettero recarsi a Gerusalemme e che la questione della predicazione ai Gentili venne dibattuta fra i capi (*Atti*, XV, 1 sgg.). Ma anche gli accordi intervenuti fra Paolo e la comunità di Gerusalemme non valsero a sopire il profondo dissenso; gli intransigenti di Gerusalemme non

---

[367] L'istituzione ulteriore del diaconato nelle chiese ellenistiche non sembra affatto riattaccarsi a questo diaconato gerosolimitano.

[368] Friedländer, *Relig. Beweg.*, p. 19.

desistettero dal considerare la sua opera con diffidenza e con avversione e continuarono a mandare emissari nelle chiese evangelizzate da Paolo per contrastarne l'opera; essi facevano valere il fatto di appartenere alla comunità che aveva conosciuto Gesù. La lotta con questi ebraizzanti riempie più d'una delle lettere di Paolo (specialmente la *Lettera ai Galati*). Essi sono quei propalatori di menzogna che insegnano l'astinenza dalle carni e dal matrimonio (*I Tm.*, IV, 3; *Rm.*, XIV, 21); che impongono le astensioni volute dalla legge e le feste e il sabato (*Col.*, II, 16). Si vede che già fin d'allora essi mescolavano a questa predicazione ascetica speculazioni sugli angeli (*Col.*, II, 6 sgg.) e diffondevano scritti popolari e leggendari che l'autore delle lettere a Timoteo tratta da favole inette da vecchierelle (*Tm.*, I, 4; IV, 7)[369]. Tutta la condotta della chiesa di Gerusalemme di fronte a Paolo fino all'ultima apparente conciliazione (*Atti*, XXI, 17 sgg.) che precede il suo arresto, tradisce una continua, latente ostilità, e fu senza dubbio questa tenace opposizione che allontanò sempre più Paolo dall'Ebraismo.

Nella comunità gerosolimitana si erano venute difatti delineando sempre più quelle tendenze che Paolo combatte. La prima è la tendenza ascetica. Gesù non digiunava, né i suoi discepoli digiunavano (*Marco*, II, 18); la sua comunità accolse il precetto del digiuno dai Farisei o dai discepoli di Giovanni (*Atti*, XIII, 2; XIV, 23; *Did.*, VII, 4). Giacomo il fratello del Signore, non beveva vino, si asteneva dalle carni, non prendeva bagni, non si tagliò le chiome (Eusebio, *Historia ecclesiastica*, II, 25). La seconda è la tendenza alle speculazioni mistiche; il *Libro di Enoch* (sebbene d'origine ebraica) e la «Visione» nell'Ascensione d'Isaia possono darci un'idea di queste speculazioni sugli angeli, sulle potenze celesti e simili. Il Cristianesimo primitivo assorbì probabilmente questa tendenza dall'apocalittica stessa, che era lo sfondo di tutta la sua concezione; i «principi di questo mondo» cioè le potenze demoniache che crocifiggono Gesù (*I Cor.*, II, 8) sono probabilmente un ricordo di queste speculazioni. In questo ambiente sorse anche, come sembra, una tendenza a rappresentare il corpo di Cristo come una pura parvenza assunta dalla potenza celeste che era scesa in lui (docetismo); una giustificazione teologica della morte di Cristo opposta alla teoria paolina. Dalle lettere di Ignazio (verso il 110 d.C.) noi vediamo già quale svolgimento avessero preso le teorie docetiche nella comunità degli ebraizzanti. Del resto era questo un concetto familiare dell'Ebraismo; nel *Libro di Tobia* l'angelo Raphael che aveva servito di compagno in forma umana a Tobia,

---

[369] Un esempio ce ne dà Papia vescovo di Hierapoli verso il 125-130 (sebbene egli non appartenga agli ebraizzanti); si v. Preuschen, *Antileg.*, 1905, pp. 91 sgg.

dopo aver disvelato la sua natura, dice: «In quel tempo io appariva a voi e non mangiava né beveva; ciò non era che un'apparenza» (*Tb.*, XII, 19).

La comunità fu scossa dalle agitazioni che preludevano alla guerra contro i Romani scoppiata nel 66 d.C. Già nel 44 è perseguitata da Erode Agrippa, probabilmente per compiacenza verso la corrente farisaica, nazionalista; ne furono vittime i fratelli Giacomo e Giovanni di Zebedeo (Papia, framm. 5)[370]. Pietro sfuggì a gran pena (*Atti*, XII, 1 sgg.). Nel 62 il gran sacerdote Ananus fece condannare a morte e lapidare Giacomo fratello del Signore[371]. Come suo successore nella direzione della chiesa di Gerusalemme venne eletto Simeone figlio di Klopas, cugino di Gesù, che durante la persecuzione di Domiziano (107) il procuratore Attico fece morire sulla croce.

Verso il 66 la piccola comunità si trasferì, per sfuggire ai disastri della guerra, a Pella oltre il Giordano. Molti anni dopo la caduta di Gerusalemme, verso l'anno 80, un certo numerò di fedeli dell'antica comunità ritornarono a Gerusalemme e ricostruirono la chiesa, ma fu una piccola comunità senza importanza[372]. Nella rivolta contro Adriano essi furono perseguitati crudelmente da Barcocheba per il loro rifiuto di unirsi alla rivolta[373]. Il divieto con cui Adriano, soffocata la rivolta, proibiva agli Ebrei di risiedere nella Giudea, colpiva tutti i circoncisi, quindi anche la chiesa degli ebraizzanti; dal 135 in poi anche la chiesa di Gerusalemme ha a capo dei vescovi ellenistici[374].

Circa l'ulteriore svolgimento del Cristianesimo ebraizzante ben poco sappiamo. Dopo il 135 parte delle comunità ebraizzanti si accostò al Cristianesimo ellenistico distinguendosi solo per l'attaccamento al costume e alla lingua ebraica[375]. A questi ebraizzanti ortodossi rimase l'antico nome di «Nazarei», con cui erano designati in origine i Cristiani (*Atti*, XXIV, 5). Il Vangelo da essi adottato fu detto Vangelo dei Nazarei. Nei secoli successivi non ne abbiamo più che rare notizie. Giustino (circa 150 d.C.) li ricorda nel suo *Dialogo* (cap. 47); contro di essi polemizza Clemente Alessandrino (circa 180-200): ne fa menzione Origene nel suo trattato contro Celso (V, 61): Epifanio (verso il 380) conobbe ancora a Cipro, nella sua diocesi

---

[370] Preuschen, *Antilegomena*, 1905, p. 94.

[371] Giuseppe Ebreo, *Antiq. jud.*, XX, 9, 1. Si cfr. Schürer, I, p. 582.

[372] Sulla serie dei «vescovi circoncisi» si veda Eusebio, *Historia ecclesiastica*, IV, 6.

[373] Giustino, *I Apologia*, 31.

[374] Sui vescovi di Gerusalemme si v. F. Haase, *Altehristi. Kirchengeschichte nach oriental. Quellen*, 1925, pp. 216 sgg.

[375] Sulla diffusione del Cristianesimo ebraizzante si veda Harnack, *Mission und Ausbr.*, II, pp. 77 sgg.; «LDG», I, pp. 280-282.

stessa, dei resti di questa setta. Le loro difese si estesero specialmente in Oriente, oltre il Giordano; sotto questa forma il Cristianesimo penetrò nella Mesopotamia, nell'Arabia ed in Africa e venne a contatto con l'Islamismo nascente. Esse in gran parte scomparvero nella conquista araba[376].

7. Una parte degli ebraizzanti conservò invece l'antica concezione che faceva di Gesù un uomo nel quale era sceso lo spirito di Dio ed accentuò l'indirizzo mistico-ascetico nel senso d'un connubio delle idee ebraiche con le speculazioni orientali, avvicinandosi sempre più allo gnosticismo[377]. Questi *ebionim* (poveri) diventarono per gli eresiologi del III secolo una setta di gnostici, gli Ebioniti, con un immaginario fondatore, Ebion. Essi hanno lasciato una traccia abbastanza notevole nell'antica letteratura cristiana: ad essi appartengono non solo il Vangelo degli Ebioniti e il Vangelo degli Ebrei (di cui abbiamo frammenti), ma anche la maggior parte dei documenti che servirono alla posteriore elaborazione degli *Atti* apocrifi degli apostoli e che sono ancora riconoscibili nel loro travestimento ortodosso. I più interessanti di questi *Atti* sono, sotto questo aspetto, gli *Atti* di Pietro e gli *Atti* di Tommaso[378]. Quest'ultimi hanno uno spiccato carattere gnostico, furono probabilmente composti in siriaco verso il 200 d.C. e furono cari non solo agli ortodossi ma anche ai manichei e a Priscilliano[379]. L'inno nel cap. 6 è un inno alla Sofia celeste «figlia della luce»; la preghiera del cap. 27 è un frammento liturgico gnostico; ma specialmente l'inno dell'anima (capp. 108-113) che narra la caduta, gli errori e la rigenerazione dell'anima è un passo di rara bellezza[380]. Notevoli elementi gnostici contengono anche gli *Atti* di Pietro, i quali sembrano essersi proposto di darci una continuazione degli *Atti* degli apostoli, narrandoci la fine degli apostoli Pietro e Paolo. Furono redatti originariamente in greco nel II secolo; ma a noi giunse solo una più tarda redazione in una traduzione latina conservataci in un codice del VII secolo della biblioteca capitolare di Vercelli (*Actus Vercellenses*). Un carattere gnostico panteistico ha la preghiera contenuta nel cap. 39

---

[376] Secondo alcuni la setta medievale ebraizzante dei «Passagii» sarebbe ancora una lontana propaggine del Cristianesimo nazareo, trapiantata nell'Occidente. Si cfr. Hahn, *Gesch. d. Ketzer im Mittelalter*, III, 1850, pp. 1 sgg.; Alphandery, *Les idées morales chez les hétérodoxes latins au début du XIII siecle*, 1903, pp. 168 sgg.

[377] Hennecke, *op. cit.*, pp. 228 sgg.

[378] Sugli *Atti* apocrifi degli apostoli si veda Pfleiderer, II, pp. 120 sgg.; Waitz in «RE», XXIII, pp. 93 sgg. Gli *Atti* di Paolo, di cui ci restano lunghi frammenti (Hennecke, pp. 192-212), è invece uno scritto popolare d'origine ortodossa composto verso il 180 d.C. (L. Vouaux, *Les Actes de Paul et ses lettres apocryphes*, trad., intr. e commentario, 1913).

[379] Hennecke, pp. 258-289. Si cfr. Bousset, *Manichäisches in den Thomasakten*, «ZNW», 1919, pp. 1-39.

[380] C. Hoffmann, *Zwei Hymnen der Thomasakten*, «ZNW», 1903, pp. 273 sgg.

(Hennecke, p. 248); così pure la mistica preghiera alla croce degli *Atti d'Andrea*, cap. 19 (Hennecke, p. 255).

Un'altra redazione degli *Atti* di Pietro ci è stata in parte conservata nei cosidetti scritti pseudoclementini (*Omelie clementine* e *Ricognizioni clementine in Migne G.S.I.*), una compilazione del II secolo risultante dalla fusione degli *Atti* di Pietro con il romanzo ortodosso di Clemente e con le *Prediche di Pietro*[381]. Queste sembrano essere state «il libro sacro d'una setta ebraizzante e gnosticizzante» (Hennecke, p. 152); esse rappresentano esattamente le tendenze di quel Cristianesimo ebraizzante che Paolo durava tanta fatica a combattere. In esse noi troviamo l'esaltazione dell'ideale ebionitico della vita ascetica; vivamente avversati sono Paolo e il Cristianesimo ellenistico. L'iniziazione ha luogo col rito del battesimo «con l'acqua viva»; Giovanni Battista è considerato come un falso profeta; segno, forse, dei dissidi sorti nel primo secolo tra i seguaci del Battista e gli ebreo-cristiani dell'Oltre Giordano. Furono probabilmente redatte nella Palestina orientale (Schmidt) al principio del secolo scorso.

Nello stesso ambiente ebbe verosimilmente origine l'*Ascensione di Isaia*, giuntaci in una versione etiopica e parzialmente in antiche versioni latine e slave[382]. Consta d'uno scritto d'origine ebraica, il *Martirio d'Isaia*, e di due composizioni cristiane inserite in esso come visioni; la sua redazione risale circa al 100 d.C. La seconda composizione, che descrive l'ascensione di Isaia ai sette cieli, nella quale egli ha anche la visione della discesa del Cristo in terra, della sua incarnazione e del suo ritorno al cielo, ha un evidente carattere docetico-gnostico. Gesù Cristo è una potenza di Dio che assume parvenza umana: «si crederà che egli è carne ed è uomo». Nel cap. IX, 40 il Cristo celeste e lo Spirito Santo adorano Dio. La descrizione del mondo celeste contiene speculazioni singolari sugli angeli: nel discendere allo Sheol Cristo prende la forma, in ogni cielo, dell'angelo corrispondente.

Al Cristianesimo ebraizzante e gnostico degli Ebioniti si riconnettono verosimilmente gli Elkesaiti, una setta sorta nell'Oltre Giordano all'inizio del II secolo, che mescolava la stretta osservanza della circoncisione e della legge con la credenza nelle successive incarnazioni di Gesù e con dottrine

---

[381] Hennecke, pp. 151-163. Si cfr. Harnack, «LDG», I, pp. 332 sgg.; H. Waitz, *Die pseudoclem. Omilien und Recognitionen*, 1904; *Die Pseudoclementinen und ihre Quellenschriften*, «ZNW», 1929, pp. 241 sgg.; C. Schmidt, *Studien zu den Pseudoclementinen*, «TU», 46, I, 1929; O. Cullmann, *Le problème littér. et histor. du roman pseudo-clémentin*, 1930; A. Siouville, *Les Homélies Clémentines*, tr. fr. av. introd., 1934; L. Vouaux, *Les Actes de Pierre*, tr., intr. e commentario, 1922.

[382] Tisserand, *Ascension d'Isaïe trad. de la version éthiopienne etc.*, 1909.

astrologiche e magiche. Elchasai, il fondatore, sembra essere vissuto verso il 100 d.C. a est del Mar Morto. Il suo libro, composto (secondo il Waitz) verso il 116 era una rivelazione che doveva completare il Vangelo: a noi ne sono giunti che pochi frammenti che non presentano nulla di singolarmente elevato[383]. Comunità elkesaitiche sussistevano ancora al tempo di Epifanio, nel IV secolo.

---

[383] Hennecke, pp. 422-425. Su Elchasai: Renan, *Les évangiles*, pp. 455 sgg. Sul libro di Elchasai: H. Waitz, *n. Festgabe Harnack*, 1921, pp. 87-104. Sui rapporti del Cristianesimo ebraizzante e dell'elkesaitismo con l'Islamismo si cfr. Harnack, «LDG», II, pp. 529-538.

a) *A Paolo*

1. Già si è visto come la persecuzione degli Ebrei zelanti contro la tendenza innovatrice ne avesse disperso i fautori e avesse così concorso alla fondazione, in molte città dell'Oriente, di comunità cristiane animate dal nuovo spirito. La più notevole di queste comunità sembra essere stata quella di Antiochia, dove Paolo passò più di dieci anni prima di iniziare le sue missioni: è là che per la prima volta i discepoli di Gesù ricevettero il nome di Cristiani (*Atti*, XI, 26). E ad Antiochia per la prima volta venne da alcuni Ciprioti e Cirenei iniziata la predicazione anche ai Gentili (Ivi, XI, 20): e ivi ancora venne, come sembra, concepito il primo disegno di una nuova predicazione in grande stile. «Nella chiesa di Antiochia vi erano dei profeti e dei dottori, cioè Barnaba, Simone detto il nero, Lucio il cireneo e Manaes, che era stato allevato con Erode il Tetrarca. Ora mentre servivano il Signore e digiunavano, lo Spirito Santo disse: Mettetemi a parte Barnaba e Saulo per l'opera a cui li ho chiamati. Allora essi digiunarono, pregarono, imposero loro le mani e li accomiatarono» (*Atti*, XIII, 1-3). L'evangelizzazione del mondo dei Gentili non fu che una continuazione dell'opera attiva di propaganda che esercitava la diaspora ebraica nel mondo pagano circostante. Essa dovette svolgersi da principio solo nelle sinagoghe degli Ebrei ellenizzanti, dove convenivano molti Gentili, i quali simpatizzavano con le idee religiose dell'Ebraismo anche se il formalismo rituale impediva loro una vera conversione. La predicazione cristiana di questi nuovi apostoli del Cristo, che consideravano con una certa libertà la legge, toglieva di mezzo questo ostacolo: senza rivolgersi direttamente ai Gentili essa poté quindi convertire e richiamare nel seno della nuova comunità molti di loro. Data la libertà con cui Stefano e i suoi compagni si erano posti di fronte alla legge, si comprende come essi non abbiano potuto pensare a imporre a questi nuovi convertiti la circoncisione e l'osservanza esatta delle pratiche della legge. La religione di questi convertiti si accentrò quindi intorno alla fede nel Cristo: essi dovettero avere riunioni, preghiere, associazioni indipendenti da quelle degli ebraizzanti. In mezzo ad essi sorse veramente una nuova fede, la religione del Signore Gesù Cristo, mediatore divino, oggetto d'un culto mistico, apparso sulla terra per la salute di tutti gli uomini.

2. Le prime comunità cristiane fuori di Gerusalemme dovettero essere formate come le sinagoghe della diaspora. Ma i nuovi convertiti avevano

dinanzi a sé, accanto alle sinagoghe, le comunità dei misteri, le società religiose del Paganesimo, da cui essi provenivano[384]. La concezione del Cristo morto e risorto aveva una certa affinità con le dottrine dei misteri in cui il Paganesimo rifioriva e in cui si rifugiavano le anime sinceramente religiose: essi ritrovarono nel Cristianesimo il concetto del fedele che col Dio soffre, muore e rinasce. Anche le cerimonie del battesimo e dell'eucaristia avevano il loro riscontro negli atti di purificazione e di iniziazione, nelle agapi sacre e nelle altre cerimonie le quali simboleggiavano l'unione dell'anima con Dio. In una sfera più alta venivano incontro al Cristianesimo nascente le idee filosofiche del platonismo e dello stoicismo diventate patrimonio comune per opera degli scrittori e dei predicatori popolari che Orazio descrive nelle *Satire* e Luciano esemplifica al vivo nel suo Peregrino Proteo. I sistemi filosofici della Grecia avevano accolto in sé, specialmente dopo Poseidonio, molti elementi orientali e avevano assunto un carattere decisamente religioso: lo stoicismo in particolare, con il suo nuovo concetto di Dio e la sua concezione universalistica e umanitaria dei rapporti sociali, sembrava essere una preparazione al Cristianesimo[385].

Questo avvicinamento del Cristianesimo al mondo pagano venne anche favorito dal fatto che non vi era alle origini (e non vi fu nemmeno appresso) quella netta separazione tra Paganesimo e Cristianesimo che oggi noi immaginiamo. I Cristiani venivano alla nuova religione da ogni parte del Paganesimo e apportavano con sé, anche senza averne coscienza, una quantità di elementi filosofici, mitici e culturali che erano assorbiti dal Cristianesimo e lo trasformavano avvicinandolo al Paganesimo. Un parallelo interessante ci è dato dalle trasformazioni che dovette necessariamente subire il Cristianesimo nella sua diffusione nella Cina e nell'India. La questione dei riti cinesi e malabaresi, che sollevò ai suoi tempi tanto rumore, è ben lungi dall'essere risolta: è ben noto che il Cristianesimo dovette in parte adattarsi al pregiudizio delle caste. Le difficoltà opposte dai cappuccini francesi di

---

[384] Havet, *Le Christianisme et ses origines: I-II. L'Hellénisme*, 1871-72; E. Hatch, *The Influence of Greek Ideas and usages upon the Christian Church*, 1888; Knopf, *Nachapostol. Zeitalter*, 1905, pp. 369 sgg.; C. Toussaint, *L'hellénisme et l'apôtre Paul*, 1921; Omodeo, *Prolegomeni alla storia dell'età apostolica*, 1921. Le osservazioni di E. Meyer, III, pp. 315 sgg. possono valere a contenere l'influenza attribuita all'ellenismo nei suoi giusti limiti.

[385] Sugli elementi della filosofia greca entrati nel Cristianesimo si v. in generale Knopf, pp. 228 sgg. Sullo stoicismo Wendland, pp. 41 sgg. A. Bonhöffer (*Epiktet und das N.T.*, 1911), pur riconoscendo le affinità molteplici, nega ogni azione dello stoicismo sul Cristianesimo e del Cristianesimo sullo stoicismo. La prima tesi non sembra però così attendibile come l'altra; si cfr. De Faye in «RHR», 1912, pp. 384-385. Sul platonismo si veda: Lageborg, *Platonische Liebe*, 1926, pp. 129-137.

Pondichéry al p. Nobili d. C. d. G. ricordano le opposizioni degli ebraizzanti di Gerusalemme a Paolo. La conquista del mondo pagano da parte del Cristianesimo non fu senza una trasformazione profonda del Cristianesimo stesso. È difficile, nonostante le ricerche degli ultimi decenni, determinare nei particolari ciò che il Cristianesimo deve alle religioni ellenistiche; ma è sicuro, che in quel vivo scambio di elementi speculativi e religiosi che caratterizza il sincretismo ellenistico, anche il Cristianesimo esercitò e subì influenze molteplici e profonde. Non sarebbe possibile, senza quest'azione diffusa e profonda dell'ambiente ellenistico, comprendere come la religione di Gesù, che era il coronamento dell'Ebraismo, sia diventata il Cristianesimo di Paolo, una religione della salute universale, nella quale i fedeli sono rigenerati per la loro unione spirituale col Cristo, «vero Dio del mistero cristiano»[386]. Il Cristianesimo adattò alle sue esigenze non solo il contenuto religioso e filosofico del pensiero antico, ma anche le forme letterarie: l'arte primitiva cristiana tolse i suoi motivi dai capolavori antichi continuando senza interruzione le tradizioni pagane. I versi del primo poeta cristiano, Iuvencus, sono centoni di autori profani: «il Buon Pastore» era nelle sue origini e nei suoi primi lineamenti un'imitazione del Mercurio erioforo, ciò che non gli impedì di diventare una delle figure sotto cui l'immaginazione cristiana amava rappresentarsi il Cristo[387]. Ancora al tempo di san Leone il Grande vi erano Cristiani che praticavano l'adorazione del sole levante sui gradini stessi delle basiliche[388]. Vi erano poi accanto ai Cristiani i cosidetti mezzi Cristiani[389] che stavano con la comunità in un rapporto molto vago e libero, che mescolavano alla fede cristiana tendenze e riti pagani, e accettavano, pur essendo Cristiani, cariche religiose pagane: noi ne abbiamo tracce nella *I Lettera ai Corinzi* di Paolo (VIII, 7; X, 21). Come d'altra parte vi erano Pagani simpatizzanti, anzi zelanti per la causa cristiana: spiriti attirati dal Cristianesimo, che avrebbero volontieri, come Alessandro Severo, eretto un tempio a Cristo, ma senza rinunciare ai santi del Paganesimo. Così mentre il Cristianesimo ebraizzante, che pure conservava più fedelmente i tratti essenziali della predicazione di Gesù, chiuso nel suo particolarismo etnico, si perdeva oscuramente in mezzo alla sette dell'Oriente, il Cristianesimo ellenizzante accogliendo in sé elementi d'ogni specie e svolgendo i

---

[386] Loisy, *Les mystère païens et le mystère chrétien*, 1930, pp. 223 sgg.

[387] Boissier, *Fin du paganisme*, I, p. 44.

[388] Dölger, *Sol salutis, Gebet und Gesang im christl. Altertum*, 1920.

[389] G. Guignebert, *Les démi-chrétiens et l'église antique*, «RHR», 1923, II, pp. 65-102; Harnack, «LDG», I, p. 169, nota.

motivi universalistici già contenuti nella dottrina di Gesù, si accingeva a diventare la più grande religione dell'Occidente.

3. Il principale apostolo del Cristianesimo ellenizzante è per noi Paolo[390]. Egli non è stato certamente né il primo, né il solo apostolo delle genti: questo movimento assai più vasto si è svolto in gran parte indipendentemente da lui. Già Stefano era stato a Gerusalemme il martire di questo Cristianesimo universalistico: vi erano già prima di Paolo missionari e comunità ellenizzanti. Uno di questi missionari era Barnaba, un levita oriundo di Cipro (*Atti*, XI, 25): Paolo fu per lungo tempo solo un ausiliario di Barnaba e non si separò da lui che più tardi, dopo un'aspra contesa (*Atti*, XV, 36). Tale era anche Apollo, un ebreo alessandrino, colto nella filosofia, che agì a Efeso e a Corinto e al quale viene da alcuni attribuita la lettera agli Ebrei (*Atti*, XVIII, 24-28)[391]. La predicazione del Cristianesimo si era estesa dappertutto dove vi erano colonie ebraiche, come un'agitazione messianica: ma esso aveva dovuto diffondersi anche tra i Gentili «tementi Dio» e perciò adattarsi a molte transazioni circa l'osservanza della legge ebraica.

Paolo deve il suo posto eminente non solo alla importanza della sua opera, ma anche al fatto che egli ci ha lasciato nelle sue lettere la storia della sua conversione e della sua attività apostolica. Nato a Tarso, città penetrata dalla cultura greca, dove fioriva la filosofia e dove il Cristianesimo nascente era a contatto con i misteri della religiosità ellenistica, ricevette una solida educazione rabbinica: ma i suoi scritti ci attestano anche una certa cultura classica e una certa conoscenza del sincretismo pagano. Difensore acerrimo della legge prese parte (forse a Damasco) alla persecuzione dei Cristiani ellenizzanti: ma ebbe, durante questo periodo, una visione interiore che lo convertì al Cristianesimo. Quasi certamente non conobbe Gesù vivente: è estremamente inverosimile che, se Paolo avesse visto anche una sola volta

---

[390] Una bella caratterizzazione di Paolo in: Havet, *Le christ. et ses origines*, IV, 1884, pp. 91-224 e in: Renan, *Les apôtres*, 1866, pp. 163 sgg. Nella sconfinata letteratura paolina si noti specialmente: Renan, *Saint Paul*, 1869; Pfleiderer, I, pp. 24-335; J. Kreyenbühl, *Der Apostel Paulus und die Urgemeinde*, «ZNW», 1909, pp. 81-109; 183-189; E. Meyer, III, pp. 3 sgg.; Wrede, *Paulus*, 1907; Weiszäcker, *Apostolisches Zeitalter*, 1906, pp. 65-342; J. Weiss, *D. Urchristentum*, 1917, pp. 103 sgg.; Omodeo, *Paolo di Tarso, apostolo delle genti*, 1923; H. Achelis, *Das Christentum in den ersten drei Jahrh.*, 1925, pp. 30 sgg.; E. v. Dobschütz, *D. Apostel Paulus*, 1926-28; Deissmann, *Paulus*, 1925; E. Lohmeyer, *Probleme paulinischer Theologie*, «ZNW», 1927, pp. 158 sgg.; 1929, pp. 177 sgg.; A. Schweitzer, *Die Mystik d. Apostel Paulus*, 1930; Buonaiuti, *Il messaggio di Paolo*, 1934. Sui rapporti di Paolo con Gesù: Jülicher, *Paulus und Jesus*, 1907.

[391] Harnack, «LDG», I, pp. 99-100. Un tentativo di abbozzare questo Cristianesimo ellenizzante prima di Paolo in: Heitmüller, *Zum Problem Paulus und Jesus*, «ZNW», 1914, pp. 330 sgg.

Gesù, non ne rimanesse nelle sue lettere la minima traccia. La frase (*II Cor.*, V, 16): «se pure abbiamo conosciuto Gesù secondo la carne» vuole molto probabilmente significare: «se pure abbiamo avuto prima un concetto terreno e materiale del Cristo». La conversione è narrata negli *Atti* in tre versioni diverse, ma si tratta di racconti leggendari – Paolo vi accenna in *Gal.*, I, 13 sgg. Dal racconto di Paolo non appare quale sia stato il movente determinante della conversione: dalla narrazione degli *Atti* (IX, 3 sgg.) sembra essere stata occasionata da una crisi fisica. Ad ogni modo si tratta d'un fenomeno non ignoto alla psicologia religiosa. Anche l'attività profetica di Maometto comincia con visioni di angeli che gli rivelano la sua missione[392]: Raimondo Lullo si convertì in seguito all'apparizione improvvisa del Cristo in croce[393]. Le conversioni di molti fra i mormoni avvengono «in seguito ad allucinazioni deliranti e prolungate che ci ricordano l'esaltazione dei convulsionarii e degli altri fanatici di cui la storia ci ha trasmesso le gesta»[394]. Quanto non risplende qui, al paragone, l'altezza del genio religioso di Gesù! Egli non fu né un visionario, né un estatico. Dopo la conversione (31 d.C.?)[395], Paolo si ritirò qualche tempo nel «deserto» cioè nelle solitudini intorno a Damasco e quindi nella città stessa di Damasco, dove cominciò la sua predicazione in mezzo alla numerosa popolazione ebraica. Questo soggiorno durò circa tre anni (*Gal.*, I, 18). Una violenta agitazione popolare lo costrinse ad abbandonare la città (*Atti*, IV, 23-25; *II Cor.*, XI, 32-33): allora si recò, per la prima volta dopo la conversione, a Gerusalemme, dove conobbe il capo della comunità, Pietro, e Giacomo il fratello del Signore. Da Gerusalemme fece ritorno a Tarso e di qui, per invito di Barnaba, passò ad Antiochia dove attese con lui a diffondere la nuova fede nella Siria e nella Cilicia. Questo periodo durò circa quattordici anni (*Gal.*, II, 1). Fu questa predicazione che destò una viva preoccupazione a Gerusalemme: che cosa sia realmente allora avvenuto, quali trattative siano corse e quali accordi siano stati presi fra gli ellenizzanti d'Antiochia e la chiesa ebraizzante di Gerusalemme non appare ben chiaro dalle discordi relazioni degli *Atti* (XV, 6-21) e di Paolo (*Gal.*, II, 1-10)[396]. Risultato fu una specie di compromesso

---

[392] Sprenger, *Mohammeds Leben und Lehre*, I, p. 307.

[393] *Dictionn. de théol. cathol.*, IX, p. 1075.

[394] Remy, *Voyage au pays des Mormons*, 1860, II, p. 175.

[395] La cronologia di Paolo è molto incerta: il solo dato sicuro nella vita di Paolo è che la sua venuta a Corinto (*Atti*, XVIII, 1) cade nel principio dell'anno 50. Si cfr. Deissmann, *Paulus*, 1925, pp. 203 sgg.; Goguel, *Introd. au N.T.*, IV, 1, pp. 101 sgg.; Jeremias in «RGC»,[2] I, p. 1536.

[396] Sui rapporti di Paolo con gli ebraizzanti si v. la notizia di Loisy premessa alla *Lettera ai Galati* nella sua traduzione del Nuovo Testamento (1922), pp. 26-31.

che permise a Paolo di continuare la sua opera: accanto agli ebrei-cristiani furono ammessi (probabilmente in condizioni di tacita inferiorità) anche i proseliti Pagani che non erano sottomessi alla legge e alla circoncisione. Ma con ciò il dissidio non era in fondo che sopito: e risorse poco appresso più vivo di prima sulla questione dei rapporti fra ebreo-cristiani e pagano-cristiani nel seno d'una stessa comunità. Come avrebbero fatto i primi a conservare l'osservanza della legge senza vivere separati e così rompere i legami fraterni coi secondi? Per necessità di cose si era stabilita ad Antiochia una tacita tolleranza che dispensava gli ebreo-cristiani da un rigido legalismo: ma questa concessione fu disapprovata dagli zelanti di Gerusalemme. Contro questa intransigenza insorse Paolo, il quale si pronunciò d'allora in poi più decisamente contro la legge e non si fece scrupolo di predicare la libertà evangelica a tutti, Ebrei e Pagani: bisogna morire alla legge per vivere in Cristo. Questo radicalismo allontanò da lui anche molti ebreo-cristiani che erano stati fino allora dalla sua parte e lo stesso suo compagno d'apostolato, Barnaba. Questi dissensi indussero Paolo ad abbandonare Antiochia (verso il 49-50) e a portare in regioni nuove e lontane la sua predicazione: la sua opera è rivolta, d'allora in poi, contro l'indirizzo ebraizzante, il quale contrappone a Paolo una decisa propaganda, alla quale egli resiste con fatica. Questi sono gli anni della sua grande missione, i cui risultati conosciamo dalle sue lettere: in essa gli fu per qualche tempo compagno quel medico Luca, d'origine pagana, a cui si deve un giornale di viaggio inserito poi negli *Atti*. Che cosa abbia indotto Paolo (verso il 58-59) a fare ritorno a Gerusalemme non appare bene dal racconto degli *Atti*. I disordini che sollevarono contro di lui gli Ebrei (*Atti*, XXI, 26 sgg.) determinarono il suo arresto: per sfuggire al giudizio del sinedrio Paolo si appellò all'imperatore e fu trasportato a Roma: questo viaggio è narrato diffusamente negli *Atti* (XXIII, 31; XXVIII). Dopo d'allora manca ogni notizia. Secondo la tradizione «dopo d'aver insegnato la giustizia al mondo intero e toccati i limiti dell'Occidente» (*I Lettera di Clemente*, V, 7) subì il martirio «dinanzi a quelli che governano». È verosimile che la sua morte sia avvenuta a Roma al principio dell'anno 64 d.C. Gli *Atti* (apocrifi) di Paolo (I, 3) così ne dipingono la figura: «Vide venire Paolo, un uomo piccolo di statura, calvo, con le gambe storte, di dignitoso portamento, con folte ciglia ed un naso prominente: egli appariva ora come un uomo, ora come un angelo».

4. Le lettere di Paolo ci danno la storia interiore della sua attività apostolica e gettano una luce viva sulla sua personalità religiosa: esse sono state

anche il primo tentativo di una sistemazione speculativa del pensiero cristiano[397]. Esse vennero per tempo raccolte e diffuse nelle varie comunità (*II Lettera di Pietro*, III, 16): la chiesa ne riconobbe il valore giudicandole degne di essere accolte nel Nuovo Testamento. Il loro carattere sistematico deve però essere inteso con una certa discrezione: bisogna tener conto del carattere «erratico» di alcune delle sue idee e non pretendere un'unificazione filosoficamente perfetta[398].

Il pensiero di Paolo si è svolto anch'esso nella cornice dell'attesa escatologica. Il mondo attuale è soggetto alle potenze demoniache, ma Gesù per la sua morte e per la sua resurrezione ha iniziato un nuovo ordine di cose: egli ha aperto per gli eletti la via alla liberazione, che comincia qui con la immedesimazione spirituale col Cristo e si conclude con la risurrezione finale. Il punto di partenza è quindi per Paolo il concetto di Gesù come messia celeste[399]. Paolo portava già dalla sua fede farisaica il concetto del messia che aspetta in cielo il momento della sua manifestazione: quando la sua visione gli rivelò la figura di Gesù risorto, egli identificò la sua rappresentazione del messia con Gesù, che diventò per lui «il primogenito delle creature», per mezzo di cui Dio ha tutto creato (*I Cor.*, VIII, 6; *Col.*, I, 15-20), che parlò nei profeti, che è risorto, come primogenito, d'infra i morti[400]. Egli non aveva dinanzi a sé, come i discepoli immediati, il ricordo di una persona viva e concreta da conciliare col concetto del messia: Gesù era per lui solo la veste, la forma umana che aveva assunto il Cristo. Paolo ha per primo svolto così la teologia come il culto di Gesù. Il fondamento della sua teologia è la fede in Gesù risorto, testimoniatagli dalla sua visione di Damasco. La questione della preesistenza del messia è risolta decisamente in senso positivo: Gesù è un essere di natura divina, preesistente al mondo, che per volontà sua si è spogliato temporaneamente della sua natura celeste ed è disceso sulla terra per soffrire, morire, risorgere e fare partecipi della sua risurrezione tutti quelli che partecipano del suo spirito. I problemi su-

---

[397] Lascio qui deliberatamente da parte ogni questione sull'autenticità delle lettere paoline, intorno alle quali sono state recentemente sostenute ipotesi paradossali e mi attengo alle otto lettere generalmente riconosciute (*I Ts.*, *Gal.*, *I* e *II Cor.*, *Rm.*, *Fil.*, *Col.*, *Fm.*). Si cfr. Knopf, pp. 1 sgg.; Weiss, *Urchrist.*, pp. 108-119; Loisy, *Naiss. christ.*, 16-29.

[398] Sul carattere del pensiero di Paolo si v. Wrede, *op. cit.*, pp. 47-52.

[399] Sulla cristologia di Paolo si v. J. Weiss, *Christus. Die Anfänge d. Dogmas*, 1909, pp. 32-65.

[400] Wrede (*op. cit.*, pp. 84 sgg.) nota giustamente che la fede fondamentale di Paolo, preesistente alla sua stessa conversione, è la fede nel messia, nel Cristo metafisico, mediatore divino.

scitati già nei primi discepoli di Gesù dal contrasto fra la sua missione divina e il suo miserabile destino si risolvono in una concezione teologica del Cristo come mediatore metafisico. La sua vita terrena e la sua morte diventano una breve interruzione della sua vita celeste, resa necessaria dalle colpe dell'umanità: ciò che è per Paolo essenziale in Gesù non è la vita e l'insegnamento, ma la morte e la risurrezione. Perciò in Paolo l'espressione «Figlio di Dio» comincia a prendere il senso tutto speciale d'un rapporto più intimo e più diretto di Gesù con Dio, in quanto il vero essere suo, l'essere preesistente all'esistenza terrena è generato immediatamente da Dio. Come abbia propriamente pensato Paolo la natura di Cristo non è facile determinare. A porlo come un secondo Dio si opponeva la sua fede monoteistica. Probabilmente interpretando come Filone il racconto della *Genesi I e II* come una doppia creazione, egli accolse il concetto dell'«uomo divino», la cui creazione antecede quella dell'uomo vero e proprio, del primo Adamo (*Gn.*, II, 7): Cristo è l'uomo divino preesistente al mondo (*I Cor.*, XV, 47-49; *Rm.*, V, 14). Questo concetto dell'uomo divino si confuse poi per Paolo con quello della Sapienza, del Logos (il quale anche in Plutarco e Filone è detto Figlio di Dio), del Pneuma degli stoici: qui confluisce nel pensiero di Paolo uno sfondo filosofico. Per designare questa entità di natura divina Paolo si vale preferentemente del concetto di «spirito» (pneuma): «il Signore è lo spirito» (*II Cor.*, III, 17). Ma qui il Cristo non è più un uomo che riceve dall'alto l'infusione dello spirito di Dio: il Cristo è questo spirito stesso che assume temporaneamente una veste umana. Secondo che prevale l'aspetto astratto o il concreto, Cristo è lo spirito nel quale tutti i fedeli sono una cosa sola, oppure è il primo degli spiriti celesti, che ha, come tutti gli altri, un corpo celeste, spirituale, sovrannaturale (*Rm.*, VIII, 11; *Gal.*, IV, 6; *I Cor.*, III, 16).

L'esistenza storica di Gesù perde quindi per Paolo ogni importanza: il vero Cristo è l'essere divino, nel cui spirito dobbiamo rinascere e vivere se vogliamo essere salvati. Per compiere l'opera della liberazione questo spirito ha mutato il suo corpo celeste con un corpo di carne umana: cosicché il suo corpo fu generato come quello degli altri uomini, ma il suo spirito fu sin dall'inizio l'uomo celeste. Ma poiché la carne in genere è connessa indissolubilmente col peccato, non ha dovuto anche Cristo soggiacere al peccato? Logicamente così avrebbe dovuto essere, ma Paolo non si spinge a questa conseguenza: in fondo, secondo lui, Cristo rivestì solo l'apparenza dell'uomo terreno, carnale; ἐν ὁμοιώματι σαρκός ἁμαρτίας (*Rm.*, VIII, 3). Così era aperta la via al docetismo. Ciò posto, si comprende come Paolo non si sia preoccupato, dopo la conversione, di venire a Gerusalemme per attingere dalla bocca dei discepoli notizie sulla vita e sull'insegnamento di Gesù: egli non tenne conto «della carne e del sangue» (*Gal.*, I, 16)[401] e si ritirò nel deserto per meditare sulla rivelazione che aveva ricevuto in se stesso. E nelle sue lettere raramente si richiama a detti o dottrine di Gesù: egli contrappone con crudezza alla scienza che altri possa avere del Gesù storico la vera, la sola scienza necessaria, da lui avuta per rivelazione, del Cristo crocifisso e risorto. Il solo Cristo che a noi importa conoscere è il Cristo come mediatore divino. La dedizione dell'uomo a Dio che Gesù esigeva come un rapporto diretto fra l'uomo e il Padre celeste, diventa qui una dedizione condizionata dalla fede nel Cristo e perciò una dedizione al Cristo: Gesù rinvia i fedeli al Padre celeste, Paolo pone loro dinanzi l'immagine del Cristo (*Fil.*, II, 5-9; *II Cor.*, VIII, 9). «Il Cristianesimo antepaolino non vedeva nella comunione col Cristo che la fede alla sua messianità, l'obbedienza ai suoi comandamenti e l'attesa del suo ritorno. Paolo afferma la realtà della partecipazione all'esistenza del Cristo quale è determinata dalla sua risurrezione» (Goguel). La disposizione morale ad accogliere i precetti della legge divina diventa per Paolo una disposizione mistica a unirsi col Cristo per una specie di identificazione interiore: così l'uomo può partecipare, come per un atto di rinascita, alla vita stessa del Cristo e sperare la risurrezione dopo la morte così come era risorto il Cristo (*Rm.*, VI, 2-11).

Il punto cardinale della dottrina di Paolo si riassume perciò in questo principio: Gesù Cristo è lo spirito e la vita cristiana ha per fondamento la vita dello spirito. In esso egli esprimeva la fede diffusa al suo tempo tanto nell'Ebraismo quanto nel Paganesimo che le manifestazioni mistiche della vita religiosa siano dovute alla presenza nell'anima umana di forze spirituali superiori, le quali si confondono con essa in un nuovo soggetto più che umano: è un possesso della persona da parte di un Dio, un essere in Dio. Questa fede che cela in sé, nella sua veste immaginosa, una profonda verità religiosa, aveva trovato la sua espressione anche nella filosofia: secondo lo stoicismo posteriore vi è in ogni uomo un principio divino, un *daimonion*, che lo osserva e lo guida; secondo Filone Dio agisce nell'anima mediante la presenza del Logos o di forze da esso emananti.

5. Con questa identificazione il dualismo del mondo e del regno di Dio, che in Gesù ha un semplice carattere morale, acquista in Paolo un carattere metafisico: vi è già in lui innegabilmente una tendenza alla costruzione del mondo spirituale come un regno di potenze, alla gnosi (si cfr. *I Cor.*, II, 6 sgg.; *Gal.*, IV, 3 sgg.; *Col.*, II, 9 sgg.). Vi è nel mondo una potenza del peccato contraria allo spirito: che non è solo una volontà nell'uomo, ma un vero

---

[401] Su quest'espressione si cfr. Kreyenbühl in «ZNW», 1909, pp. 94 sgg.

principio demoniaco, il quale s'impadronisce dell'uomo e fa della sua carne un'attività peccaminosa, una legge contraria allo spirito (*Rm.*, VII, 11 sgg.). Il trionfo del peccato nel mondo è ricondotto alla caduta di Eva, che la *I Lettera a Timoteo*, in accordo con la leggenda ebraica, considera come una seduzione sessuale da parte del demonio (*I Tm.*, II, 14-15). Per questa caduta il peccato e la morte hanno asservito non solo l'umanità, ma anche il resto della creazione, che attende anch'essa la liberazione (*Rm.*, VIII, 20). L'uomo è quasi un oggetto di contesa fra le due potenze ostili dello spirito e della carne, in modo che non egli fa ciò che vuole, ma queste potenze lo dominano e lo attraggono nell'un senso o nell'altro (*Gal.*, V, 17; *Rm.*, VI, 16 sgg.).

Come ha luogo la liberazione dal peccato? Gesù faceva appello alla conversione e rinviava i peccatori alla bontà infinita di Dio: Paolo riconosce anch'egli la liberazione come un dono di Dio, ma come un dono condizionato dalla morte espiatrice di Gesù. Egli aveva appreso alla scuola dei Farisei la dottrina del Dio giusto che non perdona senza essere pagato e del valore espiatorio del soffrire degli innocenti, che placa l'ira di Dio e riscatta i peccatori (*IV Mac*, VI, 29); e anche quando predicò l'evangelo della libertà, fece ricorso a questo concetto per trovare in esso una spiegazione della morte ignominiosa di Gesù. Secondo Paolo il fine dell'incarnazione di Gesù non è nella vita terrena e nell'insegnamento, ma nella passione e nella morte, con le quali egli ha espiato i peccati del mondo e riscattato gli uomini a Dio. Certo questa dottrina, letteralmente presa, è in contraddizione con la teoria evangelica di Dio come padre inesauribilmente misericordioso, anzi è in contraddizione con la stessa teoria di Paolo sulla grazia. Ma molto probabilmente Paolo volle con essa soltanto esprimere nelle forme della teologia ebraica d'allora il concetto che il dolore ha in sé una virtù purificatrice e che le sofferenze dei giusti servono anche alla liberazione dei peccatori. La teologia posteriore, accentuando l'elemento puramente formale dell'espiazione vicaria, falsa perciò in fondo il pensiero di Paolo: perché altro è considerare il dolore dei giusti come un momento nell'ordine della salute, condizionato dalla miseria della nostra natura, altro farne una riparazione voluta dalla giustizia divina.

La morte espiatrice di Gesù Cristo non ha per effetto la liberazione di tutti gli uomini: essa introduce soltanto la possibilità generica della liberazione. A compiere questa debbono concorrere altri due elementi: la grazia da parte di Dio, la fede da parte dell'uomo. Paolo accoglie il concetto giuridico dell'espiazione solo nel rapporto generico di Dio e dell'umanità, in quanto la morte di Cristo rende possibile la liberazione, ma lo ripudia nel rapporto di Dio e dei singoli: qui la creatura non ha nessun diritto di fronte a Dio (*Rm.*, XI, 35). L'uomo è nelle mani di Dio, il quale può disporne con pieno arbitrio (*Rm.*, IX, 14 sgg.). Dal legalismo ebraico, Paolo fa ritorno al concetto profondamente religioso che la salute dell'uomo procede dalla bontà di Dio: in questo egli era con Gesù[402]. Certamente Paolo raffigura questa bontà nella forma di un arbitrio assoluto che può donare la salute come può disporre all'indurimento del cuore e alla perdizione: ma è quantomeno dubbio se dobbiamo intendere questo arbitrio divino nel senso in cui è stato più tardi inteso, d'una predestinazione arbitraria, o nel senso d'un piano divino della salute universale, i cui particolari si sottraggono alla comprensione umana (*Rm.*, XI, 33 sgg.). Senza dubbio Paolo sembra talora alludere a una perdizione eterna (*Rm.*, II, 8), ma vi sono dei passi che sembrano accennare a una liberazione universale (*Rm.*, XI, 32): e come potrebbe dire che Dio sarà tutto in tutti (*I Cor.*, XV, 28), se vi saranno degli eternamente riprovati? La soluzione più verosimile è che Paolo su questo punto non precisò sino in fondo il suo pensiero.

Alla grazia di Dio corrisponde da parte dell'uomo la fede, che è un puro ricevere, un aprirsi, un abbandonarsi allo spirito. Essa è in primo luogo una illuminazione dell'intelligenza da parte della verità divina e quindi un assenso teorico alla divina missione di Cristo, alla sua crocifissione come atto di espiazione, alla sua risurrezione come promessa di vita eterna; ma è in secondo luogo anche un atto di rinuncia a sé, di obbedienza, di dedizione, che ha per effetto di creare nell'uomo un nuovo io intimamente unito a Cristo, per cui egli può dire: «Non più io vivo, ma Cristo vive in me» (*Gal.*, II, 20). La fede, unendo l'anima con Cristo, la libera dalla forza del peccato: questo atto è la «giustificazione», che è la parola per l'atto giuridico dell'assoluzione. Anche qui Paolo introduce un concetto ispirato al legalismo ebraico: ma è una pura concessione formale. La giustificazione è una trasformazione operata nello spirito umano da Dio per un atto della sua bontà: Paolo non si stanca di ripetere che la salute non procede né dall'osservanza della legge, né dalle opere, né dal merito, ma soltanto dall'elezione di Dio e dalla fede di chi a lui si abbandona (*Rm.*, IV, 1 sgg.).

La fede in Cristo si riflette in tutta la persona creando un sentire e un operare conforme a Cristo e perciò è carità ed è moralità (*Gal.*, V, 6; *Rm.*, VI, 2 sgg.; VIII, 1 sgg.). Anche Paolo seguendo le orme della morale di Gesù, pone sopra tutte le cose la carità (*Gal.*, V, 14; VI, 2; *Rm.*, XIII, 8-10; *I Cor.*, XIII, 1 sgg.): sebbene non sempre con l'altezza evangelica (v. ad

---

[402] J. Weiss, *Die Bedeutung des Paulus für d. moderne Christentum*, «ZNW», 1920, pp. 136 sgg.

esempio *Rm.*, XII, 20; *Gal.*, VI, 9; *I Cor.*, V, 1-5). Prevalgono già le tendenze ascetiche specialmente riguardo al matrimonio (*I Cor.*, VII, 7; Ivi, 32-35). La vita in Cristo non solo infonde nell'uomo una nuova vita, ma crea anche un'unità interiore dei fedeli che ne disciplina l'entusiasmo rendendo possibile l'unità della vita cristiana nella comunità esteriore, nella chiesa[403]. Paolo usa questo termine applicandolo non solo alle singole comunità, ma anche alla totalità: naturalmente intendendo per essa l'unità ideale di tutti i fedeli, la grande comunità animata dall'unico spirito di Cristo. In lui già appare il concetto d'una autorità disciplinare della comunità sopra i singoli (*Gal.*, VI, 1; *I Cor.*, V, 1-5; VI, 1 sgg.). Il concetto mistico dell'unità spirituale dei fedeli nella chiesa ha reso anche il suo pensiero più accessibile alla concezione magica degli atti simbolici esprimenti la partecipazione dei fedeli a quest'unità: il battesimo e la cena. Ma in questo egli ha senza dubbio subito anche l'azione della religiosità ellenistica dei misteri.

6. Circa il rapporto con l'antica legge ebraica Paolo compie in modo più esplicito e reciso la separazione iniziata da Gesù: secondo Paolo il sacrificio di Cristo ha introdotto un nuovo patto con Dio e il mondo pagano convertito non ha bisogno di essere incorporato nel giudaismo, né di essere sottomesso alla sua legge. «Con Cristo ha avuto fine la legge: chi crede in Lui è giustificato» (*Rm.*, X, 4). Paolo non poteva non riconoscere il carattere divino della legge: «la legge è santa e il comandamento santo, giusto e buono» (*Rm.*, VII, 12). In fondo Paolo non ha mai cessato di proclamare la superiorità religiosa dell'ebreo e della sua legge sui popoli pagani, che l'assenza d'una legge divina positiva aveva abbandonato in preda alla corruzione: egli si sente sempre orgoglioso di appartenere al popolo che aveva dato all'umanità il messia (*Rm.*, III, 1 sgg.; IV, 5). Ma il popolo ebreo ha una grande colpa ai suoi occhi: di non avere riconosciuto il messia, e questo lo addolora profondamente (*Rm.*, IX, 1 sgg.). La legge antica non era stata che una preparazione: essa era legge puramente esteriore, si rivolgeva soltanto all'uomo esteriore, non era vivificata interamente dallo spirito, perciò Paolo la chiama una semplice forma (μόρφωσις) della verità e della legge (*Rm.*, II, 20). Sotto questo rispetto essa non era ancora la vera legge divina: perciò Paolo la chiama una servitù sotto i princìpi del mondo (ὑπὸ τὰ στοιχεῖα τοῦ κόσμου), come una legge non data direttamente da Dio, ma trasmessa per mezzo dei suoi angeli, che ne eseguono le volontà nel mondo (*Gal.*, III, 20).

---

[403] In Paolo lo spirito non è tanto un principio taumaturgico quanto un principio etico: più che la causa delle attività soprannaturali, è il principio della stessa vita morale e religiosa (Gungel, *Die Wirkungen d. heiligen Geistes*, 1888, p. 75).

Perciò sebbene già essa mirasse alla salute dell'uomo, fu incapace di attuarla, perché, mancando d'una forza interiore vivificatrice, non poté vincere la debolezza carnale dell'uomo. Anzi essa accrebbe l'energia del peccato, perché sebbene la forza del peccato fosse presente e latente nell'uomo anche prima della legge, l'uomo non ne aveva ancora piena coscienza: la legge col suo divieto ha trasformato il desiderio puramente istintivo in desiderio peccaminoso e ne ha moltiplicato la violenza. «Io non avrei conosciuto il peccato senza la legge: e non avrei conosciuto la concupiscenza, se la legge non avesse detto: Non concupire» (*Rm.*, VII, 7). Questo medesima contrasto fra la coscienza interiore della legge e l'impotenza di osservarla (*Rm.*, VII, 21-23) provocò poi il sorgere di sempre nuovi precetti superstiziosi e superflui, mettendo al posto della vera santità una osservanza ipocrita delle forme e aggiungendo così un nuovo ostacolo alla santificazione. Perché l'osservanza di questi precetti formali non rappresenta per se stessa alcun merito e tuttavia la loro inosservanza diventa un demerito, perché è un disprezzo della legge (*Rm.*, II, 25-29). Tuttavia Paolo non vuole essere considerato come un distruttore, un nemico della legge. Essa ha avuto, nonostante la sua insufficienza, la sua funzione positiva: in quanto intensificando la coscienza del peccato, ha fatto sentire l'impotenza di ogni opera puramente esteriore, ha destato il bisogno della liberazione per la grazia. In questo senso la religione della legge è stata una specie di potenziamento della legge naturale che, mostrando l'insufficienza di ogni legge esteriore, ha aperto la via alla religione dello spirito: «la legge è stata il nostro pedagogo a Cristo» (*Gal.*, III, 24). Considerando la viva guerra mossa dagli ebraizzanti a Paolo, non dobbiamo meravigliarci se ha qualche volta espressioni di recisa condanna e se paragona l'antica legge alla schiava Agar che doveva essere cacciata con il suo figlio quando è venuto alla luce il figlio della donna libera (*Gal.*, IV, 21-23). Ma egli condanna l'antica legge solo in quanto continua, anche dopo la rivelazione dello Spirito in Cristo, ad essere intesa carnalmente; in realtà egli vuole interpretarla e spiritualizzarla: «noi non annulliamo la legge mediante la fede, ma anzi la stabiliamo» (*Rm.*, III, 31). Questo vuol dire eliminare tutti i precetti indifferenti, come è ad esempio la circoncisione: sebbene egli conceda ai Cristiani, che provengono dall'Ebraismo, di continuare a praticarli. Ma soprattutto vuol dire trasformare la legge esteriore in una legge spirituale interiore, nel libero ossequio della fede: «perché siete figliuoli, Dio ha mandato nei cuori nostri lo spirito del suo figlio, che grida: Padre! Perciò non sei più servo, ma figlio: e, come figlio, erede di Dio» (*Gal.*, IV, 6-7). Lo zelo del popolo ebraico per la sua legge gli ha impedito di comprendere la verità più alta: ma anche questa ostinazione ha servito al trionfo del bene perché ha servito di esempio agli uomini e ha provocato la conversione dei Pagani. Raggiunto questo fine, anch'essa avrà termine; l'esempio dei Pagani convertirà e salverà il popolo ebraico: «Dio ha implicato tutti nella disubbidienza onde fare misericordia a tutti» (*Rm.*, XI, 32).

La critica di Paolo testimonia d'un senso profondo della vita interiore. Ma essa non è, come la critica di Gesù, una reazione morale contro l'esteriorità e l'ipocrisia: è una teoria teologica che investe tutto lo svolgimento della religione ebraica, non solo la degenerazione farisaica. E allora come spiegare che dal seno di questa religiosità sia sorta la religione spirituale dei profeti e dei *Salmi*? Come è possibile mantenere la continuità interiore delle due religioni? Si comprende perciò che la chiesa non abbia accolto la rigida distinzione di Paolo e abbia preferito considerare la religione ebraica come una rivelazione inferiore ed una preparazione: soluzione meramente pratica e superficiale d'un problema che oggi ancora è lungi dall'essere risolto[404].

7. Tutto questo processo della caduta dell'uomo, della soggezione alla legge antica, della redenzione dalla legge e dal peccato per opera di Cristo, della predicazione cristiana a tutto il mondo si inquadra però sempre ancora per Paolo, come per Gesù, in una visione apocalittica[405]. Anch'egli crede che la fine delle cose sia prossima; «la notte è profonda, il giorno s'avvicina» (*Rm.*, XIII, 12; cfr. *I Cor.*, VII, 29 sgg.). Quando l'opera missionaria sarà compiuta, Dio restaurerà il popolo ebraico che si convertirà: allora comincerà il giorno del Signore, al quale Paolo spera di assistere ancora vivente. «Ecco vi rivelo un mistero: non tutti morremo, ma tutti saremo trasformati, in un attimo, allo squillo dell'ultima tromba. Perché vi sarà uno squillo di tromba, i morti risorgeranno incorruttibili e noi saremo trasformati» (*I Cor.*, XV, 51-52). E ai Tessalonicesi, i quali temevano che i loro morti non avrebbero più partecipato al regno di Dio, scrive rassicurandoli. «Non siate contristati come gli altri che non hanno speranza. Perché se crediamo che Gesù è morto ed è risorto, così ancora Dio per mezzo di Gesù trarrà a sé con lui i dormienti. Io vi dico con una parola del Signore che noi, i viventi, i rimasti fino alla venuta del Signore non precorreremo quelli che dormono. Perché il Signore stesso con voce d'arcangelo e squillo di tromba divina discenderà dal cielo e i morti in Cristo risusciteranno per i primi. Poi noi, i viventi, i rimasti, saremo rapiti con essi sulle nubi incontro al Signore e così saremo tutti con lui» (*I Ts.*, IV, 13-18). Questa risurrezione non deve

---

[404] Si veda le considerazioni di Harnack, «LDG», I, pp. 101-102 e di R. Knopf, *Nachapost. Zeitalter*, 1905, pp. 346 sgg.

[405] Sull'escatologia paolina si cfr. Charles, pp. 437 sgg.; Schweitzer, *op. cit.*, pp. 54 sgg.

però essere intesa come una risurrezione della carne: «perché la carne e il sangue non possono ereditare il regno di Dio», (*I Cor.*, XV, 50). Contro il concetto classico della immortalità come abbandono puro e semplice del carcere corporeo, Paolo mantiene bensì il concetto orientale d'una risurrezione corporea; ma è un corpo spirituale e incorruttibile, come quello che rivestì Gesù risorto e che già adesso hanno Gesù e gli angeli (*I Cor.*, XV, 35-37; *Fil.*, III, 21): l'anima non rimarrà «nuda», ma vestita d'un corpo celeste[406]. Il regno del messia durerà fino a che egli non abbia distrutto l'impero delle tenebre e le sue potenze (*I Cor.*, XV, 24-25): allora egli rimetterà il regno a Dio. «Perché egli regnerà finché abbia messo sotto i piedi tutti i nemici; l'ultimo sarà la morte [...] Quando ogni cosa sarà sottomessa a lui, allora anch'egli si sottometterà a Colui che ha sottomesso a Cristo ogni cosa perché Dio sia tutto in tutti».

Più tardi Paolo sembra perdere la speranza di vedere vivente la fine delle cose ed esprime la viva fiducia di essere riunito al Signore subito dopo la morte (*II Cor.*, IV, 16 sgg.). Egli abbandona il concetto ebraico, prima accolto, che le anime dei giusti dormano nello Sheol in attesa del giudizio fino al giorno in cui si risveglieranno e saranno rivestite del corpo glorioso. Dopo la morte l'anima del giusto si ricongiunge con Cristo, riveste l'abito eterno che le è già fin d'ora preparato e presso Cristo aspetta, come le anime dei martiri in *Apocalisse*, VI, 9, che giunga la fine dei tempi e con essa la manifestazione finale della gloria del messia[407]. Sul destino degli altri Paolo non si esprime. La resurrezione ha luogo solo per i «morti in Cristo» (*I Ts.*, IV, 16; *I Cor.*, XV, 42 sgg.); la pena dei reprobi sembra essere, secondo alcuni passi, la esclusione dalla vita eterna, la distruzione definitiva (*Rm.*, VI, 23). Secondo altri passi (*Col.*, I, 19-20; *Rm.*, XI, 32) Paolo sembra elevarsi al concetto della redenzione di tutti gli esseri creati in Cristo: anzi d'una restaurazione di tutta la creazione, che anch'essa geme e soffre e aspetta la liberazione (*Rm.*, VIII, 18-22). Ad ogni modo nulla autorizza a credere che Paolo abbia pensato ai tormenti eterni[408].

8. Paolo è stato senza dubbio il più grande degli apostoli: non a torto è stato considerato come il vero fondatore della chiesa cristiana. La sua opera meno apprezzabile è stata forse quella che egli ha svolto come teologo. Le

---

[406] Quindi un concetto più spirituale del regno di Dio «che non è mangiare e bere, ma è giustizia e pace e letizia nello Spirito Santo» (*Rm.*, XIV, 17). Si cfr. l'apocalisse di Baruch, cap. 49 sgg. (Kautzsch, II, pp. 430-431).

[407] Sullo stato intermedio cfr. *Enoch*, XXII (Kautzsch, II, pp. 251 sgg.) ed *Esdra*, VII, 75 (Kautzsch, pp. 374 sgg.).

[408] Si cfr. v. Gall, p. 343; A. Schweitzer, *op. cit.*, pp. 90 sgg.; J. Hering, *Saint Paul a-t-il enseigné deux resurrections?*, «RHPhR», 1932, pp. 300 sgg.

sue speculazioni sul peccato e sull'espiazione, di origine rabbinica, portano in sé l'impronta del legalismo ebraico: l'uomo è giustificato dalla grazia, ma la grazia è concessa agli uomini solo al prezzo del sacrificio di Cristo. Le sue dottrine sul Cristo come mediatore celeste, sull'unione mistica dei fedeli con Cristo, sulla virtù magica dei sacramenti, che hanno molto probabilmente un'origine ellenistica, hanno alterato la purezza della dottrina evangelica. La divinizzazione del Cristo introdusse nel Cristianesimo il culto dei mediatori divini: la teoria della chiesa e dei sacramenti aprì la via alla degenerazione ecclesiastica. Più che a queste speculazioni Paolo deve la sua grandezza alla sua opera di apostolo. In questo campo egli ebbe anzitutto il grande merito di avere energicamente propugnato la predicazione universale del Cristianesimo. Con quale superstiziosa angoscia gli apostoli di Gerusalemme e lo stesso Pietro si preoccupano dell'osservanza della legge, fuggono il contatto dei Pagani, temono di esporsi al biasimo degli zelanti! (*Atti*, X, 10 sgg.; XXI, 20 sgg.; *Gal.*, II, 11-21). Essi erano degli Ebrei credenti nel messia, ma sempre legati alla legge mosaica, che avevano come ideale la conversione del loro popolo al riconoscimento di Gesù come messia: se il loro indirizzo avesse prevalso, la piccola comunità sarebbe probabilmente scomparsa come una setta oscura dell'Ebraismo. Ma Paolo non fu solo il predicatore del Cristianesimo ellenistico. Ciò che lo eleva al di sopra di tutti gli apostoli del Cristianesimo è la profondità del suo sentimento religioso, lo spirito ardente di sacrificio, lo zelo con cui propugna contro ogni formalismo e ogni degenerazione la pura religione interiore, il vivo senso di carità che egli accolse dal Cristo e trasmise, prezioso retaggio, alle chiese dell'Occidente. Quale differenza tra le lettere di Paolo e le altre lettere del Nuovo Testamento! Queste sono composizioni ecclesiastiche senza alcuna elevazione: nelle lettere di Paolo risplende una grandezza spirituale che eleva e nobilita anche la sua teologia. La sua dottrina è contorta e confusa: essa manca di luminosità e di unità. Tuttavia quali lampi in queste tenebre! I suoi pensieri sul peccato e sulla grazia non danno nessuna soluzione: ma essi mettono in luce verità e contrasti profondi, dei quali oggi ancora cerchiamo la conciliazione. Quali parole egli sa trovare quando esprime la sua appassionata aspirazione verso la patria celeste (*II Cor.*, V, 1 sgg.), l'anelito dello spirito che nel suo intimo, come un figlio, grida verso il Padre (*Gal.*, IV, 6), l'oscura aspirazione della creazione verso Dio (*Rm.*, VIII, 19 sgg.), il suo profondo concetto della preghiera (*Rm.*, VIII, 26 sgg.), l'ardore sicuro della sua fede (*Rm.*, VIII, 39 sgg.), lo zelo della sua carità (*I Cor.*, XIII, 1 sgg.)! Questo è ciò che fa delle sue lettere un documento sacro, non indegno d'essere posto accanto ai Vangeli. E tuttavia bisogna sempre ricordare che il suo Cristianesimo non è più il Cristianesimo di Gesù. Molto egli ha ricevuto dallo spirito di Gesù: la dualità recisa del regno di Dio e del mondo, il valore della carità, il senso di dedizione assoluta alle cose di Dio; ma non per questo possiamo considerarlo senz'altro come un continuatore di Gesù. Lo stesso fatto che egli fa della persona di Gesù il centro della sua concezione religiosa costituisce già per sé una profonda differenza dal Cristianesimo evangelico: il Cristianesimo riceve già da lui quel carattere teologico ed ecclesiastico che doveva più tardi metterlo in sempre più decisa opposizione con il Vangelo.

b) *La dottrina cristiana antica*

1. Con la morte di Paolo verso il 64 d.C. si chiude l'età apostolica, caratterizzata dal contrasto fra il Cristianesimo ebraizzante e il Cristianesimo ellenistico. Dopo Paolo la storia della chiesa cristiana nei primi tre secoli è una espansione e uno svolgimento del Cristianesimo ellenistico. La chiesa di Gerusalemme entra sempre più nell'ombra e specialmente dopo il 70, dopo la distruzione della città e la dispersione della comunità, perde ogni importanza. La separazione dall'Ebraismo si fa sempre più profonda. Per Ignazio la predicazione ebraica è un'insidia di Satana (*ad Philad.*, 6); alla sua volta la sinagoga non cessa di suscitare contro la chiesa nascente calunnie, tumulti e persecuzioni e bandisce contro Gesù e i suoi seguaci la maledizione solenne: nella sollevazione contro Adriano, Bar Cocheba infierisce contro i Cristiani che non rinnegano la loro fede[409]. Questa separazione fu per il Cristianesimo nascente una prova e un pericolo: essa privava la nuova setta di tutti i privilegi di cui godeva l'Ebraismo, lo separava da un'organizzazione solida e antica. Ma questo appunto lo costrinse a crearsi un'organizzazione e una dottrina. Il fatto centrale è sempre l'apparizione terrena del Cristo culminante nella morte e nella resurrezione: anche Paolo, nonostante la sua indifferenza per la storia terrena di Gesù, riconosce in questo fatto il principio d'una tradizione, senza di cui la stessa sua opera avrebbe mancato di fondamento (*Gal.*, II, 2). Ma di mano in mano che il Cristianesimo si allontana dalle origini, si fa sempre più sensibile, accanto alla rivelazione evangelica, l'azione della tradizione risultante dagli innumerevoli fattori in mezzo a cui la nuova religione si svolge. Tertulliano considera gli apostoli come testimoni inconfutabili, perfetti, concordi, e i fedeli come tanti guardiani irreprensibili della verità ricevuta: e questo giudizio è per lui confermato dall'uniformità di tante chiese e di tanti fedeli (*Praescript.*, 20-

---

[409] Knopf, *Nachapost. Zeitalter*, 1905, pp. 137 sgg.

28). Ora si è visto, nel passaggio da Gesù a Paolo, come in realtà questa tradizione sia trasformazione e svolgimento: in Paolo alla semplice concezione di Gesù si sovrappone una teologia giudaica mescolata con numerosi elementi ellenistici, sì che, se si può esitare, con Harnack, a chiamare il suo Cristianesimo un Cristianesimo ellenistico[410], certo non si può non riconoscervi una creazione già profondamente differente dalla religione di Gesù. Dopo Paolo l'azione dell'ambiente ellenistico si fa sempre più preponderante. I concetti coi quali il Cristianesimo si costruisce la sua dottrina sono in gran parte ellenici: Porfirio accusa giustamente il più grande teologo del Cristianesimo antico, Origene, di essere più greco che cristiano e di aver fatto servire il pensiero ellenico a fondamento di favole barbariche (Eusebio, *Historia ecclesiastica*, VI, 19, 7).

2. Una delle prime preoccupazioni del Cristianesimo palestinense fu, come si è visto, la raccolta e la fissazione delle tradizioni relative alla vita e all'insegnamento di Gesù. Non sembra invece, se dobbiamo giudicare da Paolo e dalla Lettera agli Ebrei, che il Cristianesimo ellenizzante si sia nelle origini curato molto delle tradizioni relative al Cristo storico. Questa preoccupazione cominciò a farsi viva solo verso la fine del I secolo sotto l'azione delle nuove esigenze apologetiche e dogmatiche: allora sorsero quelle compilazioni biografiche, che, come testi della «buona novella», presero il nome di «Vangeli». Questi racconti adattarono la storia terrena di Gesù al nuovo concetto della sua natura divina e l'arricchirono con elementi mitici tolti in gran parte all'ambiente ellenistico. Il processo di rapida unificazione del Cristianesimo impose anche qui ben presto una regola comune, un «canone»; verso il 150 l'accordo delle chiese fissa definitivamente il contenuto del nuovo testo sacro accogliendo in esso, oltre ai quattro Vangeli canonici e agli *Atti degli apostoli* che ne sono come la continuazione, le lettere di Paolo, l'*Apocalisse* (attribuita all'apostolo Giovanni) e alcune epistole minori di creduta origine apostolica. Sorge così, naturalmente non senza oscillazioni, il concetto d'un nuovo codice, d'un nuovo statuto contenente il nuovo patto concluso per mezzo di Cristo, d'un «nuovo testamento»: già la *II lettera di Clemente* (verso il 150) cita il Vangelo come «l'altra Scrittura»[411].

3. Le stesse esigenze apologetiche e dogmatiche, che avevano imposto la scelta e la rielaborazione dei dati tradizionali sulla vita di Gesù, si fanno strada anche nel reciproco adattamento della narrazione evangelica e

---

[410] Harnack, «LDG», I, p. 56 nota.

[411] Sul senso della parola *evangelo* si v. Harnack, *Entstehung und Entwicklung d. Kirchenverfassung etc.*, 1910, pp. 199-239; H. Holtzmann, *Die Entstehung des N.T.*, 1911.

dell'Antico Testamento. La comunità palestinense doveva naturalmente accogliere l'Antico Testamento come autorità in quanto accoglieva la legge. Nel I secolo ebbe luogo la chiusura del canone dell'Antico Testamento da parte dei dottori ebrei, i quali esclusero rigorosamente molti libri dell'età posteriore, specialmente gli apocalittici. I Cristiani non seguirono questo rigore e continuarono a mantenere e a leggere nelle loro chiese molti di questi scritti di origine ebraica, i quali perciò giunsero a noi solo in versioni greche e orientali, per mano cristiana. Di più l'interpretazione loro dell'Antico Testamento era diversa dall'interpretazione ebraica: il Cristianesimo doveva vedere nell'Antico Testamento una storia che aveva la sua conclusione in Gesù Cristo: perciò era naturale che si cercassero in questa storia accenni e predizioni relative al Cristo e inversamente si plasmasse la vita sua in modo da realizzare queste predizioni[412]. Il Cristianesimo ellenistico andò ancor oltre in questo senso. Pur respingendo la legge, esso fu dalle sue stesse esigenze dogmatiche tratto a vedere nel complesso dell'Antico Testamento una preparazione e un simbolo della nuova legge: tutto ciò che non entrava in questa cornice, venne a ciò forzato con i mezzi tradizionali dell'interpretazione allegorica. Comincia allora quella interpretazione fantastica dell'Antico Testamento secondo il metodo allegorico, che già aveva applicato a Omero Teagene di Reggio e che era stato divulgato dagli stoici e dagli alessandrini[413], e che le chiese hanno continuato ad applicare fino ai nostri tempi così all'Antico come al Nuovo Testamento.

Si veda, ad esempio, i capitoli in cui Tertulliano (*Adversus Judaeos*, IX-XI) passa in rassegna le principali profezie dell'Antico Testamento dove è preannunciato Cristo; o la sua giustificazione del battesimo degli apostoli (*De baptismo*, 12) o la sua interpretazione del Padre nostro nell'opuscolo *De Oratione*[414]. Si capisce come interpretazioni di questo genere dovessero apparire a intelletti obiettivi e freddamente critici come pure follie.

4. Le prime speculazioni del Cristianesimo ellenistico hanno per oggetto la persona del Cristo e svolgono intorno al concetto del messia celeste una nuova teogonia[415]. Per Paolo il Cristo è ancora, nonostante tutte le influenze ellenistiche, il messia ebraico; un essere spirituale che preesiste in Dio ed è sceso sulla terra per salvare gli uomini con la sua morte e per risorgere nella

---

[412] Grafe, *Das Urchristentum und das A.T.*, 1907.

[413] Moore, *The religious Thought of the Greeks*, 1916, pp. 349 sgg.

[414] Tertulliano, *Op.*, ed. Oehler, 1853, I, pp. 553 sgg.

[415] Sulla cristologia del Cristianesimo primitivo si cfr. Harnack, «LDG», I, pp. 203 sgg.; Reville, *Histoire du dogme de la divinité de J. Christ*, 1904; J. Weiss, *Christus. Die Anfänge des Dogmas*, 1909.

gloria della restaurazione ultima. Ma questo concetto passando nel Cristianesimo ellenistico si convertì in forme ad esso più familiari; il nome di «Cristo» (messia) diventò un nome proprio; egli è il Signore (Κύριος)[416], il Salvatore (σωτήρ)[417]. Entrambi i nomi sono di origine ellenistica. L'appellativo «Signore» applicato al messia non ha riscontro nel Cristianesimo ebraizzante, né in Marco, né in Matteo; è frequente invece in Paolo e in Luca. Come appellativo del divino era usuale nell'Egitto, nella Siria e nell'Asia Minore; ricorre già nella traduzione dei settanta. In Paolo esso esprime la natura divina di Gesù, ma anche la subordinazione a Dio, permettendogli così di mantenere l'unità divina (*I Cor.*, VIII, 6; *Fil.*, II, 9-11). Il nome di «Salvatore» nel senso tecnico risale al culto dinastico.

Ma anche queste denominazioni, se sono un principio di apoteosi, non lo separano ancora del tutto dall'umanità. Per l'Apocalisse Gesù è ancora un uomo che porta sulla fronte il sacro nome di Jahvè (XIX, 12) ed è stato posto da Dio come il primo degli esseri; ma è ancora un essere creato (III, 14), glorificato dal martirio (V, 6 sgg.). Questo è anche il concetto che ispira le narrazioni dei sinottici. Gesù è un profeta, un uomo santo, pieno dello spirito di Dio. La fede nel suo carattere messianico suscita la fede nella sua discendenza davidica: le due genealogie, di Luca e di Matteo, in cui questa fede trova la sua espressione, mostrano che gli autori di queste genealogie lo consideravano come figlio di Giuseppe e non avevano ancora la minima idea della sua nascita soprannaturale. Le leggende sulla nascita di Gesù sono il primo tentativo di separare Gesù dall'umanità; lo spirito di Dio non è più disceso in lui nell'atto del battesimo, come in Marco, ma lo ha accompagnato fino dal seno materno, anzi lo ha generato: una rappresentazione mitica che il politeismo ellenistico aveva già riferito ai suoi eroi religiosi

---

[416] L'origine del nome è ellenistica: però da *I Cor.*, XVI, 23 e *Did.*, 10 appare che l'invocazione di Gesù «Signore» (*maranatha*) dovette già avvenire per opera di Cristiani parlanti aramaico. Sul nome si cfr.: S. Weiss, *Christus*, 1909, pp. 24-29; Heitmüller, *Zum Problem Paulus und Jesus*, «ZNW», 1912, pp. 333-335; H. Böhlig, *Zum Begriff Kyrios bei Paulus*, «ZNW», 1913, pp. 23-37; Deissmann, *Licht vom Osten*, 1923, pp. 298 sgg.; Bousset, *Kyrios Christos*, 1926, pp. 78 sgg.; W. v. Baudissin, *Kyrios als Gottesname im Judentum und seine Stelle in d. Religionsgeschichte*, 1926-29, 4 vol. (v. specialmente II, pp. 257-301); v. Dobschütz, *Kyrios Jesu*, «ZNW», 1931, pp. 97-123.

[417] Sul concetto di «Salvatore» nell'ellenismo: Harnack, *Der Heiland* (*Reden und Aufsätze*, 1904, I, pp. 310 sgg.); P. Wendland, *Soter*, «ZNW», 1914, pp. 335-353; Reitzenstein, *Gedanken zur Entwicklung d. Erlöserglaubens*, «Hist. Zeitschrift», 1922, pp. 1-57; K. Bornhausen, *Der Erlöser*, 1927 (spec. pp. 12-86); v. Gall, pp. 450-459.

per testimoniarne l'origine divina[418]. Ma il passo più importante fu compiuto con l'identificazione di Gesù e dello spirito di Dio. Esso si inizia già, per così dire, sotto i nostri occhi nella teologia di Paolo: la sua visione gli ha rivelato un Cristo elevato sopra l'umanità, un «uomo celeste» (*I Cor.*, XV, 47), preesistente in Dio, i cui rapporti con l'umanità sono difficili a definirsi[419]. Alla generazione soprannaturale (che né Paolo, né Giovanni conoscono) si sostituisce qui l'incarnazione d'un essere divino; come un essere divino possa assumere veste umana è un nuovo problema, che la speculazione libera degli gnostici risolve generalmente considerando la vita umana di Gesù come un'apparenza (docetismo). Questa tendenza a divinizzare l'ideale morale e religioso incarnato in Gesù ebbe la sua definitiva espressione nella teoria del Verbo (*Logos*). Questo concetto, usato originariamente dalla teologia stoica per esprimere la razionalità del mondo e della storia, venne, sotto l'influenza del platonismo e specialmente di Filone, isolato dalla razionalità immanente nelle cose ed eretto in essere intermedio fra il mondo e Dio, che per una parte appartiene all'essenza di Dio, per l'altra è come il momento di Dio che è rivolto verso il mondo. Esso si offriva come da sé a servire quale definizione filosofica delle ipostasi divine nelle religioni orientali, della Sapienza, del messia celeste. Se in Paolo abbiamo già, col suo concetto dello «spirito» un'influenza di questo genere, è dubbio; la parola *logos* è già applicata a Cristo, non però in questo senso, nell'*Apocalisse* (XIX, 13).

Il primo tentativo di erigere una dottrina del messia come Logos è il Vangelo di Giovanni; un trattato teologico-mistico, opera di uno spirito religioso profondo e raffinato, del quale non è facile determinare il punto di vista speculativo[420]. I più riconducono il Logos del IV Vangelo a Filone (Reville, Pfleiderer, Loisy); E. Meyer (I, p. 317) al concetto ebraico della «Parola di Dio». Il Logos si è incarnato in Gesù Cristo uomo per vivere e morire in forma umana, rivelare Dio agli uomini e salvarli; l'enfatico prologo del Vangelo ha per fine di insistere sopra questa identità e di imprimere saldamente questa verità che il Logos è stato un uomo, ha vissuto con gli uomini e ha loro insegnato la verità. Come abbia avuto origine l'incarnazione del Logos, il Vangelo non lo dice; esso ignora o lascia volutamente

---

[418] E. Petersen, *Die wunderbare Geburt des Heilandes*, 1909; A. Steinmann, *Die Jungfrauengeburt und die vergleichende Religionsgeschichte*, 1919.

[419] Reville, *op. cit.*, pp. 32-33.

[420] Sul concetto del Logos: A. Aall, *Geschichte der Logosidee in der christl. Literatur*, 1899. Sulla teologia giovannea: Pfleiderer, II, pp. 281 sgg.; Reville, *Le quatrième évangile*, 2ª ed., 1912; Loisy, *Le quatrième évangile*, 2ª ed., 1921; Goguel, *Le quatrième évangile*, 1924.

da parte le leggende della nascita soprannaturale: verosimilmente, secondo il quarto Vangelo, essa ha luogo per una immedesimazione di Gesù uomo con lo spirito che discende in lui (*Giovanni*, I, 32-4) come nel racconto di Marco. Così non è chiaro in quale rapporto stia il Logos con Dio; certo, benché simile a Dio e superiore a tutte le creature, egli è inferiore a Dio e da lui dipendente (V, 19 sgg.). Come Logos, egli ha portato agli uomini la luce, è stato la luce del mondo (*Giovanni*, I, 9; III, 19-21; V, 35; VIII, 12; IX, 5; XII, 35-36): quelli che credono in lui partecipano a questa luce, che è la sapienza liberatrice. Ma la luce trova resistenza in ogni tempo nelle tenebre che non vogliono accoglierla: tutto il Vangelo è penetrato dal concetto (gnostico) dell'eterno dualismo della luce e delle tenebre nel mondo dello spirito. L'umanità si divide in figli della luce e figli delle tenebre (si cfr. *Luca*, XVI, 8): l'incarnazione del Logos ha per fine di salvare i figli della luce dal potere tenebroso che è il «principe di questo mondo».

La teoria del Logos si diffuse rapidamente e diventò una dottrina fondamentale della chiesa, ma senza ricevere alcuna determinazione precisa sui rapporti di Dio e del Logos: questo è un punto che doveva essere fissato solo dopo le grandi controversie cristologiche del IV secolo. Per Giustino il Logos è soltanto la prima forza dopo il Padre, la prima creatura di Dio[421]. Così anche in Clemente Alessandrino ora è una semplice «forza» di Dio, ora una personalità distinta; anche nella sua opera di educatore spirituale dell'umanità l'individualità del Cristo qualche volta sparisce e l'azione del Logos si avvicina a quella d'un principio divino impersonale immanente al mondo[422]. La stessa ambiguità in Origene. Tertulliano considera il Verbo come un essere di natura divina. Ma è creato, è la prima delle creature (*Adversus Hermogenem*, 18). Ancora verso il principio del IV secolo Lattanzio insegna esplicitamente che Cristo non è Dio. «Cristo insegnò che vi è un Dio solo e che bisogna adorare soltanto Dio; né mai pretese di essere un Dio: poiché non avrebbe conservato la fede se, mandato ad abolire gli Dei e ad insegnare il culto del solo Dio, avesse introdotto un altro Dio fuori di quest'uno [...] Prese il nome di Dio solo perché fu fedele» (*Divine Institutiones*, IV, 14)[423].

5. Per lo stesso processo per cui si era separato da Dio, facendone un essere distinto, il Logos, si separa progressivamente da questo il Paracleto (*advocatus, defensor*), lo Spirito Santo. Lo Spirito Santo è da principio,

---

[421] Aubé, *Saint Justin*, 1861, pp. 98 sgg.; Reville, *op. cit.*, pp. 43-45.

[422] De Faye, *Clément d'Alexandrie*, 1906, pp. 248-273.

[423] Sul concetto di Dio in quest'età si v.: Harnack, «LDG», I, pp. 138-139; Reville, *op. cit.*, pp. 50 sgg.

come nell'Antico Testamento, una forza emanante di Dio che discende nell'uomo e lo rende ispirato: la profezia è un'azione dello Spirito di Dio[424]. Così è ancor nei Vangeli sinottici una cosa sola con lo Spirito di Dio che discende in Gesù nel battesimo (*Matteo*, III, 16) e che lo conduce nel deserto (Ivi, IV, 1). Nel Vangelo degli Ebrei questo principio divino è la madre celeste del Cristo: «mia madre, lo Spirito Santo, mi afferrò per i capelli e mi portò via sul monte santo Tabor» (Hennecke, p. 54): nell'*Ascensione di Isaia* è assimilato a un angelo (IX, 36; tr. fr. p. 14). Per Filone il Logos e lo Spirito di Dio sono una cosa sola; anche per Paolo «il Signore è lo Spirito» (*I Cor.*, XII, 12; *II Cor.*, III, 17). Anche in Giustino la dottrina dello Spirito Santo è estremamente vaga; esso è ancora sovente identificato col Logos.

Esso comincia ad avere una figura distinta nel IV Vangelo; ivi è lo Spirito del Cristo rivivente nei suoi dopo la morte (VIII, 39): è lo strumento del verbo che continua la rivelazione nella chiesa. Ad accentuare questa figura concorse la sempre più sicura coscienza della chiesa, che si considerava come la continuatrice del Cristo nei tempi e come ispirata da quella stessa forza divina che operava nel Cristo. Per Tertulliano è già una specie di secondo Cristo invisibile che accompagna lo svolgimento della chiesa e che inizia il periodo definitivo dell'umanità, quello che deve trascorrere fra la morte di Cristo e la fine del mondo. «Da principio la giustizia fu fondata sul timor naturale di Dio; poi con la legge e coi profeti venne l'infanzia; il Vangelo portò gli ardori della giovinezza: oggi col Paracleto è il regno della maturità». Egli è succeduto al Cristo e l'umanità non avrà più dopo di lui altro maestro (*De virginibus velandis*, 1).

Tertulliano è anche il primo che usa in Occidente, verso il 200 d.C., la parola «trinitas» (*Adversus Valentinianos*, 17), che era già stata applicata a Dio in Oriente (verso il 180) da Teofilo (*ad Antol.*, II, 15): primo accenno d'una dottrina che doveva subire ancora una lunga elaborazione. Così la speculazione sul concetto del messia celeste conduceva a sostituire al rigoroso monoteismo di Gesù una specie di triteismo – vero triteismo contro cui nulla possono le distinzioni di persona e di sostanza: perché il solo vero prototipo della sostanza è la persona, l'io! Nel quale triteismo il Dio padre e lo Spirito sono ombre senza corpo: il solo e vero Dio del Cristianesimo ellenistico è il Cristo.

6. Mentre il Cristianesimo si arricchiva così di speculazioni intorno alla natura divina del suo fondatore – che sono del tutto straniere al pensiero di

---

[424] E. Meyer, II, 100 sgg. Sull'origine ebraica del concetto di «Paracleto» si cfr.: S. Mowinckel, *Die Vorstellungen des Spätjudentums vom heiligen Geist*, «ZNW», 1933, pp. 97 sgg.

Gesù – svaniva invece lentamente quello che era stato il quadro generale in cui aveva preso forma la sua ispirazione verso il regno del Padre, la visione apocalittica[425]. La fede nelle idee apocalittiche è ancor viva nel I secolo: essa sostiene in mezzo alle prove dolorose della fine del secolo la costanza dei fedeli. In questo e nel secolo seguente il Cristianesimo si appropria le Apocalissi ebraiche, che vengono rielaborate o interpolate: una breve apocalisse d'origine ebraica o ebraizzante è inserita nel Vangelo di Marco (cap. 13; *Luca*, cap. 21, *Matteo*, cap. 24)[426].

L'Apocalisse cristiana che è stata accolta nel N.T. e attribuita senza fondamento all'apostolo Giovanni, rispecchia assai bene le idee dei Cristiani del I secolo sulla fine del mondo e sul suo rinnovamento[427]. Essa fu composta probabilmente a Efeso negli ultimi decenni del I secolo; noi ignoriamo chi ne sia l'autore; la tradizione dell'esilio del veggente a Patmos (che appare in Clemente Alessandrino) è forse solo un'induzione da *Apocalisse*, I, 9. Sebbene abbia l'aspetto d'una composizione unitaria, essa è in realtà una compilazione letteraria di elementi diversi, fra cui vi sono frammenti di apocalissi più antiche, d'origine ebraica. L'autore espone in una serie di visioni le prove terribili che l'ira di Dio scatenerà sulla terra prima del ritorno di Cristo. Libro strano e tuttavia pieno di fascino: l'esposizione è resa oscura da un simbolismo il cui senso è per noi quasi indecifrabile. Però un sentimento chiaro e vigoroso penetra tutta l'opera: l'odio contro le abominazioni di Roma, contro la quale i martiri gridano vendetta al cielo (VI, 9-10), e l'attesa dei giorni dell'ira divina. Il libro si richiamava, per il suo contenuto, alla cerchia d'idee del Cristianesimo primitivo; ma non è un libro d'origine ebraizzante. Il suo materiale mitico ricorda troppo decisamente il linguaggio dei culti e dei misteri ellenistici, le sue tendenze sono troppo apertamente universalistiche. Gli elementi sono tolti dall'apocalittica ebraica e questo può spiegare qualche tratto ebraizzante (come ad esempio VII, 1-8); ma lo spirito è tutto diverso. Esso sembra quasi ignorare il popolo ebraico, e i suoi destini: il suo interesse è rivolto esclusivamente alla nuova Gerusalemme, la mistica città dei santi.

---

[425] Sull'apocalittica cristiana: A. Chiappelli, «Le idee millenarie dei Cristiani nel loro svolgimento storico», *Nuove pagine sul Cristianesimo antico*, 1902, pp. 99-175; Causse, *L'évolution de l'espérance messianique dans le christianisme primitif*, 1908; P. Wendland, pp. 381 sgg.; Loisy, *L'apocalyptique chrétienne*, «RHLR», n. s. VIII, pp. 78-113; Burkitt, *Jewish and Christian Apokalypses*, 1914; H. Weinel, *Die spätere christl. Apokalyptik*, 1923.

[426] Già Colani nel 1864 (*Jésus Christ et les croyances messian. de son temps*, 1864, pp. 139 sgg.) giudica questo capitolo un'interpolazione. Loisy e Wellhausen lo considerano come un'apocalisse ebraica, E. Meyer come un'opera cristiana della prima generazione.

[427] Loisy, *L'Apocalypse de Jean*, 1923.

Un'altra apocalisse che fu molto popolare nel II e III secolo è l'*Apocalisse* di Pietro, ricevuta come canonica in gran parte dell'Occidente, adottata da molte comunità della Palestina e dell'Egitto e poi scomparsa (a eccezione di pochi frammenti conservati da scrittori antichi); essa venne scoperta in parte nel 1887 ad Akhmim (Egitto) in una tomba cristiana e poi totalmente in una traduzione etiopica (tr. ted. in «ZNW», 1913, pp. 65 sgg.) che però appare molto rielaborata in confronto col testo di Akhmim. Più che un'apocalisse è una composizione letteraria, redatta prima del 150 d.C., che contiene una descrizione dell'inferno e del paradiso tratta probabilmente da fonti orientali ed elleniche, specialmente orfiche. Comincia con la descrizione del giudizio, quando i giusti sono separati dai malvagi; e il pianto di questi è tale che anche gli Angeli e Cristo piangono con essi (Hennecke, p. 319). Al secondo o terzo secolo appartengono due brevi apocalissi cristiane giunte a noi sotto il nome di V e VI *Libro di Esdra* (Hennecke, pp. 390-399). Ad esse debbono aggiungersi le apocalissi dei libri sibillini. Come la letteratura sibillina aveva servito agli Ebrei per diffondere il culto del vero Dio e predire la rovina ai persecutori del suo popolo, così essa penetrò anche nel mondo cristiano e venne fatta servire alla lotta contro il Paganesimo; dagli apologeti in poi la Sibilla è un'autorità spesso citata dai padri della chiesa. Il libro VIII è un libro pieno di minacce e di predizioni contro Roma; il Gerfken lo fa risalire al II secolo. Elementi apocalittici sono contenuti anche negli altri libri (I-II, V-VI), che sono verosimilmente di età posteriore.

La grande diffusione delle *Apocalissi* di Giovanni e di Pietro nel II secolo attesta la tenace persistenza delle idee apocalittiche anche nella chiesa ellenistica. Citazioni o motivi apocalittici ricorrono nella I lettera di Giovanni (II, 28; III, 2), nella lettera di Barnaba (III, 3-5; XII, 1; XVI, 5-6), nella lettera di Giuda (14-15), nel *Pastore* di Hermas (*Vis.*, III, 8-9)[428], nelle lettere di Clemente Ireneo (*C. haer.*, V, 33, 3 sgg.) *ci* riferisce i sogni millenari del vecchio Papia: Giustino (*Dialogo*, 80) e Ireneo stesso considerano il millenarismo come elemento essenziale della fede[429]. Ancora Tertulliano invoca venga presto la fine del mondo (*De orat. dom.*, 5): fine che doveva coincidere con la fine dell'impero romano (*Apologetico*, 32). Anch'egli accetta la dottrina del regno del messia e crede che i fedeli passeranno mille anni nella nuova Gerusalemme discesa dal cielo come preparazione al regno eterno di Dio. «Ezechiele aveva conosciuto questa città meravigliosa;

---

[428] Sull'elemento apocalittico nell'antica letteratura cristiana si cfr. H. Weinel in Hennecke, pp. 385 sgg.

[429] Buonaiuti, «Il millenarismo di Ireneo», *Saggi sul Cristianesimo primitivo*, 1923, pp. 79-96.

Giovanni la intravide un momento: il Verbo annunciò che essa apparirà visibilmente sulla terra prima della Gerusalemme eterna, di cui è l'immagine. Recentemente anzi la promessa ebbe un principio di esecuzione nella spedizione d'Oriente. Testimoni oculari, anche pagani, affermano che per quaranta giorni ad ogni crepuscolo si vide una città discendere dal cielo e rimanere sospesa nell'aria al disopra della Giudea. Mura e bastioni sparivano a misura che il giorno s'avanzava: da vicino non vi era che il vuoto!» (*Adv. Marc.*, III, 24).

Però a partire dalla fine del I secolo la fede nel ritorno di Cristo comincia a vacillare. Con l'adozione del concetto del giudizio del singolo dopo la morte (*Luca*, XXIII, 43), il vecchio dogma del giudizio finale è rigettato nell'ombra; già nei sinottici è relegato dopo un lungo periodo quando tutta la terra sarà evangelizzata (*Matteo*, XXIV, 14). Lo sparire della prima generazione cristiana e il corso sempre uguale delle cose, il naturale attaccamento alla vita rendono sempre meno familiare e desiderabile il giorno dell'avvento del Signore; i Cristiani pregano che esso venga allontanato (Tertulliano, *Apologetico*, 39). Il concetto del messia nel suo vero e proprio significato scompare poco per volta perché non ha più senso. Noi vediamo in più documenti del tempo i pastori della chiesa opporre alla delusione e alla derisione sempre nuove affermazioni. L'autore della lettera agli Ebrei esorta i fedeli ad essere costanti nella fede perché il tempo è breve: «colui che deve venire verrà e non tarderà» (X, 37). Nella seconda delle lettere clementine (150 d.C. circa) l'autore risponde agli scettici che dicono: «Noi abbiamo sentito queste cose già nell'età dei nostri padri: noi abbiamo atteso di giorno in giorno e niente di tutto ciò è avvenuto» (*II Clem.*, XI, 2). Anche nella *II Lettera di Pietro* (uno degli scritti più recenti del N.T.) compare l'obiezione scettica di coloro che dicono: «I tempi e le generazioni passano e il Signore ha ancora da venire» (III, 3-5).

Del resto anche nel Vangelo di Giovanni è visibile la traccia di questo imbarazzo. Sull'apostolo Giovanni correva la leggenda che il Signore gli avesse promesso che non sarebbe morto prima della sua venuta. Quando anche Giovanni morì, si cercò intorno a lui di spiegare diversamente la parola del Signore; e la spiegazione ci è data negli ultimi versetti. «Veduto Giovanni, Pietro disse a Gesù: Signore, che sarà di costui? Gesù rispose: Se io voglio che rimanga finché io torni, che te ne importa? Tu seguitami. Laonde si diffuse tra i fedeli la voce che quel discepolo non morrebbe. Ma Gesù non aveva detto che non morrebbe, bensì: Se io voglio che rimanga finché io torni, che te ne importa?» (*Giovanni*, XXI, 21-23).

Del resto non fu soltanto la contraddizione dei fatti che dissipò questo sogno: anche la penetrazione del pensiero greco nel Cristianesimo contribuì a eliminare questa escatologia ingenua e troppo realistica. Già nello stesso Vangelo di Giovanni la venuta del Signore è interpretata come la discesa dello Spirito Santo nel cuore dei fedeli: la vita eterna comincia già qui con la fede in Cristo (V, 24). I passi in cui si parla del giudizio ultimo (V, 28-29; VI, 40, ecc.) hanno tutto l'aspetto di interpolazioni.

L'apocalittica continuò ad avere numerosi partigiani, ma fu considerata con poco favore dai teologi, specialmente in Oriente: Origene la condanna severamente[430]. Essa si rifugiò nelle chiese barbariche dell'Oriente e dell'Occidente; la stessa *Apocalisse* di Giovanni fu accolta nel canone solo per l'influenza della chiesa latina. Specialmente poi dopo la vittoria della chiesa nel IV secolo essa fa sempre più la pace col mondo; il regno millenario di Cristo è la Chiesa stessa. Dove gli evangelisti dicono che la generazione presente non passerà prima che venga la fine delle cose (*Matteo*, XXIV, 34), la generazione presente è intesa nel senso di «genere umano» o di «popolo ebraico»; così la fine del mondo è relegata nel più remoto avvenire. È Agostino che dà il colpo di grazia al millenarismo apocalittico definendo la «città di Dio» come la chiesa militante sulla terra e trionfante nei cieli. Il mondo e la società civile cessano di essere il regno del demonio: a poco a poco grazie alla prudenza terrena e allo spirito politico dei vescovi avviene la grande riconciliazione; l'aspirazione ardente verso la fine delle cose e il regno dei mille anni, che era stato un punto essenziale del Cristianesimo primitivo, diventa una dottrina sospetta ed eterodossa che ricompare di secolo in secolo nella storia come patrimonio di anime inquiete di visionari, preoccupati d'indagare il mistero della fine delle cose.

7. Nel Cristianesimo si fa sentire sempre più vivo, dopo il primo secolo, il bisogno d'un'elaborazione speculativa[431]. Esso non è più un'oscura setta ebraica, non è più soltanto una religione di donne e di schiavi: tra i fedeli vi sono anche spiriti raffinati, penetrati dalla cultura greca, i quali cercano nella fede quella risposta che non avevano trovato in nessuna delle dottrine filosofiche. Così è avvenuta la conversione di Giustino che egli stesso narra nelle prime pagine del suo *Dialogo con Trifone*; così anche quella di Clemente Alessandrino. È naturale che questi uomini portassero nella religione

---

[430] Buonaiuti, «Il tramonto del millenarismo nella chiesa d'Oriente», *Saggi sul Cristianesimo primitivo*, 1923, pp. 212-219.

[431] Sull'apologetica: Pfleiderer, II, pp. 615 sgg.; Harnack, «LDG», I, pp. 496-550; Wendland, pp. 391-405; Geffcken, *Zwei griechische Apologeten*, 1907; Puech, *L'apologétique chrétienne du II siede*, 1912.

le esigenze intellettuali della loro personalità e cercassero di giustificarla dinanzi alla loro ragione, di difenderla di fronte alle persone colte. Il Cristianesimo non si limita qui più ad assimilare qualche concetto o dottrina isolata nell'ambiente ellenistico, ma cerca nelle concezioni filosofiche del tempo un fondamento razionale proprio, si costruisce con le teorie dominanti del tardo platonismo o dello stoicismo un sistema nel quale sia possibile inquadrare le sue tradizioni. E come i sistemi filosofici tradizionali, esso cerca di riassumere le sue verità in un sistema di formule (dogmata) logicamente concatenate; in Tertulliano (*De virginibus velandis*, I) abbiamo già il primo embrione d'un credo dogmatico.

Questo adattamento della concezione cristiana alle esigenze intellettuali dell'ambiente ellenistico fu l'opera degli apologeti del II secolo. Il compito a cui questi si accingevano era un compito estremamente arduo e in fondo impossibile: si trattava di razionalizzare una religione popolare che aveva il suo fondamento in una tradizione mitica. Ma le loro capacità erano anche troppo inferiori a questo compito. I cosiddetti apologeti, Giustino, Taziano, Atenagora, Aristide, Teofilo, Minucio Felice[432] sono scrittori superficiali e di scarsa cultura, poveri di pensiero, destituiti di senso critico, che rivestono la fede cristiana con formule filosofiche tolte dalla filosofia pagana dominante, ma senza comprendere in fondo i problemi filosofici e senza uscire dalla mentalità volgare. Essi sono interessanti in quanto rappresentano un'era nuova: con essi cominciano a entrare nella chiesa uomini degli strati sociali superiori, dotati d'una certa disposizione razionale: ma sarebbe far loro troppo onore considerarli come rappresentanti d'un pensiero filosofico qualunque. Anche i migliori tra essi, Aristide, Atenagora, Giustino, sono in fondo dei semplici che accettano con ingenuità il mito cristiano e che, se hanno facile gioco nel mostrare i lati deboli del politeismo popolare, non sono certo altrettanto fortunati nella costruzione e nella difesa razionale della loro religione. La loro critica al Paganesimo è una ripetizione di quella critica che, iniziata da Senofane, era stata continuata dalle scuole posteriori greche, specialmente dai Cinici, da Epicuro, da Carneade e aveva concluso, nell'esegesi allegorica degli stoici, alla condanna e nel tempo stesso a una interpretazione più profonda delle favole antiche. Del resto quale critico più spietato di Luciano? L'apologetica cristiana non fa che ritessere, con molto minore spirito, queste critiche secolari. Singolare è poi la sua posizione di fronte alla filosofia. Da una parte essa attinge continuamente alle fonti platoniche e stoiche: si è potuto dire che essa sta vicina a Platone e agli stoici

---

[432] Su Minucio Felice si v. la caratteristica di Renan, *Marc-Aurèle*, pp. 389-404.

almeno tanto quanto al Nuovo Testamento[433]. D'altra parte essa si rivolge contro la filosofia: constata con soddisfazione, come Luciano, le contraddizioni dei filosofi e si compiace anche di metterne in cattiva luce la personalità. È, in fondo, una filosofia volgare, uno spiritualismo retorico, un teismo popolare e antropomorfico, che cerca la sua giustificazione nella rivelazione e qualche volta insorge contro la cultura superiore in nome della barbarie (Taziano). Lo stesso Giustino[434], un'anima bella, passata per le scuole dei filosofi, piena di aspirazioni mistiche, nobilitata dal martirio, non ha nessuna originalità, nessuno spirito critico, nessuna profondità di pensiero. La sua grande preoccupazione è di mostrare l'identità di Gesù e del Logos: ma non vede nessuno dei problemi che la cristologia solleverà dopo di lui. Il suo concetto dell'origine diabolica degli eretici (*Apologia*, 56-58; *Dialogo*, 35) è puerile: le sue risposte alle gravi e precise accuse di Trifone sono futili e riposano in gran parte su interpretazioni arbitrarie dell'Antico Testamento. Anche Taziano, uno spirito vigoroso e riflessivo, giunto al Cristianesimo attraverso i culti orientali, riveste il monoteismo ebraico con le formule dell'odiato pensiero greco, ma non è un filosofo: è uno spirito privo completamente di critica, esaltato, partigiano, violento; è una specie di cinico cristiano che, come un antico Rousseau, chiama gli spiriti dalle raffinatezze mondane alla semplicità della vita cristiana (Pfleiderer). La sola parte viva del loro pensiero è quella che si riferisce alla vita morale della comunità cristiana: Minucio Felice non è mai così eloquente e così interessante come quando, per bocca dello stesso avversario, il pagano Cecilio, traccia il quadro della vita dei primi Cristiani pallidi, paurosi, miserabili, seminudi, che irridono agli Dei, sprezzano la porpora, si riconoscono da segni segreti, si amano e si sostengono a vicenda e vanno impavidi alla morte (*Octavius*, 8). Ma questa non è filosofia. E in fondo non è nemmeno religione: «misurati al Cristianesimo primitivo, essi rivelano un impoverimento dello spirito cristiano, un intristimento dei suoi motivi più forti, un abbassamento del livello religioso» (Wendland).

8. Il problema del contrasto fra la fede e la filosofia è anche affrontato da Tertulliano, il più grande scrittore cristiano dell'Occidente latino, e risolto in favore della fede. Tertulliano è uno spirito vigoroso, ma senza vera genialità, più retore e avvocato che filosofo. Eloquente e incisivo nella difesa politica e giuridica dei Cristiani, ha nelle cose religiose tutta la vacuità declamatoria d'un predicatore. «La sua teologia, se così vogliamo chiamare l'insieme delle sue dissertazioni teologiche, manca di ogni unità e può solo

---

[433] Moore, *The religious Thought of the Greeks*, 1916, p. 335.
[434] Si v. il giudizio di Renan, *L'église chrétienne*, pp. 365 sgg.

venir riguardata come un miscuglio di proposizioni disparate, spesso contraddittorie, che non sopportano il paragone con la teologia di Valentino o di Origene»[435]. La sua filosofia crudamente realistica non esce mai dalle vie battute e il suo supremo rifugio nelle argomentazioni polemiche è il ricorso alla sublimità delle vie divine inconcepibili all'uomo (si veda ad esempio *Adversus Marcionem*, II, 2). Egli combatte la filosofia: ciò che vi è di vero nella filosofia sono le nozioni comuni a tutti gli uomini, che essa poi torce in tutti i sensi deformandole e corrompendole. I filosofi sono i patriarchi degli eretici (*De anima*, 3). Per conoscere l'essenza dell'anima noi abbiamo la norma infallibile della parola divina: «Egli soffiò nel suo viso un soffio di vita e l'uomo ricevette un'anima vivente». Dopo questa dichiarazione, dice Tertulliano, non ci resta più nulla da ricercare intorno all'anima (*De anima*, 3). Per misurare la finezza intellettiva di Tertulliano basta percorrere le pagine in cui dimostra la materialità dell'anima: «se l'anima non è un corpo, essa non è nulla» (*De anima*, 7), e cita a sostegno della sua tesi la visione d'una veggente che conversava con gli angeli e col Signore e che aveva veduto corporeamente un'anima, «afferrabile, tenera, brillante, di colore azzurro» (*De anima*, 9). Si veda anche la discussione sulla veracità dei sensi (*De anima*, 17) e le grossolane parole su Pitagora (*De anima*, 28). La glorificazione del corpo nel *De resurrectione carnis* è un geniale esercizio retorico, ma depone gravemente contro la sua mentalità filosofica. Secondo Tertulliano Dio non ha abbandonato gli animali al loro istinto se non per dimostrare il disprezzo in cui egli li tiene (*Adversus Marcionem*, II, 4): perché dunque li ha creati?

Questa sua rozzezza viene specialmente in evidenza nella sua polemica contro gli gnostici[436]. La sua difesa contro il dualismo di Ermogene è ottenuta solo a prezzo dell'abbandono del concetto dell'immutabilità di Dio (*Adversus Hermogenem*, 3). La sua critica a Valentino è superficiale, egli è incapace di vederne, nonché di apprezzarne la profondità speculativa: il ridicolo che cerca di spargere sulle dottrine gnostiche prendendo alla lettera le loro formule, è il riso grossolano dell'ignorante. Anche nella confutazione di Marcione i suoi mezzi ordinari sono la retorica e le invettive: nella discussione della pretesa dualità di Dio egli non penetra profondamente in nessuna parte l'ardua questione che vi si cela. Mentre per Marcione la sola

---

[435] Harnack, «LDG», I, p. 555.

[436] Si veda su questo punto la tesi di E. Bosshardt, *Essai sur l'originalité et la probité de Tertullien dans son traité contre Marcion*, 1911. L'autore è costretto a riconoscere, sia pure con attenuazioni e limitazioni, l'«improbità» di Tertulliano.

vera prova dell'esistenza di Dio è il fatto morale della redenzione, per Tertulliano «Dio non ha altra prova della sua esistenza che la creazione dell'universo» (*Adversus Marcionem*, I, 11): ciò che lo persuade e lo esalta è la fantasmagoria magica della creazione. Il Dio assolutamente buono che penetra questa realtà illusoria per liberare le anime è «un Dio impostore che non ha attestato la sua esistenza con alcuna attività creatrice» (*Adversus Marcionem*, I, 13). Egli insiste sempre su questo punto: perché il Dio buono è stato inattivo tanto tempo e non si è rivelato fin dall'origine? Perché è stato tanto tempo spettatore compiacente del male? (*Adversus Marcionem*, I, 22). La differenza essenziale (che anche Tertulliano, I, 24, rileva) è questa: Marcione ammette che Dio è perfettamente buono e non conosce il male; Tertulliano ammette un Dio giudice, un signore offeso e adirato che punisce. Ha ragione Tertulliano di vedere nel suo concetto una spiegazione più ovvia del male, ma egli non vede che essa è comprata a prezzo d'un concetto mitologico di Dio, e questa apparente soluzione lo rende cieco di fronte al vero problema del male che anche in essa non è affatto risolto. Ciò che riscatta Tertulliano è l'energia morale, l'indifferenza impavida di fronte al pericolo della persecuzione e del martirio. La sua filosofia è una pietosa declamazione: ma la sua religiosità ardente è qualche cosa di vero e di profondo che impone l'ammirazione.

E questo è anche ciò che possiamo dire della dottrina cristiana in generale, quale essa si è venuta foggiando durante i primi secoli nell'ambiente ellenistico. La religiosità pura e semplice di Gesù si è venuta rivestendo, a partire dalle origini, di molteplici elementi mitici e leggendari che sono stati ben presto considerati come il nucleo fondamentale della dottrina cristiana e hanno creato un ostacolo insuperabile a una comprensione razionale della sua verità. Ciò non ha tolto tuttavia che anche attraverso essi continuasse a partecipare agli uomini, per mezzo della tradizione evangelica, la potenza e la nobiltà morale della predicazione originaria. È questo elemento che, traducendosi nelle istituzioni e nella vita dei fedeli, ha dato fin d'allora al Cristianesimo tutta la sua forza e la sua grandezza.

9. In più spirabil aere ci trasportano gli alessandrini, i primi che abbiano veramente tentato una filosofia del Cristianesimo, Clemente e Origene, fioriti all'ombra delle scuole d'Alessandria[437]. Clemente (circa 150-215 d.C.) è uno spirito filosoficamente raffinato: uno dei segni è che egli non usa, come gli altri polemisti cristiani, parole ingiuriose con gli avversari; anche Marcione, il grande nemico, è per lui «il gigante che lotta con Dio»

---

[437] Su Clemente Alessandrino si cfr.: De Faye, *Clément d'Alexandrie*, 1906; Buonaiuti, *Saggi sul Cristianesimo primitivo*, 1923, pp. 108-128.

(θεομάχος οὗςτος γίγας), (*Stromata*, III, 4, 25). Ma appunto per questo tutta la sua opera è pervasa da un dissenso interiore: da una parte le sue tendenze sentimentali lo portano verso un monoteismo puro, moralmente elevato, ed egli non crede di trovar meglio realizzata quest'aspirazione che nel Cristianesimo; dall'altra egli è qui contrariato, premuto dalla tendenza pratica, anti-intellettuale della grande maggioranza dei Cristiani, contro la quale egli deve rivendicare anche il diritto di scrivere.

Egli, senza distinguere, come gli gnostici, gli uomini in classi diverse, riconosce che gli uomini non arrivano tutti in questo mondo a raggiungere la perfezione, anzi che i più non ne conquistano che i primi gradi; a pochi è dato levarsi al di sopra della fede semplice, a una fede riflessa, alla gnosi (*Stromata*, VII, 55). D'altro lato però insiste sul valore fondamentale e primario della fede, che è propria anche dei semplici; la gnosi è solo la maturità, la perfezione di questa fede. Uno dei mezzi che Clemente applica senza limiti per destreggiarsi in mezzo a questi due scogli è l'interpretazione allegorica: in ciò è discepolo di Filone. Ma non tutti gli elementi della tradizione si possono ridurre ad allegorie: e qui il pensiero di Clemente trova i suoi limiti.

In lui il platonico, il filosofo si trova continuamente posto di contro il cristiano. Il suo ideale dello gnostico, il suo concetto della preghiera (*Stromata*, VII, 7) sono ammirevoli; ma quanto sono lontani dai concetti Cristiani della santità e della preghiera! Egli ha sinceramente voluto subordinare la sapienza greca al Vangelo; ma le due parti non si sono amalgamate. Intellettualmente egli resta un filosofo, sentimentalmente è un cristiano. Si spiega quindi come da una parte il suo Cristianesimo abbia destato la diffidenza della chiesa, e come dall'altra la sua filosofia si risenta dei confini entro i quali è costretta a muoversi. Quali banalità ad esempio nella difesa che egli fa, contro Marcione, del concetto d'un Dio che minaccia e che punisce! E come questo concetto antropomorfico è lontano dal suo sforzo di concepire un Dio assolutamente trascendente!

La stessa dualità troviamo in Origene (circa 185-254), la cui dottrina realizza il tentativo più alto di conciliazione e di sistemazione dell'ellenismo col Cristianesimo; essa continua e conclude l'opera degli apologeti e di Clemente Alessandrino[438]. «Egli, il rivale dei neoplatonici, il Filone cri-

---

[438] Su Origene si cfr.: Harnack, «LDG»; I, pp. 650-697 (e «RGG», 2ª ed., IV, pp. 780-787); Denis, *De la philosophie d'Origène*, 1884; De Faye, *Origène, sa vie, son oeuvre, sa pensée*, 1923-29, 3 vol.; Völker, *Das Vollkommenheitsideal des Origenes*, 1931.

stiano, ha scritto la prima dogmatica cristiana, che poté rivaleggiare coi sistemi filosofici del tempo e collegare in sé la teologia apologetica di Giustino con la teologia gnostica di Valentino» (Harnack).

La speculazione di Origene segue le grandi linee della speculazione neoplatonica e gnostica. Dio è la causa unica di tutte le realtà, ma il mondo spirituale che egli produce decade dalla sua perfezione e si contrappone a lui; la libertà è in realtà una potenza del male: onde la necessità di un'opera divina di salvazione che conduce alla restaurazione finale in Dio. Quindi i tre momenti: la genesi della realtà creata dal principio divino, la corruzione, il ritorno a Dio. Ciò che attua il ritorno a Dio è la conoscenza pura e la volontà buona: perché Dio è la verità e la bontà suprema.

Il posto centrale in quest'opera della salute è occupato da Cristo e dalla sua rivelazione. Ma la fede in questa rivelazione soprannaturale, che è il principio della sapienza e rimane, anche dopo, il criterio di ogni speculazione, non è tutta la verità, non è la verità definitiva; essa ammette un'interpretazione più profonda che conduce a un sapere secreto, quello che Gesù ha partecipato a pochi (*Contra Celsum*, VI, 6).

Il Cristo è venuto al mondo a elevare gli uomini, ma ciascuno secondo la sua capacità (*Contra Celsum*, VI, 2). Egli ha portato agli uomini una liberazione visibile e intelligibile per tutti: questa è avvenuta per i miracoli e la morte espiatrice. Origene riconosce che l'uomo volgare deve essere istruito come un bambino con immagini e simboli (*Contra Celsum*, III, 78); ma riconosce nel medesimo tempo che non vi sono in realtà miracoli (*Contra Celsum*, V, 23) e che tutto deve inserirsi in un ordine superiore (*Contra Celsum*, V, 45). Come maestro spirituale invece Cristo ha portato agli uomini una dottrina profonda che li fa partecipi della sua vita e della sua natura, che va al di là del Gesù crocifisso all'eterna essenza del Logos.

L'una e l'altra via conducono allo stesso fine, all'unione con Dio (*Contra Celsum*, III, 28). Quest'ultimo punto di vista è quello del filosofo (*Contra Celsum*, I, 48). La scrittura contiene la verità in quella forma che è adatta a tutti gli uomini; ma il lettore spirituale deve intendere le cose irrazionali come elementi mitici e simbolici che devono eccitarlo alla penetrazione del senso superiore (*De principiis*, IV, 2, 8-27). Origene riconosce una distinzione fra la religione cristiana mitica, adatta al gran numero (*Contra Celsum*, I, 9-12), e la religione gnostica; la religione cristiana è soltanto la religione mitica vera. Ma vi è, nascosto nel Vangelo mitico, un Vangelo gnostico, di tutte le creature, che sta al Vangelo come questo alla legge ebraica. La religione gnostica dissolve, spiritualizza tutto ciò che vi è di materiale e di grossolano nella religione mitica. Il vero Logos è il Logos eterno che è da tutta l'eternità presso il padre; la storia esteriore del Logos diventato carne in Cristo è una verità della fede; ma anche un problema, un mistero che contiene verità superiori; la vera storia del Cristo è la rivelazione eterna del Logos divino all'uomo e la storia esteriore ne è soltanto il simbolo.

D'altra parte il primo canone di questa gnosi è che essa deve lasciare intatta la verità esteriore della rivelazione che è intangibile e basta alla salute (*Contra Celsum*, VII, 48). Quindi il materiale biblico può essere interpretato allegoricamente; ma quest'interpretazione deve subordinarsi alle direttive di quella regola di fede che la chiesa ha derivato dalla Bibbia. Dio è pensato come una personalità con attributi morali senza opporgli un principio indipendente del male e senza considerare il mondo sensibile come un male; la speculazione su Dio è orientata nel senso della concezione trinitaria; Cristo e la chiesa conservano nell'opera della liberazione una posizione centrale; è mantenuta (contro il docetismo gnostico) la realtà fisica di Gesù Cristo. Nello stesso senso è risolto il problema del male; la teoria di Origene ha molti punti di contatto con quella di Leibniz. Egli insegna la restaurazione finale di tutte le cose in Dio: anche il corpo risorge, ma è un corpo spirituale privo di tutte le funzioni e miserie del corpo sensibile (*De principiis*, II, 10). L'inferno non è che uno stato provvisorio di purificazione e il suo fuoco è il tormento della coscienza. L'escatologia apocalittica è completamente eliminata.

Questa riserva dogmatica che Origene impone al proprio pensiero ci mostra che anch'egli, nonostante tutti i suoi sforzi, non è riuscito a riunire i due capi; la sua teologia e la sua filosofia si limitano senza trovare un intimo, reale accordo. E in fondo la prevalenza resta al teologo; l'altezza della sua speculazione filosofica non gli impedisce poi di aprire le porte a interpretazioni fantastiche e a superstizioni d'ogni specie; egli ricorda sotto questo rispetto Giamblico. La grandezza della sua personalità mette in più viva luce questo contrasto interiore. La vastità del suo sapere è fuori discussione. Egli conosceva profondamente la filosofia greca che insegnava ai catecumeni dell'ordine elevato, come un'introduzione al Vangelo; fu lodato per la sua dottrina da Porfirio (Eusebio, *Historia ecclesiastica*, VI, 19). È stato un grande erudito: «il solo vero dotto che la chiesa antica ha posseduto»; Harnack lo paragona ad Aristotele e a Leibniz. È il padre della teologia cristiana, anche se questa più tardi lo ha rinnegato; la sua opera è stata il più potente sforzo di comprendere e di elaborare speculativamente la tradizione cristiana; essa ha più di tutto contribuito a guadagnare al Cristianesimo la società colta del mondo pagano. Anche la scienza biblica è una creazione sua; i suoi commentari sono, fatta astrazione dal contenuto allegorico, una ricca miniera di notizie filologiche e storiche. È stato il teologo mistico dell'Oriente; personalmente fu ammirabile per pietà, per sincerità, per ardore di sacrificio; quale fu il suo insegnamento tale fu la sua vita (scrive di lui Eusebio, *Historia ecclesiastica*, VI, 3) e quale la vita, tale l'insegnamento. Fu senza dubbio una delle più alte anime del Cristianesimo antico. E tuttavia se noi lo paragoniamo a Celso, il suo avversario, di cui ci ha lasciato una confutazione, quale inferiorità intellettuale! Quale assenza di spirito critico, di senso della realtà, quale incapacità a mettersi dal punto di vista d'una obiettività imparziale! Quale contrasto continuo fra la sua opera intellettuale e la prevenzione originaria che lo costringe ad accogliere le spiegazioni più assurde! Qui si rileva nel suo più reciso contrasto il dissidio che penetra tutta l'antica dottrina cristiana: da una parte lo sforzo dello spirito verso una visione religiosa alta, pura e libera; dall'altro il peso d'una tradizione mitica che esprime in tutte le sue limitazioni le esigenze della religiosità inferiore. Il tragico conflitto della teologia d'Origene è quello di tutta la dottrina cristiana da Paolo fino al presente.

c) *La società cristiana antica*[439]

1. La scomparsa della comunità ebraizzante di Gerusalemme, che era come il tratto d'unione con l'Ebraismo, e l'atteggiamento ostile assunto da questo contro la nuova religione separano recisamente dopo il 70 la chiesa cristiana dall'Ebraismo. Essa rigetta da sé anche gli ultimi elementi giudaici, escludendo successivamente non solo gli intransigenti che volevano estesa a tutti la pratica della legge ebraica, ma anche gli altri che rivendicano per sé soli di poter continuare a praticare la legge. Nella chiesa si estende senza opposizione la concezione di Paolo che considera l'Ebraismo come una fase definitivamente superata per effetto della nuova legge; e l'unico legame tra le due religioni rimane l'Antico Testamento che il Cristianesimo si appropria per interpretarlo secondo le sue esigenze e farne una specie di preannuncio della legge cristiana.

La comunità di Gerusalemme si era formata sul modello della sinagoga; sul terreno ellenistico le comunità cristiane subirono anche l'influenza delle

---

[439] Sulla costituzione dell'antica società cristiana: E. Loening, *Die Gemeindeverfassung d. Urchristentums*, 1888; Renan, *L'église chrétienne*, pp. 85 sgg.; I. Reville, *Les origines de l'èpiscopat*, 1894; P. Batiffol, *Études d'hist. et de théol. positive*, 1906, I, pp. 223 sgg.; C. Weizsäcker, *Das apostolische Zeitalter*, 1892, pp. 546 sgg.; P. Wernle, *Die Anfänge unserer Religion*, 1904, pp. 276 sgg.; R. Knopf, *Nachapost. Zeitalter*, 1905, pp. 147 sgg.; Harnack, *Entstehung und Entwicklungd. Kirchenverfassung und d. Kirchenrechts in d. zwei ersten Jahrh.*, 1925, pp. 177 sgg.; K. Müller, *Kirchengeschichte*, I, 1, 1929, pp. 101 sgg.; 198 sgg.

associazioni religiose pagane[440]. Le associazioni sorte in vista del culto in comune erano in Grecia numerose: per esse specialmente si diffusero i culti orgiastici della Tracia e dell'Oriente[441]. Queste (a differenza delle società sorte per un culto pubblico della città) erano aperte alle donne, agli stranieri, agli schiavi: ciascuna di esse aveva le sue leggi, il suo libro sacro contenente le formule, ecc.; aveva una sua amministrazione e si sorreggeva per la liberalità dei membri e dei benefattori. I soci erano ammessi mediante il versamento d'una certa somma e dopo una specie di esame ricevevano degli emblemi, *signa*, che erano forse anche segni di riconoscimento; si riunivano a epoche fisse per i conviti in comune, le cerimonie, ecc. Tutti gli anni era eletto il sacerdote (o la sacerdotessa), che aveva la direzione delle cerimonie; egli poi si eleggeva una specie di diacono; vi era inoltre una specie di presidente per l'amministrazione sociale.

L'impero romano, sospettoso e parco nel concedere il diritto di associazione, che puniva con pene rigorose le fondazioni di società illegali (*coetus illiciti*), tollerava tuttavia (oltre alle corporazioni operaie e professionali riconosciute dallo Stato) specialmente nel ceto umile queste associazioni religiose che, oltre a celebrare riti e feste comuni, consideravano come una delle loro finalità più importanti quella di provvedere alla sepoltura dei soci, che erano per la maggior parte persone di umile condizione, schiavi, liberti. Questo era anzi il pretesto che le legittimava di fronte all'autorità; in realtà erano come famiglie più vaste, erano come una specie di città in cui anche il povero aveva una protezione e lo schiavo si sentiva libero. I Cristiani si servirono di questa tolleranza per costituire delle società analoghe; ma essi vi diedero un'impronta più profonda di carità e di solidarietà reciproca e per l'ardore e la purezza della fede che li univa fecero di ogni società una chiesa[442].

2. L'unità delle comunità primitive in sé e fra loro era fondata unicamente sull'accordo dei fedeli tra sé e con gli apostoli che ne erano i fondatori;ma non vi era, specialmente fuori di Gerusalemme, una organizzazione vera e propria. I fondatori delle comunità erano, come Barnaba e Paolo, missionari mandati da comunità già costituite: ancora Origene ci tratteggia questi apostoli volontari che «fanno ogni sacrificio per rispandere sulla terra

---

[440] Reville, *op. cit.*, pp. 80 sgg.

[441] Foucart, *Des associations religieuses chez les Grecs*, 1873.

[442] Renan, *Les apôtres*, pp. 351 sgg.; Boissier, *La relig. romaine etc.*, II, pp. 341 sgg.; G. La Piana, *L'immigrazione a Roma nei primi secoli dell'impero*, «R R», 1926-27. Si cfr. Tertulliano, *Apolog.*, 30.

la fede. Essi passano la loro vita girando di città in città, di regione in regione, di borgata in borgata per guadagnare nuovi fedeli al Signore. E non fanno questo per lucro, perché spesso non vogliono nemmeno accettare il necessario o, se il bisogno ve li costringe, si accontentano di ciò che strettamente abbisogna» (*Contra Celsum*, III, 9; si cfr. Eusebio, *Historia ecclesiastica*, III, 38). Le istruzioni che troviamo in Matteo relativamente alle missioni dei dodici (cap. X) incorporano molto probabilmente le istruzioni per gli apostoli della prima comunità; lo stesso si dica della seconda delle lettere alle vergini di San Clemente, un apocrifo dementino del II secolo[443]. Questi apostoli godevano naturalmente d'una grande autorità nelle chiese da essi fondate o dirette. Accanto ad essi vi erano «i profeti, gli ispirati di Dio, gli spirituali» (οἱ πνευματικοί *Gal.*, VI, 1) come quell'Aggabo di cui parlano gli *Atti* (XI, 27-28; XXI, 11), che erano considerati anch'essi come strumenti della rivelazione dello spirito: «qui prophetat, Ecclesiam Dei aedificat» (*I Cor.*, XIV, 4). Lo stesso prestigio hanno più tardi i martiri (Hermas, *Vis.*, III, 1, 9 sgg.). Questi ispirati conservano a lungo una grande autorità morale in molte comunità. Ancora nel 220 nella Cappadocia un vescovo deve cedere dinanzi a un'ispirata che, sorretta dalla comunità, dirige il rito eucaristico, finché un esorcista la rivela come un'ossessa[444].

Ma quest'autorità era qualche cosa di troppo disordinato e di saltuario e ammetteva anche la possibilità di gravi abusi: d'altra parte le comunità stesse, quanto più perdono del primitivo ardore religioso, tanto più si mostrano diffidenti contro gli spirituali e gli entusiasti. Già Paolo nel cap. XIV della *I Lettera ai Corinzi* cerca di disciplinare l'esercizio della profezia e dei doni mistici. E nella *Didaché* (capp. XI-XIII) e nel *Pastore* di Hermas (praec. XI, 1 sgg.) sono messi in guardia i fedeli contro i falsi profeti che vogliono essere pagati per le loro profezie. Perciò già nelle comunità paoline vediamo, accanto ai profeti, accanto ai maestri, accanto a coloro che hanno la virtù di guarire, dei fedeli che si assumono la cura delle necessità morali e materiali della comunità, che offrono la loro casa per le riunioni (*I Cor.*, XVI, 15) e ne sono in certo modo i dirigenti, gli amministratori (προῖστάμενοι, *Rm.*, XII, 8). La loro posizione è tuttavia, in origine, molto subordinata (*I Cor.*, XII, 28).

Questi notabili ricevono in origine nomi diversi; ma la denominazione che prevale è quella di «presbiteri» (anziani)[445]. Questa parola era già il termine specifico usato a designare i dirigenti nelle comunità ebraiche della

---

[443] *Dicht. théol. cathol*, III, pp. 219-220.
[444] «RGG»,[2] III, p. 973.
[445] Sul nome si veda: Buonaiuti, *Saggi*, 1923, pp. 36-44; Knopf, *op. cit.*, pp. 189 sgg.

diaspora e nelle associazioni religiose pagane. Nella prima letteratura cristiana essa ha ancora qualche volta il senso etimologico (anziano, vecchio): qualche volta (come ad esempio in *Atti*, XX, 17) è il nome generico dei profeti, maestri, dirigenti, ecc., ossia in genere delle persone più anziane e autorevoli della comunità. Ma in generale essa ha già nelle fonti più antiche un senso specifico e viene usata a designare (in opposizione ai profeti e agli spirituali) i dirigenti, gli amministratori, i membri del gruppo di notabili che stava a capo della comunità per aiutarla, dirigerla e rappresentarla nelle sue esplicazioni sociali. Però accanto ad essi noi vediamo comparire, fin dalle origini, un'altra categoria di dirigenti, gli «episcopi»[446]. La parola *episcopo* (ispettore, commissario) era già usata nel mondo pagano per designare i cittadini incaricati del controllo nelle amministrazioni pubbliche o private; ma era l'indicazione di una funzione, non un titolo personale. E tale è il senso che essa assume nell'antica letteratura cristiana: sotto questo nome vengono designate in origine determinate funzioni di vigilanza (specialmente sull'amministrazione e sul culto) che vengono assegnate, come una specie d'ufficio stabile, a determinati individui scelti generalmente fra i notabili, fra i «presbiteri» (cfr. *Atti*, XX, 28). Non sarebbe perciò esatto dire che le due parole *presbitero* ed *episcopo* hanno in origine lo stesso senso: la prima esprime piuttosto una dignità, la seconda una funzione; sono due istituzioni di derivazione diversa, in cui si disegnano i due tipi dell'organizzazione ecclesiastica primitiva, che dovevano poi confluire e riunirsi nella forma dell'episcopato monarchico. Ma certo noi non dobbiamo credere che in tutte le comunità cristiane si sia riprodotta quella distinzione rigorosa che da noi qui è accentuata per ragioni di semplicità schematica. I due uffici hanno potuto fondersi l'uno nell'altro: quindi vi sono testi (come ad esempio la *Lettera ai Filippesi* e la *Didaché*) dove è fatta menzione solo degli episcopi e testi (come la lettera di Giacomo e quella di Policarpo) dove è fatta menzione dei presbiteri e non degli episcopi. «Hanno potuto esistere gruppi di chiese con episcopi senza presbiteri ed altre dove vi erano presbiteri senza episcopi» (Reville). D'altronde data l'affinità dei due concetti, non dobbiamo meravigliarci se la distinzione terminologica non è costante. In *Atti*, XX, 17 Paolo manda a chiamare i «presbiteri» di Efeso; poco appresso (XX, 28) li chiama «episcopi». Anche altrove, ad esempio nella *I Lettera di Clemente* e nella lettera pseudopaolina a Tito i due nomi sono confusi. Una distinzione che si stabilisce nettamente fin da principio è in-

---

[446] Sul nome si cfr. Reville, *op. cit.*, pp. 150 sgg. Sull'episcopato in genere si veda K. Müller in «ZNW», 1929, pp. 274-296.

vece quella tra le funzioni superiori di amministrazione e di direzione (presbiteri, episcopi) e le funzioni di coloro che coadiuvano i dirigenti, dei «diaconi» (*Fil.*, I, 1; *Did.*, XV, 1 sgg.). A quest'ufficio erano chiamate anche le donne, vedove o vergini, consacrate alle opere della carità (*I Tm.*, V, 9 sgg.); una istituzione che ebbe una grande importanza pratica nella prima comunità[447].

Tutti questi uffici hanno però ancora sempre in origine un carattere puramente morale, non sono un'autorità costituita; sono prestazioni volontarie, fatiche meritorie (*I Ts.*, V, 12), che Paolo pone tra i doni dello Spirito Santo (*Rm.*, XII, 7). Tale sembra dunque essere stata la costituzione delle chiese nell'età apostolica fin verso il 70 d.C.; una molteplicità di piccole comunità indipendenti, democraticamente rette, accentrate intorno a un gruppo di «notabili» (presbiteri), amministrate dagli episcopi e dai diaconi, spiritualmente guidate dai profeti e dai maestri, che sono i veri sacerdoti della comunità (*Did.*, XIII, 3; si cfr. *I Clem.*, XL, 5): è soltanto in loro assenza che gli episcopi ne fanno le veci (*Did.*, XV, 1-2). La sovranità risiede ancor sempre, di diritto, nella comunità; è la comunità che si amministra, che elegge i suoi rappresentanti, che tratta con le altre comunità (*II Cor.*, VIII, 19), che decide nelle cose della disciplina e del culto, che giudica i suoi membri (*II Cor.*, II, 5-10). Di fatto l'autorità è esercitata dai suoi presbiteri, dagli episcopi e in ultima sede dai suoi «spirituali», dagli apostoli, dai profeti, dagli ispirati; perciò Harnack le chiama «democrazie pneumatiche». Nelle grandi città vi furono probabilmente, in origine, più comunità e quindi più gruppi presbiterali con relativi episcopi e diaconi; ma lo spirito di unità prevalse ben presto e stabilì in ogni località una sola comunità[448].

3. Nell'età postapostolica (70-130 d.C. circa) questa primitiva costituzione subisce un grave mutamento. L'autorità dei capi spirituali declina rapidamente; il presbiterato e l'episcopato diventano uffici stabili e acquistano nella società cristiana il primo posto. La comunità non ha ancora perduto la coscienza di possedere in sé lo spirito; sorgono quindi ancora sempre ispirati e profeti che sono i veri ministri spirituali, i «grandi sacerdoti» (*Did.*, XIII, 3; si cfr. *I Clem.*, XL, 5). La lettera di Clemente ai Corinzi è occasionata appunto da dissensioni sorte in questa comunità fra i dirigenti e un gruppo che pretendeva di possedere lo spirito profetico. Ma la stessa repressione degli abusi degli spirituali da parte dei dirigenti finì per mettere nelle mani di questi anche il ministero spirituale e per farli considerare come i veri depositari dell'autorità. D'altra parte l'importanza delle loro

---

[447] Renan, *Les apôtres*, pp. 121 sgg.; Reville, *op. cit.*, pp. 336 sgg.; Achelis, pp. 190 sgg.
[448] Renan, *Les évangiles*, pp. 135 sgg.; Harnack, *op. cit.*, pp. 76.

funzioni amministrative e cultuali concorre ad accrescere il loro prestigio e conferisce loro una maggiore stabilità. Questa lotta fra i profeti e i dirigenti si continua, sotto varie forme, per tutto il II e il III secolo; il posto dei profeti è preso più tardi dai martiri e dagli asceti; ma anch'essi vengono a poco a poco relegati in seconda linea e devono subordinarsi al potere dei presbiteri e degli episcopi[449]. Ciò ebbe anche un'altra conseguenza: se prima, come semplici amministratori, questi ultimi ricevevano il loro potere dalla comunità, ora che hanno assunto anche l'ufficio di maestri e di spirituali, essi si arrogano una specie di vocazione divina procedente dalla tradizione. Per un'arbitraria estensione senza fondamento storico la nuova costituzione ecclesiastica è riferita alle origini; i presbiteri e gli episcopi si proclamano diretti discendenti degli apostoli e pretendono di avere da essi ricevuto il crisma della verità (*I Clem.*, XLIV, 1 sgg.). Questo si traduce anche in un particolare caratteristico: i presbiteri e gli episcopi ricevono un compenso (*I Tm.*, X, 17 sgg.; *I Pt.*, V, 2).

Tale processo sembra essersi svolto variamente nelle diverse chiese. In alcune di esse l'autorità episcopale si concentra in una sola persona e si sovrappone rapidamente a quella dei presbiteri: così in una parte delle comunità dell'Asia Minore dove già nel primo decennio del II secolo abbiamo un vero episcopato monarchico. Nella maggior parte delle chiese invece il potere rimane più a lungo nelle mani dei presbiteri e solo assai più tardi dal consiglio dei presbiteri si svolge la monarchia episcopale.

Il consiglio dei presbiteri non è un'istituzione nuova: esso raccoglie solo in un collegio ufficiale i notabili, i capi autorevoli della comunità. Ad essi appartengono l'ammaestramento, la predicazione e la direzione spirituale; essi scelgono – probabilmente nel loro seno – uno o più episcopi, incaricati di rappresentare la comunità, di amministrarla (col sussidio dei diaconi), di dirigere le cerimonie del culto. Questi episcopi sono πρεσβύ τεροι ἐπισκοποῦντες, gli ἡγούμενοι della *I Lettera di Clemente*[450].

Noi sappiamo poco circa la nomina dei presbiteri. Essi non erano più eletti, come nelle comunità apostoliche, dagli apostoli (*Atti*, XIV, 23); probabilmente erano nominati, come nella sinagoga ebraica, per una specie di cooptazione e la loro nomina era stabile, salvo il caso di gravi mancanze. L'influenza della comunità si esercitava per una specie di consultazione

---

[449] Wernle, *op. cit.*, pp. 288 sgg.; Achelis, pp. 328-336. Un episodio di questa lotta dobbiamo forse vedere nel caso di quel Diotrephes della 3ª ep. di Giovanni (9-10), un dirigente che non vuole saperne dei profeti.

[450] Sui rapporti dei presbiteri e degli episcopi si veda il chiaro riassunto di K. Müller in «ZNW», 1929, pp. 293-296 e in «RGG»,² III, pp. 968-988.

sommaria che ratificava o respingeva le nomine del consiglio dei presbiteri
(*I Clem.*, XLIV, 3). Le cosidette lettere pastorali (*I e II Lettera a Timoteo,
Lettera a Tito)*, falsamente attribuite a Paolo, che risalgono verosimilmente
al II secolo, ci danno un quadro di comunità asiatiche già organizzate sotto
un consiglio presbiterale regolarmente costituito e retribuito, il *presbiterion*
(*I Tm.*, IV, 14), i cui membri erano consacrati con la imposizione delle mani
(*I Tm.*, V, 22). Gli «evangelisti» (*II Tm.*, IV, 5) Tito e Timoteo, che nelle
lettere figurano come due delegati di Paolo ai quali le lettere sono dirette,
sono pure finzioni; mancando ancora un episcopato regolare, la finzione di
questi due discepoli di Paolo dovette sembrare all'autore il mezzo migliore
di rappresentare la trasmissione regolare e ufficiale della dottrina di Paolo
alle diverse chiese[451]. Anche la lettera che Clemente, un presbitero romano,
scrive verso il 130 d.C. alla comunità di Corinto a proposito delle sue discordie intestine[452] ci rappresenta le chiese di Corinto e di Roma dirette da
un corpo presbiterale, del quale fanno parte gli episcopi; il primo ha un'autorità spirituale, questi esercitano il potere; non vi è ancora un episcopo
unico. A Corinto aveva avuto luogo una rivolta contro i presbiteri; la comunità era insorta contro i suoi pastori e li aveva destituiti; in questa rivolta
avevano avuto parte gli spirituali. Clemente predica nella sua lettera la sottomissione, l'ordine, l'obbedienza dei «laici» (XL, 5) al gruppo dei dirigenti, a quello che sarà più tardi il clero; appare il concetto della ribellione
alle autorità legittime, dell'eresia (III, 3; XXI, 7; XXXVIII, 1 sgg.; LVII, 1-
2; LXIII, 1); i dirigenti sono stati stabiliti dalla tradizione apostolica (XLII,
3-4; XLIV, 1-3); non è quindi lecito insorgere contro di essi. Questa lettera
è il primo documento ecclesiastico, la prima «bolla papale»; il primo esempio (dice Renan) di quella letteratura retorica, prolissa, spiritualmente
vuota, che è la letteratura ecclesiastica ufficiale. Lo stesso stato di cose appare nel *Pastore* di Hermas, un libretto semplice e popolare, che tratteggia
le condizioni della chiesa romana verso il 130-150 d.C. Il libro è diviso in
tre parti: Visioni, Precetti, Similitudini. Nelle prime quattro visioni appare
a Hermas la chiesa sotto la forma ora d'una matrona, ora di una giovane
donna, nella quinta appare l'angelo della penitenza che in forma di pastore
(onde il nome del libro) gli rivela i dodici precetti e le dieci similitudini. La
chiesa è diretta da presbiteri; ma in qualche passo (*Vis.*, III, 5, 1; *Sim.*, IX,
27, 2) sono citati anche gli episcopi. I presbiteri lottano con i profeti e i

---

451 Reville, *op. cit.*, pp. 275 sgg.

452 Renan, *Les évangiles*, pp. 311 sgg. La data proposta da Loisy (*Naiss. Christ*, p. 33)
mi sembra la più verisimile.

martiri per la direzione spirituale. Ma anche tra essi arde la lotta per il prestigio e il seguito (*Sim.*, VIII, 7, 4 e IX, 31, 6).

Noi ignoriamo quali siano le cause che in alcune comunità dell'Asia Minore concentrarono rapidamente l'autorità in un unico episcopo e lo elevarono al di sopra del consiglio presbiterale. Circostanze personali o locali fecero probabilmente sentire ivi assai presto il bisogno d'una ferma direzione nella disciplina, nel culto e nella dottrina, nella lotta contro le eresie e le autorità civili, e trasformarono l'episcopo in un vero capo della comunità, al quale tutti i fedeli debbono essere rigorosamente subordinati. Questo è il nuovo concetto dell'episcopato che troviamo svolto nelle lettere di Ignazio, secondo la tradizione vescovo, ma molto più probabilmente diacono della chiesa d'Antiochia; lettere che egli scrisse nel suo viaggio a Roma verso il martirio (110 d.C. circa) a diverse comunità che avevano mandato a lui, durante la triste peregrinazione, i loro rappresentanti a visitarlo e confortarlo[453]. In tutte queste chiese noi vediamo già stabilito il regime dell'episcopato unico; e tutte le esortazioni che Ignazio dirige alle chiese asiatiche respirano il sentimento profondo della necessità dell'unità interiore ed esteriore delle chiese sotto il rispettivo capo. La lettera che scrive all'episcopo Policarpo da Troas, dove per un ordine improvviso doveva essere imbarcato, è un compendio dei doveri dell'episcopo; le altre sono eccitamenti all'ubbidienza e alla subordinazione completa dei fedeli al loro pastore. Egli paragona l'episcopo e i presbiteri al Signore e agli apostoli: «dove è l'episcopo là è la comunità» (*ad Smyrn.*, VIII, 2).

Ma le stesse esigenze dovettero agire, più tardi, anche nelle altre chiese organizzate secondo il regime presbiterale. È probabile che nella maggior parte di esse il collegio presbiterale fosse sotto la direzione della personalità più eminente, che doveva per necessità di cose essere anche l'esecutore supremo delle sue volontà; e che quindi, data l'importanza crescente dell'episcopato, quest'ufficio dovesse finire per concentrarsi nella persona del presbitero più influente. Le esigenze dell'amministrazione finanziaria, che diventava sempre più importante, la necessità di mantenere una direzione unica e stabile nel rapporto con le altre chiese, nella conservazione della dottrina e della tradizione, nella lotta contro le agitazioni interiori e i nemici

---

[453] Si cfr. E. Bruston, *Ignace d'Antioche, ses épitres, sa vie, sa théologie*, 1897. Lascio da parte ogni questione sull'autenticità, che, sebbene sia oggi generalmente riconosciuta, mi sembra lungi dall'essere fuori questione: le successive alterazioni e amplificazioni subite dal testo delle lettere devono rendere cauti nel loro uso. Si cfr. Delafosse in «RHLR», 1922, pp. 305 sgg., 477 sgg. In modo particolare credo (col Bruston) inautentica la tanto celebrata *Lettera ai Romani*, il cui stile retorico, esaltato, di pessimo gusto, contrasta con la semplicità delle altre sei lettere.

esterni condussero poco per volta tutte le chiese a riunire in una persona il controllo e la direzione di tutta la comunità e a trasformare il regime presbiterale nell'episcopato uninominale. Così l'episcopato da ufficio subordinato diventò la dignità suprema. Compiuto questo primo passo l'episcopo conquista facilmente il potere assoluto anche sui presbiteri e trasforma il collegio presbiterale in un corpo subordinato; l'episcopato monarchico si afferma definitivamente e stabilmente in tutte le chiese[454].

Questo mutamento è già compiuto, verso la metà del II secolo, anche nelle chiese dell'Occidente. D'allora in poi il «vescovo» (episcopo) concentra rapidamente in sé tutti i poteri spirituali e temporali che prima appartenevano alla comunità e ai suoi dirigenti. Il vescovo amministra i beni della comunità e vive su di essi; egli solo ha il privilegio della celebrazione dell'eucaristia: il che gli conferisce un carattere sacro che lo eleva al di sopra degli altri presbiteri. I presbiteri ricevono da lui l'autorità e la dignità sacra che li distingue dai fedeli. Ai presbiteri e ai diaconi si aggregano altri uffici minori; si costituisce così, sotto la direzione del vescovo, una corporazione contrapposta ai «laici» (popolari, volgari; la parola ricorre già in *I Clem.*, XL, 5); la separazione è già profonda al tempo di Tertulliano[455].

Verso il 250 il vescovo romano è alla testa di un «clero» di circa centocinquanta persone. In quanto la remissione dei peccati è connessa con l'eucaristia, tale condono e la riammissione dei peccatori nella comunità, che era prima un privilegio della comunità stessa o degli ispirati, vengono riferiti, nel principio del III secolo, esclusivamente al vescovo. L'ultimo campo nel quale si afferma l'autorità episcopale è quello dell'insegnamento e della dottrina[456]. Ancora alla fine del II secolo il vescovo non ha, in Oriente, alcuna preminenza spirituale, né alcuna influenza sulla dottrina; anzi i grandi maestri dell'Oriente, Panteno, Origene, non appartengono nemmeno al clero. Clemente, che era presbitero ad Alessandria, mostra chiaramente che al suo tempo, in Egitto, lo gnostico, il docente aveva nella chiesa una funzione importante e indipendente dal vescovo. Ma ai tempi di Origene un grave mutamento è già avvenuto: il vescovo Demetrio (189-232) non ammette che vi siano dottori estranei al clero (Eusebio, *Historia ecclesiastica*, VI, 19). Un ultimo passo vien fatto col togliere alla comunità e ai presbiteri la nomina del vescovo. Nelle comunità primitive la scelta degli episcopi era

---

[454] Reville, *op. cit.*, pp. 320 sgg.; L. Duchesne, *Hist. ancienne de l'Eglise*, 4ª ed., 1908, I, pp. 84 sgg.

[455] Renan, *Marc Aurèle*, pp. 533-534; Harnack, *Entst. und Entw. d. Kirchenverfassung*, 1910, pp. 81 sgg.; Achelis, pp. 186 sgg.

[456] Wernle, *Die Anfänge unserer Religion*, 1904, pp. 286 sgg.

teoricamente in mano alla comunità; effettivamente era fatta dai profeti o dai presbiteri e la comunità sanzionava la scelta con l'approvazione (*I Clem.*, XLIV, 3). Alla comunità apparteneva ugualmente, e nello stesso modo, il diritto di deposizione per coloro che se ne rendevano indegni. Ma nel II secolo il diritto della comunità poco per volta scompare o resta qualche cosa di formale. Nella *I lettera a Timoteo* (IV, 14) il vescovo è consacrato dai presbiteri con l'imposizione delle mani; nella *Costituzione d'Ippolito* (uno scritto sulla costituzione ecclesiastica redatto da Ippolito verso il 218, probabilmente su testi più antichi), il vescovo è eletto ancora dal popolo, ma consacrato da altri vescovi vicini, presenti all'elezione, che impongono su di lui le mani (cap. 31); altrove sono gli stessi vescovi vicini che, assistiti dal clero locale e col consenso della popolazione, nominano il nuovo vescovo. Il solo diritto che aveva conservato la comunità ancora nel III secolo era il potere di deporre il vescovo indegno. Verso il 220 Callisto vescovo romano fa trionfare a Roma la dottrina che i vescovi possono essere deposti solo dai sinodi episcopali. Così poco per volta nel corso del III secolo è riconosciuta in pieno in tutte le chiese la potestà assoluta dei vescovi; Cipriano († 258 d.C.) nelle sue lettere e nei suoi scritti fonda la teoria del potere episcopale che dopo di lui appare in tutto il mondo cristiano come il fondamento della chiesa.

Noi assistiamo alla formazione e al consolidamento di questo potere nella storia della chiesa di Corinto. Nella lettera di Paolo (56-58 circa) l'organizzazione è ancora sul formarsi; a capo di essa si sono stabiliti da sé i membri d'una famiglia influente (*I Cor.*, XVI, 15). Parecchi anni dopo compaiono i presbiteri e gli episcopi; verso il 130 la lettera di Clemente, presbitero romano, ci mostra la comunità straziata da lotte contro i suoi capi ecclesiastici. Non molto appresso, verso il 150, Egesippo andando a Roma trova a Corinto l'episcopo Primo con autorità indiscussa, un vero «vescovo» nel nuovo senso della parola. La Didascalia dei dodici apostoli (una compilazione sorta verso il 250 d.C. nella Siria)[457] così traccia i doveri e i diritti del vescovo. Il vescovo deve riprendere i peccatori, imporre loro una penitenza e poi riceverli di nuovo nella chiesa, perché «egli ha il potere di rimettere i peccati a chi è caduto» (p. 65). Il vescovo prende la sua parte delle offerte dei fedeli e vive di esse; ma già la Didascalia raccomanda al vescovo di essere buon amministratore davanti a Dio e di non appropriarsi il bene della chiesa e dei poveri (p. 75). Essa esorta anche al più grande rispetto verso i vescovi: «amate il vescovo come un padre, temetelo come un re ed onoratelo come un Dio. Portategli i vostri frutti e il lavoro delle

---

[457] F. Nau, *La Didascalie des douze apôtres*, tr. du syriaque, 1912, pp. 39 sgg.

vostre mani perché egli vi benedica. Dategli le vostre primizie, le decime, le vostre offerte; egli deve nutrirsene e farne distribuzione ai poveri secondo il bisogno» (p. 88). Non chiedete conto al vescovo e non indagate come governa e come amministra, a chi dà e come; è Dio che gli chiederà i conti (p. 90).

Il passaggio delle comunità alla costituzione episcopale segna una burocratizzazione della chiesa e una decadenza dello spirito religioso. Il principio che la ispira è il principio dell'autorità inerente alla tradizione ecclesiastica attraverso i capi legittimi delle chiese. Questa continuità è considerata come garanzia della purezza della fede trasmessa da Gesù Cristo attraverso gli apostoli e i vescovi: si forma il concetto dell'ortodossia, della necessità di aderire alla fede della chiesa stabilita dai vescovi, sotto pena di esclusione. La virtù suprema del cristiano è la sottomissione ai capi, la disciplina militare, l'obbedienza assoluta (*I Clem.*, XXXVII, 2-3); professare la vera dottrina diventa più importante che praticare la santità! In generale l'episcopato costituisce un corpo moralmente elevato, ma intellettualmente limitato, che trasforma la direzione religiosa in una funzione amministrativa e assume un carattere sempre più decisamente politico. Non dobbiamo perciò meravigliarci se esso, specialmente dopo il trionfo del Cristianesimo, perde rapidamente la sua superiorità morale e se le sue ambizioni e i suoi dissensi diventano una delle cause più attive di corruzione della religione.

4. Sulla distribuzione dell'organizzazione episcopale nella chiesa primitiva ben poco sappiamo[458]. In generale essa si plasmò sull'organizzazione politica romana. L'episcopato si stabilì dapprima solo nelle grandi città; i Cristiani della campagna convenivano nelle feste alla città (Giustino, *I Apologia*, 67). L'autorità del vescovo si estendeva non solo sulla comunità urbana (*parochia*), ma anche sulla campagna e le sue piccole comunità; più tardi la parola *parochia* passò a significare ora la diocesi intera ora le comunità rustiche rette da presbiteri e subordinate al vescovo urbano[459].

Le singole chiese non erano collegate in origine che dalla personalità dei loro fondatori; noi ne abbiamo un esempio nel gruppo delle chiesepaoline. Tutte però erano legate dal nome comune e dallo zelo della carità; la storia del I e del II secolo ci offre numerosi esempi di questa unità spirituale che lega fra loro le chiese cristiane. Il viaggio di Ignazio a Roma commuove tutte le chiese dell'Asia Minore, che inviano al prigioniero messaggeri e compagni di viaggio. Quest'unità si restringe anche meglio col prevalere dell'episcopalismo monarchico; il medesimo processo che aveva condotto

---

[458] Duchesne, *op. cit.*, I, pp. 524 sgg.

[459] K. Müller, *Parochia und Diözese im Abendland*, «ZNW», 1933, pp. 149 sgg.

all'unità della comunità sotto i vescovi, conduce in seguito a una organizzazione progressiva dell'episcopato. La lotta contro i persecutori e contro l'eresia unisce le diverse chiese in un simbolo di fede comune e in una azione comune; si fissa un testo comune delle Scritture; la viva corrispondenza dei vescovi e i concili locali stabiliscono una specie di unità del corpo episcopale[460]. Già al tempo di Tertulliano si riuniscono in Oriente assemblee per trattare le questioni più importanti (*De jejunio*, 13).

Tuttavia in origine ogni vescovo è perfettamente indipendente nella sua comunità. Ma quando la nomina dei vescovi venne attribuita ai vescovi stessi, i vescovi delle città principali estesero intorno a loro, con l'estendersi del Cristianesimo, l'organizzazione episcopale creando i nuovi vescovi; così diventarono vescovi metropoliti conservando sempre una certa supremazia sui vescovati da essi fondati. Da questa forma di dipendenza, dalla tradizione d'una fondazione apostolica diretta (cfr. Tertulliano, *De praescriptione haereticorum*, 36), dalla importanza politica o dalla ricchezza della sede derivò quella supremazia di alcune sedi privilegiate che doveva poi condurre al papato di Roma e ai grandi patriarcati dell'Oriente. Già nella *I Lettera di Clemente Romano* (verso il 130) la chiesa romana sembra rivestita di un prestigio particolare, d'una specie di primato, che deriva in gran parte dalla posizione politica e dalla sua ricchezza; Ireneo (III, 3, 2) la celebra come la prima delle chiese; essa si comporta verso gran parte delle sedi dell'Occidente come una sede metropolitana di fronte a vescovati dipendenti[461]. Circa il 195 il vescovo romano scomunica le comunità asiatiche che celebrano la Pasqua in giorno diverso dalla comunità romana; primo tentativo storicamente sicuro d'un'affermazione del vescovo romano contro l'autonomia delle altre sedi. Ma ancora nel secolo successivo Cipriano vescovo di Cartagine resiste vigorosamente alle pretese romane di dominio sui vescovi africani.

Comincia così a disegnarsi l'unità della chiesa, che però è ancora un'unità puramente spirituale, non si richiama ad alcuna costituzione gerarchica, ad alcun vincolo giuridico. La chiesa era in origine una sola; era – anche se vi erano già altre comunità cristiane – Gerusalemme. In seguito tutte le comunità furono chiese; ma al di sopra di esse rimase il concetto d'un'unica chiesa ideale, la chiesa universale, «cattolica» (la parola appare per la prima volta in Ignazio, *ad Smyrn.*, 2), fondata sull'unità della fede e

---

[460] Renan, *Marc-Aurèle*, pp. 416 sgg.; Achelis, pp. 61 sgg. I primi sinodi vennero tenuti in occasione della crisi montanista.

[461] Sul primato della chiesa romana si cfr. Harnack, «LDG», I, pp. 480 sgg.; K. Müller, *Kirchengesch.*, I, 1, 1929, pp. 211 sgg.

dello spirito; Dio ne è il vescovo universale invisibile (Ignazio, *ad Magn.*, 3). Solo il concilio di Nicea (325) doveva dare ad essa, sotto l'egida dell'autorità politica, una costituzione episcopale uniforme in tutto l'impero e, nei sinodi e nei concili, un principio di organizzazione unificatrice[462].

5. Anche sotto l'aspetto rituale l'antico Cristianesimo si riattacca in primo luogo alla sinagoga[463]; tanto gli accenni che troviamo in Paolo (*I Cor.*, XIV, 26-33, *Col.*, III, 16; *Ef.*, V, 19) quanto la descrizione che ci dà verso il 150 Giustino (*I Apologia*, 65-67) d'un'adunanza eucaristica, si riducono essenzialmente alla lettura dei testi sacri, alla preghiera collettiva e alla predicazione, che sono gli elementi del culto sinagogale. Le costituzioni apostoliche (red. in principio del IV secolo su documenti più antichi), pur mettendo in guardia il lettore contro l'adozione letterale della legge ebraica, consigliano in primo luogo la lettura dell'Antico Testamento: «quando tu non vuoi lasciare la casa tua, siediti e leggi i libri della legge, i *Libri dei Re*, canta i *Salmi* di David e cercane con diligenza il compimento nel Vangelo» (I, 5).

Ma come già nella comunità di Gerusalemme, un punto essenziale distingueva recisamente il culto cristiano dal culto sinagogale: il culto cristiano era rivolto alla glorificazione di Gesù. All'apoteosi ebraica della legge i Cristiani avevano sostituito il culto mistico di Gesù trasformando la religione predicata da Gesù in una religione di Gesù. Questo culto di un mediatore divino, che avvicinava il culto cristiano ai culti dei misteri, facilitò estremamente nelle chiese ellenistiche l'adozione di altri elementi pagani del culto. Anche gli scrittori cristiani del tempo devono riconoscere che molte cerimonie dei culti pagani avevano servito da modello ad analoghe cerimonie cristiane; ma essi vedono solo in ciò un'opera e una raffinatezza del demonio[464]. Il culto cristiano seguì probabilmente l'uso pagano nel canto degli inni, in certi particolari delle preghiere ad esempio il togliersi il mantello per pregare e il sedersi dopo la preghiera (Tertulliano, *De orat. dom.*, 12) e durante le preghiere stesse; in una raccolta di preghiere conservateci da un papiro del III secolo è compreso anche un inno del *Poimandres*[465]. Ma l'influenza più caratteristica dei misteri si rivela nel nuovo concetto della cena eucaristica.

---

[462] Si cfr. Harnack, «LDG», I, pp. 169 sgg.; pp. 405 sgg.

[463] Renan, *Marc-Aurèle*, pp. 515 sgg.; Duchesne, *Origines du culte chrétien*, 5ª ed., 1925; G. Loeschke. *Jüdisches und Heidnisches im christlichen Kult*, 1910; Knopf, pp. 386-387; Wetter, *Altchristl. Liturgien*, 1921; Achelis, pp. 95 sgg

[464] Giustino, *I Apologia*, 66; (Pseudo) Agostino, *Quaest. veteris et novi Test.*, LXXXIV, 3.

[465] Wendland, p. 225. Sull'origine egizia delle preghiere per i morti v. Cumont, *Les rel.*

Il rito di iniziazione, il battesimo, venne al Cristianesimo ellenistico dall'Ebraismo attraverso la chiesa di Gerusalemme. Bisogna però ricordare che esso aveva una parte importante nei misteri greci[466]; abluzioni rituali erano in uso nei misteri di Iside e di Mitra «come una specie di battesimo» (Tertulliano, *De baptismo*, 2). Molto verosimilmente sono state le influenze pagane che hanno trasformato il battesimo da un semplice rito di purificazione in un atto magico, in un «sacramento»[467]. Già per Paolo l'essere battezzati è un essere identificati col Signore nella morte e nella risurrezione (*Rm.*, VI, 3-11). Il sacramento ha una potenza magica perché può anche essere trasferito nei morti (*I Cor.*, XV, 29); un chiaro segno di questo paganizzamento del rito è l'introduzione, verso la fine del II secolo, del battesimo degli infanti[468]. Il battesimo era conferito in origine in nome di Gesù (*Rm.*, VI, 3; *Atti*, II, 38; VIII, 16; X, 48); più tardi vi subentrò la formula trinitaria. Il periodo d'istruzione dei catecumeni durava tre anni (*Costituzione d'Ippolito*, 42). Il battesimo era preceduto da un vigoroso esame della condotta del catecumeno ed era una cerimonia veramente solenne. Dalle formule battesimali, in cui veniva riassunta la fede che si esigeva dal catecumeno, derivano i simboli di fede.

In origine, il battesimo impartito agli adulti rappresentava la cancellazione dei peccati; era battesimo e penitenza a un tempo. Ad esso poteva seguire un secondo atto di penitenza, ma uno solo (Hermas, *Vis.*, II, 2, 4 sgg.; III, 7, 5 sgg.; *Precetti*, IV, 1, 8 sgg.; Tertulliano, *De poenitentia*, 7). Esso era preparato da mortificazioni corporali e doveva essere compiuto in pubblico; il reo si inginocchiava in chiesa, davanti ai fedeli, in abito vile, chiedendo la riammissione nella comunità. Erano i profeti o i dirigenti che avevano il privilegio di riconciliare i colpevoli (*Did.*, IV, 1; XIV, 1; si cfr. Paolo, *II Cor.*, II, 5 sgg.)[469]. Più tardi, all'inizio del III secolo, col rilassarsi della disciplina e del costume questa severità si venne mitigando e trapassò a poco a poco nell'istituto ecclesiastico della confessione.

---

orient. dans le paganisme romain, 2ª ed., 1909, pp. 349 sgg.

[466] Foucart, *Des associations religieuses chez les Grecs*, 1875, p. 59; Renan, *Marc-Aurèle*, pp. 126-127; Heitmüller, *Taufe und Abendmahl im Urchristentum*, 1911; Wernle, *Die Anfänge unserer Religion*, 1904, pp. 359-361; Clemen, *Religionsgesch. Erklärung d. N.T.*, 1924, pp. 159 sgg.; I. Leipoldt, *Die urchristl. Taufe im Lichte d. Religionsgeschichte*, 1928.

[467] Harnack, «LDG», I, pp. 228 sgg.; Wrede, *Paulus*, 1907, pp. 70-72; Heitmüller, *op. cit.*, p. 23; K. Müller, *Kirchengeschichte*, I, 1, 1929, p. 108. In senso contrario: Schweitzer, *Die Mystik d. Apostel Paulus*, 1930. pp. 222 sgg.

[468] Si cfr. Windisch, *Zum Problem d. Kindertaufe im Urchristentum*, «ZNW», 1929, pp. 141 sgg.

[469] Si veda anche il caratteristico racconto di Eusebio, *Historia ecclesiastica*, III, 24, 5 sgg.

Anche il digiuno venne dalla legge ebraica. Gesù lo respinse, considerandolo come un'inutile espressione di tristezza (*Marco*, II, 18 sgg.). Ma esso penetrò subito dopo di lui nella comunità, per influenza della legge ebraica, dove il digiuno era una prescrizione importante. Anche qui però bisogna ricordare che le cerimonie dei misteri di Attis, Iside e Cibele erano accompagnate pur esse da digiuni (Tertulliano, *De jejunio*, 16).

Le adunanze cultuali avevano originariamente luogo in case private; Paolo ricorda il nome dei fedeli che usavano questa liberalità alla chiesa (*Col.*, IV, 15; *Fm.*, 2; *I Cor.*, XVI, 17; *Rm.*, XVI, 4). È solo col III secolo che si ha traccia di edifici dedicati al culto. Da principio regnava su questo punto la massima libertà: accanto alle riunioni di tutta la comunità nel giorno del Signore vi erano riunioni private e libere senza regole né controllo[470]. Ma di mano in mano che si stabilisce nella chiesa un'autorità centrale è imposta anche ai fedeli la frequenza ad assemblee regolari e vengono condannate le riunioni private sottratte al controllo dei dirigenti. Le riunioni cultuali avevano luogo due volte al giorno: «comparite tutti i giorni mattino e sera per il canto dei *Salmi* e la preghiera nella casa del Signore» (*Const. Apost.*, II, 36). Esse erano celebrate con particolare solennità nel giorno del Signore, che si era sostituito al sabato ebraico e coincideva col «giorno del sole» adottato dai Pagani (Giustino, *I Apologia*, 67; Tertulliano, *Ad nationes*, I, 13)[471]. La riunione del mattino era specialmente dedicata alla lettura dei libri sacri, alla spiegazione e alla predicazione, alla preghiera, al canto. La riunione della sera era dedicata al pasto in comune dei fedeli, col quale era in origine connessa la cena eucaristica.

I testi sacri che servivano come lettura erano costituiti dai libri dell'Antico Testamento: più tardi si aggiunsero le relazioni della vita e dei detti di Gesù, le lettere di Paolo e altri libri; la massima varietà e libertà regnano, a questo riguardo, nella chiesa antica. Alla lettura si aggiungeva la predicazione. Alcuni dei testi pervenutici come lettere sono in realtà omelie e ci danno un'idea della predicazione nella chiesa primitiva; la *II Lettera di Clemente* è una predica del vescovo di Roma Soter (circa 166-174 d.C.). Il canto degli inni è già oggetto delle istruzioni di Paolo (*Col.*, III, 16; *Ef.*, V, 19; si cfr. Plinio, *Epistole*, X, 96). La chiesa primitiva utilizzò senza dubbio i *Salmi* e gli inni dell'Antico Testamento; ma fin dai primi tempi furono sul

---

[470] Si veda Knopf, *Nachapost. Zeitalter*, 1905, pp. 222-290.

[471] Zahn, *Skizzen aus d. Leben d. alten Kirche*, 180 (cap. V: Gesch. d. Sonntags in d. alten Kirche); Goguel, *Notes d'histoire évangélique*, «RHR», 1916, II, pp. 29 sgg.; Schürer, *Die siebentägige Woche im Gebrauch d. chr. Kirche der ersten Jahrh.*, «ZNW», 1905, pp. 1 sgg.

modello di questi composti dei *Salmi* cristiani che venivano cantati dai fedeli (Eusebio, *Historia ecclesiastica*, V, 32)[472].

Due inni antichi ci ha conservato *Luca*, I, 46-55 e 68-79; gli inni della liturgia celeste nell'*Apocalisse* (IV, 8; IV, 11; V, 9-13; XI, 15-19; XIII, 10-12; XV, 3-4; XIX, 1-7) sono senza dubbio imitati da modelli liturgici più antichi. Una ricca miniera dovettero costituire anche gli inni del sincretismo pagano come quelli degli gnostici, dei quali abbiamo un interessantissimo esempio nelle *Odi* di Salomone e negli inni contenuti negli *Atti* apocrifi degli apostoli[473].

La storia della preghiera nella cristianità primitiva ci è quasi del tutto ignota; noi conosciamo solo, e anche in minima parte, la preghiera collettiva o liturgica[474]. Le prime preghiere sono il Padre nostro e la bella preghiera eucaristica della *Didaché* (cap. 10): «Noi ti ringraziamo o Padre celeste – per il tuo santo nome – al quale tu hai preparato una sede nei nostri cuori – e per la conoscenza, la fede e l'immortalità – che tu ci hai rivelato per mezzo di Gesù, tuo servo. – Sia gloria a te in eterno! – Tu onnipotente hai tutto creato per il tuo nome, – hai dato all'uomo il cibo e la bevanda perché ti glorifichi – ed a noi hai dato cibo e bevanda spirituale per mezzo del tuo servo. – Noi celebriamo la tua potenza; – sia gloria a te in eterno! – Ricordati o Signore della tua Chiesa per liberarla da ogni male – per compirla nel tuo amore – e condurla, essa la santa – dalle quattro regioni nel regno – che tu le hai preparato – perché tu sei forte e glorioso in eterno! – Venga la grazia e passi questo mondo – Osanna al Signore di David! – Chi è santificato venga e chi non è santificato faccia penitenza – Vieni o Signore! – Amen». Altre preghiere antiche ci hanno conservato gli *Atti* (IV, 24-30) e la *I Lettera di Clemente*, «un bell'esempio della preghiera solenne, quale la formulavano allora i capi ecclesiastici nelle riunioni del culto» (Duchesne). «Noi ti preghiamo o Signore – sii il nostro aiuto e il nostro appoggio – salva quelli che sono nel pericolo – abbi pietà degli umili – rialza i caduti – rivelati a quelli che hanno bisogno di te – guarisci gli ammalati – riconduci gli erranti sulla retta via – sazia gli affamati – libera i prigionieri – consola gli afflitti. – Che tutti i popoli riconoscano – che tu sei il solo Dio – e che Gesù Cristo è il tuo servo – che noi siamo il tuo popolo e il gregge

---

[472] Sugli inni della chiesa primitiva si cfr. J. Kroll in Hennecke, pp. 596-601.

[473] Si veda specialmente l'inno alla Sofia celeste e l'inno dell'anima negli *Atti* di Tommaso. C. Hoffmann, *Zwei Hymnen der Thomasakten*, «ZNW», 1903, pp. 273 sgg.

[474] V. d. Goltz, *Das Gebet in d. ältesten Christenheit*, 1901; si cfr. Hennecke, pp. 601-619. E si veda anche la dissertazione di Origene sulla preghiera (*Opera*, ed. Koetschau, 1899, II, pp. 295-403; tr. fr. p. G. Bardy, 1932).

dei tuoi pascoli. – Tu che hai rivelato con le tue opere – l'eterno ordine delle cose – Tu che hai creato la terra – Tu che sei fedele in tutte le generazioni – Che sei giusto nei tuoi giudizi – Che sei meraviglioso nella tua potenza – Che sei saggio nel creare e nella conservazione delle cose create – Che sei buono nelle cose visibili – E benigno verso chi confida in te – O Dio pieno di bontà e di misericordia – perdona a noi i nostri peccati, le nostre ingiustizie e i nostri errori – non imputare ai tuoi servi le loro colpe – ma purificaci con la tua verità – e dirigi i nostri passi – perché noi camminiamo sulla diritta via. – Signore fa che il tuo volto risplenda su di noi – perché viviamo in pace – proteggici con la tua mano contro il peccato – e contro coloro che ci odiano ingiustamente – Dà l'unione e la pace a noi ed a tutti quelli che abitano sulla terra – come tu l'hai data ai nostri padri – quando ti invocavano in fede e in verità» (LIX, 4-LX, 4).

Belle preghiere contengono anche gli *Atti* di Tommaso (capp. 10, 47-48; 60-61) e gli *Atti* di Pietro (la preghiera alla croce, cap. 37). Alla preghiera si associavano nei primi tempi anche le manifestazioni profetiche ed entusiastiche. Anche Paolo eccelleva nella glossolalia (*I Cor.*, XIV, 18); e ne fanno ancora menzione nel II secolo Ireneo (*Adv. haer.*, V, 6, 1) e Celso in Origene (*Contra Celsum*, VII, 9)[475]. Ma già lo stesso Paolo nella *I Lettera ai Corinzi* si studia di disciplinare l'uso e mostra di non avere per questi doni un'eccessiva considerazione.

6. Ma l'atto rituale per eccellenza era la cena eucaristica[476]. Essa era in origine connessa con i pasti in comune dei fedeli; non era legata a tempi o persone; era chiusa ai profani (*Did.*, V, 5). Vi era alla sera, forse da principio ogni giorno, più tardi forse solo alla domenica, un convito comune dove ciascuno portava le sue offerte e i poveri partecipavano dei doni degli abbienti (*I Cor.*, XI). La cerimonia consisteva nella distribuzione del pane e del vino dopo una preghiera, poi nel pasto in comune. Paolo è malcontento dei Corinzi perché presso di loro l'eucaristia scompariva di fronte al pasto, all'agape. Anche secondo la *Didaché* la cerimonia eucaristica era l'introduzione al pasto in comune; come nella cena sabbatica degli Ebrei avevano luogo prima la benedizione e la distribuzione del vino e del pane; poi il

---

[475] Se ne veda un esempio tratto dalla *Pistis Sophia* e dai papiri magici in Musiman, *Das Zungenreden*, 1911, pp. 46-47.

[476] T. Zahn, *Agape*, «RE», I, pp. 234-237; Knopf, *Nachapost. Zeitalter*, 1905, pp. 253 sgg.; A. Andersen, *Das Abendmahl in den zwei ersten Jahrh. n. C.*, «ZNW», 1902, pp. 115 sgg.; 206 sgg.; Batiffol, *Études d'hist. et de théol. positive*, 1906, I, pp. 283 sgg.; Heitmüller, *op. cit.*, pp. 63 sgg.; K. Völker, *Mysterium und Agape*, 1927.

pasto in comune, al quale seguiva una preghiera; infine potevano i profeti pregare a voce alta secondo la loro ispirazione (*Did.*, § 9-10).

Vi erano delle agapi eucaristiche private presiedute da un membro della comunità o da un profeta; per questa cerimonia sono date le preghiere della *Didaché*, (capp. 9-10). Nel giorno del Signore invece la comunità intera si radunava a un'agape eucaristica ufficiale presieduta dall'episcopo come a un atto di culto retto da un rituale fisso; a questa si riferisce il cap. 14 della *Didaché*. Le lettere di Ignazio (*ad Smyrn.*, 8; *ad Philad.*, 4) contengono esortazioni a sostituire alle agapi sacre familiari l'unica agape solenne della comunità; la tavola a cui la comunità si assideva per la cena eucaristica è qui per la prima volta chiamata altare (θυσιαστήριον).

È verso il 150 d.C. che l'eucaristia si stacca dalla cena della sera e si unisce con il culto del mattino (Tertulliano, *De corona*, 3). Il pasto della sera perde allora il suo carattere cultuale per diventare un atto di benefi- cenza, un convito religioso per i poveri, un' «agape»[477]. La nota lettera di Plinio (X, 97), nella quale scrive a Traiano che i Cristiani di Bitinia avevano cessato, per suo ordine, i pasti in comune della domenica, può gettare un poco di luce sopra una delle ragioni che determinarono i Cristiani a rinviare l'eucaristia al culto del mattino. La prima descrizione del culto del mattino che abbiamo è in Giustino (*Apologia*, 65-67) che scrive a Roma verso il 150 d.C.[478]. Le riunioni hanno luogo alla domenica; cominciano con la lettura dei profeti o del Vangelo; segue un'esortazione; poi la cerimonia dell'euca- ristia. La liturgia descritta da Ippolito (verso il 218) è già in fondo una «messa».

Nel Cristianesimo ellenistico l'eucaristia non è più solo un'affermazione solenne di comunione di vita tra i fedeli nel ricordo della morte di Cristo e nella speranza del suo ritorno, ma è un vero sacrificio che rinnova l'ultima cena e stabilisce un'unione mistica con Cristo. Secondo Paolo con la morte di Gesù era stato iniziato un nuovo rapporto fra Dio e l'uomo che si era sostituito a quello stabilito da Mosè (*Esodo*, XXIV, 1-8) e consacrato col sangue delle vittime. La vittima era nel nuovo patto Cristo stesso; il suo sangue era stato il prezzo del patto. Questa è la nuova concezione teologica che egli già mette in bocca a Gesù stesso nelle parole della cena. Di qui forse l'importanza che assunse nella cena il vino, come simbolo del sangue; la distinzione del corpo e del sangue di Gesù è ispirata al sacrificio reale, in cui si aveva da una parte il corpo inanimato della vittima, dall'altra il suo

---

[477] *Didascalia syriaca*, cap. 9. Si cfr. sull'agape Völker, *op. cit.*, pp. 147 sgg.

[478] Si veda anche la descrizione d'una cena eucaristica domenicale negli *Atti* di Giovanni, cap. 106-110 (Hennecke, pp. 189-190).

sangue. Ma di qui anche il nuovo concetto della cena come d'una comunione mistica, d'una immedesimazione reale con l'essere che viene sacrificato. Egli stesso paragona questa comunione a quella che nel sacrificio pagano i devoti credevano di avere col loro Dio (*I Cor.*, X, 16 sgg.). La cena era al tempo stesso una commemorazione della morte di Gesù e una ripetizione del dramma sacro del suo sacrificio; col pane e col vino i fedeli introducevano in sé la sua carne e il suo sangue. In questa interpretazione entrava senza dubbio un elemento derivante dalle religioni dei misteri, nelle quali era familiare la credenza di appropriarsi la natura della divinità col cibarsi dell'animale sacrificato, considerandolo come l'incarnazione stessa del Dio. Era una credenza già propria della religione dionisiaca; una simile agape mistica era celebrata col pane e col calice nei misteri di Mitra e di Attis; un'analoga cerimonia faceva parte del culto siriaco di Giove Dolicheno.

Paolo subì probabilmente in questo l'influenza delle abitudini e concezioni dei nuovi convertiti; le agapi dei nuovi Cristiani dovettero assimilarsi in più d'un punto alle agapi del Paganesimo. Anzi, secondo Heitmüller, la concezione magica dell'eucaristia non fu creata da Paolo, ma da lui già trovata come fede corrente nelle comunità ellenistiche[479]. Questa è la concezione che dopo il I secolo diventa universale: lo stesso Vangelo di Giovanni ne adotta le formule più crude cercando di conciliarle col suo spiritualismo[480]. Non sembra però che essa si sia stabilita nella chiesa senza resistenza; di questa ci rimangono tracce, oltre che in *Giovanni*, VI, 52 nell'appendice alla lettera agli Ebrei (XIII, 7-16) che mette in guardia i fedeli contro la credenza di mangiare nel sacrificio eucaristico le carni della vittima; il cuore è rafforzato dalla grazia e non da ciò che si mangia[481].

7. Il Cristianesimo posteriore ha idealizzato un poco queste antiche comunità cristiane[482]. Il quadro che ce ne danno nelle loro apologie Aristide (verso il 150 d.C.) e Tertulliano (*Apologetico*, 89) è dei più commoventi. I Cristiani si distinguono dai Pagani per la purezza della dottrina e della vita;

---

[479] Heitmüller in «ZNW», 1912, pp. 335 sgg.; Wernle, *Die Anfänge unserer Religion*, 1904, pp. 358 sgg.; Völker, *op. cit.*, pp. 146-147; 222-223.

[480] Se pure i versetti VI, 51 b-58 non sono un'interpolazione. Perché essi sono certamente in grave contrasto col carattere mistico e simbolico del Vangelo. Goguel, *L'Eucharistie*, 1910, p. 203.

[481] O. Holtzmann, *Der Hebräerbrief und das Abendmahl*, «ZNW», 1909, pp. 251 sgg.

[482] Arnold, *Wahre Abbildung d. ersten Christen*, 1740. Sulla vita cristiana si cfr.: E. De Faye, *Étude sur les origines des églises de l'âge apostolique*, 1909; Knopf, *Nachapost. Zeitalter*, 1905.

si amano reciprocamente, praticano la carità, sono diritti e leali nella condotta, irremovibili nell'attaccamento alla loro fede. Essi si riuniscono per leggere le Scritture, per pregare, per giudicare e censurare i membri non degni. «Niente di ciò che concerne le cose di Dio si compra; se si trova presso di noi un piccolo tesoro, noi non dobbiamo arrossire d'aver venduto la religione per ammassarlo». Questo piccolo tesoro è messo insieme con le volontarie contribuzioni che ciascuno apporta secondo i suoi mezzi; ed è impiegato a nutrire i poveri, gli orfani, i vecchi schiavi, a pagarne la sepoltura, ad aiutare i condannati. Tutti si amano come fratelli: e come fratelli hanno tutte le cose in comune. Si uniscono a frugali pasti in comune preceduti da preghiere, chiusi da preghiere. Nel suo libro *Ad uxorem*, Tertulliano traccia nei minimi particolari la vita di una donna cristiana che passa la vita nella preghiera, che visita i fratelli poveri di strada in strada, che assiste alle cerimonie notturne, che penetra nelle carceri a baciare le catene dei martiri, a lavare i piedi dei santi, a dare e ricevere il bacio di pace. È questa purezza morale, questo spirito di solidarietà che attrae le folle verso il Cristianesimo e ne accresce la diffusione e la potenza. Dalle classi umili esso si estende anche nella società colta, nell'esercito e nella corte stessa degli imperatori; regioni intiere vengono in gran parte cristianizzate.

Ma questo quadro luminoso non deve nascondere le ombre che cominciano ad apparire fino da quel tempo. Già le lettere di Paolo lasciano intravedere gli abusi che si insinuano nelle comunità, corrompendone lo spirito, le gelosie e le competizioni personali che le dilacerano; nelle lettere pseudopaoline l'autore mette in guardia i fedeli contro gli ambiziosi che si compiacciono di futili discorsi e fanno della pietà una fonte di lucro (*I Tm.*, VI, 4-5); nella *Didaché* si parla di Cristiani che speculano su Cristo (χριστέμποροι); nell'apocalisse dell'*Ascensione d'Isaia* l'autore finge di vedere negli ultimi tempi quello che già vedeva intorno a sé: la corruzione della chiesa, la decadenza dello spirito profetico, l'avarizia e la vanagloria dei pastori. «In quei giorni vi saranno molti che ameranno le cariche, benché privi di saggezza, e vi saranno molti presbiteri iniqui e pastori che opprimeranno il loro gregge» (III, 23-24). Ma è specialmente verso la fine del II secolo che il male si aggrava.

Comincia allora la grande diffusione del Cristianesimo. In origine i convertiti appartenevano generalmente alle classi inferiori; i Pagani irridevano ancora nel II secolo al Cristianesimo come alla religione delle donne, degli schiavi e dei bambini. Dopo Marco Aurelio anche famiglie di classi elevate passano al Cristianesimo (Eusebio, *Historia ecclesiastica*, V, 24). La società cristiana si estende e si arricchisce (Tertulliano, *Ad nationes*, I, 1;*Apologetico*, I, 37; *De ornatu mulierum*, II); ma nello stesso tempo si corrompe. I ricchi sono trascinati dai loro affari, dalle loro amicizie in mezzo al mondo pagano, dove la loro fede s'indebolisce (Hermas, *Praec.*, X, 1, 4 sgg.); nelle persecuzioni essi non sanno rinunciare alle loro ricchezze e preferiscono rinnegare la fede (Hermas, *Simil.*, VIII, 6, 4; IX, 19, 1). Le cariche ecclesiastiche diventano sorgente di potenza e di lucro e attraggono a sé gli uomini sordidi. Hermas già rimprovera ai dirigenti della chiesa la loro ambizione, la loro ipocrisia, i loro dissensi (*Vis.*, III, 9, 7-10; *Sim.*, VIII, 7, 4-6; IX, 31, 6).

Zefirino vescovo di Roma è detto nella *Refutatio haeresium* di Ippolito (IX, 7) «uomo ignorante e d'un'avarizia sordida», che coi doni e con le lusinghe si poteva condurre dove si voleva (Ivi, IX, 11). A lui succede Callisto, bancarottiere, che seppe abilmente sfruttare la sua condanna alle miniere per conquistare i primi posti nella chiesa ed essere nominato vescovo; «uomo malvagio ed astuto», dice Ippolito, (IX, 11), «abile nel sedurre gli uomini», di cui Ippolito diffusamente narra la poco edificante istoria (Ivi, IV, 12). «Primo osò concedere agli uomini tutti gli eccessi della voluttà, dicendo che egli aveva la facoltà di rimettere tutti i peccati [...]; egli insegnò che un vescovo, anche se pecchi mortalmente, non deve essere rimosso dal suo posto; dopo lui cominciano ad essere assunti nella gerarchia vescovi, presbiteri e diaconi che avevano contratto due ed anche tre matrimoni». «Dove si attaccherà questa proclamazione? (esclama con indignazione Tertulliano). Sulle porte dei postriboli? No, questo è Ietto, è esposto nella chiesa, vergine sposa del Cristo» (*De pudicitia*, 1).

Il rilassamento della disciplina morale nella chiesa era favorito dalla preoccupazione di avere una comunità più estesa, quindi mezzi finanziari più considerevoli. Negli *Atti* di Pietro questi riceve senza scrupolo i denari d'una ricca prostituta come dovuti a Cristo (Hennecke, p. 245). La chiesa romana proclama l'indulgenza di Dio e il perdono; la via alla salute è resa piana e facile. I peccati gravi che, come la scostumatezza o l'apostasia, portavano all'esclusione dalla comunità vengono ora più mitemente giudicati e ammessi al perdono. Il cristiano non poteva prima prestarsi a occupazioni e funzioni che contraddicessero alla sua coscienza di cristiano; non poteva fabbricare idoli per non favorire l'idolatria; non poteva essere commerciante perché il commercio implica inesorabilmente la disonestà e la menzogna; non poteva essere soldato o magistrato perché non era lecito a un cristiano condannare alla prigione e alla morte (Tertulliano, *De idolatria*,

11, 17). Ma questi appaiono oramai scrupoli inutili; il corso delle cose decide altrimenti. Non solo vi sono fabbricanti cristiani di idoli, ma sono elevati agli uffici ecclesiastici (Tertulliano, *De idolatria*, 7); vi sono dei Cristiani che accettano la carica di flamini, cioè un sacerdozio pagano[483]. Le preghiere e i digiuni sono ridotti al puro necessario (Tertulliano, *De jejunio*, 12-13, 17); i matrimoni di Cristiani con infedeli non sollevano più scandalo e trovano escusatori (Tertulliano, *Ad uxorem*, II, 2). Comincia la casistica compiacente e sofistica, che converte il Cristianesimo in un nuovo fariseismo.

Quindi non dobbiamo meravigliarci se al tempo di Tertulliano troviamo pastori corrotti e scostumati (Tertulliano, *De monogamia*, 12); Origene biasima aspramente l'orgoglio mondano dei vescovi delle grandi città; la rilassatezza morale di Dionisio vescovo di Corinto (circa 170 d.C.) solleva anche le proteste dei suoi colleghi (Eusebio, *Historia ecclesiastica*, IV, 31). Cipriano nel suo libro *De lapsis* descrive i vescovi e i presbiteri che, immemori delle cose divine, correvano i mercati di provincia in provincia non curanti d'altro che del lucro (cap. 6); e che poi nelle persecuzioni o rinnegavano la fede (Cipriano, cap. 53) o prendevano la fuga o comperavano, corrompendo la polizia, l'impunità (Tertulliano, *De fuga*, 11). La riassunzione poi dei rinnegati nella comunità dava luogo ad altri scandali; le raccomandazioni dei confessori della fede aprivano le porte a degni e indegni e diventavano un affare di commercio (Cipriano, *Lettera*, 10). Tertulliano ci dipinge il miserabile spettacolo degli pseudo-martiri, che, pieni di debolezza e di vanità, circuiti da fornicatori e adulteri, accoglievano le preghiere dei rinnegati per essere rimessi in seno alla chiesa e davano la pace agli altri, mentre non erano nemmeno sicuri della loro (Tertulliano, *De pudicitia*, 22).

Questo principio di corruzione agiva sfavorevolmente anche sugli spiriti migliori; entrando nelle classi abbienti il Cristianesimo si modernizzava e si associava con una più o meno cosciente ipocrisia. Noi lo vediamo in Tertulliano stesso. Egli doveva essere discretamente agiato e possedeva un certo numero di schiavi; è quindi contrario alla liberazione degli schiavi, alle tendenze egualitarie, e guarda con malcelato sprezzo alla vita dei poveri e alle loro miserie. Egli è tiepido contro l'inumana ferocia degli spettacoli sanguinari del circo; «l'idolatria è il principale motivo che condanna questi spettacoli» (Tertulliano, *Contra spectac.*, 15). Anche la dottrina sulla ricchezza attenua le sue durezze[484]. La condanna di Gesù era coerentemente

---

[483] Duchesne, *Hist. anc. de l'église*, I, p. 521.
[484] O. Schilling, *Reichtum und Eigentum im der altchristl. Literatur*, 1908.

esplicita e assoluta: la ricchezza dei pochi, che è possibile solo con la miseria di tutti gli altri, è per se stessa un'ingiustizia che Dio non perdona. Hermas la condanna ancora come una colpa (*Vis.*, III, 6, 5-7). Ma per Tertulliano il possedere ricchezze non è contro il Vangelo. Clemente Alessandrino nel suo sermone sulla salvazione dei ricchi torce la condanna evangelica nel senso che l'uomo deve spogliarsi non già della ricchezza, ma delle passioni ad essa inerenti e dell'attaccamento ai beni del mondo. Come se ciò fosse possibile! Così anche Origene, anche Cipriano; la ricchezza è riabilitata e può anzi diventare un mezzo per la salute.

8. Un altro aspetto di questa decadenza spirituale è la degenerazione ecclesiastica: il Cristianesimo si materializza in una gerarchia. L'indipendenza spirituale scompare: nessuno può dirsi cristiano senza sottomettersi al controllo e alla tutela d'una classe sacerdotale, e questa sottomissione costituisce un elemento essenziale della pietà cristiana. Verso la fine del II secolo i presbiteri cominciano a formare una classe professionale, «sacerdotalis ordo» (Tertulliano, *De exhortatione castitatis*, 7): il sacerdote è il rappresentante di Dio, che solo ha il diritto di celebrare il culto, solo è il custode dell'autorità e della tradizione divina. La chiesa adotta in parte la legislazione teocratica dell'Antico Testamento (ad esempio il precetto della decima), ma in parte anche ordini e nomi pagani: Tertulliano (*De pudicitia*, 1) chiama il vescovo di Roma «pontifex maximus» ancora con ironica allusione al paganizzamento dell'episcopato. La preoccupazione gerarchica riempie già la *I Lettera di Clemente Romano* e le lettere di Ignazio: il più grande merito del cristiano diventa la sottomissione. Tertulliano considera ancora, è vero, l'ordine sacerdotale come un'istituzione umana che non sopprime il sacerdozio originario inerente ad ogni laico. «Dove tre fedeli sono uniti, sebbene laici, là vi è una chiesa» (*De exhortatione castitatis*, 7). Tuttavia anche in lui prevale già il Cristianesimo ecclesiastico; il primo principio è l'obbedienza cieca alla tradizione incarnata nella gerarchia: all'interpretazione degli eretici egli oppone l'interpretazione tradizionale delle Scritture come qualche cosa che è al di sopra d'ogni dubbio e di ogni critica. La continuità tutta esteriore e materiale della gerarchia è identificata con la continuità spirituale: il ripudio della continuità ecclesiastica è deviazione, ribellione, eresia. Anche nelle questioni pratiche più futili (ad esempio se sia lecito al cristiano mettere in capo una corona) è la disciplina tradizionale che decide: come riguardo al battesimo, all'eucaristia, ecc. Tertulliano riconosce che le tradizioni vigenti nelle chiese sono tradizioni senza fondamento nella Scrittura: ma egli difende il valore della tradizione gerarchica

per se stessa (*De corona*, 3-4). La stessa sostituzione graduale degli ecclesiastici alla comunità si estende anche al culto. Il rito, che in origine è un atto di tutta la comunità, diventa poco per volta un atto sacerdotale: l'episcopo, che in origine presiedeva unicamente alla cerimonia, diventa l'unico celebrante e concentra nella propria persona tutti i diritti e le funzioni che prima spettavano alla comunità dei fedeli. L'insegnamento e l'interpretazione delle Scritture diventano privilegio sacerdotale: spariscono non solo i profeti, ma anche i «maestri». Origene deve essere consacrato prete per poter continuare il suo insegnamento.

Parallelamente alla costituzione di una gerarchia si costituisce così una tradizione immedesimata con essa. Cristo non ha tutto rivelato ai suoi discepoli e il suo insegnamento deve essere completato con la rivelazione dello Spirito Santo che assiste alla comunità dei fedeli: ma il criterio della verità di questa rivelazione è nel suo accordo con la tradizione della chiesa incarnata nella successione della sua gerarchia episcopale (Tertulliano, *De praescriptione haereticorum*, 32). Il legittimo concetto d'una chiesa come d'una specie di entità spirituale vivente, quale ricorre già nella *II Lettera di Clemente* (XIV, 1-3) e in Hermas (*Vis.*, II, 4, 1), è fatto servire a giustificare il concetto della successione gerarchica d'una corporazione che non fonda il suo valore sulla tradizione spirituale, ma anzi subordina sempre più questa alle sue aspirazioni terrene verso il dominio e la ricchezza.

9. Di mano in mano che a una chiesa, come nella chiesa cristiana dal III secolo in poi, viene a mancare l'alimento interiore d'una libera e profonda vita spirituale, essa tende sempre più a meccanizzare la vita religiosa nel fariseismo delle osservanze e dei riti e la sua vita si concentra nella sua organizzazione politica, nella sua espansione materiale e nei conflitti con lo Stato che questo ordine di cose rende inevitabili. Un principio di contrapposizione politica esisteva già nell'opposizione morale tra Cristianesimo e società pagana. Già nelle lettere di Paolo è predicata una recisa separazione fra Cristiani e Pagani: quella stessa separazione che poneva già l'Ebraismo. Il sentimento che il cristiano provava di fronte agli altri culti era misto di disprezzo e di orrore, perché in essi vedeva un'azione del demonio. Nel suo scritto contro l'idolatria Tertulliano mostra come il principio morale del Cristianesimo dovesse estendere la sua azione sulla costituzione economica e sul costume: la professione cristiana escludeva ad esempio il mestiere di fabbricante d'idoli, vietava al muratore di lavorare all'erezione di templi, vietava d'insegnare nelle scuole, di commerciare in incenso, di partecipare alle feste pubbliche e private, di accendere delle lanterne davanti alla pro-

pria porta, di esercitare funzioni pubbliche. Tertulliano vieta anche di giurare, di giudicare, di condannare, di incarcerare, di servire nella milizia: «una sola e medesima vita non può servire a due padroni, a Dio ed a Cesare». Si capisce come una separazione così recisa dovesse isolare i Cristiani dalla società, additarli all'avversione pubblica e farli apparire come nemici dell'ordine costituito; e come contro di essi venissero diffuse quelle accuse di riti orribili e osceni che sono state in ogni tempo mosse alle sette perseguitate[485]. Esteriormente essi professavano un pieno lealismo; nel servizio divino si pregava per l'autorità (*Rm.*, XIII, 1 sgg.; *I Pt.*, II, 13-14; *Clem.*, LXI, 1 sgg.): il vescovo di Sardi, Melitone, adula con abilità i Cesari che i Cristiani dovevano considerare come rappresentanti dell'Anticristo (Eusebio, *Historia ecclesiastica*, IV, 26). Ma questa remissività esteriore non poteva togliere la cruda opposizione che vi era nel fondo delle cose fra la coscienza morale della società cristiana e la vita pagana: l'impero romano con le sue violenze, i suoi spettacoli, le sue dissolutezze restava ancora sempre, come per l'Apocalisse, l'incarnazione della potenza del male.

Il conflitto tra il Cristianesimo e lo Stato era perciò inevitabile: l'occasione fu data dalle costrizioni spirituali della religione di Stato[486]. Fin dagli inizi la religione romana era stata subordinata agli interessi dello Stato, era stata una funzione dello Stato. Anche i Romani raffinati dalla cultura greca e scettici intorno alle leggende religiose e alle spiegazioni teologiche erano scrupolosi osservatori della religione civile, che consisteva nel compimento minuzioso delle cerimonie sacerdotali imposte dalla tradizione. Cicerone, che ha composto i trattati sulla natura degli dei e sulla divinazione, in cui deride senza pietà gli dei e le loro favole e le pretese degli indovini, era augure e ne praticava le funzioni «a causa dei servizi che esse possono rendere allo Stato». Anche la riforma di Augusto, che del resto fu una riforma puramente materiale ed esteriore, fatta nell'interesse dello Stato, ha di mira la conservazione della grandezza dell'impero che appare inseparabile dalla conservazione dei culti aviti. Questa connessione ebbe la sua espressione nel culto dell'imperatore, che diventò il cardine della religione dello Stato.

---

[485] Wendland, pp. 248 sgg. Si veda il giudizio di Tacito, *Annales*, XV, 44; Minucio Felice, V, 4; VIII, 4.

[486] Mommsen, *Der Religionsfrevel nach röm. Recht*, «Hist. Zeitschr.», LXIV, pp. 389 sgg.; Harnack, *Christenverfolgungen*, «RE», III, pp. 823 sgg.; Boissier, *La relig. romaine*, I, pp. 1-33; Knopf, *Nachapostol. Zeitalter*, 1905, pp. 83 sgg.; Linsenmayer, *Die Bekämpfung d. Christentums durch d. röm. Staat bis Julian*, 1905; A. Bouché-Leclercq, *L'intolérance religieuse et la politique*, 1911; E. Meyer, III, pp. 510 sgg.; Buonaiuti, «Il Cristianesimo primitivo e la politica imperiale», *Saggi*, 1923, pp. 289-335; Achelis, pp. 261 sgg.; Loisy, *Naiss. christ.*, pp. 231 sgg.

La partecipazione a questo culto era considerata come un'attestazione di lealismo e di adesione ai princìpi dello Stato romano: il rifiuto di parteciparvi era un atto di ostilità politica. Ora quando la religione si immedesima così con la potenza e con l'interesse dello Stato, è inevitabile che da una parte lo Stato rivesta un carattere dispotico: la minima ordinanza fiscale diventa un oracolo celeste. Ma d'altra parte la religione che lo Stato impone così alla servilità dei suoi funzionari e dei sudditi non è in fondo che una forma di adulazione, un'ostentazione ipocrita che degrada la religione a un basso strumento di dominio e accende la ribellione negli animi generosi. Si può comprendere quanto dovesse ripugnare alla coscienza cristiana questa divinizzazione dell'imperatore vivente: era difficile adorare Caligola o Domiziano senza sentirsi degradato interiormente dall'ultima delle vergogne. Trasea fu condannato a morte perché rifiutava di giurare per gli atti del divino Augusto e del divino Giulio e di credere nella divinità di Poppea[487]. Il Cristianesimo ebbe il merito, erede in ciò della coscienza ebraica, di ribellarsi a questa tirannide e di affermare contro di essa, a prezzo della vita, il diritto della coscienza. Da questo punto di vista le prime persecuzioni dei Cristiani sono delitti esecrabili: la memoria del supplizio di Giustino e dei martiri di Lione (se è vera la documentazione che ci si è conservata) peserà sempre sul nome di Marco Aurelio come una brutalità imperdonabile.

Di mano in mano però che il Cristianesimo cresce in estensione e in potenza, la persecuzione, senza perdere il suo odioso carattere di imposizione religiosa, assume sempre più la forma d'un conflitto politico: sotto il nome di Cristianesimo era sorta in realtà un'organizzazione politica che tendeva a imporsi alla società intera. «Noi non siamo che di ieri», proclama Tertulliano, «e già riempiamo l'impero, riempiamo le vostre città, le vostre fortezze, le vostre borgate, i vostri consigli, i campi, le tribù, le decurie, il palazzo, il senato, il foro: non vi lasciamo che i templi. Quale guerra non saremmo capaci di intraprendere, anche a forze ineguali, noi che ci lasciamo sgozzare così volentieri, se dalla nostra dottrina non ci fosse imposto di ricevere la morte piuttosto che darla?» (*Apologetico*, 37). Già verso il 250 il vescovo di Roma con i suoi diaconi regionali era una specie di *praefectus urbis*, anzi una specie di *princeps aemulus*, che sembrava a Decio più pericoloso di un usurpatore (Cipriano, *Lettera*, 55, 9). La nuova società dichiara apertamente che la patria sua è il mondo: essa si separa recisamente da tutto ciò che costituisce l'essenza stessa del mondo pagano. Secondo Origene (*Contra Celsum*, VIII, 68-75) la chiesa universale è lo Stato terreno di Dio,

---

[487] Tacito, *Annales*, XVI, 22.

destinato ad assorbire in sé l'impero romano, anzi l'umanità intera, a collegare gli Stati per poi sostituirli. L'atteggiamento del mondo cristiano nel II secolo è già nonostante le proteste, sordamente minaccioso; sembra ribellarsi solo ad alcune cerimonie o formule, ma in realtà investe tutta la società antica. Esso era realmente un nuovo Stato nascente e perciò un fermento di anarchia, un elemento dissolutivo dell'impero e della società pagana: il presentimento della caduta della grandezza romana, che era vivo anche nel mondo pagano, diventa nei Cristiani una certezza e una minaccia. Tertulliano ha tutte le ragioni nella sua eloquente difesa *Ad gentes*: ma la persecuzione pagana non era un processo criminale, bensì la difesa d'una società politica. È per ragioni politiche che Ulpiano, l'illustre giureconsulto, amico e consigliere di Alessandro Severo, avversa il Cristianesimo: egli vedeva nella chiesa un'organizzazione politica che era pericolosa per l'autorità dello Stato. La persecuzione di Diocleziano fu provocata dal tentativo dei Cristiani di impadronirsi dell'impero.

Del resto (anche questo deve essere qui incidentalmente detto) le persecuzioni sono state assai meno continue e spietate di quanto la tradizione racconta: la maggior parte degli atti dei martiri è pura leggenda[488]. Anche nei periodi peggiori la persecuzione non fu mai così intollerante e universale come gli storici cristiani pretendono. Tolte le due grandi persecuzioni di Decio e di Valeriano, che furono crisi violente e sanguinose, ma brevi, non vi furono mai vere persecuzioni generali: Tertulliano riconosce che fino al tempo suo non vi era stato mai nessun imperatore «che avesse dichiarato guerra ai Cristiani» (*Apoletico*, 5). Sebbene i Cristiani fossero, in quanto tali, fuori della legge, la maggior parte delle autorità o per scetticismo o per umanità o per debolezza chiudeva gli occhi: anche durante il periodo delle persecuzioni non era troppo difficile sottrarvisi con la fuga in altri modi (Tertulliano, *De fuga*, 13). Tertulliano, uno scrittore irruente, che non tacque anche durante le persecuzioni, non fu mai inquietato. I martiri ricevevano nelle prigioni le visite e le offerte dei loro correligionari, che li accompagnavano al supplizio e ne raccoglievano i resti: ciò che sarebbe inconciliabile con una persecuzione universale e spietata. Durante le persecuzioni di Decio il vescovo Cipriano raccomanda di usare prudenza in queste dimostrazioni: segno che la polizia non vi metteva ostacolo, né trattava questi amici dei martiri come complici. Le persecuzioni della inquisizione cattolica sono state ben più terribili e spietate: non vi è confronto con le perse-

---

[488] Havet, *Le christ. et ses origines*, VI, pp. 419 sgg.; Burckhardt, pp. 305 sgg.; Origene (*C. Cels.*, III, 8) dice che fino al tempo suo non vi era stato che un piccolo numero di martiri.

cuzioni dei Cristiani sotto i Cesari. «Chi potrebbe immaginare, sotto l'inquisizione, delle sinagoghe e delle chiese protestanti costituite come era costituita la chiesa cristiana sotto i Cesari: con dei capi pubblicamente riconosciuti, con un'organizzazione e finanze proprie: dei fratelli che venivano ad assistere i martiri nelle prigioni: degli apologisti che scrivevano e diffondevano eloquenti libelli in favore della fede?»[489]. E ancora bisogna fare la parte di ciò che nelle persecuzioni era dovuto, come in tutte le persecuzioni politiche, all'avidità dei delatori, dei funzionari e dei soldati della polizia (Tertulliano, *Apologetico*, 7); e all'eccitazione bestiale delle folle che levavano nel circo il grido «Ai leoni i Cristiani!», come più tardi invocheranno il rogo per gli eretici, e che giungeranno fino a strappare i cadaveri dei Cristiani dalle tombe e a strascinarne i brandelli per le strade (Tertulliano, *Apologetico*, 9, 25, 27; Eusebio, *Historia ecclesiastica*, V, 2, 57 sgg.). Non era quindi soltanto il dispotismo imperiale che perseguitava i Cristiani, erano anche l'intolleranza e l'ambizione cristiana che perseguitavano e minacciavano l'impero. Queste considerazioni non hanno per fine di attenuare la responsabilità che pesa sull'impero per la sua oppressione dispotica e per la barbarie delle esecuzioni[490]. È verosimile che il conflitto tra l'impero ed il Cristianesimo sarebbe in ogni caso scoppiato: perché è proprio dei governi dispotici il pretendere un'abietta dedizione delle coscienze e il provocare queste rivolte disperate. Ma è legittimo riconoscere che la chiesa ha scatenato essa stessa questo conflitto: sono state le sue ambizioni terrene che hanno convertito rapidamente l'opposizione morale tra la società pagana e il Cristianesimo in una guerra intestina di carattere politico.

10. Una reazione contro questo Cristianesimo mondanizzato e contro l'orgoglio della nascente organizzazione ecclesiastica sono le eresie spirituali del II e del III secolo, il marcionismo, il montanismo, il novazianismo. La religione di Marcione non può essere considerata solo sotto questo aspetto: essa è un vero e proprio tentativo di restaurare la pura religione del Cristo e quindi verrà considerata più tardi al suo posto. Il movimento che provocò Montano, già sacerdote di Cibele, coadiuvato da due profetesse, Massimilla e Priscilla, è invece la pura e semplice reazione del Cristianesimo entusiastico e apocalittico contro il suo consolidamento burocratico nella tradizione episcopale[491]. Essa avrebbe voluto vivificare per mezzo

---

[489] Havet, *op. cit.*, IV, p. 483.

[490] Achelis, pp. 268-275.

[491] E. Ströhlin, *Essai sur le montanisme*, 1870; Harnack, «LDG», I, pp. 426 sgg.; P. Labriolle, *La crise du montanisme*, 1913; M. Faggiotto, *L'eresia dei Frigi*, 1913; W. Schepelen, *Der Montanismus und die phrygischen Kulte*, 1929. I frammenti in Hennecke, pp. 427-429

dello spirito di profezia una chiesa oramai cristallizzata nella sua gerarchia, nei suoi riti, nella sua disciplina amministrativa. Con l'entusiasmo profetico essa richiama anche la primitiva fede apocalittica. Dopo la predicazione montanista doveva venire la fine del mondo e discendere là in Pepuza, nella città della Frigia, la Gerusalemme celeste. «Dopo di me», dice la profetessa Massimilla, «non verrà più altri; verrà la fine del mondo». E Priscilla: «In forma di donna, con un vestimento luminoso venne a me Cristo e pose in me la saggezza e mi rivelò che questa città Pepuza è santa e che qui discenderà la Gerusalemme celeste»[492].

Il montanismo aveva carattere ascetico; insegnava la rinuncia e la necessità del martirio, ma avversava la gnosi e il rinnovamento per la conoscenza. Questo decide del suo valore e del suo destino. La loro chiesa, saldamente organizzata, si estese nell'Asia e durò per secoli; uno storico bizantino narra che nel 722 gli ultimi montanisti costretti dall'imperatore Leone III al battesimo preferirono ardersi vivi nella loro chiesa. Ma, abbandonata alle fluttuazioni dell'entusiasmo, essa confuse con sé elementi pagani derivanti dagli antichi culti orgiastici della Frigia e finì nelle aberrazioni di tutti i culti entusiastici. Contuttociò essa è nelle sue origini un puro movimento cristiano, una legittima reazione contro la degradazione della chiesa. E in questo senso il montanismo è accolto (sebbene in forma attenuata) da Tertulliano. Nonostante il suo rispetto per la gerarchia e la tradizione, anch'egli finisce per riconoscere che ciò che costituisce la chiesa è lo spirito dei santi, non il corpo episcopale. Secondo l'ortodossia lo spirito di Cristo si continua nella successione curiale ed episcopale: è uno Spirito Santo burocratizzato e amministrativo, che rifugge dalle esaltazioni mistiche. Per Tertulliano invece lo Spirito Santo è lo spirito di profezia, che continua e svolge liberamente nella chiesa l'opera del Cristo (*De monogamia*, 2; *De jejunio*, 1). Anche il potere di rimettere i peccati, che il vescovo romano Callisto orgogliosamente reclamava come dovuto al successore di Pietro, è da Tertulliano invece riferito ai profeti e ai santi (*De pudicitia*, 21).

Lo scisma di Novaziano[493], un prete romano che verso il 250 oppose alla chiesa cattolica una chiesa scismatica, la quale rivendicava a sé il titolo di chiesa evangelica (Cipriano, *Lettera*, 44, 3); si volse più propriamente contro il rilassamento della chiesa nell'assolvere e rimettere nel suo seno i colpevoli di peccati gravi; la chiesa è per lui ancora, come per i primi Cristiani,

---

e in Labriolle, *Les sources de l'histoire du montanisme*, 1913. Per altri analoghi movimenti nella Siria e nel Ponto v. Harnack, «LDG», I, p. 427, nota.

[492] Labriolle, *op. cit.*, p. 86.

[493] Harnack, *Novatian*, «RE», XIV, pp. 223 sgg.

una società di puri, di santi. Quest'intransigenza morale doveva al tempo stesso essere una condanna del carattere ecclesiastico e gerarchico della chiesa cattolica; ma era una reazione troppo limitata e superficiale per poter riuscire a un rinnovamento radicale. La chiesa novaziana si estese per tutto l'impero, si confuse in Asia con la chiesa montanista e si mantenne fino al VII secolo; ma ricadde ben presto anch'essa allo stesso livello della chiesa cattolica.

a) *La decadenza del Paganesimo*

1. L'età che vide nascere il Cristianesimo rappresenta una grave crisi dell'umanità occidentale. Nei secoli che precedono l'era le antiche religioni naturistiche erano andate progressivamente decadendo; il profondo senso che in esse parlava agli antichi spiriti era andato perduto. L'arte si era impadronita dei loro simboli lasciandone nell'ombra il senso religioso; lo spirito critico e filosofico, rigettandoli in se stessi, cercava di darne un'interpretazione filosofica o allegorica. Nel secolo che antecede l'era volgare, la cultura ellenica, diffusa in tutto il mondo romano, aveva prodotto dappertutto lo stesso scetticismo, la stessa indifferenza quasi assoluta verso ogni vero interesse religioso.

Sopravviveva sempre ancora, come culto ufficiale, il culto delle antiche divinità, ma poteva appena dirsi una religione. I vecchi miti erano caduti in mezzo alla derisione: il Paganesimo se ne vergognava e cercava di giustificarsi con spiegazioni allegoriche (Tertulliano, *Adversus Marcionem*, I, 13). Il culto ufficiale era diventato una cerimonia civile; il sacerdozio una magistratura, un'istituzione politica. Il pontefice Cotta che in Cicerone è il rappresentante dello scetticismo accademico considera tuttavia la pratica dei riti tradizionali, la *religio civilis* come uno stretto dovere del cittadino verso lo Stato. «Interamente subordinata agli interessi dello Stato», scrive P. Wendland di questa religione ufficiale, «da lungo involta negli interessi politici e con ciò degradata, gravata di cerimonie tradizionali incomprese ma rigidamente conservate, essa non solo stava in reciso contrasto con la nuova mentalità illuminata ormai dominante per l'influenza greca, ma non poteva nemmeno più soddisfare le profonde aspirazioni religiose del tempo»[494]. Invano a più riprese gli imperatori, preoccupati dallo sfacelo morale, ne tentarono una restaurazione: erano tentativi condannati ab initio perché mancavano di sincerità e di profondità spirituale; erano riforme predicate, per fine politico, da persone che non credevano esse stesse alla virtù che inculcavano agli altri. Nessuno dei due consoli che sotto Augusto diedero il nome alla legge Papia Poppea contro i celibi, aveva moglie.

Poco per volta, sotto l'impero, questi culti ufficiali erano stati quasi assorbiti dal culto dell'imperatore. Seguendo l'esempio orientale, i Greci avevano divinizzato Alessandro e la maggior parte dei suoi successori; e così

---

[494] P. Wendland, p. 151.

fecero con i generali e gli imperatori romani. Dai Romani Cesare per il primo, «dio invincibile», ebbe tempio e sacerdoti; dopo la morte fu divinizzato ufficialmente – divus Julius – per decreto del senato. Questo si ripeté per Ottaviano che fu, dopo Azio, onorato come un dio presente e visibile e ne ebbe anche il nome (Augustus); e si continuò in appresso con la divinizzazione e il culto degli imperatori viventi, degli imperatori defunti, dei membri della famiglia imperiale; la viltà e l'adulazione non trovarono più confini. Questo culto non ha nulla a vedere col culto degli eroi, col quale non ha che analogie di forma; il motivo dominante è la servilità; questa divinizzazione, alla quale non sottostà alcuna fede, è un fatto politico. Imperatori come Commodo e Caracalla ricevono in vita onori divini e sacrifici, hanno templi, statue, feste, collegi sacerdotali. E accanto a questi vivono numerose associazioni private che si dedicano al culto di questo o quell'altro imperatore o degli imperatori in genere: tutte le occasioni erano colte per adulare o celebrare l'imperatore vivente. Questo culto avvilente era un mezzo per salire nella scala sociale; e le relative feste erano un pretesto al popolo per abbandonarsi a orge sfrenate. Nessun elemento della religione antica ha così contribuito, come il culto degli imperatori, alla degradazione morale collettiva[495].

2. Accanto a questi culti ufficiali fiorivano gli innumerevoli culti popolari di dei e di eroi, come devozioni e tradizioni locali[496]. La mescolanza dei popoli nell'impero, i viaggi e le migrazioni dei mercanti, dei soldati, degli schiavi avevano trasportato fuori dalla propria sede originaria nomi, figure e culti delle divinità di ogni regione; la tendenza del politeismo ad accogliere nel proprio pantheon divinità straniere aveva concorso a mescolare tra loro le forme divine, ad associarle, a confonderle[497]. Giove diventa Giove Ammone, Giove Serapis, Giove Mitra; gli dei gallici conservano il loro nome, ma o ricevono la forma delle deità classiche, o se ne associano il nome. L'Oriente soprattutto invade con le sue divinità e i suoi culti l'Occidente; Luciano critica e deride nel suo *Concilio degli dei* questa invasione di dei esotici. Trattati prima con diffidenza dal governo romano, questi culti vennero col progresso del tempo anche ammessi tra i culti ufficiali; così si

---

[495] Keim, *Rom und das Christentum*, 1881, pp. 73 sgg.; Hertzberg, *Hist. de la Grece sous la domination des Romains* (tr. fr.), 1888, III, pp. 11 sgg.; S. Marquardt, *Le culte chez les Romains* (tr. fr.), 1890, II, pp. 207 sgg.

[496] Geffcken, *D. Ausgang d. griechisch-römischen Heidentums*, 1929.

[497] Burckhardt, pp. 143 sgg. (Cap. V: Il Paganesimo e le sue mescolanze degli dei); Toutain, *Les cultes païens dans l'empire romain*, 1907-1920.

ridussero a semplici variazioni del culto pagano, che ebbe in essi una specie di rifioritura popolare.

Questa invasione di nuovi culti orientali non è dovuta semplicemente all'amore del nuovo e dell'esotico, che può aver attratto spiriti di dilettanti come Commodo o Eliogabalo, ma non spiegherebbe il sorgere di movimenti religiosi così universali. Ciò che attraeva le folle dell'Occidente era la reale superiorità spirituale di questi culti i quali conservavano ancora in sé qualche cosa di quella interiorità che mancava alle sopravvivenze del politeismo occidentale[498]. Il loro carattere orgiastico e mistico era una manifestazione di questa loro vitalità, manifestazione che accompagna le religioni nel periodo delle origini e che poi gradatamente si cristallizza nelle esteriorità della tradizione.

Inoltre essi offrivano ai loro fedeli l'intimità e l'assistenza spirituale d'una chiesa. Il loro clero non era composto di funzionari civili che, compiute le loro funzioni, deponevano anche la loro qualità sacerdotale; costituiva una corporazione caratterizzata dall'abito e dalla dedizione di tutta la vita al culto del proprio dio: i suoi membri in parte erano accentrati nei santuari, dove praticavano un culto regolare, in parte erravano, come i frati mendicanti del Medioevo, facendo attiva propaganda fra il popolo. Essi erano veri sacerdoti, avevano cura d'anime; Apuleio (*Metamorfosi*, XI, *ad fin.*) chiama padre il suo jerofante.

3. Dall'Egitto che aveva gelosamente conservato le sue divinità e i suoi santuari, si era diffuso nel mondo ellenistico il culto di Iside e di Osiride, che i Greci avevano assimilato a Demetra e Dionysos, di Anubis, di Horus; ma il primo specialmente, dopo Domiziano, col favore degli imperatori, era penetrato dappertutto e diventato una specie di religione universale[499]. Iside è un'antica divinità femminile egizia, Osiride un antico Dio della natura e della vegetazione morente e risorgente, poi dio dei morti e adorato, come tale, in tutto l'Egitto. Il culto isiaco era accentrato intorno al mito della coppia Osiride-Iside; Osiride è ucciso e messo in pezzi e il suo corpo è ritrovato e bruciato da Iside; egli rivive e regna nell'aldilà; perciò la sua storia era connessa con la dottrina dell'immortalità. Questo culto ebbe uno svolgimento particolare, con mescolanza di tradizioni egizie e greche, nel tempo e per opera di Tolomeo I Soter (306-286 a.C.); il dio Osiride prende allora

---

[498] Cumont, *Les religions orientales d. le pagan. romain*, 3ª ed. 1929 (capp. 1 e 2); Gressmann, *Die oriental. Religionen im hellen. Zeitalter*, 1930.

[499] Maury, *Relig. de la Grèce*, III, pp. 275 sgg.; Burckhardt, pp. 177-191; Lafaye, *Hist. du culte des divinités d'Alexandrie hors de l'Égypte*, 1884; J. Levy, *Serapis*, «RHR», 1909, 6; 1913, 3.

il nome di Serapis. Esso si diffuse rapidamente nella Grecia e in tutto l'Occidente.

A Roma incontrò dapprima l'ostilità del potere; ma con Nerone e Domiziano diventò un culto ufficiale e rimase fiorente sino alla fine del mondo antico; nel 394 le processioni isiache percorrevano ancora le strade di Roma. E più a lungo ancora si mantenne in Egitto accanto al Cristianesimo; il culto di Iside venne soppresso a Philae (nell'alto Egitto) solo nel VI secolo, sotto Giustiniano. Il numero dei templi eretti a Roma in suo onore e la frequenza delle iscrizioni sono testimoni della sua popolarità; Commodo, Caracalla, Alessandro Severo, Settimio Severo ne erano ferventi adepti. Esso traeva a sé numerosi seguaci di tutte le condizioni: Iside era la dea preferita dalle donne: proteggeva i bambini e vegliava sulle tombe. Era «la Signora», «Nostra Signora»; nel romanzo di *Abrocome ed Anzia* di Senofonte Efesio (circa 200 d.C.), Iside è la pietosa regina celeste che tutela attraverso infinite avversità la castità dell'innocente Anzia. In tutto il Mediterraneo era la protettrice dei commercianti e dei marinai; protezione che doveva essere naturalmente molto proficua ai santuari e ai sacerdoti.

Feste sontuose si celebravano in primavera e in autunno; in queste ultime era rappresentato il dolore di Iside per la morte di Osiride e la sua gioia per il ritrovamento del corpo e la risurrezione; nel momento della cerimonia che rappresentava il ritrovamento la turba dei fedeli levava un grido di giubilo: «Noi l'abbiamo trovato, noi ci rallegriamo con te». Pittoresche processioni con musiche, con donne biancovestite che spargevano fiori, con torce e lanterne, accompagnavano per la città tra i canti e il fumo degli incensi le immagini e i simboli della dea, portati dai sacerdoti: seguivano gli iniziati vestiti di bianco e le donne iniziate con un bianco velo sui capelli. I santuari di Iside comprendevano un sacerdozio numeroso con a capo dei «profeti» maestri nella scienza divina; i sacerdoti vestivano bianche vesti di lino e si tonsuravano il capo (Plutarco, *De Iside et Osiride*, 4).

I suoi templi erano aperti ogni giorno (mentre i templi romani si aprivano solo nel giorno della festa del Dio): i fedeli potevano entrare a pregare. Mattino e sera aveva luogo in essi una funzione con rituale complicato; ivi era esposta la statua della dea, ornata con abiti e gioielli preziosi, a cui i fedeli offrivano fiori e palme e baciavano i piedi; ivi si conservava l'acqua santa del Nilo, che era portata nelle processioni e mostrata ai fedeli al suono del sistro come un sacramento[500]. «Una pittura murale di Ercolano ci fa assistere ad una di queste cerimonie isiache; davanti al tempio due gruppi di

---

[500] Plutarco, *De Is. et Osiride*, cap. 4-5; Apuleio, *Metamorph.*, XI; Böttiger, *Miscellanien*, II, pp. 210 sgg.: *I vespri di Iside*; Cumont, pp. 149 sgg.

fedeli dal viso estatico e appassionato, sotto la guida d'un sacerdote, cantano le lodi della dea; dall'alto dei gradini l'officiante, le mani avvolte in una specie di velo, tiene un'urna devotamente e la presenta agli assistenti. È l'acqua lustrale che fa così loro adorare [...] diventata il simbolo della felicità eterna e della vita senza fine»[501].

4. Numerosi sono pure i culti che fin dal I secolo avanti l'era si erano diffusi dall'Asia Minore nell'Occidente. Tutti questi culti, originariamente locali e nazionali, che avevano la sede in grandi santuari dell'Oriente ed erano serviti da un sacerdozio numeroso e potente, ponevano generalmente accanto al proprio Baal (dio) una divinità femminile di origine naturistica, dal culto crudele e sensuale a un tempo. La prima forma sotto cui essa ci appare è quella della «dea nuda» babilonese. Nel pantheon babilonese è Ishtar, la dea della natura e della fecondità, nell'Anatolia Ma, Cibele, Anaïtis, Artemis, nella Siria Atargatis, la «Dea Siria» di Luciano, che aveva il suo santuario a Hierapolis, nella Fenicia Aschera, Astarte, l'amante di Adonis, identificata dai Greci con Afrodite[502]. I suoi sacerdoti facevano alla dea il sacrificio della propria virilità.

Il più diffuso di questi culti era quello di Cibele, la gran dea frigia, che aveva per oggetto una coppia divina: Cibele e Attis[503]. La leggenda è confusa: l'essenziale è che Attis, il divino amante della dea, vittima della sua gelosia, si mutila e muore; la dea lo cerca, lo trova, e lo risuscita. Il centro di questo culto era Pessinunte nella Galazia, dov'era una gerarchia sacerdotale potente, il cui capo portava il sacro nome di Attis. I suoi santuari più antichi si trovavano nelle caverne dei monti, tra le foreste, dove la dea era adorata sotto la forma di un sasso oscuro che si diceva caduto dal cielo. Là avevano luogo di notte, alla luce delle fiaccole, dei riti accompagnati da una musica orgiastica; essi sono già ricordati da Erodoto (IV, 76). Da Pessinunte il culto di Cibele e il suo sacerdozio si erano estesi in tutta l'Asia Minore ed erano passati anche nella Grecia, assimilandosi con i culti indigeni di Demetra e di Dionysos. In un inno omerico è già cantata «la Madre degli dei e degli uomini, la dea cui piacciono i suoni rumorosi dei crotali e dei tamburi mescolati al lamento del flauto, il grido dei lupi e dei leoni dallo

---

[501] Boissier, *La fin du paganisme*, I, pp. 409-410. Si veda la riprod. d. pitture in Turchi, *Relig. misteriosofiche*, 1923, p. 120.

[502] Gressmann, *op. cit.*, pp. 56 sgg.

[503] Maury, *Rel. de la Grèce*, II, pp. 79 sgg.; Reville, pp. 59 sgg.; Toutain, *op. cit.*, II, pp. 73 sgg.; Graillot, *Le culte de Cybèle*, 1915.

sguardo terribile, i muggiti delle montagne e i precipizi coperti di foreste»[504]. Nel IV secolo vi erano al Pireo delle associazioni di devoti della dea frigia, che celebravano i suoi riti orgiastici. A Roma il culto venne ufficialmente introdotto nel 204 a.C. e il primo tempio eretto nel 191 a.C.; ma fu solo l'imperatore Claudio che introdusse le feste di Attis. D'allora in poi trovò a Roma un favore sempre più grande, come vediamo dal moltiplicarsi dei monumenti e degli accenni letterari. I patrimoni delle corporazioni sacre vennero confiscati da Onorio e Teodosio solo nel 415 d.C.

Le feste solenni della Gran Madre erano celebrate nella primavera ed erano ispirate all'antico motivo della divinità che muore e che risorge. Nei primi tre giorni era lamentata la morte di Attis; nel terzo giorno erano celebrate danze frenetiche, durante le quali i fedeli si ferivano effondendo il sangue sull'altare[505], e gli adolescenti consacrati al suo culto si eviravano. Gli altri tre giorni erano consacrati alla gioia; il primo di essi era uno dei giorni festivi più popolari nell'impero. Nel terzo aveva luogo la *lavatio*; la statua d'argento della dea, nel cui corpo era il sacro sasso di Pessinunte, veniva su di un carro condotta al fiume; alle processioni prendevano parte, a piedi nudi, i Romani delle alte classi. Ovidio descrive a lungo (*Fasto*, IV, 175 sgg.) la processione che, accompagnata da musica frenetica, per le vie della città conduceva al bagno la sacra immagine[506].

Nei templi erano celebrati sacri riti due volte al giorno; a capo dei sacerdoti stava l'archigallo, il gran sacerdote, vestito di porpora con una tiara d'oro. Accanto al clero regolare, maschile e femminile, dei santuari, vi erano poi i sacerdoti erranti che vagavano sfruttando la credulità popolare. Apuleio (VIII, 24, 27 sgg.; IX, 9, 10) e Luciano (*Lucio*, 35 sgg.) ci danno una pittura interessante di questi sacerdoti che vestiti di seta e cinti d'una tiara peregrinavano per le borgate portando l'immagine della dea e richiamavano la folla al suono della tibia e dei cembali, dicendo la buona ventura, esorcizzando e raccogliendo le offerte.

5. Un altro culto molto popolare, diffuso in Occidente dagli schiavi e dai mercanti siriaci, era il culto della dea Siria, Atargatis, Astarte connesso con la celebrazione della morte e della risurrezione del suo celeste amante, Adonis[507]. Adonis (Signore, mio Signore) era in origine solo un altro nome per

---

[504] Foucart, *Mystères d'Eleusis*, 1914, p. 134.

[505] Così fanno anche i sacerdoti di Baal in III *Re*, XVIII, 28. Sul significato di tale atto si v. Smith, *Relig. d. Semiten* (tr. ted.), 1899, pp. 246-248.

[506] Se ne veda la descrizione in Marquardt, *Le culte chez les Romains*, II, pp. 66 sgg.

[507] Maury, *Rel. de la Grèce*, III, pp. 193 sgg.; Luciano, *De dea Syria*; Glotz, *Les fètes d'Adonis sous Ptolomée II*, «Revue des études grecques», 1920, 2.

Baal; rappresentava la divinità come morente e risorgente e si connetteva
con un gruppo di miti analoghi a quelli di Attis e di Osiride. Il fiume Adonis
che scende dal Libano nel mare vicino a Byblos gli era sacro. Il suo mito è
già noto a Esiodo. Amato per la sua bellezza da Astarte-Afrodite, Adonis
era morto alla caccia, ferito da un cinghiale. Per lui la dea scende nell'inferno e ottiene che egli possa tornare sulla terra per passare con lei la metà
dell'anno. Il centro del suo culto sembra essere stata la Fenicia e specialmente Byblos, dove ancora ai tempi di Costantino si praticava in suo onore
la prostituzione sacra. Dalla Fenicia si diffuse poi nella Palestina e nella
Siria; sembra che la festa dei Tabernacoli, che gli Ebrei accolsero dai Cananei, fosse in origine una festa di Adonis. Dalla Siria si estese in tutto il
mondo grecoromano; esso era già fiorente ad Atene verso il 400 a.C. Il culto
di Adonis si celebrava ancora ad Antiochia nel 360 d.C.

Le «Adonie», d'un naturalismo grossolano cui prendevano parte speciale le donne, celebrate in primavera o nell'estate, prima con segni di lutto,
poi con manifestazioni di giubilo, erano tra le feste più popolari del mondo
antico.

6. Da Babilonia, che aveva conservato la sua antica egemonia spirituale
sull'Oriente semitico, vennero all'Occidente i culti astrali e le superstizioni
astrologiche[508]. La potente casta sacerdotale che vi dominava sopravvisse
anche alla conquista macedone: sotto i Seleucidi fiorivano ancora le scuole
dei «Caldei» a Borsippa e Orchoë; al principio del VI secolo d.C. Damascio,
esule alla corte sassanide, fonde negli «oracoli caldaici» la sapienza tradizionale di Babilonia con le teorie neoplatoniche. L'antico politeismo babilonese si era trasformato in una religione astrale di carattere elevato, quasi
filosofico. Questa non si diffuse direttamente, ma influenzò largamente le
religioni dell'Oriente semitico e della Persia fondendo con i loro culti i suoi
culti astrali e introducendo il concetto della subordinazione delle cose terrene a un fato celeste immutabile. Le sue complicate teorie sull'immortalità
ebbero una profonda influenza sulle dottrine dei misteri e sulle dottrine gnostiche. L'anima discende dal cielo attraversando le sfere dei sette pianeti,
rivestendosi in ciascuno di essi delle disposizioni corrispondenti. Dopo la
morte essa deve fare ritorno al cielo per lo stesso cammino attraversando le
sette polle, custodite dagli «arconti», che solo gli iniziati possono superare.

---

[508] Cumont, *La théologie solaire du paganisme romain*, 1909; *Fatalisme astrai et religions antiques*, «RHLR», n. s., III, pp. 513 sgg.; *Les relig. orientales* etc, 3ª ed. 1929, pp.
253 sgg.; Bousset, pp. 522 sgg. Si veda anche la seconda parte dello studio di W. Anz, *Zur
Frage nach d. Ursprung d. Gnosticismus*, 1897, «TU», XV, 4.

La religione babilonese ebbe tuttavia un'influenza anche sulla religione popolare dell'Occidente per via delle superstizioni astrologiche che dal IV secolo a.C. in poi si diffondono largamente nell'ellenismo e vengono associate alle credenze religiose più diverse. Solo nella tarda antichità, con l'imperatore Aureliano, essa trionfa nel culto del Sole – che sembra riassumere in sé tutte le divinità del Paganesimo; la distinzione (neoplatonica) del sole visibile e del sole invisibile riconcilia la religione solare con una certa concezione spirituale del divino. Macrobio insegna che i nomi degli dei non esprimono che proprietà differenti del sole; egli è Giove, Apollo, Nettuno, Bacco, Marte, Esculapio, Ercole, Iside, Serapis, Adonis, Attis, Saturno (*Saturnalia*, I, 17-23).

7. In complesso però tutta questa rifioritura di culti esotici non costituì un vero rinnovamento religioso, non valse a creare nel Paganesimo un'anima nuova e a risollevarlo dalla sua decadenza. Se nel culto ufficiale sopravvivevano istituzioni cerimoniali fondate solo sopra interessi politici, le grandi feste dei culti popolari erano in fondo, come le feste cattoliche nei paesi meridionali, grandi spettacoli teatrali; il culto cartaginese della dea celeste, dell'antica Tanith, il cui nome si legge ancora oggi sopra tante iscrizioni votive, sfoggiava nelle sue processioni più di trecento officianti vestiti di porpora. Queste solennità dei culti orientali come le feste del culto ufficiale erano per il popolo soltanto occasione di baccanali che non avevano nulla di religioso.

Tutta la vita privata poi era invasa da mille piccole devozioni, da pratiche magiche e astrologiche, da superstizioni che servivano solo ad alimentare un gran numero di indovini e di ciarlatani religiosi[509]. Celso (Origene, *Contra Celsum*, I, 67) descrive al vivo questi ciarlatani egizi che «in mezzo al mercato per un paio d'oboli vendono la loro scienza sublime, cacciano demoni, guariscono malati, evocano gli spiriti dei morti». Quale influenza avesse questa crassa superstizione su tutti gli strati sociali mostra la storia di Alessandro di Abonuteicos (circa 102-172 d.C.), che fondò nella sua patria sulle rive del Mar Nero un santuario di un nuovo dio, Glicone, in nome del quale dava oracoli e compiva prodigi; con un'arte abilissima seppe estendere la sua influenza fino a Roma sulle classi più elevate ed ebbe dopo morte, statue, templi e culto[510]. La biografia che ne tesse Luciano è un quadro caratteristico per la religiosità del II secolo.

---

[509] Wendland, pp. 132-134; 156-158; Reville, pp. 38 sgg.; Lucius, *Die Anfänge des Heiligenkultus*, pp. 107 sgg.; Massimo Tirio, *Diss.*, 14-15.

[510] Luciano, *Alexander*; Zeller, *Alexander und Peregrinus* (*Vortr. u. Abhandl.*, II, 1877, pp. 154 sgg.); Reville, pp. 127-139; Hertzberg, *Hist. de la Grèce sous la domin. des Romains*,

Non dobbiamo perciò meravigliarci se il quadro che gli scrittori cristiani ci tracciano di questi culti non è lusinghiero. La religione è un traffico: i templi sono cespiti di reddito soggetti all'imposta: «tanto per entrare nel tempio, tanto per i posti vicini all'altare, tanto per la soglia, tanto per la porta» (Tertulliano, *Ad gentes*, I, 10). La divinità è venduta al minuto; «è impossibile adorarla altrimenti che con la borsa alla mano»: senza denaro niente conoscenza della divinità (Tertulliano, *Apologetico*, 13). La religione va mendicando per le osterie. Nei templi si negoziano gli adulteri e i più infami commerci: le bende e la porpora sacerdotale nascondono spesso una corruzione sfrenata (Tertulliano, *Apologetico*, 15). Anche il culto di Iside non era sfuggito a questa degradazione; gli scrittori parlano della immoralità dei templi isiaci che servivano a un prossenetismo quasi professionale[511]. Agostino racconta come egli vedesse nella sua giovinezza i sacerdoti di Cibele, imbellettati e profumati, il capo cinto della mitra, seguire nelle processioni la statua della dea, in atteggiamenti effeminati cantando canzoni oscene (*De civitate Dei*, II, 43). Tertulliano li pone accanto ai gladiatori e ai carnefici, tra la feccia dell'umanità (*De resurrectione carnis*, 16).

8. Quest'assenza di spiritualità religiosa aveva prodotto il suo immancabile effetto: una terribile dissoluzione morale. L'impero romano aveva dato, è vero, la pace ai popoli: ma questa pace, fatta di dispotismo e di violenza, nascondeva uno stato sociale pieno di tormentose miserie, che rendevano meno paurosa anche l'idea della morte e dei supplizi e che facevano desiderare ai genitori di vedere i figli sottratti dalla morte a tante tempeste (Tertulliano, *Ad uxorem*, I, 5)[512]. Questa dissoluzione si manifestava nella dedizione universale alle esteriorità della vita, ai divertimenti del circo, al lusso e alle raffinatezze (Tertulliano, *Apologetico*, 6): nella corruzione dei costumi, nelle ostentazioni d'una sensualità che dilagava sfrenata (Luciano, *Nigr.*, 17 sgg.; 24-25; *Timone*, 54-55). Essa pervade anche la vita religiosa. Cerimonie oscene, *meretricia pompa*, accompagnano i culti d'Adonis e di Attis e a Cartagine il culto di Tanith, la Virgo coelestis[513]. Le feste del culto

---

1888, II, pp. 503-510; De Faye, *Alexandre d'Ab.*, «RHLR», 1925, pp. 201-207. La riabilitazione che ne hanno tentato O. Weinreich, «N. Jahrb. f. d. Klass. Altertum», 1921, pp. 129 sgg. e F. Cumont, *Alexandre d'Ab. et le néopythagorisme*, «RHR», 1922, II, pp. 202 sgg. non mi sembra convincente.

[511] Reville, pp. 53-54; Friedländer, *Sittengeschichte Roms*, 4ª ed., I, p. 508.

[512] Renan, *Les Apôtres*, cap. XVII; Havet, *Le Christ. et ses origines*, pp. 157 sgg.; Hertzberg, *Hist. de la Grèce sous la domin. des Romains*, II, pp. 282 sgg.; Boissier, *La religion* etc, II, pp. 247 sgg.

[513] Agostino, *De civ. Dei*, II, 4; 26.

imperiale davano occasione, accanto alle pompe ufficiali solenni, a orge popolari che degeneravano nei peggiori eccessi (Tertulliano, *Apologetico*, 35). A questo attaccamento senza freno ai piaceri grossolani della vita si accompagnava, com'è naturale, la bassezza morale. Il dispotismo aveva fiaccato il carattere e piegato tutti gli spiriti sotto la paura. I discendenti degli Scipioni davano in senato esempi d'una servilità senza nome: il senato romano faceva incidere su tavole di bronzo le sue adulazioni ai liberti degli imperatori; l'imperatore Settimio Severo doveva respingere al senato con indignazione un decreto d'onore votato in favore d'un suo liberto[514]. Basta del resto ricordare il culto degli imperatori e le innumerevoli iscrizioni votive di singoli e di collegi, testimonianza inoppugnabile della viltà dei tempi.

Alla bassezza andava unita, come sempre, la ferocia. L'infanticidio, benché vietato dalla legge, era largamente praticato (Tertulliano, *Apologetico*, 9; *Ad nationes*, I, 15). I tribunali, scrive Tertulliano, non difettavano mai di sangue umano. «I supplizi tenevano un posto considerevole nella vita romana e non solo nelle istituzioni pubbliche, ma anche nella vita domestica: per il fatto solo della schiavitù erano o potevano essere, nelle case romane, uno spettacolo quotidiano»[515]. A questo inferocimento dei costumi cooperavano in primo luogo i giochi e gli spettacoli pubblici, che dovevano servire, nell'intenzione, a deviare l'attenzione del popolo dalla politica (panem et circenses). Là la plebe pasceva gli occhi e lo spirito con i combattimenti gladiatorii, con l'esposizione dei condannati alle bestie feroci, con le torture e le esecuzioni introdotte nei teatri a rendere interessanti gli spettacoli: «ut per cruentum spectaculum saevire disceretur, quasi parum sit homini privata sua rabies, nisi illam et publice discat»[516]. Gli epilettici si gettavano nell'arena a succhiare avidamente il sangue caldo dai cadaveri degli uccisi: la folla si contendeva le carni delle fiere, nel cui ventre palpitavano ancora le membra degli uomini che avevano divorato (Tertulliano, *Apologetico*, 9). E, ciò che è quasi per noi inconcepibile, questi spettacoli, che fecero un giorno orrore anche a Nerone (Svetonio, *Vita Neronis*, 12), non destavano alcuna repulsione anche negli spiriti più coltivati: Seneca solo pronuncia su di essi (nei suoi ultimi scritti) una recisa condanna (*Lettere a Lucilio*, VII, 5). Certo vi era nella loro grandiosità e nella loro brutale violenza qualche cosa che affascinava il senso. La moltitudine del popolo adunato nell'arena, la musica fragorosa che accompagnava il combattimento, la ferocia stessa

---

[514] Friedländer, *op. cit.*, I, pp. 102 sgg.

[515] Havet, *op. cit.*, IV, p. 448.

[516] Cipriano, *De spectaculis*, «Opera», 1758, p. 715.

dello spettacolo dovevano avere una specie di demoniaca grandezza, che travolgeva anche gli spiriti migliori: Agostino ce ne dà un esempio nelle sue *Confessioni* (VI, 8). Si aggiungano a tutto questo le miserie infinite materiali e morali che venivano da una costituzione sociale tirannica, da una insopportabile pressione fiscale e dell'usura[517], dalla inumanità dei rapporti sociali e soprattutto dall'istituzione della schiavitù che nella società romana fu più triste e più dura che in qualunque momento della storia. «Solo chi osa gettare lo sguardo in questo abisso può misurare l'oceano di dolori e di miserie che ci offre questo proletariato, il più miserabile di tutti: si può ben dire che, paragonate a tutte le sofferenze della schiavitù romana, le sofferenze dei negri tutti insieme non formerebbero che una goccia»[518].

b) *I nuovi movimenti religiosi*

1. Nella storia dello spirito è raro che accanto alla dissoluzione non ricominci la ricostituzione; la negazione non sembra essere che per l'affermazione. Non dobbiamo perciò meravigliarci se in mezzo a questo universale sfacelo morale si leva – prima in pochi spiriti migliori, poi in una sfera sempre più larga – l'aspirazione verso nuove forme di moralità e di religiosità. Le anime religiose, immerse nelle tenebre, turbate dallo scetticismo, agitate da presentimenti, cercano intorno a sé un principio di luce: «io giaceva nelle tenebre e nella notte cieca e ondeggiava oscillante ed incerto nel mare agitato del mondo, appresso ad incerte tracce, ignaro della mia vita, lontano dalla verità e dalla luce»[519]. Un senso di religiosità discende nel secolo: numerosi spiriti inquieti non soddisfatti della filosofia e della religione tradizionale cercano, come Apuleio, in culti esotici e misteriosi l'appagamento delle loro aspirazioni. Lo stesso rifiorire delle superstizioni testimonia di questa inquietudine segreta, che pervade tutti gli spiriti.

La diffusione delle idee filosofiche, l'approfondimento della religione causato dal contatto con religioni diverse danno a quest'aspirazione un carattere elevato monoteistico: i vari nomi e le varie forme sono interpretati come tante facce della divinità assoluta, anche se la concezione di questa è vaga e oscilla fra il monoteismo e il panteismo[520]. La stessa molteplicità e

---

[517] L'usura era nelle province una delle piaghe più dolorose e una delle sorgenti di ricchezza del patriziato romano.

[518] Mommsen, *Rom. Geschichte*, 1881, II, p. 77; Cfr. H. Wallon, *Histoire de l'esclav, dans l'antiquité*, 1879, vol. II: *L'esclavage à Rome*.

[519] Cipriano, *Ep. ad Donatum*, «Opera», 1758, p. 7.

[520] Toutain, *op. cit.*, II, pp. 227 sgg.

varietà delle divinità che venivano con facilità assimilate e confuse favorisce questa unificazione: là dove il fedele sapeva di adorare nel sole Giove, Mitra, Baal, Ammon, Serapis, era breve il passo al pensiero che tutti questi nomi e queste forme non fossero che vesti diverse del divino[521]. «Non vi sono diversi dei per i diversi popoli», scrive Plutarco, «non vi sono Dei greci e Dei barbari, Dei del nord e Dei del sud. Come il sole e la luna illuminano tutti gli uomini e per tutti gli uomini vi è uno stesso cielo, una stessa terra ed uno stesso mare, qualunque sia il nome che essi danno loro, così vi è un'unica sapienza che regge il mondo, un'unica provvidenza che lo guida: le stesse forze agiscono dappertutto; solo i simboli che elevano lo spirito a Dio mutano secondo la volontà dei legislatori e sono qui oscuri, là chiari e luminosi» (*De Iside et Osiride*, 67). Lo stesso insegna Massimo di Tiro: vi è un Dio solo superiore al pensiero e alla parola; gli uomini, nell'impotenza in cui si trovano di afferrarne la vera natura, lo designano per mezzo di simboli e questi diventano, nella fantasia dei poeti, gli dei (*Dissertazioni*, VIII, 10). Questo monoteismo è limitato in molti casi, oltre che dalla molteplicità delle manifestazioni del divino, dalla molteplicità degli esseri intermedi, demoni e semidei, oggetto anche essi di venerazione e di culto. Ma questo polidemonismo non toglie l'unità rigorosa di Dio: noi ne abbiamo un esempio nella filosofia religiosa del neoplatonismo.

Questo senso filosofico dell'unità del divino attraverso le innumerevoli forme in cui gli uomini lo apprendono e lo adorano è ciò che dà a questa religiosità sincretistica quel senso di tolleranza universale che regna in tutti i culti e che sembra incarnarsi in Alessandro Severo, il mite sognatore succeduto a Eliogabalo. Sotto nessun governo mai, dice J. Reville, si godette maggiore libertà religiosa che sotto questo principe, il più religioso fra gli imperatori romani[522]. E mai venne concepito un più bello ideale della pace religiosa: non come il regno intollerante d'un culto o d'una chiesa, ma come l'accordo di tutte le anime religiose unito col rispetto delle distinzioni reciproche e col culto di tutti gli spiriti alti – *animae sanctiores* – dell'umanità.

Una più pura concezione del divino non era separabile da una più pura concezione del destino umano. Il fedele non indirizza più lo sguardo e la preghiera a Dio soltanto per ottenerne i beni della terra: l'anima sua si volge verso le realtà soprasensibili, verso il mondo divino e anela ad essere partecipe della sua eternità. La fede nell'immortalità si risveglia più viva, si diffonde e si spiritualizza: la vita terrena è considerata come un grado, un

---

[521] Boissier, *Fin du paganisme*, II, pp. 225-226.
[522] Reville, p. 270.

momento d'uno svolgimento spirituale, che la morte non interrompe; l'esistenza bene vissuta conduce l'anima in un mondo spirituale superiore, dove essa rinasce, libera dai legami della carne, come demone, come genio, più vicina a Dio. Il mito di Eros e Psiche, la cui figurazione ricorre così frequente nei sarcofagi dal II secolo in poi, raffigura l'anima, che, caduta nel carcere terreno e poi purificata da mille prove, è salvata dall'Eros celeste, il quale attira a sé la povera perduta e con lei si ricongiunge[523].

Il compito della vita è di avvicinarci già qui a Dio quanto più è possibile, liberandoci dall'influenza del corpo, e di immedesimarci con lui per mezzo della contemplazione e dell'estasi. La preghiera è, come dice Massimo Tirio, un colloquio con Dio sui beni spirituali, l'espressione dell'aspirazione umana verso un ideale che è di là dalla terra: il modello dell'uomo non è più l'eroe, ma il santo. Quest'aspirazione si traduce in una concezione dualistica della vita: da una parte la materia, le passioni, l'imperfezione:; dall'altra lo spirito, la realtà divina, l'impassibilità e la beatitudine. La via che conduce a Dio è la negazione della carne, la purificazione ascetica, la penitenza: le abluzioni e le iniziazioni d'ogni specie non sono che il simbolo di questo rigetto della vita secondo la carne, che è necessario per la rinascita in Dio.

Una religione di questo genere ha necessariamente un carattere universale ed esclude da sé tutte le distinzioni di nazionalità, di casta o di stato sociale. Ai gruppi umani naturali essa sostituisce associazioni religiose, *conventicula pietatis*, aperti a liberi e schiavi, uomini e donne, poveri e ricchi: «qui non vi è più né ebreo, né greco, né libero, né schiavo, né uomo, né donna; perché tutti siamo una cosa sola in Cristo Gesù» (Paolo, *Gal.*, III, 28). Esse sono fondate sull'unità della vita e del culto: loro precipuo fine sono la fraternità religiosa, la propaganda, l'iniziazione e l'elevazione spirituale dei loro adepti: sorge in esse per la prima volta il concetto della «chiesa».

2. È noto che nell'età ellenistica anche la filosofia assunse un carattere religioso e anzi mirò a costituire o almeno a orientare in un certo senso la costituzione d'una nuova religione[524]. La filosofia si propone un fine pratico: «facere docet philosophia, non dicere» (Seneca, *Lettere*, XX, 2). E questo fine è la rinuncia al mondo, l'unione con Dio. I filosofi combattono la superstizione, predicano la purezza del cuore, diffondono i germi d'una religiosità personale elevata e pura. Anch'essi insegnano che gli dei non

---

[523] Burckhardt, pp. 202-203.
[524] Sul carattere religioso della filosofia nell'età romana: Havet, *op. cit.*, II, pp. 213 sgg. Sull'affinità dello stoicismo e del Cristianesimo: Leipoldt in «ZKG», 1906, pp. 129-165.

hanno bisogno di templi e che è meglio costruir loro un santuario nel proprio cuore: che non hanno bisogno di sacrifici e che l'omaggio da essi preferito è quello d'un cuore pio e giusto (Seneca, *Lettere*, *CXV*, 5). La stessa corrente scettica ed epicurea concorre alla religione nuova con la sua critica spietata delle superstizioni d'ogni specie[525]. Ma le correnti più importanti della filosofia, il platonismo, il pitagorismo e lo stoicismo, acquistano un deciso carattere religioso: sebbene non abbiano potuto costituire una religione, essi hanno vivamente eccitato al rinnovamento religioso e fornito alle nuove religioni elementi essenziali[526]. La filosofia pitagorica e platonica aveva questo carattere fin dalle origini: il movimento pitagorico in modo speciale deve essere considerato come una rivoluzione religiosa che lasciò nel pensiero greco effetti profondi e durevoli. Questo carattere si rinnova e si accentua in quel sincretismo platonico-pitagorico che prelude nel I e II secolo d.C. al neoplatonismo e di cui Plutarco, Apuleio, Numenio d'Apamea sono i più caratteristici rappresentanti. In Numenio hanno già gran parte la sapienza orientale, i miti, l'astrologia: come gli gnostici, coi quali ha molte affinità, egli considera il mondo come l'opera d'un demiurgo inferiore e il destino dell'anima come dovuto a una incarnazione peccaminosa, che è espiata attraverso una serie di trasmigrazioni[527].

Con Poseidonio (circa 135-50 a.C.), anche la scuola stoica, sotto l'influenza di elementi orientali, prende un deciso carattere religioso e mistico e si accosta al platonismo. La sua teologia è fondata sulla dottrina del destino dell'anima, che, discesa dalle regioni superiori nel carcere terreno, aspira a ritornare, attraverso molteplici purificazioni, all'originaria comunione divina. Egli ha concorso vivamente al nuovo indirizzo religioso di tutta la filosofia greca: la sua cosmologia ha fornito materiali alla concezione nuova del mondo; lo spirito mistico del neoplatonismo è già presente[528]. Questo carattere religioso si accentua nello stoicismo romano: in esso la filosofia prende la forma d'un apostolato morale universale. Essa neglige la metafisica per insegnare all'uomo a compiere i suoi doveri e a disprezzare la morte; essa ha i suoi servitori e confessori di Dio, διάκονοι καὶ μάρτυρες (Epitteto, *Dissertazioni*, III, 26). Il concetto di Dio si allontana sempre più dal panteismo naturalistico e si personalizza: il Dio di Epitteto è più il Dio personale del Cristianesimo che il Dio dello stoicismo[529].

---

[525] Wendland, pp. 106-110.

[526] Reville, pp. 161 sgg.

[527] Zeller, *Ph. d. Griechen*, III, 2,2 pp. 216 sgg.

[528] Brehier in «RHR», 1911, II, p. 20.

[529] Epitteto ha conosciuto il Cristianesimo, ma solo da lontano (*Diss.*, IV, 7, 6; forse

Il sentimento che Epitteto ha per Dio è una specie di religiosità mistica: più d'un passo delle sue *Dissertazioni* è l'effusione ardente d'un devoto. «Signore, ho io trasgredito i tuoi precetti? Ho io abusato delle facoltà che mi hai dato? Mi sono io lamentato di te, ho io accusato la tua provvidenza? Io sono stato malato perché tu l'hai voluto, ma lo sono stato senza lamentarmi. Sono stato povero, ma lo sono stato con gioia. Non ho avuto onori e non li ho desiderati. Mi hai tu veduto triste per questo? Non sono sempre stato presente a te col viso radioso, pronto ad obbedire ogni tuo ordine, ogni tuo segno? Vuoi che io esca da questo grande spettacolo del mondo? Io obbedisco volentieri ringraziandoti di avermi fatto partecipare alla magnificenza delle tue opere e d'avermi fatto comprendere la saggezza dei tuoi disegni» (*Dissertazioni*, III, 5).

In più particolar modo rivestì un carattere religioso la scuola neoplatonica: Plotino non fu soltanto un'alta figura filosofica, ma anche una grande personalità religiosa[530]. Egli aveva fondato una scuola con più gradi di iniziazione, «una specie d'istituto che teneva ad un tempo dei misteri pagani e d'un convento di contemplativi cristiani»[531]: intorno a lui si raccoglieva un gruppo di discepoli che miravano, attraverso la meditazione e la rinuncia, alla liberazione nel seno dell'essere eterno. Nella sua scuola Platone era oggetto di culto e la sua natività era celebrata come quella di un eroe. Anche la filosofia di Porfirio è tutta religiosamente ispirata: la sua *Lettera a Marcella* è un testamento filosofico in cui viene alla luce la sua pietà pura e illuminata[532]. Tolte poche espressioni, potrebbe essere presa come un'opera cristiana. Egli è già penetrato profondamente dalle tendenze teurgiche e mitologiche: concede la necessità dei misteri, dei riti, ecc. per la liberazione della moltitudine, perché la liberazione per la contemplazione è riservata a pochi. Ma questa liberazione per le opere è solo una liberazione relativa, in quanto permette una rinascita in cui sarà possibile la liberazione filosofica. Per il filosofo non sono più necessari quindi né misteri, né riti, né templi: egli non ha bisogno di alcun mediatore. Egli può accogliere con tolleranza le vecchie liturgie e le vecchie mitologie, ma interpretandole filosoficamente e purificandole: escludendo in modo assoluto soltanto i sacrifici sanguinosi che sono provocati da cattivi demoni. Giamblico accentua maggiormente l'elemento mitico e misteriosofico, che in lui prende il sopravvento

anche II, 9, 20).

[530] Si cfr. Harnack, «LDG», I, pp. 808-826. Una bella caratterizzazione di Plotino in Geffcken, *Ausgang*, pp. 38 sgg.

[531] Bidez, *Vie de Porphyre*, 1913, p. 41.

[532] Su Porfirio oltre l'*op. cit.* del Bidez si veda: Geffcken, *Auseanz* pp. 56-57.

sulla filosofia. Egli ha costruito un vero sistema di teologia mistica in cui il culto, la preghiera, la teurgia conducono all'unione con Dio. Questo carattere religioso si mantiene nel platonismo sino alla fine, sino ai due ultimi grandi suoi rappresentanti, Proclo e Damascio, che sono stati grandi sistematici e spiriti mistici: gli inni di Proclo sono vere preghiere, documenti d'una pietà viva ed elevata. Ma esso venne particolarmente alla luce in Giuliano imperatore, che mirò a incarnare la filosofia in una vera chiesa, unificando e disciplinando la dottrina e il culto delle religioni dei misteri. La sua teologia solare è una teologia mistica dell'unità: il sole visibile «che inonda l'universo d'una luce divina e pura» è solo il segno visibile del sole intelligibile, Giove, che regna nell'ordine delle realtà spirituali, e che alla sua volta è generato eternamente dall'Uno che è sopra Tessere e sopra il pensiero. Questa teologia mistica doveva diventare il fondamento d'una religione filosofica modellata in parte, quanto alle istituzioni, sulla religione cristiana.

Un fatto soprattutto rivela e accentua questo carattere religioso della filosofia ellenistica: la propaganda, la predicazione popolare[533]. Questi predicatori popolari, di cui ci è esempio Dione di Prusa, si attribuiscono una vera missione religiosa: eccitano a una reazione della coscienza contro la degradazione crescente, contro il lusso, contro la dedizione alle grossolanità della vita materiale. Questa predicazione non era propria solo dei cinici: anche i pitagorici e gli stoici ne offrono esempi. Seneca considera la filosofia come una religione che bisogna predicare e diffondere; Epitteto è anch'egli, sebbene in una sfera superiore, un predicatore della religione stoica. Egli traccia (*Dissertazioni*, III, 22) l'ideale di questo predicatore, di questo «inviato di Dio fra gli uomini»: fra il resto gli raccomanda il celibato e l'astensione dalla vita pubblica. Origene mette in parallelo questi predicatori filosofici con i primi apostoli cristiani (*Contra Celsum*, III, 50). I filosofi assumono il compito di consiglieri, di direttori di coscienza[534], vengono chiamati al letto dei morenti: il cinico Demetrio, un miserabile – *seminudus* – assiste Trasea morente discutendo con lui dell'immortalità.

3. Noi comprendiamo bene allora come nei secoli prima dell'era anche l'Ebraismo abbia potuto costituire per gli spiriti religiosi un centro di attrazione e apparire, per un momento, come la futura religione universale del mondo civile. Questo popolo tenace, grazie alla sua tradizione religiosa, aveva conservato anche di fronte alle influenze del mondo ellenico e

---

[533] Wendland, pp. 75-96.

[534] Renan, *Marc-Aurèle*, pp. 322 sgg.; Friedländer, *Sittengesch. Roms*, IV pp. 355 sgg.

dell'Oriente la sua personalità spirituale ed era diventato una specie di nazione missionaria del monoteismo e della religiosità pura. La traduzione dei settanta ne aveva reso accessibile al mondo pagano il codice religioso: in tutte le città la sinagoga era una casa di edificazione e di preghiera aperta a tutte le anime pie. «In tutte le città al sabato sono aperte le scuole dove sono insegnate la saggezza, il coraggio, la giustizia e le altre virtù» (Filone). L'esempio d'un popolo che il costume severo e l'attaccamento alla legge distinguevano da tutti i Pagani, la lettura della Bibbia, la predicazione nelle sinagoghe attirarono intorno alle sinagoghe una cerchia di proseliti Pagani, specialmente donne: Tacito e Giovenale pur parlando con disprezzo dell'Ebraismo, ne riconoscono la potenza di propaganda e di espansione. Ma dopo le rivolte del 66 e del 132, la crudeltà che aveva accompagnato questi conflitti aprì un abisso tra l'Ebraismo e il mondo pagano: il popolo ebraico cessò il proselitismo, respinse la lingua e la cultura greca e si cristallizzò nel fariseismo[535].

La religiosità ellenistica si volse allora più decisamente verso altre correnti religiose dell'Oriente, che promettevano soddisfazione alle sue aspirazioni più elevate. Il carattere orgiastico e il simbolismo naturalistico di molti di questi culti non aveva impedito che nel silenzio dei loro santuari, in mezzo alle loro corporazioni sacerdotali, avesse avuto luogo una fioritura intellettuale e mistica, piena di attrazione per gli spiriti che cercavano una fede. Anche i culti dionisiaci e orfici si erano accompagnati in Grecia con le intemperanze orgiastiche dei baccanali: ma avevano nutrito nelle loro conventicole una dottrina alla quale si erano ispirati Eraclito e Platone. Così in Egitto, nella Babilonia, nella Persia, nell'Asia Minore si erano costituite ab antico delle caste sacerdotali ricche e potenti, che avevano il loro centro nei santuari più famosi. A Emesa nella Siria, ad esempio, col decadere della potenza dei Seleucidi, i grandi sacerdoti del dio Elagabalo avevano preso il titolo di re e costituito una dinastia di sacerdoti-re che durò sino a Settimio Severo e che salì sul trono di Roma con l'imperatore Eliogabalo. Quando siano sorte, nel seno di queste religioni, quelle dottrine e quelle associazioni segrete che presero poi il nome di misteri e come esse si siano trapiantate nell'Occidente in gran parte noi ignoriamo. Ma è certo che, accolti dapprima con diffidenza, essi non tardarono a conquistare il mondo ellenistico: e che dopo il I secolo dell'era essi costituiscono un movimento religioso della più alta importanza[536].

---

⁵³⁵ Renan, *Les évangiles*, pp. 1 sgg.

⁵³⁶ Sui misteri: Reville, pp. 170 sgg.; F. Cumont, *Les relig. orientales dans le paganisme romain*, 3ª ed., 1929; Turchi, *Le religioni misteriosofiche del mondo antico*, 1923; Angus,

I misteri si riattaccano per la loro forma ai riti segreti delle iniziazioni che già troviamo nelle religioni dei primitivi[537]. Essi erano associazioni cultuali, aperte solo agli iniziati, che avevano per fine di guidare i fedeli alla conoscenza delle verità superiori, di purificarli con riti espiatori e di unirli indissolubilmente col divino. Erano vere religioni universalistiche in germe, che offrivano ai loro adepti una dottrina esoterica nel tempo stesso che con i riti segreti e le cerimonie simboliche agivano sul loro sentimento. La dottrina che essi promettevano era una conoscenza di Dio, γνῶσις, ma una conoscenza fondata sulla rivelazione, sulla dedizione mistica al sentimento, non sulla ragione. La conoscenza del mondo divino era data per mezzo di allegorie sacre. Il destino dell'anima caduta per poi risorgere è simboleggiato nel destino dei mediatori divini, morti e poi risorti: quello che per il volgare era un mito letterario diventa per l'iniziato il veicolo di teorie inaccessibili ai profani. Dio è pensato in modo rigorosamente monistico come l'uno-tutto rivelantesi in infinite manifestazioni: ciò permetteva ai teologi dei misteri di subordinare e assorbire i molteplici culti preesistenti. Verso la fine dell'impero la teologia mitriaca riconduce tutte le divinità al sole: Iside chiama se stessa la madre della natura, la divinità unica adorata dalle diverse nazioni in nomi e forme diverse (Apuleio, *Metamorfosi*, XI, 5). Il mondo è pensato come una realtà inferiore governata dalle leggi inflessibili delle potenze subordinate, incarnate nei pianeti: da esse può salvarci solo la benignità del dio supremo. «Sopra coloro, la cui vita», dice Apuleio, «è consacrata al servizio della nostra dea, il maligno destino non ha più alcun potere» (*Metamorfosi*, XI, 15). Il corpo è, come per Platone e Poseidonio, un carcere – *tenebrae et career caecus* (Verg., *Eneide*, VI, 734) – il fine dell'uomo è la fuga da questo mondo sensibile. Le religioni dei misteri con le loro rivelazioni e le loro cerimonie solenni dovevano rendere possibile all'anima d'immedesimarsi con il mediatore divino e davano così alle coscienze atterrite dal grande mistero la consolante certezza della resurrezione in Dio.

I misteri erano associazioni chiuse, alle quali non si era ammessi che dopo un lungo periodo di iniziazione. I candidati dovevano giurare di mantenere il segreto. Questo giuramento era generalmente mantenuto: il tradimento esponeva a seri pericoli. Noi conosciamo infatti le dottrine dei misteri da scrittori cristiani: le rivelazioni degli iniziati, come ad esempio di Apuleio e di Giuliano, sono reticenti. L'iniziazione aveva diversi gradi e

---

The Mystery-Religions and Christianity, 1925; A. Loisy, *Les mystères païens et le mystère chrétien*, 1930; Reitzenstein, *Die hellenistichen Mysterienreligionen*, 1920.

[537] V. Hutton Webster, *Società secrete primitive*, (tr. it). 1922.

passava per prove di diverso genere. Gli affiliati erano stretti fra loro da legami sacri, per i quali si sentivano come separati dal resto dell'umanità: essi erano i rinati, i «sacrati» per mezzo d'una lunga serie di riti. Si riunivano in agapi sacre che Tertulliano contrappone alle agapi cristiane (*Apoletico*, 39): in esse i cibi sacramentali partecipavano ai fedeli la natura divina. I diversi «misteri» si distinguevano per la diversità dei miti e dell'apparato rituale: ma la dottrina comune li avvicinava e rendeva anche possibile la mescolanza degli uni con gli altri. Le persone devote si facevano iniziare successivamente a più misteri: negli ultimi secoli dell'impero i diversi misteri vivono in comunione sempre più intima e piuttosto che diverse «chiese» non sono più che congregazioni d'una sola chiesa[538].

4. I misteri greci (eleusini, orfici, ermetici) si ricongiungono agli antichi movimenti orgiastici e mistici sorti nell'ellenismo per la decadenza del politeismo. La sistemazione teologica degli antichi e molteplici culti locali, più o meno rozzi, quale ci appare nei poemi omerici, ha già un carattere artificioso e letterario, sintomo di decadenza: essa è una tradizione esteriore, da cui la vita religiosa è scomparsa. Questo ci spiega la frequenza nell'immediata età postomerica di riformatori e di profeti, iniziatori di nuove religioni, avvolti nell'oscurità della leggenda[539]. In movimenti di questo genere ebbero verosimilmente la loro origine i misteri eleusini e orfici.

Secondo la tradizione i misteri eleusini provenivano dalla Tracia. Foucart propende per una derivazione egiziana, in un'antichità remota, dal culto di Iside[540]. Comunque sia di ciò, certo è che già nel X o nel IX secolo a.C. fioriva a Eleusi il culto di una divinità femminile della vegetazione che comprendeva feste pubbliche e giochi. A questi riti antichissimi si sovrappone verso il VII-VI secolo una religione nuova che aveva un senso spirituale e che istituì un sistema complicato di iniziazioni e di riti aventi per fine la purificazione delle anime. Questa istituzione persistette sino al IV secolo d.C.: Giuliano imperatore si fece ancora iniziare ai misteri eleusini. Nel 396 Alarico distrusse il santuario: gli abitanti continuarono ad adorare una statua mutilata della dea come santa Demetra. I misteri si celebravano

---

[538] Si veda ad esempio sulla fusione dei misteri di Cibele e di Mitra Cumont, *op. cit.*, pp. 104 sgg.

[539] Rohde, *Psyche*, 1898, II, pp. 89 sgg.

[540] Sui misteri eleusini: Maury, *Relig. de la Grèce*, II, pp. 315 sgg.; Rohde, *Psyche*, 1898, I, pp. 278 sgg.; P. Foucart, *Les mystères d'Eleusis*, 1914; V. Magnien, *Les mystères d'Eleusis*, 1929.

due volte all'anno e duravano otto o dieci giorni: si iniziavano con una processione che partiva da Atene, si continuavano a Eleusi con cerimonie diurne e notturne; alla fine, in un grande recinto capace di più migliaia di persone, aveva luogo una specie di sacra rappresentazione relativa al mito di Demetra e Persefone, di cui l'inno omerico a Demetra ci dà un'idea adeguata. Questi riti avevano due gradi e consistevano unicamente di cerimonie simboliche, su cui era obbligatorio il più grande segreto. Non pare venisse data alcuna istruzione dottrinale, né che i misteri esercitassero alcuna profonda azione spirituale. Però è certo che gli iniziati si credevano in possesso d'un certo sapere figurato circa l'aldilà e gli antichi scrittori concordi testimoniano delle speranze che questi misteri aprivano all'anima. «Vedendo le sacre notti di Cerere, egli (l'iniziato) sarà liberato dalle cure di questo mondo e il suo cuore sarà più leggero quando entrerà nel paese dei morti»[541].

Vi furono in Grecia altri movimenti e misteri analoghi, come i misteri di Samotracia (un'isola del mare tracio) che avevano dei santuari anche a Tebe e dove al culto di Demetra e di Proserpina si associava il culto dei Kabiri, antiche divinità d'origine fenicia. Anche questi misteri vissero a lungo[542].

5. I misteri orfico-dionisiaci ebbero origine dal culto di Dionysos, un culto orgiastico che veniva celebrato nei monti della Tracia e che, penetrato in Grecia verso il VII secolo a.C., vi assunse forme più raffinate diventando la base d'una vera religione universalistica con una fede altamente spirituale e un cerimoniale mistico: l'orfismo[543]. Quale sia stata la personalità che sotto il nome di Orfeo iniziò questa riforma della religione dionisiaca noi non lo possiamo più sapere. Certo egli fu per i suoi fedeli soprattutto il musico, il cui canto esercitava sugli uomini, sulla natura e sulle stesse potenze infernali un'influenza magica irresistibile. Più tardi diventò un profeta, un taumaturgo, un legislatore: e sotto il suo nome sorsero nella Grecia (verso il 550-500 a.C.) delle società religiose, non bene unificate fra loro, che si confusero con le comunità pitagoriche e che avevano il carattere dei «misteri». Esse erano collegate col culto di Dionysos e di Apollo: sedi prin-

---

[541] Da un epigramma dell'*Antol. Palat.*, XI, 42 in Foucart, p. 362.

[542] Maury, *op. cit.*, II, pp. 306 sgg., III, pp. 246 sgg.; Pettazzoni, *Le origini dei Kabiri*, 1901.

[543] Sui misteri orfico-dionisiaci: Maury, *op. cit.*, III, pp. 300 sgg.; Rohde, *Psyche*, II, pp. 1-136; Gomperz, *Griech. Denker*, I, pp. 65 sgg.; Foucart, *Le culte de Dionysos en Attique*, 1904; O. Dies, *Le cercle mystique*, 1909; O. Kern, *Orpheus*, 1920; Pettazzoni, *La religione nella Grecia antica*, 1921, pp. 133 sgg.; A. Boulanger, *Orphée. Rapports de l'Orphisme et du christianisme*, 1925; S. Leipoldt, *Dionysos*, 1931.

cipali furono Delfo, Tebe, Atene, Crotone, Siracusa. Pitagora ispirò e diresse gruppi orfici: egli elevò l'orfismo a una vera religione filosofica[544]. Gli orfici avevano una dottrina e culti segreti: formavano una specie di chiesa. Probabilmente non erano numerosi, ma ebbero grande importanza nella storia dello spirito greco. La dottrina orfica è una specie di teologia panteistico-dualistica: Zeus, Dionysos sono nomi per l'uno-tutto, di fronte al quale i Titani rappresentano la forza originaria del male. L'uomo è una mescolanza di elementi divini e titanici; il suo compito è quello di liberarsi dagli elementi titanici e di ritornare a Dio. La parte divina nell'uomo è l'anima: il corpo è per essa un carcere, una tomba. La vita orfica consisteva in pratiche ascetiche (astensione dalle carni, dai sacrifici, ecc.) e in un rituale purificatore. Essa ha per fine la liberazione: finché non è liberata, l'anima trasmigra. Gli orfici furono i primi, in Europa, che, in mezzo alla vita gioiosa del mondo greco, gettarono il grido: «Fate penitenza» e insegnarono una dottrina della liberazione: «l'inferno è una loro creazione» (Kern). Il compenso delle anime purificate è la vita beata per sempre: le altre debbono passare attraverso le pene dell'inferno e ritornare quindi in nuove esistenze sulla terra. La concezione orfica del paradiso e dell'inferno fu, sembra, il modello su cui si foggiò quella del Cristianesimo. Il culto orfico non aveva templi: i suoi sacerdoti erano predicatori erranti che celebravano i loro riti in «case sacre». A differenza dei misteri di Eleusi, accanto all'elemento sacramentale e rituale si faceva valere anche l'elemento filosofico e morale. Nel suo seno sorse una letteratura sacra, attribuita a Orfeo, di cui ci rimangono frammenti abbastanza considerevoli di età incerta.

I misteri orfici ebbero una rapida diffusione nell'Oriente ellenistico. però la loro storia ci è pochissimo nota. Durante il II secolo a.C. il culto di Dionysos fiorisce a Pergamo ed è strettamente associato al culto del sovrano. A Efeso nel 41 a.C. Antonio, allora padrone dell'Oriente, è accolto da un corteo dionisiaco (Plutarco, *Ant.*, 24): a Efeso, ad Atene, ad Alessandria è salutato come un nuovo Dioniso. Dall'Egitto e dalla Magna Grecia i misteri dionisiaci si diffondono verso il 180 a.C. a Roma, dove provocano una vera guerra di sterminio: un fatto la cui ragione dalla romanzesca narrazione di Livio non appare ben chiara. Ciò nonostante verso la fine della repubblica e sotto l'impero il culto dionisiaco diffonde attivamente anche in Italia i suoi misteri[545]. Un'iscrizione recentemente scoperta a Tusculo ci

---

[544] G. Meautis, *Recherches sur le pythagorisme*, 1922.

[545] Reitzenstein, *Hellenist. Mysterienreligionen*, pp. 81 sgg.; Jeanmaire, *Le messianisme de Virgile*, 1930, pp. 119 sgg.

dà notizia dell'organizzazione interna d'una comunità dionisiaca del II secolo d.C.[546]. Una basilica scoperta nel 1917 presso la Porta Maggiore a Roma è stata riconosciuta come una basilica pitagorica costruita sotto l'imperatore Claudio[547]. I motivi della liturgia orfica sono spesso riprodotti nelle decorazioni del tempo: le pitture d'una delle ville di Pompei riproducono le scene d'una iniziazione dionisiaca. Questo favore durò sino alla fine dell'impero in tutto l'Occidente. «Esso si manifesta in una quantità immensa di monumenti funebri, che rappresentano il banchetto d'oltre tomba o in cui si spassano satiri e menadi o che sono ornati di simboli bacchici. Nessuna decorazione è stata così largamente diffusa sui sarcofagi e nelle tombe ad attestare la vasta diffusione delle credenze dionisiache ad una vita futura» (Cumont). Nelle catacombe Cristo è rappresentato spesso sotto l'immagine d'Orfeo.

Se non abbiamo che scarse notizie sulla vita dei misteri orfici e sul loro rapporto col Cristianesimo, abbiamo la biografia idealizzata d'un apostolo pitagorico del I secolo, Apollonio di Tiana, dovuta a Filostrato, un retore del III secolo[548]. Se Apollonio sia stato veramente, come Filostrato vuole, un'alta personalità religiosa, è stato posto in dubbio (E. Meyer): certo è una personalità storica. Filostrato ci rappresenta un veggente della scuola orfico-pitagorica, che erra insegnando fra gli uomini, come un uomo divino, apostolo d'una religione mistica culminante nel culto del sole, rispettoso dei miti volgari interpretati come veicolo d'una sapienza segreta, nello stesso tempo però preoccupato spesso di osservanze puerili, di superficialità superstiziose e vuote. Questo ci fa legittimamente supporre che Filostrato più che la realtà storica abbia inteso di ritrarre in Apollonio il suo ideale religioso di dilettante della decadenza. Tuttavia anche come romanzo l'opera di Filostrato non cessa di essere per noi una interessante pittura storica d'un apostolo errante dell'orfismo verso i primi secoli dell'era.

6. Anche nel seno della religione di Cibele si era svolto, accanto alle feste e al culto popolare, un sistema più elevato di misteri per gli iniziati superiori, che consisteva in cerimonie simboliche, digiuni, partecipazioni ad agapi sacre nel sacrario sotterraneo[549]. Ma noi conosciamo di tutto questo solo l'orribile rito del taurobolio, sacrificio solenne in cui il fedele veniva

---

[546] Cumont, *Les rel. orientales*, 1929, pp. 39 sgg.: I misteri di Bacco a Roma.

[547] Carcopino, *Études rom.: la basilique pythagoricienne de la Porte Majeure*, 1927.

[548] Baur, *Drei Abhandl. zur Gesch. d. alten Philosophie*, 1876, pp. 114-117; Reville, pp. 212 sgg.; E. Meyer, II, p. 41.3 e l'articolo in «Hermes», LII (1917), pp. 371-424; J. Hempel, *Untersuch. zur Ueberlief v. Apollonius v. Tyana* (1920).

[549] Burckhardt, pp. 211 sgg.

inondato dal sangue della vittima. Questo sacrificio, che era celebrato nel primo giorno delle feste dall'archigallo in onore dell'imperatore, diventò più tardi una specie di battesimo sanguinoso, una cerimonia di purificazione individuale e di espiazione[550]. Al cerimoniale doveva associarsi una dottrina, una letteratura mistica oggi perduta. Giuliano nel suo discorso sulla Gran Madre ci ha lasciato un compendio di questa teologia in cui ne dà un'interpretazione filosofica, ma probabilmente senza svelarcene la parte segreta, riservata agli iniziati.

Un altro culto di origine frigia era il culto di Sabazio[551] che era stato introdotto a Pergamo dalla Cappadocia verso il 190 a.C. e che di là si era diffuso nella Grecia e poi nel resto dell'impero romano. Nel culto di Sabazio aveva una parte centrale il serpente, simbolo della divinità. Esso comprendeva delle feste pubbliche: le dissolutezze notturne che vi si accompagnavano lo avevano fatto cadere in discredito. Sembra che a Pergamo abbia avuto luogo, favorita anche dall'analogia del nome con quello di Jahvè Sabaoth, una mescolanza del culto di Sabazio con l'Ebraismo[552]. Gli scrittori cristiani vedevano in questo culto un culto di Satana; è probabile che ad esso si riferisca quanto è detto in *Apocalisse*, II, 12 sgg. circa il trono di Satana. Oltre al culto pubblico vi erano anche iniziazioni e misteri; gli iniziati ricevevano un battesimo, partecipavano ad agapi comuni, ricevevano una dottrina speciale circa la quale nulla ci è giunto di preciso[553].

7. La più ampia descrizione che possediamo sulle cerimonie dei misteri è quella che Apuleio nel libro XI delle sue *Metamorfosi* ci dà dell'iniziazione ai misteri di Iside[554]. L'iniziato passa attraverso il regno oscuro dell'aldilà per tornare poi alla luce del sole, simbolo della vittoria sulla morte e della beatitudine futura. «Io attraversai le porte della morte, calcai le soglie di Proserpina e dopo essere passato per tutti gli elementi tornai indietro; nel mezzo della notte io vidi il sole nel suo più chiaro splendore» (Apuleio, *Metamorfosi*, XI, 23). I misteri erano stati associati al culto isiaco probabilmente all'epoca della sua riforma, verso il 300 a.C.; essi ebbero una grande diffusione dopo il I secolo dell'era e durarono fino al IV secolo; un capo alemanno si fa iniziare nel 357 ai misteri di Iside[555]. Ai fedeli essi

---

[550] Sul taurobolio si veda Sayous in «RHR», 1887, II, pp. 137 sgg.

[551] Maury, *op. cit.*, III, pp. 101 sgg.; Gressmann, *Die orient. Relig.*, 1930, pp. 110 sgg.; Röscher, *Lexikon*, IV, pp. 232-264.

[552] Jamar, *Les mystères de Sabazius et le Judaisme*, «Musée belge», XIII, pp. 227-252 e la nota di Cumont, Ivi, XIV, pp. 55-60.

[553] Giamblico, *De myst.*, III, 10.

[554] Burckhardt, pp. 208 sgg.

[555] Toutain, *Les cultes païens dans l'empire romain*, II, p. 15.

promettevano la rivelazione della verità suprema e la conoscenza di Dio; i racconti mitici erano spiegati come simboli di verità morali e filosofiche (Plutarco, *De Iside et Osiride*, II, 11, 20). Sembra che essi avessero realmente un'influenza profonda sulla vita: la preghiera di Apuleio a Iside (*Metamorfosi*, XI, 25) ha tutto il fervore e l'elevazione d'una preghiera cristiana.

Accanto ai misteri di Iside fiorivano anche i misteri di Serapis, il dio dei sogni, della scienza e dell'aldilà; i quali pare avessero un carattere più elevato e teosofico e fossero considerati come un grado più alto d'iniziazione.

8. Una religione misteriosofica con una vera teologia e un complicato sistema d'iniziazioni e di riti fu sin dalle origini il culto di Mitra, che venne all'Occidente dall'Asia Minore dove fin dagli inizi del dominio persiano si erano stabilite delle comunità di magi che ne avevano importato dalla Persia il culto[556]. Mitra, un dio dell'antico pantheon ario, eliminato dal zoroastrismo originario, aveva più tardi, col rifiorire delle tendenze politeistiche (verso il 400 a.C.), riacquistato importanza nel pantheon avestico ed era diventato una delle divinità più popolari dell'impero persiano: era considerato come la prima delle creature, come il mediatore e il protettore degli uomini.

Nel movimento religioso che, dopo la caduta dell'impero persiano, si era svolto nell'Asia Minore dal contatto dell'Oriente con le idee elleniche, si era formata sotto l'influenza del Mazdeismo e dei culti astrali di Babilonia una religione complessa ed elevata, di cui Mitra era il principale eroe; essa identifica Mitra col Sole e adotta le dottrine astrologiche babilonesi. I suoi sacerdoti, stabiliti in grandi santuari, costituivano una gerarchia bene organizzata. Essa si diffuse nell'età ellenistica in tutta l'Asia Minore, specialmente nella Cilicia, dove aveva, a Tarso, uno dei suoi centri: secondo un papiro vi era già verso il 250 a.C. un μιθραῖον in Egitto, probabilmente per uso dei mercenari persiani[557]. «Se Mitridate Eupator avesse potuto realizzare i suoi sogni ambiziosi, questo parsismo ellenizzato sarebbe senza dubbio diventato la religione di Stato d'un vasto impero asiatico» (Cumont). Fu portato a Roma nel I secolo a.C. dai pirati cilici vinti da Pompeo: ma cominciò a fiorire e a diffondersi largamente solo nel I secolo d.C. specialmente per opera dei soldati asiatici. Fu da principio una religione dei

---

[556] Reville, pp. 100 sgg.; Burckhardt, pp. 211 sgg.; Grill, *Die persische Mysterienreligion im röm. Reiche*, 1903; Toutain, II, pp. 121 sgg.; Cumont, *Les mystères de Mitra*, 3ª ed., 1913; Gressmann, *Die orient. Relig.*, 1930, pp. 139 sgg.

[557] Sulla diffusione dei culti iranici nell'Asia Minore si veda E. Meyer, pp. 86 sgg.

poveri, degli umili, degli schiavi: più tardi il favore degli imperatori ne favorì lo svolgimento; la comunità mitriaca si estese nell'esercito, tra gli alti funzionari dell'impero e gli affranchiti delle amministrazioni imperiali. Diocleziano verso il 300 ne restaurò il culto e i santuari e ne fece quasi il dio ufficiale dell'impero. Rinnovato da Giuliano, esso soggiacque definitivamente dopo la sua morte e scompare alla fine del IV secolo sotto la tenace persecuzione del Cristianesimo trionfante. In Oriente persisté più a lungo fin verso il VI secolo. Numerosi santuari di Mitra sono stati messi alla luce in questi ultimi tempi[558]: per settant'anni (330-400 circa) stettero fronte a fronte a Roma la chiesa di San Pietro e il mitreo posto presso il circo.

La religione di Mitra non fu solo un culto orientale migrato in Occidente, ma una vera grande religione: «una nuova religione sincretista come il Cristianesimo e il manicheismo, fortemente penetrata di miti, riti e concezioni proprie dell'Asia Minore, straniere al parsismo. La sua formazione corre parallela a quella del Cristianesimo e se anche a noi non giunsero nomi, è certo che nella sua costituzione hanno avuto una parte decisiva personalità profetiche ed uomini ispirati»[559]. Del parsismo la religione mitriaca conservò il dualismo che divide il mondo in due campi armati l'uno contro l'altro: Mitra è il dio della luce, il celeste mediatore fra il dio inaccessibile e inconoscibile che regna nelle sfere eterne e il genere umano: è il divino protettore che assiste l'uomo nella lotta contro ogni forma del male e lo aiuta a purificarsi e a salire attraverso i sette cieli fino a Dio. Intorno alla sua persona si aggruppa un ciclo di leggende, la cui rappresentazione ci è ancora oggi conservata nei bassorilievi: qualcuna di esse (ad esempio l'adorazione dei pastori al neonato) ricorda analoghe leggende cristiane. Essendo la letteratura mitriaca interamente scomparsa, noi ben poco conosciamo della sua dottrina come del suo culto. Essa insegnava la fede nell'immortalità; credeva in una specie di rinnovamento apocalittico: alla fine delle cose il principio del male avrebbe messo il mondo in fiamme, ma Mitra sarebbe sceso ancora una volta, avrebbe risuscitato i morti, dato ai suoi l'immortalità dello spirito e della carne, mentre gli altri sarebbero stati distrutti per sempre col principio del male. Il culto dei santuari mitriaci non aveva feste pubbliche, ma comprendeva un culto pubblico regolare, del quale faceva parte la comunione col calice e col pane, che era reputata comunicare ai

---

[558] Si veda l'opera capitale di Cumont, *Textes et monuments relatifs aux mystères de Mitra*, 1894-900. Dopo d'allora numerosi «mitrei» sono stati messi in luce: l'ultimo è stato ora scoperto, a Doura-Europos sull'Eufrate.

[559] E. Meyer, II, p. 91.

fedeli la sapienza e la forza necessarie per vincere le forze del male. Il parallelismo con l'eucaristia cristiana era così evidente che i padri della chiesa accusarono il mitriacismo d'averla tolta dal Cristianesimo[560]. La solennità principale aveva luogo il 25 dicembre, festa del natale di Mitra. Le iniziazioni avvenivano in primavera: l'iniziato doveva attraversare gravissime prove e passare per sette gradi, ciascuno dei quali aveva il proprio nome.

La religione mitriaca fu la più alta delle religioni sincretistiche: essa aveva un severo senso morale, Mitra è il «dio giusto». Fu una nobile fede che proponeva ai suoi seguaci un ideale di purità, di fratellanza e di forza. Questo ci spiega la sua rapida diffusione e la sua tenace resistenza al Cristianesimo[561]. Le due religioni rivali presentavano nella dottrina come nel rituale analogie numerose e predicavano ugualmente una morale severa: fra di esse ebbe luogo molto probabilmente uno scambio d'influenze, del quale non siamo più in grado di misurare la portata. Ma nell'arte – il solo campo che possiamo conoscere in particolare – sembra essere stata l'arte mitriaca a ispirare l'arte cristiana[562]. Finora, dice il Gressmann, si è in generale ricondotto le profonde analogie fra il mitriacismo e il Cristianesimo a un'imitazione mitriaca delle forme cristiane. Bisogna invertire il rapporto: non è il mitriacismo che ha tolto dal Cristianesimo, ma il Cristianesimo che ha tolto dal mitriacismo[563].

9. Celso, l'avversario del Cristianesimo, assimila i misteri di Mitra alle speculazioni degli gnostici[564]. In realtà questi non fanno che rispecchiare in una sfera più elevata lo stesso movimento che costituisce i misteri: solo, invece di riattaccarsi ai miti e ai culti segreti dell'Oriente, assumono un carattere più speculativo e aristocratico e al posto della fede sentimentale pongono la gnosi, la saggezza superiore[565]. Nei sistemi gnostici noi abbiamo in fondo la filosofia del sincretismo religioso ellenistico: ma una filosofia che si arrestò nel linguaggio mitico e non raggiunse il pensiero speculativo puro. Lo gnosticismo non è stato quindi solo un'eresia del Cristianesimo:

---

[560] Giustino, *I Apologia*, 66; Tertulliano, *De praescriptione haereticorum*, 40. Sulla cena mitriaca si v. Loisy, *Mystères*, pp. 194 sgg.; sul battesimo, pp. 175 sgg.

[561] Grill, *op. cit.*, pp. 44 sgg.

[562] Cumont, *Myst. d. Mitra*, p. 207.

[563] Gressmann, *Das religionsgesch. Problem des Ursprungs der hellenistischen Erlösungsreligion*, «2KG», 1922, pp. 179-180.

[564] Origene, *C. Cels.*, VI, 22.

[565] Sullo gnosticismo: Harnack, «LDG», I, pp. 243 sgg. (la breve esposizione che dà Harnack delle dottrine gnostiche è ancora quanto di più profondo è stato scritto sull'argomento); Buonaiuti, *Lo gnosticismo*, 1907; Bousset, *Hauptprobleme d. Gnosis*, 1907; H. Leisegang, *Die Gnosis*, 1924; De Faye, *Gnostiques et gnosticismi*, 2ª ed., 1925; Burkitt, *Church and Gnosis. Christian Thought and Speculation in the second century*, 932.

la maggior parte delle tendenze gnostiche è stata attratta nell'orbita del Cristianesimo, ma vi sono state anche scuole gnostiche prima e fuori del Cristianesimo[566]. In un senso più generale si può dire che lo gnosticismo è un movimento misticospeculativo che accompagna la vita delle religioni nella loro fase attiva. Anche oggi vi sono, nel seno del protestantesimo, degli gnostici: dei piccoli gruppi pietisti che, ispirandosi a Böhme e a Hahn, costruiscono generazioni di eoni e accentrano la storia del mondo intorno alla lotta del bene e del male.

Quattro momenti essenziali caratterizzano il movimento gnostico. Il primo è l'aspirazione a una scienza superiore, segreta, rivolta verso le realtà soprasensibili. Ciò che essi desiderano conoscere non è il mondo sensibile, ma il mondo di entità viventi che dal Dio inaccessibile conduce al mondo: il dramma umano ha il suo principio e la sua soluzione in questo mondo soprasensibile. È una metafisica trascendente che, come la filosofia platonica, deve necessariamente servirsi di simboli e oscilla fra la dialettica e il mito. Questo mondo metafisico è popolato in parte con personificazioni di astrazioni, in parte con elementi tolti alle religioni orientali, specialmente al parsismo e alla religione babilonese (i sette cieli e i loro arconti, il fato, il principio femminile, l'uomo originario, ecc.)[567].

Il secondo è la visione dualistica della vita con l'apprezzamento pessimistico della realtà sensibile. Dualismo non metafisico, ma empirico e pratico: Dio è la vera e unica realtà, ma per noi uomini vi è il mondo e il male. Nella maggior parte dei sistemi gnostici il male non è il prodotto d'un principio cattivo originario, opposto a Dio, ma di una decadenza, d'una deviazione, per cui uno degli eoni intelligibili discende nella materia, si immerge «nelle acque primitive» imprigionandovi una traccia della luce divina: da questa specie di mescolanza ha origine il demiurgo, una specie di dio inferiore imperfetto che crea tutto questo mondo sensibile.

Il terzo è il bisogno di redenzione, di liberazione. Sebbene questo mondo sia l'opera di princìpi inferiori, in una parte degli uomini è però discesa una scintilla divina e questa aspira a ritornare a Dio. La redenzione è opera di un principio del mondo divino, che scende sulla terra: questo principio redentore è identificato dalla massima parte degli gnostici con Gesù Cristo. Non è certo piccolo merito di Basilide e di Valentino l'avere posto in Gesù Cristo, nei primi decenni del II secolo, quando il Cristianesimo intorno a loro non era che una povera setta di umili e di ignoranti, il principio della

---

[566] Bousset, *Hauptprobleme*, pp. 323 sgg.

[567] Gressmann, *l. c.*, p. 183; Bousset, *Hauptprobleme*, pp. 276 sgg.

redenzione umana. Ma secondo il concetto gnostico è un pensare indegnamente la divinità il credere che per scendere tra gli uomini essa abbia avuto bisogno di incarnarsi nel seno d'una donna. Ciò che di essa è apparso sulla terra come creatura soggetta al nascere e al morire, è stato un'ombra, una «caro imaginaria», o quanto meno una «caro spiritualis, siderea», come quella degli angeli che mangiarono e bevettero con Abramo. Quelli che, come Basilide, considerano Gesù come un uomo reale ne negano però la divinità e l'origine soprannaturale: egli è stato un uomo come gli altri, nel quale è sceso l'eone Cristo nell'atto del battesimo per separarsene di nuovo prima della crocifissione. Si comprende come questo implichi il rigetto di tutta la speculazione escatologica, apocalittica. Il fine ultimo è la liberazione dello spirito dalla carne, la separazione del cielo e della terra, non l'apoteosi della terra e della carne. La liberazione è del tutto spirituale: il Cristo non ha bisogno di discendere una seconda volta dal cielo.

Il quarto e ultimo punto è la tendenza ascetica. Vi sono stati anche, specialmente negli ultimi tempi, gnostici a tendenze anomistiche, licenziose; ma essi costituiscono l'eccezione. La liberazione avviene per mezzo di una negazione del corpo e della realtà inferiore: questo è un principio comune ai primi gnostici ebraizzanti, Satornil e Cerinto, come a Basilide, a Valentino e agli gnostici posteriori degli scritti coptici.

Nei primi tempi le comunità gnostiche dovettero avere l'apparenza di scuole filosofiche: gli gnostici erano una minoranza che si appartava e si distingueva soprattutto per il possesso d'una scienza superiore incomunicabile alla moltitudine. Ma di mano in mano che ci allontaniamo dalle origini, avviene in esse quel medesimo mutamento che vediamo più tardi avvenire nella scuola neoplatonica, da Plotino a Giamblico. La gnosi perde il suo carattere elevato e diventa scienza superstiziosa di nomi e di simboli: i riti e i sacramenti prendono il posto della conoscenza. Le conventicole gnostiche si avvicinano allora alle religioni dei misteri e diventano vere chiese, come i misteri impongono lunghi noviziati e il precetto del silenzio[568]. I papiri coptici ci hanno conservato in parte il rituale di qualcuna di queste chiese gnostiche: oltre ad esempi di formule e riti gnostici, gli *Atti* di Tommaso ci hanno conservato anche due bellissimi inni (capp. 6-7; 108-113).

10. Una storia dello gnosticismo non è possibile e non sarà forse mai possibile. I documenti originali, ad eccezione di pochi residui, sono stati distrutti; noi conosciamo le dottrine gnostiche quasi solo dalle relazioni degli eresiologi cristiani; relazioni il cui valore è grandemente diminuito dalla

---

[568] Sui misteri gnostici: Bousset, *Hauptprobleme*, pp. 276 sgg. Si cfr. Hippolyti, *Refut omm. haeres.*, I, Prooem.

tendenza polemica e, nella maggior parte dei casi, dall'incomprensione[569]. Anche le sue origini sono difficili a determinarsi; esso fu probabilmente sin dall'inizio un movimento speculativo e mistico diffuso, sorto sul terreno del sincretismo ellenistico dal confluire della religione ebraica con la filosofia greca e le speculazioni cosmogoniche della Persia e della Babilonia. Gruppi gnostici sorsero senza dubbio anche nel seno del Paganesimo; i cosidetti scritti ermetici e gli oracoli caldaici sono testi religiosi che servirono probabilmente di edificazione a conventicole gnostiche pagane; ma queste non hanno lasciato di sé alcuna traccia. Né meglio informati siamo sui movimenti gnosticizzanti che sorsero nel seno della diaspora ebraica, parallelamente all'apocalittica.

La sola figura storica che si delinea in mezzo a queste tenebre è Simone di Gitta, un profeta samaritano, contemporaneo di Gesù, del quale l'antica letteratura cristiana ci ha conservato la leggenda e la caricatura nel cosiddetto Simon Mago (*Atti*, VIII, 9 sgg.; Giustino, *Dialogo*, 120; *I Apologia*, 26, 56; *Om. clem.*, II, 22 sgg.; *Recognit.*, II, 7 sgg.)[570]. Gli eresiologi posteriori ne hanno fatto il padre dello gnosticismo e gli hanno attribuito un libro della «Grande Rivelazione» di cui Ippolito ci ha tramandato dei frammenti; ma il libro, secondo ogni probabilità, non appartiene a Simone[571]. In realtà fu un fondatore di religione che cercò di operare – per altre vie e in un altro piano – tra i Samaritani quello che operò a Gerusalemme Gesù Cristo. Egli avrebbe considerato se stesso come una specie di messia e si sarebbe identificato con quella potenza divina – sublimissima virtus – che scende in questa realtà inferiore per liberarla. Lasciò una setta che nel III secolo contava ancora in Palestina un piccolo numero di seguaci (Origene, *Contra Celsum*, I, 57; VI, 11). Gli *Atti* apocrifi di Pietro ci hanno conservato il ricordo delle lotte fra la comunità di Simon Mago e il Cristianesimo; ma nel groviglio di leggende mitiche che circondano il suo nome non ci è possibile discernere alcuna notizia attendibile.

In questo movimento gnostico precristiano ebbero verosimilmente origine anche alcuni degli indirizzi gnostici che più tardi accolsero elementi cristiani e furono dagli eresiologi considerati come eresie cristiane. Tali ad

---

[569] Si cfr. Schaefer, *Bardesanes*, «2KG», 1932, p. 26; De Faye, *Que vaut la documentation patristique?* «RHPhR», 1927, pp. 265 sgg.

[570] Su Simone di Gitta: H. Waitz, *Simon der Magier* «RE», XVIII, pp. 351-361; *Simon magus in d. altchristl, Literatur*, «ZNW», 1904, pp. 121-143; E. Meyer, III, pp. 277-302. Sulle affinità di Simone con il Cristianesimo ebraizzante si v. Harnack, «LDG», I, pp. 327-328.

[571] A. Redlich, *Die Apophasis des Simon magus*, «Archiv. f. Gesch. d. Philos.», 1910, pp. 374 sgg.; De Faye, *op. cit.*, pp. 216 sgg.

esempio gli Ofiti, cosiddetti per l'importanza che ha nelle loro speculazioni la figura simbolica del serpente («ipsam Sophiam serpentem factam esse dicunt», Ireneo, I, 30), e altre sette affini spesso assimilate agli Ofiti (Naasseni, Sethiani, Perati, Cainiti). Il fatto che essi respingevano aspramente il culto di Gesù (Origene, *Contra Celsum*, III, 13; VI, 28) ed erigevano in potenza spirituale superiore il serpente tentatore, li caratterizza come eresie speculative indipendenti dal Cristianesimo.

Noi conosciamo naturalmente un poco meglio, grazie ai padri della chiesa che li combatterono, i movimenti gnostici sorti nell'orbita del Cristianesimo. Già si è visto come il Cristianesimo ebraizzante avesse dato origine, nei paesi oltre il Giordano, a speculazioni gnostiche, delle quali ci è stato conservato un riflesso negli scritti clementini. Questi settari identificavano la religione di Cristo con il mosaismo purificato, consideravano il Dio creatore come un dio inferiore distinto dal Dio supremo, derivavano da Dio una generazione di princìpi e di angeli, consideravano il Cristo come un principio divino disceso in Gesù col battesimo, predicavano un rigoroso ascetismo. In qual misura queste tendenze gnostiche avessero già influenzato la chiesa di Gerusalemme noi lo non sappiamo; ma certamente ad esse allude Paolo quando mette in guardia i Colossesi contro i falsi maestri che insegnano il culto delle potenze spirituali superiori e impongono l'osservanza di pratiche ascetiche d'origine ebraica. Anche gli accenni polemici che troviamo nelle lettere dell'*Apocalisse*, nelle lettere di Giovanni e nelle lettere pseudopaoline, come nelle lettere di Ignazio sono probabilmente rivolti contro questi settari[572].

Al Cristianesimo ebraizzante sembrano riattaccarsi le prime figure storiche dello gnosticismo dopo Simone di Gitta, Cerinto e Satornil. Cerinto, che sarebbe vissuto verso la fine del I secolo, è ancora una personalità molto indeterminata. Satornil (che fiorì nella Siria verso il 120 d.C.) pone il mondo e l'uomo come la creazione di potenze angeliche subordinate, una delle quali è il Dio dell'Antico Testamento; però a questa creazione ha cooperato anche il Dio supremo facendo discendere in una parte dell'umanità un raggio luminoso che è anche legge e ideale. L'umanità è così divisa in due parti: a capo degli uomini che hanno ricevuto la luce sta il Dio dell'Antico Testamento, a capo degli altri un angelo decaduto, Satana. Il mondo è il teatro della loro lotta. Cristo è una manifestazione pura del Dio supremo, che questi manda a distruggere le opere di Satana e a liberare gli uomini divini. Egli non ha però assunto un vero corpo; non è nato e non è morto che in apparenza. La liberazione avviene per mezzo della vita ascetica,

---

[572] Knopf, *Nachapost. Zeitalter*, 1905, pp. 290 sgg.

dell'astensione dalla carne e della continenza perfetta. Satornil fu il capo d'una comunità che è ricordata (verso il 150) da Giustino (*Dialogo*, 35).

Più direttamente connessi col pensiero greco sono i grandi gnostici del II secolo, Basilide e Valentino; essi sono in fondo dei filosofi che rivestono di miti e di simboli le loro profonde speculazioni. Basilide insegnò ad Alessandria nella prima metà del II secolo. Secondo Clemente Alessandrino egli era un carattere profondamente religioso che, impressionato dall'inestimabile problema del soffrire dei martiri e degli innocenti, non seppe spiegarselo altrimenti che considerandolo come una pena purificatrice degli eletti per il male commesso in questa o in altre esistenze. Egli pone sopra tutte le cose un Dio inconoscibile che genera un mondo di potenze celesti perfette; da queste procedono successivamente 365 mondi spirituali che riproducono in una perfezione sempre digradante il mondo divino. Il mondo sensibile ha origine dalla penetrazione dei raggi della luce divina nella regione oscura della materia; esso è sotto il dominio del Dio dell'ultimo cielo, che è il Dio dell'Antico Testamento, un principio limitato e imperfetto. Ma il Dio altissimo impietosito dei princìpi spirituali imprigionati nel mondo della materia e del male, manda ad essi la più alta delle emanazioni, il *noùs*, in forma umana a liberarli per mezzo della conoscenza. Anche per Basilide la crocifissione del Cristo non fu che un'apparenza; il *noùs* divino non poteva esser crocifisso. Predicava una morale ascetica. Fondò una comunità che si diffuse anche nell'Occidente; le dottrine attribuite a Basilide da Ippolito (*Refutatio haeresium*, VII, 20 sgg.) appartengono probabilmente a qualche scuola basilidiana posteriore[573].

Valentino, il più grande degli gnostici, nato in Egitto, visse a Roma verso la metà del II secolo[574]. Fu uno degli spiriti speculativi più arditi ed eresse un grandioso sistema, al cui centro sta il problema del destino dell'anima; ma fu anche una personalità eccezionale, non meno grande come scrittore che come apostolo. Dei suoi scritti non giunsero a noi che pochi e brevi frammenti: la relazione che ci dà Ireneo della sua dottrina è confusa e molto probabilmente poco attendibile; quindi in molti punti la connessione e il senso del suo simbolismo mitico ci sfuggono. Il principio delle cose è il Dio inconoscibile, l'abisso, l'innominabile, da cui discende una molteplicità di ipostasi divine, di «eoni», il cui insieme è la pienezza dell'essere, il «pleroma». L'ultimo di questi eroi, la Sofia celeste, trasportato da una specie di temerario amore di Dio, da un desiderio ardente di contemplarlo e di unirsi

---

[573] De Faye, *op. cit.*, pp. 227 sgg.

[574] G. Heinrici, *Die Valentinianische Gnosis*, 1871; W. Foerster, *Von Valentin zu Heracleon*, 1928; De Faye, *op. cit.*, pp. 57 sgg.; Preuschen, *Valentinus* «RE», XX, pp. 395-417.

con lui, introduce in sé un movimento passionale oscuro, che il pleroma respinge da sé nella regione inferiore, nel vuoto. Questa volontà passionale genera dal suo seno il demiurgo, i sette cieli e la materia del mondo sensibile. In tutto questo mondo inferiore vi è un elemento materiale, negativo, l'elemento ilico; e un elemento spirituale decaduto e imperfetto, l'elemento psichico. Ma dal pleroma discende lo spirito salvatore, il Gesù celeste come un elemento spirituale destinato a rigenerare il mondo e a salvarlo. Abbiamo quindi tre classi di uomini: gli uomini ilici, che vivono interamente nella materia, nel non essere, nella menzogna; gli uomini psichici, che hanno una natura spirituale limitata, procedente dal demiurgo; i pneumatici, i quali procedono dal Gesù celeste e posseggono in sé la luce che salva: «Voi siete immortali fin dal principio», dice ad essi Valentino in un frammento d'omelia conservatoci da Clemente Alessandrino, (*Stromata*, IV, 3, 89), «voi siete i figli della vita eterna; voi dividete fra voi la morte per spenderla e per esaurirla affinché la morte muoia in voi e per voi». L'uomo è creato dagli angeli dell'ordine inferiore, sottoposti al demiurgo; ma negli spirituali il Gesù celeste ha posto un principio più alto. «Una specie di spavento colpì gli angeli in presenza di questo essere formato da loro, quando proferì delle parole che erano sproporzionate alle sue origini. Questo gli veniva da colui che aveva posto nell'uomo un germe della realtà più alta e che parlava arditamente in lui» (frammento d'una lettera in Clemente Alessandrino, *Stromata*, II, 8, 36). Anche Gesù Cristo non fu che un uomo più perfetto creato dal demiurgo; ma il Gesù divino disceso dal pleroma si incarnò in lui dal battesimo alla morte sulla croce. Così egli libera per mezzo di Gesù lo spirito perduto nella materia; via alla liberazione è la negazione, la vita ascetica. Questa liberazione è anche una rigenerazione del mondo dal male e dalla morte, una «restitutio in integrum»: ma come essa precisamente avvenga non sappiamo. Valentino fondò una scuola che si propagò e durò a lungo; la sua azione si estese su tutto lo svolgimento ulteriore dello gnosticismo; grande è stata anche la sua influenza sopra Origene e, attraverso Origene, sulla teologia cristiana[575]. Egli ebbe per discepoli spiriti eminenti: principali fra essi Eracleone e Tolomeo. Del primo abbiamo oltre a frammenti esegetici, che ci fanno vedere in lui un esegeta per nulla inferiore a Origene, una bella pagina sulla vita del cristiano come confessione di Cristo (Clemente Alessandrino, *Stromata*, IV, 9, 71). La lettera di Tolomeo a Flora conserv ataci da Epifanio (*C. haer.*, XXXIII, 3-7) non ha nulla di simile, per finezza di pensiero e senso storico, in tutta la letteratura cristiana del II secolo.

---

[575] De Faye, *De l'influence du gnosticisme sur Origène* «RHR» 1923 I pp. 181-235.

Accanto a Basilide e Valentino può forse essere posto Carpocrate, un alessandrino che nella prima metà del II secolo mescolò a princìpi platonici speculazioni gnostiche sulla creazione del mondo per opera di angeli inferiori. Le anime sono condannate alla trasmigrazione; soltanto Gesù (un semplice uomo) e quelli che gli sono simili, ricongiungendosi per una specie di reminiscenza a Dio, si elevano al disopra delle leggi stabilite dal demiurgo e per tale via si liberano. Il figlio di Carpocrate, Epifane, svolse da questi princìpi conseguenze sociali nel senso del più perfetto comunismo.

Dopo il II secolo lo gnosticismo decade rapidamente. La stessa scuola valentiniana sembra degenerare in un formalismo matematico-mistico e subordina la gnosi al ritualismo magico. Accanto agli epigoni dei grandi gnostici vediamo fiorire numerose altre scuole, che non conosciamo che molto imperfettamente attraverso gli eresiologi. Anch'esse svolgono con complicate teogonie la stessa concezione; la creazione, opera di princìpi inferiori, si è fatta straniera a Dio e l'anima, che è in essa come in un carcere, è richiamata a lui da un liberatore divino. Primi princìpi delle cose (dice l'inno naasseno riferito da Ippolito, V, 10) sono lo spirito e il caos. Da essi riceve forma e legge l'anima, che come un cervo tremante è cacciata per il mondo dal terrore della morte; ora essa guarda verso la luce, ora precipita ed erra nel labirinto senza speranze. E Gesù disse al Padre: «Guarda questo povero essere che s'aggira sulla terra lontano dal tuo respiro, che vuol sfuggire al caos amaro e non sa trovare la via. Manda me, o Padre, per la salute sua; io discenderò coi sigilli, traverserò gli eoni, rivelerò i misteri, mostrerò il volto di Dio e gli aprirò i secreti della via sacra, della gnosi»[576]. In generale questi sistemi hanno un carattere mitologico e astrale accentuato: gli arconti o princìpi del mondo inferiore sono le divinità planetarie. Inoltre l'elemento essenziale in essi più che la dottrina è la teurgia, il rito magico; anzi che scuole filosofiche, sembrano aver costituito delle società religiose, dei «misteri». Il loro rapporto col Cristianesimo è molto indeterminato: in alcuno di essi la figura del Cristo ha un posto subordinato; parte di essi non è probabilmente che la continuazione di sette sorte fuori del Cristianesimo.

Fra questi dobbiamo porre le già ricordate sette degli Ofiti, che però nel III secolo, quando Origene scriveva la sua confutazione di Celso, erano già quasi scomparse (*Contra Celsum*, VI, 26). Strettamente affini agli Ofiti sono gli gnostici antiebraici, per i quali il dio inferiore, che è il Dio dell'Antico Testamento, non solo è un dio inferiore, ma è un «dio maledetto» (Origene, *Contra Celsum*, VI, 27). Logicamente allora tutti quelli che, come il serpente, Caino, i Sodomiti, sono nella Bibbia rappresentati come avversari

---

[576] Traduzione di Harnack in «LDG», I, p. 257.

del Dio dell'Antico Testamento, sono in realtà dei salvatori. Questa condanna del principio creatore condusse alcuni a una morale ascetica. Così ad esempio i Severiani che considerano il mondo come l'opera d'una gerarchia d'arconti, di cui fa parte il demonio; la donna e la vita sono creazioni del demonio. Altri invece erano condotti al disprezzo delle leggi (in quanto procedenti da un dio inferiore) e così alla morale più licenziosa; mescolanza non infrequente di sensualità e di misticismi. Un altro gruppo di dottrine è costituito da quelli che il De Faye chiama gli adepti della Madre; esse sono caratterizzate da ciò che accanto al Dio supremo o immediatamente dopo di lui è posto una specie di Logos femminile chiamato la Madre, Barbelo Sophia, ecc. I testi gnostici conservatici in traduzioni copte appartengono a queste tarde scuole e sono un documento della religiosità decadente che le caratterizza. Il rapido svolgersi del manicheismo, che già nel 296 d.C. attira sopra di sé un decreto di persecuzione di Diocleziano, assorbì una gran parte di questi avanzi dello gnosticismo. Tuttavia esso non si estinse del tutto che con la civiltà antica. Ancora Giustiniano legifera contro gli gnostici; e i codici gnostici trovati in tombe dell'alto Egitto, che certo non risalgono al di là del V secolo, mostrano che le idee gnostiche avevano ancora in così tarda età seguaci ferventi.

11. La letteratura gnostica, che doveva contenere (giudicando dai frammenti) opere di alto valore filosofico e poetico, venne pressoché interamente distrutta. Oltre ai frammenti conservatici dagli eresiologi (i più notevoli sono la lettera di Tolomeo a Flora e gli *Excerpta* da Teodoto, un estratto da uno scritto della scuola valentiniana, conservatoci da Clemente Alessandrino) noi abbiamo quattro documenti della speculazione gnostica: i cosiddetti scritti ermetici, la *Pistis Sophia* e gli altri scritti gnostici pervenutici in copto, le *Odi* di Salomone, gli *Atti* apocrifi degli apostoli.

I cosiddetti scritti ermetici sono una raccolta di scritti appartenenti probabilmente a età e correnti diverse; la maggior parte di essi appartiene verosimilmente al II secolo d.C. (Reitzenstein). Essi hanno questo di comune, che dovevano essere i testi di gruppi gnostici pagani; le belle preghiere che chiudono il *Poimandres* e l'*Asclepio* erano senza dubbio preghiere liturgiche d'una comunità[577]. La dottrina che essi contengono è patrimonio ellenico con influenze orientali; di egiziano non vi è che la vernice. La loro affinità con Filone e con gli gnostici è evidente; non vi è traccia d'influenza cristiana.

---

[577] L. Menard, *Hermès Trismégiste* (traduction ecc.), 1886; Reitzenstein, *Poimandres*, 1904; J. Kroll, *Die Lehren d. Hermes Trimegistus*, 1914; Geffkken, *Ausgang*, pp. 78 sgg.

La *Pistis Sophia* e i libri di Jeu, giunti a noi in copto, furono originariamente scritti in greco e risalgono al III secolo[578]. È difficile dire a quale scuola appartengano; certo appartengono allo gnosticismo della decadenza. I primi tre libri della *Pistis Sophia* trattano della caduta e della liberazione di Sophia e del destino delle anime dopo la morte; sono costituiti da una serie di dialoghi fra il Cristo risorto e i suoi discepoli, specialmente Maria Maddalena. Il quarto libro ci dà la storia dei cattivi arconti e la descrizione dei castighi nell'altra vita. Dei due trattati del codice bruciano, il primo descrive il mondo trascendente e dà la rivelazione dei misteri e delle formule che permettono all'anima di attraversare le regioni dell'invisibile e di giungere a Dio. Il secondo è un trattato speculativo sulle entità del mondo divino, pieno di divagazioni fantastiche spesso incomprensibili. Sono in genere libri ricchi di elevazione religiosa e spiranti una sincera pietà, ma mediocri sotto l'aspetto speculativo; i profondi miti filosofici di Valentino sono qui convertiti in racconti fantastici, spesso puerili. La gnosi cede il posto all'elemento magico, ai riti, ai misteri; Gesù, più che il rivelatore dellaverità, è il rivelatore dei segreti e delle formule che aprono l'adito ai cieli superiori.

Le 42 *Odi* di Buddismo, di cui cinque erano già note perché contenute nei capp. 58, 59, 65, 69, 71 della *Pistis Sophia*, vennero scoperte nel 1909 in una traduzione siriaca[579]. Ma anch'esse furono scritte originariamente in greco, verosimilmente nel II secolo. Non si può dire che appartengano a un indirizzo gnostico particolare, ma traducono in bellissimi versi un Cristianesimo gnosticizzante, pieno di reminiscenze mitiche e filosofiche. Vi sono in esse poesie piene d'un misticismo tenero e quasi sensuale che ricordano i mistici spagnoli; ma vi sono anche poesie ispirate a un senso religioso profondo. Dalla composizione appare che dovevano essere cantate in qualche comunità religiosa.

Gli *Atti* apocrifi degli apostoli fanno parte della copiosa letteratura che dovette servire ai gruppi gnostici per la propaganda popolare[580]. Dei Vangeli gnostici non abbiamo che reliquie insignificanti[581]. Abbiamo invece

---

[578] C. Schmidt, *Pistis Sophia aus d. Kopt. übers.*, 1925; *Gnostische Schriften aus d. Codex Brucianus herausg., übers.*, etc, 1892 «TU», VIII, 1-2.

[579] A. Fries, *Die Oden Salomo's* «ZNW», 1911, pp. 108 sgg.); Gunkel, *Reden und Aufsätze*, 1913, pp. 163 sgg.; Beer in «RE», XXIV, pp. 375 sgg.; Tondelli, *Le odi di Buddismo*, 1914; Kittel, *Die Oden Salomo's*, 1914; Buonaiuti, «Il più antico innario cristiano», *Saggi*, 1923, pp. 47-78.

[580] Si veda il prospetto della letteratura gnostica pseudepigrafa che dà Liechtenhan in «ZNW», 1901, pp. 222 sgg. e 286 sgg.

[581] Sui Vangeli gnostici si veda il cap. II.

frammenti considerevoli degli *Atti* di Pietro, di Giovanni, di Andrea, di Tommaso, opere di carattere romanzesco e popolare, sorte nel seno di comunità ebionitiche gnosticizzanti nel corso del II secolo e giunte a noi in redazioni posteriori rielaborate in senso ortodosso[582].

12. Lo gnosticismo fu certamente, astraendo dai particolari, un alto e salutare tentativo di creare dai miti e dalle tradizioni del sincretismo una religione speculativa. Anch'esso ebbe i suoi falsi profeti e i suoi spiriti mediocri – come li ebbe la chiesa cristiana – ma non deve da essi venir giudicato. In se stesso fu un movimento religioso di carattere intellettuale e aristocratico; Basilide, Valentino, Tolomeo, Eracleone furono spiriti vigorosi e originali, sapienti esegeti e dogmatici profondi, ben superiori ai loro avversari cristiani. Così ci appaiono tutte le volte che noi possiamo avvicinarci ad essi in documenti autentici e non ci limitiamo a giudicarli secondo le deformazioni che ne hanno lasciato i padri della chiesa[583]. Venuto in contatto col Cristianesimo, lo gnosticismo assunse in parte forme cristiane e provocò il sorgere d'un Cristianesimo intellettuale, nel cui seno fiorì una spiritualità religiosa elevata[584]. Se noi giudichiamo con mente serena, non possiamo convenire che esso abbia costituito per il Cristianesimo un pericolo. Non ci è possibile prevedere quale sarebbe stato il destino del Cristianesimo se la corrente gnostica avesse prevalso: forse esso non sarebbe diventato quella salda organizzazione politica che lottò con successo contro la barbarie insorgente. Ma si sarebbe probabilmente anche spogliato di quel carattere dogmatico che lo ha posto in un insanabile dissidio con la vita dell'intelligenza e della cultura; e avrebbe con la libertà spirituale conquistato una più alta interiorità e forse anche una più reale e profonda azione sull'umanità dell'Occidente.

c) *Il trionfo del Cristianesimo*

1. Il Cristianesimo, i misteri, i sistemi gnostici e filosofici del sincretismo ellenistico ci si presentano come tante correnti parallele unite da affinità profonde e da molteplici rapporti. Sullo stretto rapporto del Cristianesimo con i sistemi gnostici e con la filosofia del sincretismo non può cadere dubbio. Ma anche le religioni dei misteri sono unite col Cristianesimo da profonde e reali analogie e da un reciproco scambio d'azione. Per Luciano,

---

[582] Sugli atti apocrifi degli apostoli si veda a pp. 228 sgg. Qui debbono essere ricordate anche le «Prediche di Pietro», rielaborate negli scritti pseudoclementini.

[583] Il loro valore è riconosciuto del resto anche dai padri della chiesa. Si cfr. Harnack, «LDG», I, p. 250 nota.

[584] Si veda la bella epigrafe funeraria gnostica in Renan, *Marc-Aurèle*, pp. 146-147.

Cristo è un mago introduttore di nuovi misteri (*Pelegr. Proteo*, 11); Clemente Alessandrino oppone nel *Protreptico* (§ 119) ai misteri pagani il mistero cristiano del Verbo incarnato e paragona i gradi della fede cristiana ai gradi delle iniziazioni nei misteri (*Stromata*, V, 10, 66, 2). E in realtà il Cristianesimo dovette apparire nelle origini agli stessi Cristiani come una religione misteriosofica venuta dall'Oriente. Il passaggio del catecumeno attraverso i diversi gradi fino all'ammissione al battesimo e alla cena eucaristica, le cerimonie del culto che innalzano i presenti alla comunione di vita col Cristo e li rendono partecipi della sua immortalità sono motivi essenziali che ricorrono in tutte le religioni dei misteri. Già si è vista l'influenza che la teologia dei misteri esercitò su Paolo e forse anche sul Vangelo di Giovanni; gli stessi scrittori cristiani riconoscono la dipendenza del Cristianesimo dai misteri quando pretendono che i demoni, prevedendo ciò che il Cristo avrebbe stabilito più tardi, avrebbero suscitato in precedenza delle contraffazioni per screditare il Cristianesimo (Giustino, *I Apologia, 46*). Un altro sintomo di questa influenza è la «disciplina arcani», il silenzio che si manteneva circa i riti sacri, che erano, come i riti dei misteri, avvolti nel segreto. Questa disciplina arcani appare nel II secolo, fiorisce specialmente nel IV secolo e sparisce nel secolo seguente[585]. Anche l'arte cristiana primitiva ha adottato ingenuamente figure (Orfeo, Eros, Psiche) e figurazioni simboliche derivanti dai misteri. Se noi potessimo meglio conoscere la dottrina e il rituale dei misteri, gli esempi di questa mutua influenza apparirebbero senza dubbio ben numerosi.

2. A questo punto sorge la grave questione: perché fra queste correnti rivali ha trionfato il Cristianesimo?[586] La storia della chiesa è generalmente presentata da un punto di vista che inconsciamente si modella sul punto di vista ortodosso. Il Cristianesimo ha trionfato, dunque aveva da parte sua la ragione e il diritto; le correnti divergenti sono anomalie, separazioni, «eresie». Ora non è vero che ciò che nella storia si afferma e trionfa dia con ciò garanzia del suo valore preminente; questo non è vero né per la storia politica, né per la storia religiosa. Ciò che nella storia trionfa dimostra soltanto di avere un solido fondamento nella realtà, di trovarsi in un certo accordo

---

[585] Bonwetsch, *Arkandisziplin*, «RE», II, pp. 51-55; G. Anrich, *Arkandisziplin*, «RGG»,² I, pp. 530-535; P. Batiffol, «La discipline de l'arcane» *Et. d'hist. et de théol. positive*, I, 1906, pp. 1-41. Anche le sette gnostiche erano segrete: un esempio del giuramento del segreto nella prefazione alle *Omelie clementine* (ed. Dressel, 1853, pp. 6 sgg.).

[586] È la questione che si pone K. Holl, *Urchristentum und Religionsgeschichte*, 2ª ed., 1927. Ma la soluzione mi sembra del tutto mancata. Si cfr. anche Achelis, pp. 128 sgg.

con le condizioni dell'ambiente in cui si svolge. Questo vuol dire, trattandosi di storia religiosa, che una religione può trionfare solo in quanto corrisponde alle condizioni spirituali del tempo, perché in caso contrario non potrebbe stabilmente affermarsi; ma non vuol dire che debba perciò possedere una superiorità spirituale assoluta. Anzi una spiritualità eccezionalmente elevata è per una religione, dal punto di vista della vita storica, una condizione negativa. Dato il mediocre livello spirituale delle moltitudini, è da prevedersi che la vitalità di una religione sia condizionata anche, sotto altro aspetto, da caratteri di mediocrità, di adattabilità, che la armonizzano con il livello della mentalità dei suoi fedeli. Non dobbiamo perciò considerare il trionfo del Cristianesimo come un giudizio assoluto di valore; questo è un criterio di apologeti, non di filosofi. Nell'esame delle condizioni che hanno concorso alla vittoria del Cristianesimo noi dobbiamo anzi naturalmente attenderci di trovare, accanto alle cause positive del suo predominio, anche caratteri negativi che, se pure sono serviti al suo successo, sono sempre tuttavia, da un punto di vista più elevato che non ha i suoi criteri nel successo, motivi di inferiorità spirituale.

3. Ciò che ha dato al Cristianesimo il suo eccezionale valore in ogni tempo, nonostante le sue molteplici aberrazioni, è la sua connessione con la personalità eccezionale di Gesù Cristo. È lo spirito di carità e di rinuncia procedente da Gesù, l'ardore d'una volontà tutta tesa verso il mondo delle cose eterne, che è disceso nella sua comunità, che l'ha stretta in unità e l'ha posta fin dalle origini al di sopra delle molteplici sette pagane; e ad esso si deve se, nelle sfere sociali inferiori soprattutto, si è perpetuata fino ai nostri giorni una viva corrente di moralità e di religiosità che costituisce il nucleo vitale della chiesa. Questo spirito si traduce già in quel senso di carità ardente che traspare dalle lettere di Paolo e gli fa porre la carità al di sopra di tutti gli altri doni, al di sopra del dono di profezia, della scienza e della fede stessa (*I Cor.*, XIII, 1-8). Nella *I Lettera ai Corinzi* (IV, 9 sgg.) egli ha un grido commosso sulla vita miserabile degli apostoli che, mossi dalla carità, errano, votati al disprezzo, nudi, affamati, oltraggiati, per portare agli uomini il Vangelo di Gesù Cristo. Anche il Vangelo di Giovanni pone in primo luogo l'amore; è per la carità che si distinguono i seguaci di Cristo (*Giovanni*, XIII, 34-35). Luciano chiama i Cristiani gente credula e sciocca; ma ne celebra l'amore vicendevole (*De morte Peregr.*, 12-13). La rapida diffusione del Cristianesimo nei primi anni del suo sorgere è dovuta a questo spirito di carità «che offriva ai diseredati della società, alla plebe ebraica,

alla plebe ed agli schiavi pagani un asilo pieno di speranze, dove essi trovavano un appoggio morale ed un aiuto materiale»[587]. È anche l'energica volontà morale che assicurò nelle prime chiese dell'Asia Minore da una parte lo zelo e la purezza dell'episcopato, dall'altro la subordinazione devota dei fedeli ai loro capi, della quale abbiamo un commovente esempio nel viaggio di Ignazio a Roma verso il martirio. La chiesa universale era già in questo spirito di fraternità e di unione; «ogni terra straniera è ad essi patria ed ogni patria è ad essi straniera» (*Ep. ad Diogn.*, V, 5).

Questa religiosità era sorgente, nella comunità cristiana, d'una moralità severa. «Non eloquimur magna sed vivimus» dice Minucio Felice. Il nome cristiano era generalmente considerato come garanzia di onestà e di bontà (Tertulliano, *Ad nationes*, I, 5); «apud nos religiosior est ille qui justior» (Minucio Felice, *Octavius*, 32). I Cristiani rifuggivano dagli spettacoli sanguinari e scurrili della scena del circo; i Pagani giudicavano che un uomo si era fatto cristiano dal momento che cessava di comparire agli spettacoli (Tertulliano, *Contra spect.*, 24). Ciò che attrae l'anima rude e diritta di Tertulliano dai misteri di Mitra e dalle chiese gnostiche verso la chiesa cattolica è la rigidezza della morale; come ciò che attira Giustino al Cristianesimo è la fermezza dei Cristiani contro le persecuzioni. L'oscuro bisogno di moralità che sonnecchia nell'anima delle moltitudini trovava in questa nobiltà morale della vita cristiana la sua soddisfazione[588].

Ma soprattutto lo spirito sinceramente religioso della cristianità primitiva rese possibile quella rigida intransigenza, quella dedizione completa, esclusiva, al regno di Dio che la elevò al di sopra del mondo e la condusse in salvo attraverso le più fiere tempeste. I diversi culti compresi sotto il nome di Paganesimo si erano assimilati alla vita del secolo; il Cristianesimo l'aveva, sin dai suoi inizi, ripudiata violentemente. La prima cosa che Clemente Alessandrino esige nella conversione è la rinuncia alla vita del mondo, la dedizione alle cose celesti. Il sentimento che domina nell'*Apologetico* di Tertulliano è una fiera energia morale, pronta a qualunque sacrificio per la sua fede, pronta alla morte, risoluta a non transigere con il mondo e con le sue potenze. Nessuna persecuzione li piegava; «i Cristiani, razza d'uomini sempre pronti a morire», dice Tertulliano (*Contra spect.*, 1). La stessa esibizione delle torture ne accresceva il numero; «più voi ci falciate, più cresce il nostro numero; il nostro sangue è semenza di Cristiani» (Tertulliano, *Apologetico*, 50). Nelle persecuzioni sanguinose, si ripeteva purtroppo, anche nella società cristiana, l'eterno spettacolo della viltà umana;

---

[587] Loisy, *Naiss. christ.*, p. 168. Si cfr. Knopf, *Nachapostol. Zeitalter*, 1905, pp. 65 sgg.
[588] Boissier, *Fin du pagan.*, I, p. 312.

i disertori erano numerosi; non erano rari i vescovi che si piegavano a sacrificare agli idoli. Ma accanto ad essi vi era sempre un piccolo numero di anime eroiche che preferivano la morte alla vergogna di rinnegare la propria coscienza. Sono questi testimoni della verità che salvarono il Cristianesimo; nella loro energia inflessibile riviveva lo spirito del Cristo.

Ed è anche lo stesso senso di intransigenza morale che innalzò una barriera insuperabile fra il Cristianesimo e le diverse forme del politeismo pagano. L'affermazione del monoteismo negli Ebrei e nei filosofi greci era stata un'affermazione soprattutto morale contro l'indegnità delle figure dell'antico patrimonio mitico. Il politeismo è per se stesso segno d'una degenerazione religiosa; con ragione l'Ebraismo guardava con disprezzo verso il politeismo dei Gentili. Le religioni amano purtroppo circondare l'unità divina di creature intermedie fra l'uomo e Dio e perciò più umane e più accessibili, ma con ciò allontanano l'anima dell'uomo da Dio, e cadono nel pericolo di popolare il mondo divino di forme inadeguate, che aprono la via alla superstizione. Le nuove religioni del Paganesimo, la cui fede era collegata con antichi culti popolari, non avevano potuto purificarsi da questo vizio di origine; né l'interpretazione allegorica era bastata a liberarle dal peso d'un formalismo superstizioso e in fondo irreligioso[589]. Il Cristianesimo aveva fatto anch'esso una concessione a questa tendenza accogliendo il culto del mediatore divino; ma aveva, nelle sue origini, respinto ogni altro culto delle creature e si era mantenuto rispetto ai culti politeistici in una relativa purezza. Tutto il suo materiale mitico si risolveva nel dramma del Cristo morto per gli uomini sulla croce e risorto; un dramma reale che i fedeli potevano rivivere in sé come qualche cosa di profondamente umano e che nel tempo stesso li ricollegava col cielo e coi misteri della vita divina.

4. Le religioni dei misteri rispondevano anch'esse ad aspirazioni religiose sincere e diffuse nel mondo pagano; ma erano creazioni di corporazioni sacerdotali e ad esse mancava quel forte spirito religioso che agli Ebrei era venuto dalla tradizione profetica e ai Cristiani dal Cristo[590]. Perciò esse aprivano facilmente il varco alle degenerazioni che i satirici contemporanei mettono in luce; e soprattutto si accomodarono facilmente con il mondo, col potere, col politeismo ufficiale, con le stesse mostruosità del culto imperiale. Già Platone (*Repubblica*, II, 7) accenna alla degenerazione dei sacerdoti orfici trasformati in sacrificatori e indovini ambulanti, che assediano le porte dei ricchi per persuaderli che essi hanno dagli dei il potere di rimettere i peccati. Le iniziazioni costavano care (Apuleio, *Metamorfosi*,

---

[589] Reville, pp. 164-170.
[590] Reville, pp. 182-184.

XI, 28; Tertulliano, *De Baptismo*, 2); questo è un fatto significativo. «Presso di noi», scrive Taziano, «non sono solo i ricchi che hanno accesso alla saggezza, noi la distribuiamo ai poveri e gratuitamente; chi vuole apprendere può entrare» (*Contra graecos*, 32). Un altro inquietante sintomo circa il valore religioso dei misteri è il loro connubio con le superstizioni della magia e della astrologia[591]; gli amuleti, gli incanti, gli esorcismi, le pratiche teurgiche, il culto superstizioso dei simboli offuscano il concetto fondamentale della liberazione dell'anima e sono il segno d'una precoce e rapida degenerazione.

Anche i gruppi gnostici con tutta la loro superiorità intellettuale, che del resto deviò ben presto sotto l'influenza del rapido imbarbarimento sociale nel II secolo, non seppero conservare (come invece conservò la chiesa marcionita) un'eguale elevatezza morale[592]. Tertulliano rimprovera agli gnostici la instabilità e le variazioni continue della dottrina, segno della mancanza d'un energico indirizzo pratico. Tutti insegnano, tutti dirigono; i discepoli insorgono contro i maestri; tutti, anche le donne, dogmatizzano, esorcizzano (*Praes. cript.*, 35; *Adversus Hermogenem*, 3). E per la stessa ragione gli gnostici erano inferiori ai Cristiani nella pratica, nella carità; nella *II Lettera* di Giovanni l'autore insiste soprattutto sulla carità, che i settari non hanno; Ignazio oppone alla carità cristiana l'indifferenza dei settari per le vedove, gli orfani, i prigionieri, i poveri (*Smym.*, 6). E Clemente Alessandrino e Tertulliano accusano i valentiniani di non aver nulla di terribile nella disciplina, di considerare come essenziale la conoscenza dei misteri dispensandosi poi dal compimento dei doveri e sfuggendo anche alla necessità del martirio con la simulazione e la menzogna.

5. La religiosità dei filosofi si muove in una sfera spirituale più alta che quella dei misteri; ma anche ad essi manca la profondità e l'energia della fede. Essi sono per la maggior parte, come Seneca li chiama, «cathedrarii philosophi» (*De brevitate vitae*, X, 1), che cercano il plauso e il lucro, non la vita virtuosa; essi considerano la filosofia come un esercizio intellettuale, argomento di dispute praticamente sterili. Non possiamo dire che l'esame che ne fa Tertulliano nei primi capitoli del suo *Apologetico* sia una discussione profonda, ma la filosofia appare là come doveva apparire ai più: un groviglio di ipotesi e di dispute senza fondamento e senza utilità visibile[593]. La loro religiosità è spesso solo un dilettantismo: parlano della saggezza,

---

[591] Burckhardt, pp. 224-259.

[592] Harnack, «LDG», I, p. 278 nota.

[593] Contro le inezie dei filosofi v. Luciano, *Dial. d. morti*, 1, 2. Un ritratto di uno di questi pseudofilosofi il X, 8-11.

ma non la praticano (Tertulliano, *Apologetico*, 4). Seneca, che usciva dalle lezioni del maestro Attalo pieno di zelo per la povertà, non conserva a lungo questo entusiasmo: nella sua apologia svolge la comoda teoria del possesso disinteressato della ricchezza, e insegna che bisogna non amare le ricchezze, ma preferirle, che bisogna disdegnarle, ma conservarle e goderle; che si può predicare la saggezza senza praticarla[594].

Non parliamo della turba dei filosofi che meritava, per il contrasto fra la teoria e la pratica, lo scherno dei satirici[595]. Anche i cinici, di cui Epitteto ci traccia un così magnifico ideale (*Dissertazioni*, III, 22), erano lungi dal corrispondervi: erano per lo più dei vagabondi spregevoli, dei ciarlatani[596]. Nessuno spettacolo era più comune di quello dei filosofi che si mescolavano tra gli adulatori dei ricchi prendendo parte a tutte le loro scostumatezze e che vendevano la filosofia come merce da bottega insegnando altrui per guadagno a sprezzare il guadagno[597]. Luciano protesta che il suo scetticismo è frutto della sua delusione: tutte le volte che è andato in cerca della filosofia ha trovato al suo posto una cortigiana[598]. I filosofi del suo tempo non erano che la caricatura dei veri filosofi e stavano ad essi come le scimmie agli uomini[599]. Il proselitismo filosofico è in gran parte questione di vanità, retorica, ipocrisia. La mancanza di vera spiritualità è dimostrata anche dall'importanza che ha nella filosofia del tempo l'eloquenza, la retorica: la virtù è fatta oggetto di belle declamazioni e gli uditori cercano in essa non una vera edificazione, ma una distrazione intellettuale. Più che comprensibile è quindi la loro mania superstiziosa: tutti, pitagorici, platonici, aristotelici, stoici, inclinano verso l'amore del soprannaturale e del meraviglioso[600].

Ma anche ai sommi, Epitteto, Marco Aurelio, Plotino, manca quell'ardore interiore che solo crea gli eroi religiosi. Questa assenza di religiosità attiva si tradisce nelle concessioni fatte all'ottimismo: l'ottimismo è sempre in fondo irreligioso. A Seneca basta la filosofia: egli non ha il senso del «sacro», non vede a fondo la miseria radicale dell'esistenza, non aspira a qualche cosa di sovrumano e di sovrasensibile. Le dissertazioni di Epitteto

---

[594] Cfr. Seneca, *Apologia*.

[595] Luciano, *Menipp.*, 4-5.

[596] Luciano, *Fugitivi; De morte Peregr.*

[597] Luciano, *Nigrinus*, 24-25; *Timon*, 54-55; *Bis accusatus*, 6-7, 11. Si veda anche il singolare *Convivio*, e per l'ipocrisia degli stoici, *Bis accusatus*, 21.

[598] Luciano, *Piseator*, 12.

[599] Luciano, *id.*, 29-37, 41 sgg.

[600] Luciano, *Philopseudes*.

respirano una religiosità fervida e pura che le avvicina al Vangelo[601]: e nessuno può negare la sincerità e la bellezza morale della sua dedizione all'ordine divino delle cose, nel quale la sua anima trova la pace. Ma vi è in questa identificazione dell'ordine naturale con l'ordine divino una contraddizione segreta che viene teoricamente alla luce nella vanità della teodicea e praticamente nel suo atteggiamento negativo di fronte al mondo. Il principio della bontà radicale del mondo dovrebbe condurre a una morale positiva, ottimistica: ma d'altra parte lo stoicismo ha troppo chiara coscienza dell'irrazionalità della vita per cadere nelle aberrazioni del naturalismo ottimistico. Senza rinunciare al suo principio esso risolve il contrasto con la confessione della nostra ignoranza e si rifugia nell'apatia. E questo è il carattere che vediamo delinearsi anche più chiaramente in Marco Aurelio. Lo stoicismo raggiunge in lui il suo fastigio: Marco Aurelio fu più che un filosofo e il suo libro è fra i libri sacri dell'umanità. Ma egli ha in sé qualche cosa di buddistico: lo spirito suo si acquieta nella contemplazione di quello che è e finisce per chiudersi in sé con una tristezza rassegnata.

Il neoplatonismo è stato certamente, accanto al Cristianesimo, lo sforzo più alto dello spirito religioso nell'antichità morente: Harnack lo considera come una vera religione universalistica[602]. Che cosa ha impedito ad esso di fondare una chiesa universale? Che cosa ha fatto sì che la nobile personalità di Giuliano abbia trovato, nel suo tentativo, solo indifferenza e disprezzo? La causa prima è stata la mancanza d'uno spirito eroico alle sue origini. Plotino è, anche sotto l'aspetto religioso, una personalità eccezionale: ma è sempre ancora più un filosofo che un eroe religioso. È questo carattere intellettualistico del neoplatonismo, che, accentuando il valore della contemplazione e del sapere, aprì in esso la via a un quietismo ottimistico, funesto alla sua potenza religiosa. Il neoplatonismo mira alla liberazione delle anime: ma la liberazione è opera delle potenze superiori che rivelano all'uomo il mondo divino e lo attraggono con la bellezza verso l'eterno. Per questo il mondo appare ad esso piuttosto sotto il suo aspetto positivo come qualche cosa di buono e di provvidenziale, come uno strumento di liberazione, mentre per il Cristo il mondo è la negazione del regno di Dio. Per questo già Platone ha cercato di costruire una società ideale che fosse la preparazione della saggezza: Cristo non ha degnato di uno sguardo la società degli uomini. Se anche perciò Plotino esclude ogni mediatore umano, un mediatore è già per lui la natura. «Cibele ha bevuto l'acqua di Lete, ma nei suoi sogni che si succedono come i giochi delle nuvole, essa tenta di

---

[601] Si cfr. A. Bonhöffer, *Epiktet und das Neue Testament*, 1911, pp. 341 sgg.

[602] Harnack, «LDG», II, p. 513.

ricordarsi di Dio. Essa non perverrebbe né a sollevare le pupille, né a pronunciare le parole redentrici, se l'anima umana non le ritrovasse per essa. Perché noi siamo la natura al suo risveglio, che parla già a Dio ed è pronta a contemplarlo faccia a faccia»[603]. Perciò non bisogna disprezzare gli dei inferiori che abitano questo mondo: perché sono intermediari senza dei quali vanamente cercheremmo di elevarci verso gli dei intelligibili[604].

Quest'ottimismo è ciò che ha permesso al neoplatonismo (come allo stoicismo) di ritrovare Dio nella natura e di riaprire così le porte al politeismo con i suoi miti, le sue speculazioni e le sue superstizioni. In Porfirio questo elemento prende già il predominio. Egli cerca di elevare la religione dei misteri verso una religione filosofica, universale: ma le superstizioni pagane che egli vuole nobilitare e giustificare gettano un'ombra sul suo idealismo religioso. Giamblico accentua anche di più questo carattere teurgico: la sua dottrina è una vera «teologia della superstizione». E sulla stessa via si mise purtroppo anche quell'alto spirito che fu Giuliano imperatore. Egli cercò di congiungere la sua teologia platonica con il culto popolare del sole, che è fatto simbolo del sole intelligibile, dell'Uno; Giuliano è il teologo del «Sol invictus». Ma con questo egli riattaccava la sua religione filosofica a un complesso di favole, di riti e di culti e ne disperdeva l'intimo ardore in un sistema di devozioni superstiziose. Il quale aveva d'altronde in sé un'altra condanna: era una religione di Stato. La stessa teoria dell'interpretazione allegorica adottata dal neoplatonismo era già in fondo una debolezza. Essa faceva dei miti una forma più antica e segreta del sapere. Così il mito e la filosofia erano identificati: la filosofia non faceva che mettere in chiara luce quello che una misteriosa rivelazione aveva già insegnato alle più antiche umanità. Così accanto alla filosofia avevano il loro posto equivalente la fede, la rivelazione, l'intuizione mistica: tutte le forme più rozze della superstizione erano giustificate perché anch'esse dovevano avere il loro senso segreto.

Queste sono le cause per cui il neoplatonismo non fu sin dalle origini un movimento religioso vitale come fu il Cristianesimo. Certo se anche avesse avuto in sé una maggiore energia morale, esso avrebbe dovuto soccombere dinanzi al Cristianesimo per la stessa sua superiorità intellettuale: i tempi volgenti verso la barbarie non erano più adatti al fiorire d'una religione intellettualmente raffinata: le *Vite* di Eunapio e i *Saturnali* di Macrobio mettono a nudo la miseria intellettuale degli ultimi filosofi del IV secolo, pene-

---

[603] Bidez, *Vie de Porphyre*, 1913, p. 71.
[604] Vacherot, *Hist. de l'ècole d'Alexandrie*, I, p. 492.

trati da una religiosità sincera, ma dominati dalla superstizione e dalla credulità non meno dei loro avversari cristiani. Ma senza la sua alleanza col politeismo antico, il neoplatonismo avrebbe potuto forse diventare una corrente alleata e parallela al Cristianesimo, nella quale questo avrebbe potuto trovare un fondamento filosofico scevro da elementi mitologici. Nelle *Enneadi* non vi è traccia di ostilità contro il Cristianesimo: Amelio, in un frammento conservatoci da Eusebio, interpreta la teoria cristiana dell'incarnazione del Verbo per mezzo della teoria dell'incarnazione universale della ragione divina che penetra e illumina tutte le creature[605]; il neoplatonico Longiniano, con cui corrisponde Agostino (*Lettere*, 233-235), non è affatto contrario al Cristianesimo. E le belle figure di Boezio e del vescovo di Cirene, Sinesio, ci mostrano che cosa poteva essere un neoplatonico cristiano.

6. Ma se il Cristianesimo portava in sé, fin dall'inizio, per virtù del suo fondatore, un'energia morale che doveva accompagnarlo anche attraverso le sue degenerazioni e cooperare alla sua vittoria, d'altro lato implicava in sé un grande vizio di origine. La dissoluzione morale del mondo antico era stata profonda e quasi insanabile: le classi sociali superiori erano troppo assorbite dal lusso e dalle raffinatezze della vita materiale per essere accessibili a un sincero senso religioso. Si aggiunga che l'età in cui il Cristianesimo comincia il suo svolgimento era un periodo di decadenza spirituale. La cultura si era superficializzata, era diventata cultura formale e retorica: «quae philosophia fuit, philologia facta est» (Seneca, *Lettere*, 108, 23). Perciò il rinnovamento partì dagli strati più incolti e più umili che avevano conservato le loro energie morali: la nuova religione ebbe un carattere popolare e invece di prendere a proprio fondamento ciò che vi era di profondo nella dottrina di Gesù Cristo, ne svolse di preferenza l'elemento leggendario e mitico, chiudendosi ostilmente ad ogni movimento speculativo. Essa fu sin dall'inizio una religione di decadenza: in luogo d'una religione superiore orientata dall'intelletto risorge la religione soprannaturalistica con i suoi mediatori, i suoi riti magici e la sua mitologia.

Questa tendenza antintellettuale doveva imprimere il suo carattere a tutto lo svolgimento del Cristianesimo. La prima letteratura cristiana dalle lettere di Paolo alla *Didaché* è essenzialmente pratica e popolare: per essa la cultura superiore del tempo non esiste. Essa è composta per un pubblico pio, ma incolto: i migliori scritti come le lettere di Paolo e il Vangelo di Giovanni non fanno eccezione. In Paolo (*I Cor.*, 1, 18 sgg.) comincia già

---

[605] Zeller, *Phil. d. Griechen*, III, 2, p. 635.

anzi quella ostilità contro il sapere che ad arte confonde la sapienza spirituale (che è tutt'altro che ignoranza) con l'ignoranza[606]. Clemente Romano, Hermas, Barnaba, Ignazio di Antiochia sono gente del popolo senza cultura, senza originalità di nessuna specie. Nelle loro pagine informi è inutile cercare un pensiero qualunque: ciò che le ispira è un'energica e ingenua fede sentimentale; esse riflettono la vita popolare cristiana del tempo. Anche Ignazio, anima mistica penetrata dall'idea dell'unità intima del fedele con Cristo, è uno spirito energico, ma incolto. Tra gli apologisti, Giustino e Atenagora, sebbene attestino una certa familiarità esteriore con le dottrine dei filosofi, sono pieni di candore; Taziano e Teofilo, pure attingendo dai filosofi i mezzi stessi dell'esposizione del loro pensiero, maledicono la filosofia come opera diabolica. Mentre i grandi gnostici erano uomini colti e versati profondamente nella conoscenza della filosofia, la chiesa non conosce, nel II secolo, un nemico più paventato e odiato che la cultura e la filosofia. Tertulliano non ha che ingiurie e invettive grossolane contro i più grandi filosofi. Il più grande peccato del cristiano è, secondo Tertulliano, il desiderio di sapere: un cristiano che cerca, non ha fede; ogni riflessione che trascende i limiti di ciò che si deve credere è già colpevole. «Nobis curiositate opus non est post Christum Jesum, nec inquisitone post evangelium». Bisogna chiudere l'anima al pensiero e alla cultura, perché se si viene con essi a contatto, non è possibile non subirne l'influenza: il cristiano ideale è l'illetterato. Cristo ci ha dato un simbolo di fede fisso e immutabile che il mondo è obbligato a credere e al di là dal quale non resta nulla da cercare (*De praescriptione haereticorum*, 7-12). È stata una disgrazia che Aristotele abbia creato la dialettica. A che la dialettica, la geometria, la filosofia? Forse che gli apostoli conoscevano la geometria e la filosofia? In Tertulliano la ragione si compiace quasi del proprio suicidio, perché Dio è infinitamente saggio e potente, ha dovuto far entrare nelle sue opere ciò che è di là dalla nostra saggezza e potenza e appare a noi come follia e impossibilità: bisogna quindi, nelle cose divine, crederle tanto più quanto più ci sembrano incredibili (*De baptismo*, 2). Ireneo fu un grande vescovo, superiore per il senso pratico e la nobiltà d'animo a Tertulliano: solo tra i polemisti cristiani mostra una certa carità per gli eretici che combatte; fu un abile direttore di anime. Ma egli ha uno spirito limitato, privo di ogni penetrazione filosofica: la sua credulità non ha limiti. Anche Cipriano, un vescovo che morì nobilmente per la sua fede sotto Valeriano, mostra nei suoi racconti di miracoli (*De lapsis*, capp. 24 sgg.)[607] una credulità infantile.

---

[606] Harnack, «LDG», I, 3; Deissmann, *Licht vom Osten*, 3ª ed., 1923, pp. 53 sgg.

[607] Cipriano, *Opera*, 1758, pp. 449 sgg.

Ma in nessuna parte viene così chiaramente alla luce questo tragico conflitto tra le esigenze dello spirito e i principi del Cristianesimo, come nei grandi teologi alessandrini, Clemente e Origene, per i quali il perfetto cristiano deve essere uno gnostico (nel letterale senso della parola) e possedere la filosofia. Essi sono spiriti isolati: la massa è contro di loro e i vescovi che denunciano e combattono i nuovi filosofi cristiani, gli gnostici, sono l'espressione genuina del sentimento collettivo. Clemente, che si propone, naturalmente con le più grandi cautele, di conciliare le credenze cristiane con la filosofia, è costretto come a scusarsi, a cattivarsi l'indulgenza degli ignoranti, per i quali basta che l'uomo conosca i punti essenziali della fede[608]. Egli si preoccupa anche di rivendicare il diritto di scrivere: la maggioranza dei Cristiani era evidentemente del parere che tanto meglio si sta quanto meno si scrive! Il suo spirito era quello stesso del *Libro di Enoch*, che attribuisce l'invenzione dell'inchiostro e del papiro a uno dei cattivi angeli, il quale ha così travolto nella rovina eterna innumerevoli uomini (*Enoch*, LXIX, 8). Nella sua lotta contro l'intellettualismo gnostico la chiesa cristiana non poté non subirne in parte l'influenza. A questa si devono in gran parte i tentativi posteriori di dare ai miti cristiani un fondamento speculativo: le costruzioni teologiche della scuola alessandrina tendono a sostituire le costruzioni gnostiche; Clemente presenta la sua dottrina come la vera gnosi. Il dogma cristiano – che è nelle sue linee essenziali opera di Origene – è il tentativo di opporre alla gnosi gnostica una gnosi cristiana, un sistema coerente della verità cristiana. Ma questo era un indirizzo che la chiesa non poteva tollerare senza pericolo. Condannando Origene la chiesa condannò implicitamente ogni indirizzo intellettuale e speculativo, che non può essere se non libero, e fece della dottrina, cioè del dogma, una specie di compilazione burocratica. Questa ostilità aperta verso la scienza in genere si mantenne sino alla caduta della civiltà antica: è caratteristico il fatto che l'alto insegnamento rimase anche in Oriente sino alla fine del V secolo in mano dei Pagani. Ed è per la stessa viltà intellettuale che la chiesa siriaca respinse da sé Bardesane. Il Burkitt paragona il caso Bardesane al caso Loisy e conclude: «possa la paralisi intellettuale che condusse la chiesa siriaca alla rovina essere risparmiata alla nostra chiesa (anglicana) ed alla chiesa romana!»[609].

Per questa tendenza anti-intellettuale il Cristianesimo si alienò gli spiriti più illuminati dell'antichità, che deplorano l'ignoranza dei capi «uomini illetterati e del popolo», chiamano i Cristiani una «lucifuga natio» (Minucio

---

[608] De Faye, *Clément d'Alexandrie*, 1906, pp. 137 sgg.
[609] Burkitt, *Urchristentum im Orient* (tr. ted.), 1907, pp. 129-131.

Fel., *Octavius*, 8) e le rimproverano di respingere i dotti e le persone colte e di chiamare a sé gli ignoranti e gli zotici (Origene, *Contra Clesum*, III, 44). Estremamente caratteristica è sotto questo riguardo la contrapposizione di Origene e di Celso, un filosofo pagano che compose verso il 178 d.C. uno scritto polemico, *La parola vera*, conservatoci in gran parte da Origene stesso nella sua confutazione[610]. Celso è qualche volta volutamente ostile e si fa di Gesù il concetto che poteva farsene un orgoglioso romano del suo tempo: è estremamente deplorevole che egli non abbia potuto o saputo apprezzarne la grandezza morale. Ma dal punto di vista intellettuale quanto è più vicino a noi, quanto è superiore a Origene! Egli ha della rivelazione divina lo stesso concetto che abbiamo noi: le grossolane rivelazioni esteriori non destano che la sua pietà: le sue idee sulla provvidenza di Dio rispetto al mondo (*Contra Celsum*, IV, 99) sono elevate e ragionevoli. Ha di fronte a Origene il vantaggio d'un senso critico del tutto moderno e vede chiaramente che il *Pentateuco* non è di Mosè e nega l'unità della sua composizione (Ivi, IV, 42), mettendo in evidenza l'incompatibilità dell'Antico Testamento col Vangelo (Ivi, VII, 18 sgg.). Le osservazioni che egli fa circa la risurrezione della carne (Ivi, V, 14), contro la pretesa degli Ebrei di essere il popolo eletto (Ivi, V, 41), contro le inconseguenze della leggenda evangelica (Ivi, II, 23-24; 49; 63 etc.) sono piene di buon senso e potrebbero essere ripetute oggi con le stesse sue parole. Ciò che lo offende è la forma mitologica, antiscientifica del Cristianesimo: anche a Marcione egli rimprovera la concezione antropomorfica del «dio straniero» e del demiurgo (Ivi, VI, 52-53). Origene ha pagine belle ed eloquenti: è ammirabile per la sua energia morale, per il suo ripudio inflessibile di ogni concessione nel campo pratico: ma quale pietà nel campo teoretico! La sua intelligenza era troppo alta per non comprendere il valore delle obiezioni di Celso: il suo imbarazzo di fronte ad esse è visibile. Le sue risposte non hanno filosoficamente alcun valore: in generale esse si appellano o alla credulità più ingenua o ai deliri dell'interpretazione allegorica. Si veda ad esempio che cosa risponde all'obiezione di Celso che Dio non può discendere fra gli uomini, farsi uomo, ecc. perché egli è immutabilmente perfetto e beato (Ivi, IV, 14 sgg.); e la teologia puerilmente antropocentrica che egli oppone alle osser-

---

[610] Oltre alla letteratura antica e relativi tentativi di ricostruzione (Mosheim, Keim, Pelagaud, Aubé) si cfr.: Renan, *Marc-Aurèle*, pp. 346 sgg.; Causse, *Essai sur le conflit du christianisme primitif et de la civilisation*, 1920; L. Rougier, *Celse*, 1925; A. Miura-Stange, *Celsus und Origenes*, 1926; Buonaiuti, *Una polemica religiosa al terzo secolo*, *Saggi*, 1923, pp. 129-149.

vazioni di Celso (Ivi, IV, 75 sgg.). Un piccolo particolare basta a caratterizzare la differenza dei due spiriti. Le osservazioni che fa Celso sull'intelligenza degli animali e specialmente delle formiche sono meravigliose per obiettività e sagacia; secondo Origene il credere che le formiche possano comunicarsi tra loro i pensieri è il colmo del ridicolo (Ivi, IV, 84).

Anche le obiezioni di Giuliano nei suoi libri contro i Cristiani sono appunto rivolte contro le assurdità della mitologia cristiana: egli vide benissimo che il Cristianesimo era un sincretismo di idee pagane e giudaiche. Ma in nessun luogo tanto chiaramente appare la superiorità intellettuale del neoplatonismo quanto nel trattato di Porfirio contro i Cristiani: l'opera forse più ricca e fondamentale, dice Harnack, che sia stata scritta contro il Cristianesimo e che in fondo, per quanto possiamo arguire dal poco che ce ne fu conservato, non era diretta tanto contro il Cristianesimo quanto contro le sue degenerazioni. Egli dimostra per la persona di Gesù e per il suo insegnamento della simpatia, anzi del rispetto: la sua polemica è diretta solo contro la mitologia del Cristianesimo. Egli sottopone alla critica le narrazioni dei Vangeli mettendone a nudo le contraddizioni e le incoerenze, come farà appresso a lui la critica razionalistica di ogni tempo, in tono sempre elevato e conciliante, mosso da un sincero zelo filosofico e religioso, senza ira e senza studio polemico. I dottori cristiani cercarono di confutarlo. Gerolamo riversò su di lui tutte le ingiurie e infine, confutazione definitiva, un editto imperiale del 448 condannò il libro al fuoco[611].

Questa inferiorità intellettuale ha certamente contribuito al trionfo del Cristianesimo: ad essa si deve se questo poté trasformarsi rapidamente, specialmente nella sua gerarchia, in un istituto esteriore e praticamente organizzato non per la conquista del regno dei cieli, ma per il possesso di questo mondo. Ma questo ne costituisce anche, sotto l'aspetto puramente religioso, un'inferiorità dolorosa. Perché l'attività intellettuale e la libertà dello spirito sono come le forze secrete da cui la vita religiosa sempre continuamente si rigenera: là dove esse vengono compresse ed impedite, scompare anche la religiosità interna e creatrice: la religione si riversa nelle esteriorità delle pompe e delle pratiche ecclesiastiche, diventa superstiziosa e mondana. Il Cristianesimo doveva farne, in breve termine, la funesta esperienza.

---

[611] Bidez, *Vie de Porphyre*, pp. 73 sgg.; Geffcken, *Ausgang*, pp. 63-67; De Labriolle, *Porphyre et le Christianisme*, «Revue d'histoire de la philos.», 1929, IV, pp. 385-440. I frammenti sono stati pubblicati da Harnack, «Berlin. Akad.», 1916; Ibidem, 1921. Un estratto delle sue critiche al Nuovo Testamento conservatoci da Makarios Magnes è stato parimenti edito da Harnack, «TU», XXXVII, 4, 1911. Si veda ivi ad esempio la sua critica a *Matteo*, VIII, 28 sgg.

d) *Il Cristianesimo costantiniano*

1. L'incipiente decadenza del Cristianesimo dopo il 200 si accompagna alla decadenza generale del mondo antico. Nel 180 muore Marco Aurelio e con lui finisce veramente la cultura antica. Con Settimio Severo (193-211), il primo degli imperatori soldati, l'impero è trasformato in una monarchia militare dispotica, di tipo orientale. I tre secoli che seguono sono già un preludio al Medioevo: la barbarie e la dissoluzione sociale si annunciano in più sintomi. Anche la barbarie dello spirito si avanza. Nel III secolo la filosofia si dilegua. Plotino è un isolato: il tono generale della cultura è dato dai sofisti[612]. Verso il 400 la filosofia si può dire scomparsa. Il periodo creativo nella religione si chiude: le tradizioni sopravviventi si inaridiscono nelle loro sorgenti e si cristallizzano in una vita tutta esteriore: lo spirito religioso si rifugia nei chiostri e nei deserti.

Gli scrittori cristiani, salvo Agostino, sono scrittori ecclesiastici veri e propri, interessanti per la storia, assolutamente insignificanti dal punto di vista del pensiero. Cipriano è un eccellente catechista e amministratore: ma il pensiero suo non esce dall'orbita delle questioni ecclesiastiche. Arnobio vorrebbe essere un filosofo; ma nega la ragione e la filosofia per attaccarsi alla fede come al partito praticamente più sicuro. Lattanzio dà del Cristianesimo «un'edizione adatta ai bisogni della buona società profana»[613]: secondo la sua filosofia noi dovremmo, se non ci fossero i premi e le pene dell'aldilà, abbandonarci qui a tutte le passioni e a tutti i delitti (*Divinae Institutiones*, III, 17, 36).

Ma anche Agostino ha avuto, grazie alla sua importanza ecclesiastica, un apprezzamento, soprattutto come filosofo, assolutamente sproporzionato al suo reale valore[614]. Agostino non è un filosofo: egli è il primo scolastico, se per scolastica dobbiamo intendere con Harnack «ogni filosofia che considera un materiale fantastico e mitico come un *noli me tangere* e lo tratta con abilità formalistica secondo le categorie e distinzioni logiche»[615]. Il suo spirito vasto e sottile, sinceramente avido di sapere, lo sospinse attraverso il manicheismo, lo scetticismo, il neoplatonismo: ma, nonostante la sua prontezza di assimilazione e la sua facilità di scrivere, rimane sempre in fondo un retore, un sofista, che rivestì di forme brillanti un contenuto spesso

---

[612] Si veda per la coltura sofistica il quadro della corte di Settimio Severo e di Caracalla in Reville, pp. 197 sgg.

[613] Pichon, *Lactance*, 1901, pp. 3; 56-57.

[614] Su Agostino si confronti in particolare: Harnack, «LDG», III, pp. 59 sgg.; Reuter, *Augustinische Studien*, 1887.

[615] Harnack, «LDG», I, p. 821.

abbastanza futile. Egli mancava di una seria e solida preparazione: ignorava la lingua ebraica, non conosceva il greco tanto da poter leggere gli autori greci nella loro lingua (*Lettere*, 28, 2). Il motivo intellettuale che lo spinse nelle braccia della chiesa fu il bisogno pratico di abbandonarsi, come a una tradizione sicura, alla corrente dominante. Il fondamento della sua fede è l'autorità: egli proclama chiaramente di credere nel Vangelo solo perché mosso dall'autorità della chiesa. E perché dobbiamo credere nelle proposizioni della chiesa? Questa è una domanda non ammissibile: il primo presupposto è la fede nella chiesa (*Confessioni*, IV, 5). Il primo atto dello spirito deve essere un atto di fede e di obbedienza. Egli è il vero padre della teoria della *fides implicita* (Harnack), è il creatore del principio assoluto dell'autorità della chiesa, che prende il posto centrale nella fede. Ciò che era per Paolo il Cristo risorto è per Agostino la chiesa: essa è la sola mediatrice della grazia, la sola sorgente della verità, la sola guida sicura alla salute. Il merito suo più grande fu d'aver eretto sulle basi della tradizione e con l'aiuto del pensiero greco un sistema dogmatico ed ecclesiastico, che è diventato, nelle sue linee fondamentali, lo schema del Cristianesimo medievale: questo è essenzialmente Cristianesimo agostiniano. Egli fece per l'Occidente ciò che aveva fatto per l'Oriente Origene, ma a lui mancò la potenza speculativa di Origene: la sua costruzione è un'unificazione incoerente e contraddittoria. «Si può tracciare una triplice teologia di Agostino: una ecclesiastica, una dottrina del peccato e della grazia ed una sublime filosofia religiosa: e di ciascuna di esse dare una costruzione complessiva»[616]. Il panteismo neoplatonico traspare ancora nella sua visione ottimistica del mondo e nel concetto stesso della predestinazione: nella sua dottrina sull'origine del male (*De civitate Dei*, IX) e delle due umanità contrapposte come città di Dio e città del demonio egli è ancora manicheo. La dottrina della libertà, che egli svolge in opposizione al manicheismo, è assolutamente inconciliabile con la sua teoria della predestinazione. La sua teoria della ragione e della fede si avvolge in mille contraddizioni. Da una parte, specialmente nei primi scritti, egli considera l'adesione all'autorità come un'adesione provvisoria che più tardi la ragione deve superare (*De ordine*, II, 26-27): dall'altra l'esigenza d'un fondamento assoluto lo inclina sempre più verso il concetto della rivelazione come autorità assoluta e fondamento necessario della certezza. La ragione non è che un complemento il quale accompagna la fede e la svolge, ma non la sostituisce. Anche sulla sede della rivelazione (la

---

[616] Harnack, «LDG», III, p. 99.

Scrittura? la chiesa?) e sulla dottrina della chiesa visibile egli non ha pensato nulla di preciso e di chiaro[617]. Questa sua incoerenza rende impossibile una sintesi del suo pensiero: ma la facoltà sua di vivere ogni momento e ogni aspetto del suo pensiero come se in esso si esprimesse tutta la sua personalità ha dato a questa incoerenza l'apparenza d'una ricchezza (e in un certo senso è tale) e ha fatto sì che a lui si siano riattaccati gli indirizzi più diversi: egli ha creato il cattolicismo gerarchico e provocato la riforma, ha preparato la scolastica e nutrito la mistica[618]. Si aggiunga a questo la completa assenza di critica: le sue opere sono piene di racconti miracolosi: egli accoglie tutta la superstizione del suo tempo. La Bibbia è per lui un libro perfetto e quanto alla forma e quanto al contenuto. Basta, per giudicare dello spirito critico di Agostino, paragonare ai «capitoli» del manicheo Fausto di Milev, solidi, nervosi, «svolti con tutte le risorse d'una vasta erudizione, con un senso critico acutissimo, sempre armato di scienza, di dialettica e d'ironia» (Monceaux), la prolissa risposta di Agostino, ricca d'ingiurie, ma povera di buon senso e destituita affatto di senso critico. Come si giustificherà ad esempio l'errore di Matteo (XXVII, 9) che attribuisce a Geremia una profezia di Zaccaria? Matteo è uno scrittore infallibile: se non corresse l'errore, ciò è perché sapeva di scrivere sotto la dettatura dello Spirito Santo. E perché lo Spirito Santo ha sbagliato? Per mostrare che tutti i profeti sono ispirati dallo stesso spirito e dicono le stesse cose: perciò si può attribuire all'uno quel che è dell'altro (*De consensu Evangelo*, III, 7).

Il vero e miglior pregio degli scritti di Agostino è la finezza psicologica, la capacità di esprimere le più delicate situazioni interiori[619]. Egli ha avuto uno sguardo penetrante per le realtà dell'anima: per primo intravide la necessità per la filosofia di partire, come da un principio gnoseologico, dall'io; e per primo pose il fondamento d'una concezione volontaristica della vita spirituale. Egli ha volgarizzato la religiosità neoplatonica traducendola in termini d'una intimità spirituale, d'una pietà semplice e pura, che ha esercitato un'azione viva su tutti gli spiriti religiosi. In Clemente e in Origene il rapporto dell'anima con Dio è ancora sempre un'espressione speculativa: in Agostino il rapporto è espresso in forma viva e immediata come qualche cosa di personalmente sentito. Nonostante la sua retorica, Agostino ha sentito vivamente Dio, ha avuto una profonda coscienza delle realtà interiori del peccato e della grazia e ha saputo esprimere le sue angosce e le sue consolazioni interiori con parole che per secoli hanno trovato la via dei

---

[617] Per tutti questi e altri punti si cfr. Harnack, «LDG», III, pp. 92 sgg.

[618] Harnack, «LDG», III, p. 100.

[619] Su Agostino come psicologo si cfr. Siebeck, *Geschichte d. Psychol.*, II, pp. 381 sgg.

cuori e sono rimaste come l'espressione classica delle esperienze d'un'anima cristiana. Perciò, se nella dogmatica la chiesa ha potuto abbandonare in più d'un punto Agostino, nella pietà e nella scienza dell'uomo interiore essa è sempre rimasta agostiniana.

Ma Agostino non ha agito solo con la dottrina, come Origene, bensì con tutta la sua personalità, come riformatore e organizzatore. Se pure egli dovette da principio il suo successo all'abilità con cui, ancora semplice prete, seppe mettersi in prima fila nella lotta contro il donatismo, è innegabile che nella sua azione pratica, come vescovo, ebbe un vivo senso dell'opportunità e dei bisogni concreti della sua età. Egli fu senza dubbio, sotto questo rispetto, la più alta personalità ecclesiastica del suo tempo: fondò la teologia, riformò la disciplina, fece trionfare l'istituto della confessione individuale[620]: fu nello stesso tempo un grande scrittore, un abile politico, un polemista infaticabile. Ma non fu né un'intelligenza sovrana, né un grande carattere. La sua fama è in gran parte una fama di convenzione: in Agostino la chiesa ha glorificato se stessa.

2. Alla decadenza intellettuale si accompagna la decadenza morale: la barbarie non viene dall'esterno, ma sorge in primo luogo nell'interno stesso della società. Questa barbarie, di cui sono indizi l'eccessivo ed esclusivo apprezzamento delle raffinatezze materiali, il crescente dispotismo militare, la sensualità e la viltà della popolazione civile, si ripercuote anche nel Cristianesimo: dopo la sua vittoria politica le masse pagane si precipitano nella nuova religione e vi introducono la loro corruzione, la loro mentalità e le loro tendenze idolatriche. Non è la chiesa che conquista il mondo pagano, ma il mondo pagano che conquista la chiesa[621]. Le conversioni erano superficiali: la chiesa si preoccupava unicamente di attirare a sé le moltitudini senza riguardo al valore morale della conversione: Giuliano rimprovera ai Cristiani di aprire le braccia a omicidi, a sacrileghi, a esseri infami, promettendo loro di assolverli indefinitamente. Non è perciò meraviglia se il Cristianesimo non portò con sé alcun miglioramento morale e se lo spettacolo dei costumi pubblici dei Cristiani eccitava in Giuliano un profondo disprezzo. Lo stesso Eusebio attribuisce la persecuzione di Diocleziano alla corruzione morale che, anche prima di Costantino, la diffusione del Cristianesimo aveva portato nei fedeli e nei vescovi (*Historia ecclesiastica*, VIII, 1). Costantino aveva fatto strangolare contro i patti giurati Licinio e il suo giovane figlio: aveva fatto uccidere suo figlio Crispo e l'imperatrice Fausta. Costanzo al suo salire al trono fa sterminare i membri della sua famiglia. E

---

620 K. Adam, *Die geheime Kirchenbusse nach dem heil. Augustin*, 1921.
621 Renan, *Marc-Aurèle*, p. 628; *Reville*, pp. 295 sgg.; Geffcken, *Ausgang*, pp. 233 sgg.

tuttavia Costantino amava negli ultimi anni tenere dinanzi alla corte prediche religiose, si compiaceva della compagnia dei vescovi di corte considerandosi come un vescovo stabilito da Dio ed era celebrato dai suoi panegiristi come un secondo Mosè!

3. Le cerimonie e le feste cristiane prendono, dopo il decreto di Costantino, un maggiore sviluppo e un inusitato splendore (Eusebio, *Historia ecclesiastica*, X, 3)[622]. Data la nostra ignoranza del cerimoniale liturgico delle religioni antiche noi non possiamo più oggi determinare quanta parte di esso passò nel Cristianesimo, ma essa dovette essere considerevole. Quello che ci è pervenuto sulle feste dei fratelli Arvali con la loro successione complicata di sacrifici, di preghiere e di cerimonie minuziosamente regolate, ricorda assai da vicino le cerimonie della chiesa[623]. Le feste cristiane sostituiscono, riproducendole, le feste pagane: i templi diventano chiese, ma conservano le pompe pagane. Quando si legge in san Paolino da Nola (353-431) la descrizione delle feste di san Felice e si paragona con le feste cristiane attuali si vede che le feste pagane sono trapassate senza alterazione nel Cristianesimo: è mutato solo il nome[624]. La descrizione che dà Ovidio delle Feste di Anna Perenna (*Fasti*, III, 525) vale ancora oggi per le festività religiose popolari, che sono rimaste quello che erano sotto il Paganesimo da tempo immemorabile.

Rapidamente si ricostituisce coi santi e coi martiri l'antico pantheon politeistico: i santi prendono il posto degli eroi e dei piccoli dei familiari protettori della casa o della città. Già Agostino insorge contro questa tendenza superstiziosa. «Noi non li trattiamo come Dei», dice a proposito dei santi e dei martiri, «non li adoriamo come Dei. Noi non erigiamo loro delle chiese, non innalziamo loro altari, non offriamo loro sacrifici... Lodate, amate, celebrate i martiri: ma che il vostro culto sia riserbato a Dio solo» (*Semi.*, 273). La tesi che i santi e i martiri continuarono semplicemente gli eroi pagani è troppo semplicista: ma è fuori di dubbio che questo culto non ha nessun antecedente nella predicazione di Gesù e ha invece la sua larga e immediata preparazione nei culti pagani[625]. «Che in numerosi casi si abbia

---

[622] Sulla chiesa dopo Costantino si veda K. Müller, *Kirchengesch.*, I, 1, 1929, pp. 499 sgg.

[623] Marquardt, *Le culte chez les Romains* (tr. fr), 1890, II, p. 190; Boissier, *Relig. rom.*, I, pp. 365 sgg.

[624] Boissier, *Fin du pagan.*, II, p. 95.

[625] Sul culto dei martiri e dei santi: Lucius, *Die Anfänge d. Heiligenkultus in d. christl. Kirche*, 1904; P. Saint-Yves, *Les Saints successeurs de Dieu*, 1906; A. Dufourq, *La christianisation des foules. Études sur la fin du paganisme populaire et les origines du culte des saints*, 1907; H. Delahaye, *Les légendes hagiographiques*, 2ª ed., 1906; *Les origines du culte*

avuto la fusione d'un martire con qualche vecchia divinità è, nonostante le recenti contestazioni e limitazioni, fuori di dubbio»[626]. Questo è già rimproverato ai Cristiani dal manicheo Fausto[627]. Ed è appunto nel corso del IV secolo, quando il processo di paganizzamento del Cristianesimo si accentua, che noi vediamo introdursi questi elementi nel culto cristiano[628]. Il vescovo Gregorio Taumaturgo di Cesarea nel Ponto sostituisce alle feste pagane degli eroi le feste dei martiri celebrate con le stesse solennità, gli stessi divertimenti e le stesse orge popolari[629]. La prima forma del culto dei santi è stata il culto dei martiri considerati come imitatori di Cristo nel sacrificio e come intercessori. Noi troviamo già gli inizi del culto dei martiri nella decisione che dopo il martirio di Policarpo (155) la comunità di Smirne adotta di celebrarne la memoria in un giorno dato: ma è un caso eccezionale. Diventa invece universale dopo il 250 in seguito alle grandi persecuzioni. La celebrazione avveniva nel giorno anniversario del martirio con un'agape, in cui interveniva un presbitero o il vescovo per celebrare l'eucaristia. Si leggono gli atti del martire, si cantano inni in suo onore. Tali feste venivano celebrate in vicinanza della tomba dove (secondo l'antico concetto pagano) si credeva fosse presente ancora il suo spirito. Nel corso del IV secolo l'agape dà già origine a eccessi che Agostino dura molta fatica a estirpare. Al culto dei martiri si collegò il culto delle loro reliquie, che cominciò a diffondersi largamente dopo il IV secolo: ad esse vengono attribuite virtù miracolose e soprattutto curative. Verso la fine del IV secolo si diffonde anche il culto della Madre di Dio, intorno alla quale si accumulano le leggende: in quanto madre di Dio, dopo la controversia nestoriana, essa è elevata come una vera dea al disopra delle creature e posta al fianco di Gesù Cristo: il suo culto si sostituisce nella devozione popolare al culto della Gran Madre isiaca, di Astarte e delle altre divinità femminili[630]. E

---

des martyrs, 1912; P. Monceaux, *La vraie légende dorée*, 1928; K. Müller, *Kirchengeschichte*, I, 1, 1929, pp. 507 sgg.

[626] Holl, *Die Vorstellung von Märtyrern und Märtyrerakten im ihrer geschichtl. Entwicklung*, «N. Jahrb. Klass. Altertum», 1914, I, pp. 521 sgg.

[627] Agostino, *Contra Faustum*, XX, 21.

[628] Lucius, *op. cit.*, pp. 106-107. Anche nell'Islamismo il culto dei santi è stato una «legalizzazione data a credenze e pratiche preesistenti ed affatto estranee in origine all'Islamismo», «Rivista di studi orientali», 1911, p. 125.

[629] Hohlwein, in «RGG»,[2] III, pp. 1070. Cfr. Vacandard, «Origine du culte des Saints», *Études de critique et d'hist. religieuse*, III, 1912, pp. 58-212; Achelis in «RGG»,[2] II, pp. 1742-46.

[630] Sul culto di Maria: Benrath, *Zur Geschichte d. Marienverehrung*, 1886; Lucius, *op. cit.*, pp. 422 sgg.; L. Coulange, *La vierge Marie*, 1924.

mentre i primi Cristiani, fedeli alla tradizione dell'Antico Testamento proscrivevano la rappresentazione della figura umana nei templi (*Atti*, XVII, 29) e il sinodo di Elvira nel 306 (can. 36) condanna il culto delle immagini, poco per volta il Paganesimo istintivo delle folle fa rinascere nel culto delle immagini le pratiche che gli erano care nel culto degli dei e degli eroi. La stessa corrispondenza avviene per i luoghi del culto e le date delle solennità: alla festività antica del battesimo del Signore (6 gennaio) si sostituisce la celebrazione del natale di Gesù al 25 dicembre, che ha per fine di far coincidere questo giorno solenne con il natale di Mitra, «dies natalis invicti Solis»[631]. E così ricompaiono le pratiche superstiziose e rituali del Paganesimo, come l'uso dei ceri e dell'incenso, il bacio alle reliquie, la benedizione dell'acqua, i pellegrinaggi ai santuari, la sospensione di ex voto, le lustrazioni espiatorie (benedizioni) delle case, le processioni ecc.: tutte reminiscenze e rifioriture dei Miti antichi e dei misteri[632]. Anzi rifiorisce nella chiesa, con leggere mutazioni, lo stesso culto degli imperatori[633]. Negli stessi istituti ascetici e monacali il Cristianesimo segue la via già battuta dall'ascetismo precristiano: la pratica ascetica, ad esempio, che valse a Simeone il soprannome di stilita derivava da una pratica antica nel culto della dea Siria, cui accenna già Luciano (*De Dea Syria*, 28-29).

Così si stabilisce saldamente nella chiesa quella religione popolare, politeistica e superstiziosa, che doveva poi nei secoli seguenti diventare tanta parte del Cristianesimo. Noi possiamo applicare ad essa ciò che dice Harnack della chiesa greca. «Questa chiesa ufficiale con i suoi preti ed il suo culto, con i suoi ornamenti, i suoi abiti, i suoi santi, le sue immagini ed i suoi amuleti, con i suoi comandamenti, le sue feste non ha più niente da fare con la religione di Cristo. È la religione pagana che si è riattaccata a qualche tradizione del Vangelo o per meglio dire è il Paganesimo che ha assorbito il Vangelo»[634].

4. Nella chiesa si accentua la costituzione ecclesiastica e gerarchica: essa si forma sul modello dell'amministrazione di Stato[635]. Costantino erige in corporazione privilegiata i sacerdoti che così si staccano sempre più recisamente dai laici[636], dai quali, dopo Costantino, cominciano a distinguersi per

---

[631] Vacandard, «Les fêtes de Noël et de l'Epiphanie», *Études*, III, 1912, pp. 3-56.

[632] Sul dilagare di queste superstizioni nella chiesa dopo il IV secolo si v. Harnack, «LDG», II, pp. 467 sgg.; Vacandard, *op. cit.*, III, pp. 145 sgg.

[633] Rougier, *Celse*, 1925, pp. 155 sgg.

[634] Harnack, *L'essence du christianisme* (tr. fr.), p. 254.

[635] Sui mutamenti della chiesa e della gerarchia dopo Costantino si cfr. Burckhardt, pp. 391 sgg.; 452 sgg.

[636] Burckhardt, pp. 387 sgg.

un abito speciale e per la tonsura, derivata probabilmente, attraverso i monaci, dalla tonsura del sacerdozio egiziano. Nella chiesa orientale la separazione del mondo dei laici dal sacerdozio non è così rigorosa: essa ha conservato un carattere più religioso e mistico. Nella chiesa occidentale invece l'organizzazione sacerdotale si avvicina sempre più ad un'organizzazione statale e giuridica: «sacerdos judex vice Christi» (Cipriano, *Lettere*, 39, 5). La chiesa acquista sempre più il carattere di un'istituzione ufficiale[637].

I vescovi ricevono onori e ricchezze (Eusebio, *Historia ecclesiastica*, X, 2); la legislazione imperiale conferisce loro immunità e privilegi (Eusebio, *Historia ecclesiastica*, X, 7) e dà loro i titoli di *sacerdos provinciae* e di *coronatus*, che appartenevano ai capi delle gerarchie sacerdotali del Paganesimo. Ammiano Marcellino (XXVII, 3, 14) rileva lo sfarzo dei vescovi di Roma: «una volta arrivati a questo posto, si godono in pace una fortuna assicurata dalla generosità delle matrone; fanno bella mostra di sé in carrozza, vestiti di abiti sontuosi; danno dei festini, il cui lusso supera quello della tavola imperiale». I vescovi a loro volta, salvo casi eccezionali ed eroici, pongono la chiesa a servizio dello Stato. Tutto questo ne accresce la corruzione: l'episcopato si trasforma, fatte poche eccezioni, in una massa di intriganti e di ambiziosi, avidi e senza scrupoli. Eusebio, prelato di corte, è uno spregevole adulatore: il suo panegirico di Costantino è stato una disgrazia anche per Costantino. Dioscuro, patriarca di Alessandria dopo il 444, che sostenne con accanimento l'unità di natura in Cristo e convocò contro i suoi avversari quel concilio che fu detto il brigantaggio di Efeso, fu certo uno dei peggiori scellerati che siano vissuti sulla terra. Ciò che irritava massimamente i vescovi sotto Giuliano era la perdita del potere e delle prebende, «il non poter più rendere giustizia, scrivere dei testamenti, trarre tutto a sé, appropriarsi le eredità». Già Valentiniano I è costretto, verso il 365, a fare una legge contro le captazioni di eredità da parte degli ecclesiastici[638]. Alla morte del Papa Liberio (366) due preti, Ursino e Damaso, se ne contendono la successione: i loro partigiani si battono nelle chiese coprendole di cadaveri (Ammiano Marcellino, XXVIII, 13).

L'imperatore continua come prima ad essere il vero pontefice supremo della religione di Stato: convoca sinodi (Eusebio, *Historia ecclesiastica*, X, 5), determina le decisioni, le fa eseguire, giudica e perseguita i dissenzienti: le decisioni del concilio di Nicea (325) diventano leggi dell'impero[639]. Gli imperatori hanno dei vescovi di corte, per mezzo dei quali decidono di tutto.

---

[637] Burckhardt, pp. 148 sgg.

[638] Boissier, *Fin du paganisme*, II, p. 255.

[639] Burckhardt, pp. 394 sgg.

In Oriente questo conduce a un vero cesaropapismo con tutte le sue conseguenze. In Occidente la rovina dell'impero e la barbarie dei dominanti fa della chiesa una organizzazione politica autonoma: tutto ciò che in mezzo alla barbarie resta di romano si raccoglie sotto la protezione del vescovo di Roma: «a poco a poco la chiesa romana prende il posto dell'impero romano, che in essa rivive» (Harnack).

Le singole comunità sono collegate per mezzo di sinodi provinciali, a cui capo sta il vescovo metropolitano: si vengono formando dei collegamenti comprendenti più province intorno alle grandi sedi: Milano, Ravenna, Aquileia, ecc. Roma conserva la sua supremazia su tutto l'Occidente: che da principio è una semplice supremazia spirituale un poco indeterminata, come ha avuto e ha ancora oggi il patriarcato di Costantinopoli sulle chiese ortodosse, che hanno conservato l'antica costituzione episcopale e per cui l'autorità suprema risiede nei sinodi episcopali. Ma col vescovo Siricio verso il 400 e più con Leone I (440-441) comincia da parte di Roma una vera politica di subordinazione di tutto l'Occidente, anche dell'Africa: il Papa (dice Harnack) diventa il secreto cesare dell'Occidente, con pretensioni sull'Oriente[640]. Solo le chiese orientali, pur riconoscendone occasionalmente il primato, restano chiuse alla sua dominazione.

Dopo Costantino le elezioni episcopali cadono anch'esse a poco a poco sotto l'influenza del potere politico e diventano oggetto di traffico. Ciò d'altra parte si comprende: i vescovi sono oramai dei veri principi ecclesiastici con un considerevole potere politico. Solo assai più tardi (con Gregorio VII) l'elezione del vescovo è sottratta all'investitura da parte del potere politico e restituita al clero e al popolo: ma il crollo e la conferma dell'elezione sono riserbati al Papa e ai suoi legati: così l'elezione diventa poco per volta una formalità e il giuramento di fedeltà che il vescovo deve prestare al Papa è una vera investitura che sottomette tutte le chiese dell'occidente alla chiesa romana. La chiesa si è trasformata in una perfetta autocrazia[641].

5. Con la degenerazione politica si accompagna la sua conseguenza naturale, l'intolleranza[642]. Finché il Cristianesimo fu perseguitato, l'ideale suo fu la tolleranza universale. Non che questa fosse veramente negli spiriti: già fin dal II secolo è messo in luce con particolare durezza il concetto di *eresia*. Celso nel II secolo rileva l'odio mortale con cui si perseguitano fra loro le varie sette cristiane. Ma le circostanze esteriori dimostravano con troppa

---

[640] Harnack, *Die Entstehung des Papsttums*, «Aus Wiss. u. Leben», I, pp. 211 sgg.

[641] Vacandard, *Ét. de critique et d'histoire religieuse*, I, 1913, pp. 121 sgg.; A. Dulac, *Les élections épiscopales au moyen âge*, «RHR», 1926, II, pp. 76 sgg.

[642] Boissier, *Fin du pagan.*, II, pp. 351 sgg.

eloquenza il valore della libertà di coscienza. Ciascuno, dice Tertulliano, deve poter adorare il dio in cui crede. Non spetta alla religione usare violenza in materia di religione: «non est religionis cogere religionem» (*ad Scapulam*, 2). «Guardate che non sia un favorire l'irreligione il togliere la libertà della religione e la scelta della divinità, il vietarmi d'adorare ciò che io voglio per costringermi ad adorare ciò che non voglio. Dove è il Dio che ama gli omaggi forzati? Anche un uomo non ne vorrebbe» (*Apologetico*, 24). E lo stesso dice ancora un secolo dopo Lattanzio: «Non difendete la vostra religione con l'uccidere i nemici, ma col morire per essa. Se voi credete di servirla col versare il sangue e col moltiplicare le torture, vi ingannate. Nulla deve essere più liberamente professato che la religione» (*Divinae Institutiones*, V, 20). Questo è anche il principio che ispira il nobile editto del 313. Ma appena il Cristianesimo ha il favore degli imperatori, questo favore medesimo lo corrompe, ne fa uno strumento di dominio politico e lo trascina nelle violenze della politica.

Costantino si unisce ai vescovi nel desiderio di riunire tutta la popolazione dell'impero in un'unica religione: questa era una conseguenza del despotismo politico; è difficile conciliare il despotismo con la libertà della religione[643]. L'interesse dell'imperatore per l'unità della chiesa era un interesse tutto politico; la chiesa cristiana poteva avere valore per la rigenerazione dell'impero solo quando avesse costituito una totalità spiritualmente unita; nel caso contrario avrebbe anzi introdotto il pericolo di scissioni insanabili. Le persecuzioni contro il Paganesimo cominciano, si può dire, appena il Cristianesimo trionfa; poco più di due decenni dopo l'editto di Milano la chiesa già promuove persecuzioni sanguinose contro gli eretici; nel 341 comincia la legislazione imperiale contro i riti pagani[644]. G. Firmico Materno, un neoconvertito, rivolge verso il 347 agli imperatori Costanzo e Costante (che avevano decretato la chiusura dei templi pagani e vietato sotto pena di morte i sacrifici) un libro appassionato per eccitarli a perseguitare il Paganesimo in tutti i suoi avanzi e a procedere contro di esso senza pietà come avevano fatto gli Israeliti contro i Cananei e gli idolatri. Lo stesso procedimento è applicato nelle discordie intestine; la setta che trionfa si atteggia a custode dell'ortodossia e invoca contro i dissidenti la persecuzione dello Stato. Non vi sono bestie feroci, dice Ammiano Marcellino, che siano tanto crudeli verso gli uomini quanto lo sono i Cristiani fra di loro. Così procede la chiesa con i donatisti. Agostino, che si era mostrato un

---

[643] Sulla condotta incerta di Costantino verso il Paganesimo dopo l'editto del 313 si v. Geffcken, *Ausgang*, pp. 90 sgg.

[644] Geffcken, *Ausgang*, p. 97.

tempo partigiano della persuasione e della dolcezza, si fa il patrono della violenza a fin di bene per guarire i ricalcitranti (come se tutti i persecutori non avessero la stessa presunzione!) e cita per primo la famosa proposizione di Luca: «*compelle eos intrare*» (XIV, 23). Triste esempio che doveva poi per secoli legittimare le più odiose violenze!

6. Il monachismo che prende, a partire dal IV secolo, così largo svolgimento nella chiesa è la reazione contro questa corruzione e questo paganizzamento del Cristianesimo[645]. «Strana ironia del destino! Fino a che il mondo era esplicitamente pagano, poteva anche il cristiano più convinto vivere in esso e, nel peggiore dei casi, morirvi per la propria fede. Quando il mondo ebbe una vernice cristiana, sono i membri più degni della società cristiana che si rifugiano per un certo tempo o per sempre nel deserto, per trovare là quella libertà che era scomparsa dalla chiesa trionfante. Questo monachismo è, nel primo suo secolo, una onorevole testimonianza contro la menzogna costantiniana; esso prova per la sua parte che il mondo corrotto dell'antichità morente non era, sotto Costantino, diventato cristiano, ma era entrato nella chiesa cristiana»[646].

Un'altra forma di reazione fu l'eresia donatista, che dal 311 fino alla conquista araba contese alla chiesa cattolica il dominio dell'Africa[647]. Essa sorse in occasione degli intrighi ecclesiastici che ebbero luogo a proposito dell'elezione di Ceciliano a vescovo di Cartagine nel 311; ma la sua origine è più lontana, nella reazione della religiosità popolare contro i politici della chiesa, i sacerdoti e i vescovi che di fronte alla persecuzione si affrettavano a capitolare, a consegnare i libri sacri, a cercare la salute nell'apostasia o nella fuga; il suo principio è la contrapposizione del principio evangelico della «chiesa dei martiri» all'unità gerarchica ufficiale. Essa vuole riattaccarsi direttamente all'età eroica del Cristianesimo per la sua comunione permanente con lo Spirito Santo, per la severità della disciplina, per l'intransigenza della condotta; «per riconoscere la vera chiesa cattolica e distinguere la comunione dei santi da quella dei profani», scrive un donatista, «bisogna leggere gli atti dei martiri». Essa fa dipendere il valore del sacramento non solo dalla rettitudine della fede, ma anche dal valore morale di chi lo conferisce. E mentre la chiesa cattolica traffica col potere secolare, la chiesa

---

[645] Burckhardt, pp. 409 sgg.; Amelineau, *Saint Antoine et le commencement du monachisme en Egypte*, «RHR», 1912, I, pp. 16-78.

[646] Th. Zahn, *Skizzen aus dem Leben d. alten Kirche*, 2ª ed., 1898, p. 235.

[647] Monceaux, *Hist. littér. de l'Afrique chrétienne*, IV, *Le Donatisme*, 1912; *Les martyrs donatistes*, «RHR», 1913, II, pp. 146-192; 310-344.

donatista si mette dalla parte della plebe esasperata dalla servitù e dalla miseria: l'insurrezione dei Circoncellioni, sinistre e feroci bande di rivoltosi che si chiamavano i soldati di Cristo, l'esercito dei santi, e non indietreggiavano né dinanzi alle stragi, né dinanzi al martirio, era in realtà una rivolta sociale diretta non solo contro la chiesa corrotta, ma anche e più contro i ricchi e i proprietari in pro dei poveri, degli schiavi, degli indigeni oppressi. La chiesa donatista non fu scevra di aberrazioni e di manifestazioni di fanatismo intollerante, ma nel suo principio fu una reazione del vero spirito cristiano e a buon diritto si contrappose come «la santa, la vera, l'unica chiesa cattolica» alla chiesa ufficiale, che trionfò solo per l'aiuto del potere civile. «Godi, esulta o pia madre, nostra chiesa! Istruita dalla disciplina del cielo, tu sei inattaccabile e invulnerabile nella lotta. Se bisogna resistere, è con l'anima che resisti, non con le armi. Tu non combatti col braccio, ma con la fede. Questo modo di lottare, che ti è proprio, ti vale numerose prove sulla terra, delle corone in cielo e l'indulgenza del nostro signore, il Cristo» (*Passio Donati*, 14).

7. La trasformazione del Cristianesimo dopo il IV secolo è così profonda che giustamente si è messo in dubbio se abbia ancora il diritto di portare questo nome. Certamente esso è d'allora in poi un'altra religione, che conserva ben poco di comune col Cristo. La sola tradizione veramente cristiana che in esso sopravvive è lo spirito di carità ereditato dal Cristo; questo è ciò che eleva ancora il Cristianesimo, anche paganizzante, al disopra del Paganesimo. Quando il pagano Simmaco voleva dare giochi solenni al popolo romano, ventinove germani si uccisero per non comparire nell'arena; Simmaco se ne duole e quasi accusa di viltà i morti, ma non ha una parola di pietà per quegli sventurati. «Che essi», dice Ambrogio parlando dei sacerdoti pagani, «contino dinanzi a noi i prigionieri che hanno liberato, i poveri che hanno nutrito, i soccorsi che hanno dato agli esiliati!»[648]. Di qui l'influenza salutare che il Cristianesimo esercitò sui rapporti della vita sociale; se qualche cosa mitigò in quei terribili tempi le conseguenze feroci d'un barbaro stato sociale, questo fu lo spirito cristiano. Un bell'esempio di vita cristiana è quello che ci dà san Martino[649]. Al disopra di tutte le virtù egli metteva la carità; essenziale per lui era di esercitare coi poveri e coi sofferenti le opere della misericordia. Aveva orrore per le violenze e le persecuzioni: cercò con ogni sforzo di salvare Priscilliano e non indietreggiò dinanzi alle umiliazioni per salvare qualcuno dei suoi seguaci. Il Cristiane-

---

[648] Boissier, *Fin du paganisme*, II, p. 289; Burckhardt, pp. 403 sgg.
[649] Boissier, *Fin du paganisme*, II, p. 58.

simo medioevale, erede della tradizione romana ha anche trasmesso, attraverso un'età di barbarie, le tradizioni culturali antiche ed è stato così l'educatore del barbaro occidente; ma questo merito culturale ha un valore ben limitato ed è anche discutibile se esso valga a controbilanciare ciò che l'ignoranza e l'intolleranza religiosa hanno implacabilmente distrutto. Il vero valore del Cristianesimo sta nello spirito di rinuncia e di dedizione che non ha cessato mai di vivere in una religione resa ormai straniera, nelle sue linee fondamentali, all'insegnamento del Cristo. E questo è lo spirito che oggi ancora le infonde, almeno nelle sfere più umili, un vigore di vita morale e di dedizione religiosa, che è la vera sua forza e la sola sua ragion d'essere nell'età presente. Di più per aver perpetuato, almeno materialmente, la tradizione evangelica, essa è stata la sede e l'involontaria nutrice della vera religione cristiana, che ha costantemente respinto e perseguitato come eresia, ma che in realtà si leva sopra di essa come una tradizione superiore, vera e sola erede dello spirito del Cristo.

PARTE QUINTA

LA TRADIZIONE CRISTIANA

1. Se una conclusione possiamo trarre dal quadro storico abbozzato nella parte precedente, questa è la conclusione stessa che troviamo già in tanti mistici: che la chiesa cristiana ha rapidamente deviato dall'insegnamento evangelico e che ciò che diciamo «Cristianesimo» non è la continuazione fedele dell'opera di Gesù, ma è semplicemente il nome collettivo d'una molteplicità di chiese che hanno fatto di Gesù una personalità divina e che, almeno nominalmente, considerano il suo insegnamento come la norma assoluta della fede e della vita: l'ulteriore svolgimento del Cristianesimo riproduce sostanzialmente, tenuto conto delle mutate condizioni storiche, lo stesso processo che abbiamo osservato nel Cristianesimo costantiniano. Ciascuna di queste chiese fa certamente sempre appello al nome e alla verità del Cristo; tutte le grandi personalità del Cristianesimo hanno creduto di continuare o di restaurare, ciascuna a modo suo, l'opera di Gesù Cristo. Questo vuol dire che ciascuna di esse ha ereditato dal suo pensiero qualche cosa di universale e di imperituro, che è ciò che partecipa ad esse un momento di verità e il diritto alla vita. Ma se noi esaminiamo il contenuto storico e dommatico, dobbiamo parimenti riconoscere che ciascuna di queste chiese presenta delle deviazioni più o meno profonde dalla dottrina di Gesù Cristo: deviazioni che non possono considerarsi come continuazione o svolgimento, perché anzi stanno con essa in diretta opposizione.

2. Il primo punto nel quale la dottrina ecclesiastica già in Paolo si oppose alla dottrina di Gesù è la fede in un mediatore di origine e di natura divina. Gesù non conosce mediatori fra l'uomo e Dio; la religione di Gesù è la religione del Padre. Anche se egli si è riconosciuto, esitando, come il messia, questi non è per Gesù che un uomo incaricato d'una missione divina, ma non diverso, per natura, dagli altri uomini. La religione di Paolo e di Giovanni è invece la religione del dio Cristo. Gesù non è ancora per Paolo un vero Dio, ma è già uno spirito celeste mandato da Dio per salvare gli uomini; in lui la parte essenziale della pietà cristiana è la fede nella morte espiatrice e nella risurrezione di Gesù Cristo. Il Cristianesimo posteriore è andato su questa via anche più innanzi facendo propria la teoria alessandrina del Logos e ha in realtà rinunciato al monoteismo di Gesù facendo di

Gesù stesso un Dio. Questo carattere si viene accentuando mano a mano che il Cristianesimo si apre alle influenze paganeggianti e interpone ancora fra il Dio Gesù e l'uomo altri mediatori: i santi, la Vergine, gli angeli. Le correnti riformatrici hanno in ogni tempo cercato di reagire contro questo paganizzamento; ma non hanno toccato il mediatore primo, Gesù, il vero Dio del Cristianesimo che ha relegato completamente nell'ombra il Dio di Gesù, il Padre celeste.

Ora il culto dei mediatori divini è sempre un segno di inferiorità nella vita religiosa. Il pensiero religioso originario si eleva direttamente verso Dio, come verso l'uno e l'unico, che solo veramente è; tutto ciò che è al disotto di Dio può essere un'immagine, un riflesso soggettivo, ma non può essere posto senza contraddizione accanto a Dio. È vero che l'intelligenza umana non può rendersi intuitivamente presente l'unità divina: sì che, come per un'esigenza naturale, è tratta a considerarla nelle sue manifestazioni e a porre queste come altrettante attività separate. È per un'astrazione di questo genere che noi, considerando Dio nel suo rapporto di infinita bontà verso gli esseri finiti, lo chiamiamo il Padre celeste. Il Buddismo posteriore ha impersonato questo momento dell'attività divina in Maitreya, il benigno; e la maggior parte delle divinità femminili devono la loro esistenza a questo bisogno umano di tenerezza e di protezione. Ma a quest'esigenza dello spirito umano nulla si può obiettare solo finché ad essa va unita la conoscenza del carattere relativo e simbolico di questa separazione.

La degenerazione comincia quando questi momenti sono posti come veri esseri divini distinti da Dio e perciò degni di avere accanto a lui ossequio e culto; quando cioè comincia il politeismo. Il severo monoteismo dell'antica religione ebraica con il suo divieto di rappresentare Dio in immagini ha la sua ragione nell'esperienza della naturale inclinazione della religiosità comune a sostituire a Dio le creazioni della sua immaginazione. A questo fenomeno degenerativo si riconduce anche il culto degli eroi religiosi, che sono anch'essi manifestazioni divine degne di venerazione, ma non perciò debbono essere posti, come idoli, accanto a Dio. Quindi il culto di Gesù è nel Cristianesimo, come anche il culto della Vergine e dei santi, «un'idolatria positiva» che Gesù avrebbe condannato con indignazione[650].

La radice prima di questo fenomeno degenerativo sta nell'ordine intellettivo, nell'incapacità di rappresentarsi il divino altrimenti che in forme

---

[650] Sabatier, *Les religions d'autorité*, etc, p. 457. Si vedano anche le fini osservazioni di J. Weiss, *Die Bedeutung d. Paulus für d. modernen Christen*, «ZNW», 1918, pp. 138 sgg. La «fede in Cristo» prende oggi sempre più la forma di una «imitazione di Cristo».

immaginative assolutamente inadeguate. Quest'incapacità non esclude l'intensità del sentimento; vi sono spiriti profondamente religiosi senza altezza speculativa, come vi sono intelletti speculativi eminenti senza interiorità religiosa. Paolo ha senza dubbio, come personalità religiosa, un alto posto; ma il suo culto di Gesù Cristo con la sua teoria della giustificazione è un elemento degenerativo che ha profondamente corrotto lo spirito della dottrina di Gesù.

3. Il secondo punto che differenzia profondamente le chiese cristiane dalla dottrina di Gesù è questo: che esse presuppongono l'adesione a un particolare sistema dogmatico, laddove la dottrina di Gesù si riduce a un punto fondamentale semplicissimo: alla distinzione e contrapposizione del mondo terreno e del regno di Dio. Gli stessi concetti di Dio come padre celeste, della risurrezione apocalittica, del destino futuro, sono in lui così lontani da ogni determinazione dogmatica che oggi ancora noi, a distanza di tanti secoli, rimosso il lieve involucro mitico, possiamo farne il fondamento della nostra vita religiosa. Questa indifferenza di fronte alla determinazione dei problemi teoretici è essenzialmente caratteristica della mentalità religiosa e ha un profondo senso filosofico. Anche Buddha insiste nella sua predicazione sulle quattro verità fondamentali e considera ogni altra indagine come qualche cosa di estraneo, anzi di funesto alla religione. Questo non vuol dire che la speculazione filosofica sia incompatibile con la religiosità: noi abbiamo esempi di unione dell'una e dell'altra in Socrate, Epitteto, Marco Aurelio, Eckhart. Ciò che è inconciliabile con la religiosità è la posizione dogmatica di dottrine o sistemi particolari come essenziali alla vita religiosa. Bisogna con Epitteto distinguere nella filosofia due parti. L'una è costituita da un piccolo numero di verità fondamentali, che sono quelle su cui tutti i grandi filosofi concordano, almeno secondo lo spirito, attraverso le differenze della lettera; e che sono anche il vero e necessario fondamento della vita religiosa. Elevarsi alla visione di queste verità fondamentali è elevarsi alla vita religiosa; né per giungere ad esse è necessaria un'attività speculativa complicata; esse costituiscono il patrimonio della comunione degli spiriti religiosi, che può mutar veste attraverso i secoli, ma rimane sostanzialmente sempre identico. Le *Upanišadi* possono concordare nelle conclusioni con M. Eckhart: la dottrina kantiana coincide, nelle sue linee più profonde, con la dottrina di Gesù.

L'altra parte della filosofia è costituita dall'elemento esteriore e controvertibile, che ha il suo fine e la ragion d'essere nella prima e ha per funzione di ricondurre ad essa le concezioni superficiali e mutevoli di ciascuna età. Anche questa seconda parte è necessaria per la fondazione e giustificazione soggettiva della prima: ma nessuna mente veramente filosofica vorrà vedere in essa qualche cosa di immutabile e di definitivo. Le concezioni mitiche e dommatiche (una specie di compromesso tra il mito e la filosofia) esercitano sostanzialmente la stessa funzione e hanno, nel piano di vita spirituale a cui appartengono, lo stesso valore. Ora ciò che caratterizza gli spiriti religiosi è l'indifferenza verso questa parte esteriore introduttiva, che non ha in sé ragione di fine; niente appare ad essi così ozioso, anzi pericoloso come l'arrestarsi nel campo delle discussioni speculative e dogmatiche che si propongono di definire l'indefinibile, cioè il convertire la religione nella filosofia e nella teologia. La vera religiosità è per essi costituita dall'immedesimazione dello spirito con le verità essenziali che necessariamente si traducono in una corrispondente pratica della vita. Una larga corrente ha sempre tacitamente seguito in questo, nel seno delle varie chiese, l'esempio di Gesù: e anche oggi ciò che sostiene le chiese cristiane nella loro lotta contro l'irreligiosità invadente non è la scienza orgogliosa e vana dei teologi, ma la carità silenziosa e attiva delle anime cristiane che ignorano le controversie dogmatiche e fondano la loro vita su convinzioni semplici e luminose, comuni a tutti gli spiriti religiosi. Ma fin dai primi tempi della chiesa questa corrente è stata sopraffatta, almeno nelle manifestazioni esteriori e storiche, dalla corrente, irreligiosa in fondo, dei partigiani dei dogmi e dei simboli di fede; i quali certamente possono essere professati, difesi e imposti senza che ciò esiga il sacrificio, la carità e l'umiltà della vita.

Questa identificazione della religione con un sistema particolare di dogmi ha anche un altro funesto effetto; e cioè di aprire e rincrudire il conflitto fra l'intelligenza e la religione. Dalla storia delle religioni appare chiaramente che la religiosità è stata sempre – fatte rare eccezioni – il privilegio delle classi umili e oppresse. Le classi dominanti, nelle quali si svolge la cultura intellettuale, sono troppo prese dalle preoccupazioni materiali per poter essere sinceramente religiose; inoltre esse si costituiscono generalmente in base a doti personali di audacia, di durezza, di assenza di scrupoli, che non sono conciliabili con la disposizione religiosa. Perciò le concezioni che si svolgono alle origini delle religioni sono in generale intellettualmente poco elevate e pongono a base della religione stessa rappresentazioni mitiche, che diventano più tardi un ostacolo allo svolgimento della filosofia e della scienza. Questo è quanto è avvenuto, come già si è visto, per il Cristianesimo stesso.

4. Un terzo punto che distingue la religione di Gesù Cristo dalle chiese cristiane è il predominio in queste dell'elemento simbolico – cerimoniale

ed ecclesiastico – sull'elemento spirituale e morale. Il simbolismo è pressoché inseparabile dalla vita religiosa; la direzione religiosa della vita si esplica non soltanto nella reale subordinazione delle attività inferiori all'idea religiosa, ma anche in via secondaria, con l'espressione simbolica di questa subordinazione; la necessità di questa espressione simbolica è dovuta alla natura prevalentemente sensibile e rappresentativa del nostro spirito. Ma la sua legittimità è legata alla condizione che lo spirito non perda di vista il carattere secondario e relativo del simbolo fino a farne qualche cosa che vale incondizionatamente per sé, sacrificando ad esso ciò che ne costituisce la ragion d'essere; e cioè la realtà spirituale che esso esprime. Ora con il processo della degenerazione religiosa è connessa naturalmente la tendenza ad attribuire al simbolismo religioso un valore proprio e indipendente; le cerimonie rituali diventano atti meritorii per sé, non per la disposizione spirituale che simbolizzano; la distinzione tra ecclesiastici e laici, che sorge semplicemente dal bisogno di direzione morale, diventa un'istituzione di origine divina! Allora abbiamo nella sfera di vita religiosa quella forma d'ipocrisia che Gesù ha così aspramente flagellato nei Farisei e che tuttavia si è così rapidamente costituita in tutte le chiese senza eccezione. Essa non comprende soltanto quella forma più grossolana e cosciente di ipocrisia che costituisce la vera impostura religiosa e che non è la più frequente, ma anche quella specie di attaccamento sincero (e tuttavia sempre in qualche modo interessato) alle tradizioni della propria parte o della propria chiesa, che conferisce ad esse un valore assoluto, pari e anche superiore ai veri comandamenti della coscienza religiosa. Da questo punto di vista è legittimo il rimprovero mosso in ogni tempo dagli eretici alle chiese dominanti, che in esse i varii comandamenti religiosi dell'umiltà, della rinuncia, della carità siano costantemente posposti all'osservanza di tradizioni umane rituali ed ecclesiastiche, che vengono poste come l'essenza e l'apice della vita religiosa. Quando Spener fondò i primi «collegia pietatis», nei quali dei laici si riunivano per leggere la Bibbia e promuovere in comune una vera vita cristiana, il fatto che dei semplici laici osavano, senza il concorso della chiesa ufficiale, occuparsi della salute delle loro anime destò nei pastori luterani e nelle stesse autorità civili un'agitazione indescrivibile, tanto profondamente immedesimata si era con la chiesa la degenerazione farisaica!

Un ritorno alla vera tradizione di Gesù Cristo non implica perciò una rinuncia all'elemento simbolico, come a qualche cosa di pagano, un'esecrazione di tutto ciò che l'arte – eterna creatrice di simboli – può fare di profondo e di grande per la maggiore intensità e diffusione della vita religiosa:

una rinuncia completa all'elemento simbolico non è umanamente possibile. Soltanto è necessario tenerne presente il vero senso e la vera funzione: i dogmi, i riti, gli ordinamenti debbono essere sorretti da un senso spirituale e subordinati al loro valore per lo spirito: quando essi vengono stabiliti e imposti per autorità – un'autorità che non ha in fondo nessuna giustificazione – diventano strumento di servitù e convertono la religione in cieca superstizione.

5. Se noi chiamiamo paganizzamento ogni deviazione della coscienza religiosa dall'unità spirituale di Dio, che è qualche cosa d'interiore e di soprasensibile, verso le forme inferiori e finite, che ne sono l'immagine e il simbolo, noi possiamo dire che il Cristianesimo deviò, immediatamente dopo Gesù, verso il Paganesimo: lo stesso culto mistico del Cristo, che caratterizza la religiosità di Paolo, è già un culto pagano. «La vittoria del Cristianesimo sulle religioni concorrenti è in realtà, e questo non sarà mai rilevato abbastanza energicamente, quasi sempre una vittoria del Paganesimo sulla religione di Gesù»[651]. Questo è già stato del resto rilevato da tutti quelli che hanno considerato con sagacia e libertà di spirito la storia del Cristianesimo dopo Cristo. «Non vi è dubbio», dice Spinoza, «che l'opera degli apostoli, i quali cercarono variamente di dare un fondamento alla religione, diede origine a molti dissensi e a scismi, i quali turbano continuamente la chiesa fin dai tempi degli apostoli e perpetuamente la turberanno, finché la religione non venga una volta separata dalle speculazioni filosofiche e ridotta a quelle pochissime e semplicissime verità che Gesù Cristo insegnò ai suoi discepoli»[652]. Reimarus ha ben riconosciuto che il Cristianesimo non è l'opera di Gesù, che anzi gli è, sotto certi riguardi, opposto[653]. Anche per Kant la religione di Gesù è la religione per eccellenza, la religione più vicina alla religione ideale della ragione. Se noi (egli dice) consideriamo la purezza della dottrina, la grandezza dell'esempio che il fondatore diede nella sua persona, l'assenza di ogni attaccamento superstizioso ai riti e alle cerimonie, che vengono sempre subordinate all'elemento morale, noi possiamo ben chiamare la religione di Cristo la vera religione. «Sorse un tempo un saggio maestro che quasi eresse sulla terra un regno di Dio in opposizione al regno terreno. Egli abbatté la sapienza delle Scritture, la quale conduce solo a dogmi che separano gli uomini ed eresse nei cuori il tempio di Dio e il trono della virtù. Egli si servì invero delle Scritture, ma solo per

---

[651] E. Meyer, II, p. 23, nota.

[652] Spinoza, *Tract. theol. polit.*, XI, *sub fin.*

[653] Schweitzer, p. 24.

abbattere quella fede, nella quale gli altri avevano giurato. Fu per un malinteso, fondato su questo difetto accidentale, che sorse nel suo nome una nuova fede scritturale, la quale ostacolò di nuovo il bene che egli aveva avuto di mira. Sebbene questa fede potesse essere buona, o almeno non funesta, essa tuttavia agì nel senso in cui agisce in fatto di religione ogni fede scritturale e cioè capovolse l'ordine, erigendo come essenziali i dogmi e le cerimonie che in sé sono soltanto cose sussidiarie»[654]. Questa corruzione del Cristianesimo cominciò subito dopo Cristo: su questo punto Kant si esprime con molta chiarezza nella famosa lettera a Lavater del 28 aprile 1775[655].

6. La storia del Cristianesimo che noi leggiamo nei manuali comuni non è quindi la storia della religione di Gesù Cristo: è una storia di movimenti religiosi che hanno preso da lui il nome: storia che, anche nel suo indirizzo critico, riproduce in fondo, razionalizzandola superficialmente, la costruzione violentemente arbitraria dell'ortodossia tradizionale. Nella lotta della chiesa con l'indirizzo ebraizzante del I secolo e col sincretismo gnostico del II secolo, nelle controversie intestine relative al dogma o alla disciplina è sempre l'indirizzo trionfante che costituisce «la chiesa» e che provvidenzialmente reprime le tendenze dissenzienti come «eresie». La chiesa comprendeva nel IV secolo allo stesso titolo la chiesa ariana della nazione germanica e la chiesa atanasiana della nazione latina: la vittoria di questa è affatto indipendente dalla sua verità e dal suo valore e la tesi ariana è assai più fedele alla tradizione antica: la chiesa atanasiana è per la storia la chiesa cattolica, la chiesa vera e l'arianesimo una deviazione, un'eresia. Anche il ricorso alla violenza dello Stato per la repressione dell'eresia appare come un intervento provvidenziale: la storia del Cristianesimo è seguita dall'esterno, nella storia delle grandi aggregazioni e istituzioni, anche se queste non hanno intimamente più nulla di cristiano. Di qui l'importanza capitale data alla riforma, la quale non è stata invece, spiritualmente parlando, che una sosta nel processo degenerativo. Che cosa importa se Sebastian Franck ha nella storia della religione interiore un'importanza ben più alta che Lutero? Lutero è posto tra i continuatori dell'idea cristiana e Franck è relegato a margine, tra gli eretici. Cristo è stato un mistico che ha raccolto intorno a sé una conventicola di umili e di poveri e ha condannato aspramente i Farisei: ora il cardine della chiesa è posto nello svolgimento di un'orgogliosa gerarchia di Farisei, che non ha più con Cristo nulla di comune: la storia della mistica è considerata come un particolare di secondaria

---

[654] Kant, *Reflexionen*, ed. Erdmann, I, pp. 213-214.
[655] Kant, *Briefwechsel*, I, 1900, pp. 168-172.

importanza di fronte alla storia della gerarchia e del dogma. Così tutta la storia del Cristianesimo è svolta da un punto di vista esteriore e settario che ignora completamente e di proposito l'essenza e la natura vera della tradizione cristiana.

7. Nessuna delle chiese che si dicono cristiane, dice il mistico Christian Hoburg, ha conosciuto il Cristo: la storia di queste chiese non è la storia della chiesa di Gesù Cristo[656]. Per tracciare la vera storia di questa chiesa bisogna fare ritorno al concetto che Gottfried Arnold ha svolto, così come era possibile al suo tempo, nella sua storia della chiesa e degli eretici[657]. La vera chiesa è la chiesa invisibile di tutti gli spiriti che hanno continuato e propagato la sapienza di Gesù Cristo: che non è né nella gerarchia delle chiese né nei vaniloquii dei teologi, ma è dappertutto dove è la croce: ossia dov'è la mansuetudine, l'umiltà della vita, la persecuzione, il martirio. «Est enim justitia et charitas unicum et certissimum verae fidei catholicae signum et veri spiritus sancti fructus; et ubique haec reperiuntur, ibi Christus revera est et ubique desunt, deest Christus»[658]. Se noi possedessimo gli*Acta martyrum* di tutti quelli che dal 315 in poi hanno affrontato per la loro fede le persecuzioni delle chiese, allora noi avremmo la vera storia della chiesa di Cristo!

Una tale storia, come ben si comprende, non sarà mai possibile. Noi possediamo sulle dottrine e sull'attività dei cosiddetti eretici soltanto le relazioni di parte ortodossa, cioè relazioni deformate dall'intento polemico e dall'odio di parte: la chiesa ha distrutto tutti i libri e tutti i documenti delle parti avverse in modo che noi non possiamo più farci un concetto adeguato dell'estensione e dell'importanza di questi movimenti religiosi. «Supponiamo», dice Fr. Cumont, «che il Cristianesimo fosse perito con la sua letteratura: quale idea ci faremmo noi secondo i monumenti epigrafici della sua estensione all'inizio del IV secolo? Si constaterebbe l'esistenza di comunità prospere in Frigia e di gruppi sporadici disseminati qua e là. Sarebbe tutto. Noi saremmo lungi dal supporre la diffusione che attestano le segnature del concilio di Nicea»[659].

---

[656] C. Hoburg, *Der unbekannte Christus*, 1700, pp. 84, 137, 161.

[657] G. Arnold, *Kirchen-und Ketzerhistorie*, 3ª ed., 1740. Si cfr. Seeberg, *G. Arnolds Anschauungen v. d. Geschichte*, «ZKG», 1920, pp. 285 sgg.; Flöring, *G.Arnold als Kirchenhistoriker*, 1883. Un eminente esempio di questo rifacimento della storia della chiesa – che in tanti altri punti dovrebbe essere rinnovata a fondo! – è il Marcione di Harnack. Si veda Harnack, *Marcion*, p. 215, nota.

[658] Spinoza, *Lettera*, LXXVI.

[659] F. Cumont, in «RHR», II, p. 128.

Le pagine che seguono non vogliono naturalmente essere, nemmeno da lontano, una storia del Cristianesimo spirituale: esse si limitano a richiamare, a titolo di dati di fatto, alcune linee fondamentali.

8. I primi veri eredi della dottrina di Gesù sono i suoi discepoli immediati che divisero con lui la fede nella patria celeste e con lui parteciparono all'umiltà della vita. Il quadro di questa comunità primitiva, verso la quale il Cristianesimo guardò sempre come verso una perduta età dell'oro, non è soltanto il frutto d'un'idealizzazione posteriore ma traspare ancora nella sua verità in qualche passo dell'antica letteratura cristiana. La figura di Stefano è d'una rara bellezza morale. L'autore della lettera agli Ebrei non sa trovare nella prima parte, come fondamento della fede, che le più povere cose: ma quando nel bellissimo capitolo sulla fede (cap. 11) viene alle conclusioni pratiche, la sua parola ha la semplicità e la sublimità della predicazione evangelica. Egli richiama dinanzi agli occhi dei fedeli l'immagine dei veri seguaci di Cristo: di tutti quelli che sono passati sulla terra con l'occhio fisso nel sogno celeste. «Essi furono lapidati, squartati, torturati, messi a filo di spada: andarono attorno vestiti di pelli, privi d'ogni cosa, afflitti, maltrattati – perché il mondo non era, degno di loro – errando nei deserti, nei monti, nelle spelonche e nelle caverne della terra» (XI, 37-38). Essi non hanno avuto nulla sopra la terra e non hanno trovato qui la loro patria: furono qui come «ospiti e pellegrini», perché cercavano un'altra patria, la patria celeste (πατρίδα ἐπουράνιον).

Ma questa prima comunità di Gesù è dinanzi a noi come l'ombra d'un sogno: essa è passata senza lasciare quasi traccia sulla terra. Le prime notizie storiche che abbiamo sulla comunità cristiana ci introducono nei dissensi di persone e di indirizzi e testimoniano degli inizi di quel processo di degenerazione che doveva condurre il Cristianesimo così lontano dalle tracce del suo fondatore.

9. Il primo che continuò e restaurò la dottrina di Gesù è Marcione di Sinope, nato verso l'anno 85 d.C., morto verso il 160[660]. Egli venne a Roma per predicarvi la sua dottrina e ivi probabilmente stese la sua opera maggiore *Le antitesi*, di cui abbiamo frammenti notevoli[661]. Escluso dalla chiesa nel 144, cominciò un'opera attiva di propaganda e diffondendo ovunque le sue dottrine raccolse intorno a sé una vera chiesa. La chiesa lo bollò come settario: Harnack lo ha rimesso nella sua vera luce come riformatore del Cristianesimo. Le confutazioni degli eresiologi debbono essere apprezzate al loro giusto valore. «Ireneo è un testimone attendibile, ma completamente

---

[660] A. v. Harnack, *Marcion, das Evangelium vom jremden Gott*, 2ª ed., 1924.
[661] Harnack, *op. cit.*, pp. 74 sgg.; 256 sgg.

incapace (e certo anche volutamente incapace) di comprendere Marcione. Di fronte alle idee fondamentali di Marcione egli è cieco e sordo: come tutti quelli che hanno combattuto questo singolare seguace di Gesù»[662]. Anche l'irrisione di Rhodon (di cui Eusebio ci ha conservato la relazione d'un colloquio col marcionita Apelle) testimonia solo della sua superficialità[663]. La polemica di Tertulliano poi è al disotto di ogni apprezzamento. Le obiezioni dei marcioniti contro l'ottimismo della teodicea comune sono ancora oggi invincibili: Tertulliano vi risponde con ingiurie che provano solo l'assenza in lui di ogni senso di carità cristiana. La sua retorica apologia del libero arbitrio (*Adversus Marcionem*, II, 5-9) non esce dalle solite banalità e non merita nemmeno l'esame. Al concetto di Dio pensato come pura bontà egli contrappone il concetto d'un Dio adirato, vendicatore, che scatena gli orsi contro i fanciulli che dileggiano il profeta Eliseo, che punisce nei figli le colpe dei padri (*Adversus Marcionem*, II, 15). E ciò basta a giudicarlo.

Il punto di partenza di Marcione è nelle controversie teologiche del suo tempo e nella posizione di Paolo rispetto all'Ebraismo: ma in fondo si riduce a una formulazione più recisa del dualismo implicito nel Vangelo di Gesù e nella risoluta attribuzione dell'antecedente Ebraismo a un principio inferiore: il Dio angusto, vendicativo e crudele dell'Antico Testamento non può essere il nostro Dio, che è perfetta bontà; egli è una potenza inferiore connessa con questo mondo miserabile, di cui è l'autore e il reggitore. Questo voleva dire non solo il rigetto della legge ebraica col suo preteso popolo eletto, con i suoi *Salmi* e i suoi profeti, ma anche il rigetto di questo mondo che è nella sua totalità l'opera di un principio imperfetto. Il vero Dio, che si è manifestato in Cristo e che si è rivelato per liberarci, non ha nulla da vedere con questo mondo, il quale anzi ne è il naturale nemico; è il «Dio straniero». Da questo punto di vista egli non solo rigettò radicalmente l'Antico Testamento, ma operò negli scritti della tradizione cristiana, che allora cominciavano a consolidarsi in un codice e che egli per il primo denominò «il Vangelo» (la buona novella), un'epurazione radicale. Egli accusa i primi discepoli di Gesù di avere già falsato la sua dottrina giudaizzandola: il solo vero apostolo di Gesù fu Paolo. Ed egli si pose come il continuatore dell'opera di Paolo, anzi umilmente come il suo discepolo: sebbene egli sia stato indiscutibilmente, dopo Gesù Cristo, la più grande anima cristiana di riformatore religioso, non pretese mai al grado di apostolo e non mirò ad altro che a restaurare la vera tradizione cristiana. Egli riconobbe per primo che i Vangeli non risalgono agli autori di cui portano il nome e vide in essi

---

[662] Harnack, *op. cit.*, p. 321.
[663] Harnack, *op. cit.*, p. 187.

dei travestimenti del vero e unico Vangelo che Paolo doveva aver ricevuto (noi non sappiamo come) da Cristo stesso. Considerò come più vicino a questo il Vangelo di Luca: ma in fondo ricostituì probabilmente, prendendo a base il Vangelo di Luca, un Vangelo unico col sussidio degli altri Vangeli. A fianco dei Vangeli pose le epistole paoline, su cui operò una selezione e un'epurazione analoga. Per quest'opera Marcione è stato il vero creatore del canone evangelico, di un nuovo Testamento contrapposto all'antico[664]: e a lui si deve se nello stesso vennero accolte con pari dignità le lettere di Paolo. Con la sua negazione radicale dell'Antico Testamento. Marcione ha logicamente eliminato la posizione ambigua in cui si arrestò Paolo e dopo di lui la chiesa, che accolse accanto alla predicazione di Cristo anche l'Antico Testamento, ma con limitazioni e interpretazioni arbitrarie: una posizione che si è perpetuata, con tutti i suoi assurdi, fino ai nostri giorni. Harnack rileva anche giustamente il sagace intelletto critico di Marcione, che lo avvicina in più d'un punto ai critici della scuola di Tubinga[665]. Ma per quanto grande sia stato sotto questo rispetto il valore di Marcione, l'opera sua più importante per noi è l'opera di rinnovatore del Cristianesimo.

Eliminando tutte le superflue speculazioni teologiche, Marcione ha riposto in prima linea il dualismo fondamentale del mondo e del regno dei cieli, che egli riconduce al dualismo del dio creatore e del dio redentore. Il dio creatore non è un principio cattivo ma un principio inferiore, è potente ma non infinitamente saggio, giusto ma senza bontà, limitato, dispotico. Questo mondo limitato, pieno di miserie e di controsensi, *haec cellula creatoris*, è la vera immagine del dio che lo ha creato. Spogliato del simbolismo mitico, questo dio è l'anima del mondo, il principio della vita empirica. L'uomo è una creatura e un'immagine sua: perciò un'immagine inferiore e imperfetta: perciò debole, mortale, volto al male. Di più il dio creatore gli ha dato una materia, un corpo: una carne impura e miserabile, una putredine. Il creatore aveva creato l'uomo per sé, per la sua gloria: perciò si irritò quando l'uomo si allontanò da lui, lo punì e cercò con i castighi e le promesse di attirarlo a sé imponendogli leggi severe, come un padre giusto, ma irritato. Questo dio creatore e legislatore è il Dio dell'Antico Testamento.

L'osservanza della legge è perciò qualche cosa d'inferiore e d'insufficiente: è un bene relativo al mondo e al suo Signore: ma non è un bene spirituale e diventa un male quando l'uomo si arresta in essa. Quindi anche l'Antico Testamento contiene precetti salutari che il popolo ebraico avrebbe

---

[664] Harnack, *Die Entstehung d. N.T.*, 1914, pp. 46 sgg.
[665] Harnack, *Marcion*, p. 208, nota.

fatto bene a seguire: ma essi non hanno alcun valore dal punto di vista religioso. E le sue predizioni valgono per il messia terreno atteso dagli Ebrei, non per il Cristo.

Il Dio redentore invece, il Padre celeste di Gesù, è pura bontà, «sola et pura benignitas»: la sua rivelazione è la rivelazione d'un liberatore: questa sola è un'attività degna di Dio. Egli è un Dio infinitamente più alto che il Dio creatore, «Deus superior et sublimior», e appunto per questo ignoto al mondo: il dio di Marcione è il dio straniero, «naturaliter ignotus, nec usquam nisi in evangelio revelatus»[666].

Cristo è Dio stesso nella sua rivelazione, è la potenza liberatrice di Dio rivelata all'uomo; Cristo non fu pertanto un dio distinto personalmente dal Padre celeste, ma nemmeno un uomo: fu una parvenza divina che ebbe tutte le apparenze e le attività d'un corpo umano. Come un raggio di Dio egli scese in un mondo tenebroso e miserabile, creato da un demiurgo insipiente, in mezzo a creature imperfette e infelici per trarle verso il regno spirituale della bontà e della pace. E la sua rivelazione fu la rivelazione della bontà: mentre secondo la giustizia del mondo beati sono i potenti e i ricchi, egli chiamò a sé i poveri e gli umili: le «beatitudini» sono per Marcione la vera sostanza della predicazione di Gesù[667]. Anzi egli scese anche negli inferi e liberò quelli che correvano a lui per avere misericordia, i Pagani, i peccatori, i figli di Caino: i giusti secondo la legge rimasero nelle tenebre col loro demiurgo. Sulla terra Gesù operò e sofferse come un uomo: subì per mitezza la morte e i tormenti che gli vennero dalle potenze del mondo: e questo fu anzi il prezzo con cui egli comprò le anime degli uomini che egli non aveva creato, che non erano sue, che erano per lui degli stranieri.

La conversione dell'uomo è perciò operata dalla rivelazione della bontà di Dio, non dalla obbedienza passiva o dalla paura: «Deus bonus timendus non est»[668]. Per il credente non vi è più né paura né legge: la sua natura si è trasformata e opera il bene per la necessità del suo nuovo essere. La critica di Tertulliano è qui improntata a quel grossolano edonismo che troviamo anche in Arnobio e in Lattanzio. Se Dio non punisce, perché fuggire il vizio? «Perché dunque, se non temi Dio, che è buono, non ti abbandoni a tutte le passioni – il bene supremo per tutti quelli che non temono Dio? Perché nelle persecuzioni non compri la vita con l'apostasia offrendo l'incenso?»[669].

---

[666] Tertulliano, *Adversus Marcionem*, V, 16.
[667] Tertulliano, Ivi, IV, 14.
[668] Tertulliano, Ivi, IV, 8.
[669] Tertulliano, Ivi, I, 27.

Coerentemente al suo dualismo Marcione insegna una morale rigorosamente ascetica. I catecumeni potevano sposarsi e vivere in matrimonio, ma egli ammetteva al battesimo e alla cena solo quelli che avessero fatto voto di non sposarsi o, se sposati, avessero fatto voto di continenza. La materia e la carne appartengono al demiurgo: l'unione sessuale è una corruzione peccaminosa. Vietato era l'uso del vino e della carne, salvo che dei pesci. Gli eletti dovevano rassegnarsi ad essere sempre poveri e perseguitati, pronti al martirio. Dovevano imitare Dio nella mitezza: Marcione condanna la violenza e la guerra. Harnack osserva che i suoi avversari ortodossi con tutta la loro acrimonia non hanno potuto rimproverare a Marcione una parola aspra verso quella chiesa che pure lo aveva respinto. Il merito suo principale della morale è di avere posto la vita religiosa in una sfera superiore alla pura legalità, a quella parvenza di moralità e di religiosità, la cui irreprensibilità esteriore è soltanto una maschera dell'egoismo.

Anche Marcione guardava, come Cristo, verso la fine del mondo come verso qualche cosa di non lontano. Ma poiché Dio non giudica e non condanna, anche il giudizio finale assume un altro aspetto: «Deus melior judicat piane malum nolendo»[670]. Nel giorno del giudizio finale Dio chiamerà a sé i suoi e ripudierà gli altri senza giudicarli e condannarli: allora avranno fine il cielo e la terra e con essi passerà anche il demiurgo e passeranno anche le anime di quelli che avranno escluso se stessi da Dio. Lo spirito dei figli di Dio sarà liberato dalla carne: essi saranno come angeli. Finché permane il demiurgo e il suo regno, essi restano qui come «stranieri», poveri, umili e perseguitati dai falsi Cristiani che sono i figli del mondo e i seguaci del demiurgo. Nel reciso dualismo, nel disprezzo del mondo, nell'altissimo apprezzamento della carità, nel ripudio delle speculazioni cosmologiche e metafisiche Marcione si riattacca a Gesù Cristo più che a Paolo. Come Cristo egli ha sentito aspramente l'abisso profondo che separa il cielo dalle cose della terra e ha riconosciuto che nessuna conciliazione è possibile fra di essi: di ciò dobbiamo fargli un merito e non, come Harnack, un demerito. L'unico e vero suo torto è d'avere concepito questa dualità non come una dualità interiore inerente ad ogni creatura sensibile, ma come una dualità di princìpi e di mondi, come due regni totalmente stranieri l'uno all'altro, è questo lo scoglio di ogni dualismo religioso, da Marcione a Karl Barth. Sotto questo riguardo è istruttivo il particolare che Teodoreto ci riferisce di quel vecchio marcionita, il quale si lavava con la propria saliva per non usare l'acqua che è creazione del demiurgo – come se il corpo lo fosse

---

⁶⁷⁰ Tertulliano, Ivi, I, 27.

meno! – e avrebbe voluto far senza anche del cibo[671]; e hanno ragione Clemente e Tertulliano[672] quando oppongono che pure l'acqua del battesimo e il pane della cena e tutti gli altri beni dei quali abbiamo bisogno per la nostra vita spirituale ci vengono dal demiurgo creatore.

Marcione fondò non una setta, ma una vera chiesa: l'anno della fondazione (144) era per i suoi seguaci l'inizio di un'era nuova[673]. I sacramenti del battesimo e della cena, come le altre cerimonie, non differivano essenzialmente da quelli della chiesa cattolica; la cena però era celebrata solo col pane e con l'acqua, ciò che del resto non era proprio dei marcioniti soli[674]. È degno di nota che nella chiesa marcionita non avevano luogo né la glossolalia né le visioni né le estasi, nessuna insomma delle forme della religiosità entusiastica della chiesa primitiva. Anche la chiesa marcionita aveva la sua organizzazione ecclesiastica, ma questa non costituiva una casta: le dignità ecclesiastiche non erano fissate in una gerarchia, ma venivano esercitate temporaneamente dai laici[675]. I suoi seguaci non erano inferiori ai martiri della chiesa cattolica nel coraggio e nel disprezzo della morte. Marcione non amava la filosofia, ma era filosoficamente colto e la sua concezione è, attraverso il lieve involucro mitico, una visione filosofica profonda. Ma egli mostrò l'altezza del suo spirito nel non attribuire un'importanza essenziale all'elemento dottrinale. Egli diede per mezzo del suo Vangelo un indirizzo,senza imporre nessun sistema teologico o filosofico. Nel seno della sua chiesa si formarono scuole che, concordi nei pochi punti essenziali, differivano tra loro in altri punti, ad esempio quanto al numero e alla natura dei princìpi inferiori o quanto al carattere del Cristo, ma esse sembrano aver coesistito pacificamente senza degenerare in sette fra loro ostili. In esse si continuò liberamente quell'opera di restaurazione dei testi evangelici che Marcione aveva iniziato e che egli stesso aveva esortato a continuare[676]. Marcione lasciò alla sua chiesa la stessa libertà anche nell'organizzazione e nel culto: senza coercizioni e senza violenze egli creò una grande chiesa che mantenne la sua unità per l'interiore consenso finché le persecuzioni

---

[671] Teodoreto, *Haeret. fab. comp.*, I, 24.

[672] Tertulliano, *Adversus Marcionem*, I, 14.

[673] Sul rapporto di Marcione con lo gnosticismo si veda le chiare e incisive conclusioni di Harnack, *op. cit.*, pp. 196-198, nota. Per quanto abbia con lo gnosticismo dei punti di contatto, il marcionismo è stato una religione popolare, non una gnosi, non una religione di misteri con tradizioni segrete: è perciò un grave errore il confonderlo con gli gnostici. Sulle differenze e analogie con il montanismo si veda E. Nöldechen, *Tertullian*, 1890, pp. 248 sgg.

[674] Harnack, *Über Brot und Wasser heim Abendmahl*, 1891, «TU», VII, 2.

[675] Tertulliano, *De praescriptione haereticorum*, 41; si cfr. Harnack, *Marcion*, p. 147.

[676] Sulle scuole marcionite si cfr. Harnack, *op. cit.*, pp. 164 sgg.

non la estinsero. L'autorità di Marcione rimase in essa sempre venerata e indiscussa senza che egli avesse bisogno di proclamarsi profeta o apostolo: la chiesa marcionita vedeva in cielo Cristo con Paolo alla sua destra e Marcione alla sinistra.

Nella seconda metà del II secolo la chiesa marcionita era estesa per tutto l'impero, ad Antiochia, ad Alessandria, a Corinto, a Roma, a Lione: «Marcionis traditio haeretica», scrive Tertulliano, «totum implevit mundum». La più antica iscrizione d'un tempio che possediamo (318-19 d.C.) è l'iscrizione d'una chiesa marcionita presso Damasco[677]. Verso il 250 essa era tuttavia in Occidente in forte regresso e scomparve durante il secolo IX; i suoi resti sono assorbiti dal manicheismo[678]. In Oriente sopravvisse più a lungo: nell'età costantiniana è ancora una grossa e forte comunità: poté allora godere della tolleranza largita a tutte le confessioni cristiane. Ma più tardi la persecuzione della chiesa e dello Stato e le conversioni forzate la condannarono a una rapida decadenza: uno scrittore arabo ricorda ancora tracce di marcioniti nel lontano Oriente verso il 980 d.C.: ma la chiesa era scomparsa.

Ai marcioniti si riattacca molto probabilmente la chiesa dei pauliciani che fiorì in Oriente, tra le persecuzioni, dal VII all'XI secolo circa[679]. Essa fu essenzialmente un Cristianesimo spirituale e antigerarchico, che manteneva la distinzione del Dio creatore (il Dio dell'Antico Testamento) e del Dio vero, il Dio redentore, e la concezione docetica del Cristo. Essa respingeva la costituzione gerarchica della chiesa e ogni forma di materializzazione del culto (i sacramenti, le immagini, la messa) ed esigeva una vita profondamente e sinceramente morale: «noi non stimiamo per nulla la croce, la chiesa, l'abito sacerdotale, la messa e apprezziamo solo una cosa: la disposizione interiore»[680].

Una propaggine dei pauliciani è la setta dei Tondraceni sorta nel IX secolo a Thondrak (Armenia), che si è conservata, nonostante tutte le persecuzioni, fino ad oggi: ultimi rappresentanti della chiesa marcionita[681].

---

[677] Harnack, *op. cit.*, pp. 341 sgg.

[678] Harnack, *op. cit.*, pp. 169 sgg.

[679] Döllinger, *Sektengeschichte d. Mittelalters*, I, 1890, pp. 1-33; Karapet Ter-Mkrttschian, *Die Paulikianer*, 1893, pp. 104 sgg.; Bonwetsch, *Paulikianer*, «RE», XV, pp. 49-53. Secondo Conybeare, *The Key of truth*, 1898, i pauliciani sarebbero una reviviscenza del Cristianesimo ebionitico.

[680] Karapet Ter-Mkrttschian, p. 144.

[681] Karapet Ter-Mkrttschian, *Die Thondrakier in unseren Tagen*, «ZKG», 1896, pp. 253 sgg. F.C. Conybeare ne ha pubblicato e tradotto il manuale, che ci dà un fedele quadro dell'antico paulicianismo: *The Key of truth, a Manual of the Paulician Church of Armenia*, 1898.

10. Dopo Marcione i rappresentanti più genuini di Cristo furono Mani e il Cristianesimo manicheo dell'Occidente. Mani (215-273), che morì sulla croce per sentenza d'un re sassanide e per istigazione dei Farisei del zoroastrismo, fondò in Oriente una grande religione universale, che è considerata generalmente come una religione autonoma, ma che in realtà mirò ad essere, come il marcionismo, una riforma e un compimento del Cristianesimo[682]. In questa religione Mani volle raccogliere e unificare le concezioni religiose più alte: egli riconosce d'aver utilizzato i documenti religiosi del parsismo, del Buddismo e del Cristianesimo e d'aver fatto confluire la loro sapienza nella sua dottrina come corsi d'acqua che confluiscano in un grande fiume. Dalle ultime scoperte appare che Mani fu anche nell'India e poté conoscere direttamente il Buddismo, la cui influenza sul manicheismo non può più essere negata. Ma egli aderì più strettamente a Gesù e al Cristianesimo, che conobbe specialmente in Marcione[683]. Non si deve credere che l'elemento cristiano sia stato aggiunto più tardi nel manicheismo occidentale: che anzi questo elemento è il nucleo essenziale e vivente della sua dottrina (Burkitt). Il culto di Gesù ha un largo posto anche nel manicheismo orientale[684].

Mani, nato verso il 215-16 d.C. a Babilonia, cominciò nel 242 la sua predicazione ed esplicò per più di trent'anni un'attiva opera di propaganda: scrisse numerose opere e lasciò anche molte lettere pastorali. Esiliato dal re Sapore, tornò in Persia dopo la sua morte verso il 273, ma dopo poco tempo i sacerdoti persiani, suoi irreconciliabili nemici, lo fecero arrestare e condannare a morte: morì sulla croce verso il 276-77 a Gundeshapur, la nuova capitale dei re sassanidi.

Mani stesso si occupò vivamente della diffusione dei suoi scritti e della predicazione della sua religione, che si estese rapidamente in Occidente come in Oriente. Dalla Mesopotamia il manicheismo si propagò nella Siria e di qui in tutto l'impero romano fino alla Gallia e alla Spagna: in Africa

---

[682] Baur, *Das manichäische Religionssystem*, 1831; Kessler, *Mani, Manichäer* «RE», XII, pp. 193-228; Cumont, *Recherches sur le Manichéisme*, 1908-12; De Stoop, *Essai sur la diffusion du Manich. dans l'empire romain*, 1909; Harnack, «LDG», II, pp. 513 sgg.; P. Alfaric, *Les écritures manichéennes*, 1918; *L'évolution intellectuelle de S. Augustin*, 1918, pp. 95-213; F.C. Burkitt, *The religion of the Manichees*, 1925; H. Scheder, *Urform und Fortbildung d. manichäischen Systems*, 1927.

[683] Mani ha derivato alcuni elementi anche da Bardesane, ma il suo vero maestro è Marcione (Burkitt, pp. 74 sgg). Sui rapporti col marcionismo si cfr. Harnack,*Marcion*, p. 350.

[684] Si cfr. E. Waldschmidt e W. Lenz, *Die Stellung Jesu im Manichäismus*, Berlin, «Akad.», 1926. Ivi è data a pp. 97-111 la traduzione d'un grande inno manicheo a Gesù conservatoci in una traduzione cinese.

fiorì vigorosamente e sopravvisse fino alla dominazione araba. Già verso il 296 Diocleziano condanna al fuoco gli adepti della nuova religione con le loro scritture: nel 381 Teodosio sancisce la pena di morte contro gli «eletti» e l'esilio contro gli altri. Le tracce del manicheismo si perdono, in Occidente, nel VI secolo, per risorgere più tardi nell'eresia degli albigesi e dei catari. Anche in Oriente gli imperatori bizantini decretano la pena di morte contro i manichei, tuttavia esso vi si mantenne più a lungo e si continuò nell'eresia dei Bogomili. Nella Mesopotamia le persecuzioni dei re sassanidi lo fecero scomparire; caduto il regno sassanide, ebbe un periodo di rifiorimento e sopravvisse anche alla conquista araba. Solo verso il X secolo esso cedette alla persecuzione islamica e sparì anche dalla sua patria originaria. Dalla Mesopotamia il manicheismo era passato circa il 700 nel Turkestan e nella Cina: nel 762 le tribù turche degli Uiguri fondano nella Mongolia occidentale un grande impero e adottano la fede manichea. Caduto l'impero nell'840, le tribù turche che lo costituivano conservarono la fede manichea ancora per qualche secolo: essa scomparve nell'Asia centrale solo al principio del XIII secolo sotto l'invasione mongolica. Nella Cina, tollerato da principio per l'influenza dell'impero uiguro, venne più tardi proscritto e perseguitato: pur vi persistette a lungo e ancora nel XIV secolo, quando già in Europa le voci dei suoi fedeli erano spente da secoli, si levavano sulle rive del Fiume azzurro le lodi di Mani «l'apostolo della luce»[685].

Nel seno del manicheismo si formarono numerose sette con relativa letteratura: ma la loro storia ci è quasi del tutto ignota. Noi conosciamo solo un poco da vicino, grazie ad Agostino, le vicende del manicheismo africano verso il 400 e la figura del «vescovo» manicheo Fausto di Milev, bella figura di uomo onesto, coraggioso, profondamente religioso, critico sagace e ardito delle Scritture, che precorre la moderna critica biblica, infinitamente superiore in questo ad Agostino[686]. E quanto alla purezza e alla nobiltà della sua mentalità religiosa si legga il nono dei suoi *Capitula* (nell'ed. del Monceaux) con la confutazione di Agostino (*Contra Faustum*, V); il giudizio è dato dai testi stessi. Il suo lato debole è l'assenza d'una forte cultura speculativa: egli è in fondo un retore, non un filosofo.

Mani è il solo grande fondatore di religione che abbia fissato con grande cura i suoi dogmi per iscritto e ne abbia raccomandato l'esatta osservanza. Egli era anche un abile pittore, che, secondo una tradizione conservataci da

---

[685] Sulla storia del manicheismo in Cina si v. Chavannes et Pelliot nel «Journal Asiat.», 1913, pp. 169 sgg.

[686] Si cfr. A. Bruckner, *Faustus von Mileve*, 1901; P. Monceaux, *Le manichéen Faustus de Milev, restitution de ses Capitula*, Paris, «Acad. inscr.», 1924.

Efrem, amava ornare i suoi manoscritti di miniature allegoriche[687]. Ma dei numerosi libri lasciati da Mani (in siriaco) e dai suoi discepoli non sono giunti a noi che pochi e insignificanti frammenti. Questa lacuna è stata in minima parte colmata dalle scoperte fatte dal 1904 in poi nelle grotte del Turkestan cinese che hanno messo in luce anche testi di qualche importanza: le *Confessioni degli uditori*, una specie di confessionario manicheo che in quindici sezioni enumera i peccati in cui possono incorrere i fedeli[688]; un trattato sulla natura del corpo carnale (in cinese)[689]; una raccolta di inni manichei (in cinese). Ma sono testi di cui ignoriamo l'età, il valore, l'origine: il loro significato ci è spesso oscuro e senza le informazioni arabe e cristiane sarebbero quasi inintelligibili. Si può comprendere quindi l'importanza della recente scoperta d'un certo numero di antichi testi manichei, che comprendono anche libri di Mani. Nel 1930 si ritrovò nelle rovine d'una casa copta in Egitto una cassa contenente sette codici, scritti prima del 400 d.C., contenenti la traduzione copta d'un'opera storica su Mani, dei suoi *Capitula* e delle sue lettere, di duecentotrenta *Salmi* manichei, di un certo numero di omelie e dei commenti al *Vangelo vivente* e all'*Epistola fondamentale* di Mani. Di tutti questi tesori noi non possiamo oggi avere altra notizia che quella dataci da C. Schmidt nei *Resoconti dell'Accademia delle scienze* di Berlino (1933, pp. 1-90). La scoperta dei testi originali ci permetterà senza dubbio in avvenire di valutare e utilizzare meglio le fonti arabe e cristiane, che erano fino ai nostri giorni l'unica fonte, copiosa ma sospetta, per la conoscenza del manicheismo[690].

Il manicheismo ha avuto la singolare fortuna (come il Buddismo) di essere fin dall'inizio una religione speculativa, gnostica: esso ha per punto di partenza una visione filosofica, non una rivelazione profetica. «Mani non fu un fanatico, né un visionario, né un profeta, ma un'intelligenza lucida e riflessiva» (C. Schmidt). Egli attribuisce la sua saggezza a una rivelazione del Paracleto, ma aggiunge: «io diventai un solo corpo ed un solo spirito (col Paracleto)», il che vuol dire che questa rivelazione fu un'illuminazione interiore. Quindi il manicheismo vuole essere una religione razionale, non fa appello a miracoli e ripudia la fede cieca[691]. Il cap. 142 dei *Capitula* di Mani or ora scoperti ha per titolo: «L'uomo non deve credere quando non

---

[687] P. Alfaric, *Les écrit. manich.*, I, p. 23.

[688] Tr. da W. Bang nel «Museon», 1923, pp. 137-242.

[689] Tr. da Chavannes et Pelliot n. «Journal Asiat.», 1911, pp. 499 sgg.

[690] Se ne veda l'elenco in «RE», XII, pp. 193-197 e in «RGG», III, pp. 1961-1963.

[691] P. Alfaric, *L'èvol. intellect. de S. Augustin*, pp. 74 sgg.

vede le cose coi propri occhi». E Fausto di Milev nei suoi *Capitula* si appella sempre alla ragione: «la fede manichea (egli scrive) mi ha insegnato a non accettare leggermente tutte le parole che i Vangeli attribuiscono a Gesù, ma ad esaminare se queste parole sono vere, legittime, autentiche»[692]. Agostino si convertì al manicheismo per il suo valore filosofico (*Confessioni*, III, 7; V, 10); e uno dei primi scritti di Agostino dopo la conversione, *De utilitate credendi*, è appunto diretto contro la pretesa dei manichei di condurre a Dio solo per le vie della ragione, «mera et simplici ratione». Esso fu essenzialmente una religione di intellettuali (Cumont). Al pensiero di Mani mancò però il salutare contatto con la speculazione ellenica: egli costruì una religione razionale, ma la espresse in forme orientali con le creazioni della fantasia. Questo costituì una debolezza perenne del manicheismo: ad esso manca il vigore che può nascere solo dall'educazione speculativa. Il manicheo Felice, che disputa con Agostino, è uomo senza cultura; il vescovo manicheo di Roma appare ad Agostino «homo rusticanus atque impolitus» (*De mor. manich.*, 74); lo stesso Fausto di Milev è un retore a cui manca una solida preparazione filosofica.

Dalle citazioni che ci sono state conservate appare che Mani, come amava ornare i suoi libri di miniature allegoriche, così amava il parlare figurato, le allegorie mitiche. La differenza tra il principio del bene e quello del male è come quella tra un re e un porco (Cumont, II, p. 97): i loro regni sono paragonati a due alberi; la grandezza, la potenza, la luce e la sapienza di Dio sono le sue quattro facce, ecc. In lui troviamo anche quella tendenza alle classificazioni che è propria dei testi buddisti (tre tempi, cinque arconti, cinque elementi, cinque spiriti, ecc.). Si veda un esempio di questa esuberanza di figure nel trattato sul corpo carnale tradotto da Chavannes e Pelliot («Journal asiatique», 6, 1911, pp. 308 sgg.). Questo elemento allegorico e mitico ebbe una vegetazione rapida e rigogliosa, e ciò favorì il processo della personificazione mitica, il culto degli esseri intermediari, degli angeli, ecc.; onde si costituì una vera mitologia manichea che assimilò in Oriente i suoi princìpi alle divinità del pantheon iranico e in Occidente poté accogliere, interpretandolo, il dogma della trinità. Questa cosmologia mitica fu veramente la parte debole del manicheismo, per cui esso prestò il fianco alle critiche avversarie. Già un filosofo pagano, Alessandro di Licopoli, rimprovera giustamente (verso il 300) alla dottrina manichea le sue favole; le critiche di Agostino nella sua confutazione dell'*Epistola fundamenti* sono specialmente rivolte contro il suo simbolismo cosmologico. È però vero che le spiegazioni naturali di Agostino sono almeno altrettanto barocche quanto

---

[692] Agostino, *C. Faust.*, XVIII, 3.

le stranezze manichee. Specialmente le fonti islamitiche e turche concedono a questi particolari mitici un eccessivo valore che offusca le linee generali del sistema. E lo stesso deve dirsi di gran parte delle esposizioni tradizionali, che fanno troppo largo posto all'elemento fantastico e considerano il mito come il nucleo essenziale della dottrina quasi compiacendosi a metterne in evidenza il ridicolo. Ora ciò che vi è di veramente ridicolo in questo caso è il dimenticare che la mitologia manichea è solo un simbolismo esteriore, il quale ci rinvia a una concezione razionale molto semplice. Fausto di Milev risponde appunto in questo senso ad Agostino: che le teorie cosmologiche hanno solo un'importanza secondaria e che l'essenziale della dottrina manichea è il suo elemento morale. Che gran parte di questi elementi mitici ricoprissero teorie filosofiche non v'è dubbio: non possiamo pensare che un uomo come Mani prendesse in senso proprio le teorie delle cause della pioggia o del terremoto che troviamo nelle cosmologie manichee. L'esposizione che Severo di Antiochia (verso il 500) ci dà nella sua 133ª omelia tradisce sotto il linguaggio immaginoso un dramma metafisico[693]. Noi sappiamo da Agostino (*Contra Epistulam fundamenti*, 6; 7; 28; *De natura boni*, 44) che il manicheismo, come religione filosofica, cercava di adattarsi anche alle intelligenze dei semplici. Fin dove arriva il travestimento allegorico e dove comincia la teoria filosofica? E quanto di questo elemento mitico risale a Mani? Questo è quanto oggi non possiamo sapere e quanto forse le ultime scoperte ci aiuteranno a determinare. Certo è ad ogni modo che, se non dobbiamo intendere i miti manichei sempre come pure allegorie, non dobbiamo nemmeno considerare la veste mitica come l'elemento essenziale: bisogna anche qui applicare ciò che dice Harnack dell'interpretazione degli gnostici[694]. Anche se Mani si è servito d'un simbolismo lussureggiante e ha volentieri travestito, come Platone, le verità razionali in miti, è però vero che il mito valeva per lui unicamente come veste e veicolo d'un pensiero religioso profondo. Tutti i racconti del regno della luce e del regno delle tenebre, delle lotte dell'uomo originario con i demoni delle tenebre e della creazione del mondo con i cadaveri dei demoni non sono che rappresentazioni simboliche della caduta dell'uomo nella vita inferiore e del processo della sua redenzione.

Il principio primo di Mani è la dualità fondamentale, irriducibile, del bene e del male. Vi è un principio del bene che è nell'essenza sua luce, purezza, bontà, saggezza: è la verità assoluta, Dio. Questo principio non è un essere personale, ma una realtà metafisica: una luce infinita e increata,

---

[693] Cumont, *Recherches*, II, pp. 81 sgg.
[694] Harnack, «LDG», I, p. 258.

una pienezza di beatitudine e di vita che Mani descrive con brillanti immagini mitiche. Non è assolutamente infinito, perché trova, almeno temporaneamente, un limite nel male: non è puro spirito perché i cinque elementi puri in cui in certo modo s'incorpora (l'etere, l'aria, la luce, l'acqua, il fuoco) appartengono alla sua essenza. Il principio del male è l'antitesi vivente di Dio, è il regno delle tenebre infinite. Non è un dio, perché ne è per essenza l'opposto: è in lingua volgare il demonio, in lingua filosofica l'hyle, la materia. Ma è qualche cosa di positivo, non una semplice privazione. Ciò che lo caratterizza spiritualmente è la discordia, l'odio: è un caos dove ogni elemento odia tutti gli altri e non conosce che se stesso[695]. Secondo Albiruni esso è nel medesimo tempo sensualità, libido[696]. Questi due esseri opposti sono per Mani l'albero della vita e l'albero della morte[697].

Tanto l'uno quanto l'altro principio danno origine a una serie di enti che sono (come nel zoroastrismo) personificazioni di princìpi metafisici o morali. La rappresentazione figurata dà ad essi l'apparenza di esseri mitici: ma in realtà, più che esseri distinti, essi sono semplici attività del principio luminoso o tenebroso: «la luce genera incessantemente degli angeli, come il saggio genera la saggezza»[698]. La loro esatta determinazione, che d'altronde nello stato attuale dei documenti è assai difficile, non ha quindi che un'importanza molto relativa. Le più importanti di queste figure sono l'Uomo originario, l'essere divino che originariamente procede da Dio per opporsi al male e che ad esso in certo modo soggiace; il Cristo celeste e lo Spirito Santo, che sono le potenze buone mandate da Dio a liberare la luce imprigionata nelle tenebre. Questi due ultimi principi costituiscono, con Dio, la trinità manichea[699].

Il mondo risulta da una specie di rivolta del «re delle tenebre» e dei suoi arconti contro il regno della luce. Sâhrastani (I, p. 288) dice che le opinioni dei manichei sulla causa di questa mescolanza del bene e del male erano diverse: l'essenziale è che essi consideravano queste due realtà come originariamente ed essenzialmente separate e la loro unione come dovuta a un accidente inesplicabile. Questa rivolta conduce in un primo momento a un trionfo momentaneo del male, che invade in parte il regno della luce, opprime l'essere divino destinato da Dio a combatterlo e così imprigiona in sé

---

[695] Cumont, *Recherches*, II, pp. 117-118.

[696] Albiruni, *India*, tr. Sachau, I, p. 39.

[697] Cumont, *Recherches*, II, p. 96; si veda anche l'immaginosa descrizione in Agostino, *Contra Ep. fund.*, 16, 19, 31.

[698] Sâhrastani, *Religionspartheien und Philosophenschulen*, tr. Haarbrücker, 1850, I, p. 288.

[699] Alfaric, *L'évol. intell. de S. Angustin*, p. 160; Agostino, *Contra Faustum*, XX, 2.

e trascina nelle tenebre elementi luminosi del mondo divino. Anche qui non è il caso di seguire nei suoi particolari questa storia del conflitto originario, la quale è data variamente dalle diverse fonti: essa è una storia mitica, la quale cela in sé un senso filosofico, che non sempre ci è chiaro. La creazione del mondo sensibile per opera di Dio è una difesa, una reazione del principio del bene. Esso è creato con gli elementi stessi del principio tenebroso per liberare la luce perduta nelle tenebre[700]: la creazione è il primo atto del processo di liberazione (Harnack). La metafisica manichea si completa qui con una specie di filosofia della natura nella quale abbondano gli elementi mitici, magici e astrologici[701]. Essa è probabilmente una creazione delle scuole manichee, sulle quali sembra aver avuto influenza l'astrologia babilonese: il sacerdote manicheo che viene verso il 719 in Cina è un dotto specialmente versato negli studi astronomici[702]. L'essenziale è soltanto questo: che dalla mescolanza degli elementi luminosi con gli elementi tenebrosi sorgono gli elementi del nostro mondo sensibile, nel quale tutto ciò che ha bellezza, forza e vita è dovuto agli elementi luminosi in esso imprigionati. Con le parti più pure della luce schiava della materia sono costituiti il sole, la luna e i cinque pianeti, che ricevono gli elementi luminosi quando si separano dalla materia e li rinviano, purificati, al regno della luce perfetta. Le stelle invece sono elementi tenebrosi e nefasti, risplendenti solo per la luce in essi imprigionata.

Un ulteriore momento nel dramma della liberazione è la creazione degli esseri viventi, che è invece opera degli arconti delle tenebre, i quali mirano con essa a incatenare stabilmente e trasmettere, con la generazione, i princìpi luminosi imprigionati nella materia[703]. L'uomo, gli animali e i vegetali sono quindi creature di Dio in quanto vive in esse un elemento luminoso e celeste: ma il loro essere esteriore e carnale è opera del demonio. Questa veste materiale e corporea è stata dalle potenze tenebrose foggiata sul modello del macrocosmo, che è creazione divina: quindi vi è una perfetta corrispondenza dell'uno e dell'altro[704]. Non bisogna tuttavia identificare senz'altro l'anima con l'elemento luminoso, perché anche dell'anima possono entrare a far parte elementi tenebrosi. Il corpo appartiene alle tenebre,

---

[700] Anche la potenza tenebrosa, Tiamat, che Marduk, il demiurgo babilonese, fende in due per fare dei suoi pezzi il cielo e la terra, è il simbolo del caos primordiale (Loisy, *Rel. d'Israël*, 1933, pp. 189-190).

[701] Alfaric, *Les écrit. manich.*, I, pp. 32 sgg.

[702] Chavannes et Pelliot, p. 185.

[703] Si cfr. Buonaiuti, *Saggi*, 1923, pp. 150-171.

[704] Chavannes et Pelliot, pp. 29-31.

ma anche l'anima può essere tenebrosa, anzi è quasi sempre tale in maggiore o minor parte. Onde la teoria manichea delle due anime[705]: vi sono anche anime tenebrose destinate a rimanere nelle tenebre in eterno. Il demonio ha creato Adamo ed Eva, ma nell'anima di Adamo prevale la parte luminosa, nell'anima di Eva, la tentatrice, la parte tenebrosa. Di qui anche le due umanità che si perpetuano nella storia: l'umanità di Adamo e di Seth e l'umanità di Eva e di Caino.

Tutta la storia rispecchia questa dualità e questa lotta: in quanto l'uomo è l'opera di Satana, questi si sforza con la sensualità e con le false religioni di tenerlo incatenato al mondo delle tenebre: ma egli ha da Dio un principio puro e nobile che anela alla liberazione. Per aiutarlo Dio manda al primo uomo, Adamo, l'eone liberatore, il Cristo celeste che dà ad Adamo coscienza della sua miseria e gli addita la via della liberazione: il Cristo celeste è la personificazione simbolica del principio divino in quanto esso è principio di liberazione. Esso resta presente all'umanità fin dalle origini per tutto il suo corso come luce liberatrice; esso suscita i grandi profeti e manda di tempo in tempo all'umanità sperduta un rivelatore: Zoroastro, Buddha, Platone. Il più alto di tutti, quello in cui s'incarnò lo stesso Cristo celeste, è Gesù, del quale Mani si considera continuatore e discepolo; tutte le sue lettere cominciano con «Mani, apostolo di Gesù»[706]. Mani condannò il Cristianesimo storico e ripudiò l'Antico Testamento come opera delle tenebre, ma riconobbe il valore dell'opera di Gesù. Però questo Gesù non è il Gesù storico; rispetto alla storia esteriore, Mani restò fedele al principio docetico: Gesù è «apparso» in Galilea e la sua morte sulla croce è stata solo un'apparenza[707]. L'ultimo degli inviati è Mani, incarnazione dello Spirito Santo[708]; Gesù e Mani sono come il compimento della rivelazione liberatrice, esseri divini; gli inni manichei invocano l'uno accanto all'altro il Signore Gesù e il Signore Mani.

Il dualismo condusse Mani a un ascetismo intransigente: la luce, di cui l'anima nostra migliore è una scintilla, deve liberarsi dal suo carcere tenebroso con la carità perfetta, con la rinuncia, con la povertà, con la continenza. Esso vieta non solo l'uccidere, ma anche il battere, il far soffrire gli esseri viventi, perché essi portano nel loro profondo un'anima simile alla

---

[705] Chavannes et Pelliot, pp. 50 sgg.; Alfaric, *L'évol. intell. de S. Augustin*, p. 117.

[706] Agostino, *Contra Faustum*, XIII, 4; si cfr. C. Schmidt, *Neue Originalquellen d. Manich.*, «ZKG», 1933, p. 10.

[707] Per la crocifissione apparente si cfr. gli *Atti* di Giovanni, 97 sgg. (Hennecke, pp. 187-188).

[708] Burkitt, *op. cit.*, p. 94.

nostra; è obbligo rispettare le piante e vivere in pace con la natura intera. Il cibarsi di sostanze animali è un peccato anche perché la carne è materia immonda, da cui il principio luminoso è completamente scomparso, e che introduce in noi le sordide passioni della materia. Anche la continenza sessuale è un precetto essenziale: ma se non si può essere continenti, bisogna almeno astenersi dal generare dei figli che ereditino la nostra miseria.

Rispetto all'osservanza della legge i fedeli si distinguono in due categorie: gli uditori e gli eletti. Gli uditori (o laici) facevano professione della vera fede, partecipavano al culto, ma si accontentavano di osservanze più leggere: i doveri del manicheo laico sono enumerati nel *Manuale della confessione* pervenutoci quasi intero, fra i documenti trovati nel Turkestan. Anche per essi valeva assolutamente il precetto di non uccidere: dovevano fissarsi nel mondo il meno che fosse possibile, non costruire case, non correre appresso alle ricchezze, soprattutto dovevano provvedere ai bisogni degli eletti. Questi erano i veri fedeli che osservavano pienamente la legge. Essi rinunciavano alla proprietà, non potevano avere una casa, non dovevano offendere alcun essere, non potevano nemmeno spezzare il pane che era spezzato per essi da un discepolo. Anche le donne potevano essere tra gli eletti. Costituivano una casta sacerdotale, «sacerdotale hominum genus»[709], divisa in tre gradi, presbiteri, episcopi e magistri: uno di questi era riconosciuto come il capo supremo della chiesa. Vivevano in piccoli gruppi dell'elemosina dei fedeli, parte di essi errava evangelizzando. Il suo rigoroso ascetismo diede al manicheismo un carattere antisociale che lo additò alle persecuzioni del potere civile: «il suo stesso ideale della virtù lo rese improprio a diventare la religione d'un popolo» (Cumont). Anche al manicheismo sono state mosse le stesse accuse di pratiche turpi che furono rivolte contro i Cristiani, contro i valdesi, ecc.[710]; principale artefice di queste accuse è stato un rinnegato, Agostino. Quanto alle accuse di riti turpi si può dire senz'altro che sono calunnie, fondate su rumori vaghi o su confessioni estorte coi tormenti: Agostino stesso riconosce che nei nove anni in cui appartenne al manicheismo non constatò mai niente di simile (*Contra Fortuna*, 3).[711] Quanto poi agli esempi di scarsa moralità che Agostino adduce, essi dicono al più che non tutti gli eletti erano dei santi: e che il rigore ascetico e la vita errante, cui questi erano condannati, condussero qua e là, come nel monachismo, al rilassamento e diedero origine a qualche scandalo; ma sono in sé troppo poca cosa per autorizzare un giudizio generale. E ancora

---

[709] Agostino, *Contra Faustum*, XXX, 1.

[710] Si cfr. su questo punto H. Haupt in «RE», I, pp. 164-165.

[711] Si cfr. Alfaric, *L'évol. intell. de S. Augustin*, pp. 165 sgg.; 243 sgg.

bisogna avvertire, a proposito di queste accuse, che Agostino ne aveva bisogno per palliare la sua apostasia determinata dall'ambizione e dalla paura. Solo una vita irreprensibile poteva dettare al manicheo Fausto di Milev l'altera dichiarazione che leggiamo nei suoi *Capitula:* «Voi mi chiedete (egli dice ai cattolici) se io seguo il Vangelo, mentre ne vedete in me la prova: io ne osservo i precetti. Tocca a me chiedere a voi se lo seguite, perché io non ne vedo in voi nessun, segno. Io ho abbandonato padre, madre, sposa e figli, tutto ciò che il Vangelo ordina di abbandonare; e voi mi chiedete se io seguo il Vangelo?»[712].

Il culto manicheo, com'è naturale trattandosi d'una religione universalmente perseguitata, doveva essere assai semplice e si riduceva al digiuno, alla preghiera, al canto degli inni. I testi a noi giunti contengono belle preghiere, veri gridi d'angoscia dell'anima che dai tormenti e dalle miserie infinite dell'esistenza innalza il suo sguardo verso il regno beato della luce. Agostino nota che i manichei amavano molto la musica (*De mor. manich.*, 46) e ci parla di cantici che egli cantava nelle loro riunioni (*Confessioni*, III, 14; *De mor. manich.*, 55); raccolte di inni manichei sono state esumate nel Turkestan e nei manoscritti copti testé scoperti. L'unica solennità loro era la celebrazione dell'anniversario della morte di Mani. In Oriente, dove godettero per qualche tempo una certa libertà, ebbero anche templi e un culto esteticamente raffinato.

Dopo la morte le anime liberate degli eletti, mescolandosi agli elementi puri, salgono verso i grandi corpi celesti, che sono esseri viventi di natura divina e che, simili a grandi navi luminose, le trasportano nel regno della luce eterna[713]. Il corpo loro, come parte impura e tenebrosa, è precipitato nelle tenebre. Le anime degli altri, cioè dei semplici fedeli e dei malvagi, restano sulla terra, dove errano fra mille tormenti; i primi per reincarnarsi in un eletto e liberarsi, gli altri per errare senza fine sino alla distruzione finale. Queste ultime sono le anime degli esseri che appartengono già nella vita al regno delle tenebre e non hanno accolto in sé alcuna particella della luce divina. Quando sarà venuto il momento della fine, un grande incendio libererà gli ultimi elementi luminosi prigionieri, la luce sarà libera per sempre e il regno di Dio sarà stabilito in eterno.

La concezione manichea è una concezione apocalittica che svolge con esuberanza di particolari, eccessiva per una mente filosofica, il dualismo fondamentale della predicazione evangelica. Essa ci dà una constatazione della dualità dell'esistenza, non una spiegazione; spiegazione che del resto

---

[712] Agostino, *Contra Faustum*, V, 1.
[713] Flugel, *Mani*, 1862, pp. 100 sgg.; Alfaric, *L'évol. intell. de S. Augustin*, pp. 149 sgg.

è altrettanto poco possibile con due princìpi come con uno. Su questo dualismo essa costruisce una visione elevata che in tutti gli aspetti della realtà vede l'opposizione e la lotta; gli elementi e gli esseri hanno una vita e un senso morale; tutto aspira verso la liberazione. Questa elevatezza filosofica e l'austerità della sua morale hanno esercitato in ogni tempo una viva attrazione sugli spiriti più religiosi; sì che, sebbene sia sempre stata una religione poco diffusa e quasi una setta segreta, essa oppose alle persecuzioni una vitalità meravigliosa. Ma questa è dovuta probabilmente anche alla personalità eccezionale del suo fondatore che morì per la verità sulla croce e fu veramente, come egli stesso si chiamava, un grande «apostolo di Gesù».

11. Il rinascimento religioso che accompagna, dopo il mille, il risorgere della cultura, è spiritualmente (non politicamente) ben più importante che la riforma; specialmente per i paesi latini dove l'oppressione della chiesa ha, si può dire, soffocato, dopo il XV secolo, ogni germe di vita religiosa. Una storia di questo movimento è impossibile per la povertà dei documenti; la genesi e la concatenazione dei suoi diversi indirizzi ci sfuggono completamente. Considerandolo nelle sue grandi linee noi possiamo scinderlo in due correnti; una corrente antiecclesiastica che è una reazione contro il carattere pagano e mondano della chiesa e si propone la restaurazione del Cristianesimo puro dell'età apostolica; una corrente antidogmatica, speculativa, che vuole fondare il rinnovamento della chiesa sul rinnovamento della dottrina.

La prima sorge nel seno stesso della chiesa per opera dei mistici, degli spirituali, che non possono reprimere la loro amarezza di fronte alla corruzione degli istituti e sperano che dall'eccesso del male sorga una reazione radicale. A questa speranza ha dato espressione Gioacchino da Fiore (circa 1135-1201) con la sua teoria delle tre età della chiesa[714]. La prima è l'età del Padre, che va fino a Gesù; la seconda è l'età del Figlio che è quella in cui viviamo e che volge alla fine; la terza è l'età dello Spirito Santo, l'età della chiesa spirituale rinnovata. La fine dell'età presente è caratterizzata dalla corruzione della chiesa, del clero, del papato, dei dottori; nonostante la sua sottomissione esteriore Gioacchino è animato da un vivo spirito antiecclesiastico. Le istituzioni e i sacramenti della chiesa presente non sono che la figura d'un ordine più perfetto che verrà quando regnerà lo spirito e sarà rivelato il Vangelo eterno, la dottrina spirituale di cui noi conosciamo ora soltanto la lettera.

---

[714] Si veda su di lui specialmente: Buonaiuti, *Gioacchino da Fiore, i tempi la vita, il messaggio*, 1931. Per la letteratura recentissima si v. «ZKG», 1933, pp. 93-94.

In Francesco d'Assisi (1182-1226) sembra incarnarsi questo atteso rinnovatore che avrebbe dovuto iniziare un'età nuova, un regno del Vangelo, una chiesa spirituale in luogo della chiesa papale[715]. Egli non volle in origine costituire un ordine, ma rinnovare l'età evangelica. Nei suoi inizi l'ordine francescano, anziché d'una società monastica, ha tutta l'apparenza di una di quelle confraternite di laici che si proponevano come sola regola l'ideale evangelico e che perciò suscitavano una così viva diffidenza nelle autorità della chiesa; la prima regola era costituita da pochi versetti del Vangelo. «Omnes fratres studeant sequi humilitatem et paupertatem Domini nostri Jesu Christi... Non resistant malo... Nihil sibi approprient, nec domum, nec locum, sed tanquam peregrini et advenae in hoc saeculo in paupertate et humilitate Domino famulantes vadant pro elemosina confidenter»[716]. L'opera sua non era molto dissimile da quella di Pietro Valdo; e forse solo il diverso carattere dei due fondatori diede alle loro creazioni un così diverso destino. Già durante la sua vita, con l'estendersi della comunità, si manifestano tra i seguaci tendenze dirette a mitigare il rigore della regola, ad accrescere il prestigio dell'ordine e a farne, in cambio di privilegi, uno strumento della potenza ecclesiastica. A capo di questa corrente sta un compagno di Francesco da lui prediletto e nominato suo vicario, frate Elia da Cortona. Ad essa Francesco non ebbe la forza di resistere; già nella regola del 1221 e più in quella da lui presentata al Papa Onorio III nel 1223 l'ideale francescano si converte in una regolamentazione monastica. Certo egli dovette soffrire di questa degradazione della sua opera e a questo rimpianto diede espressione nel suo «Testamento»; nel quale però raccomanda contemporaneamente la piena ubbidienza alle autorità della chiesa; una contraddizione che poteva risolversi solo con una tacita rinuncia all'ideale primitivo.

Morto Francesco, si accesero più vive le discordie fra gli spirituali, che si opponevano ad ogni attenuazione della regola, e i partigiani delle riforme. Gli spirituali vedevano nella società francescana non un semplice ordine religioso, ma il nucleo della futura chiesa spirituale; Francesco è per essi un nuovo Cristo. Essi accentuavano specialmente il dovere della povertà; «tota perfectio status est in paupertate evangelica». Le loro aspirazioni trovavano

---

[715] Sabatier, *Vie de S. François d'Assise*, 1894; N. Tamassia, *S. Fr. d'Assisi*, 1904; Salvatorelli, *Vita di san Francesco*, 1926; Ehrle, *Die Spiritualen, ihr Verhältnis z. Franziskanerorden und zu d. Fraticellen*, 1885-87, «Archiv f. Liter. u. Kirchengesch. d. M. A.», I, pp. 504 sgg.; II, pp. 106 sgg.; Tocco, *L'eresia nel medio evo*, 1884; *I primordi francescani*, 1904; *L'eresia dei fraticelli*, 1906; *Studi francescani*, 1909; *La questione della povertà nel secolo XIV*, 1910.

[716] Tocco, *L'eresia nel m. evo*, pp. 424-425.

un fondamento nella concezione dell'abate Gioacchino. Il movimento francescano segna l'inizio della terza età, di quella chiesa dell'evangelo eterno che sarà una chiesa di santi, «pauper, humilis et benigna»; che attraverserà dapprima le persecuzioni più crudeli, ma che sorpasserà in grazia e in santità la stessa chiesa degli apostoli. È l'ideale che ispira la semplicità commovente dell'antica letteratura francescana: i *Fioretti*, *Lo specchio di perfezione* di frate Leone, *Il libro delle conformità di Francesco con Cristo* di B. Albizzi. Questo partito dell'osservanza rigorosa riuscì a prevalere per alcuni anni nonostante la secreta opposizione della curia papale. Ma nel 1232 è fatto generale dell'ordine frate Elia, che promuove con ogni mezzo la mondanizzazione dell'ordine, reprimendo con mano di ferro la corrente spirituale. Dopo di lui si alternano al potere ora l'uno ora l'altro partito e continuano le discordie e le persecuzioni contro gli spirituali; che furono interrotte solo dall'avvento al papato di Celestino V (1294), il quale credette di appianare il conflitto con la separazione; una parte degli spirituali accettò questa soluzione e costituì la comunità dei «poveri eremiti». Ma le cose mutarono di nuovo con l'avvento di Bonifacio VIII (1294-1303), che nel 1302 soppresse i «poveri eremiti» e ristabilì l'unità francescana; e più con Giovanni XXII (1316-1334), «uomo punto mistico e senza scrupoli» (Tocco), che dichiarò eretica l'affermazione che Gesù e gli apostoli non avevano posseduto nulla e procedette severamente contro gli spirituali rinviando all'inquisizione i più ardenti: quattro di essi sono arsi a Marsiglia nel 1318. Tuttavia i «poveri eremiti» avevano continuato nascostamente a vivere separati sotto il generale Angelo di Clareno († 1337), il quale riesce con un'*Epistola excusatoria* (1316) a ottenere da Giovanni XXII la tolleranza; essi prendono d'allora in poi il nome di «fraticelli» e verso il 1350 di «clareni». I Clareni mantengono la purezza della regola, ma sostengono nello stesso tempo la necessità dell'obbedienza alla chiesa. La questione della regola continuò a provocare delle scissioni interiori nell'ordine finché Leone X nel 1517 riconobbe la separazione dell'ordine nei due rami tuttora esistenti; gli osservanti (una congregazione sorta nel 1373 col programma d'un moderato rigorismo) e i conventuali; i clareni si confusero nel 1568 con gli osservanti.

Ma la stessa persecuzione della chiesa mantenne viva, nel seno degli spirituali, la corrente degli oppositori estremi, di quelli che erano rimasti fedeli allo spirito primitivo e vedevano nell'opera di Francesco un ritorno puro e semplice a Cristo. Essi non solo mantengono con rigorosa fedeltà l'antica regola e le dottrine apocalittiche, ma condannano come eretici i

Papi da Innocenzo III in poi e considerano la chiesa papale come la chiesa dell'Anticristo.

Dispersi dalle persecuzioni dell'ordine e dell'inquisizione, tentano, in parte, di stabilirsi in sedi separate sotto capi proprii; così ad esempio il gruppo toscano guidato da Enrico da Ceva; ma finiscono poi per adottare una vita errante, confondendosi coi Begardi e assumendo una posizione sempre più ostile alla chiesa; il nome di «fraticelli», che dalla metà del secolo XIV in poi si restringe a questi spirituali estremi, diventa sinonimo di «eretici». Furono numerosi specialmente nella Francia meridionale, dove abbondano i giudizi dell'inquisizione contro di essi. Ancora nel 1466 a Roma sono arsi, dopo crudeli torture, molti fraticelli; d'allora in poi essi spariscono dalla storia.

12. Francesco d'Assisi non è una figura isolata nel suo tempo; un senso di religiosità intima richiamava le moltitudini verso una vita più conforme all'ideale evangelico: esse si affollavano intorno ai predicatori della povertà, a Roberto d'Arbrissel († 1117), Norberto di Xanten († 1134), Pietro Valdo († 1185?). Agli stessi motivi deve le sue origini l'istituto delle «beghine», che risale al prete Lamberto Le Bégue di Liegi († 1187). Egli raccolse verso il 1170 le donne convertite dalla sua predicazione in una specie di comunità claustrale che fu il primo «béguinage». Non sembra che le prime ospiti dei «béguinages» vivessero di mendicità: esse vivevano austeramente in comune in una grande casa o in un gruppo di case, ma con una certa indipendenza, occupate nel lavoro e nella preghiera; l'introduzione della mendicità ebbe luogo solo più tardi, sotto l'influenza degli ordini mendicanti. Istituti simili sorsero successivamente nelle Fiandre, in Olanda, in Francia, in Germania. In parte si confusero con le terziarie francescane, in parte mantennero più decisamente il loro carattere secolare. Ciò che li caratterizzava era la viva aspirazione verso un Cristianesimo evangelico e la tendenza a sottrarsi alla sorveglianza del clero; questo favorì nel loro seno il diffondersi di tendenze mistiche e quietistiche; più d'un sermone di M. Eckhart dovette essere tenuto dinanzi all'uditorio di qualche «béguinage»[717]. Ma vi erano anche gruppi di beghine che erravano mendicando, esposte a tutti i pericoli della vita avventurosa e all'ostilità della chiesa. Già nel corso del XIV secolo l'istituto degenera rapidamente; i «béguinages» si trasformano da rifugi di spiriti contemplativi in ospizi di povere donne viventi del loro lavoro. Questa umiltà e la regolarità della loro vita le salvò dalla persecuzione e permise loro di attraversare anche le tempeste della

---

[717] Mosheim, *De Beghardis et beguinabus*, 1790, p. 246.

rivoluzione; sotto questa forma alcuni «béguinages» si sono conservati, nel Belgio e in Germania, fino ai nostri giorni[718].

Sull'esempio dei «béguinages» sorsero verso il 1220 confraternite di beghini o «begardi», che si diffusero anch'essi, sebbene in minor misura, in Francia e in Germania[719]. Anch'essi costituirono, in parte, comunità umili e laboriose e si confusero con i terziari francescani; in parte però si mantennero indipendenti e adottarono, per sfuggire alla vigilanza e alle persecuzioni del clero, la vita di mendicanti erranti. Essi non avevano un'unità, un ordine fisso: costituivano per lo più delle piccole comunità accentrate intorno a un capo, generalmente un ecclesiastico, che li dirigeva e comunicava la dottrina segreta. Erravano mendicando in lunghe file; «ut grues incedunt... in plateis mendicant, panem propter Deum petunt». Trovavano generalmente favore presso le popolazioni delle città, anche presso i ricchi, ostili al clero. Sceglievano da sé i propri capi, in mano ad essi facevano i loro voti e ad essi si confessavano; avevano il loro linguaggio speciale, formule speciali di saluto; sottoponevano gli aspiranti a dure prove. Ciò che li caratterizzava era la tendenza antiecclesiastica e la professione di vita apostolica; essi insistevano specialmente sulla necessità di realizzare alla lettera l'ideale evangelico (povertà, divieto della violenza, umiltà di vita, ecc.).

Considerando la loro società come la vera chiesa, interpretavano a loro modo i dogmi, disprezzavano i decreti ecclesiastici, non curavano le scomuniche, rifiutavano di entrare negli ordini approvati dalla chiesa e ad essa ubbidienti. Data la libertà della loro vita, è naturale che in mezzo ad essi trovassero facile accesso le teorie eretiche e mistiche, specialmente le dottrine panteistiche del libero spirito: «begardo» diventa nel secolo XIV quasi sinonimo di «fratello del libero spirito». Ed è anche naturale che una parte di essi deviasse verso un panteismo mistico negatore di ogni legge e d'ogni moralità; onde le frequenti accuse, in fondo giustificate, che venivano mosse contro la loro vita. Questo traviamento si spiega in parte col naturale connubio del misticismo con la sensualità; un inquisitore riferisce la confessione di alcune beghine che spesso di notte nelle loro case pregavano nude credendo con ciò di servire meglio Dio[720]. In parte è dovuto alle tendenze rivoluzionarie che passavano facilmente dal campo religioso in

---

[718] H. Hoornaert, *Ce que c'est qu'un Béguinage*, 1921. Sulle beghine in Russia v. Leroy-Beaulieu, *L'impero degli Zar*, III, pp. 254-255.

[719] Oltre all'opera sopra citata e sempre ancora notevole del Mosheim, si v. H. Haupt, *Beitr. z. Gesch. d. Sekte vom freien Geiste und des Beghardentums*, «ZKG», 1885, pp. 503 sgg. Interessanti notizie su d'una casa di Begardi n. atti del processo di Metz del 1334 in Döllinger, *Beitr. zur Sektengeschichte d. Mittelalters*, II, 1890, pp. 403-406.

[720] Döllinger, *op. cit.*, II, p. 384.

quello morale e sociale; in parte infine alle condizioni anormali della vita errante; si capisce che nelle loro file dovevano cercare rifugio anche fuggiaschi, perseguitati e miserabili d'ogni specie. Ma non da queste accidentali degenerazioni deve essere giudicato un movimento che in generale condusse piuttosto a un quietismo ascetico; gli stessi inquisitori non mettono in dubbio, salvo casi particolari, l'austerità della loro condotta. Le tendenze eretiche e l'irregolarità della vita attirarono contro i begardi, dal secolo XIV in poi, i rigori della chiesa, che infierì senza pietà contro le loro associazioni miserabili e oscure e ne determinò in breve la completa sparizione.

13. Il movimento valdese ebbe origine quasi simultaneamente in Italia e in Francia da confraternite di penitenti e di predicatori laici che le persecuzioni a poco a poco forzarono a separarsi dalla chiesa[721]. Di Pietro Valdo, che diede ad esso il nome, sappiamo solo che la sua predicazione raccolse verso il 1177 a Lione una congregazione di laici che professavano e predicavano la libertà evangelica ed erano detti «poveri di Lione». Essendosi ribellati al divieto di predicare, vennero condannati e cacciati da Lione verso il 1184: essi si sparsero allora nella Francia meridionale e nelle regioni circonvicine. Contemporaneamente avevano origine a Milano i «poveri lombardi» da quelle congregazioni pie di laici che erano sorte in Lombardia verso il 1100 sotto il nome di «umiliati»[722]. Una parte di questi adottò la vita claustrale e si trasformò in ordine regolare: un'altra parte continuò a sussistere come confraternita di laici sottomessa alla chiesa; un'ultima parte si svolse liberamente non curando la proibizione dei Papi di tenere riunioni e di predicare in pubblico e si accostò ai seguaci di Pietro Valdo che si erano diffusi anche nell'Italia settentrionale. Così si formò a Milano un secondo nucleo di valdesi, che di là si sparsero rapidamente in tutta la Lombardia e nella Germania meridionale: l'editto del Papa Lucio III del 1184 è diretto contro gli «humiliati seu pauperes de Lugduno». Già fin dai tempi di Valdo però non sembra abbia regnato un accordo perfetto fra i poveri lombardi e i poveri di Lione. I primi costituivano una corporazione che si ascriveva a onore il vivere del proprio lavoro, mentre i poveri di Lione si davano interamente alla loro missione e vivevano di elemosina; inoltre i primi avevano su alcuni punti, specialmente sull'eucaristia, idee più radicali; soprattutto poi non intendevano sottomettersi all'autorità di Pietro Valdo e avevano

---

[721] Hahn, *Gesch. d. Waldenser und verwandter Sekten* (*Gesch. d. Ketzer im Mittelalter*, II), 1847; Tocco, *L'eresia nel medio evo*, 1884: Döllinger, *op. cit.*; H. Böhmer, *Waldenser*, «RE», XX, pp. 799-840; Comba, *Storia dei valdesi*, 1930.

[722] L. Zanoni, *Gli Umiliati nel loro rapporto con l'eresia etc.*, 1911; *Valdesi a Milano nel secolo XIII*, 1912.

scelto un proprio rettore. Il concilio di Bergamo del 1218, nel quale convennero sei deputati dell'una e dell'altra frazione, non valse ad appianare le differenze: le due correnti valdesi rimasero, se non ostili, separate.

La società valdese fu nelle origini una società di poveri volontari che volevano rinnovare la semplicità apostolica; che rinunciavano alla proprietà,alla posizione sociale, alla famiglia e si votavano a una vita ascetica e alla predicazione. La condanna trasformò quest'associazione in una chiesa che si diede una legge propria e subì in più d'un punto anche influenze catare. Il precetto fondamentale era quello della povertà: essi si chiamavano «pauperes Christi». Come i catari, condannavano il giuramento, la menzogna, l'effusione di sangue e ogni violenza. Condannavano tutto l'apparato ecclesiastico dei templi, delle benedizioni, della messa; negavano il purgatorio. L'efficacia dei sacramenti dipende dallo stato spirituale del ministro che li conferisce. Anche i laici, anche le donne hanno il diritto di predicare: «omnis laicus bonus est sacerdos». All'assenza d'un fondamento speculativo Pietro Valdo supplì con il ricorso alla Bibbia, che, tradotta in volgare, diventò il codice della dottrina e della vita. Il rigoroso biblicismo è un carattere per cui la chiesa valdese prelude alla riforma: esso ne favorì anche la rapida degenerazione dogmatica ed ecclesiastica. I membri della chiesa valdese erano distinti, come i catari, in due gradi: i perfetti o *magistri* e i discepoli, *credentes*, amici. I perfetti sottostavano a un periodo di prova, non avevano un domicilio fisso, vivevano di elemosina e si sottoponevano a severi digiuni; la loro unica preghiera era il Padre nostro. Essi erravano predicando: nei periodi di persecuzione si celavano sotto varii travestimenti, dove trovavano terreno favorevole cercavano di fondare dei piccoli gruppi raccolti intorno a un «perfetto». Gli «amici» aderivano alla chiesa, ma senza pronunciar voti e rimanevano nel mondo.

La società valdese si diede ben presto, dopo il 1184, una costituzione interiore. In Francia Pietro Valdo era considerato come il rettore, il capo supremo della società, stabilito per autorità divina, come Mosè e Paolo; egli elesse tra i perfetti i diaconi, i presbiteri e i vescovi, le tre dignità stabilite già nel N.T. A questi si aggiunsero i «ministri», che erano le persone di fiducia della società, non avevano funzioni ecclesiastiche ed erano scelti fra i laici o fra i recenti convertiti. Dopo la morte di Valdo i valdesi francesi posero a capo della comunità due procuratori; ma sembrano essere tornati, verso il 1300, alla costituzione monarchica, con molti vescovi e un solo rettore (maior minister). I valdesi lombardi ebbero invece fin dalle origini un proprio rettore supremo eletto a vita e stettero fedeli, sino alla fine, a questa costituzione. Una o due volte all'anno i perfetti o i loro delegati si radunavano in una specie di concilio che manteneva l'unione della società e decideva in ultima sede di tutte le questioni vitali; essa eleggeva anche il rector, la cui autorità scompariva solo di fronte a quella del concilio. La chiesa tedesca, che si staccò ben presto dalla chiesa italiana, si reggeva per mezzo di concilii propri, con suoi vescovi, senza alcun rector, senza un'organizzazione centrale. Vi era però una connessione tra le singole chiese ed erano mantenute relazioni amichevoli anche con la chiesa italiana.

I valdesi di Lione si erano rapidamente diffusi, dalla Francia, nella Spagna settentrionale, nella Lorena, nelle Fiandre. Dalla Lombardia la chiesa valdese si estende in Germania, dove verso la metà del XIII secolo è fiorente nonostante le feroci persecuzioni che mandano senza pietà al rogo uomini, donne e bambini: dalla Germania si estese nelle regioni vicine, nell'Austria, nell'Ungheria, nella Boemia e nella Polonia. Nella prima metà del XIV secolo i valdesi si diffusero dall'Italia superiore anche nell'Italia centrale e meridionale; molto probabilmente furono anche missioni di lombardi fuggiaschi che verso il 1300 propagarono la chiesa valdese nelle valli delle Alpi occidentali; i valdesi delle Alpi italiane seguivano l'osservanza valdese-lombarda e stavano con i valdesi lombardi in rapporto. Nuove colonie valdesi vennero fondate nelle Calabrie e nelle Puglie dai valdesi alpini; circa alla fine del XIV secolo la chiesa valdese ha la sua massima diffusione nell'Italia meridionale; verso il 1380 il rector dei valdesi italiani risiede nelle Puglie e nel XV secolo a L'Aquila. Anzi le missioni dei valdesi italiani penetravano dopo il XIII secolo nella stessa Francia meridionale, nella patria originaria della chiesa valdese, dove era stata soffocata dalle persecuzioni: nel 1492 i valdesi tengono un concilio a Lione stessa.

La ribellione dei valdesi ai decreti e alla disciplina ecclesiastica aveva attirato per tempo su di loro le persecuzioni della chiesa. Essi sono già condannati nel decreto di Verona del 1184 e nel quarto concilio lateranense del 1215. Nel corso del XIII secolo spariscono dalla Spagna, dalla Lorena, dalle Fiandre; nel XIV secolo anche dalla Francia meridionale. Nel XIII secolo la comunità italiana più fiorente è quella di Milano, ma nel XIV secolo scompare dalla Lombardia ogni traccia di loro. La circolare che nel 1368 la comunità milanese manda ai valdesi austriaci è l'ultimo suo segno di vita. Le continue e crudeli persecuzioni del XIV e XV secolo ne arrestano lo svolgimento anche nella Germania e nell'Austria. Gli ultimi avanzi si confondono col movimento hussitico; all'unione con gli hussiti si adoperò specialmente il loro ultimo apostolo, Friedrich Reiser, bruciato nel 1438 a Strasburgo. Ma lo spirito loro rivisse in una corrente considerevole del movimento hussita, nella chiesa dei fratelli moravi, che è d'ispirazione valdese.

Nel 1556 sono distrutte con barbare stragi anche le colonie valdesi dell'Italia meridionale: d'allora in poi l'ultimo avanzo dei valdesi è confinato nelle valli piemontesi, dove essi riescono, con tenacia ammirabile, a conservare la loro chiesa contro persecuzioni feroci e continue fino ai nostri giorni. Ma anche questa chiesa superstite non è più la chiesa valdese. Nel 1532 un concilio tenuto alla presenza del riformatore ginevrino Farel rinuncia a tutto ciò che vi era di specificamente valdese: la chiesa valdese non è più che una corrente della riforma: «Veterum religionem et fidem», scrive il commentatore dello scritto di Moneta contro i catari e i valdesi, «in aliam prorsus mutarunt»[723]. D'altra parte da più segni appare che al principio del XVI secolo la chiesa valdese non era più moralmente all'altezza dell'antica chiesa dei «poveri di Gesù Cristo».

14. La corruzione ecclesiastica provocò anche movimenti più radicali, esplicitamente ostili alla chiesa, dei quali non abbiamo però che una notizia molto imperfetta. Il più antico di questi oppositori, che noi conosciamo, è Pietro di Bruys, prete, che diffuse le sue idee nella Francia meridionale e fu arso verso il 1125 d.C.[724]. Egli respingeva il battesimo degli infanti perché «non aliena fides, sed propria cum baptismate salvat»; ripudiava l'erezione delle chiese come un'esteriorità inutile; condannava la venerazione della croce, che è stata lo strumento del martirio di Gesù; ripudiava l'eucaristia, le preghiere e le messe per i morti, lo sfarzo del culto. Egli accettava delle Scritture solo i Vangeli e ripudiava l'Antico Testamento: un tratto dovuto forse a influenze catare. Suo discepolo fu Enrico di Losanna, che ne continuò nella Francia meridionale l'opera e morì in carcere verso il 1150.

Gli apostolici italiani ebbero origine anch'essi da un'associazione di penitenti erranti, che, perseguitata dalla chiesa, si trasformò in una società riformatrice e resistette eroicamente con le armi ai suoi persecutori. Fondatore fu Gerardo Segalelli, uomo semplice e incolto che nel 1260 vendette la casa, distribuì il denaro ai poveri e andò predicando la semplicità apostolica[725]. Fondò un ordine mendicante senza capi, senza regola, senza alcuna organizzazione. Fu arso il 13 luglio 1300. A lui succedette nella direzione Fra' Dolcino nato a Prato nella Valsesia, uomo di grande ingegno, eloquente, energico[726]. Egli apparteneva all'ordine dal 1291 e aveva seguito

---

[723] P. Moneta, *Adv. Catharos et Valdenses*, 1743, p. XLVIII.

[724] Döllinger, *op. cit.*, I, pp. 75 sgg.; Alphandery, *Les idées morales chez les hétérodoxes latins, etc.*, 1903, pp. 105 sgg.

[725] Hahn, *op. cit.*, II, pp. 388 sgg. Döllinger, *op. cit.*, I, pp. 98 sgg.

[726] Si v. soprattutto la *Historia fratris Dulcini*, ripubblicata nella collezione muratoriana a cura di A. Segarizzi, 1907.

nell'Italia superiore per molti anni le turbe apostoliche: alla morte di Segalelli ne assunse la direzione. Per fuggire la persecuzione errò nascondendosi e predicando: nel Trentino, dove incontrò la bella e ricca Margherita, che diventò la compagna della sua vita, poi in Lombardia, infine verso il 1304 nella sua terra nativa, nella Valsesia. Stretto dalla necessità, cercò sicuro riparo contro l'esercito del vescovo di Vercelli che aveva bandito contro di lui una vera crociata, con un migliaio dei suoi sopra un erto monte: donde si ritrasse nel 1306 sul monte Rebello nel Biellese. Qui dopo un'eroica resistenza e aspre sofferenze venne sopraffatto e preso prigioniero il 26 marzo 1307. Margherita rifiutò di convertirsi e venne arsa viva; Fra' Dolcino subì lo stesso destino dopo aver sopportato i più crudeli tormenti, durante i quali «nunquam mutavit faciem» (Benvenuto da Imola). Nella Valsesia non è del tutto spento il ricordo dell'eroico ribelle e dei suoi seguaci, le cui ombre percorrono ancora, secondo la leggenda popolare, in lunghe file i sentieri del monte che vide il loro martirio. La setta degli apostolici si estinse nel secolo XIV tra le persecuzioni: ancora verso il 1350 vengono arsi a Padova ventidue seguaci di Fra' Dolcino.

Fra' Dolcino accettava, modificandola, la teoria gioacchimita dei tre periodi. Per lui il terzo periodo della chiesa comincia con Silvestro Papa e con la costituzione della gerarchia ecclesiastica che, buona e salutare nelle origini, si venne alla fine corrompendo. Le regole monastiche di san Benedetto, di san Domenico e di san Francesco hanno inutilmente cercato di mettere un argine a questa corruzione e con esse si chiude il terzo periodo. Il quarto si inizia con la predicazione di Gerardo Segalelli e apre una serie di persecuzioni dopo le quali il papato verrà distrutto e sarà rinnovata la chiesa: allora gli apostolici regneranno fino alla consumazione dei secoli. Il fine loro era quello di realizzare il vero ideale evangelico al quale gli ordini mendicanti si erano resi infedeli: vivere senza sede fissa, senza voti, senza cure per il domani, nella sola obbedienza di Dio, predicando la penitenza e il regno dei cieli. Coloro che entravano nella comunità dovevano vendere il proprio, distribuirlo ai poveri e vivere d'allora in poi anch'essi come poveri. Condannavano il giuramento, il fasto del culto, i templi: un tempio non vale, per pregare Dio, meglio che una stalla ed è meglio pregare nelle foreste che nei templi. Respingevano la distinzione dei laici e del clero, le gerarchie, gli ordini religiosi: ripudiavano la chiesa ricca, orgogliosa e persecutrice. L'unico punto in cui Dolcino si stacca dal Vangelo è nella sua affermazione del diritto di difendersi con le armi contro i persecutori piuttosto che abbandonare la fede: ma chi potrebbe fargliene colpa? Contro gli apostolici vennero mosse le stesse accuse di immoralità che erano mosse a tutti i settari, e che sembrano corroborate dal fatto che le loro turbe erranti comprendevano uomini e donne. Ma gli apostolici, pur ponendo come ideale il matrimonio spirituale, non erano legati da alcun voto di continenza: Dolcino stesso non nascose di aver scelto a sua compagna l'eroica Margherita. L'accusa di sottoporre la virtù della castità a turpi prove (docebant... quod jacere cum muliere et non commisceri e carnalitate maius est quam resuscitare mortuum) non ha alcun fondamento di prova: la stessa accusa era mossa a tutti gli eretici e venne mossa anche a san Roberto d'Arbrissel, fondatore dell'ordine di Fontevrault[727].

15. I movimenti religiosi dell'Occidente che si proposero un rinnovamento del Cristianesimo attraverso un rinnovamento del suo fondamento speculativo si possono ricondurre a due antiche correnti: alla corrente dualistica, iranica, manichea (catari) e alla corrente idealistica, neoplatonica (fratelli del libero spiato, Eckhart). Sull'origine dei catari (puri) si è dissertato in vario senso: ma essi si riattaccano senza dubbio al manicheismo attraverso i dualisti del Medioevo bizantino (pauliciani, bogomili): se anche nell'Occidente abbiano persistito attraverso il primo Medioevo germi del manicheismo antico è una questione che qui possiamo lasciare da parte[728]. Certo è, ad ogni modo, che verso il Mille, sotto l'influenza dell'Oriente, si nota specialmente in Francia un forte risveglio delle idee dualiste. L'arcivescovo Gerberto di Reims nella sua professione di fede (991 d.C.) si pronuncia formalmente contro le dottrine catare; nel 1022 tredici catari sono arsi a Orléans; verso il 1030 è scoperta nell'Italia superiore una comunità di catari che sceglie di morire nelle fiamme piuttosto che convertirsi[729].

Cento anni dopo il catarismo è una religione fiorente specialmente nell'Italia settentrionale e nella Francia meridionale. Essa trovò il suo più valido aiuto nella corruzione scandalosa della chiesa: la sua purezza morale, la sua semplicità evangelica, la fermezza eroica dei suoi martiri colpivano la moltitudine che si raccoglieva con ardore intorno ai predicatori catari e

---

[727] Cfr. Bayle, *Dictionn.*, II, pp. 899-904.

[728] Sul catarismo: Hahn, *Gesch. d. Ketzer im Mittelalter. I. Gesch. d. neumanich. Ketzer*, 1845; Schmidt, *Histoire de la secte des Cathares ou Albigeois*, 1849; Steude, *Ub. d. Ursprung d. Katharer*, «ZKG», 1882, pp. 1 sgg.; Tocco, *L'eresia nel medio evo*, 1884, pp. 73-134; Döllinger, *Beitr. z. Sektengesch. d. Mittelalters*, 1890, I, pp. 110 sgg.; Zöckler, *Neumanichäer*, «RE», XIII, pp. 757 sgg.; P. Alphandery, *Les idées morales chez les hétérodoxes latins etc.*, 1903, pp. 34 sgg.; I. Guiraud, *Quest. d'hist. et d'archéol. chrét.*, 1906; Molinier, *L'église et la société cathare*, 1907; Vacandard, *Études de crit, et d'hist. relig.*, II, 1910, pp. 179 sgg.

[729] Döllinger, *op. cit.*, pp. 59 sgg.

facevano la più viva impressione sugli stessi ecclesiastici. I baroni li accoglievano con deferenza e con gioia, affidavano loro l'educazione dei figli e assicuravano ad essi nei loro castelli un rifugio sicuro. Ezzelino da Romano e Matteo Visconti vicario imperiale di Lombardia furono protettori dei catari. Verso il 1250 vi erano in Italia sedici chiese catare rette da vescovi: uno dei focolari più attivi era Milano. Celebravano pubblicamente il loro culto e tenevano dispute pubbliche: in molti luoghi la chiesa non ardiva procedere contro di essi. Nella Francia meridionale essi occupavano le città, le campagne e i castelli: si erano insinuati in tutte le classi sociali, anche nel clero, e diffondevano pubblicamente e sicuramente le loro dottrine. Dalla Francia il catarismo si diffuse anche nelle Fiandre, nella Spagna settentrionale, in Germania. Verso la fine del XII secolo la chiesa catara era estesa per tutta l'Europa: sebbene costituita di comunità indipendenti, essa ha coscienza della sua unità e diventa una vera minaccia per la chiesa cattolica.

La chiesa, che si era limitata prima alle missioni e alle dispute pubbliche, ricorse allora alle armi e soffocò nel sangue la nascente religione catara dopo un secolo di persecuzioni implacabili, nelle quali si associano le violenze della guerra e gli orrori dell'inquisizione[730]. La lotta comincia verso il 1200 sotto Innocenzo III: nel 1208 è bandita contro gli albigesi (così erano chiamati i catari della Francia meridionale) una crociata che sotto la guida del fanatico Simone di Montfort diede occasione a stragi orribili e sconvolse tutta la Francia meridionale senza tuttavia riuscire alla distruzione dell'eresia. L'inquisizione, affidata al nuovo ordine di san Domenico, continuò l'opera della crociata con procedimenti anche più iniqui e più terribili. Nel 1239 nella Champagne una comunità intera di circa duecento persone, uomini e donne, è mandata al rogo dagli inquisitori: i fedeli ricevettero ai piedi del rogo il sacramento solenne del consolamentum dal loro vescovo e si precipitarono con gioia nelle fiamme. La persecuzione degli inquisitori culminò con la presa e la distruzione del castello di Montségur (1244), l'ultimo asilo della chiesa catara: più di duecento «perfetti» vennero allora presi e fatti perire nelle fiamme. Molti catari cercarono allora un rifugio in Italia, gli altri tentarono di sottrarsi all'inquisizione nelle foreste e nelle gole inaccessibili delle montagne. La chiesa catara conservò tuttavia per qualche tempo ancora la sua organizzazione e la sua influenza, ma già verso il 1270 non vi sono più vescovi catari in Francia: le ultime persecuzioni contro i catari sono del 1330 circa. Anche in Italia l'inquisizione non era stata inoperosa: nel 1270 a Sirmione essa fa bruciare settanta perfetti, dopo il 1300

---

⁷³⁰ Schmidt, *op. cit.*, I, pp. 15 sgg.

l'eresia catara scompare dalla Lombardia. Qualche avanzo sopravvisse ancora oscuramente, sembra, fin verso il 1400 in alcune località del Piemonte e della Lombardia: la chiesa catara aveva vissuto poco più di tre secoli.

Un'esposizione delle dottrine catare deve necessariamente fondarsi sulle notizie dei suoi persecutori cattolici. I catari ebbero una notevole letteratura religiosa e filosofica che è stata completamente distrutta: a noi non è giunto che un frammento d'un rituale.

La religione catara riconduce l'origine delle cose a due princìpi fondamentali, buono e cattivo, la cui opposizione è anche qui, come nel manicheismo, rappresentata spesso per mezzo di bizzarre immagini mitiche. Dio è la bontà assoluta: egli non può contenere, né generare alcunché d'imperfetto. La realtà in cui viviamo è invece imperfetta e dolorosa e porta in sé un principio di morte che costituisce l'essenza e il destino di ogni creatura. Dio non può quindi aver creato il mondo. Tuttavia il mondo non può essere l'effetto d'un cieco caso: esso mostra, anche nella sua imperfezione, un disegno intelligente, deve quindi essere la creazione d'una causa intelligente e malvagia. La scuola più antica e più diffusa del catarismo ha mantenuto questo dualismo in tutto il suo rigore. Vi sono due nature eternamente contrarie: il principio del bene, Dio, che ha creato gli spiriti puri e il mondo invisibile; e il principio del male che ha creato questo mondo sensibile, la materia, la natura, il cielo, i nostri stessi corpi e che ne ha il governo. Secondo i catari le anime umane sono di due specie. Una parte di esse è costituita di spiriti puri, angeli caduti che debbono purificarsi attraverso l'esistenza terrena prima di ritornare nel mondo divino. Ciò che le ha allontanate da Dio è una contaminazione esteriore: la loro caduta non ha luogo per un atto di libero arbitrio, che sarebbe un'imperfezione, ma per una specie d'impurità prodotta in esse dal contatto col principio del male. Questa caduta è in fondo la colpa prima – colpa involontaria – dell'anima; tutte le colpe sopravvenienti sono impurità che derivano dalla contaminazione iniziale e non possono essere evitate. I catari negavano il libero arbitrio, ma non la libertà: l'anima pura, che è per natura diretta al bene, non può tendere al male; il male è un'impurità esteriore che la colpisce, ma non le appartiene. Quindi essi non incitavano affatto al pentimento: tutte le astinenze e le penitenze dei perfetti non avevano affatto per fine di espiare peccati che in fondo erano un'opera di Satana, ma di cancellare l'impurità originaria, di riaffermare la propria natura perfetta[731]. Però questa contaminazione non riflette l'essere spirituale nella sua totalità: una parte di esso, che è l'anima

---

[731] Döllinger, *op. cit.*, pp. 195 sgg.

propriamente detta, cade dal mondo divino nell'esistenza sensibile, ma l'altra parte, lo spirito, resta nel mondo divino ad attendervi la sua riunione con l'anima, come una specie di angelo protettore e di guida celeste.

Il principio del male, Satana, rinchiude le anime pure cadute in corpi materiali per legarle eternamente a sé e le mescola qui con le sue creature, le anime diaboliche: le anime degli scellerati e dei tiranni che rappresentano il principio del male sulla terra. La vita terrena delle anime celesti è una purificazione, la quale deve renderle degne di tornare al mondo divino che è la loro patria. Esse migrano sulla terra passando in corpi di uomini e di animali finché si siano purificate dall'originaria contaminazione; allora si ricongiungono con lo spirito e con il corpo etereo che le aspetta in cielo: i corpi terrestri, come opera demoniaca, destinata solo a servire di temporaneo carcere all'anima, ricadono nel mondo delle tenebre. Le anime dei malvagi sono invece spiriti immondi per natura, condannati a migrare senza posa in questo mondo che è il vero inferno[732]. Per esse non vi è speranza. Come vi sono due princìpi e due specie di anime, vi sono quindi due umanità: il popolo di Dio, le anime pure che tendono verso la perfezione originaria e il popolo di Satana chiuso senza speranza in questo inferno terreno. Il processo della storia è la separazione del popolo di Dio dal mondo inferiore e il ristabilimento dell'armonia e della gloria celeste. Quando quest'opera sarà compiuta, verrà il giudizio di Dio: nell'intervallo le anime liberate risiedono nella regione eterea superiore. Dopo il giudizio le anime pure entreranno nella gloria, le altre ritorneranno nel seno del caos eterno[733].

L'adesione alla rivelazione di Cristo, cioè alla chiesa catara, è la condizione e il momento supremo nel processo della liberazione. Fino alla venuta di Cristo ha regnato il male nel mondo e le stesse anime celesti erano ignare della loro origine e soggette al principio del male: esse hanno dovuto migrare d'esistenza in esistenza attendendo la rivelazione liberatrice. Il Dio rivelato dall'Antico Testamento è una creazione di Satana, è un Dio della collera e della vendetta che sta in contraddizione con i precetti e la dottrina di Gesù Cristo: l'Antico Testamento è per la massima parte opera del principio del male. Però i catari riconoscevano che esso contiene anche qualche parte salutare: vi è ad esempio nei libri profetici qualche cosa che è già ispirato dal Dio di bontà; s'intende che essi ne eliminavano, con una critica arbitraria, tutto ciò che non era riducibile alla loro teoria.

Gesù Cristo è un angelo, la più alta delle creature spirituali: che venne inviato da Dio sulla terra a predicare al popolo di Dio la penitenza, cioè il

---

[732] Moneta, *Adversus Catharos et Valdenses*, 1743, p. 381.

[733] Döllinger, *op. cit.*, pp. 172 sgg.

ripudio della contaminazione originaria, l'adozione della fede dei puri. Lo Spirito Santo è, come per i manichei, lo spirito di Gesù Cristo, rimasto in cielo: esso non è che il primo degli angeli custodi che restano in cielo mentre le anime corrispondenti migrano sulla terra. Cristo non si è veramente incarnato, ma ha assunto, come le anime cadute, un corpo materiale e peccaminoso: il suo corpo era un corpo etereo. Perseguitato dal Dio malvagio, morì, senza soffrire, sulla croce e risalì in cielo dove ora sta alla destra di Dio. La sua apparizione sulla terra non ha avuto altro fine e altra importanza che il suo insegnamento. Anche Maria Vergine fu, secondo l'opinione dominante, un angelo con apparenza umana, apparso miracolosamente sulla terra con un corpo etereo: la nascita di Gesù non fu che il passaggio d'uno spirito attraverso uno spirito, non un processo materiale[734]. Lo stesso pensava una parte dei catari di san Giovanni evangelista.

La dottrina del dualismo fondamentale venne variamente modificata dai, catari italiani. Giovanni da Lugio (Bergamo), uno spirito sottile e speculativo, fondò verso il 1225 una sua scuola facendo ritorno all'antica dottrina manichea della limitazione dei due princìpi[735]. I catari di Concorezzo (Monza), riattaccandosi ai Bogomili della Tracia, ammisero un solo principio eterno e creatore, il Dio buono: il principio del male, Satanael, non è che un angelo decaduto, il quale si separò volontariamente da Dio e fu, coi suoi seguaci, precipitato nell'esistenza inferiore. Egli è il Dio dell'Antico Testamento, che ha ordinato e formato nel mondo presente la materia creata da Dio[736] ed è il creatore dei corpi umani: le anime derivano da due spiriti celesti che Satanael ha incatenato – per loro colpa o senza loro colpa – nei corpi di Adamo ed Eva. Un demonio sotto forma di serpente sedusse Eva e ne nacque Caino. Eva corrotta corruppe Adamo e da essi si propagò nel peccato tutta la loro discendenza. Gesù non è secondo questa dottrina un angelo: egli è, come lo Spirito Santo, un'emanazione di Dio che rientra, compiuta l'opera di liberazione, nell'unità divina. Ma la differenza capitale delle due scuole catare sta nella teoria del destino delle anime. Mentre secondo i dualisti assoluti vi è sulla terra un dato numero di spiriti puri decaduti che passano necessariamente di corpo in corpo e poi per mezzo della rivelazione catara risalgono purificati al loro cielo luminoso, secondo i dualisti mitigati di Concorezzo vi sono, accanto alle anime diaboliche, al popolo di Caino, le anime nate per generazione da Adamo ed Eva, le quali si

---

[734] Schmidt, *op. cit.*, II, pp. 39 sgg.

[735] Su Giovanni da Lugio v. G. Solari in: *Atti R. Acc. d. scienze di Torino*, vol. 75, 1939-40.

[736] Schmidt, *op. cit.*, II, pp. 63 sgg.

creano liberamente il loro destino e parte risalgono in cielo, parte sono destinate, alla fine del mondo, ad essere incatenate per sempre nell'abisso insieme con il principio del male e con gli spiriti diabolici[737].

Il compito dell'anima sulla terra è la purificazione dall'impurità che il principio del male vi ha introdotto e che si traduce nell'inclinazione verso la vita e i suoi piaceri. La sola via della salute è perciò la rinuncia al mondo, la purezza perfetta della vita, che può essere raggiunta solo nella chiesa catara. Essa vieta come colpa mortale tutte le forme di lusso e di divertimento, ogni attaccamento ai beni terrestri, anzi agli stessi vincoli della famiglia: in modo particolare vieta ogni inclinazione carnale, anche nel matrimonio, che è in sé così colpevole come l'adulterio. La sensualità è una creazione del demonio, la propagazione della vita è una colpa. Essa vieta in secondo luogo le due forme d'ingiustizia a cui conduce la cupidigia delle cose terrestri: la menzogna e la violenza. I catari avevano la menzogna in tale orrore che preferivano morire anziché tradire o nascondere la verità. Così essi condannavano la guerra e ogni violenza, quindi consideravano lo Stato come opera del demonio; l'opera del soldato e del giudice era ai loro occhi non meno abominevole di quella dell'assassino. Prendendo alla lettera il precetto di non uccidere, la guerra era per loro sempre e in ogni caso illegittima. Quando un credente diventò console di Tolosa, un perfetto gli ricordò questa legge raccomandandogli di non consentire mai la morte di alcuno nei suoi giudicati. Essi estendevano questo precetto anche al mondo degli animali superiori: uno dei segni ai quali erano riconosciuti i catari dai loro persecutori era il rifiuto di uccidere animali. Si cibavano quindi solo di pesci e di vegetali: l'uso delle carni era considerato come qualche cosa d'immondo. Ammettevano invece il vino[738].

Sopratutto condannavano col più profondo disprezzo la chiesa cattolica, la sua gerarchia, il suo culto, i suoi sacramenti: «omnia sacramenta ecclesiae sunt deceptoria et diabolica». Riconoscevano l'autorità del Nuovo Testamento, ma ricusavano di vedere in esso l'origine delle istituzioni della chiesa. La chiesa romana è la meretrice dell'Apocalisse, la chiesa di Satana, ebbra del sangue dei santi. Essi hanno rivolto alla chiesa corrotta, al dissoluto costume del clero, alla sua avarizia e alla sua superbia le critiche più terribili e più giustificate[739]. La vera chiesa è la chiesa catara, la chiesa povera e perseguitata, che non perseguita.

---

[737] Sulle scuole catare si v. Alphandery, *op. cit.*, pp. 92 sgg.
[738] Döllinger, *op. cit.*, pp. 180 sgg.
[739] Döllinger, *op. cit.*, pp. 184 sgg.

La chiesa catara era composta di due specie di adepti: i perfetti e i credenti. I primi soli erano i veri catari, i puri, i «boni homines»: il loro ingresso nella chiesa era caratterizzato dal sacramento cataro del consolamentum, una specie di battesimo spirituale per imposizione delle mani[740]. Questo sacramento imponeva ai perfetti aspri doveri. Essi non si appartenevano più e non potevano più possedere nulla di proprio: vivevano poveramente di elemosine o sul fondo comune della chiesa che si costituiva con i doni dei credenti. Vestivano di nero e portavano costantemente con sé un esemplare del Vangelo: si riconoscevano fra loro da segni secreti. Dovevano osservare una castità perfetta, evitare i contatti femminili anche i più innocenti e assoggettarsi a una serie di astensioni e di precauzioni relative alla purità che ricordano i precetti dei Farisei. La vita loro era una successione di digiuni, di astinenze e di pericoli: si cibavano unicamente di vegetali e di pesci, non potevano uccidere alcun animale, e soprattutto dovevano sempre essere pronti ad affrontare senza paura la morte per la fede. L'apostasia era un peccato che non ammetteva perdono: essa era il segno di una natura radicalmente diabolica. Erravano pregando e insegnando, impartendo il consolamentum a quelli che ne erano degni. «Noi conduciamo», dice uno di essi, «una vita dura ed errabonda: noi fuggiamo di città in città come pecore fra i lupi: noi soffriamo le persecuzioni come gli apostoli e i martiri e tutta la vita nostra è santa ed austera e trascorre in preghiere, astinenze ed ininterrotte fatiche: ma tutto ci è facile perché noi non siamo più di questo mondo»[741]. I «perfetti» avevano un'organizzazione propria: vi erano a capo delle comunità di vescovi che nominavano essi stessi i loro successori[742]. Vi erano anche donne «perfette» che generalmente vivevano raccolte in case comuni, occupate in lavori manuali o nella cura degli ammalati e dei poveri: anch'esse potevano impartire il consolamentum.

I fedeli o «credenti» avevano una regola meno severa: potevano vivere secondo le usanze del mondo, mangiare carne, vivere in matrimonio; il loro dovere principale era di aiutare e servire i perfetti, per i quali avevano un ossequio e una venerazione sconfinata. Ad ogni incontro con i perfetti i credenti dovevano prostrarsi profondamente dinanzi a loro in una specie di atto di adorazione: i perfetti stessi dovevano rendersi reciprocamente questo omaggio: e dalle relazioni degli inquisitori vediamo che essi non vi mancavano anche quando comparivano insieme dinanzi al terribile tribunale[743].

---

[740] Sul consolamentum si cfr. Guiraud, *op. cit.*, pp. 93 sgg.
[741] Schmidt, *op. cit.*, II, p. 94.
[742] Döllinger, *op. cit.*, pp. 202 sgg.
[743] Döllinger, *op. cit.*, pp. 237 sgg.

Ma anche i credenti dovevano, prima di morire, ricevere il consolamentum, senza il quale la loro anima avrebbe dovuto ricominciare un'altra vita in altri corpi. Essi rimandavano generalmente questo sacramento all'ora della morte: perché colui che lo aveva ricevuto non poteva più esimersi dai doveri che incombevano al «consolato», al perfetto.

Il culto era estremamente semplice: si riunivano in case di preghiera nude di ornamenti, condannavano le immagini e il simbolo della croce che ricordava loro l'ignominia e il supplizio di Gesù Cristo. Ma si riunivano indifferentemente anche nelle capanne, nelle foreste o nelle caverne. Il servizio religioso consisteva nella predicazione, nella benedizione da parte dei perfetti e nella recitazione del Padre nostro, la sola preghiera ammessa dai catari. Il loro unico sacramento era il consolamentum: una specie di santificazione, la quale ridonava all'anima la sua purezza originaria e la ricongiungeva con il suo Spirito Santo rimasto in cielo, che sarebbe stato il suo consolatore sino al momento della morte. Tale sacramento trasformava il credente in un «perfetto»: quindi gli imponeva tutti i doveri di questo Stato. Il consolamentum era condizione della liberazione: chi non lo riceveva doveva rinascere. Il peccato mortale ne distruggeva l'azione, ma il sacramento poteva essere impartito di nuovo. Chi lo amministrava doveva essere veramente un santo: la sua efficacia dipendeva essenzialmente dalla disposizione spirituale di chi lo impartiva e di chi lo riceveva[744]. Il desiderio di evitare ai credenti che venivano «consolati» il pericolo di cadere nella vita del peccato o nell'apostasia aveva dato origine all'istituto dell'«endura», che consisteva nel lento suicidio per fame di quelli che, avendo ricevuto il consolamentum, si lasciavano morire onde essere sicuri di non peccare più. Tale era l'ardore di questa fede, che i prossimi stessi sostenevano la volontà dell'ammalato nel lento suicidio o si univano a lui per accelerare la morte[745]. Questo genere di morte era anche scelto dai catari nel caso di grave pericolo, per non cadere vivi nelle mani dei persecutori o per abbreviare una malattia inguaribile: in questi casi potevano anche scegliere altri mezzi più rapidi per troncare la loro vita senza per ciò incorrere in alcun peccato.

La chiesa catara, come la manichea, fonda l'antitesi cristiana del regno di Dio e del mondo sul dualismo iranico del bene e del male e conserva fedelmente, della dottrina di Cristo, l'energico carattere morale. La comunità dei «perfetti» fu una vera comunità di santi: nessuno dei loro avversari, dai quali pure ci pervennero tutte le notizie, ha potuto mettere in discussione la purezza della loro vita e il loro eroismo nel martirio. Anche la chiesa dei

---

⁷⁴⁴ Schmidt, *op. cit.*, II, pp. 119 sgg.
⁷⁴⁵ Döllinger, *op. cit.*, pp. 221 sgg.

«credenti» presentava un alto grado di moralità e di spirito di sacrificio: essa era veramente nel seno della società cristiana un'elite. Se qualche cosa ci offende nei particolari, questo è il valore dato all'elemento mitico, l'insufficienza filosofica, il rispetto superstizioso del N.T. che li condusse a interpretazioni fantastiche. Ma il fervore di vita religiosa sembrò promettere per un momento nel XIII secolo anche uno svolgimento speculativo. Tanto più vivamente dobbiamo perciò rimpiangere che questa chiesa nobilissima, nella quale fece il suo ultimo sforzo la vita religiosa dell'Occidente latino, abbia dovuto soccombere come un'«eresia» alla barbarie dei suoi persecutori.

16. Accanto alla corrente dualistica dei catari viene alla luce nel XIII secolo – entro come fuori la chiesa – una corrente che tende alla formazione d'una nuova religione e che ha per cardine il concetto dell'unità di Dio e del mondo[746]. Quest'unità ha la sua sede in Dio come nell'anima – che nel suo essere vero è Dio stesso. Quindi la possibilità di innalzarsi a Dio senza mediatori e senza chiese. Questa religione si considerò come il vero Cristianesimo perché Cristo ci ha dato l'esempio di questa intima unione con Dio. Essa ebbe numerosi martiri, ma non riuscì ad affermarsi e a esplicarsi di fronte alle persecuzioni della chiesa e scomparve nel XV secolo.

Questa corrente è d'origine neoplatonica e si riattacca attraverso Dionigi Areopagita e Scoto Eriugena agli Alessandrini. Noi ignoriamo se le coincidenze con Scoto Eriugena siano derivazioni o risalgano a fonti comuni, ma la concordanza è tale che la prima ipotesi è molto più probabile. Scoto Eriugena († 877?) considerava, come Origene, il dogma come una forma inferiore della verità, diretta all'educazione delle menti deboli e ignoranti: la vera religione e la vera filosofia sono una cosa sola (*De divina praedestinatione*, *Opere*, ed. Migne, pp. 357-358). Sta bene che noi dobbiamo cominciare dalla fede, ma per passare subito dalle espressioni figurate della fede al suo contenuto speculativo (*De divisione nature*, p. 509 A) seguendo la ragione: «nulla auctoritas te terreat ab his quae rectae contemplationis rationabilis suasio te docuit» (Ivi, p. 511 B). Nei conflitti tra ragione e fede la preminenza spetta alla ragione (Ivi, p. 513 B). Dio è l'unità inaccessibile all'intelligenza, che rimane ignota a tutti, anche a se stessa, e di cui la negazione è più vera che l'affermazione (Ivi, p. 589 B). Ma egli è nello stesso tempo teofania, molteplicità, rivelazione di se stesso: Scoto riunisce in lui dogmaticamente l'unità e la molteplicità, mantenendone l'identità. «Non duo a se ipsis distantia debemus intelligere Deum et creaturam, sed unum

---

[746] Su tutto il movimento si veda: Jundt, *Hist. du panthéisme populaire au moyen âge*, 1875.

et id ipsum» (Ivi, p. 678 BG). Dio è quindi la sostanza delle cose, ma egli non passa nelle cose stesse: pure manifestandosi egli rimane in se stesso nella sua unità (Ivi, p. 683 B; 759 A). Di più questa manifestazione è un processo eterno, perché un processo che avesse inizio contraddirebbe alla natura assoluta di Dio. «Omne siquidem, quod habet, semper et immutabiliter (Deus) habet, quoniam nihil ei accidit» (Ivi, p. 671 G). A capo delle manifestazioni sta il Verbo, che contiene in sé le idee, le cause essenziali e primordiali. Queste idee o essenze sono veri enti che hanno coscienza di sé, perché sono generate nel Verbo ed eternamente sussistono in lui. «Non enim credendum est in divina Sapientia aliquid insipiens et se ipsum ignorans conditum fuisse» (Ivi, p. 552 B). Per un atto di ulteriore manifestazione esse si rivelano nella molteplicità degli spiriti finiti, umani e angelici, che costituisce il mondo intelligibile. Scoto attribuisce allo spirito umano nella sua perfezione intelligibile un corpo celeste, spirituale, sessualmente non differenziato e una specie di senso per cui non solo apprende se stesso, ma si estende nel mondo esteriore (intelligibile), raccogliendone le impressioni. Col mondo degli spiriti finiti è creata perciò anche una specie di natura intelligibile perfetta. Ma questa molteplicità intelligibile non distrugge l'unità divina, né questa toglie alle essenze e agli spiriti il loro essere particolare, come l'aria e la luce si compenetrano senza che luna tolga il suo essere all'altra (Ivi, p. 879 A). Perché la teofania non è separazione. Gli spiriti non sono, in quanto sono, che le essenze eterne da cui procedono, come le essenze non sono solo in Dio, ma sono Dio stesso (Ivi, p. 640 GC). E questa identità si rivela nel tendere eterno di tutti gli esseri verso l'unità divina, nel ritorno eterno che fa della creazione un circolo unico di vita. E si rivela ugualmente nel fatto che ogni punto di questo mondo intelligibile riproduce in sé, come in un microcosmo, il mistero dell'unità e della molteplicità divina. Nello spirito umano l'intelletto, la ragione e il senso interno corrispondono ai tre momenti della vita divina e sono, come questa, una sostanziale unità. Scoto mette in rapporto questa triplice realtà intelligibile (Dio, le essenze, gli spiriti) con la triplicità delle persone in Dio (il Padre, il Verbo, lo Spirito). Il mondo sensibile nostro è invece un'opera umana, una degradazione del mondo intelligibile dovuta al peccato: con esso è posto anche il male che non ha cause (Ivi, p. 959 BC) e non ha avuto origini, ma è un inesplicabile problema della realtà umana: Dio non conosce il male (Ivi, p. 596 B). Noi parliamo d'una «caduta» dell'uomo, ma non vi è stata mai una caduta poiché se Adamo avesse avuto la perfezione, non l'avrebbe mai perduta (Ivi, pp. 582 C; 809 sgg.). Da questo male originario e inesplicabile ha origine nell'uomo il suo corpo e la natura corporea sensibile. «Hoc corpus corruptibile ac materiale, quod ex limo terrae assumptum est, post peccatum merito peccati ad exercitandam (in nomine) negligentem animam erga mandatorum custodiam, suasque occultas operationes revelandas, veluti quadam propria actione animae et creatum fuisse et quotidie creari affirmare non haesito» (Ivi, p. 582 C). La molteplicità sensibile è quindi solo per la coscienza dell'uomo (Ivi, pp. 762B-775B): è la figurazione umana – vera come figurazione, falsa come realtà – d'un mondo ideale che solo è vera realtà. Ciò vuol dire che la caduta non è qualche cosa di obiettivo, ma solo un male originario inerente ab initio ad ogni coscienza umana. Ma con questo peccato originario è posta anche la tendenza a ritornare a Dio, a riacquistare l'originaria coscienza della propria unità con Dio. Questo è stato reso possibile all'uomo per l'incarnazione di Cristo: per essa noi possiamo tornare ad essere, in virtù della grazia, ciò che Dio è per l'eccellenza della sua natura. Questo ritorno è anche una riabilitazione e una purificazione del mondo sensibile: attraverso l'uomo la terra si ricongiunge col cielo. Secondo la logica conseguenza il male dovrebbe quindi sparire in una rigenerazione universale (come per Origene): ma il bisogno di accordarsi con l'insegnamento della chiesa ha qui avviato Scoto per altre vie e lo ha avvolto in contraddizioni difficilmente solubili.

Scoto Eriugena è un'apparizione isolata nella storia dello spirito medievale: la sua opera venne più tardi (1225) condannata al fuoco e non poté esercitare che un'azione molto limitata[747]. Dalla metà del secolo IX dobbiamo passare al secolo XIII in cui comincia ad essere sensibile un movimento spirituale affine al pensiero di Scoto. Amalrico di Bène (presso Chartres) fu professore di teologia a Parigi, morì poco dopo la sua condanna nel 1207[748]. Due anni dopo le sue ossa vennero disperse e dieci suoi discepoli, persone colte, ecclesiastici e teologi, venivano arsi sul rogo (1210). La dottrina degli Amalriciani è un elevato panteismo idealistico: Dio è il solo essere vero ed eterno: egli solo dà l'essere e le forme alle realtà finite, che sono in sé relative e transitorie. Quindi Dio è tutte le cose come implicato in esse: «Deus est omnia complicite». Noi non possiamo conoscerlo in sé, bensì solo nelle creature. Ma egli costituisce anche l'essenza della nostra anima razionale, quindi per essa noi possiamo conoscerlo più da vicino, e quando essa si porta verso di lui con perfetto amore, essa si immedesima

---

[747] M. Grabmann, *Die Geschichte d. schol. Methode*, I, 1909, pp. 206 sgg.

[748] Hahn, *Gesch. d. Ketzer im Mittelalter*, III, pp. 176 sgg.; Alphandery, *Les idées morales chez les hétérodoxes latins*, etc., 1903, pp. 141 sgg.; Preger,*Geschichte d. deutschen Mystik in Mittelalter*, 1874-93, I, pp. 173 sgg.; G.C. Capelle, *Amaury de Bène*, 1932. Si cfr. anche il *Dict. de théol. cathol*, I, pp. 936-939.

con lui. «Talis anima perdit se et esse suum et accipit verum esse divinum». Con questa elevata concezione del rapporto fra l'uomo e Dio si connette la condanna di tutte le degenerazioni idolatriche del Cristianesimo. Il paradiso e l'inferno non sono cose future, ma stati presenti in noi: la cognizione vera di Dio è il paradiso, la mala coscienza è l'inferno. Gli Amalriciani associavano alle loro dottrine anche le teorie apocalittiche di Gioacchino da Fiore: con l'avvento dell'età dello Spirito Santo cessa il regno della chiesa e comincia il regno del libero spirito. Che Amalrico e i suoi discepoli associassero al loro panteismo conseguenze anomistiche è, secondo ogni verosimiglianza, un'accusa senza fondamento.

Pochi anni dopo, verso il 1225, sorge in Alsazia un movimento analogo intorno a un certo Ortlieb, del quale non abbiamo che notizie molto vaghe[749]. Ortlieb insegnava anzitutto doversi seguire la voce interiore dello spirito e ripudiare le esteriorità della chiesa. Il mondo è eterno e pervaso dallo spirito di Dio. Cristo non fu che un uomo e un peccatore come gli altri: il Cristo della chiesa è solo un simbolo del vero Cristo che nasce in ogni anima credente. La chiesa romana non è che un istituto di menzogna: la gerarchia papale è la radice prima della sua corruzione. Le Scritture non hanno che un senso allegorico e simbolico. Gli Ortliebiani conducevano vita severamente ascetica: «austere vivunt et graves poenitentias agunt». Consideravano la loro chiesa come sussistente sotto diversi nomi sin dalle origini e come la sola via della salute.

Quale diffusione abbiano avuto le idee di questi gruppi non sappiamo: ma dopo la metà del XIII secolo sorge, specialmente nell'Alsazia e nella Germania meridionale sotto il nome di «Fratelli del libero spirito» un movimento religioso mistico, ispirato alle idee di Scoto Erigena e di Amalrico di Bène, che acquista verso il 1300 una diffusione notevole anche nel seno della chiesa[750]. Non sembra che esso abbia costituito mai una vera setta: il nome di «Fratelli del libero spirito» è piuttosto una denominazione generica sotto cui si comprendono le varie correnti mistiche che affiorano qua e là negli atti dei tribunali dell'inquisizione, caratterizzate dalla tendenza generale a svolgere panteisticamente il concetto di Dio nel senso d'un'aspirazione mistica verso l'unità. Questa dottrina trovò un ambiente favorevole nei chiostri e negli ambienti colti, ma si diffuse anche in mezzo ai gruppi

---

[749] Alphandery, *op. cit.*, pp. 154 sgg.

[750] Hahn, *op. cit.*, II, pp. 424 sgg.; Schmidt, *Die Gottesfreunde* (in appendice a J. Tauler, 1841, pp. 163 sgg.); Haupt, *Beitr. z. Gesch. d. Sekte vom freien Geiste und des Beghardentums*, «ZKG», 1885, pp. 503 sgg.

dei begardi erranti: i numerosi decreti dei vescovi e dei sinodi contro i begardi hanno generalmente di mira quest'eresia. Alvaro Pelagio ci descrive il procedere di questi settari che vivevano errando e attirando a sé nuovi seguaci con l'audacia delle speculazioni teologiche, con lo spirito rivoluzionario delle loro idee sociali e col fascino d'un misticismo vago e sensuale[751]. Questa è anche la dottrina che ispira la poetessa fiamminga Edvige Bloemmaerd († 1335), combattuta da Ruysbroeck, che fondò un «béguinage» a Bruxelles: i suoi scritti, animati da un misticismo ardente, quasi sensuale, diedero occasione all'accusa di glorificazione dell'amore dei sensi[752]. Anche Rulman Merswin (1307-1382), mercante e banchiere, autore del romanzo dell'Amico di Dio dell'Oberland e del trattato *De novem rupibus* attribuito già a Suso, che all'età di quarant'anni abbandona il mondo e apre nel convento della «Collina verde» un asilo claustrale agli uomini di buona volontà, è un fratello del libero spirito.

I numerosi processi dell'inquisizione testimoniano della diligenza con cui la chiesa cercò di soffocare ogni movimento di questo genere: questi processi sono quasi l'unica fonte che abbiamo per la sua storia. Nel 1310 sale a Parigi rogo la beghina Margherita Porreta, che aveva scritto un'opera mistica sull'anima annichilita in Dio[753]. A Colonia fu arso nel 1322 uno dei capi begardi, un certo Walter, «pius et egregius vir et illustris veritatis divinae testis»[754], che dai più fieri tormenti non poté essere indotto a tradire il nome dei suoi seguaci. Nel 1328, l'anno dopo la morte di Eckhart, cinque fratelli del libero spirito sono arsi a Colonia; a Metz nel 1334 sono arsi alcuni begardi che si professano osservanti della povertà e della legge evangelica[755]. Nel 1396 è arso a Vienne (Francia) con due suoi discepoli il begardo Nicola di Basilea[756]. Verso la metà del XV secolo l'eresia sembra scomparsa.

È difficile esporre anche nelle linee generali una dottrina che poteva variare da un gruppo all'altro specialmente nelle conseguenze pratiche: ed è difficile anche per l'assenza di documenti attendibili. Le sole fonti sono i processi degli inquisitori: accanto ad essi possiamo porre la lettera del vescovo di Strasburgo Giovanni di Dürbheim[757], in cui egli mette in guardia

---

[751] Alvari Pelagii, *De planctu Ecclesiae*, 1560, II, pp. 110 sgg.

[752] H. Haupt, *Blommaerdine*, «RE», II. pp. 260-261.

[753] Mosheim, *De Beghardis*, 1790, pp. 236-237.

[754] Mosheim, *op. cit.*, p. 273.

[755] Döllinger, *op. cit.*, II, pp. 403-406.

[756] Mosheim, *op. cit.*, pp. 453-454.

[757] Edita da Mosheim, *op. cit.*, pp. 255-261; dove però è denominato erroneamente Giovanni di Ochsenstein; si cfr. Denifle, «Archiv f. Liter. und Kirchengesch.», II, p. 616, nota

il clero della sua diocesi contro gli errori dei begardi (1317), contro la raccolta di proposizioni eretiche del cosiddetto anonimo di Passau[758], che sembra essere un domenicano il quale scrisse verso il 1316 e infine contro il trattato di Giovanni Wasmodo di Homburg[759]. La dottrina del libero spirito formula e accentua metafisicamente il dualismo evangelico come dualismo dell'unità divina e della molteplicità che è il nulla e il male. L'uomo è essenzialmente una cosa sola con Dio: «Dio è un'unità senza distinzioni ed io sono l'unità che egli stesso è». Quando l'uomo arriva al riconoscimento di questa verità, egli si identifica con Dio, vive e opera conformemente alla natura divina. «Homo potest fieri Deus». Ciò che eleva l'uomo a questa unità con Dio è la contemplazione. Quando egli è pervenuto a tale perfezione, la sua personalità svanisce in Dio: è Dio che agisce in lui. L'uomo riconosce allora in tutte le cose la necessità divina: «quicquid faciunt homines, ex Dei ordinatione faciunt». Questa considerazione conduce l'uomo alla pace, all'abbandono, all'impassibilità: l'uomo non si affligge e non si rallegra più di nessuna cosa. «Hanno un modo di vita umile e rassegnato», scrive Ruysbroeck, «e soffrono con animo eguale tutto ciò che capita»[760].

Una prima conseguenza di questo abbandono totale alla volontà divina è che allora cessano di aver senso anche il bene e il male morale. È Dio che opera in tutte le cose: qual senso possono ancora avere in tal caso le leggi? Qualunque cosa l'uomo faccia, egli è irresponsabile e impeccabile: «homo unitus Deo peccare non potest». Quindi la chiesa con tutti i suoi precetti non è che vanità agli occhi del perfetto: le scritture, i dogmi sono allegorie che non sono più per lui necessarie. Egli non è più tenuto alla confessione né al digiuno né alla preghiera: anzi queste cose sono per lui un ostacolo. Il Cristo è stato un uomo come gli altri: ogni perfetto è un Cristo e deve essere venerato come Cristo, è anzi al disopra di Dio, s'intende del Dio legislatore e personale della religione comune: «homo non est bonus nisi dimittat Deum propter Deum». Onde il fiero detto: «homo potest fieri Deus et Deo non indigere».

È facile vedere che questa concezione poteva volgere, quanto alle conseguenze pratiche, in diverso senso secondo il diverso senso annesso all'unità di Dio. Per menti volgari e poco inclini alle elevazioni mistiche era

---

2. Un'altra redazione in Döllinger, *op. cit.*, II, pp. 389 sgg.

[758] Riprod. in Preger, *Gesch. d. deutschen Mystik*, I, pp. 461-471; e in Döllinger, *op. cit.*, II, pp. 395-402.

[759] Pubbl. da H. Haupt in «ZKG», VII, pp. 567 sgg.; e da Döllinger, *op. cit.*, II, pp. 406-416.

[760] Ruysbroeck, *L'ornement des noces spirituelles* (tr. fr.), 1921, p. 316.

facile confondere le due proposizioni che «Dio è tutte le cose» e che «tutte le cose sono Dio». Allora l'affermazione dell'unità di Dio diventa un'affermazione verbale: Dio è fatto coincidere con il complesso delle creature, la sola realtà è la molteplicità degli esseri naturali e gli uomini agiscono anch'essi secondo leggi immutabili come tutte le altre cose. E il male sta solo nell'ignoranza di questa verità. La saggezza sta nell'abolire l'illusione della legge, del peccato, ecc. e nel vivere senza scrupoli in conformità alle tendenze naturali. «Non timeant nec doleant si labantur in peccato, quia Deus preordinavit». Si spiegano allora le conseguenze immoralistiche: è lecito soddisfare tutti i propri appetiti, è lecito condurre vita oziosa e rubare, spergiurare e mentire soprattutto per mantenere il segreto sulla setta, ecc. È certo assai probabile che molta parte delle accuse di questo genere fosse immeritata: ma in alcuni casi esse sembrano giustificate. «Libertas spiritus», dice un begardo interrogato dall'inquisitore, «in hoc consistit quod totaliter cessat remorsus conscientiae et quod homo redditur penitus impeccabilis»[761]. Il begardo Giovanni di Brünn (verso il 1350) espone nella sua confessione all'inquisitore Gallo di Neuhaus di essere stato vent'anni begardo: nei primi dodici anni sotto la legge della rinuncia, della povertà e dell'obbedienza, gli altri otto anni nello stato della libertà perfetta dello spirito, per cui non vi era più per lui alcuna legge[762].

In altri casi questo panteismo mistico sembra aver condotto a una specie di quietismo nichilistico. Dio è il nulla perfetto: in fondo non vi è né uomo né creazione né Dio né creature né bene né male. Tutto è vano: la stessa conoscenza, lo stesso amor di Dio, la stessa vita del Cristo[763]. Questo stato d'animo del liberato ci è descritto in quel trattato sopra «Suor Caterina figlia spirituale di M. Eckhart» che Pfeiffer ha pubblicato tra le opere di Eckhart e che è forse piuttosto l'opera di qualche begardo. Suor Caterina abbraccia la vita di beghina e conduce per più anni una vita errante e miserabile. Alla fine essa arriva all'annientamento completo e diventa perfettamente straniera al mondo. È l'abbandono completo a Dio, la rinuncia passiva a tutte le creature, l'indifferenza assoluta a tutte le opere, a tutte le regole, alla persecuzione, alla morte stessa sul rogo[764].

Nei mistici ortodossi invece questa libertà dello spirito è conciliata con la vita morale: essi riconoscono che l'unità perfetta con Dio non è realizza-

---

[761] Döllinger, *op. cit.*, II, p. 384.

[762] Wattenbach, *Über die Sekte d. Brüder vom freien Geiste*, 1887.

[763] Ruysbroeck, *op. cit.*, p. 209.

[764] M. Eckhart hrsg. v. Pfeiffer (4ª ed.) 1924, pp. 448 sgg.

bile, come stato, qui sulla terra, quindi finché sussiste la personalità, sussiste la legge. Ma nel perfetto la legge è diventata natura: quindi il contraddire ad essa gli è diventato impossibile. Egli è perciò al disopra delle leggi e delle istituzioni umane in quanto queste sono soltanto strumento, avviamento alla pratica della legge: di esse il perfetto non ha più bisogno. Quindi egli è al disopra del bene e del male nel senso che il male, come per Dio, non esiste più per lui e che il bene, la moralità, è diventato la sostanza della sua vita. Questa è la concezione che troviamo perfettamente realizzata in M. Eckhart.

17. Se M. Eckhart abbia avuto rapporto coi fratelli del libero spirito non sappiamo: la negazione di Denifle è fondata su di una dimostrazione troppo futile. Certo egli fu il grande sistematico della filosofia del libero spirito, che ha dato a questa corrente religiosa la sua più alta espressione speculativa. I suoi discepoli, Ruysbroeck, Tauler, combatterono i fratelli del libero spirito[765], ma essi avevano ripudiato le teorie più audaci del loro maestro.

Eckhart nacque a Hochheim verso il 1260: entrato nell'ordine dei domenicani coprì elevate funzioni nel seno dell'ordine e passò l'ultima parte della vita a Colonia come professore nella scuola del suo ordine e come predicatore popolare. In questi anni fu sottoposto a sospetti di eresia e a persecuzioni; condannato da una commissione inquisitoriale, si appellò al Papa: morì poco dopo nel 1327. Molto probabilmente la persecuzione gli amareggiò gli ultimi anni e gli abbreviò la vita. Nel 1329 una bolla di Giovanni XXII condannava ventotto proposizioni di Eckhart come eretiche o sospette[766].

La conoscenza del pensiero di Eckhart era basata, fino a questi ultimi tempi, sulle reliquie dei suoi sermoni (in tedesco medievale), giunti a noi in

---

[765] Ruysbroeck, *op. cit.*, pp. 307-320; per Tauler si veda Preger, *Gesch. d. deutschen Mystik*, III, pp. 133 sgg.

[766] L'esposizione presente è fondata specialmente sulle raccolte di Pfeiffer (1857) e di Büttner (1910), la cui traduzione in tedesco moderno di una parte dei testi è senza dubbio l'opera più meritoria di tutta la letteratura eckhartiana. Si veda specialmente su Eckhart: C. Schmidt, *Études sur le mysticisme allemand au XIV siecle*, 1847, pp. 236-328; Jundt, *Essai sur le mysticisme speculatif de M. Eckhart*, 1872; Denifle, *M. Eckharts lateinische Schriften und die Grundanschauung seiner Lehre*, «Archiv für Literatur und Kirchengeschichte», 1886, pp. 417-652; 673-687; Pahncke, *Untersuch. zu d. deutschen Predigten M. Eckharts*, 1905; A. Daniels, *Eine lateinische Rechtfertigungsschrift d. M. Eckhart*, 1923; G. Thery, *Ed crit. des pièces relatives au procès d'Eckhart*, «Archives d'hist. doctr. et litt. du m. âge», 1926; G. Thery, *Le comment. de M. Eckhart sur le livre de la Sagesse* (Ibidem, 1928-1930); Buonaiuti, *Il misticismo medievale*, 1928, pp. 130 sgg.; Galvano Della Volpe, *Il misticismo speculativo di M. Eckhart*, 1930. Vi è in italiano un'eccellente traduzione (Bologna, 1927) fatta sull'edizione del Büttner.

uno stato veramente lamentevole. Anzitutto essi sono generalmente trascrizioni di uditori, delle quali Eckhart stesso in qualche punto degli scritti latini lamenta l'imprecisione: di più la proibizione degli scritti di Eckhart fece sì che essi ci pervennero o anonimi (in calce alle vecchie edizioni di Tauler) o sotto altro nome, mescolati con rielaborazioni, estratti e opere estranee. Anche col sussidio degli scritti latini una separazione precisa e sicura degli elementi genuini non sarà probabilmente mai possibile. Nel 1886 la pubblicazione da parte di Denifle di estratti dalle opere latine di Eckhart da lui scoperte nella biblioteca di Erfurt sembrò dare un indirizzo totalmente diverso a questi studi. In ogni caso certamente essa diede un vivo impulso alle ricerche eckhartiane e alla pubblicazione delle opere latine; e da queste sembrò venire alla luce un Eckhart diverso dalla rappresentazione tradizionale, un Eckhart scolastico, discepolo di san Tommaso, figura insignificante nella storia del pensiero medievale. Il tempo ha rimesso oggi molte cose al loro vero posto: e se il Denifle dall'alto della sua erudizione paleografica e scolastica poté trattare con leggerezza eccessiva studiosi come F. Pfeiffer e W. Preger, noi possiamo oggi guardare con tranquillità alle sue scoperte, tanto più che egli stesso riconobbe più tardi come fosse radicalmente errata la sua interpretazione della metafisica eckhartiana[767].

Ad ogni modo noi non possiamo oggi evitare la domanda preliminare: qual valore hanno gli scritti latini di M. Eckhart per una esposizione del suo pensiero? Io sono convinto – e a questa opinione si accostano oggi i più competenti conoscitori della mistica eckhartiana[768] – che l'unica ricostruzione possibile deve ancora essere ricavata dai testi tedeschi editi dallo Pfeiffer (con i complementi di W. Preger, Spamer, Jostes, P. Strauch) e, date le loro condizioni, deve essere fondata prevalentemente su criteri interni, prendendo come punto di partenza gli elementi più sicuri (le proposizioni condannate nel 1329, il suo scritto giustificativo edito dal p. Daniels, i sermoni criticamente riconosciuti come genuini)[769]. Non dobbiamo perciò meravigliarci se oggi la migliore esposizione filosofica di Eckhart è ancora quella di C. Schmidt (1847), anteriore di dieci anni alla stessa edizione dello Pfeiffer.

---

⁷⁶⁷ O. Karrer, *Meister Eckhart*, 1926, p. 367, nota.

⁷⁶⁸ M. Pahncke, *op. cit.*, pp. 12 sgg.; C. Baümker, «Archiv f. Gesch. d. Philos.», 1891, p. 136; P. Strauch, *Meister-Eckhart-Probleme*, 1912, pp. 6 sgg.

⁷⁶⁹ Una ricostruzione ortodossa fondata specialmente sui testi latini è stata tentata ancora da X. de Hornstein, *Les grands mystiques allemands du XIV siècle*, 1922, pp. 1-157, e da O. Karrer, *op. cit.*, ma senza successo.

Che negli scritti latini e nel suo insegnamento Eckhart si attenesse al sistema tomistico è naturale: secondo le decisioni dei capitoli generali del 1278-79 e 1286 la dottrina tomistica era un obbligo per tutti i membri dell'ordine. Si aggiunga che Eckhart era un maestro dell'interpretazione allegorica: nei commenti alla Scrittura eccelle nel derivare dal testo una quantità di sensi spirituali reconditi; le verità più alte possono venir espresse allegoricamente, secondo Eckhart, in forme più semplici, accessibili ai volgari. Ed Eckhart doveva, almeno esteriormente, attenersi alla dottrina comune: in questa doveva essere preso, probabilmente anche secondo il suo pensiero, il punto di partenza; il proposito suo era di aprire agli eletti il senso secreto e alto delle formule volgari. E questo è il suo procedere consueto sia nelle sue opere latine, sia nelle sue prediche. Meno esplicitamente nelle prime, più invece nelle seconde, noi troviamo perciò accanto alle dottrine teologiche correnti una corona di spiegazioni, di accenni, in cui dall'involucro teologico si svolge una elevata concezione ispirata al misticismo neoplatonico. Qui siamo dinanzi a un dilemma. O la dottrina teologica è la vera dottrina di Eckhart, e allora bisogna con Denifle attribuire i suoi commenti mistici alle divagazioni d'una testa confusa, o la concezione mistica era per Eckhart l'interpretazione vera della dottrina teologica, e allora questa era per lui solo una veste esoterica senza importanza. Ma sulla decisione non può oggi, come si è detto, cadere alcun dubbio. Le spiegazioni e gli accenni si ordinano facilmente per ogni lettore non prevenuto, in una profonda visione panteistica, che, se non è svolta in tutti i particolari, è disegnata con sicurezza nelle sue linee fondamentali; e, ciò che è più, questa dottrina è già stata ricavata dagli scritti latini e volgari di Eckhart per opera dei suoi avversari ed è perfettamente delineata nelle ventotto proposizioni condannate. Che Eckhart abbia creduto all'identità fondamentale delle due dottrine è certo: noi non possiamo dubitare della sincerità dei suoi sforzi di appianare e di conciliare, come non dubitiamo della sincerità di Filone e di Origene, sebbene la loro ambigua posizione sia per noi altrettanto difficile da comprendersi. Che egli abbia anche cercato di lasciare nell'ombra i punti pericolosi o sospetti per motivi di difesa personale è comprensibile ed è umano: bisogna ricordare che intorno a lui ardevano i roghi dei «Fratelli del libero spirito». Ma per tutto questo appunto non mi sembra sia possibile la minima esitazione. Io sono perfettamente convinto che l'elemento tomistico e scolastico degli scritti latini di Eckhart è per noi senza interesse: il testo latino ci presenta sempre solo un'attenuazione, un adattamento delle dottrine espresse nelle sue prediche volgari. Certo non è difficile fare di lui uno scolastico e un ortodosso, ma questo è l'aspetto meno essenziale del suo pensiero. Egli operava con i concetti del suo tempo, che sono i concetti della scolastica, ma la visione che con essi costruisce non ha più nulla in comune con la scolastica.

Eckhart non è un metafisico: il suo fine non è l'esplicazione delle cose, ma la salute, la liberazione. Egli non ha voluto erigere un sistema per i sapienti: ha voluto aprire anche ai semplici i secreti più alti delle cose divine e mostrare che i misteri della religione rivelata sono verità luminose che ciascuno trova in se stesso quando penetra nelle profondità del proprio spirito. Contuttociò egli ha creduto di poter conservare il contatto con la chiesa – illusione comune a tanti nobili spiriti; ha cercato di interpretare la mitologia nel senso d'un elevato pensiero speculativo. Come Origene e Scoto Eriugena egli sostituisce al dogma un sistema filosofico e riconosce nel dogma soltanto una figurazione esteriore che bisogna rispettare perché è la verità delle intelligenze semplici, una verità che può essere svolta e insegnata senza contraddire alla verità mistica, che ne è l'espressione più alta e più pura. La verità delle Scritture è data dall'interpretazione «parabolica»: e tuttavia esse hanno anche una verità storica e letterale (Rechtfertigung, pp. 9, 27). La rivelazione interiore di Dio è ben più alta che qualunque rivelazione esteriore, la quale è per quelli che non possono elevarsi alla religione per forza propria (Pfeiffer, p. 498).

L'elemento storico tradizionale è evidentemente per Eckhart solo un imbarazzo: nel centro della sua dottrina non stanno Gesù e la chiesa, ma sta il dramma dell'anima e di Dio; nella cristologia, nella dottrina dei sacramenti è visibile lo sforzo di Eckhart per adattare la sua concezione speculativa alla tradizione. La vita e l'opera del Cristo diventano per lui un simbolo: Cristo è più un simbolo che un mediatore, il Dio di Eckhart non ha bisogno di mediatori. «Quicquid dicit sacra scriptura de Christo, hoc etiam verificatur de omni bono et divino nomine» (Artic. XII d. bolla di Giovanni XXII). La nascita esteriore del Cristo è il simbolo della nascita dell'eterno Cristo in noi: la sua morte è il simbolo della morte dell'uomo al mondo delle creature. La vera generazione del Figlio è per Eckhart la generazione interiore del Logos nell'anima divina: il figlio di Dio è stato generato spiritualmente nell'anima di Maria prima che nel suo corpo. Che cosa è veramente il Cristo storico per Eckhart? È difficile dirlo, e sembra che egli eviti di parlarne. Tutto quello che avviene nel mondo delle creature non tocca Dio, la stessa incarnazione e passione di Gesù hanno così poco toccato l'indifferenza di Dio come se non fossero mai avvenute (Pfeiffer, 487). Nel giudicare la concezione di Eckhart dobbiamo quindi sempre tener presente che egli si trova preso, come Origene, fra due esigenze: fra l'esigenza filosofica che gli fa considerare il dogma come una forma inferiore della verità speculativa e l'esigenza dogmatica per la quale egli è fermamente convinto che questa verità deve anche essere traducibile nelle formule tradizionali.

Il cardine secreto di tutto il pensiero di Eckhart è il dualismo fra Dio e le creature, fra il regno di Dio e questo mondo dove lo spirito è straniero. Egli deve conciliare questa sua posizione fondamentale con la dottrina della chiesa per cui Dio è il creatore di questo mondo: egli accetta il concetto ambiguo della creazione in quanto assume che ciò che vi è di reale nelle creature viene da Dio, anzi è Dio. Ma ciò non toglie il dualismo violento fra i due mondi. La creatura e Dio sono incompatibili: dove vi è Dio non vi è creatura. Dio è l'essere assoluto, unico ed eterno, è l'attualità di tutte le forme, è il termine di tutte le aspirazioni; la creatura è un puro nulla: «omnes creaturae sunt unum purum nichil: non dico quod sint quid modicum vel aliquid sed quod sint unum purum nichil» (Artic. XXVI). Che cosa è che separa le creature e le erige in una molteplicità? Il nulla. Che cosa è che arde nell'inferno? È il nulla delle creature, è la separazione da Dio, è ciò che costituisce la creatura. Perché Dio è Dio? Perché è senza creature. È per una specie di perversione che l'anima, la quale è di natura divina, si volge verso le creature. A questa dualità corrisponde nell'uomo il dualismo dell'uomo carnale che un istinto diabolico attira sempre verso ciò che è perituro e dell'uomo spirituale, interiore, che aspira costantemente verso il divino e l'eterno.

Il concetto di Dio non è in Eckhart semplicemente, come nel Vangelo, un concetto morale, ma un concetto metafisico e mistico; la teologia sua è la teologia negativa dell'Areopagita e di Scoto Eriugena. Dio è il vero e perfetto essere, la vera e perfetta unità; ma appunto perciò non può identificarsi con nessuna delle forme o delle distinzioni finite e quindi è, rispetto al mondo che noi conosciamo, il nulla, il non essere; ma «un non essere che è sopra l'essere» (eine überwesende nichtheit)[770]. Il vero nulla non è né per sé né per le creature; Dio invece è per sé essere e un nulla solo per l'intelletto delle creature. Egli non agisce, non crea, non genera: e questa sua incapacità di generare è la sua più alta perfezione; non conosce, è tutte le creature e appunto perciò non le conosce; non ama se non se stesso e non è amato che da se stesso.

Ma questa teologia mistica non ci fa uscire da noi stessi e parte più dalla contemplazione dell'abisso interiore che dalla contemplazione del tutto; sebbene in ultimo entrambi si confondano in un'unità inesprimibile. «Dio

---

[770] Ed Pf. Sermone 19: *Del nulla* (pp. 79-84).

in sé è inesprimibile e non ha nomi. In fondo anche l'anima è inesprimibile come Dio». Dio non è un essere esteriore: quando l'anima è giunta alla perfezione, non vi è più fuori di essa Dio. Noi non dobbiamo perciò creare Dio fuori di noi. «Perché non restate in voi stessi e non attingete al vostro tesoro interiore? Tutta la realtà, secondo l'essenza sua, è in voi» (Pfeiffer, p. 67).

Come mai ora abbiamo accanto a Dio il mondo? Dio è un'unità assoluta, non agisce, non genera, dice Eckhart; e tuttavia è un processo, entra in un mondo di distinzioni. Come è possibile questo? Noi vedremo più oltre come questa contraddizione possa risolversi. Notiamo per intanto che questa posizione d'una distinzione in Dio era già imposta a Eckhart dalla dottrina della chiesa, che pone Dio come unità di essenza e trinità di persone. Questa processione della trinità è da Eckhart interpretata come la generazione, nel seno di Dio, d'un mondo intelligibile. Dio è per un aspetto unità immobile, riposo; per designare Dio da questo punto di vista Eckhart usa la parola *divinità*. Ma questa unità è anche sotto un altro aspetto ricchezza di essere e pienezza di vita, attività, generazione di se stesso; da questo punto di vista è la «natura divina». Come genera la natura divina? Per un perfetto sguardo in se stessa. Questo sguardo è come la rivelazione di Dio a se stesso; Dio è allora per sé quello che prima era solo in sé. Come principio da cui parte questa rivelazione, come unità generante è il Padre; come contenuto di questa rivelazione, come ricchezza di realtà ideale, che per essa viene alla luce, è il Figlio, il Logos, che contiene in sé l'eterno esemplare di tutti gli esseri; come amore che lega il Padre e il Figlio è lo Spirito Santo.

Questo processo non introduce solo in Dio la triplicità tradizionale, ma lo arricchisce d'una molteplicità di principi ideali; Dio vede in se stesso, come in un eterno esemplare, tutte le cose. La generazione del Figlio è anche la generazione di un mondo eterno, dove la molteplicità non contrasta all'unità, dove non si leva alcuna voce discordante. Sono questi princìpi le idee o le anime? Eckhart menziona qualche volta le idee come princìpi di generazione e di vita; «nell'eterno fluire onde è generato il Figlio, fluiscono anche le idee delle cose» (Büttner, I, p. 124)[771]. Ma in generale questo mondo è pensato come il mondo dei principi spirituali perfetti, delle anime. Dio non può generare che se stesso, qualche cosa che sia pari a lui in forza e verità: questo qualche cosa è l'anima. Dio pronunciando il Verbo pronuncia il mondo ideale come un'altra persona e dà a lui la stessa natura che egli ha. E pronuncia in questa parola tutti gli spiriti razionali, ciascuno dei quali ha la stessa natura del Verbo. Questa generatone non è una vera generazione, una creazione, ma una teofania; essa non avviene nel tempo. Il

---

771 Sulle idee come «rationes creaturarum» in Dio si v. Denifle, pp. 460 sgg.

mondo ideale non è esterno a Dio, è Dio, un modo di essere di Dio ed è eterno come Dio. L'uno passa tutto in ogni singolo; basta che questo senta se stesso nella sua piena realtà per sentirsi come l'uno-tutto. L'anima è in Dio, ma Dio è anche nell'anima; nell'anima il Padre genera eternamente il Figlio e genera me come Figlio, come sua essenza, senza che abbia luogo una separazione. Nell'amore con cui Dio ama se stesso egli ama tutte le cose, ma non come cose, bensì come Dio.

Questa identità di Dio e del mondo ideale ci permette di vedere come si risolvesse per Eckhart la contraddizione. Nella sua considerazione della Trinità Eckhart pone l'accento sull'unità; tutto l'ardore del suo spirito va verso l'unità originaria, non verso le persone divine. Il rilievo da lui dato alle persone in Dio è in fondo solo una concessione alle immagini della religiosità tradizionale. L'essenza vera di Dio è l'unità e l'immobilità assoluta; così è Dio in sé. Le tre persone come distinte sono soltanto la rivelazione al nostro intelletto di ciò che Dio è in sé. La ricchezza di princìpi ideali non è in lui una distinzione che si contrapponga all'unità; è solo una determinazione dell'unità che ne esprime la ricchezza infinita. In Dio non vi è né molteplicità né numero. Noi dobbiamo porre le tre persone perché esse sono per noi il fondamento della ricchezza degli esseri particolari. Ma che cosa sono questi esseri particolari? Niente per sé; tutte le cose sono l'unità di Dio. La trinità è quindi solo un processo interiore dell'unità col quale esprimiamo le condizioni interiori della ricchezza dell'essere divino; dare alla trinità un rilievo indipendente da questa unità è arrestarsi nella sfera esteriore, un ignorare la intima unità di Dio. La trinità è solo una manifestazione della divinità, ma non è la «divinità»; il processo trinitario, quando noi lo isoliamo, non è più che un simbolo. Eckhart si esprime chiaramente su questo punto nel sermone *Sull'intuizione di Dio* pubblicato da W. Preger[772]. Dio è in sé unità e indistinzione assoluta; solo per l'anima isolata da Dio, diventata creatura, la divinità diventa Dio e si distingue in persone; è l'anima che crea Dio (non la «divinità»). Quando poi Dio compie nell'anima, diventata creatura, l'opera sua per mezzo della grazia, Dio allora annulla la creatura e annulla se stesso. Non vi è più Dio allora per l'anima. Essa è di nuovo l'eterna parola in cui Dio eternamente si esprime; nella sua unità assoluta non vi è più né Padre né Figlio; non vi è che un'eterna unità nella quale né il Padre sa del Figlio né il Figlio del Padre. Dio stesso, come persona, non conosce l'anima; per immedesimarsi con il nostro essere segreto egli deve perdere il suo nome e il suo carattere di persona; egli deve lasciar fuori le

---

[772] W. Preger, *Gesch. d. deutschen Mystik*, I, 1874, pp. 484-488; riprod. da Büttner, I, pp. 195-204.

distinzioni di Padre, Figlio e Spirito Santo e penetrarvi come l'uno che non ha più determinazioni. Quindi è ancora un'imperfezione il considerare Dio in via assoluta come trinità; Eckhart rimprovera ai maestri di non aver veduto abbastanza nella trinità l'unità. Onde non dobbiamo meravigliarci che in qualche parte mostri di non approvare il culto di una sola di queste persone separata dalle altre (Büttner, II, p. 194), e anzi consideri l'attaccamento feticistico a Gesù Cristo come un ostacolo nella salute (Pfeiffer, p. 240).

Vi sono due generazioni, dice Eckhart, una generazione nell'eternità e una generazione nel tempo: nella prima Dio genera il Figlio, nella seconda genera la creatura. Ma l'una è così distinta dall'altra come dalla terra il cielo. Che cosa vuol dire questo? Che cosa è propriamente la generazione della creatura? L'essere particolare, quando perde la coscienza della sua unità con Dio e si contrappone a Dio, è la creatura. L'essenza sua, come creatura, è quindi il non essere, la morte, il tempo, la limitazione, il numero; un essere ideale diventa creatura in quanto riceve in sé ciò che appartiene al tempo. Quindi possiamo anche dire che l'essenza della creatura è il nulla, il nulla creaturale, non il nulla divino; essa è in sé qualche cosa di vano, privo di valore; «tutto ciò che è creato non ha in sé nessuna verità».

Ma dove sorge questa imperfezione? Nell'anima. Dio ha posto dall'eternità l'anima nel mondo ideale, cioè in se stesso. Ma l'anima è uscita, per una specie di perversione, da questo mondo, si è fatta dissimile a Dio, cioè si fatta creatura. Allora sorge intorno ad essa il mondo sensibile. Certo con Eckhart noi siamo ancora lontani dal concetto moderno dell'idealità del mondo; ma in più d'un punto egli vi prelude. È l'anima che si rispande, per mezzo delle sue facoltà particolari nel mondo della molteplicità, nella sfera dello spazio e del tempo. Le creature erano riunite nell'anima di Adamo quando egli era unito a Dio; quando egli si staccò da Dio anche le creature caddero e si staccarono dall'anima sua (Pfeiffer, pp. 496-97). Se Dio, anzi se solo un angelo si rispecchiasse nell'anima, allora tutto il mondo che vediamo intorno a noi sarebbe trasfigurato.

Quindi non vi è in realtà contatto fra Dio e il mondo delle creature. La creatura non è compatibile con l'essere perfetto: «là dove finisce la creatura, là comincia Dio». Dio è completamente straniero alla natura creata, alla «creabilità». «Deus nichil habet facere cum tempore» (Rechtfertigung, p. 44). Se Dio avesse intatto con le creature l'imperfezione loro offuscherebbe la sua perfezione. Dio è in tutte le cose, ma è nella loro essenza che è perfetta e pura, non nella creatura come tale. Quindi Dio non conosce il male. «Deus non videt aliquod malum, quia ipse solum respicit in se ipsum; in ipso autem non est malum» (Rechtfertigung, p. 50). Come mai allora si può parlare di creazione? Evidentemente non vi è creazione, né generazione di ciò che è nel tempo; Eckhart usa questa parola per un accomodamento al linguaggio comune. L'origine delle creature ha luogo per una «caduta» delle essenze: e questa non può essere opera di Dio. La creazione vuol dire soltanto che anche le creature hanno ciò che di vero essere è loro proprio dalla presenza, in esse, di Dio: anche la vita dei dannati viene ad essi da Dio. Ma per converso ciò che nelle creature è «creabilità» non è Dio (Pfeiffer, p. 147). «Omnia habent esse ab ipso esse sicut omnia sunt alba ab ipsa albedine» (Rechtfertigung, p. 29). Il fluire eterno dell'essere nella realtà delle creature appare come un atto di creazione. «Nichil habet esse sine intimo illapsu ipsius primi esse» (Ivi, p. 30); «eius (Dei) actio est ipsius substantia» (Ivi, p. 49). Ma questo fluire è quella partecipazione medesima dell'essere che avviene nel mondo ideale: «simul et semel quo deus fuit, quo Filium genuit, etiam mundum creavit; semel loquitur Deus» (Ivi, pp. 29-30). Dio intuisce nell'eternità il mondo delle creature, ma solo in quanto esso è Dio, cioè nella loro essenza e nella loro unità, non nella loro molteplicità sensibile (Pfeiffer, p. 502). Quindi esse non sono per Dio un altro mondo, un mondo creaturale; solo per le creature separate l'ordine eterno delle essenze dà origine al fluire delle esistenze e crea la dualità di Dio e del mondo. È perciò di esse egualmente vero che sono un nulla e che perdono le anime e che contengono in sé un certo essere e un certo valore e che conducono a Dio[773].

Noi abbiamo così due mondi paralleli: il mondo delle creature che scorrono nel tempo e il mondo delle essenze che sono eternamente contenute in Dio, sono in Dio. Questo è il vero mondo che non è toccato dalle cose create nel tempo; e il vero essere di queste risiede nel primo. Quello che qui è materiale e morte è in Dio vita e spirito. Così è che abbiamo un uomo temporale e un uomo eterno. Ma l'esistenza delle creature non procede affatto, come esistenza creaturale, da Dio e dalle essenze eterne. Eckhart non fa che riconoscere questa dualità e non cerca di spiegarla. Il mondo delle creature ha, come tale, solo un carattere privativo: di qui il male. Onde ciò che nel mondo delle essenze è l'eterna unità delle cose in Dio per l'amore è qui aspirazione a liberarsi e a tornare a Dio.

In quanto entra a far parte del mondo delle creature, anche l'anima è una creatura; tuttavia essa non è mai del tutto creatura: per quanto caduta nella sfera dello spazio e del tempo, essa rimane sempre unita alla divinità da cui procede; vi è in essa qualche cosa che appartiene già qui a Dio, anche in

---

[773] Jundt, *op. cit.*, pp. 90-94.

mezzo a tutta la sua imperfezione. Vi è nell'anima una parte increata e increabile; e una parte per cui dipende dal tempo e fa parte essa stessa della creazione. Tutte le cose procedono da Dio e serbano in sé qualche cosa di divino, però solo nell'anima questo elemento divino serba coscienza della sua unità con Dio e non è soltanto un riflesso delle idee divine, ma è veramente Dio. Questa parte dell'anima non è ciò che in noi sente, vuole e conosce: queste sono già attività o manifestazioni dell'anima come creatura; ma è ciò che Eckhart chiama il fondo dell'anima, la scintilla, la fortezza dell'anima (Rechtfertigung, p. 33). Tutte le cose esterne pervengono, per mezzo di immagini, alle forze e facoltà dell'anima; nel fondo dell'anima penetra solo Dio, perché esso è una cosa sola con Dio. Questa parte dell'anima è qualche cosa di eterno; là, nel suo segreto, Dio partorisce eternamente il Figlio e regna una gioia pura e infinita. Ma appunto per questo essa è qualche cosa che trascende tutto e che non ha nomi. Niente ci è ignoto quanto l'anima: noi ne abbiamo solo un oscuro presentimento. Nessuno sa che cosa sia l'anima come nessuno sa che cosa sia Dio. Possiamo chiamarla una luce, un fuoco, uno spirito, ma sono immagini. È della stessa natura che l'essenza dell'angelo: una scintilla viva del mondo ideale, un momento di Dio che lì è presente e si riconosce.

Per questa coscienza della sua natura divina l'anima è una specie di mediatore fra Dio e il mondo (Pfeiffer, pp. 170; 250) e può essere organo del ritorno del mondo a Dio. Per la conoscenza le cose raccolte dai sensi e dalla ragione penetrano nel nostro spirito, si assimilano ad esso e trasformate in realtà umana conquistano anch'esse l'immortalità (Pfeiffer, pp. 151 sgg.; 530). La vera dualità del temporaneo e dell'eterno è perciò nell'anima: il processo del ritorno delle creature a Dio si concentra nel processo del ritorno dell'anima a Dio. Il movente di questo ritorno è il dolore.

Ci resta ora da percorrere le fasi di questo processo di ritorno. Eckhart distingue tre gradi nella vita dell'anima: il sensibile, il razionale, il superrazionale. Nel primo l'anima è semplicemente la forma del corpo: è in stretto senso «anima». L'uomo è allora puro senso: vive della vita animale in mezzo alle altre creature; vi sono uomini in cui tutte le forze dell'anima sono rivolte a questo fine. Ma l'uomo che non è un bruto sente in sé risvegliarsi l'esigenza della ragione e dirige la sua attività verso gli oggetti dell'uomo interiore. La ragione lo eleva al disopra del numero e del tempo: essa spoglia le cose della loro temporaneità e corporalità e mette in luce le visioni ideali dell'anima che erano nascoste dalle apparenze sensibili. Allora l'anima diventa «spirito». La materia del suo conoscere è data ancora dalle immagini della fantasia; ma queste immagini sono elaborate alla luce delle potenze superiori dell'anima, che conferiscono ad esse carattere di verità. Praticamente la vita della ragione è un'elevazione sulle cose sensibili, è vivere, sull'esempio di Gesù, nella povertà, non eleggendo la propria patria nel regno delle cose sensibili, ma astraendo dal mondo e dal proprio io creaturale; rinunciando al mondo, rassegnandosi. Nel sermone dell'«uomo nobile» (Büttner, II, pp. 104-115), in cui Eckhart traccia con tanta delicatezza il paragone dello svolgimento dell'uomo interiore con lo sviluppo del bambino, egli pone come fondamento della vita religiosa superiore la vita morale, l'acquisizione d'una natura morale, per la quale camminare sulla traccia di Cristo è un seguire la propria inclinazione.

Nella fase razionale la via che conduce a Dio è dunque già una via negativa, un processo di abbandono della realtà inferiore, di ciò che è sensibile e straniero. L'opera della ragione è già un ritorno verso l'unità con la conoscenza e la volontà. Non è necessaria perciò una lunga preparazione, una grande sapienza per unirsi a Dio! L'unione con Dio può venire soltanto dall'annullamento di ciò che non è Dio. Bisogna che il tuo sapere sia ignoranza, dimenticanza delle creature. E da parte della volontà è un ritrarsi dalla molteplicità delle impressioni, un cancellare l'azione delle proprie particolarità, un aprirsi a Dio. Questo ci fa comprendere l'atteggiamento di Eckhart di fronte alle opere. Le preghiere, i digiuni e le opere in generale servono in quanto conducono al vero fine che è la separazione dalle cose del senso e la dedizione a Dio. Perciò l'uomo deve coltivarle quando sente che esse servono a preparare questa dedizione: lasciarle cadere quando sono diventate inutili, anche se fossero voti solenni! Ciò che è essenziale è la dedizione. Compiere un umile lavoro con dedizione è più salutare che ascoltare messe, pregare o contemplare: anche il più insignificante lavoro riceve dalla dedizione nobiltà e valore. Non bisogna quindi farsi una superstizione delle opere, l'essenziale è di offrire un'anima nuda e vuota a Dio: l'amore di Dio vale tutte le opere. È inutile fuggire il mondo e chiudersi nei chiostri! Non è questo che dà la salute. Per avere Dio è indifferente essere in una strada o in una chiesa. Vi sono innumerevoli vie che conducono a lui e ciascuno deve scegliere la sua. L'essenziale è di abbandonare interiormente le cose e se stesso. Le opere esteriori servono come inizio: ma sono apprezzate in seguito solo da chi non ha occhi che per le cose esteriori. In seguito sacramenti, penitenze, preghiere, diventano solo un ostacolo. La «separazione» sopprime anche la preghiera: la vera preghiera è l'anelito verso Dio, è la preghiera dell'anima «abbandonata» e solitaria.

Le nostre facoltà più alte, la ragione e la volontà razionale portano già in sé l'impronta dell'unità di Dio: ma noi dobbiamo salire anche più in alto, là dove sparisce anche la contrapposizione dell'attività nostra e di Dio. Nell'apice della sua potenza la ragione penetra nel mondo divino e si immedesima col Logos: in essa risplende il Logos in cui stanno le essenze di tutte le cose e là essa vede anche se stessa come increata. Ma resta ancora sempre un'ultima distinzione, per cui l'anima si contrappone a Dio e, distinguendo sé, introduce la distinzione in Dio, lo apprende come molteplicità di persone. Bisogna fare un ultimo passo: penetrare nel nulla, nell'unità ultima in cui cessano anche le distinzioni divine.

Nel terzo grado alla luce della ragione succede la luce della grazia divina, che invade l'anima quando Dio vi entra: per essa l'anima apprende direttamente Dio, ma non più come distinto da sé, bensì come ciò che la costituisce, come ciò che è appreso e che apprende. Allora l'anima s'identifica con il suo fondo segreto e increato, con la «scintilla» che è di là da tutte le sue potenze. L'anima perfettamente unita con Dio, non sa più né di conoscerlo né di amarlo: quando essa lo sa non è perfettamente unita, sta ancora di fronte a Dio come un altro. Quindi per possedere Dio l'uomo deve rinunciare anche a Dio: rinunciare ad avere l'idea di Dio, rinunciare a proporsi espressamente Dio come fine: questo è il più alto grado dell'abbandono a Dio. Bisogna andare di là dal Dio manifestato sino alla divinità oscura, al deserto silenzioso dove nessuna distinzione appare: bisogna rivolgersi dal Dio che si conosce e si prega per possedere quel Dio che è al disopra di Dio stesso. In questo grado dell'attività spirituale viene in perfetta luce l'elemento negativo: la separazione, l'indifferenza, la rinuncia a tutte le creature e anche a se stesso. Dio non scende in un volere straniero: ma la separazione assoluta lo costringe a discendere nell'anima «abbandonata».

Eckhart ripudia quindi il misticismo sentimentale che si trastulla, per così dire, con la rappresentazione di Dio e la contrappone sempre ancora a sé come qualche cosa di altro. Egli apprezza poco questa mistica dell'amore e la pone anche al disotto della carità: se tu fossi rapito come san Paolo e vedessi un povero affamato, faresti ben meglio a scendere dalle tue estasi e compiere le opere della carità! Essa è ancora una forma di amore dell'io. Maria in *Luca*, X, 38 è per Eckhart il simbolo di questa mistica inferiore; Maria è il simbolo dell'anima fermamente unita a Dio per la volontà, che non può più essere turbata in questa unione da nessun'attività esteriore.

Tutte le immagini, tutti i simboli servono a Eckhart per esprimere nelle più svariate forme questo pensiero: se l'anima vuole diventare una cosa sola con Dio, deve spogliarsi di tutte le sue determinazioni, non deve più avere attività, forma, desideri, in breve nulla che possa ancora in qualche modo contrapporla a Dio. L'anima deve tacere per ricevere Dio: Dio viene nel silenzio, è una tenebra dell'anima, una passività, un abbandono, in cui essa attende da Dio tutta la realtà di cui essa è capace. Solo in questo deserto, in questa solitudine l'anima trova Dio. Dio discende su di noi solo nella notte profonda quando più nessuna creatura parla o risplende dinanzi all'anima. L'anima deve farsi povera in ispirito, cioè nulla volere, nulla sapere, nulla avere. Essa deve annullarsi, perché Dio agisca nell'anima deve trovarvi il perfetto riposo del nulla: l'anima deve andare «come un nulla nel puro nulla della natura divina».

E che cosa opera Dio nell'anima? Noi non possiamo più né concepirlo, né esprimerlo. Il fondo dell'essere nostro, la scintilla nostra si congiunge allora perfettamente con Dio, in modo che nulla resta fuori di Dio, ed essa fluisce con la stessa onnipotenza di Dio da tutta l'eternità in Dio. Il Dio infinito che è nell'anima si confonde con il Dio infinito che è in se stesso: l'anima genera essa stessa con Dio il figlio e vive nel mistero di questo atto eterno dello spirito (Artic. XIII). Eckhart chiama spesso questa visione una morte, il morire nell'eterna verità. Questi sono i veri morti nel Signore: è la morte definitiva alla vita carnale per rinascere alla vita eterna. Il nostro Io non si perde in un'unità indistinta, perde la sua parvenza, ma non l'essenza: tutto è scomparso in Dio salvo quella scintilla che risplende in lui della stessa luce. Noi siamo qui dinanzi all'ultimo mistero, come noi possiamo vivere in Dio senza essere distinti e tuttavia senza essere annullati, come in Dio possa sussistere una molteplicità divina che non sia un molteplice come sono ora le cose, ma sia nello stesso tempo un'eterna unità.

Il trattato sopra «Suor Caterina figlia spirituale di M. Eckhart», che è stato pubblicato fra le opere di Eckhart (Pfeiffer, pp. 448 sgg.), mostra come l'abbandono completo a Dio conduca all'indifferenza assoluta verso tutte le cose. Tuttavia Eckhart riconosce che l'anima non potrebbe restar unita costantemente a Dio senza distruggere la sua vita corporea. La perfezione assoluta è un ideale che non è mai completo nella vita e che non può essere uno stato stabile: l'anima vi si eleva in qualche felice momento per tornare poi in sé come creatura e passare di nuovo dalla contemplazione all'azione. Ma da questo punto l'uomo torna nell'esistenza come rinnovato; i momenti di perfezione agiscono sull'uomo esteriore e lo dirigono in accordo con la volontà divina; allora anzi comincia la vera bontà e la vera rettitudine: l'uomo diventa un «amico di Dio». L'uomo interiore non abbandona mai in realtà la sua contemplazione, e nello stesso tempo l'uomo esteriore può agire nel mondo senza che l'anima sia distolta dal suo silenzio e dalla sua immobilità. I movimenti della volontà restano subordinati all'influenza dell'uomo interiore che è unito a Dio: quindi chi muove la volontà razionale non sono veramente i motivi esteriori, ma è Dio stesso. Questa operazione di Dio nel perfetto è la grazia. Essa non è veramente un'attività positiva nell'uomo; essa nega, dissolve l'elemento sensibile, ristabilisce l'uomo nella purezza della sua natura, in cui egli è la grazia, è Dio stesso. Perciò essa è liberazione e l'uomo la sente come libertà morale. L'uomo che agisce per l'impulso delle cose esteriori è come un cadavere: è spinto a muoversi, ma non si muove, agisce solo veramente quando è mosso dall'intimo, cioè da Dio stesso (Pfeiffer p. 607). Questo implica l'impeccabilità. Quando l'unione con Dio si è compiuta, tutte le creature indirizzano l'anima a Dio e tutto nell'anima è rivolto a Dio. L'anima unita con Dio è certo di là dalla virtù, ma la virtù è diventata in essa natura: Dio le è presente per uno stato costante, tranquillo, che Eckhart paragona all'abitudine. Le cose esteriori diventano, come tali, indifferenti: l'anima se ne interessa solo più in quanto servono alla sua perfezione spirituale. L'uomo vive allora in uno stato di perfetta indifferenza di fronte al mondo: il piacere e il dolore sono diventati per lui una cosa sola. Così rispetto alle prescrizioni delle leggi morali ed ecclesiastiche egli è posto in uno stato di perfetta libertà spirituale: non vi sono più per lui né autorità né dogmi: «Dio eleva l'anima al disopra dei doveri esterni ed interni» (Pfeiffer, p. 376). Questo non vuol dire che l'uomo possa d'allora in poi compiere indifferentemente il bene o il male: Dio non può fare il male. Ciò vuol dire che l'uomo spirituale, non essendo più separato da Dio, acquista la proprietà di operare il bene come una proprietà naturale: l'anima è affrancata dai precetti esteriori e artificiosi e dalle forme convenzionali destinate a sorreggere la volontà perché si è connaturata con la stessa volontà buona. Quando l'uomo agisce nel mondo per accrescere il regno di Dio, l'agire suo pure svolgendosi nel mondo è sempre ancora compreso nel regno di Dio. Tutta questa dottrina di Eckhart respira una grande fiducia nel valore obiettivo della coscienza e nella completa subordinazione dell'uomo esteriore all'io spirituale: «homo potest pervenire ad hoc quod exterior homo sit obediens interiori usque ad mortem» (Rechtfertigung, p. 18).

Eckhart non esclude tuttavia per l'uomo spirituale la possibilità di qualche trasgressione: anche l'impeccabilità non è assoluta. Ma questa trasgressione non può essere che un turbamento momentaneo, al quale non bisogna attribuire un'importanza eccessiva. Quando l'uomo ha abbandonato il proprio Io, Dio gli è sempre presente. E allora egli non deve perdersi d'animo, se cade ancora in qualche mancanza: nell'uomo retto tutto serve al bene, anche il peccato! (Artic. XIV-XV). Accettare il peccato implica pentirsi: il peccato è accettato come condizione d'un sincero pentimento e perciò d'una rinnovata perfezione. E pentirsi non vuol dire desiderare di non aver peccato: «Dio è un Dio del presente: egli ti chiede chi tu sei, non chi sei stato». Non vuol dire nemmeno cancellare il peccato con penitenze esteriori: la sola e vera penitenza è il volgersi a Dio e dissolversi in lui. Quanto tu ti elevi a Dio, tutti i tuoi peccati scompaiono nell'abisso dell'amore divino: Dio non vede le tue opere, ma solo il tuo amore.

Un primo punto che risulta dall'analisi delle opere di Eckhart, quale è stata qui brevemente tentata, è ch'egli non è uno scolastico e che assegnare in un'esposizione di Eckhart il primo posto all'apparato teologico-scolastico è un precludersi totalmente la via alla comprensione della sua dottrina. Il principio fondamentale della dualità dell'essere creatore e dell'essere creato è da lui nettamente respinto: vano è quindi ricercare nella scolastica la genesi di concetti che hanno in lui un senso radicalmente diverso. Un secondo punto è che Eckhart non è un panteista nel senso volgare della parola: nel senso cioè che la successione delle creature sensibili che sono nel tempo sia contenuta e preordinata in Dio come v'è contenuto l'ordine delle essenze. Il panteismo di Eckhart è un panteismo religioso, trascendente: come per Spinoza (col quale ha tanti punti di contatto), per Eckhart la realtà sensibile ha solo un'esistenza correlativa all'imperfezione umana, e la origine di questa imperfezione non deve essere cercata in Dio. L'importanza di Eckhart sta anzi appunto nel carattere religioso del suo pensiero: egli ha derivato dalla tradizione neoplatonica una formulazione astratta e profonda di quel dualismo radicale che è a fondamento della concezione di Gesù. Il concetto evangelico di Dio come Padre celeste è una rappresentazione simbolica infinitamente superiore ai travestimenti scolastici, nei quali il concetto di Dio è limitato e degradato. Con la sua visione ardita e profonda del mondo spirituale e dei suoi rapporti Eckhart ha dato ai simboli evangelici una veste filosofica libera da ogni elemento mitologico che ha ancora oggi per noi il più alto valore. E lo stesso dobbiamo dire della sua concezione relativa alla vita morale e ai suoi rapporti con la vita religiosa. La purità e l'austerità della vita sono anche per Eckhart il presupposto della vita religiosa: «se Dio non fosse giustizia, io mi allontanerei da lui» (Pfeiffer, p. 146). Ma nello stesso tempo egli accentua l'esigenza della interiorità di questa vita e della sua indipendenza da tutte le leggi e da tutte le istituzioni esteriori, la condanna di ogni fariseismo morale e religioso. Anche su questo punto il suo pensiero vivo e libero si riattacca al Vangelo e nello stesso tempo precorre i problemi più essenziali e più gravi della nostra coscienza religiosa.

18. Il protestantesimo iniziò certamente una nuova era nella storia della chiesa, un principio di rinascita dello spirito. Che cosa sarebbe avvenuto della civiltà occidentale se nella Francia e nei paesi nordici si fosse distesa la decadenza mortale che dal decimosesto secolo in poi accompagna in Italia e in Ispagna il trionfo del cattolicesimo? Ciò che vi era di vitale e di essenziale nelle chiese riformate era l'elemento negativo, antidogmatico e antiecclesiastico, che doveva essere il preludio d'una restaurazione evangelica. Ma esse deviarono ben presto di nuovo verso il dogmatismo e l'intolleranza: cercarono l'ordine e la sistemazione e a ciò sacrificarono i più profondi motivi interiori.

Più a lungo si mantenne invece il carattere spirituale nel seno del movimento hussitico: il che si comprende se si pensa che esso si riattacca, attraverso Huss, a Wycliff e ai Lollardi e in secondo luogo ai contatti che esso ebbe con gli ultimi avanzi del movimento valdese. In mezzo alle dissensioni intestine delle varie frazioni del movimento hussitico sorgono nel secolo XV in Boemia delle piccole comunità con carattere spiccatamente antiecclesiastico, il cui ideale è di organizzare la società secondo i princìpi del Cristianesimo evangelico. La religione consiste essenzialmente per esse nella pratica della carità e nell'astensione dalla violenza: il sermone sulla montagna doveva essere la loro regola di vita. Verso la metà del XV secolo esse si raccolgono nella cosiddetta «Unitas fratrum», che si propone non tanto di essere una fra le molte chiese, quanto di raccogliere i fedeli dispersi in tutte le chiese: per i loro avversarii essi sono valdesi o «piccardi» (corruzione di «begardi»). Il primo documento dell'Unitas fratrum è una decisione sinodale del 1464; nel 1467 essa si stacca dalla chiesa cattolica, ma sulla sua costituzione nulla sappiamo. Certo sembra però che la chiesa dei «fratelli dell'Unità» o «fratelli moravi» fu in origine un'imitazione delle comunità valdesi. I primi suoi sacerdoti sono consacrati da un sacerdote valdese, e uno di essi fu consacrato vescovo da un vescovo valdese. Anch'essi distinguono, come i valdesi, i proficienti, cioè la massa delle comunità, dai perfetti, specie di sacerdoti che rinunciano alla proprietà, vivono del proprio lavoro e attendono alla predicazione e alla direzione della società. Il culto venne riformato in accordo con i princìpi evangelici. I sacramenti valgono solo in quanto li accompagna una corrispondente disposizione interiore: essi non hanno un'azione magica e non sono strettamente necessari alla salute. Quindi e le preghiere e l'azione d'un sacerdote indegno sono per sé invalidi: del resto l'opera stessa del sacerdote non è necessaria perché ogni credente è un sacerdote.

Il più grande dei loro apostoli è Petr Chelčický, il cui scritto più importante *La rete della vera fede* ci è stato recentemente reso accessibile[774]. Tolstoj lo ricorda come una delle opere più veramente e profondamente cristiane che siano state scritte[775]. P. Chelčický nacque verso il 1380-90 e visse a lungo nel piccolo villaggio boemo di Chelčice, da cui prese il nome. Fu probabilmente un contadino, un povero. Noi non conosciamo nulla della sua vita, non sappiamo l'anno della sua morte. Sappiamo soltanto che fu un tenace assertore dei princìpi del Vangelo, che condannò la chiesa papale come la chiesa dell'Anticristo e che predicò essere ogni atto di violenza inconciliabile con la legge cristiana. La fede sua è la fede cristiana comune: ma gli articoli di fede non hanno per lui eccessiva importanza perché la fede, più che un'adesione intellettiva, è per lui essenzialmente un aderire con tutta la persona, un vivere secondo la legge cristiana. «La fede consiste essenzialmente nella virtù e nella coscienza pura». La religione è moralità, tutte le altre opere sono vane: anche la vita ascetica, i digiuni, le penitenze. Forse che il Signore ci ha insegnato con l'esempio a digiunare e a tormentarci? Forse che egli si è coperto di cenere e di cilicio? Tutte queste sono invenzioni umane che assicurano soltanto l'ozio dei monaci. Non ha forse san Paolo evangelizzato il mondo e tuttavia trovato il tempo di lavorare per vivere? La prima esigenza della fede cristiana è la dedizione completa a Dio: essa vieta di occuparci eccessivamente delle cose terrene, di abbandonarci alle cupidigie materiali del denaro e degli altri beni, di cui l'uomo si rende schiavo quando dimentica Dio. «Dio vuole dai suoi tutto il loro cuore». Ma il precetto capitale è quello della carità: il vero segno della fede è la mitezza, la non resistenza al male. Chelčický non ammette che si possa servire Dio e nello stesso tempo, per necessità terrene, fare uso della violenza. Questo è in realtà un annullare la legge di Dio. In questo punto Chelčický non teme di contrapporsi a Huss, il martire venerato. Anzi egli spinge il suo principio così oltre come Tolstoj: egli nega che si possa usare della violenza per un buon fine, essere re sui malvagi per costringerli al bene. Perché in tal caso la violenza non giova ai malvagi e corrompe l'anima di chi l'esercita. Chelčický ha come Tolstoj un vivo senso delle infinite miserie che derivano all'umanità dalla trasgressione di questo principio evangelico. Egli ritrae senza veli le miserie e le ingiustizie dell'ordinamento sociale: l'orgoglio della nobiltà che si arroga di essere come una umanità a parte e vive del sudore e delle miserie dei soggetti; l'ipocrisia del

---

[774] R. Chelčický, *Das Netz des Glaubens* (tr. ted.), 1924. Si cfr. G. Vogl, *Peter Cheltschizki, ein Prophet an der Wende der Zeiten*, 1926.

[775] Tolstoj, *Le salut est en vous* (tr. fr.), 1893, pp. 21 sgg.

clero che accarezza e adula i potenti per partecipare del frutto delle loro rapine; l'avarizia e l'avidità degli abitanti delle città; scandalo dei monaci che professano a parole la povertà e l'umiltà, ma si valgono dei privilegi del loro stato per tirare a sé tutti i beni della terra. Il suo giudizio non risparmia anche i dottori delle università che dovrebbero essere «la luce del mondo» e sono invece i servi prezzolati dell'Anticristo. La radice di ogni male è nella corruzione della chiesa che ha fatto commercio della religione e l'ha ridotta a uno strumento delle sue ambizioni terrene. Gesù Cristo, egli dice, ha acceso nelle anime la luce della vita; e ora gli apostoli dell'Anticristo, Papa, vescovi e preti, soffocano per le loro cupidigie questa luce per cui Cristo ha dato il suo sangue. E la conseguenza più terribile di questo stato di cose è quella cecità spirituale che rende le coscienze cristiane insensibili di fronte alla violenza e alla guerra. Le ambizioni dei potenti gettano l'uno contro l'altro i popoli, che nella loro cecità, obbediscono e si dilaniano: «E questi», dice Chelčický, «sono Cristiani che tutti dicono a Dio: Padre nostro che sei nei cieli!».

Le ultime persecuzioni contro i valdesi (dal 1467 in poi) sono rivolte anche contro la chiesa dell'Unità: la quale tuttavia, attraverso le persecuzioni, si organizza e si estende; nel 1527 è stabilito uno statuto interiore, che rimase d'allora in poi invariato. La riforma luterana favorì la chiesa dell'Unità: questa si avvicinò al luteranesimo e mirò sempre più a diventare una chiesa evangelica nazionale. Ma nello stesso tempo, dopo il 1500, la severità dei principi si va rilassando: i divieti del giuramento, della violenza, della partecipazione allo Stato vengono messi da parte come non essenziali, la proprietà privata è riammessa anche per i perfetti, la comunione storica con la chiesa valdese viene rinnegata. La battaglia della Montagna Bianca (1621), che segnò la sconfitta del partito della riforma in Boemia, pose fine alla chiesa dell'Unità: i suoi seguaci si dispersero e l'ultimo suo vescovo, Comenius, fu costretto alla fuga. La chiesa risorse tuttavia, dai pochi germi rimasti, nel 1722, sotto l'influenza predominante del pietismo, a Herrnhut (Sassonia), in una proprietà e per la protezione del conte di Zinzendorf. Essa si organizzò dandosi una costituzione sinodale e persiste ancora oggi (con circa 50.000 membri): ma più che una chiesa è un'associazione religiosa che non è esclusiva e ammette in sé anche membri di altre chiese che desiderino una particolare perfezione spirituale. Essa non ha dogmi, è un Cristianesimo del cuore, che ha la sua dogmatica nel libro dei canti; la sua azione si esplica soprattutto negli istituti d'educazione e nelle missioni. In ciò essa si è mantenuta fedele allo spirito dell'antica chiesa dell'Unità, che pure degenerando considerevolmente dai suoi princìpi evangelici si mantenne sempre distinta dalle altre chiese riformate per l'ardore del suo Cristianesimo pratico e per la minore importanza accordata alla parte ecclesiastica e alle discussioni teologiche. L'ultimo dei vescovi dell'Unità, G. Amos Comenius (1592-1670) è ancora una viva immagine dei vescovi della prima età apostolica: egli lascia da parte le dispute e le costruzioni dogmatiche per occuparsi della perfezione interiore e della fraternità fra tutti i credenti.

19. Anche le altre correnti della riforma ebbero i loro spirituali e i loro martiri, specialmente negli anni d'oro del movimento della riforma, quando questo non era ancora né calvinismo né luteranesimo, ma era il movimento spontaneo degli spiriti verso Cristo e il Vangelo: quando i martiri davano la vita non per un credo dogmatico, ma per non mentire a se stessi. «Noi siamo Cristiani», diceva una povera donna di Lilla salendo il rogo, «e soffriamo ciò che soffriamo perché vogliamo credere soltanto alla parola di Dio»[776]. Fra essi ricorderò solo la nobile figura di Sebastiano Castellione, difensore della libertà di coscienza, che fu, in mezzo alle persecuzioni e alla povertà più squallida, esempio di rettitudine e di dignità di vita[777]. Nato nel 1515 in un villaggio della Savoia, fu convertito alla riforma dallo spettacolo dei martiri. Conobbe a Strasburgo Calvino, il quale dopo il suo ritorno a Ginevra nel 1541 lo chiamò a sé e lo nominò rettore del ginnasio; ma il suo spirito indipendente non poté adattarsi al dispotismo intellettuale di Calvino: si ritirò quindi volontariamente a Basilea, dove visse otto anni (1545-1553) in un'estrema miseria, piegandosi, per nutrire i suoi figli, ai più duri lavori manuali. Nel 1553 fu nominato professore di letteratura greca all'università di Basilea. Morì nel 1563 a quarantotto anni, consumato dalle fatiche, dalle privazioni e dalle persecuzioni.

Castellione è il principale collaboratore del trattato sulla persecuzione degli eretici pubblicato nel 1554 sotto il nome di Martinus Bellius in occasione della condanna al rogo di Serveto a Ginevra. Ivi egli rimprovera ai Cristiani le loro vane preoccupazioni teologiche, che generano contese, guerre e persecuzioni: mentre la sola cosa grata a Dio, la carità, è completamente dimenticata. Come possiam credere che Cristo approvi le orribili crudeltà che si commettono nel suo nome? «Supponiamo che Cristo, il quale è giudice di tutti, sia presente e pronunci egli stesso la sentenza e dia fuoco al rogo: chi non lo riterrebbe un demonio? Chi non penserebbe che sia egli stesso quel Moloch che ama le vittime umane e gode che esse siano arse vive?... O Cristo, creatore e re del mondo, vedi tu queste cose? O sei

---

[776] Crespin, *Hist. des martyrs*, 1887, II, p. 415.
[777] F. Buisson, *Sebastien Castellion, sa vie et son oeuvre*, 1892, 2 vol.

diventato altro da ciò che eri? Quando eri sulla terra, non vi era nessuno più mite, più clemente, più umile di te: tu hai pregato per quelli che ti crocifiggevano. E ora sei cambiato? Tu approvi, tu comandi questi crudeli supplizi? Quelli che li eseguiscono, li eseguiscono a tuo nome? Ti trovi tu, quando ti invocano, e godi di questo macello e mangi carne umana? Se tu, Cristo, fai queste cose, che cosa resta da fare al demonio? Oh bestemmie orribili! Oh empia audacia degli uomini, che osano attribuire al Cristo ciò che essi fanno per ispirazione satanica!»[778]. Calvino rispose con un libello nel quale chiama Castellione lo strumento prediletto di Satana. Nella sua risposta Castellione rimprovera Calvino di voler difendere le sue opinioni con minacce, ingiurie e supplizi. «Io non difendo Serveto (egli dice) e non ho letto i suoi libri che Calvino ha bruciato con il loro autore. Ma io non desidero nemmeno di bruciare Calvino ed i suoi libri: mi accontento di confutarli». La religione è amore, carità. Il Cristianesimo di Castellione è un Cristianesimo semplice, una fede morale; è la legislazione della ragione divina, la quale risplende, più che altrove, nella ragione umana. «La ragione è essa stessa la figlia di Dio», scrive Castellione, «che fu prima di tutte le tradizioni e cerimonie religiose e prima della stessa creazione del mondo e sopravviverà a tutti i mutamenti del mondo, perché, come Dio, non può essere annullata. La ragione è come un linguaggio di Dio a noi, ben più antico e sicuro di tutte le tradizioni, per mezzo del quale Dio ha parlato ai suoi prima che vi fossero tradizioni e parlerà ancora quando saranno scomparse, in modo da suscitare in essi la vera dottrina. Secondo la ragione hanno vissuto Abele, Enoch, Noè, Abramo e tanti altri prima della rivelazione di Mosè e vivranno ancora altri innumerevoli quando questa rivelazione sarà tramontata. E infine secondo la ragione visse Gesù Cristo stesso, figlio di Dio vivente e insegnò e combatté le superstizioni ebraiche»[779]. Un anno prima di morire mandava ancora alla Francia il suo commovente appello: «O Francia, Francia! Il mio consiglio è che tu cessi di forzare le coscienze, di uccidere e di perseguitare e conceda che nel tuo seno sia possibile, a quelli che credono in Gesù Cristo di servire Dio secondo la fede loro e non secondo la fede degli altri... Anche voi, privati, non siate così pronti a seguire quelli che vi spingono a metter mano alle armi per uccidere i vostri fratelli! E che il Signore dia a tutti la grazia di ritornare, piuttosto tardi che mai, nel loro sano intelletto! Se ciò avverrà, io glie ne renderò grazie: se non avverrà, io avrò

---

[778] F. Buisson, *op. cit.*, I, pp. 368-9.
[779] F. Buisson, *op. cit.*, II, p. 495.

almeno fatto il mio dovere e se anche uno solo conoscerà la verità, non avrò perduto la mia fatica»[780].

20. Il Cristianesimo spirituale nell'età della riforma confluisce, per la massima parte, nel grande movimento anabattistico[781]: in esso rivivono le aspirazioni delle sette medievali[782], sebbene noi, in assenza di documenti, non troviamo più traccia di questa derivazione. La parola *anabattista* ha avuto un senso molto largo e comprende in sé indirizzi molto diversi. Nonostante vari tentativi di unificazione (il primo ebbe luogo in una specie di sinodo nell'anno 1527), l'anabattismo non costituì mai un'organizzazione unica: fu un insieme di comunità religiose a tendenze ora mistiche e quasi quietistiche, ora comunistiche e rivoluzionarie. Ciò che le unisce è la tendenza a rinnovare il Cristianesimo evangelico: il rigetto del battesimo degli infanti – connesso col principio che il sacramento deve essere accompagnato con un rinnovamento interiore – fu un segno caratteristico più che un dogma essenziale, e del resto non fu proprio dei soli anabattisti. Ma nell'anabattismo confluirono anche tendenze visionarie e millenaristiche, tendenze speculative e mistiche e tendenze sociali-rivoluzionarie; perciò esso ci si presenta sotto tanti aspetti diversi. In complesso però, rinunciando ad ogni classificazione rigorosa, possiamo distinguere in esso due correnti: l'una ispirata a motivi morali e religiosi, desiderosa di sostituire alle chiese esteriori l'unità interiore dello spirito, ostile in genere alla violenza; l'altra negativa e rivoluzionaria, che tendeva in realtà a distruggere l'ordine civile e religioso esistente per sostituirvi il governo dispotico dei suoi profeti e predicava la distruzione di tutti i miscredenti con la spada. Era nelle condizioni del tempo che questi due movimenti si avvicinassero e si associassero. La rivoluzione sociale, che era anche rivoluzione contro il clero ricco e potente e contro l'indirizzo politico della riforma, poteva facilmente assumere l'aspetto d'una rivoluzione religiosa: e lo spirito morale delle comunità religiose non poteva essere indifferente alle profonde ingiustizie dello stato sociale. La *Reformatio Sigismundi*, un libello politico del 1440 circa, preannuncia già la guerra dei contadini e il regno comunistico di Münster; il programma del giullare Hans Böhm di Niklashausen (1476) è l'appello religioso a un movimento proletario. Ma noi non dobbiamo confondere l'un

---

[780] F. Buisson, *op. cit.*, II, p. 235.

[781] Una storia del movimento anabattistico manca. Si veda per gli studi particolari una bibliografìa completa n. «Archiv f. Reformationsgeschichte», 1929, pp. 170-187. Per una veduta d'insieme: Erbkam, *Gesch. d. protest. Sekten im Zeitalter d. Reformation*, 1848; L. Keller, *Gesch. d. Wiedertäujer*, 1880. Ci cfr. F. Palmer, *Les Anabaptistes*, in «Revue de Métaph. et de Morale», 1918, pp. 769-805.

[782] Harnack, «LDG», III, p. 659.

motivo con l'altro: né l'anabattismo religioso e spirituale deve essere reso responsabile della dittatura comunista di Münster né, tanto meno, esso deve venir ridotto a un fenomeno politico.

Le prime tracce dell'anabattismo compaiono a Wittemberga intorno a Karlstadt e Münzer verso il 1521. Esso si associa rapidamente con le correnti rivoluzionarie del tempo: il principale rappresentante di questo anabattismo politico è lo stesso Thomas Münzer (1490-1525), prete cattolico convertito da Lutero nel 1520 e da lui mandato nel 1521 come predicatore a Zwickau[783]. Già fin d'allora si manifestano in lui due disparate tendenze: da una parte studia i mistici medievali e predica la religione della rivelazione interiore; dall'altra manifesta un carattere violento, ambizioso, intollerante ed eccita alla distruzione dei nemici di Dio. È molto notevole il fatto che egli si interessò anche con vivo senso estetico della riforma del culto dando una grande importanza al canto sacro: ciò che gli attirò l'accusa di voler rinnovare il rituale cattolico. Fin d'allora si forma intorno a lui un gruppo di fedeli: i cosiddetti profeti di Zwickau, che predicano il regno di Dio sulla terra con la comunione dei beni e delle donne, non fanno che svolgere il messianismo politico di Münzer. Cacciato per le sue idee rivoluzionarie da Zwickau, da Praga, da Allstedt, da Mülhausen (Franconia), erra predicando, assumendo sempre più l'atteggiamento di profeta e di agitatore politico; nel 1924 riesce a rientrare a Mülhausen e a stabilirvi il proprio predominio; di là nel 1525 accorre in aiuto delle bande dei contadini rivoltati per mettersene a capo. Dopo la battaglia di Frankenhausen (15 maggio 1525) è preso e condannato a morte. Più che un riformatore religioso T. Münzer fu un capo demagogico e ne ebbe il carattere, col suo entusiasmo sincero ma impuro e l'energica ambizione personale non scevra d'egoismo e di durezza. Il suo principio è il principio bolscevistico: bisogna realizzare il regno di Dio sulla terra, abbattiamo quindi senza pietà con la spada quelli che vi fanno ostacolo!

Una viva influenza sull'anabattismo politico ebbe anche Melchior Hofmann (1495-1543), prima appassionato apostolo della riforma, imbevuto di idee mistiche e apocalittiche, poi dal 1530 profeta anabattista e predicatore fanatico del regno messianico[784]. Fu incarcerato a Strasburgo nel 1533 e morì in carcere nel 1543.

L'anabattismo rivoluzionario ebbe, com'è universalmente noto, il suo momento culminante nella rivolta di Münster dove per l'influenza di uno

---

[783] L.G. Walter, *Thomas Münzer*, 1927. (Dà a pp. 11-16 una bibliografia completa).
[784] F.O.Z. Linden, *Melchior Hofmann, ein Prophet der Wiedertäufer*, 1885.

dei predicatori evangelici più attivi, convertito all'anabattismo, B. Rothmann il partito anabattista si era impadronito del potere: ciò che aveva attirato a Münster da ogni parte schiere di settarii. Accadde allora quello che accade generalmente nelle rivoluzioni: gli apostoli della libertà si convertirono in strumenti d'un dispotismo sfrenato, che finì in una catastrofe. La caduta del regno anabattista di Münster (1535) aggravò la persecuzione: gli anabattisti erano considerati come sediziosi e come tali condannati a morte senz'altro. Ciò che era stato nell'ordine politico il regno di Münster fu nell'ordine della speculazione e della vita David Joris (1501 o 1502-1556), un pittore olandese, convertito nel 1535 all'anabattismo e rifugiatosi nel 1544 a Basilea, dove visse tranquillamente sotto mentito nome sino alla fine dei suoi giorni[785]. Singolare miscuglio di spirito mistico e di ambizioni terrene, egli si considerava come l'incarnazione dello Spirito Santo e aveva concepito l'audace sogno di stendere su tutte le nazioni il suo dominio spirituale mettendosi alla testa del movimento anabattistico. Anche D. Joris, come il re di Münster, interpretava la libertà dello spirito in senso decisamente immoralistico.

L'anabattismo spirituale ebbe invece il suo centro nella Svizzera e nella Germania meridionale. Verso il 1525 sorgono a Zurigo, San Gallo, Waldshut piccole associazioni di Cristiani insoddisfatti dell'antica chiesa non meno che della riforma, caratterizzati dall'esigenza d'un vero rinnovamento interiore come condizione dell'ingresso nella comunità e del battesimo». Il capo di queste prime comunità anabattistiche nella Svizzera è K. Grebel (n. 1490)[786]: egli impartì nel 1525 il primo battesimo. Queste associazioni vennero ben presto disperse e fatte oggetto delle più rigorose misure, dettate probabilmente dalla paura lasciata dalle rivolte dei contadini. L'anabattismo ebbe una larga diffusione specialmente nelle classi umili che diedero a questa religione il maggior numero di martiri. Esso aveva i suoi apostoli che come gli apostoli antichi erravano di paese in paese e diffondevano il nuovo Vangelo. Ma noi non ne conosciamo la storia che molto imperfettamente: solo dagli atti dei giudizi criminali apprendiamo la sua diffusione e l'orrore delle persecuzioni, in cui gareggiavano cattolici e riformati. Dagli atti ad esempio apprendiamo come nel Tirolo venissero arse solo nel 1530 settecento persone; come i disgraziati venissero ricacciati

---

[785] Su David Joris si veda: G. Arnold, *Kirchen- und Ketzerhistorie*, 1740, I, 2, pp. 883 sgg.; Nippold, *David Joris*, «Zeit. f. histor. Theologie», 1863-64; Jundt,*Histoire du panthéisme populaire*, 1875, pp. 164-197.

[786] Ch. Nepp, *K. Grebel*, «Gedenkschrift zum 400jährigen Jubiläum der Mennoniten», 1925, pp. 65-133.

nelle fiamme delle loro case incendiate; come «una bella giovinetta fosse per cinque volte ricacciata dal carnefice con la testa nell'acqua d'un abbeveratoio perché non era ancora annegata»[787]. Molte di queste comunità d'anime pie vissero forse e si estinsero nel silenzio, protette dall'oscurità contro le pene terribili che attirava il nome solo di anabattista.

Gli anabattisti spirituali sono in fondo degli evangelici: i primi anabattisti si chiamarono «fratelli apostolici». Essi vogliono ristabilire il Cristianesimo evangelico: il sermone sulla montagna è il loro credo. Quindi respingono naturalmente tutta la superstruttura ecclesiastica e vogliono trarne tutte le conseguenze morali e sociali. Quindi un rigido moralismo, una condanna recisa della guerra, un appello alla tolleranza universale. Gli anabattisti sono stati, come gli antichi Cristiani, fatti oggetto di gravi accuse da parte dei loro nemici cattolici e riformati, ma esse non sono che odiose calunnie. I loro princìpi erano diversi: alcuni inclinavano verso l'arianesimo, altri verso il panteismo; alcuni si tenevano rigorosamente alle Scritture, altri accentuavano più lo spirito interiore, altri infine amavano tener conto delle rivelazioni e visioni personali: ma ciò che li univa tutti era un'energica religiosità morale, il senso di appartenere per il battesimo della penitenza alla vera comunità di Gesù Cristo. Essi, che pure negavano al cristiano il diritto di imporsi con la violenza, professavano l'obbedienza allo Stato e praticavano una moralità ben superiore a quella dei loro persecutori. «Ciò che noi possediamo di essi, gli inni, i trattati di Denck e di Hubmaier, le lettere di Sattler, gli atti dei Martiri, rivelano tutti la stessa disposizione, l'amore a Gesù e alle Scritture, l'accettazione della croce, il lieto presentimento della beatitudine futura, l'orrore per il mondo; di più un'ardente carità reciproca e il vivo sentimento del diritto di ciascuno ad una piena libertà di coscienza»[788]. Commoventi sono in particolar modo gli inni: sono invocazioni a Dio, piene di dolcezza e di tristezza, che non temono il confronto dei *Salmi*[789]. Nell'archivio di Stato di Augsburg si conserva un libretto lacero di inni, che era stato tolto a un anabattista prigioniero: in esso egli aveva forse trascritto questi inni per trovare un conforto nel suo duro calvario[790].

Fra i capi dell'anabattismo spirituale alcuni, senza essere agitatori politici, come Münzer, non accolsero rigorosamente il principio della non resistenza e si misero, nelle lotte sociali del tempo, dalla parte degli oppressi. Così Hans Hut (?-1527), animo ardente, predicatore eloquente e fautore

---

[787] D.S. Cramer in «RE», XII, p. 598.

[788] D.S. Cramer, *l. c.*, p. 599.

[789] R. Wolkan, *Die Lieder der Wiedertäufer*, 1903.

[790] Keller, *op. cit.*, pp. 103 sgg.

delle idee millenarie, che seguì prima T. Münzer e prese parte alla guerra dei contadini. Convertito da H. Denck a sensi di maggiore mitezza, svolse una infaticabile propaganda: egli si considerava come uno dei profeti degli ultimi giorni. Arrestato ad Augsburg nel 1527, diede fuoco, per liberarsi, alla tavola a cui era stato incatenato e morì nell'incendio. Melchior Rink (1493-1540?), pastore luterano, spirito ascetico e mistico, condusse tuttavia nel 1525 i contadini alla battaglia. Sfuggito alla strage, continuò l'opera sua come missionario errante: fu incarcerato nel 1531 e morì in carcere. Il più notevole fra essi è Balthasar Hubmaier (1485-1528), prima cattolico zelante, poi fautore di Zwingli: che sia per l'influenza di Münzer sia per il suo stesso svolgimento interiore si convertì all'anabattismo[791]. Fu fautore dell'indirizzo morale, religioso e cercò di dare all'anabattismo un fondamento teologico. Favorì tuttavia il movimento dei contadini e nello scritto *Della spada* sostenne il diritto di difendersi con le mani. Dopo la sconfitta dei contadini fuggì a Zurigo e di qui a Nicolsburg (nella Moravia), dove si era costituita una comunità anabattista. Arrestato e consegnato all'Austria, venne arso: tre giorni dopo venne annegata sua moglie, che morì coraggiosamente.

A un indirizzo più rigorosamente spirituale e mistico inclina Jakob Kautz (circa 1500-1532?), predicatore eloquente, che si accostò a H. Denck e professò una specie di idealismo mistico. Condusse anch'egli la vita di un missionario errante. Cacciato nel 1532 da Strasburgo, si rifugiò, disilluso e disperato, come sembra, nella Moravia a fare il maestro di scuola: d'allora in poi manca di lui ogni notizia. Michael Sattler (n. 1490-1500?) si unì agli anabattisti a Zurigo e si fece missionario: cercò di organizzare una chiesa e stese i «sette articoli» contenenti le dottrine fondamentali. In una professione di fede[792] insiste sul dualismo del mondo e dello spirito: Cristo è il re dello spirito, il demonio è il signore del mondo: perciò i Cristiani sono cittadini del cielo e sulla terra sono perseguitati e odiati. Caduto in mano all'Austria, fu orribilmente martoriato e arso il 21 maggio 1527; due giorni dopo veniva annegata la sua eroica moglie. Ma il più autorevole capo dell'anabattismo spirituale fu Hans Denck[793]. Nato nel 1495 a Heybach

---

[791] W. Mau, *Balth. Hubmaier*, 1912; C. Sachsse, *B. Hubmaier als Theologe*, 1914 (con bibliografìa degli scritti).

[792] Pubblicata da T.W. Röhrich in: *Die strassburgischen Wiedertäufer in den Jahren 1527-1543*, «Zeit. f. histor. Theologie», 1860, pp. 1-121.

[793] Röhrich, *Essai sur la vie et la doctrine de Vanabaptiste Hans Denck*, 1853; L. Keller, *Ein Apostel der Wiedertäufer, H. Denck*, 1882; G. Haake, *Hans Denck*, 1897; Schwindt, *H. Denck, ein Vorkämpfer des undogmatìschen Christentums*, 1924; A. Coutts, *Hans Denck, humanist and heretic*, 1927. Di H. Denck venne ripubblicato lo scritto *Von der wahren Liebe*,

(Baviera), studiò a Ingolstadt e a Basilea (probabilmente sotto Erasmo) e fu nominato nel 1522 direttore di una scuola a Norimberga. Qui si accostò al movimento anabattista. Bandito nel 1525 a istigazione dei suoi avversari luterani, condusse d'allora in poi una vita miserabile ed errante, amareggiato anche dalla tendenza dell'anabattismo a diventare una setta rivoluzionaria. Egli ripudiò il secondo battesimo quando vide che era diventato non un segno sotto il quale dovevano raccogliersi gli «amici di Dio», ma un motivo di separazione e di odio reciproco. Stanco e perseguitato, si ritirò nel 1527 a Basel dove nello stesso anno morì di peste. H. Denck è più un mistico che uno speculativo: subì l'influenza dei mistici medievali. Secondo Denck Dio è perfetto amore e una scintilla di Dio, anche se offuscata, è in ciascuno di noi. Questo principio interiore divino conduce in primo luogo alla moralità: questa apre l'animo alla fede, cioè alla fiducia in Dio e al desiderio di seguirne la volontà. Le Scritture ci offrono solo un documento esteriore nel quale possiamo riconoscere la stessa nostra fede interiore: perciò le accogliamo come una legge divina. Ma esse non sono strettamente necessarie, e la loro interpretazione deve essere diretta dallo spirito interiore[794]. Così pure le cerimonie e i sacramenti sono simboli non necessari, ed è meglio privarsene che riporre in essi una fede superstiziosa. Cristo non è figlio di Dio se non in quanto in lui si manifestò una perfetta unione con Dio nello spirito di carità; è questa volontà divina che levò contro di lui l'odio degli uomini carnali, come oggi ancora avviene contro i suoi seguaci. Il compito nostro qui sulla terra è di lasciare docilmente agire in noi questo principio divino. Chi esegue la volontà di Dio che si rivela nella buona coscienza non può essere illuso dai mali spiriti: la volontà buona conduce a Dio. Denck crede nella liberazione finale di tutti gli esseri: l'inferno è soltanto la pena che il malvagio sancisce a se stesso allontanandosi da Dio. Fra gli imperativi della coscienza Denck mette in primo luogo la carità, l'astensione dalla violenza: il libro che pubblicò nell'ultimo anno della sua vita è una esortazione all'amore dei nemici (*Del vero amore, s. l.*, 1527). Quindi è un dovere l'astenersi da ogni esercizio del potere: così l'astenersi da ogni forma di intolleranza. Anche la verità non ha il diritto d'imporsi con la violenza: una causa nobile non deve essere servita con mezzi ignobili. L'ideale suo era la riunione dei Cristiani in una chiesa dei santi, che avrebbe potuto

---

Indiana (St. Un.), 1888. Dello scritto *Ordnung Gottes und der Creaturen Werk* (analizzato da L. Keller, *op. cit.*, pp. 78 sgg.) ha dato estratti G. Arnold, *Kirchen- und Ketzerhistorie*, 1740, I, pp. 1303-1307.

[794] Keller, *op. cit.*, pp. 46-60.

riunire in sé tutti gli «amici di Dio», qualunque fosse la religione esteriore da essi professata.

Le guerre dei contadini e la rivolta di Münster avevano fatto apparire l'anabattismo come un pericolo sociale: questo spiega il vigore della persecuzione che arrestò ben presto il movimento. Nel corso del secolo XVI delle piccole comunità si sostengono ancora qua e là, specialmente nella Moravia, nella Polonia, nell'Alsazia, a Basilea: verso il 1540 penetrò anche in Italia, a Venezia, dove i suoi convertiti tennero nel 1550 un concilio che durò quaranta giorni. Le comunità italiane avevano i loro ministri e i loro vescovi apostolici e si tenevano in comunicazione per mezzo di missionari erranti. L'inquisizione soffocò rapidamente questo movimento: una parte dei fuggiaschi si rifugiò nella Moravia, altri cercarono in Turchia libertà di coscienza e fondarono a Salonicco una piccola colonia[795]. La vita tranquilla, operosa e sottomessa dei superstiti mitigò col tempo la severità degli editti e rese loro possibile di trovare in qualche luogo pace e tolleranza. Il tirolese Jakob Huter, che morì sul rogo nel 1536, riuscì a fondare nella Moravia una solida organizzazione comunistica, che durò per più di un secolo e mezzo[796]. Gli anabattisti della Germania meridionale conservarono invece la tradizione anabattista della libertà, della tolleranza e del Cristianesimo pratico e si confusero in gran parte coi mennoniti. Per tutto il XVII e XVIII secolo essi continuano a errare di paese in paese fuggendo la persecuzione e cercando un asilo. Partivano, abbandonando i loro beni, con un povero bagaglio, con i loro vecchi e i loro bambini, cercando una terra dove potessero trovare, con il lavoro, la libertà della loro fede[797].

L'anabattismo rappresenta il lato mistico della riforma: sebbene i partiti vincitori, così evangelico come cattolico, lo abbiano volutamente lasciato nel silenzio, la sua importanza dal punto di vista religioso è ben superiore a quella del luteranesimo e degli altri movimenti che trionfarono solo perché trovarono un appoggio nelle classi dominanti. La sconfitta dell'anabattismo è stata puramente una conseguenza delle persecuzioni religiose e politiche[798]. Il suo difetto radicale è nel suo dogmatismo biblico, nella sua povertà speculativa, che minacciava di trasformarlo in un nuovo meccanismo di pratiche pie: già Lutero e Zwingli lo accusano di essere «novus quidam

---

[795] K. Benrath, *Die Geschichte d. Reformation in Venedig*, 1887, pp. 75 sgg.

[796] Losert, *Die Communion d. mährischen Wiedertäufer im XVI und XVII Jahrhundert*, 1894.

[797] Si veda p. es.: Mathiot, *Recherches histor. sur les Anabaptistes de l'ancienne principauté de Montbéliard*, 1922.

[798] Ritschl, *Gesch. d. Pietismus*, 1880, I, p. 36.

monachismus». Ma noi non possiamo giudicare fino a qual punto questa accusa sia legittima. Vi sono già in alcuni di essi, come F. Kautz e H. Denck, princìpi d'una speculazione indipendente, che essi non poterono svolgere. E che cosa avrebbe potuto dare in questo campo l'anabattismo noi lo vediamo in un contemporaneo che non fu anabattista, ma che si può a buon diritto considerare come il filosofo dell'anabattismo: Sebastian Franck.

21. Accenni a un rinnovamento radicale del fondamento speculativo della religione abbiamo anche in Olanda e in Francia, dove il movimento della riforma aveva fatto risorgere le dottrine panteistiche del libero spirito. C. Schmidt ha pubblicato otto trattati mistici scritti in Francia dal 1547 al 1549, in cui l'ignoto autore, ostile alla riforma e sprezzante verso il cattolicesimo insegna una specie di misticismo quietistico fondato sulla rivelazione interiore e ispirato a un sincero senso di moralità[799]. Tutte le religioni e le riforme non vanno al di là del Cristo carnale: bisogna compenetrarsi col Cristo spirituale che è in noi. Allora l'anima nostra è «deificata», è resa insensibile al mondo e impeccabile. L'insieme di questi veri figli di Dio è la «santa congregazione», che gli uomini odiano e disprezzano. Essa non è una chiesa visibile: i suoi membri sono dispersi nel mondo e devono nascondersi per non essere perseguitati. Essi accettano le Scritture, ma solo nel loro senso spirituale, che gli scribi e i Farisei non vedono e non comprendono. La loro legge è la legge della carità più profonda, che mettono in pratica verso tutti: essi non giudicano e non perseguitano perché Dio solo sa quali sono i suoi. La grossolana polemica di Calvino contro questi «libertini spirituali» è una voluta falsificazione, insigne esempio di malafede teologica[800].

In Sebastian Franck (1499-1543) questa tendenza della riforma verso un radicale rinnovamento della religione spirituale ha la sua espressione più alta[801]. Nato nel 1499 a Donauwörth (Baviera), fu prete cattolico, poi pre-

---

[799] C. Schmidt, *Les libertins spirituels. Traité mystiques écr. d. les années 1547 à 1549*, 1876. Si cfr. G. Jausard, *Essai sur les libertins spirituels de Genève*, 1890.

[800] J. Calvin, *Contre la secte phantastique et furieuse des libertins qui se nomment spirituels*, 1545, in *Calvini Opera* (C.R.), VII, pp. 145 sgg.

[801] Per S. Franck si veda: Erbkam, *Gesch. d. prot. Sekten im Zeitalter d. Rejormation*, 1848, pp. 286-357; Hase, *S. Franck von Wörth*, 1869; Hegler, *Geist und Schrift bei S. Franck*, 1892; *Beiträge zur Geschichte der Mystik in der Reformationszeit*, 1906; *Seb. Francks lateinische Paraphrase der deutschen Theologie und seine holländisch erhaltenen Traktate*, 1901; Harnack, «LDG», III, pp. 688 sgg.; Dilthey, *Ges. Schriften*, II, 1914, pp. 81-89; A. Koyré, *Seb. Franck*, «RHPhR», 1931, pp. 353 sgg. A S. Franck è dedicato il fascicolo II (1928), 1 dei «Blätter für deutsche Philosophie». Per la bibliografia di Frank si vedano le *op. cit.* di Hase e Hegler. Sono stati ripubblicati (non integralmente) i *Paradoxa* (1534), 1909

dicatore evangelico: depose l'ufficio suo quando vide che non era più compatibile con la coscienza. Visse d'allora in poi scrivendo, lavorando come tipografo e fabbricante di sapone; espulso successivamente da Strasburgo e da Ulm, odiato da Lutero e da tutte le ortodossie, perseguitato dai teologi, senza amici, povero, errabondo, sente a quarant'anni il peso della vita e prega Dio che «gli apra una porta» e lo liberi da una vita dalla quale non attende più alcun frutto. Morì a Basilea nel 1543.

Franck è sorto nel seno della riforma e ne vive lo spirito. Egli combatte il papato come un'istituzione che sta nella più recisa opposizione con lo spirito del Vangelo, combatte il culto dei santi e tutte le altre superfetazioni ecclesiastiche. Ma egli si eleva parimenti con forza contro il nuovo dogmatismo biblico della riforma e delle sette riformatrici del suo tempo. Il principio fondamentale di S. Franck che lo mette infinitamente al disopra di tutti i riformatori è che la verità è interiore e non in alcun documento, codice o Vangelo: che anzi la scrittura può avere la sua pietra di paragone e la sua chiave solo nella verità dello spirito. Questa verità è la parola interiore, è la presenza stessa di Dio nell'uomo, è la parola viva di Dio in opposizione alla Scrittura che è la parola di Dio fissata, cristallizzata e tramandata. Essa non è un'attività mistica: è la potenza creatrice dello stesso spirito razionale nella sua più alta esplicazione. Perciò essa è qualche cosa di universale e di obiettivo: le differenze nascono solo dalla maggiore o minor purezza con cui l'uomo riesce a metterla in luce dal proprio intimo. La religione ha perciò il suo centro nella coscienza dell'individuo: senza questa viva e libera partecipazione individuale non vi è religione. E tuttavia essa non è una semplice opinione individuale, non è abbandonata all'arbitrio; Franck riconosce nella luce interiore qualche cosa di universale in cui tutti gli uomini, se razionalmente illuminati, possono consentire: la coscienza ha in se stessa, specialmente nella coscienza morale, dei criteri infallibili. L'apprezzamento del verbo interiore non apre perciò la via in Franck alle degenerazioni del fanatismo. La parola di Dio entra, dice Franck, nel cuore nostro come un turbine, ma a poco a poco s'identifica con la natura nostra, diventa una specie di ragione più profonda che ci fa vedere e ci persuade senza costringerci: quindi una ragione che vede ciò che l'uomo carnale non vede, ma che ha la sua obiettività e universalità in qualche cosa di eterno e di immutabile come Dio stesso. Anzi questa rivelazione interiore è qualche cosa di più sicuro che la rivelazione esteriore, soggetta a tante cause di corruzione, suscettibile

e il *Kriegsbüchlein des Friedens* (1539), 1929. Sui rapporti con Schwenkfeld si veda la caratterizzazione di A. Hegler, *Geist und Schrift*, pp. 6-7 e 279.

di tante interpretazioni, che tutta la varietà delle sette ha in essa il suo fondamento. Perciò nessun giudizio è così malsicuro come quello fondato su d'un testo religioso, che quando venga inteso nella sua lettera è fonte più di morte che di vita. Con le Scritture infatti i Farisei e gli scribi hanno condannato Cristo e gli apostoli: la Scrittura (dice Franck) è la spada e il regno dell'Anticristo. Quando Franck sembra combattere la scienza e la ragione, egli combatte la ragione esteriore dei filosofi naturali, e la ragione raziocinante degli scolastici, in breve la ragione che si arresta nella sfera esteriore delle rappresentazioni e dei concetti[802]. La ragione, nel suo vero e alto senso è per Franck intuizione illuminante dell'esperienza delle cose interiori. È questa la ragione che si trova qualche volta nell'umile sapere degli ignoranti e che non si trova nei volumi e nelle dissertazioni interminabili dei dotti.

Quindi Franck è ostile ad ogni feticismo della fede letterale: ben altro ci vuole per la salute eterna che un Vangelo! Il Vangelo può essere una guida, ma deve essere interpretato secondo lo spirito: in sé non è che un simbolo, un'ombra della verità, un linguaggio puerile che Dio usa per elevarci alla vera conoscenza. Franck non nega il carattere ispirato della santa Scrittura[803], riconosce che essa è la veste della verità spirituale (*Paradoxa*, 124-125), che, quando sia rettamente interpretata, è parola di Dio: che quindi è una guida che può iniziare e orientare. Ma in sé è una cosa morta che senza l'interpretazione dello spirito perde ogni valore. «Il Vangelo non è uno scritto, ma una forza di Dio che attira a sé l'uomo e lo rinnova. Questa forza non risiede nella parola esteriore, ma nella parola vivente di Dio che è sentita in noi e porta con sé, anzi è lo Spirito Santo» (Ivi, 173). In sé la Scrittura è piena di oscurità e di contraddizioni e si presta a tutte le opinioni: è il libro dei sette sigilli. Secondo Franck questa imperfezione è qualche cosa di provvidenziale in quanto eccita il nostro spirito a non arrestarsi al suo senso letterale. La Scrittura serve solo a chi ha già uno spirito religioso: del resto essa non crea lo spirito! (Ivi, 124-125). Se la Scrittura fosse la parola viva di Dio, sarebbero i teologi i migliori Cristiani. E tuttavia Cristo è stato il nemico degli scribi e dei Farisei: Cristo e il teologo rappresentano per Franck l'antitesi fra la vera religione e la falsa, fra lo spirito e la lettera. La Scrittura non è nemmeno necessaria alla salute, e quando è usata senza l'illuminazione dello spirito è piuttosto un organo di errore e di corruzione che di salute. La tirannide della lettera è come una nuova tirannide papale: essa è anche la causa della scissione della cristianità in tante sette, che hanno tutte una Scrittura sola e tuttavia hanno ciascuna una verità diversa. Il culto

---

[802] Hegler, *Geist und Schrift*, pp. 111-114.
[803] Hegler, *op. cit.*, pp. 223 sgg.

feticistico della Scrittura è un'idolatria[804]: la verità religiosa fissata nelle rivelazioni partecipa della maledizione di tutto ciò che è esteriore e carnale; il simbolo, che era la veste della verità, ne diventa l'oscuramento e l'ostacolo: figura contra veritatem.

Franck condanna perciò tutta l'erudizione che si esaurisce in vane dispute ed è inutile, anzi funesta per l'apprensione della vera parola di Dio che è qualche cosa d'interiore e di semplice. «Adesso si amplifica la fede con spiegazioni così prolisse, che noi siamo, coi nostri teologi e dottori, con le somme e coi decreti, quasi di là da Mosè e dal *Talmud*: e si tirano fuori tante vane parole, tanta erudizione, tante sottigliezze e tanti artifizi, con la triplice grazia, con la coscienza molteplice, con il Vangelo ed il peccato originale e si addossano alla coscienza ed alla fede tante questioni inutili, che l'uomo semplice, tutto confuso, non sa più dove sia e viene trattenuto e tirato fuori dal regno di Dio, che egli cerca fuori di sé; mentre esso è pure in lui e non risiede in tante parole, questioni e dimostrazioni, ma nella forza di Dio, che si può più sentire che non esprimere» (*Cosmografia, f.*, 126 b). La sua avversione contro questo sapere orgoglioso e vano lo trascina quasi a condannare il sapere e la ragione. Ma egli condanna solo il sapere esteriore in confronto della rivelazione interiore che è sapere ed è vita (*Paradoxa*, 63-65; 190-193; 203). I sapienti, che adunano intorno alle cose divine tante artificiose sottigliezze, costruiscono un'alta torre di Babele e non si affaticano che per il regno del demonio. La beatitudine è condizionata, più che dal sapere, dalla rettitudine della vita: ciò che ci unisce a Dio non è il sagace intelletto, ma la buona volontà. La scienza umana non è in fondo che un grande idolo. La vera saggezza sta piuttosto nel riconoscere la nostra ignoranza: «in questa stoltezza e in questa semplicità stanno l'arte divina, la più grande saggezza e la beata ignoranza».

Dio è per Franck l'unità neoplatonica, unità superiore ad ogni nome e ad ogni determinazione. Egli è inconoscibile: tutto ciò che l'uomo dice di lui, sia per scienza, sia per fede, è solo simbolo (Ivi, 1). La sua potenza agisce in tutte le cose: non è l'uccello che canta e che vola, ma è Dio che in lui canta, vive e vola; tutte le creature fanno la volontà di Dio. La concezione di Franck è un elevato panteismo: Dio costituisce la virtù e la sostanza di tutte le cose, ma non si esaurisce in nessuna di esse. Noi possiamo solo dire che egli è bontà, amore, perché la presenza sua in noi è principio di bontà e di amore (Ivi, 8). Dio è perfetto e impassibile (Ivi, 23), è bontà pura e immutabile che non conosce né passioni né ira, che ha già perdonato il peccato prima che avvenga. Franck non entra in discussioni sulla trinità, ma esprime

---

[804] Hegler, *op. cit.*, pp. 63 sgg., 126 sgg.

la sua simpatia per Serveto: è chiaro che Dio non può essere per lui se non indivisa unità. Il Logos, la «parola di Dio», è solo la presenza di Dio all'uomo, la manifestazione di Dio nell'uomo[805].

Ora come si concilia con questa unità e universalità dell'essere divino l'aspra dualità dell'esistenza? Il mondo è per Franck il regno del demonio e non vi è speranza di mutarlo. «A chi considera seriamente questo fatto, dovrebbe scoppiare il cuore dal pianto: cento volte meglio morire che contemplare questo spettacolo di cecità e di miseria». L'origine di questa miseria è, secondo Franck, nell'uomo stesso, nel suo volontario separarsi da Dio, che è un tendere verso il nulla originario. Come pura e perfetta bontà Dio non è toccato dal male nostro: il peccato è peccato contro di noi, non contro Dio, come le opere buone sono buone per noi, non per Dio. Quando noi ci ribelliamo contro di lui e siamo annientati, diciamo che Dio ci punisce: in realtà siamo noi che ci distruggiamo con le nostre stesse mani (Ivi, 9, 19-22). Dio non si adira e non condanna nessuno: siamo noi che ci condanniamo (Ivi, 27, 90). Il peccato è il non annullarsi contro le volontà superiori, l'erigersi contro Dio: «eritis sicut Deus» (Ivi, 29-31). «Il nostro peccato non è altro che un volontario rivolgersi e separarsi da Dio». Il peccato è perciò in realtà un privarsi, un negarsi: l'essenza diabolica nel demonio e nell'uomo è il desiderio del nulla originario, l'impulso a ritornare nel nulla. Ciò che arde nell'inferno, dice Franck appresso a Eckhart, è la volontà individuale separata (Ivi, 147). Tutto ciò che nelle creature è realtà, perfezione, in fondo è bene, si coordina nel tutto e si inserisce nel perfetto ordine divino. Ma ciò che gli uomini dicono bene è sempre solo ancora un relativo bene e perciò dal punto di vista assoluto un male: la salute nostra sta nel rigettare quest'illusoria perfezione, nel liberarci da noi stessi, nel lasciare che Dio solo agisca in noi.

Quest'opposizione fra la volontà di Dio e la volontà delle creature si traduce in un dualismo che colora tutta la realtà: esso penetra in una mescolanza indissolubile anche l'uomo, come carne e spirito (Ivi, 79). Secondo che l'una o l'altro predominano, l'uomo si rivela come uomo carnale o uomo spirituale. Anche nell'umanità abbiamo le due linee, le due stirpi, quella dello spirito e quella della carne, quella di Abele e quella di Caino, La prima, che è il popolo di Dio, non è che un piccolo numero: la moltitudine è un'umanità bestiale e diabolica (Ivi, 236-7). Ma anche nel santo vi è ancora qualche cosa di diabolico e anche nel demonio qualche cosa di divino: «il giusto pecca anche nelle opere buone». Nel nostro mondo l'elemento divino traspare solo come un'eccezione: *ciò* che domina è la carne,

---

[805] Hegler, *op. cit.*, pp. 87 sgg.

il demonio (Ivi, 66-74). Perciò in un certo senso Dio è il nemico del mondo: Deus mundi antithesis (Ivi, 17). Dio, nella sua bontà, è il principio della dissoluzione delle vanità del mondo. Da lui ci viene il dolore salutare: Dio non ci è mai così vicino come quando, nel dolore, dissolve le nostre volontà carnali e le nostre speranze terrene. Il Dio che gli uomini pregano perché dia loro vita, benessere e i beni della terra, che i suoi fedeli ringraziano e celebrano perché è largo di grazie terrene, è il Dio degli uomini carnali, è il demonio. E questo è il Dio che si son fatto le chiese, un Dio carnale, comodo, benigno che tiene lontano dagli uomini le tribolazioni e procura loro fortuna, salute, denaro, onori e piaceri: questo è il Dio del mondo! Il Dio del Vangelo che impone ad essi la rinuncia a tutti i beni del mondo e l'odio di se stessi, che cosa può essere loro se non il demonio? Deus mundo Satana, E infatti Cristo è stato trattato come un nemico di Dio: e quelli che lo hanno sinceramente seguito sono stati considerati come uomini diabolici (Ivi, 15-17).

Questa dualità dello spirito e della carne coincide per Franck con la dualità della realtà e dell'apparenza. La carne è ciò che è legato allo spazio e al tempo, mentre lo spirito partecipa dell'immutabilità e dell'unità dell'eterno. La nostra volontà ostile a Dio crea anche intorno a noi un mondo che è solo relativo a noi: in Franck appare già il principio della relatività del conoscere[806]. La posizione della nostra volontà determina anche il nostro intelletto e colora anche intorno a noi le cose. Franck non deduce da questo principio un assoluto scetticismo: la luce spirituale interiore è per lui al disopra di ogni discussione. Ma esso spiega le rappresentazioni inadeguate di Dio e del mondo che accompagnano la malvagia volontà e lo stesso processo di liberazione.

Anche nel suo allontanamento da Dio resta nell'uomo una traccia, una scintilla della sua essenza: questo è ciò che la Scrittura chiama il Logos, il Figlio di Dio. Dio, dice Franck, è come un inesprimibile gemito che viene dal fondo dell'anima. Con ciò è data all'uomo la libertà di scelta fra le due vie (Ivi, 20-21, 264-268): e ciascuno ha in sé quello che elegge e per cui vive. La nostra salute è nell'elezione dello spirito, nella subordinazione dell'essere nostro alla vivente parola di Dio che è in noi (Ivi, 79, 250). Questa rivelazione non si limita quindi ad essere una rivelazione teorica, ma diventa nell'uomo spirituale un'adesione interiore che è fede e vita: qui Franck è pretto figlio della riforma. La fede, dice Franck, è visione e certezza interiore che persiste anche tra le angosce della morte. Quindi essa si

---

[806] Hegler, *op. cit.*, pp. 220 sgg.

estrinseca necessariamente nelle opere: una fede che lascia l'uomo immutato nella sua condotta non è vera fede (Ivi, 249). E se la fede non è fede senza le opere buone, queste non possono essere opere buone senza la fede. Le opere esteriori non sono per sé né bene né male (Ivi, 243-244): solo la disposizione dell'agente dà loro un carattere. Quindi anche le azioni in apparenza meritorie, se sono opere dell'uomo carnale, sono peccato (Ivi, 259). E per contro nessuna delle opere dell'uomo rigenerate dalla fede può ancora essere peccato: al puro tutto è puro. Ma questa impeccabilità del rigenerato vuol dire per Franck semplicemente che in lui l'amore di Dio e degli uomini è diventato natura: quindi in fondo non vi è più per lui né legge né possibilità di peccare. «L'amore non ha leggi, è la legge stessa. Quindi ciò che è amore è giusto e buono. L'amore non può peccare anche se lascia da parte prediche, libri e profezie» (Ivi, 179, 184). Ma chi sulla terra è così perfetto da poter dire che la sua volontà è una cosa sola con la legge, cioè con l'amore di Dio? L'impeccabilità del perfetto è quindi soltanto un ideale. Finché il perfetto vive, egli è unito alla carne e soggetto a peccare: in questo riguardo vale ancora per lui la legge (Ivi, 75-78). La legge che la presenza di Dio proclama nella coscienza è l'abnegatio, la renuntiatio, la subordinazione di tutto l'uomo al Cristo invisibile che in lui proclama la legge del Padre. La moralità è già un primo grado di questa dedizione: è già un uscire da sé, un rinunciare, un identificarsi con Dio. La legge morale si traduce per Franck nella legge della carità perfetta e della non resistenza al male. La violenza è opera del demonio: anche la resistenza ai tiranni che hanno potere soltanto sui beni esteriori e sul corpo è contro la legge di Cristo. Nel libro che Franck ha scritto contro la guerra, *Il libro guerresco della pace*, egli esamina le condizioni della giusta guerra, e l'enumerazione delle condizioni non è che l'ironica contrapposizione della guerra al vero spirito cristiano: se noi vorremo essere fedeli a Cristo e non considereremo come lecita la guerra se non in quanto può piacere anche a Dio che è pura, infinita bontà, noi vivremo eternamente in pace.

Il grado più alto della dedizione è la dedizione religiosa, quella dedizione tranquilla a Dio che Tauler non si stanca di celebrare come il sabato dello spirito. Quando noi corriamo appresso a Dio con la nostra volontà carnale, egli ci sfugge; noi lo troviamo solo quando ci arrestiamo e non desideriamo più altro che di abbandonarci a lui: allora egli entra sin noi. L'uomo dovrà ancora lavorare, soffrire e combattere per le cose del mondo, ma vedrà tutti questi rapporti alla luce della volontà divina: egli lavorerà e combatterà come per difendere la causa di Dio, non la sua, e accetterà infine quello che Dio vuole come risultato. I beni, i figli, la vita, l'onore debbono essere considerati da noi come nostri solo in quanto sono un dono di Dio: non dobbiamo attaccare ad essi il cuore come se fossero nostri per diritto.

In questo progressivo abbandono dell'essere nostro a Dio il dolore è un elemento essenziale: noi dobbiamo lottare e soffrire per conquistare questo regno. Il mondo lascia che Cristo pieghi sotto la croce e canta: Kyrie eleison! Ma il dolore di Cristo non ha valore per noi senza il nostro. Questo dolore è nello stesso tempo una purificazione e una liberazione. Le persecuzioni e i dolori aiutano il santo a liberarsi dalla sua parte carnale e a unirsi più strettamente a Dio. Ma essi non lo colpiscono nell'essere suo vero. Il mondo può ferirci nella nostra esteriorità, nella nostra carne: ma questa è la parte del demonio. Il nostro spirito non può essere toccato come non può essere toccato Dio (Ivi, 12-14).

Anche in rapporto all'ordine politico Franck si pone da un punto di vista religioso radicale. Egli riconosce la vanità di tutti i pretesi diritti: Dio ha creato tutte le cose comuni e noi dovremmo, per principio, avere tutte le cose in comune come figli d'un padre solo e servircene come ospiti che passano nel mondo. Ma se anche l'ineguaglianza dei beni è ingiusta, essa è, per lo spirito religioso, indifferente. L'essenziale per il cristiano è di accettare la povertà e di vivere poveramente qualunque sia la condizione sua: i beni che egli possiede in più non sono suoi ed egli non può servirsene che per la pratica della carità.

Lo Stato è soltanto una creazione della violenza, un'istituzione diabolica: l'attività nello Stato e specialmente la guerra sono incompatibili con il Vangelo. Il diritto e la giustizia sono le sorgenti d'ogni male: la più alta giustizia è nel non insistere troppo sul proprio diritto (Ivi, 151-152). La proprietà privata è un male (Ivi, 153). Però Franck riconosce che la malvagità radicale degli uomini dà alle istituzioni politiche una relativa giustificazione. È stata la cupidigia degli uomini che, non sapendo possedere in comune con carità, ha creato il tuo e il mio, la proprietà e il diritto. Quindi Franck non vuole l'abolizione della proprietà, vuole che la proprietà individuale non sia goduta egoisticamente, ma con un senso di liberalità e di fraternità: bisogna possedere come se non si possedesse, far parte del proprio ai fratelli più poveri, considerando il superfluo come un bene posseduto ingiustamente (Ivi, 153-154). Dio ci ha dato il necessario: ma ciò che godiamo in più del necessario è sudore e sangue dei poveri. Da questo punto di vista Franck ha giudicato con fredda obiettività la guerra dei contadini. Egli riconosce da una parte l'ingiustizia sociale che pesava duramente sulle classi umili e che in certo modo giustificava la rivolta, dall'altra vede con orrore lo scatenarsi delle passioni selvagge che accompagna le rivoluzioni e che conduce a una tirannide altrettanto orribile della prima[807].

La rivelazione interiore ha ricevuto visibilità e concretezza storica nella persona di Gesù Cristo. Il Cristo storico è per Franck soltanto la più alta rivelazione esteriore e visibile del vero Cristo invisibile, che è il Verbo eterno di Dio, che è stato nel mondo prima che nascesse il Cristo della carne, che è nato, ha sofferto ed è morto da tutta l'eternità in ogni spirito umano che è tornato a Dio. Il Cristo storico è nato per rendere veggenti anche i ciechi, ma la fede storica non è la fede essenziale, bensì soltanto l'ombra della vera fede. «Noi dobbiamo vedere ed apprendere in lui Dio stesso e per mezzo di lui salire al Padre: non solo contemplarlo dall'esterno, nella sua parte carnale, come hanno fatto gli apostoli prima della sua ascensione: onde egli dovette scomparire dai loro occhi perché si rivelasse ad essi lo spirito» (Ivi, 125). La pura conoscenza esteriore del Cristo storico non serve a nulla (Ivi, 132-135). «Cristo è nulla finché è fuori di noi ed è adorato dall'esterno: egli deve nascere nel nostro cuore ed unirsi con l'anima nostra» (Ivi, 140). Il Cristo ha rivelato agli uomini il Dio misericordioso, ha dissipato l'errore del Dio della legge che punisce: il Cristo interiore ripete in ciascuno di noi quello che nel Cristo storico ci è posto dinanzi come modello e come dottrina. Il Vangelo non è che un'allegoria che ci mette dinanzi in un punto del tempo quello che avviene sempre e dappertutto: la caduta, l'incarnazione, la liberazione sono l'espressione esteriore del dramma interiore che è sempre e dappertutto lo stesso.

Che Franck non abbia esplicitamente formulato la sua teoria cristologia è più che comprensibile, ma essa risulta chiaramente dall'insieme. Cristo è stato una perfetta immagine di Dio per noi nel senso che in lui la carne, pure rimanendo in sé un elemento di debolezza peccaminosa, era perfettamente sottomessa allo spirito. In questo senso possiamo dire che Cristo fu una cosa sola col Logos e che la sua vita storica è la figura della vita del Logos interiore. Egli è Dio, reso visibile per la salute di tutti (Ivi, 116). Possiamo dire che è stato uomo e Dio, ma poiché Dio in sé è eterno e immutabile, dobbiamo intendere quest'espressione nel senso che è stato un Dio per noi (Ivi, 119). «Perché Cristo è venuto per noi nel tempo e il secreto si è fatto palese, noi diciamo secondo il nostro modo di vedere che Cristo, la parola di Dio, la grazia, lo Spirito Santo, il perdono dei peccati ha cominciato nel tempo con Cristo mentre già era prima, nell'eternità, in Dio immutabile» (Ivi, 123). Bisogna interpretare anche qui la Scrittura secondo lo spirito. Cristo

---

[807] Si veda l'analogo giudizio di G. Arnold nella *Kirchen und Ketzer historie*, 1740, II, p. 626.

(il Cristo interiore) è sempre stato, ha sofferto dall'eternità; Gesù (il Cristo esteriore) è colui che ci ha rivelato nella sua pienezza il Cristo interiore, perciò noi lo abbiamo considerato come un essere divino e abbiamo trasferito in lui, nella sua vita terrena, quello che è un processo eterno in Dio.

Si capisce che da questo punto di vista il Cristo cessa di essere al centro della storia: la sua rivelazione, anche se è la più alta, non è che una delle espressioni della rivelazione interiore che avviene nel cuore di tutti gli uomini pii, anche di quelli che ignorano vi sia stato un Cristo. Vi sono stati anche altri, prima e fuori del Cristianesimo, che hanno incarnato in sé il Logos, che sono stati Cristiani senza conoscere Cristo (Ivi, 231). Questo conduce Franck a giudicare con equità tutte le religioni e a riconoscerne il valore: Dio è anche il Dio dei Gentili (Ivi, 82).

Ben altro è il giudizio che Franck porta sulle chiese. Egli accoglie dalla mistica medievale il concetto che rispetto alla vita religiosa interiore chiese, sacramenti e cerimonie sono qualche cosa di secondario e in fondo di superfluo. L'essenziale è di ricevere in sé la volontà di Dio: questa è la vera fede attiva e vivente che salva l'uomo. Quando essa viene fissata in regole esteriori che impongono quando e come si deve pregare, digiunare, ecc., essa non è più la fede di Cristo: è fariseismo ed è peccato. Quindi Franck è contrario ad ogni organizzazione visibile della chiesa. La sola vera chiesa è la piccola comunità invisibile dei santi, e tale rimarrà sino alla fine. «La chiesa, un giglio fra le spine, è dispersa fra i Gentili e sarà perseguitata sino alla fine» (Ivi, 233). Dio conosce e riunisce i suoi, anche nelle età più tristi, senza bisogno di chiese. Ed è vano credere che la vera chiesa possa estendersi alla moltitudine. Quando un popolo intero si converte al Cristianesimo, esso non fa che mutare di superstizione: è l'Anticristo che si costruisce un regno. La costituzione delle chiese ha la sua prima ragione d'essere in ciò che la maggior parte degli uomini non è capace d'avere una religione pura: di qui le leggi esteriori, le chiese, le cerimonie. Il mondo ha bisogno d'avere un Papa che gli imponga ciò che deve credere. Franck non cela il suo disprezzo per la moltitudine, mostro a più teste che ama la bassezza e la rivolta, la servilità e l'incostanza. Essa segue ciecamente la volontà dei potenti: se il principe è cristiano, essa si precipita nelle chiese; se il successore adotta un'altra fede, tosto la fede pubblica diventa un'altra (*Weltbuch*, fol. 37). Quando Costantino si convertì al Cristianesimo, spuntarono fuori improvvisamente schiere di Cristiani, come le mosche d'estate: ma questo è servilità, non religione. Un'altra ragione d'essere delle chiese è in ciò che esse sono strumento di dominio in mano ai potenti.

Con la stessa avversione Franck considera le esteriorità del culto: «le chiese, le immagini, le feste, le cerimonie non appartengono al Nuovo Testamento». Il culto esterno è il culto farisaico: Cristo non manda i discepoli a pregare nel tempio o nella sinagoga (*Paradoxa*, 112, 130). Anche le molte preghiere sono cose vane: quelli che pregano molto generalmente non pregano. La vera preghiera è il sincero anelito dell'anima verso Dio: quindi non ha bisogno di gesti né di parole. Coloro che veramente pregano il più delle volte non sanno di pregare (Ivi, 204-208). Franck sente per questa religione farisaica tutto il disprezzo che sentiva Gesù. I peccatori e le prostitute appartengono al popolo di Dio; i veri empi sono i santi di fronte al mondo, gli ipocriti che esteriormente stanno fino alle orecchie nelle divozioni e nella santità e si erigono a capi della chiesa, come la luce del mondo: questi sono i veri uomini del demonio (Ivi, 80). Anche le istituzioni della chiesa apostolica non ci legano affatto: queste erano istituzioni adatte all'infanzia del Cristianesimo e non hanno più nessun senso per noi. Del resto Franck conviene che la chiesa cristiana immediatamente dopo gli apostoli è stata corrotta e trasformata in una chiesa dell'Anticristo[808].

Come alle chiese, Franck è anche contrario alle sette, le quali hanno sempre in sé qualche cosa di farisaico ed esercitano un'influenza oppressiva sulla coscienza individuale. Il settarismo procede quasi sempre da motivi estranei alla vera fede e conduce all'orgoglio e all'intolleranza. Ora niente sembra a Franck così empio e stolto come l'intolleranza religiosa. Egli biasima la persecuzione che viene dai cattolici come quella dei riformati: ripudia la pretesa d'una parte degli anabattisti, di erigere il regno di Dio con la spada. «Chiunque vive rettamente deve essere per te un fratello in Cristo, sia egli esteriormente un pagano, un ebreo, un turco od un cristiano». La violenza, in qualunque modo avvenga, è sempre opera del demonio: la fede cristiana è inseparabile dalla libertà e dalla tolleranza più completa[809]. Non vi sono nel regno dello spirito né ortodossi né eretici. Già nella terza parte della sua *Cronaca* Franck fa notare che la tradizione degli eretici è piuttosto la tradizione dei santi: essi sono stati perseguitati e messi a morte come i profeti, Cristo, i suoi apostoli e i suoi martiri. I veri eretici sono quelli che legano i doni invisibili e puramente spirituali di Dio, i quali non sono il privilegio di nessuna chiesa, alle leggi e alle cerimonie esteriori, e che per questo dimenticano la carità, l'umiltà e il vero spirito cristiano.

---

[808] Hegler, *op. cit.*, pp. 264 sgg.

[809] L. Blaschke, *Der Toleranzgedanke bei S. Franck*, «Blätter für deutsche Philosophie», II, 1, p. 48; Hegler, *op. cit.*, pp. 252 sgg.

Poiché il regno di Dio è pura interiorità, è naturale che Franck non attenda la sua realizzazione dalla storia: è stolto sognare una vittoria del bene che non avverrà mai. Nel piccolo trattato *Delle promesse del Nuovo Testamento e del regno di Cristo*[810], Franck combatte i chiliasti e la loro spiegazione esteriore del regno messianico. La guerra tra Cristo e il mondo non avrà mai fine: vano è sperare e sforzarsi di estendere la vera fede a tutti gli uomini e di far discendere il paradiso sulla terra. Il mondo respingerà sempre la verità come ha respinto Cristo: e la vera fede fiorirà sempre tra le persecuzioni del mondo. Il senso della storia non è in alcun indirizzo esteriore, ma nella segreta vita interiore che essa alimenta. La sua forma esterna è sempre la stessa: parvenze succedono a parvenze, ma la costituzione non muta. Ciò che in essa ha senso è l'eterno processo della vita interiore che attraverso essa eternamente si rinnova. Le volontà egoistiche intessono i loro ciechi disegni, ma la forza divina, che anche in esse agisce, ne fa altrettanti strumenti della vita delle anime che si uniscono al Cristo. Questo è l'elemento essenziale della storia, non la fantasmagoria delle grandezze esteriori destinate a ricadere ben presto nel nulla. S. Franck considerava con ironia questo rincorrersi di parvenze, orgogliose d'una forza che loro non appartiene, che sono suscitate e conservate finché servono alla vita divina e poi dimesse e ripiombate nel nulla appena hanno cessato di servire.

S. Franck è la più grande figura religiosa del Cristianesimo moderno. Egli ha un intuito profondo della realtà: anche nella storia religiosa sa gettare uno sguardo penetrante, sicuro, sereno, obiettivo. Egli solo ha saputo sottrarsi, restando cristiano, alla schiavitù del biblicismo, che egli rimprovera anche agli anabattisti[811] e resistere al sogno di restaurare il Cristianesimo apostolico. Il giudizio che egli dà del valore delle diverse confessioni religiose, anche dell'anabattismo, è il più imparziale e il più profondo di tutti quelli del suo tempo[812]. Nello stesso tempo egli ha avuto la visione più viva e più luminosa delle grandi verità del Cristianesimo e ha saputo immedesimarle con la sua personalità e la sua vita. Non dobbiamo perciò meravigliarci se egli rimase solo. Egli stesso non volle né seguito né sette: egli vide la necessità della solitudine e accolse tranquillamente il suo destino. Ma in questo sta forse la sua più invidiabile grandezza. «Sull'oscuro sfondo delle persecuzioni, delle torture, delle esecuzioni di anabattisti e di spirituali, delle menzogne ufficiali dei capi ecclesiastici cattolici e riformati, della delusione sul corso della riforma, si leva il pessimismo religioso di S.

---

[810] Hegler, *Seb. Francks lateinische Paraphrase, etc*, pp. 97-98.
[811] Hegler, *Geist und Schrift*, pp. 81-82.
[812] Hegler, *op. cit.*, pp. 268 sgg.

Franck come un viso triste e contemplativo, i cui occhi sono fissati profondamente in questo mare di ingiustizie e di miserie. Quest'uomo è più solitario di Spinoza. Egli si sente intimamente lontano da tutte le sette in cui è scissa l'unica verità: quindi non appartiene a nessuna di esse e non attende nessuna nuova chiesa. Egli è un membro della chiesa invisibile alla quale appartennero già Socrate e Seneca ed appartengono tutti gli uomini pii di buona volontà anche senza cerimonie e senza culto esteriore»[813].

22. Dopo il periodo della riforma comincia anche per le chiese riformate, almeno in ciò che riflette il vigore di rielaborazione speculativa – che è il vero segno della vitalità interiore d'una religione – la decadenza: l'ultima figura significativa è un umile pastore luterano che può a buon diritto essere considerato come un continuatore e seguace di S. Franck, Valentin Weigel[814]. V. Weigel (1533-1588), nato a Grossenhain (presso Dresda), fu nominato nel 1567 pastore a Zschopau e vi rimase fino alla sua morte. Durante la sua vita nascose le sue dottrine mistiche e nel 1572 firmò con gli altri pastori la «Formula di concordia». Nei suoi scritti egli stesso ha giustificato, su questo punto, la sua condotta[815]. Nel deserto morale che aveva intorno a sé considerò il suo sacrificio come inutile. Esercitò il suo ministerio nel modo migliore che gli era possibile tra i suoi umili parrocchiani e attese in silenzio alle sue speculazioni solitarie: Tempus est tacendi. Il mistico e il pastore luterano avevano ciascuno la sua vita separata. «Tu sei prete e sai che la tua condizione è falsa e contro la religione: lascia quindi che sia prete il tuo uomo esteriore, che esso porti il giogo o la croce, lamentatene con Dio e guarda bene che non sia prete il tuo uomo interiore» (*Postilla*, I, p. 108). I suoi scritti vennero pubblicati solo dopo la sua morte, per cura di devoti discepoli. Ciò ebbe per effetto che vennero pubblicati sotto il suo nome anche scritti apocrifi o interpolati: una separazione degli scritti genuini dagli apocrifi non è più possibile oggi con sicurezza.

Weigel parte dal principio, comune ai mistici, della luce interiore, lux insita nobis. Come Franck identifica questa luce col Cristo interiore: ciò che

---

[813] Dilthey, *Ges. Schriften*, II, p. 89.

[814] Si veda su V. Weigel: L. Pertz, *Beiträge zur Gesch. d. mystischen und ascet. Literatur, I. Weigelianismus*, «Z. histor. Teol.», 1857, pp. 1-94; 1859, pp. 49-123; H. Opel, *V. Weigel*, 1864; A. Israel, *V. Weigels Leben und Schriften*, 1888; H. Maier, *Der mystische Spiritualismus Weigels*, 1926; A. Koyré, *Un mystique protestant, V. Weigel*, «RHPhR», 1928, 3-4. Per la bibliografia si veda specialmente Opel, *op. cit.*, pp. 54-120 e A. Israel, *op. cit.*, pp. 38-157; Fr. Schiele, *Zu den Schriften V. Weigels*, «ZKG», 1929, pp. 380-389. È stato ripubblicato recentemente il *Dialogus de Christianismo* (1614), 1922; e A. Israel ha edito dal mss. lo scritto *Von der seligmachenden Erkenntnis Gottes* (*op. cit.*, pp. 97-130).

[815] Weigel, *Dial. de christ.*, 1922, pp. 87-90.

salva è il Cristo in noi, non il Cristo storico. La conoscenza interiore non viene da Dio, è Dio stesso. «Io rientrai in me stesso e in me trovai Dio e Cristo e noi tre fummo e siamo e saremo una cosa sola per l'eternità». «Qui cognoverit se ipsum cognoscet mundum parentem suum ex quo natus est secundum mortale corpus: cognoscet angelos socios suos juxta se et contemplabitur Deum aeternum genitorem supra se, ad cuius imaginem cum reliquis angelis est creatus» (*De vita beata*, 17).

L'elemento storico ha solo un carattere introduttivo. Alla Sacra Scrittura Weigel concede apparentemente più di Franck; la tendenza mistica, panteistica sembra in lui combattere con la tendenza biblicista, ortodossa. Ma in realtà egli è dallo stesso punto di vista: la Scrittura è solo un testimonio esteriore dello spirito che ci rinvia alla luce interiore. L'oggetto suo è di portare dinanzi al nostro spirito l'immagine del Cristo esteriore, in cui si incarnò il Cristo interiore: ma il fine di questa incarnazione e della sua tradizione perpetuata nella Sacra Scrittura è sempre il Cristo vivente in noi. E il senso di questa tradizione scritturale è chiaro e piano soltanto agli occhi di colui nel cui spirito parla già il Cristo interiore. Senza lo spirito la Scrittura è una fiaccola spenta, un laccio, un veleno.

Sul concetto di Dio e sul suo rapporto col mondo e con l'uomo Weigel riproduce in fondo le idee neoplatoniche. Deus omnia, nihil tamen omnium. Dio è l'essere ineffabile, sostanza di tutte le cose, l'essere immutabile nel suo eterno e beato Shabbat. Tutti gli esseri sono in lui, anche il demonio. Egli è anche il bene che tutti gli uomini cercano. Anche quelli che cercano i beni del mondo sono come ubriachi che sanno d'avere una casa, ma che, annebbiati dall'ebbrezza, non sanno trovarla. Tutti i beni della terra sono riflessi d'un bene vero e unico, i quali hanno nella loro stessa unilateralità la ragione della loro radicale insufficienza: il bene vero non ha né aspetti né parti. Questa realtà unica è prima di tutte le cose; se la perfezione assoluta non fosse, noi non potremmo nemmeno rappresentarci i beni imperfetti: l'imperfetto sorge dal perfetto e non viceversa. Il Dio rivelato delle Scritture è solo un adattamento all'intelletto umano: perché «se le Scritture ci parlassero di Dio come è in sé, noi non le intenderemmo affatto». Dio può quindi essere pensato sotto due aspetti; in sé (absolute) è l'uno ineffabile: come tale non è né padre né figlio né Spirito Santo. Per noi uomini invece (respective) è un Dio personale, in tre persone, ecc. Questo aspetto della realtà divina ha tanta realtà quanta ne ha il mondo creaturale. Questo è il Dio al quale vanno le preghiere degli uomini: il che equivale a dire che le preghiere, le cerimonie, ecc. valgono per noi, non per Dio: esse hanno un senso solo in quanto ci guidano, ci risvegliano, ci avvicinano a Dio. Se le nostre preghiere potessero commuovere Dio, i dannati dell'inferno lo avrebbero già commosso!

Vi sono tre mondi in perfezione digradante: il mondo divino, il mondo angelico, il mondo sensibile: il mondo spirituale, angelico, costituisce un mondo superiore al mondo umano, non condizionato dal tempo e dallo spazio, dove la volontà crea le unioni e le separazioni, come nel mondo spaziale il movimento. Il mondo degli angeli crea il mondo degli astri il quale genera a sua volta il nostro mondo per mezzo delle matrici astrali, delle potenze naturali invisibili: qui Weigel segue le orme di Paracelso. Ogni mondo inferiore è nel superiore, così il nostro mondo sensibile col suo spazio riposa nel seno della realtà superiore al tempo; ogni tempo è un «adesso», cioè un tendere:, e sebbene ogni «adesso» sembri tendere verso un altro «adesso», il suo fine vero è il nunc aeternitatis, che il tempo già adombra nella sua continuità. «Status rerum licet non possit imitari statum aeternitatis praesentialiter permanendo, tamen ipsum imitatur suam durationem successive continuando». Quindi non vi è spazio né tempo senza spirito e lo spirito contiene in sé ogni spazio e ogni tempo: ma l'intiero spazio dell'universo non potrebbe contenere un angelo[816].

Il mondo sensibile è anche la sede del male. Qui dobbiamo chiederci: come hanno origine il mondo e il male? In fondo la creazione e il male sono per Weigel un mistero (*Postilla*, I, pp. 36-39). La realtà creaturale, per la quale, come abbiamo veduto, si trasmuta relativamente a noi anche Dio, è una realtà accanto a Dio o è una parvenza? Da più d'un indizio appare che questa è la soluzione verso la quale Weigel inclina: ma egli non la formula esplicitamente. Weigel pone l'uno accanto all'altro Dio e il mondo: ma non deriva affatto questo da quello[817]. Il racconto biblico della creazione ci pone già dinanzi al deus revelatus: la dottrina della creazione ha solo quindi un valore relativo a noi. In realtà il deus absconditus non è toccato dall'essere o non essere della creazione: in senso assoluto il mondo non può derivare da Dio.

Ad ogni modo il principio del mondo creaturale è l'alteritas, la dualità: che Weigel chiama anche platonicamente il μὴ ὄν. Questa negazione è l'inferno ed è solo nella creatura: Dio non la conosce. Il male è nato dalla libertà dell'uomo, che invece di rimanere unito a Dio si è volto verso gli esseri particolari: questo male radicale ha corrotto il mondo e vi ha introdotto la dualità, la corruzione. Tutto tende all'unità o almeno a qualche unità; ma

---

[816] Sulle teorie veramente notevoli che Weigel svolge sullo spazio e tempo vedasi Opel, *op. cit.*, pp. 133 sgg.

[817] Si cfr. Maier, *op. cit.*, pp. 38 sgg.

nello stesso tempo, in quanto si pone come altro dalla unità suprema, è un non essere, un male, un qualche cosa che tende al nulla. Così è anche l'uomo: nel cuore nostro vi è l'aspetto divino, l'essere, e l'aspetto diabolico, il nulla; e da noi dipende l'avvicinarci a Dio, l'annullarci in lui o l'escluderci, l'immedesimarci con la negazione, pur restando ancora, in quanto esseri, in lui. La prevalenza dell'uno o dell'altro elemento dà origine a due opposte nature: vi sono anche per Weigel, come per Franck, due umanità, l'umanità divina e l'umanità diabolica.

Il fine supremo dell'attività delle cose è la liberazione, l'unione con Dio, e strumento di questa liberazione è Dio stesso in quanto è presente in noi come principio di grazia. Questa si manifesta come luce, conoscenza, indi come ritorno a Dio, rinuncia al mondo. La conoscenza è sempre in ogni caso, secondo Weigel, solo conoscenza di noi, dell'intimo nostro; Weigel ha chiaramente formulato il principio della relatività del conoscere: il conoscere viene dall'occhio, non dall'oggetto. Egli distingue tre gradi del conoscere: il conoscere sensibile, il conoscere razionale e il conoscere soprarazionale (il conoscere della grazia). Anche la conoscenza sensibile è conoscenza di noi: e noi conosciamo il mondo esteriore solo perché è della stessa natura dell'essere che conosciamo in noi. La conoscenza razionale, la sophia naturale, si eleva fino alla conoscenza delle realtà spirituali e così prepara e ridesta in noi la sophia soprannaturale, che ha per oggetto l'eterno. Questa non viene a noi dalle cose o dai libri, ma viene a noi, attraverso il nostro intimo, da Dio. Perciò essa non è opera nostra: noi non possiamo fare altro che pregare e aspettare in silenzio. «Prega ed aspetta in silenzio che Dio parli ed agisca in te: e se anche tu non senti subito una consolazione, non temere perché egli a suo tempo ed alla sua ora verrà». Weigel ci ha lasciato nel libro della celeste Gerusalemme (p. 190) una di queste belle preghiere. «O Signore, non nasconderti dinanzi a me! L'anima mia ti cerca, ha sete di te, della sorgente viva. O Signore, ristorami con le acque celesti che tu hai versato in me! Quando potrò io dimenticarmi, liberarmi da me stesso? Prendimi e fa di me una cosa tua. Tu sei la mia ricchezza, il mio conforto, la mia luce, la mia forza, il mio riposo, la mia vita. Tu sei la mia beatitudine, la mia giustizia. O tu, forza eterna, dammi forza, tu, ricchezza infinita, dammi consolazione! Tu, vera luce, illuminami, perché io non tremi dinanzi alle tenebre! Tu, giustizia, giustificami dinanzi a Cristo, perché i miei peccati non mi condannino! Io mi dono tutto a te, interno ed esterno, spirito e natura: io sono e resto tuo in vita ed in morte. Amen!».

Praticamente questa partecipazione dell'anima a Dio si traduce nella rinuncia al mondo. Su nessun punto Weigel tanto insiste quanto su questo:

che per rinascere l'uomo deve morire: morire al mondo e al suo essere temporale per rinascere in Cristo (*Dial. de christ.*, pp. 104 sgg.). Chi non rinuncia è escluso dalla città di Dio: questa è la verità che Cristo ha predicato e che nessuno vuol comprendere. La rinuncia si riassume essenzialmente nella morte: bisogna accettare di morire e saper morire. La morte è condizione del ritorno verso Dio: il suo aspetto dovrebbe presentare all'uomo un viso dolce e consolante. Nel *Dialogo* il predicatore è atterrito dall'apparire della morte che interviene per ammaestrarlo. «Se tu conoscessi Cristo, il tuo salvatore», dice la morte, «tu mi riconosceresti senza spavento. Perché io sono stata mandata da lui, anzi sono una cosa sola con lui. Egli mi ha sottoposto tutte le cose con la sua mano possente: tutto ciò che è sotto il firmamento è sotto la mia legge. Ma io sono la porta della vita come Cristo mio signore che mi ha mandato. Senza di me nessuno può riunirsi con Cristo, né entrare nella beatitudine» (*Dialogus de christianismo*, pp. 110-111).

La rinuncia è per Weigel principio d'una morale di mitezza e di carità: anch'egli condanna senza riserve la violenza, la guerra, la pena di morte. L'unione di tutti gli uomini che hanno realizzato con la carità perfetta l'unione con Dio costituisce la vera chiesa, la chiesa invisibile. Essa non conosce né sette né ordini: non è fondata su nessun uomo, su nessuna città, su nessun popolo, ma solo su Gesù Cristo, pietra angolare. «Chi è una sola cosa con Cristo e crocifigge la sua carne con i desiderii terreni, egli è nella santa chiesa, sia egli dove vuole, sotto Lutero, sotto il Papa o sotto i turchi» (Ivi, p. 97). Se per Cristianesimo s'intende gli uomini uniti nello spirito di Cristo, dobbiamo dire che «vi sono anche fra i turchi dei pii Cristiani, i quali sono membri della santa chiesa» (Ivi, p. 101). Ciò che decide è l'intimo, lo spirito. Che cosa gioverebbe al demonio l'essere in paradiso? E che cosa importerebbe all'angelo di essere nell'inferno? (Ivi, p. 102). «Come i gigli e le rose crescono anche fra le spine e il grano in mezzo alle cattive erbe, così vi sono membri della chiesa universale anche sotto il Papa, sotto Lutero, Zwingli, fra i Turchi e gli altri popoli» (Ivi, p. 104).

Se il regno di Dio è nelle anime, i sacramenti e le cose esteriori possono avere valore solo in quanto agiscono sull'anima: possono essere efficaci, ma non sono indispensabili. E l'efficacia loro viene da noi, non da chi li impartisce. Noi stessi dobbiamo assolverci dai peccati: quando noi perdoniamo ai nostri fratelli, Dio perdona a noi, e se noi non perdoniamo, qualunque assoluzione è inutile. Ma quando queste esteriorità sono considerate come elemento essenziale, allora abbiamo la peggiore corruttela della religione: il segno della chiesa dell'Anticristo è che essa è tutta esteriorità, tutta legata a determinate persone, luoghi, feste, cerimonie e simili. Nessuno più di Weigel ha messo a nudo la terribile menzogna del Cristianesimo abitudinario, fatto d'un'adesione passiva alla chiesa, che è la perdizione dell'anima. Nessuno ha richiamato con tanta energia la situazione terribile degli uomini i quali piegandosi dinanzi al sacerdote, che si è sostituito a Cristo, chiudono l'anima a Dio e si condannano da sé alla morte eterna (Ivi, pp. 118 sgg.). Nessuno più, come il re David, siede e ascolta ciò che Dio parla in lui. Nessuno chiede consiglio a Dio, nessuno chiede a lui pietà per i suoi peccati: tutti ascoltano la parola menzognera del sacerdote. Tutti, umili e potenti, piegano le ginocchia davanti a lui, vedono coi suoi occhi, giudicano secondo il suo consiglio (Ivi, p. 121). Per fortuna vi sono ancora qua e là dei poveri laici che conservano la tradizione vera della salute: senza di essi le tenebre regnerebbero nel mondo.

Soprattutto Weigel condanna la pretensione delle chiese a costituire dei corpi autoritari, delle potenze mondane e di avere il monopolio della vera dottrina. Ciascuna pretende di avere per sé Cristo, e con questa pretesa si diffamano e si perseguitano a vicenda: il Papa aizza i potenti contro Lutero, Lutero li aizza contro il Papa, e l'uno e l'altro invocano il braccio secolare contro le sette e gli eretici. Quale accecamento, quale devastazione delle anime! Cristo è in tutte le anime pure, a qualunque fede appartengano, non nelle chiese, nelle Scritture o nei concilii. Weigel deplora anche la durezza d'animo delle chiese che approvano la crudeltà della giustizia dello Stato e non si applicano ad introdurre anche nei rapporti della società civile i princìpi della carità cristiana. I veri discepoli di Cristo si riconoscono dall'esercizio della carità, non dai gesti esteriori: dove vi è la persecuzione, l'avidità dei beni terreni, la durezza di cuore, là non vi è la chiesa del Cristo.

Un altro grande mistero è per Weigel l'incarnazione. Cristo è per Weigel realmente un uomo celeste, è l'espressione di Dio in forma umana per servire a noi come luce e guida nel ritorno a Dio. In uno scritto weigeliano, la cui autenticità però è più che dubbia, è svolta una teoria cristologica audace che ricorda il docetismo antico[818]. Gesù Cristo non fu un uomo nella forma materiale e rozza in cui noi siamo. Egli fu qui il tipo dell'umanità nuova che deve realizzarsi anche in noi, dopo la morte, per la rinascita nella forma spirituale. Anche Maria Vergine avrebbe avuto un corpo spirituale della stessa natura. Ma, astraendo da questo dubbio svolgimento, è certo che il Cristo storico è nel sistema weigeliano un'inconseguenza: in fondo Cristo

---

[818] Si veda in Rufus M. Jones, *Geist. Reformatoren*, pp. 178 sgg., l'analisi del trattato *Vom dem Leben Christi* (Newstatt, 1618); per la questione dell'autenticità si cfr. Israel, *op. cit.*, p. 42.

non ha posto nella concezione di Weigel[819]. Ad ogni modo questo è essenziale: egli è stato, secondo Weigel, la rivelazione vivente di Dio, obiettivata in un momento del tempo: noi abbiamo in lui, impersonato, il Dio interiore che vive in noi. Anche con questo però, egli non può più essere per noi il fatto centrale della storia.

Secondo un altro scritto Weigel avrebbe anche insegnato l'avvento d'una specie di regno messianico, in cui avrebbe regnato Cristo[820]: ma l'autenticità può qui venir quasi sicuramente esclusa. Più interessanti sono per noi le sue teorie escatologiche. Secondo Weigel l'uomo consta di tre parti: il corpo, l'anima (o corpo sidereo) e lo spirito. Lo spirito viene da Dio, l'anima dalle potenze astrali invisibili, il corpo dal limo della terra. Il corpo sidereo non è un vero corpo, cioè non è spaziale: esso incarna il nostro essere vero e il corpo grossolano ne è soltanto l'abitazione momentanea. Già mentre qui il nostro corpo grossolano decade, cresce in noi una personalità nuova invisibile che silenziosamente si forma e si perfeziona fino al momento in cui il suo involucro carnale si sfascia. Allora essa si leva libera e rinnovata, come il serpente che depone la vecchia veste e l'uomo continua la sua vita nel mondo spirituale: un mondo che coincide con questo mondo materiale, ma non vi è spazialmente contenuto, non è nulla di corporeo e di spaziale. Questo mondo spirituale è diviso nel mondo delle tenebre (inferno) e nel mondo della luce (paradiso): e qui i dannati e i beati, rivestiti del loro corpo spirituale, aspettano la fine ultima delle cose, il ritorno a Dio o al nulla. Quando Weigel dice che inferno e paradiso sono in questo mondo vuol dire solo che essi non sono in un mondo spazialmente altro da questo: essi sono nello stesso mondo nostro, ma non come realtà spaziali. Il mondo spirituale non ha conoscenza del mondo materiale, come questo non ha conoscenza del mondo spirituale. Gli spiriti vivono intorno a noi e tuttavia un abisso li separa dal nostro mondo. La pena dei malvagi in questo mondo spirituale è la continuazione della stessa loro volontà malvagia. Essi portano con sé l'inferno come già lo portavano sulla terra: ciò che qui era la loro passione diventa là il loro martirio. La vanità della loro volontà egoistica sarà il loro inferno. «Est infernus nihil aliud nisi quando damnati sibi ipsis relieti Deo destituuntur semper extra se quaerendo et nunquam ad quietem perveniunt: vermis enim conscientiae nunquam morietur». Gli spiriti continuano così a risiedere nel mondo, in attesa della fine delle cose, godendo della loro perfezione spirituale o soffrendo il tormento della loro miserabile natura. È un regno di spiriti che è intorno a noi, che occupa (non

---

[819] Si cfr. Maier, *op. cit.*, pp. 79 sgg.
[820] Opel, *op. cit.*, pp. 190-191; Maier, pp. 19-20.

spazialmente) il nostro mondo e in cui tuttavia i buoni e i malvagi sono perfettamente separati dalla loro stessa diversità spirituale.

Weigel è, come Franck, un eroe religioso, un profeta, ma nello stesso tempo un filosofo: egli ha il suo punto di partenza nel problema religioso e cerca nello stesso tempo di dare ad esso un fondamento speculativo. Egli è l'ultimo neoplatonico: dopo di lui questo spiritualismo religioso degenera nella mistica naturalistica e teosofica a cui appartiene già Böhme. Ciò non vuol dire tuttavia che con Weigel tramonti la tradizione neoplatonica. Essa continua ancora ad essere il fondamento vivo della religione, ma entra in un processo di rielaborazione e di rinnovamento: e questo è il processo della filosofia moderna.

23. Nell'età moderna il Cristianesimo mistico, antiecclesiastico, è rappresentato da alcune piccole chiese che sono in gran parte la continuazione dei grandi movimenti del XVI secolo. Una di queste è la chiesa mennonita che può considerarsi come la continuazione moderna dell'anabattismo[821]. In Olanda il movimento anabattista aveva avuto un rapido sviluppo e anche qui, come in Germania, con due tendenze: l'una ostile ad ogni violenza, puramente spirituale, l'altra attiva, aggressiva, mirante a realizzare con la violenza il regno di Dio sulla terra. Ben si comprende che a quest'ultima si mescolassero anche elementi impuri. Dal 1533 al 1535 questi fanatici tentarono in più luoghi d'impadronirsi del potere con la violenza: essi furono naturalmente attratti a Münster nel 1534. Caduta Münster, ha luogo la separazione: solo una minoranza persiste nel proposito di stabilire, sotto veste religiosa, un regno della violenza, la grande maggioranza accentua il principio anabattista della non resistenza e si afferma come una comunità puramente spirituale. Questa trovò nel 1536 in Menno Symons il suo capo.

Menno Symons (1492-1559) non è una grande personalità, ma seppe raccogliere intorno a sé e consolidare le reliquie dell'anabattismo disperso dalle persecuzioni[822]. Era un sacerdote cattolico che rimase a lungo parroco d'un piccolo villaggio olandese, sebbene la lettura degli scritti di Lutero avesse ben presto cominciato a scuotere la sua fede e la sua riflessione personale lo avesse avvicinato alle teorie dell'anabattismo religioso. In questi anni egli scrisse un opuscolo contro l'anabattismo rivoluzionario di Münster. Ma lo spettacolo di trecento anabattisti (fra cui un fratello dello stesso Menno Symons) che avevano preso le armi e in parte caddero combattendo,

---

[821] Sui Mennoniti si cfr. H. Schyn, *Historia Mennonitarum*, 1729; D.S. Cramer, *Menno Symons, Mennoniten*, «RE», XII, pp. 586-616; *Gedenkschrift zum 400 jährigen Jubiläum der Mennoniten*, 1925.

[822] Si veda una sua breve autobiografia in Schyn, *op. cit.*, pp. 118-134.

in parte furono fatti prigionieri e annegati, determinò la crisi della sua vita. Egli sentì una pietà profonda per questi poveri traviati che erravano senza guida e che tuttavia meritavano rispetto e simpatia perché, pur professando una dottrina erronea, avevano ad essa sacrificato la vita: mentre egli conduceva una comoda vita di ecclesiastico. Egli ne sentì vergogna e rimorso: *si considerò come colpevole della loro morte, perché non aveva cercato di mostrare ad essi la retta via.* Chiese a Dio la forza di compiere il suo dovere: il 12 gennaio 1536 rinunciò al suo ministerio e si pose «al servizio della croce di Cristo», servizio al quale rimase fedele sino alla fine della vita. Egli si assunse la direzione della comunità anabattista e condusse una vita incerta ed errante: gli ultimi suoi anni furono turbati dalle dissensioni intestine della sua comunità. Era un uomo mite e conciliante, ma tutto dedito con fede salda alla sua chiesa: la sua opera ha valore soprattutto sotto l'aspetto pratico, come un tentativo di reintegrazione fedele della legge del Vangelo.

Menno Symons e i suoi associati cercarono di dare un'organizzazione alla comunità. La persecuzione era sempre viva e crudele: ma con la ribellione del 1572 e con il dominio degli Orange la chiesa mennonita acquistò in Olanda, almeno di fatto, una specie di legalità e poté svolgersi liberamente. La persecuzione aveva avuto per effetto di estendere nelle regioni vicine la propaganda mennonita: la nuova chiesa raccolse in sé anche gran parte delle altre piccole comunità anabattiste disperse in Germania, in Svizzera e in America. Sotto la sua influenza sorsero in Inghilterra, verso la metà del XVII secolo, la chiesa battista e il movimento quacchero. La chiesa mennonita attraversò anche numerose dissensioni interne relative alle disposizioni disciplinari, non ai dogmi; ma si mantenne sempre ferma nei suoi principi: fedeltà alle Scritture, avversione ad ogni svolgimento teologico, carattere morale e gotico, tolleranza, condanna della violenza. Questo fece sì che a grado a grado questi dissensi si appianarono e l'unità morale della chiesa mennonita si mantenne intatta.

La professione di fede dei mennoniti non differisce essenzialmente da quella dei riformati se non per l'importanza infinitamente minore data all'elemento dogmatico[823]. La chiesa mennonita vuole essere una continuazione del Cristianesimo evangelico e si propone soprattutto di applicare i princìpi di carità contenuti nel Vangelo. Perciò insegna in primo luogo il perdono dei torti, condanna la guerra e il servizio militare, vieta il giuramento; ignora lo Stato, pure accettandolo come necessità di fatto e perciò

---

[823] La professione di fede in Schyn, *op. cit.*, pp. 78-115.

vieta l'esercizio delle funzioni pubbliche e il ricorso ai tribunali. I mennoniti furono i primi a protestare nel 1688 contro la schiavitù. Accetta i sacramenti evangelici del battesimo e dell'eucaristia, ma non dà loro che un significato simbolico. La chiesa è un'istituzione necessaria: ma i presbiteri e i predicanti (che equivalgono ai profeti dell'età apostolica) non devono accettare alcuna rimunerazione[824]. Su questo punto tuttavia molte comunità si accostarono a un'opinione più indulgente e Menno Symons stesso sembra, più tardi, aver mutato opinione[825].

La chiesa mennonita è oggi rappresentata da molte comunità, specialmente in Olanda, in Russia, in America; il numero complessivo dei fedeli non supera il mezzo milione[826]. Essi hanno dovuto in seguito adattarsi alle mutate condizioni di vita, ma sono rimasti fedeli nei punti essenziali. Essi mantengono ancora sempre l'antica professione di fede votata a Dordrecht nel 1632, ma non danno importanza all'elemento dogmatico: nessuna professione di fede viene imposta. Basta ad esempio credere nell'immortalità: quanto ai particolari è lecito opinare liberamente. La tolleranza è praticata nella sua forma più nobile: ogni costrizione in materia religiosa è condannata. Ogni comunità è indipendente e foggiata sul modello delle prime comunità cristiane: non vi è un'organizzazione centrale, un «governo ecclesiastico». Essi fondano la loro unità sul consenso nelle direttive morali e nei princìpi della vita evangelica. Persistono ancora, in parte, nel rifiuto del servizio militare: i mennoniti emigrati in Russia hanno dovuto soffrire, ma sono rimasti fedeli al loro principio[827]; molti di essi hanno affrontato per questo nell'ultima guerra il carcere e la morte. Però vi sono anche quelli che si sottomettono su questo punto alla legge. Così è scomparsa l'avversione contro il potere civile: oggi i mennoniti accettano funzioni nello Stato. Ma persiste sempre il precetto della semplicità nel costume e il divieto del lusso nelle esteriorità della vita. Soprattutto persiste sempre lo spirito di carità, di mitezza, di tolleranza: non mancano le differenze dogmatiche, manca lo spirito dogmatico. Questo delicato rispetto dei mennoniti per la coscienza degli altri si rivela anche in un particolare caratteristico: essi non fanno propaganda.

24. Un movimento di idee affine all'anabattismo mennonita ebbe luogo nel seno stesso del calvinismo, che, dopo la liberazione dell'Olanda dal giogo spagnolo (1579), vi si era stabilito come religione ufficiale. Come un

---

[824] Schyn, *op. cit.*, p. 143.

[825] Schyn, *op. cit.*, p. 183.

[826] Sulla distribuzione attuale dei mennoniti si veda la citata *Gedenkschrift*, pp. 282-287.

[827] Heering, *D. Sündenfall des Christentums*, 1930, p. 77.

antesignano di questo movimento deve essere considerato Diryck van Coornhert (1522-1590), letterato e uomo politico dell'Olanda risorta, che cercò di ricostruire un Cristianesimo spirituale e razionale[828]. Nei suoi viaggi giovanili in Spagna e in Portogallo aveva assistito agli orrori dell'inquisizione e ne aveva riportato un'impressione che lo accompagnò per tutta la vita. Il suo concetto fondamentale è quello della tolleranza, dell'unione di tutti i Cristiani in un'unica chiesa fondata essenzialmente sulla carità. La molteplicità e l'esclusività delle sette è solo dovuta al fanatismo dogmatico e cerimoniale che si arresta alle cose esteriori, mentre il vero culto di Dio è il culto interiore. Per essere veramente cristiano l'uomo deve abbandonare le cose puramente esterne, le speculazioni e le pratiche religiose, e rivolgere lo sguardo verso il suo interno, verso l'anima sua, nella quale risplende la luce spirituale, che è Cristo stesso. Il criterio della sua verità è nell'azione buona, nella carità, nell'abbandono di se stesso: l'agire del cristiano è l'agire di Cristo, che è in lui. Vede la verità chi opera secondo la giustizia. La chiesa e le Scritture non sono che opere umane più o meno imperfette. Il segno più certo della corruzione d'una chiesa è la mancanza di carità, l'intolleranza, l'uso della violenza: come l'essere perseguitati, il soffrire per le proprie idee, è un indizio consolante della verità. La sola vera chiesa è la chiesa invisibile dei rigenerati che adorano Dio «in spirito e verità»: si può essere Cristiani e membri di questa chiesa anche senza conoscere Cristo.

Le idee di Coornhert hanno avuto una viva influenza su Jacopo Arminio e sul movimento che da lui prese il nome[829] Jak. Armins (Herrmans) (1560-1609), professore di teologia a Leida, si era in primo luogo separato dal calvinismo sulla questione della predestinazione; il dissenso si estese più tardi sugli altri dogmi e specialmente sulla concezione dei rapporti della chiesa con lo Stato. Il clero calvinista sosteneva che la chiesa aveva il diritto di regolare da sé la sua costituzione e di mantenere la purezza della dottrina provocando la punizione degli eretici: esso rinnovava in fondo a proprio favore l'intolleranza cattolica. Gli arminiani vi contrapponevano la dottrina che la costituzione religiosa è subordinata all'autorità dello Stato e che questo deve concedere piena libertà di dottrina e di culto ai dissenzienti. Essi non rigettavano la regola di fede, ma non volevano che essa dovesse valere come una norma immutabile. La protesta (*Remonstrance*) che i pastori ar-

---

[828] Heppe, *Gesch. d. Pietismus und d. Mystik in der reformierten Kirche*, 1879, pp. 79 sgg.; Lorentzen, *D.V. Coornhert*, 1886.

[829] S. Resenboogs, *Kurze Geschichte der Remonstranten*, 1781, 2 vol.; Ch. Flour, *Étude histor. sur l'Arminianisme*, 1889.

miniani presentarono nel 1610 agli Stati olandesi diede il nome di «Rimostranti» ai fautori del movimento arminiano. L'arminianismo è una reazione contro il calvinismo dogmatico: i suoi princìpi sono la condanna di ogni coazione clericale, il rispetto dei diritti della personalità, la tolleranza, il carattere pratico, antidogmatico del Cristianesimo, la reazione contro la subordinazione superstiziosa al testo delle Scritture. Il sinodo di Dordrecht (1618), in cui, per influenze politiche, prevalsero i fautori dell'ortodossia più intollerante, fu l'inizio di persecuzioni rigorose contro i rimostranti: alcuni di essi espatriarono. Tuttavia alcuni anni dopo ai rimostranti fu concesso il diritto d'avere chiese proprie e ad Amsterdam una loro scuola teologica. Tollerati fino al 1795, essi vennero allora riconosciuti ufficialmente e mantennero fino ad oggi un indirizzo cristiano liberale. A capo della scuola teologica dei rimostranti (che nel 1873 venne trasportata a Leida) fu verso la fine del XVIII secolo van Hemert, il noto kantiano; e dal 1873 al 1902 C.P. Tiele, uno dei fondatori della scienza delle religioni. La loro chiesa conta oggi circa ventimila anime: che professano un Cristianesimo non dogmatico, tollerante, rispettoso dei diritti della personalità, preoccupato soprattutto della pratica della carità. Ma l'importanza maggiore di questa chiesa sta nell'azione benefica che essa esercita anche nelle altre chiese riformate.

Durante la persecuzione (1619) i rimostranti di Warmond avevano continuato, anche in assenza dei pastori a tenere delle riunioni secrete, «collegia», dove si riunivano di tempo in tempo a leggere le Scritture, a pregare, a scambiare conversazioni edificanti chiudendo la riunione col canto dei loro inni. Anche dopo cessata la persecuzione essi continuarono a respingere ogni forma di ministero ecclesiastico, le loro riunioni vennero trasferite a Rynsburg e dal nome dei loro convegni venne ad essi il nome di «Collegianti»[830]. Il soggiorno di Spinoza a Rynsburg nel 1661-64 mise in contatto con le sue idee alcuni fra i collegianti e diede anzi origine a una scissione che venne appianata solo nel XVIII secolo. I collegianti rappresentavano la parte più intelligente e più libera degli arminiani. Essi non volevano costituire una chiesa separata, ma una società sopra le chiese: perciò ammettevano alle loro riunioni Cristiani di tutte le confessioni ed esigevano sopra tutte le cose libertà e tolleranza. Aborrivano dalla violenza e ponevano in primo luogo la pratica della carità. Uniti dalle loro aspirazioni religiose, non ciechi ai problemi della filosofia, attaccati alla loro indipendenza

---

[830] J.C. v. Slee, *De Rynsburger Collegianten*, 1895; K.O. Meinsma, *Spinoza und sein Kreis* (tr. ted.), 1909, pp. 188 sgg. Sul rapporto dei Collegianti coi Quaccheri si cfr. Rufus M. Jones, *Geistige Reformatoren* (tr. ted.), 1925, pp. 144 sgg.

e rispettosi di quella degli altri, offrirono per più d'un secolo e mezzo l'esempio di una comunità religiosa illuminata, ispirata a una sincera pietà interiore. Verso la fine del XVIII secolo si confusero con i mennoniti.

25. L'inaridimento della chiesa riformata in Germania provoca durante il XVII secolo vive proteste da parte degli spiriti religiosi, che nella decadenza della religione vedono anche la causa delle terribili miserie materiali e morali della guerra. L. F. Gifftheil (1600?-1661), un mistico apocalittico, che condusse una vita perseguitata e agitata in mezzo alle convulsioni della Guerra dei Trent'anni e lottò senza tregua per la causa del Cristianesimo pratico, leva la sua voce contro la guerra, specialmente contro la guerra condotta su speciosi motivi di religione, e vede in essa un delitto contro Cristo[831]. «Come volete fondare la fede, cioè il regno di Cristo, con il fuoco e con la spada, con il furto e con l'assassinio, cioè con le opere del demonio?». La guerra è soltanto un frutto dell'egoismo dei grandi e della pusillanimità dei ministri della religione, che non hanno il coraggio di levarsi e difendere la causa di Dio. Le sue invettive contro i falsi ministri di Dio, che si aiutano con le loro menzogne a spingere le turbe al macello, valgono per tutte le chiese, la luterana e la calvinista come la cattolica. Queste sono in fondo tutte false chiese. Egli si leva contro il suo tempo come un antico profeta e vede nelle calamità che lo circondano i segni degli ultimi tempi. Il giorno del Signore è vicino. Ma il regno di Dio non è da lui costruito su fantasie escatologiche. Dio si serve ora dell'imperatore e dei grandi per punire il popolo corrotto: ma egli si volgerà un giorno anche contro questi strumenti dell'ira sua e li distruggerà senza pietà. La potenza dei grandi è soltanto nell'ira di Dio e nella corruzione e nella viltà dei popoli che la scatenano, ma quando il popolo tornerà verso Dio, la potenza dei grandi cadrà come un castello di carte. Allora fiorirà sulla terra il regno della pace e della carità che riunirà tutti i fedeli di Cristo.

Christian Hoburg (1607-1675), pastore luterano nel 1632 a Lüneburg e quindi dimesso dal posto e successivamente da numerosi altri per le sue idee mistiche, morì predicatore dei mennoniti ad Hamburg[832]. Egli combatte specialmente la decadenza della chiesa e il paganizzamento della vita, e guarda con disprezzo ironico ai progressi della vita esteriore, delle arti, della cultura mondana, che nascondono soltanto un impoverimento spirituale. La

---

[831] Eylenstein, *L. F. Gifftheil. Zum mystischen Separatismi des XVII Jahrhunderts in Deutschland*, «ZKG», 1922, pp. 1-62.

[832] C. Hoburg, *Theologia mystica*, 1665, 4ª ed., 1730. Si cfr. Kochs, *Das Kriegsproblem bei Chr. Hoburg*, «ZKG», 1927, pp. 246-275.

riforma non ha assolto il compito suo: essa ha misconosciuto il vero Cristianesimo, il Cristianesimo interiore. Mentre la *rixosa theologia* una nuova scolastica, va perduto il senso delle cose spirituali e trionfano nella vita morale la licenza e l'ipocrisia. Così si spiega come nessuna delle grandi chiese senta orrore della guerra e comprenda l'inconciliabilità della religione con la violenza. Perciò esse si anatemizzano e si perseguitano quando possono. Hoburg stigmatizza l'ipocrisia del clero e la sua servilità verso i potenti, fa delle prediche eccellenti, ma non sa poi farne l'applicazione né a sé, né agli altri: in pratica esso trova mille ragioni per mostrare che non si può servire Cristo nei suoi precetti e con una morale rilassata addormenta la coscienza morale pubblica. «Voi applicate i sacramenti come un turpe impiastro sopra i vostri peccati e le vostre vergogne». Le coscienze vengono «imbiancate» ogni tanto, come i sepolcri di cui parla il Vangelo. Hoburg li chiama mercenari della predica, Farisei assoldati che vendono, per una mercede miserabile, la libertà della parola. La glorificazione della guerra da parte dei ministri di Dio è un sacrilegio. All'annuncio della vittoria essi dovrebbero intonare le lamentazioni di Geremia, non i Te Deum di esultanza! Perciò nel mezzo della Guerra dei Trent'anni Hoburg chiede nelle preghiere pubbliche della sua chiesa non la pace, ma il pentimento: redarguito dall'autorità, rinunciò al suo ministerio piuttosto che soffocare questa sua convinzione.

Una reazione di questo genere, ma mitigata e temperata e poi rapidamente degenerata, fu il movimento che si produsse nella chiesa luterana verso la fine del XVII secolo sotto il nome di pietismo[833]. Creatore di questo movimento fu F. Spener (1635-1705), anima semplice e pia, ma arida e pedante, più di teologo che di riformatore, chiusa nella cerchia dei dogmi luterani, inclinata alle speculazioni chiliastiche. Anch'egli fu mosso al suo tentativo di riforma dallo spettacolo di mondanità e di decadenza della chiesa evangelica. Con i suoi *Pia desideria* (1675) egli cercò di iniziare una reazione spirituale, di provocare una partecipazione più attiva dei laici alla vita religiosa mediante la creazione di conventicole private (*collegia pietatis*, Stunden), di mettere in rilievo il carattere pratico della religione, di eliminare l'abuso dell'erudizione teologica e delle dispute, di richiamare allo studio dei grandi mistici medievali. Questo programma destò naturalmente contro di lui una tumultuosa opposizione da parte dell'ortodossia. Egli si poneva tuttavia, quanto alla dottrina, da un punto di vista perfettamente ortodosso e si limitava, a questo riguardo, a biasimare l'abuso delle sotti-

---

[833] Sul pietismo: H. Schmidt, *Gesch. d. Pietismus*, 1863; A. Ritschl, *Gesch. d. Pietismus*, 1880-86; C. Mirbt, *Pietismus*, «RE», XV, pp. 774-815; J. Jungst, *Pietisten*, 1906.

gliezze e dell'intolleranza e a propugnare il ritorno alla semplicità evangelica. Ciò che per lui era essenziale era la subordinazione della teoria alla pratica, la necessità della conversione interiore, della rigenerazione e della pratica della vera pietà cristiana. Questo ritorno alla spiritualità favorì naturalmente in Spener la tendenza tollerante e conciliatrice; la chiesa invisibile dei santi ha i suoi membri non solo nella comunione luterana, ma anche nelle altre chiese, nonostante i loro errori di dottrina: la santità della vita ha ben maggior importanza che tutte le differenze dogmatiche.

L'assoluta insufficienza speculativa condusse però ben presto il movimento pietistico a una rapida degenerazione: in breve volger di tempo esso si trasformò in una nuova ortodossia altrettanto oscurantista, intollerante e aggressiva quanto l'antica. È la facoltà teologica di Halle, composta di pietisti, che promosse le persecuzioni contro C. Thomasius e C. Wolff. Anche il suo rigorismo pratico deviò in un sistema di pratiche devote, di ostentazioni ipocrite e di bigotterie puerili: l'avversione profonda che destarono in Kant i metodi pietistici di educazione nel ginnasio fridericiano ebbero un'eco per tutta la sua vita. Non si può negare che il suo lato pratico poté esercitare un'influenza benefica sulla moralità e religiosità popolare e operò una specie di risanamento della chiesa evangelica: ma nel suo insieme, come movimento spirituale, non ebbe che un valore assai limitato.

Più che il pietismo in genere ha quindi per noi importanza qualcuna delle sue manifestazioni secondarie che se ne staccarono e che in parte gli sopravvissero. Una di queste correnti svolse l'elemento escatologico e chiliastico, che è già in germe in Spener, e diede origine, specialmente nella Germania meridionale, a un pietismo separatistico e fanatico e a numerose sette, nelle quali ebbe larga parte la speculazione teosofica. Questo indirizzo ebbe un ricco svolgimento durante tutto il XVIII e XIX secolo e si continua, con influenze inglesi e americane, nei recenti movimenti del «Risveglio»[834]. Più interessante è per noi la corrente che svolse l'elemento spirituale e razionale del pietismo riattaccandosi alle grandi correnti mistiche del Medioevo e del Rinascimento. In virtù del suo principio questo indirizzo pietistico non fu ostile al movimento culturale: anzi per virtù sua ebbe luogo una specie d'alleanza fra le due correnti e sorse una religiosità spirituale illuminata che poté raggiungere le altezze della vera mistica.

---

[834] Si cfr.: Palmer, *Die Gemeinschaften und Sekten Wurttembergs*, 1877; W. Hadorn, *Gesch. d. Pietismus in den schweiz. ref. Kirchen*, 1901; P. Fleisch, *Die moderne Gemeinschaftsbewegung in Deutschland*, 1912-14.

Il più insigne rappresentante ne è Gottfried Arnold (1666-1714), autore anche di importanti opere sulla storia del Cristianesimo spirituale[835]. Nella *Vera immagine dei primi Cristiani secondo la loro fede viva e la loro santa vita* (1696) tracciò, idealizzandola, un quadro della prima società cristiana; nella *Storia imparziale della chiesa e degli eretici* (1699-1700) diede per il primo una storia del Cristianesimo mistico, opera che, nonostante la negligenza nei particolari, per la ricchezza dei documenti e l'imparzialità del giudizio è oggi ancora insuperata[836]. Egli ha espresso i principi direttivi nelle seguenti proposizioni: 1) Gli uomini pii e illuminati, come Gesù e i suoi discepoli, sono stati quasi sempre perseguitati come eretici; 2) I capi, vescovi, pastori e dottori delle chiese sono stati sempre i persecutori dei veri Cristiani e gli autori di tutte le scissioni della chiesa; 3) I concilii e i sinodi sono quasi sempre composti di uomini litigiosi e ipocriti, che non hanno niente dello spirito del Cristo e che cercano il loro profitto, non il bene della chiesa; 4) La chiesa ha sempre fiorito sotto la croce e si trova non dalla parte della moltitudine e dei persecutori, ma dalla parte dei piccoli gruppi e dei perseguitati; 5) La falsa chiesa dell'Anticristo ha sempre posto la sua santità nelle cerimonie, nei sacramenti e nelle esteriorità e cercato il suo profitto nella prostituzione e nella persecuzione. Nel *Secreto della divina Sophia* (1700) Arnold svolge una dottrina teosofica della redenzione. Ma l'opera nella quale egli ha effuso tutta l'ardente pietà del suo spirito sono gli inni sacri[837]. Arnold fu uno spirito profondamente religioso, complicato, sensibile, anzi eccessivamente impressionabile, che fortunatamente trovò nei suoi profondi studi storici un orientamento e un consolidamento interiore. Nominato professore di storia all'università di Giessen, abbandonò volontariamente dopo un anno l'ufficio, per sfuggire alle esteriorità della vita accademica e, dopo alcuni anni di persecuzioni e di lotte, passò santamente l'ultima parte della sua vita esercitando il ministerio pastorale a Perleberg (Prussia).

Anche Arnold parte dal principio che la conoscenza esteriore del Cristo non basta alla salute: bisogna che essa ci guidi alla conoscenza del Cristo

---

[835] Su G. Arnold si veda: Fr. Dibelius, *G. Arnold*, 1873; E. Seeberg, *G. Arnold*, 1923.

[836] La voluminosa opera (che nell'ed. del 1740-41 comprende, con le aggiunte, 2741 pagine in folio) è analizzata da ogni punto di vista nell'*op. cit.* del Seeberg, pp. 65 sgg.; C. Thomasius così la giudica: «Io ritengo quest'opera come il libro migliore e più utile dopo le Sacre Scritture e non ho vergogna di raccomandarne la lettura a tutti i miei uditori, anche se essi dovessero risparmiare sul loro vitto o chiedere in elemosina il denaro necessario». Goethe (*Dichtung und Wahrheit*, II, 8) riconosce la grande influenza che ebbe su di lui questo libro.

[837] G. Arnold, *Geistliche Lieder*, her. v. Ehmann, 1856.

interiore. La vera fede è un adagiarsi, un immergersi nella grazia divina, un confondere se stesso con il Cristo che vive in noi. Non sempre però egli è abbastanza rigoroso nella delimitazione di questa luce interiore: le sue tendenze teosofiche lo inducono talora a derivarne delle dottrine teologiche, come ad esempio una teoria della trinità[838]. Praticamente la grazia illuminatrice è moralità e carità perfetta, lotta contro il mondo, rinuncia. La carità è soprattutto mitezza, astensione dalla violenza: Arnold condanna senza limitazioni la guerra. Anche lo Stato è opera di violenza e conserva sempre qualche cosa di diabolico che si traduce nelle inumane istituzioni della politica e della giustizia umana. Però Arnold riconosce in essa un'inevitabile conseguenza della corrotta natura umana, alla quale il cristiano deve sottomettersi. L'amore di Dio non è solo carità, ma anche lotta contro la carne e il mondo: bisogna morire al mondo per rinascere in Dio. Una conseguenza di questa opposizione è l'odio con cui gli uomini carnali perseguitano lo spirito; il destino di Abele si ripete attraverso tutta la storia: Cristo è stato mille e mille volte crocifisso negli eretici, che erano i suoi veri figli. Però Arnold crede in una riconciliazione finale, in una restaurazione di tutte le cose: la lotta fra il bene e il male avrà fine un giorno e tutte le creature ritorneranno nel seno dell'eterno amore.

Le opere esteriori sono in sé indifferenti e non hanno valore se non in quanto ci indirizzano verso il Cristianesimo interiore. Così Arnold interpreta ad esempio l'eucaristia: la quale non è per lui che il simbolo della comunione interiore che il cristiano può praticare in ogni momento e in ogni atto della vita. Sul suo letto di morte Arnold accolse gli ultimi refrigera, che erano offerti al morente, con le parole: «Io mangio Dio in ogni pezzo di pane». La stessa funzione hanno le Scritture. Arnold è ancora fortemente prevenuto in pro della loro autorità: esse debbono costituire la regola di fede, ma per rinviarci poi alla fede interiore, che sola ne possiede la vera interpretazione. Anche Arnold, come Filone, Origene, M. Eckhart, è persuaso a priori della perfetta concordanza della rivelazione esteriore con l'interiore[839]. E ciò vale anche per le chiese. L'uomo deve cercare e trovare in sé solo la vera chiesa, che è la chiesa invisibile dei rigenerati di tutte le chiese. Eteriorizzandosi, fissandosi in un organismo sociale, la chiesa necessariamente si degrada e si espone a funeste degenerazioni. Però questo non implica, secondo Arnold, la condanna di tutte le chiese. Esse, anche con le loro imperfezioni, possono servire utilmente all'educazione religiosa e aprire all'uomo il senso della chiesa invisibile. Quindi possono, sotto questo

---

⁸³⁸ Seeberg, *op. cit.*, pp. 170 sgg.
⁸³⁹ Seeberg, *op. cit.*, pp. 182 sgg.

riguardo, avere un maggiore o minore valore. La sola condizione essenziale è che in esse regni la libertà più perfetta. Tutte le ortodossie, tutti i simboli di fede sono cose anticristiane. La persecuzione brutale degli eretici appare ad Arnold come una delle peggiori vergogne d'una chiesa: il primo processo d'eresia è stato il processo contro Gesù[840]. Il più grande servizio che lo Stato può rendere alla religione è quello di assicurare a tutti la libertà, di reprimere ogni forma di coazione e di persecuzione. La religione non deve interferire con lo Stato, tutt'al più ha il diritto di desiderare che dalle istituzioni dello Stato (specialmente dal diritto penale) sparisca tutto ciò che è contro la carità e ha un carattere anticristiano. L'ideale di Arnold è l'antica chiesa apostolica nella sua semplicità e libertà: il quadro storico che egli ne traccia nella sua grande opera sui primi Cristiani è in fondo anche il suo ideale della chiesa rinnovata.

Arnold esercitò (anche per via delle sue opere storiche) una influenza notevole sulla religiosità mistica del XVIII secolo: a lui si riattaccano E.C. Hochmann von Hohenau[841], Tersteegen[842], Dippel[843]. A questa corrente si deve ricondurre anche la riforma della chiesa dell'Unità per opera del conte di Zinzendorf. Essa rappresenta quindi una delle più dure e più nobili tradizioni religiose del XVIII secolo. Ma prigioniera del biblicismo tradizionale, straniera al pensiero vivo della speculazione, essa si chiuse troppo spesso in un semplice misticismo del cuore e non sempre seppe tenere lontano da sé la volgarità della mistica immaginativa e le aberrazioni della teosofia.

26. Un movimento analogo al pietismo si ebbe in Inghilterra, già nel XVI secolo, diretto, come il pietismo, a completare e approfondire spiritualmente l'opera della riforma (anglicana): esso era rivolto specialmente contro la chiesa riformata ufficiale, la sua costituzione episcopale e la subordinazione della chiesa allo Stato, ma aveva assunto nello stesso tempo un carattere di riforma interiore dell'uomo, di risveglio spirituale. Questo movimento, detto puritano, si attirò ben presto le persecuzioni della regina Elisabetta (dal 1571); la persecuzione si fece più grave e spietata con l'avvento al trono di Giacomo I Stuart (1603), il che ci spiega come il movimento religioso puritano si sia facilmente assimilato al movimento politico di opposizione contro il governo assolutistico degli Stuart. Sebbene limitato intellettualmente dal suo angusto biblicismo, esso si tenne tuttavia lontano da ogni confessionalismo intollerante, propugnò l'unione di tutti i Cristiani

---

[840] Seeberg, *op. cit.*, pp. 219 sgg.

[841] Bosse, *Hochmann von Hohenau*, «RE», VIII, pp. 162-167.

[842] E. Simons, *Tersteegen*, «RE», XIX, pp. 530-537.

[843] K. Bender, *J.K. Dippel*, 1882.

nello spirito di carità, promosse l'interiorità della vita religiosa e la sua completa indipendenza dallo Stato. Sotto questo rispetto esso esercitò, come il pietismo in Germania, una profonda e salutare influenza sull'anima inglese. Il puritanismo comprendeva in sé (come il pietismo) più tendenze: dopo il trionfa (1643) si scisse nelle due correnti dei presbiteriani (che volevano introdurre un regime ecclesiastico analogo a quello di Ginevra) e degli indipendenti o congregazionalisti (che volevano concentrare l'autorità non negli ecclesiastici e nei loro sinodi, ma nella comunità, nella «congregazione» e mantenere di fronte ad essi l'indipendenza laica); ma accanto ad essi vennero in luce indirizzi spirituali ed entusiastici (anabattisti, chiliasti, teosofi, ecc.)[844].

In mezzo a questa effervescenza religiosa George Fox (1624-1691) proclama il principio della luce spirituale interiore e istituisce la società degli «amici», che lo scherno del mondo chiamò «quaccheri»[845]. G. Fox era figlio d'un povero tessitore e non ebbe altra sorgente di cultura che la Bibbia: ma il suo spirito meditativo e il suo ardente zelo religioso fecero di lui l'apostolo della rivelazione interiore. L'entusiasmo di cui lo riempiva la «forza di Dio» si traduceva in movimenti incomposti: egli «tremava» dinanzi a Dio. Di qui il nome (*quake* = 'tremare'). La profondità e l'intimità del suo sentimento, la serietà morale e l'inflessibilità della sua volontà finirono per imporsi anche attraverso le stranezze esteriori del suo apostolato: verso il 1652 comincia una chiesa quacchera. I suoi inizi furono turbati dall'agitazione fanatica dei primi seguaci che mescolarono alla predicazione religiosa tendenze politiche radicali e minacciarono di rinnovare le violenze del fanatismo anabattista del XVI secolo. Ma anche questa agitazione, come le persecuzioni dello Stato, si venne a poco a poco calmando: Fox rivolge con sempre più chiara coscienza le sue cure alla costituzione d'una chiesa universale, organizza il culto, la predicazione, le missioni in grande stile. L'apostolo più illustre fu William Penn (1644-1718), il quale fondò in America lo Stato che da lui trae il nome. Dopo la caduta degli Stuart e l'editto

---

844 Per le correnti mistiche inglesi di questo periodo si veda; Rufus M. Jones, *Studies in mystical Religion*, 1908. Sulla religione mistica di John Everard (1575-1650?), che è probabilmente sotto l'influenza di Franck, si cfr.: Rufus M. Jones, *Geistige Reformatoren* (tr. ted.), pp. 305 sgg.

845 Sui Quaccheri: R. Barclaii, *Teologiae vere christianae apologia*, 1729; Glarkson, *Histoire des Quakers* (tr. fr.), 1820; H. Tuke, *Exposition succincte des principes religieux des Amis ou Quakers*, 1823; E. Grubb, *Das Wesen des Quakertums* (tr. ted.), 1923; S. Hobhouse, *W. Law und eighteenth century Quakerism*, 1927; Rufus M. Jones, *The faith and practice of the Quakers*, 1927; W.C. Braithwaite, *The Beginnings of Quakerism*, 1930; Rufus M. Jones, *The later Periods of Quakerism*, 1921, 2 vol.

di tolleranza del 1689 la chiesa quacchera poté svolgersi liberamente. Le sue missioni sul continente non ebbero fortuna: essa si dedicò d'allora in poi più decisamente a un'attività filantropica estesa a tutto il mondo.

Principio della vita religiosa, secondo la dottrina quacchera, non è né la chiesa né la Scrittura, ma il Cristo spirituale, la parola, la luce interiore. I moderni quaccheri riconoscono l'identità di questa luce interiore con la ragione (intesa la parola nel suo senso più alto)[846], ma essa è propriamente, più che la ragione naturale o il senso morale, un'intuizione razionale immediata della verità religiosa, una vera presenza immediata del divino, che illumina e rigenera. Questa è la luce che ha illuminato tutti i profeti, Pagani, Ebrei e Cristiani. «Divina illuminatio et revelatio interna est quiddam per se evidens et clarum, intellectum bene dispositum propria evidentia et claritate cogens ad assentiendum atque insuperabiliter movens et flectens non minus quam principia communia veritatum naturalium movent flectuntque animum ad assensum naturalem»[847]. L'obiettività di questa rivelazione è provata dalla sua concordanza con le Scritture e con la sana ragione. Il che equivale a dire che essa ha una certa coerenza interiore con sé e col sapere umano. Ciò non implica che la rivelazione debba subordinarsi alle Scritture o alla ragione naturale: ma che essa deve inserirsi nel complesso della rivelazione di Dio, che ha generato le Scritture e si estrinseca anche nell'intelletto naturale. Quindi essa non è qualche cosa di individuale e di anarchico: essa risplende in tutti ed è in tutti identica con se stessa. Le confessioni dei primi quaccheri esprimono con parole di ardente entusiasmo l'impressione dell'immediata rivelazione di Dio nella loro anima, della luce che si era improvvisamente fatta nel loro spirito; Dio concede a tutti «un giorno della visitazione»: ma l'uomo può chiudersi alla grazia.

La Scrittura è quindi qualche cosa di secondario e di derivato. Tacitamente i quaccheri ne riconoscono l'autorità preminente di fronte a tutte le altre rivelazioni: come accolgono tacitamente i dogmi fondamentali del Cristianesimo biblico. Il quaccherismo voleva in realtà essere un rinnovamento del Cristianesimo primitivo[848]. E questo è ancora oggi il vero senso suo secondo i suoi seguaci: «ritrovare la radice e la sorgente del Cristianesimo originario», eliminando tutti i dogmi, i simboli, le istituzioni, i sacramenti che sono stati successivamente aggregati al Cristianesimo e che rappresentano solo esteriorità inutili. Però è evidente che essi accolgono il concetto di Cristo mediatore e rivelatore divino per puro ossequio alla tradizione:

---

[846] Grubb, *op. cit.*, pp. 30 sgg.

[847] Barclaii, *op. cit.*, p. 4.

[848] Grubb, *op. cit.*, p. 19; Barclaii, *op. cit.*, pp. 45 sgg.

perché con la teoria della rivelazione interiore il mediatore esteriore diventa inutile. La liberazione è prodotta dal Cristo interiore, non dal Cristo che è morto in croce. Così anche le opere sono testimonianze della concezione interiore, che produce anche nell'uomo esteriore un mutamento radicale, una vera rivoluzione, «ita ut corpus frequenter mire agitetur et gemitus et suspiria emittantur»: ma per sé non hanno efficacia alcuna.

I quaccheri modellano la loro concezione sul Vangelo, quindi non accolgono la trinità perché nel Vangelo non ve ne è traccia. Ma non hanno né vogliono avere una professione di fede. Non hanno dato svolgimento alla speculazione teologica: la loro «Somma» è ancora sempre l'*Apologia* di Robert Barclay (1648-1690) una delle più significative figure del quaccherismo primitivo. Essi non riconoscono la necessità di sacramenti, cerimonie, feste: non hanno forme fisse e universali di preghiera e di culto[849]. Il culto consiste essenzialmente di riunioni silenziose interrotte, quando lo spirito interiore si manifesta in qualcuno dei presenti, da discorsi ispirati. Lo stesso atteggiamento silenzioso è parte essenziale di tutte le cerimonie, ad esempio dei funerali. Questo silenzio è una preghiera, un attendere, un ascoltare la parola divina dell'anima, un unirsi con Dio. Soprattutto non hanno una casta sacerdotale frapposta fra l'uomo e Dio. Sotto l'azione dello Spirito Santo tutti i quaccheri, uomini e donne, sono predicatori: non vi sono quindi ministri ufficiali della parola di Dio, l'esercizio interessato del sacerdozio è considerato come un mercimonio. Le esigenze pratiche hanno costretto i quaccheri ad ammettere i ministri e predicatori erranti, ma essi hanno altri uffici rimunerati, il sacro ministerio non è rimunerato. Solo quando il ministro non ha altro modo di guadagnarsi il pane, gli è lecito ricevere doni volontari[850].

Non vi è per i quaccheri altra chiesa che la libera comunità dei rigenerati: la chiesa come istituto autoritario è opera diabolica. I disordini, che per opera di alcuni spiriti squilibrati e violenti accompagnarono il sorgere del quaccherismo, persuasero Fox della necessità d'una organizzazione, d'una «chiesa»: il merito suo sta nella concezione democratica, nell'avere rimosso ogni carattere autoritario, nell'aver conciliato la sua unità con la libertà dei singoli. Sono organizzati in sinodi locali che godono della massima autonomia: l'organizzazione complessiva non ha che il fine di mantenere queste comunità locali in rapporto e di armonizzarne l'azione. Le singole comunità hanno (come nel Cristianesimo primitivo) sovrintendenti per l'amministra-

---

[849] Sul culto si veda Barclaii, *op. cit.*, pp. 287 sgg.
[850] Barclaii, *op. cit.*, pp. 274 sgg.

zione e la beneficenza (episcopi) e anziani per la direzione morale (presbiteri). I loro uffici durano tre anni: la loro autorità è puramente morale ed è subordinata all'autorità delle assemblee sociali. L'organizzazione è democratica, ma non ammette la prepotenza del numero; il quaccherismo è contrario alla coazione, allo spirito autoritario, ma anche allo spirito particolaristico e settario. Vi sono anche oggi nel quaccherismo correnti diverse: conservatori, evangelici, intellettuali, socialisti; ma i singoli riconoscono con serenità che hanno molto da imparare da quelli che pensano diversamente e che il compito di ciascuno non è quello di far prevalere le proprie particolarità, ma di concorrere all'opera comune che è al disopra di tutti. L'individuo deve cercare di coordinare le proprie volontà nella volontà comune per un senso di devozione all'unità. Le loro assemblee, a cui partecipano uomini e donne, non hanno presidenti e non hanno, in generale almeno, votazioni: vi è un ufficio di segreteria che deve indagare sulle opinioni dell'assemblea. Questo presuppone una grande imparzialità e una grande serenità: quando vi è una viva opposizione, la discussione è rimandata onde ottenere il massimo consenso possibile. Ogni comunità si riunisce mensilmente: ogni tre mesi si riunisce un consiglio composto dei rappresentanti delle comunità d'un dato distretto; ogni anno un consiglio composto dei rappresentanti dei distretti di ciascuna delle sette provincie in cui è divisa l'organizzazione complessiva. Le tre assemblee sono subordinate: l'assemblea annuale è quella che decide in ultimo grado di tutte le questioni. L'unità delle diverse provincie è un'unità puramente morale, mantenuta da rapporti e compiti comuni. Il centro morale è l'Inghilterra[851].

L'attività della società quacchera è diretta soprattutto verso l'esercizio della carità in tutte le sue forme: già Fox praticò in tutta la sua estensione la carità cristiana ed ebbe il cuore aperto a tutte le miserie umane. I quaccheri si sono dati con ardore alle opere di colonizzazione e di civilizzazione: a combattere la guerra e la schiavitù, a promuovere la libertà religiosa e la giustizia sociale. Gran parte della loro attività è dedicata alla fondazione di istituti di educazione, di società di «servizio sociale» aventi per scopo di tener vivo lo spirito di interiorità e di solidarietà religiosa. Il quaccherismo condanna naturalmente la guerra e il servizio militare: già Fox subì il carcere per il suo rifiuto del servizio militare. Questo è un punto che creò molte difficoltà e molte esitazioni agli «amici»: anche fra essi non mancò chi sosteneva la legittimità della guerra difensiva e della professione di soldato, con questa limitazione che non si dovessero eseguire gli ordini contrarii alla propria coscienza. Riconoscono lo Stato, ma entro i limiti della coscienza

---

[851] Sulle assemblee si veda Clarkson, *op. cit.*, pp. 48 sgg.

religiosa: quindi rispettano le leggi, ma oppongono la più inflessibile resistenza agli ordini del governo quando questi contrastano con la coscienza. Soprattutto non riconoscono allo Stato il diritto di ingerirsi nelle cose della religione.

Ciò che caratterizza la società quacchera è lo spirito di morale severa in rapporto all'individuo: essa ha veramente identificato la religione con la vita. Se la libertà religiosa è assoluta, la vita morale dei singoli è sottoposta a una disciplina morale delicata, ma rigorosa[852]. L'obbedienza alla coscienza morale deve essere assoluta e opporre un'indifferenza invincibile a tutti gli ostacoli e a tutte le persecuzioni.

Sopra tutto apprezzano la sincerità e la dirittura della condotta: non bisogna dire una parola di più di quello che la coscienza pensa. È vietato il giuramento: al posto del quale è stata stabilita (anche dalle leggi) per le esigenze della vita pubblica, una forma di affermazione solenne. Questo spirito di sincerità si traduce anche nell'opposizione a tutte le convenzioni sociali moralmente insincere, ad ogni espressione e atto di servilismo. Di qui l'uso di servirsi con tutti del «tu» e di non scoprirsi e di non inchinarsi dinanzi a nessuno, ciò che attirò loro nei primi tempi severe punizioni.

Un secondo precetto essenziale è la rigidezza scrupolosa nell'integrità morale. Sono forse i soli che abbiano introdotto criteri di lealtà morale nelle regole del commercio. Era loro vietato ad esempio nel secolo XVII di avere relazione di commercio con persone interessate nella tratta dei negri o di occuparsi del commercio di cose attinenti alla preparazione della guerra. Furono i primi a introdurre i prezzi fissi. Tutte le loro controversie debbono essere definite per mezzo di arbitri. Si chiede loro di porre un freno al desiderio di accumulare e di astenersi da tutte le immoralità legali (ad esempio, dal beneficio di fallimento).

Un terzo punto è la semplicità raccolta della vita, l'opposizione ad ogni forma di lusso e di frivolezza che non si concilii con l'austerità della vita cristiana. Un tempo avevano anche un modo comune e semplice di vestire, che naturalmente è stato oggi abbandonato.

La società quacchera non è numerosa. Essa conta circa 150mila membri, di cui 30mila in Inghilterra. Ma essa non è una società aggressiva e conquistatrice che miri a fare proseliti: il suo fine è di agire come una specie di fermento per la rinascita del Cristianesimo, di consolidarne gli aspetti morali e spirituali minacciati dal prevalere del formalismo religioso e dalle influenze materialistiche della ricchezza, della sensualità e del militarismo. Essa ha dovuto fare certamente delle piccole concessioni allo spirito nuovo.

---

[852] Clarkson, *op. cit.*, pp. 41 sgg.

Oggi hanno abbandonato il «tu» e cedono forse un po' troppo alla tendenza comune verso le eleganze della casa e della vita. Il divieto della musica e del teatro è stato lasciato cadere. Hanno accolto nel culto il canto sacro. Ma le direttive essenziali sono ancora mantenute. Nell'ultima guerra essi hanno per la maggior parte tenuto fede ai loro princìpi. Più di cinquemila inglesi, in gran parte quaccheri, rifiutarono ogni servizio militare affrontando il carcere: tutti si applicarono con ogni sacrificio, durante e dopo la guerra, ad alleviarne le miserie senza distinzione di amici e di nemici[853]. Sono sempre inflessibilmente ostili ad ogni guerra, ad ogni aiuto prestato allo spirito militare, ad ogni forma di schiavitù e di oppressione delle razze sottoposte. Sono anche oggi alla testa di grandi opere di carità universale per i poveri e i reietti. Condannano anche oggi tutto ciò che è inutile dispendio in pro della vanità e della leggerezza, condannano le frivolezze dello sport come contrarie alla solida cultura dello spirito e alla severità morale.

La società quacchera è certo la forma più pura e più vitale del Cristianesimo attuale. La sua dirittura morale è testimonio della verità e sincerità del suo spirito. Ciò che in essa ci offende è il suo biblicismo antifilosofico. Barclay condanna lo studio della filosofia (p. 259) e fa l'apologia dell'ignoranza. Tutta la scienza d'un erudito è inutile senza lo spirito – e ciò è vero –; ma ciò non vuol dire che tale scienza sia inutile allo spirito. Se noi non ci arrestiamo alla superficie e consideriamo un poco profondamente la storia della verità spirituale, dobbiamo riconoscere che solo l'intelligenza e la scienza rendono possibile l'illuminazione dello spirito. La religione quacchera potrà forse avere un più grande avvenire, ma per ciò è necessario che essa si liberi dal suo ostinato biblicismo, inconciliabile con la forma della nostra mente, e trovi nella cultura del pensiero un principio vitale di approfondimento e di rinnovamento.

27. L'età moderna è nel suo complesso povera di spiritualità religiosa. Le grandi chiese sembrano entrate in un periodo di consolidamento e di riposo: in fondo sono delle grandi organizzazioni economiche e politiche che hanno raggiunto un certo equilibrio esteriore e che non hanno più da temere alcuna rivoluzione interiore perché ogni vita originaria in esse è spenta. Questo vale più particolarmente della religione cattolica, quando si pensa che le teorie aride, ristrette e dure del giansenismo sono state l'ideale religioso (che pure non fu senza nobiltà) di tanti spiriti eletti! Lo stesso movimento modernista è stato, se si fa astrazione da qualche rara personalità eccezionale, una ben povera cosa. Ma anche nelle chiese riformate la corrente spirituale è un rivolo ben modesto. Le comunità spirituali degli ultimi

---

[853] Heering, *D. Sündenfall d. Christentums*, 1930, p. 80.

secoli sono riviviscenze impoverite dei grandi movimenti del rinascimento; e i movimenti odierni, le società cristiane comunistiche e i movimenti del «Risveglio», sono fenomeni settarii senza importanza.

Questa miseria spirituale è in contrasto con la vita ricca e multiforme che si esplica in tutti gli altri campi dell'attività sociale: come scienza, arte e filosofia, come trasformazione economica e politica, come progresso tecnico e raffinamento della vita. Ma, ciò che è singolare, questa vita, nonostante tutto il suo splendore, è qualche cosa che non sembra avere in sé la sua soddisfazione e la sua ragion d'essere. Essa si svolge con un ritmo sempre più accelerato, come un movimento dinanzi al quale si apre un campo d'azione senza fine: e tuttavia essa porta con sé un'insoddisfazione continua che la spinge a cercare il suo compimento in qualche cosa di superiore, in un fondamento e in un orientamento religioso. Ora questo è quanto le chiese non possono assolutamente dare; la quotidiana esperienza dimostra che esse eccellono nel regolare e nell'amministrare burocraticamente la vita religiosa abitudinaria delle moltitudini, ma che appena in qualche spirito si risveglia il bisogno d'una religiosità interiore e personale, ciò conduce rapidamente a un conflitto di queste esigenze spirituali con la religione esteriore e non di rado converte queste esigenze in tendenze ostili alla religiosità stessa. Il pericolo maggiore dell'età nostra non sembra quindi essere soltanto nella sua povertà spirituale, ma anche nello svolgimento vigoroso e diffuso di attività sociali parallele, che sembrano nella loro natura intima destinate a condurre verso la rovina di ogni fede religiosa.

Non è difficile tuttavia vedere che questo ricco svolgimento di una vita che finisce per essere antireligiosa è esso stesso una conseguenza della mancanza di spiritualità religiosa. Tutte le volte che una forma, un'unità superiore si avvia alla dissoluzione, le forze elementari, che essa conteneva e dirigeva, si liberano da questa direzione e svolgono disordinatamente un'attività autonoma, la quale coopera attivamente alla rovina dell'unità che le dominava. Le attività sociali di ogni grado, dalla più semplice funzione economica all'arte e alla filosofia, hanno la loro ragion d'essere e la loro direzione salutare soltanto nella religione. La stessa attività economica può essere diretta, giustificata e santificata soltanto da un fine spirituale. La vita delle nazioni non ha valore per sé più che la vita d'una mandra selvatica: essa vale solo in quanto serve a fini spirituali superiori. E così dicasi della moralità, dell'arte, della filosofia, che sono dirette segretamente nel loro svolgimento, in apparenza autonomo, da una finalità interiore di carattere religioso. Quando queste attività subordinate non hanno più nella religione il loro principio formativo e direttivo, il loro svolgimento tumultuario e privo d'un'intima e profonda ragion d'essere conduce alla loro negazione. Quali siano i risultati dell'attività economica abbandonata a se stessa noi lo vediamo: una larvata guerra di tutti contro tutti, che conduce inevitabilmente alla forma più terribile della violenza, alla guerra civile. La questione fra l'economia libera e l'economia regolata dallo Stato si riduce a chiedere quale fra le classi sociali debba imporre il suo egoismo alle altre e verso quale forma di dissoluzione sociale dobbiamo avviarci. Nessun equilibrio è possibile fra gli egoismi: una sana economia è possibile solo dove la società è penetrata da un principio morale. Lo stesso deve dirsi delle aspirazioni verso l'unità della nazione nello Stato, che, quando sono abbandonate a sé o, peggio ancora, erette a principio supremo dalla vita civile, degenerano nell'egoismo sfrenato del nazionalismo e cooperano esse stesse alla rovina della nazione. Anche la scienza, quando cessa di essere una disinteressata funzione religiosa, si riduce ad essere una ricerca di utili applicazioni pratiche, si mette al servizio dell'egoismo e finisce per rivolgere i suoi più alti sforzi alla distruzione della vita umana. La stessa vita morale quando non è sostenuta da una convinzione religiosa ferma e chiara, si trasforma, sotto il nome di progresso o di altre nebulose idealità equivalenti, in un vago egoismo collettivo, recide dalle radici lo spirito di sacrificio e di disinteresse e si rifugia nell'unica preoccupazione del benessere personale. Di qui la caccia sfrenata al denaro, il lusso, lo svolgimento ipertrofico dei piaceri grossolani, che sopprimono ogni possibilità di una vita interiore e con una degradazione progressiva asserviscono la personalità alla sua parte animale, privano l'uomo dei suoi beni più preziosi e dei suoi piaceri più alti e aprono la prospettiva d'un pauroso avvenire.

I politici e i rappresentanti delle chiese cercano il rimedio nella riconciliazione di queste funzioni sociali con la religione e nel rifiorire delle chiese. E tuttavia le chiese non solo non riescono a esercitare quell'azione unificatrice e direttiva che dovrebbe essere propria della religione, ma, anzi, quanto più le chiese estendono la loro azione, tanto più si rincrudisce il conflitto e si rivela la loro impotenza. E questo è naturale. La ragione della potenza sociale e politica delle chiese è quella stessa della loro impotenza spirituale: è la loro povertà interiore, la loro trasformazione in organismi politici. E perciò quanto più esse trionfano e lussureggiano esteriormente, tanto più viene a mancare ad esse quella vita, inseparabile dalla libertà spirituale, che costituisce la religione vera e propria; e tanto più viene a mancare con essa quel principio direttivo vitale delle attività sociali, senza di cui esse si trasformano in attività dissolutive. Noi non dobbiamo perciò meravigliarci se, negli ultimi secoli, a un'apparente ricchezza di vita intellettuale e sociale corrisponde un'estrema povertà di movimenti religiosi. E non dobbiamo meravigliarci se in Lev Tolstoj che è il più grande e tipico rappresentante della reazione mistica nella nostra età, alla reazione contro la chiesa si associa una viva reazione contro tutta la vita culturale come contro qualche cosa che è inseparabile dalla corruzione della vita religiosa.

28. Sebbene Tolstoj (1828-1910) debba la sua fama più all'opera letteraria che all'attività religiosa, egli è essenzialmente un riformatore, un eroe religioso: egli stesso ha più tardi considerato la sua opera letteraria come un trascurabile accessorio[854]. Egli passò i primi cinquant'anni della vita immerso nell'indifferenza, in quel materialismo pratico che è la sola fede viva di quasi tutti gli uomini. Ma l'anima sua non poteva arrestarsi in questa palude: già nei suoi primi scritti traspare l'inquietudine d'uno spirito che sente profondamente il problema dell'esistenza e cerca la pace e l'appagamento in qualche cosa di più alto; egli si sentì dinanzi al compito essenziale della sua vita solo quando si pose con serietà profonda il grande problema: «Quale è il senso della mia vita?». Cercò inutilmente una risposta nella dottrina e nelle pratiche della chiesa. Ma la chiesa non poteva saziare questa sete: la chiesa gli offriva, nei suoi dogmi e nelle sue cerimonie, un'infinità di cose che in fondo, dal punto di vista spirituale, gli erano perfettamente indifferenti. Però attraverso queste cose indifferenti balenò ai suoi occhi una luce più pura e più alta: la luce del Vangelo. Qui il suo spirito trovò quella risposta che da lungo tempo cercava: il Vangelo aprì gli occhi del suo spirito alla rivelazione interiore e gli dischiuse il senso della vita. Questa visione nuova fu per lui una crisi completa. Allora «la vita e la morte si illuminarono»; l'anima sua «prima piena di disperazione e di spavento diventò serena e lieta». D'allora in poi consacrò la sua vita a realizzare in se stesso la verità e a diffonderla in mezzo agli uomini. Vi è in questa religiosità di Tolstoj tutta la profondità e l'ardore d'un uomo che ha errato a lungo lontano da Dio e ha sentito la disperazione nascosta nel cuore di quelli che non vogliono conoscerlo. «Gli uomini se ne ridono e dicono: "Non pensare a queste storie: ecco il mondo ed i suoi piaceri: vivi!". Ma essi non m'inganneranno. Io so che essi non credono a quello che dicono. Anch'essi, come me,

---

[854] L'esposizione è fondata naturalmente, oltre che sui diari e sulle lettere, sulle opere principali del secondo periodo di cui è citata la traduz. francese (ed. Stock). Si veda inoltre: E. Froment, *Les idées religieuses de Tolstoj*, 1892; P. Maffre, *Le Tolstoisme et le Christianisme*, 1896; I. Strannik, *La religion de Tolstoj*, «Revue de Paris», 1902; O. Lempp, *Tolstoj*, 1912; I. Ackermann, *Tolstoj und das Neue Testament*, 1926; S. Hessen, *Tolstoj als Denker*, «Logos», 1930, II.

si rivoltano e soffrono dinanzi alla morte, dinanzi a se stessi, dinanzi a te, o Dio, che non vogliono conoscere». Nessun riformatore ci ha lasciato una rivelazione così chiara della sua storia interiore. I suoi diari ci permettono di leggere nel suo pensiero: del resto tutta l'opera sua ha carattere autobiografico. Tutta la sua vita, presa nel contrasto fra le sue sincere aspirazioni a realizzare le sue convinzioni e le esigenze della sua posizione sociale e familiare, fu un'intima tragedia: la sua fuga e la sua morte nella piccola stazione di Astapovo sono un simbolo.

Il principio della religione è per Tolstoj, come per tutti i mistici, la luce interiore. Questa non significa un'illuminazione mistica o altro di simile, ma è semplicemente il risultato del passaggio della nostra coscienza di esseri animali e carnali alla coscienza di esseri razionali e spirituali. Tolstoj chiama questa coscienza «fede»: essa è la ragione stessa nel suo senso più alto[855], specialmente la ragione morale[856]. Quindi non ha bisogno di prove, è una luce che si impone da sé, è quella concezione della ragione che è stata sempre l'insegnamento di tutti i saggi e che, quando abbiamo la forza di riflettere sulla vita, si impone anche a noi. «La luce risplende e le tenebre non possono soffocarla. E quando la luce risplende, non è possibile non accettarla». Chi la possiede può dire: prima io ignoravo il senso della vita, ora lo conosco e ciò mi basta. Tutto ciò che l'esperienza, la tradizione e la ragione ci insegnano ne è una conferma.

La definizione che dà Tolstoj della religione[857] è singolarmente simile a quella di Tyrrell, è un atteggiamento di fronte al Tutto: gli eroi religiosi sono uomini che hanno avuto una potenza singolare di visione e hanno insegnato agli uomini un nuovo modo di concepire e di dirigere, da questo punto di vista, la propria vita. E la verità essenziale della religione è il riconoscimento della dualità insita in noi – dell'essere materiale e carnale chiuso nella sua individualità e dell'essere spirituale partecipe alla vita universale – e l'identificazione del nostro essere vero con la nostra parte spirituale. Questo essere vero è l'io divino, è Dio: dalla coscienza della parte divina in noi nasce la carità, l'amore esteso a tutti gli esseri. L'unità degli uomini religiosi è la grande chiesa invisibile (*Quelle est ma foi?*, pp. 308-309). Le rivelazioni storiche non sono che il compendio delle esperienze spirituali

---

[855] Tolstoj, *Paroles d'un homme libre*, «Dernières études philosophiques», 1901, pp. 203 sgg.

[856] Tolstoj, *Quelle est ma foi?*, 1924, pp. 144 sgg.

[857] Tolstoj, *Le salut est en vous*, 1893, p. 93.

delle generazioni passate. «La rivelazione ha luogo nelle anime degli uomini: gli uomini se la trasmettono: ne hanno scritto una parte»[858]. Questa è la rivelazione scritta. Tutti i libri sacri hanno qualche cosa di vero: ma il Vangelo è per noi la rivelazione per eccellenza perché contiene l'esperienza religiosa di Gesù Cristo che è la nostra guida. L'importanza di Gesù sta per Tolstoj non tanto nella sua concezione quanto nella decisione e nell'energia con cui egli ne fece l'applicazione alla vita umana (*Quelle est ma foi?*, p. 281). Questo non vuol dire che tutte le parole del Vangelo siano infallibili, vi sono in esso anche delle contraddizioni e delle cose assurde: bisogna scegliere e interpretare alla luce della rivelazione interiore. La volontà di Dio non è forse mai stata così chiaramente espressa come in Gesù Cristo, ma non si può chiamarlo Dio e rivolgergli preghiere senza commettere il più grande dei sacrilegi. Chi dice «Cristo è Dio» non pronuncia generalmente che delle parole senza dar loro un senso. Ma se si dà loro un senso, chi crede realmente in Dio non può dire che Cristo sia Dio[859].

Le rivelazioni in fondo si accordano: i dissensi fra le varie religioni non sono tanto causati dall'opposizione delle dottrine quanto dall'opera degli uomini che alterano queste verità profetiche e queste alterazioni impongono agli uomini come la sola verità, sfruttando il confuso bisogno della verità che in essi si trova e che, per ignoranza, fa loro accettare come verità una dottrina deturpata e mutilata. Questa menzogna diventa poi il principio dell'intolleranza e delle persecuzioni. Ma quale è la ragione di questa menzogna? La ragione psicologica è questa: che essa frutta denaro, onori e potenza. Certo ogni singolo non è un impostore al punto di agire solo per questo, egli è anche vittima della tradizione dell'errore, ma il motivo ultimo che sostiene tutta la tradizione e che vieta al singolo di vedere la sua vera posizione è l'acciecamento dell'egoismo personale. Le rivelazioni si trasformano così per opera delle chiese in un insieme di menzogne abili e di superstizioni grossolane, sotto cui scompare completamente il senso primitivo della verità religiosa. L'inferiorità di queste rivelazioni ecclesiastiche si dimostra nella loro insufficienza intellettuale e nella contraddizione in cui si trovano fra loro. La causa principale dei mali dell'umanità sta in questa deformazione della religione, nella religione delle «chiese». Nessuna riforma, nessuna rivoluzione potrà migliorare l'umanità finché persiste questa menzogna (*Paroles d'un homme libre*, pp. 72-74). La corruzione del Cristianesimo ha avuto luogo subito dopo il Cristo: la stessa controversia insorta fra Paolo e gli ebraizzanti di Gerusalemme mostra che non si aveva

---

[858] Tolstoj, *Les quatre Évangiles*, I, 1910, p. 15.
[859] Tolstoj, *Critique de la théologie dogmatique*, 1909, p. 229.

più una vera comprensione della dottrina di Gesù. Questa corruzione è poi venuta sempre aumentando, e causa di questa corruzione sono state le chiese: i veri Cristiani sono stati gli eretici. A questo elemento menzognero e corrotto appartiene tutto l'elemento miracoloso e la maggior parte della dogmatica e del rituale (*Paroles d'un homme libre*, p. 211). Nella *Critica della teologia dogmatica* Tolstoj passa in rassegna la dogmatica della chiesa ortodossa e mostra che essa è straniera al Cristianesimo evangelico non meno che alla sana ragione. E lo stesso si dica dell'elemento cerimoniale e pratico. Il cristiano deve andare in chiesa, praticare i sacramenti, fare elemosine ai sacerdoti, ecc: solo di una cosa egli non sente mai parlare: di mettere in pratica i precetti dati da Cristo nel Vangelo. E in generale quelli che ne parlano, dicono: «Sono cose ammirabili, ma impraticabili, che sconvolgerebbero la nostra vita, sono precetti d'un visionario che non si confanno più al nostro tempo».

La concezione che Tolstoj deriva dal Vangelo è semplice. Dio è la totalità, l'unità incomprensibile che è sopra la ragione e sopra ogni parola: quindi noi non lo conosciamo. Egli è tutte le cose, ma nessuna cosa è Dio. In questo senso bisogna intendere il panteismo tolstoiano anche se in qualche passo rasenta il naturalismo (*Paroles d'un homme libre*, pp. 365-367). Ma se noi non conosciamo Dio, conosciamo «la direzione verso di lui», e questa conoscenza è di tutte la più sicura. Possiamo dire che Dio è bontà e amore, ma questa è solo la definizione di ciò che Dio è per noi come legge e fine della vita. Perciò in fondo noi conosciamo Dio per mezzo del cuore. «Un giorno, pregando Dio, ho veduto chiaramente che Dio è un essere reale, è l'amore. Non è un sentimento od un'astrazione, ma un essere reale che ho sentito. Io l'ho sentito». Altrove Tolstoj considera Dio come ragione: «anche qui non perché sia tale in sé, ma perché la ragione che illumina, che io non conosco, ma di cui so l'esistenza, è Dio». Possiamo pensare Dio come personale? Sì, ma solo perché noi siamo una personalità. Dio è sopra la personalità, che è una perfezione, ma anche un limite. L'essenziale, quando io mi rivolgo a lui, è di sapere che io sono in lui e che egli è la bontà assoluta.

Perché accanto a Dio vi è il mondo? Noi non lo sappiamo. Perché l'universale si è chiuso nel particolare? In altre parole: perché siamo nati? Questo è un mistero inaccessibile all'uomo. La teoria della creazione non è che un mito puerile. Il mondo ha certo una ragione e un fine, ma noi non lo vediamo. Però questo poco importa: l'essenziale è di conoscere non i disegni di Dio, ma la direzione della nostra vita. Ora questa ce lo apre la rivelazione interiore della ragione. Riconoscere Dio in noi vuol dire ricevere la legge della carità: in quest'esigenza pratica si riassume in fondo la nostra conoscenza di Dio. Nell'uomo vi è, accanto alla coscienza divina, un io carnale, inferiore, egoistico, che resiste: questo è la radice del peccato, questo è il male radicale che siamo chiamati a combattere e a vincere.

L'unità degli uomini nell'amore appare a Tolstoj come lo stato naturale dell'uomo, da cui ci distolgono le tentazioni, le miserie e le menzogne della vita. La rivelazione interiore deve condurci a ristabilire questo stato, la luce divina deve dissipare l'egoismo. Quindi l'amore della carità è qualche cosa che sorge nel nostro stesso interno, ciò che ci divide dagli altri è solo un sogno, una tenebra soggettiva che ci vela la vera natura degli esseri. Quando si dissipa questa tenebra, noi non abbiamo nemmeno più bisogno di perdonare: dovremo perdonare noi stessi di essere stati ciechi e di non aver saputo vedere e amare Dio in tutti gli uomini. Se l'amore non venisse dall'interno, come potremmo amare l'umanità? L'uomo può amare se stesso, la famiglia, la patria; nessuno ama l'umanità. Questo amore è possibile solo in quanto è il ristabilimento d'un'unità che preesisteva già in noi. L'amore per gli altri è anche una perfezione nostra: questi due fini, la perfezione dell'essere nostro e la carità verso gli altri, non solo non si escludono, ma anzi si completano (*Paroles d'un homme libre*, pp. 327-329). Questo dovere della carità è qualche cosa di universale. Esso non vale solo nei rapporti individuali, ma ha un senso più alto, che è quello di cooperare a stabilire il regno di Dio sulla terra, di aiutarci a sostituire alla società piena di odio, di violenze e di iniquità una vita di fraternità e di libertà. Anzi la nostra carità deve estendersi a tutto il creato: l'uccisione degli animali è un'ingiustizia. Questa legge di amore è quella che hanno predicato i profeti d'ogni tempo, Cristo più di tutti. Eppure come ne siamo lontani nella vita!

La costituzione sociale nostra è nella più recisa opposizione a questa legge: è un capolavoro d'egoismo e d'ingiustizia. La principale iniquità è il privilegio della proprietà della terra e dei mezzi di produzione che è nelle mani di pochi, la qual cosa fa sì che vi siano milioni di uomini condannati alla miseria e alle tenebre per i piaceri della minoranza che li ha asserviti. «Il diritto esclusivo sulla terra di uomini che non la lavorano e che ne privano centinaia e migliaia di famiglie povere è così crudele ed ingiusto come la proprietà degli schiavi».

Il primo strumento di questa oppressione è lo Stato. La proprietà è inseparabile dalla violenza: l'essenza dello Stato è la rapina organizzata e resa stabile. La base dello Stato è la violenza fisica: esso è per sua essenza immorale non solo perché è violenza, ma anche perché il potere corrompe coloro che lo detengono. Esso fa scomparire, è vero, la guerra di tutti contro tutti; ma per sostituire alla violenza incomposta una violenza sistematizzata, continua, spogliatrice, che può essere più oppressiva, più rapace e più terribile dell'altra (*Le salut est en vous*, pp. 181 sgg.). La violenza interna genera la violenza esterna: lo Stato ha bisogno della guerra per aver la ragione di mantenere un esercito contro i propri cittadini[860]. L'iniquità dello Stato è velata agli occhi del cittadino dalla «seduzione statale». L'uomo che pecca, dice Tolstoj, cerca il più delle volte di far tacere la coscienza con una falsa giustificazione. Il cittadino che si fa strumento della violenza dello Stato dice a se stesso: «Lo Stato è un'istituzione necessaria: ora io servo lo Stato e debbo, per dovere del mio ufficio, eseguire ordini, far soffrire etc.». Con questa menzogna sociale egli giustifica l'immoralità e soffoca la voce della propria coscienza[861].

Ma è evidente che il cristiano non potrebbe, secondo il Vangelo, associarsi alle violenze su cui tutta la società è fondata. Qui intervengono le chiese. Il compito principale della chiesa è oggi quello di mantenere la moltitudine in quello stato di ignoranza superstiziosa e di rassegnazione supina che rende possibile la schiavitù: da questo punto di vista tutte le chiese si equivalgono. Esse non solo giustificano lo stato di cose esistente, ma condannano quelli che vorrebbero riformarlo in accordo coi precetti del Vangelo come dei visionari che vorrebbero imporre dei precetti impraticabili. Sono conservati a parole i precetti del Cristo, ma nella pratica sono annullati e sostituiti da prescrizioni superstiziose e inutili. «La teologia delle chiese non è solo una menzogna, ma nel suo asservimento allo Stato anche un'impostura immorale» (*Les quatre Évangiles*, I, p. 5).

L'attenzione di Tolstoj si è venuta sempre più rivolgendo, specialmente nell'ultima fase, a questo aspetto sociale e pratico del Cristianesimo; egli ha considerato sempre più come suo compito il promuovere la pratica della vera morale evangelica e in modo particolare di quel precetto che ne è, secondo lui, il cardine: il precetto della non resistenza. Tutto il suo libro *La salute è in voi* vi è dedicato. Tutti gli altri precetti, dice Tolstoj, si trovano nell'Antico Testamento o nel *Talmud*; questo non si trova né nell'Antico Testamento, né nel *Talmud*; ma i Cristiani non lo seguono. Tolstoj lo accoglie nella sua verità letterale, senza eccezioni né riserve (*Les rayons de l'aube*, pp. 35 sgg.). Egli è forse eccessivamente ottimista nel calcolarne le conseguenze, ma ad ogni modo non si nasconde che la pratica di questo precetto potrebbe anche condurre a sacrifici gravissimi. Tuttavia ciò non lo

---

[860] Tolstoj, *Les rayons de l'aube*, 1901, pp. 122 sgg.; *Le salut est en vous*, pp. 144 sgg.

[861] Sulla spaventosa corruzione morale che agli strumenti della violenza fa apparire legittima la loro opera si veda il racconto *Nicolas Palkine*, *Les rayons de l'aube*, pp. 225 sgg.

turba: forse che non hanno sofferto Gesù Cristo e tutti i suoi veri seguaci? Il dovere d'un cristiano è di portar la luce della verità a quelli che non la conoscono e perciò usano la violenza, e il modo migliore di portar la luce è di testimoniare con la condotta, col non resistere.

Tolstoj vide chiaramente il dilemma dinanzi a cui si trova ogni coscienza cristiana. O respingere i precetti del Sermone sulla montagna, ma allora bisogna avere il coraggio di riconoscere che si respinge l'essenza della legge cristiana e si prende per Cristianesimo un insieme di idee e di norme che sono l'opera della tradizione ecclesiastica, non di Gesù Cristo. O accettare il precetto di Gesù, e allora bisogna mutare radicalmente la vita. La legge di Cristo da una parte, dall'altra le convenzioni che reggono la nostra vita religiosa e sociale: questo è il dilemma che bisogna guardare bene in faccia e risolvere con una decisione recisa. Noi non ci accorgiamo della nostra posizione terribile perché siamo presi in una rete di rapporti dove la nostra vera responsabilità ci sfugge. Vi è chi fa le leggi, chi le applica, chi educa uomini alla violenza, chi usa la violenza per una specie di disciplina passiva, ecc.: e ciascuno scarica la sua responsabilità sull'altro. Ma questa è un'ipocrisia: chi giudica a morte e chi mette la corda al collo sono in fondo una volontà unica. Non bisogna mentire a se stessi: per Gesù la sua legge era una convinzione d'una serietà profonda e per essa egli ha dato la vita. Quando egli dice: «Non giudicate», egli dà un precetto ben chiaro, preciso, che riguarda noi qui, nei nostri quotidiani rapporti. Noi non dobbiamo falsificare la legge, proclamarci Cristiani e sperare in Cristo quando seguiamo appena i comodi precetti della chiesa, che sono tutt'altra cosa. Meglio dire allora: la realtà sacra per me è la società, la chiesa, lo Stato con le sue leggi e il resto, e la concezione di Gesù è una bella chimera e niente altro. Ben s'intende che Tolstoj condanni recisamente i rivoluzionari che, partendo dalle stesse premesse, vorrebbero realizzare il paradiso sulla terra con la forza: essi, quando riescono nel loro intento, non fanno che sostituire forme nuove e più crudeli di oppressione.

Comunque si giudichi questa logica terribilmente coerente, non si può negare a Tolstoj il merito di avere accentuato l'esigenza pratica che è contenuta nel Cristianesimo: che deve essere, se è preso sul serio, una riforma radicale del pensiero e della vita. Bisogna in primo luogo, se si vuole veramente praticare la legge di Gesù Cristo, liberarsi dal giogo secolare delle menzogne dello Stato e della chiesa. Bisogna prendere i precetti di Gesù per quello che sono e seguirli con rigida intransigenza. Gesù vieta di incollerirsi, maltrattare, ecc. I teologi aggiungono: senza giusta causa. Ma chi è

che crede di adirarsi senza giusta causa? Gesù vieta di adirarsi, assolutamente e sempre, con causa o senza causa. Bisogna in secondo luogo che il
cristiano si rifiuti di partecipare a tutto ciò che nello Stato è contrario alla
sua coscienza e sia convinto di fare con ciò il suo rigoroso dovere senza
tener conto delle conseguenze. Tolstoj non vuole la distruzione dello Stato.
Se lo Stato e la società non possono essere sostenuti che con mezzi immo-
rali, è giusto che periscano: e se è possibile che si sostengano con mezzi
morali, il solo mezzo positivo di arrivare a questo fine è l'astensione intransigente da tutto ciò che vi è in essi di immorale. Fra le cose illecite vi è
naturalmente, secondo Tolstoj, il servizio militare e la guerra. Su questo
punto egli è però contrario alla propaganda: bisogna che l'individuo faccia
ciò che egli crede di dover fare solo per obbedire alla sua coscienza, non
per sollecitazioni politiche (*Les rayons de l'aube*, pp. 95 sgg.). Un altro atto
illecito è il giurare, cioè l'assumere impegni assoluti che possono un giorno
trovarsi in opposizione con la coscienza cristiana. Chi si impegna a un'obbedienza assoluta a un'altra legge rinnega le sue qualità di cristiano: un giuramento assoluto che voglia sovrapporsi anche alla coscienza non può avere
per oggetto che il male. Bisogna in terzo luogo limitare l'attività del guadagno e del possesso. Tolstoj non nega la proprietà, ma la vuole ridotta al
minimo: «lavorare il più possibile e accontentarsi del meno possibile».
Tutti, anche gli intellettuali, dovrebbero guadagnarsi il pane col lavoro delle
mani. È necessario ridurre allo stretto necessario le esigenze dell'io fisico
per lasciare libero svolgimento al nostro io spirituale. Bisogna per ultimo
limitare il desiderio sessuale. Tolstoj non impone la castità: egli distingue
fra gli uomini che hanno una missione spirituale e gli altri che servono Dio
educando i loro figli. Per i primi anche il matrimonio è un adulterio, per gli
altri il dovere è la vita familiare pura.

I precetti di Gesù non sono ideali chimerici. «È possibile vivere per
l'adempimento della volontà di Dio. Se non si può vivere così sempre, lo si
può nei migliori momenti: e se si mette in questi il senso della vita, si vivrà
così sempre più frequentemente». Un aiuto efficace in questa lotta è la preghiera, che è per Tolstoj l'espressione che noi diamo in certi istanti alla più
luminosa coscienza del nostro rapporto con Dio. La preghiera per essere
efficace deve essere un atto di raccoglimento personale, non può essere collettiva. Noi possiamo servirci nella preghiera delle parole e dei pensieri degli uomini divini: come Gesù si serviva dei *Salmi*, noi possiamo servirci del
Padre nostro. Oltre alle preghiere gravi e solenni di certi momenti della vita,
vi è anche una preghiera di tutti i momenti, il richiamo della presenza di
Dio in noi.

L'adempimento della legge ha in sé il suo fine: noi non abbiamo bisogno di stabilire delle indagini sui risultati e sul fine della nostra vita: noi non conosciamo i fini. L'essenziale è di servire: bisogna essere docili sotto il giogo e lasciarci condurre da Dio senza chiedere perché. Vi è nelle cose una volontà altissima che si attua nel corso delle cose e di cui noi siamo gli strumenti: il merito nostro è di ascoltare la voce sua nella coscienza e di sentire la gioia di questa partecipazione all'opera infinita. Noi non sappiamo quale sia in se stessa questa volontà, ma abbiamo degli indizi sicuri da cui riconosciamo quando vi cooperiamo: il non causare sofferenze ad alcun essere, il senso di serenità e di gioia e nello stesso tempo di grandezza e di elevazione interiore (*Paroles d'un homme libre*, pp. 316 sgg.). Da questo punto di vista ogni vita, anche la più tragica, ha un senso.

Questa dedizione a Dio dà alla morale di Tolstoj il carattere d'un ottimismo sereno, quasi quietistico. Il sacrificio non ha per sé valore (*Paroles d'un homme libre*, p. 335), né d'altronde Cristo ci chiede un sacrificio, «anzi egli ci insegna a fare ciò che è meglio per noi qui, in questa vita». La sua legge non solo non accresce le privazioni e le sofferenze, ma anzi libera gli uomini da nove decimi delle sofferenze a cui gli uomini vanno incontro per vivere la vita artificiosa e miserabile del mondo, inseguendo vane chimere di felicità. La vita egoistica vede sempre fallire i suoi disegni, niente invece può rendere vana la vita consacrata alla carità. La vita cristiana non potrà dirsi più felice secondo il senso che dà il volgare a questa parola, ma è certamente più serena. Per l'uomo che vive sotto la legge cristiana la vita animale perde poco per volta d'importanza: così che la felicità e l'infelicità sua hanno un senso diverso dalla felicità e dall'infelicità del volgare. Le ragioni della sua felicità o infelicità nascono dalla sua vita spirituale, dalle esigenze del suo ideale: egli è invece sereno e armato contro le inquietudini del volgare e contro le sue gioie grossolane che hanno perduta per lui ogni seduzione. Quindi egli potrà anche essere povero, perseguitato, vivere del suo lavoro: ma la sua vita sarà libera e tranquilla.

Ma quale è il fondamento ultimo di questa differenza? Noi non possiamo limitarci a un apprezzamento sentimentale di stati d'animo: che cosa significano essi? Le costruzioni dei filosofi che ci assicurano l'esistenza di Dio e l'immortalità dell'anima non hanno altro scopo che di assicurarci circa il valore metafisico del nostro giudizio. Questo è il punto in cui Tolstoj è incerto e manca di una linea sicura. In qualche punto sembra promettere un'immortalità per cui potremo godere di un'unità spirituale con gli uomini più stretta di quel che sia qui possibile. Noi non possiamo sapere come ciò avverrà, ma avverrà certamente in un mondo che trascende le condizioni dell'esistenza presente. Il cristiano sa che il suo io divino è superiore al tempo e allo spazio: egli è, dunque è stato e sarà sempre. Noi non sappiamo legare questa vita futura alle condizioni presenti né dobbiamo meravigliarci se il nostro spirito non può raffigurarsela adeguatamente. Ma ciò non importa. A noi basta ripetere col Cristo morente al principio divino che ci ha guidati in questa forma della nostra vita: «Padre, io rimetto l'anima mia nelle tue mani».

Ma altrove Tolstoj pone il regno di Dio in questa vita stessa penetrata dalla legge divina: la felicità definitiva è la coscienza d'aver vissuto secondo la legge, d'aver seguito la ragione universale che è anche il bene assoluto: questa coscienza dà un senso alla vita e alla morte. E altrove questo concetto è avvicinato anche di più alla vita immediata: il regno di Dio è il regno della pace sulla terra, il Figlio dell'uomo è il simbolo dell'umanità. Specialmente nell'ultimo periodo Tolstoj inclina sempre più a considerare la religione come la dedizione all'umanità: l'unità interiore degli uomini è lo spirito, è il Padre celeste. Chi vive secondo la volontà del Padre è come il ramo che vive nel seno della vita dell'albero: chi se ne separa è come il ramo reciso che si dissecca. «La vera vita è quella che aggiunge qualche cosa al bene accumulato dalle generazioni passate, che aumenta questa eredità nel presente e la lega alle generazioni future» (*Quelle est ma foi?*, p. 164). Qui Tolstoj ripudia l'immortalità in tutte le sue forme: la vera immortalità consiste nel rientrare nella vita comune dell'umanità (Ivi, p. 179). Vi è già in questo mondo «una vita fuori del tempo», compenso di quelli che nell'esercizio della carità umana cercano il regno di Dio. Questo concetto non è senza una leggera vena di naturalismo: il fine sembra essere l'espansione e l'unità della vita. Qui confluisce ancora senza dubbio l'influenza primitiva di Rousseau: l'ideale è di ritornare alla natura e di confondersi con essa: la stessa morte non è un angoscioso problema, è un addormentarsi nel seno della natura. E l'umanità è anch'essa natura: confondersi nella vita dell'umanità è ancora un modo di confondersi con la natura. È la visione che domina anche i suoi grandi romanzi: la vita del singolo come singolo non ha senso: essa ha senso solo come parte del tutto che vive in noi come amore.

Quest'incertezza sui problemi ultimi non diminuisce la grandezza spirituale di Tolstoj: egli resta la più alta personalità religiosa del XIX secolo. L'ideale suo è stato l'imitazione di Cristo, la vita in Cristo. Ma più che l'elemento mistico del Cristianesimo egli ne ha messo in luce l'elemento pratico: la rinuncia al lusso e alle vanità del mondo, la pratica della perfetta carità, la condanna più risoluta di ogni forma di violenza. Con rigida conseguenza egli ha sottoposto a esame, alla luce della dottrina di Cristo, lo Stato, la chiesa, il patriottismo, l'arte, le istituzioni sociali, mettendo in evidenza le contraddizioni fra la vita nostra e l'ideale cristiano. La grandezza sua riposa su due fattori. In primo luogo sulla sua potenza di visione, diretta e profonda, delle realtà spirituali. Anche la sua opera letteraria è accompagnata da un senso filosofico, che si traduce nella potenza dell'intuizione: la realtà si disvela a lui come ciò che è, veduta nella sua totalità e nella sua unità, liberata da tutte le menzogne e da tutte le illusioni. Come è intuitiva e potente nella *Morte di Ivan Il'ič* la rappresentazione della miseria e dell'assurdità della vita dei più guidata solo dagli egoismi istintivi, senza alcuna luce superiore, senza la visione dei fini veri della vita! E in *Nicolas Palkine* quella degli orrori che avvengono oggi nelle società che si dicono civili sotto la maschera della religione e della legge! E nella *Sonata a Kreutzer* quella della terribile menzogna del matrimonio e dell'amore ridotti a un rapporto egoistico e puramente animale! Il secondo fattore è la sua energia morale, in cui parla l'anima di un antico profeta. Egli ha consacrato l'ultima parte della sua vita a predicare il regno della giustizia, a cercare di far partecipare gli uomini all'indignazione religiosa che egli sentiva per le iniquità sociali[862].

Ciò di cui sentiamo la mancanza in Tolstoj è la decisione e la sicurezza nel suo punto di vista filosofico. Questo non ha bisogno d'essere svolto in un sistema e può essere dato anche in un'intuizione geniale: ma noi abbiamo assoluto bisogno di vedere i rapporti di valore chiaramente tradotti in rapporti di realtà. Tolstoj non poteva, come i mistici dei secoli passati, presupporre la concezione cristiana tradizionale: e non aveva saputo d'altra parte derivare dalla tradizione o dall'elaborazione personale una concezione ben definita che potesse sostituirla. Per questo egli non può dare alla nostra vita religiosa quel fondamento speculativo di cui essa ha bisogno: e questo gli è stato anche troppo rimproverato. Ma la parte critica, negativa, profetica, non è pregiudicata da questa mancanza: la sua opera alta e coraggiosa contro le menzogne e le ingiustizie sociali conserverà sempre tutto il suo altissimo valore.

29. La costituzione d'un fondamento speculativo della vita religiosa è l'opera di rielaborazione che costituisce il momento essenziale della filosofia moderna. Una storia del pensiero moderno da questo punto di vista –

---

[862] Si veda ad esempio la terribile prefazione «Io non posso tacere» (1908) nelle *Oeuvres posthumes*, 1925, pp. 11-13; e lo scritto «Deve essere così?» nelle *Paroles d'un homme libre*, pp. 34 sgg.

che è ben altra cosa, si comprende, da una storia dei sistemi di filosofia della religione – non è naturalmente qui possibile. Ciò che qui a noi urge è solo la determinazione precisa e breve dei punti fondamentali a cui questa rielaborazione ci ha condotto, e che noi non possiamo cogliere in nessun filosofo moderno meglio che in Kant, nel cui pensiero confluiscono tutte le correnti della speculazione moderna, in cerca di una nuova via, e da cui partono verso un avvenire ancora nebuloso e incerto i nuovi indirizzi che devono definirlo e integrarlo.

L'opera kantiana ha due parti: una parte negativa, critica e una parte ricostruttiva, metafisica, religiosa. Kant stesso ha, anche per quel senso di riserbo che era insito nella sua natura, accentuato molto più vigorosamente la prima: questa è la ragione per cui la sua dottrina è stata spesso interpretata come un agnosticismo o un subbiettivismo scettico. Ma anche questa parte critica e introduttiva, che assorbe, apparentemente, la maggior parte dell'opera kantiana, ha già una funzione ricostruttiva e metafisica: con la sua eliminazione di tutti i concetti naturalistici del reale e di tutte le concezioni superstiziose del trascendente, essa prepara il terreno a quella fede morale che è la vera metafisica di Kant. Il preteso suo subbiettivismo deve ricordarci un poco la teoria dell'illuminazione interiore dei mistici: il suo a priori ci dice che noi portiamo dentro di noi, come qualche cosa di essenziale al nostro spirito, il criterio e l'esigenza d'una realtà assoluta, alla quale esigenza non possiamo contraddire senza metterci in contraddizione con tutto il nostro essere. Ora una realtà data, e perciò sempre in fondo limitata e contingente, non può rispondere a quest'esigenza. Qui sta la radice di tutte le contraddizioni teoretiche e pratiche che dalle varie concezioni dogmatiche ci rinviano, attraverso la critica, a una realtà più profonda. Alla luce della critica noi riconosciamo che questo assoluto è, almeno potenzialmente, in noi; e che tutti i sistemi concreti nei quali noi, volta per volta, lo incarniamo, non sono che un compromesso, un grado di un'ascensione senza fine. Ciascuno di questi sistemi porta in sé, nelle sue leggi formali, il segno dell'assoluto, leggi che ne esprimono la necessità logica e ne mettono in luce, nello stesso tempo, l'insufficienza. Le cosiddette illusioni dialettiche della ragione riassumono, in ciò che esse hanno di filosofico, i gradi dell'illusione che fissa l'assoluto nell'empirico: illusione salutare e necessaria, senza di cui anche il pensiero critico non sarebbe stato possibile. La critica segna quindi l'avvento definitivo e conscio della religione filosofica, che allontana per sempre l'illusione di umanizzare l'assoluto o almeno riconosce questi tentativi per ciò che sono: come dei tentativi umani di esprimere l'inesprimibile, come dei simboli necessari alla debolezza nostra.

La prima posizione del pensiero di Kant è quindi la posizione di un trascendente, che è il vero e proprio termine di tutto il nostro conoscere e che, come un sole invisibile, lo orienta verso di sé e con questo orientamento si annuncia senza farsi mai direttamente conoscere. Kant non è un mistico, se per misticismo intendiamo la pretesa di conoscere o descrivere il trascendente: pretesa per la quale Kant in ogni occasione giustamente dimostra il suo più grande disprezzo. Ma è un mistico nel vero e più alto senso in quanto pone di là dalla sfera del conoscere una realtà inaccessibile che è come il silenzio impenetrabile degli gnostici: realtà che noi afferriamo soltanto in simboli e traduciamo in noi per mezzo dell'attività morale. Questa conoscenza negativa del trascendente si completa in Kant, com'è noto, con la sua concezione del fatto morale. Se noi fossimo abbandonati alla conoscenza della realtà esteriore, noi saremmo come anime immerse in una tenebra impenetrabile e dotate solo d'una reminiscenza vaga del mondo perduto della luce: ma così vaga che non condurrebbe ad altro risultato se non alla coscienza che esse non appartengono a questa realtà tenebrosa, pur essendo nell'impossibilità di uscirne. Ma in mezzo a questa tenebra noi abbiamo, secondo Kant, un punto luminoso: che è la conoscenza del nostro essere come operante moralmente. Qui, e qui soltanto, discende un raggio della realtà divina: questo è il punto che dobbiamo chiarire a noi medesimi, non tanto per estendere il nostro sapere (che è cosa impossibile), quanto per guidarci nella vita in modo da avvicinarci a questa realtà divina per quanto a noi è concesso. Noi siamo sempre in cammino: ma la meta invisibile ci guida secondo un indirizzo sicuro. Noi non vedremo mai l'eterno faccia a faccia: nessuna definizione, nessun principio, nessuna rivelazione potrà mai operare questo miracolo. Ma noi possiamo fondare tutta la nostra vita su questa pietra angolare: vi è un ordine morale delle cose che ha il suo fondamento in una realtà trascendente.

La seconda posizione è la posizione d'una morale inseparabilmente connessa con la nostra coscienza del trascendente. Il trascendente è e rimane sempre nella sua sfera inaccessibile, ma per la sua presenza segreta nello spirito agisce sulla vita umana plasmandola, attirandola verso di sé, assimilandola alla sua perfezione: l'unità delle volontà buone, che è il più alto ideale morale, riproduce, preannuncia, nella sfera della nostra vita empirica, quell'unità degli spiriti perfetti in Dio che è per noi la più alta rappresentazione simbolica del mondo trascendente. Nello stesso tempo esso dota la volontà umana così trasfigurata di un valore assoluto rispetto a tutte le altre attività: l'ordine che esso introduce è l'ordine assoluto del dovere. Così ha origine la vita morale, che è una partecipazione della nostra vita alla vita superiore in Dio: da questa preminenza metafisica essa trae precisamente il suo valore, il suo dover essere assoluto. Il senso del dovere scaturisce dal valore metafisico della realtà trascendente, nella quale sentiamo consistere il nostro vero io e di fronte a cui tutte le realtà sensibili, che sono soltanto apparenza, cioè rivelazione inadeguata, perdono ogni valore. E che cosa insegna questo dovere? Attraverso la sua teoria del carattere formale della legge morale Kant arriva a questa formulazione: la legge morale è il rispetto della personalità, l'unità di tutti i principi razionali che sono nel mondo. Questo concetto di «principio razionale» deve essere inteso con discrezione, come il «prossimo» del Vangelo. Ad ogni modo, senza voler entrare qui a precisare l'estensione di questo concetto, il senso nuovo della legge morale è questo: «Noi dobbiamo riconoscere praticamente la nostra identità col principio divino realizzando la più grande unità possibile del nostro io con tutti i princìpi spirituali che sono nel mondo».

La terza posizione fondamentale della filosofia religiosa di Kant è la liberazione della nostra vita religiosa dalla degenerazione superstiziosa del formalismo cerimoniale e del dogmatismo. Kant non ha in nessuna parte determinato in modo preciso il contenuto del concetto di «religione»: ma dal complesso risulta abbastanza chiaramente che essa, per quanto fondata essenzialmente sulla legge morale, si leva sopra la vita morale come un'attività più comprensiva, che la corona e la completa. Ha una parte teoretica e una parte pratica. La parte teoretica è la fede: ossia quella visione ideale della realtà che costituisce un postulato essenziale della legge morale e che è in sé veramente una visione religiosa. Se la legge morale ha valore, la realtà, in cui vivo, non può essere una realtà ad essa straniera o ostile: la stessa volontà buona che vive in me deve anche dirigere, nel suo essere profondo, il corso di tutte le cose. La realtà sensibile mi è rappresentata dall'intelletto come un meccanismo cieco; ma essa non è che la parvenza della vera realtà, la quale può tralucere qualche momento alla visione estetica, ma né in questa, né in alcun'altra forma non può mai essere resa presente. La fede (che Kant chiama, per riguardo al suo fondamento, fede morale) mi dà quella concezione delle cose che, pur sapendo di essere impari al vero essere assoluto, ce lo rappresenta simbolicamente e praticamente, per mezzo di rappresentazioni inadeguate, così come noi dobbiamo pensarlo in rapporto a noi e alle supreme esigenze della nostra vita morale. Costituire a sé una fede morale non è più un dovere morale: pure formandosi sulla vita morale esso ne trascende già la sfera e fa parte d'una nuova forma di vita, la vita religiosa.

La parte pratica è la costituzione della chiesa. L'unione di tutte le volontà buone che servono Dio in una perfetta comunione spirituale costituisce la chiesa invisibile. Ma questa è soltanto un ideale come è un ideale la religione considerata nella sua purezza filosofica (che è da Kant detta «religione naturale»). Ma lo spirito umano ha bisogno anche d'una chiesa reale e visibile. L'invisibile ha bisogno nell'uomo di essere rappresentato da qualche cosa di visibile e di intuitivo, specialmente nel rapporto pratico: l'unione intima delle volontà buone, in cui consiste la chiesa invisibile, non può attuarsi e conservarsi da sé senza un sussidio di istituzioni e di ordinamenti fondati sull'autorità morale, cioè senza l'unione in una chiesa visibile per opera di determinati fondatori, sotto determinati capi. La chiesa non ha in fondo altro fine in ciò che di rafforzare la morale nel compimento di tutti i doveri, ma appunto per questo a fianco dei doveri morali essa deve porre i doveri religiosi, cioè tutte quelle attività cerimoniali e simboliche che aiutano l'osservanza del dovere. All'elemento morale si aggiunge così l'elemento «statutario», che comprende tutte le credenze e tutti i precetti che hanno soltanto un valore religioso mediato, sussidiario, e sono perciò indifferenti; su quest'elemento statutario è fondata la diversità delle chiese visibili. «Vera chiesa» può dirsi quella forma della chiesa visibile che meglio riconosce il fondamento razionale della religione e meglio lo attua nelle sue istituzioni.

Ma nell'elemento statutario è nascosto un pericolo grave: e cioè che esso sia posto come essenziale accanto o sopra l'elemento razionale, religioso per se stesso: allora abbiamo le forme superstiziose della religione. Mancando all'elemento statutario l'autorità della ragione (la vera autorità divina), esso viene giustificato per mezzo d'una pretesa rivelazione di Dio: così è introdotto il concetto della «religione rivelata», fondata sulla tradizione storica di dottrine, libri, ecc., che risalgono in ultima analisi a una rivelazione divina. Alla religione rivelata è essenziale il concetto del miracolo: essa stessa è un miracolo e può giustificarsi soltanto coi miracoli. Le dottrine, i dogmi, ecc. fondati solo su una tradizione storica non possono mai avere un'assoluta certezza; quando perciò vengono imposti come rivelazioni divine e certezze assolute, si introduce nella religione la superstizione e la menzogna. Se coloro che predicano le verità rivelate come verità divine esaminassero un poco rigorosamente la loro coscienza, io (dice Kant) dovrei credere che anche il dogmatico più indurito dovrebbe, dinanzi a Dio, tremare delle sue affermazioni. Così avviene delle pratiche religiose, che quando non sono più razionalmente accettate in vista del fine morale, ma vengono imposte come un dovere assoluto, diventano forme di superstizione e di schiavitù spirituale. Questa servitù si traduce esteriormente nell'asservimento a una casta depositaria della tradizione e dotata di autorità divina. E l'asservimento del popolo diventa a lungo andare anche asservimento dello Stato: l'ipocrisia e la mancanza di energia morale si estendono anche al campo della vita morale e corrodono i fondamenti stessi della vita sociale. La superstizione tende a imprimere nel carattere del popolo un'impronta di servilità e di bassezza. Questa è stata anche, secondo Kant, la storia del Cristianesimo. Cristo è stato un eroico riformatore morale e religioso; è stato e sarà ancora per secoli l'incarnazione più pura dell'ideale religioso. Se noi consideriamo la purezza della dottrina, la grandezza dell'esempio che egli diede con la sua persona, l'assenza di ogni elemento superstizioso, noi possiamo bene chiamare la dottrina di Cristo la «vera religione». Ma essa si corruppe immediatamente dopo di lui e si trasformò di nuovo in una religione statutaria com'era l'Ebraismo, contro il quale Cristo era insorto. Tutta la storia ulteriore del Cristianesimo non è che una successione di superstizioni. Solo nell'età sua Kant crede di vedere il primo annuncio d'una restaurazione del vero Cristianesimo, ispirato al culto della moralità e della libertà dello spirito.

Kant non è stato e non ha voluto essere un riformatore religioso: egli è un filosofo e ha di fronte alle manifestazioni della vita religiosa il riserbo, talora lievemente ironico, del filosofo. Ciò nonostante la sua opera è stata anche una riforma religiosa e ne ha la gravità e la fede commossa. Per quanto cominci con l'analisi del sapere e si avvolga nei più aridi problemi della logica, è fin dall'inizio diretta a indirizzare l'uomo verso le realtà e i problemi della vita religiosa: la filosofia religiosa dei suoi ultimi scritti non è solo la conclusione, ma anche il presupposto di tutta la sua attività filosofica. La sua importanza maggiore per la nostra vita religiosa più che nelle considerazioni sui particolari – che hanno senza dubbio anch'esse un alto valore – sta nella fondazione teoretica, nella costituzione d'una nuova metafisica religiosa. «Il criticismo», scrive il Paulsen, «non è che un nuovo metodo per fondare una metafisica platonica»: cioè una metafisica religiosa. La differenza dall'antico platonismo sta in ciò che la filosofia kantiana, perseguendo in tutto il suo rigore l'eliminazione degli elementi empirici dal trascendente, ripudia tutte le dubbie speculazioni sul trascendente, tutte le teologie, tutte le mistiche immaginative. Noi possiamo avere solo una conoscenza trascendentale (cioè formale) del trascendente, una conoscenza fondata su quegli elementi spirituali dell'essere nostro che, pur non dandoci alcun sapere concreto, ci rinviano al trascendente come a un presupposto. La conoscenza derivata da questi elementi è una conoscenza assolutamente sicura, ma necessariamente inadeguata, analogica, simbolica. Anche l'uno neoplatonico non è che un simbolo. Una definizione precisa, dal punto di vista filosofico, di queste posizioni fondamentali del pensiero religioso kantiano non è qui necessaria. Le determinazioni diverse che esse possono ricevere dall'elaborazione filosofica non ne alterano il valore e non hanno per noi importanza. Noi dobbiamo qui riconoscerle solo come i tre punti fondamentali verso i quali si orienta lo svolgimento della nostra vita religiosa e che debbono qui servirci anche a dare una fondata risposta all'ultima domanda: «Possiamo noi ancora essere Cristiani?».

PARTE SESTA

LA POSSIBILITÀ ATTUALE

DEL CRISTIANESIMO

1. Tutte le disquisizioni storiche che precedono non hanno altro fine che quello di metterci, con conoscenza di causa, dinanzi al problema che dà l'interesse più vivo a tutte le ricerche sul Cristianesimo: possiamo ancora noi essere Cristiani? La parola *cristianesimo* comprende in sé, come si è visto, indirizzi molteplici, che si possono ridurre a due grandi correnti: il Cristianesimo ecclesiastico e il Cristianesimo spirituale. Una separazione concreta e precisa non è forse possibile, ma la distinzione è, in linea di principio, reale e chiara. Noi possiamo chiamare Cristianesimo ecclesiastico il Cristianesimo delle grandi comunità religiose che si richiamano a Gesù Cristo, che hanno un sistema di dogmi, un'organizzazione, un clero. Del resto vi è un carattere a cui è facile riconoscerle: esse si anatemizzano a vicenda. Ora se una conclusione può essere tratta dalle pagine precedenti, questa è che nessuna delle così dette chiese cristiane può oggi dare soddisfazione alle esigenze del nostro spirito. Noi abbiamo visto la dottrina pura del Cristo rinnovarsi nei suoi punti essenziali attraverso una successione di spiriti la cui continuità costituisce la chiesa invisibile del Cristo. Le grandi comunità costituite nel suo nome hanno invece più o meno decisamente deviato dal suo insegnamento accogliendo in sé tendenze e dottrine di diversa origine, in parte direttamente contrarie al vero spirito cristiano. Le cosiddette chiese cristiane non sono in verità che delle eresie, la cui estensione e magnificenza non debbono illuderci: la chiesa del Cristo fu una setta perseguitata di poveri e di umili. La successione delle loro trasformazioni è arbitrariamente assunta come una tradizione legittima: in realtà è una serie di travestimenti, che, accogliendo in sé elementi estranei e rigettando nell'ombra i punti essenziali, ha dato origine a formazioni nuove, le quali ben potrebbero dirsi nuove religioni, se l'azione diretta della personalità del Cristo tramandantesi nella storia non desse loro ancora un qualche diritto al nome cristiano. Non vi è dubbio, dice Spinoza, che le divisioni sorte nel Cristianesimo hanno avuto origine dagli elementi estranei che vi sono stati introdotti fin dal tempo degli apostoli, e che persisteranno finché il Cristianesimo non

venga purificato e ricondotto ai pochi e semplici princìpi insegnati da Gesù[863]. Ora questo processo di deviazione è stato da noi riconosciuto come un processo di degradazione spirituale: gli elementi mitici e simbolici, che nelle diverse confessioni cristiane hanno soffocato il nucleo spirituale genuino, sono concessioni, adattamenti a esigenze intellettuali e religiose d'un ordine inferiore, sul cui valore una mente imparziale e chiaroveggente non può farsi illusione. Quale peso può oggi attribuire uno spirito filosoficamente colto a quei tentativi di costruzione speculativa del mito cristiano che sono i sistemi di teologia dogmatica? E quale valore può avere ancora per noi, sotto l'aspetto filosofico e religioso, il vecchio quadro mitologico della creazione, del diluvio, dei patriarchi, della nascita verginale di Gesù, della risurrezione, del paradiso e dell'inferno, che è imposto come elemento essenziale della fede cristiana? Che cosa resta di tutta questa mitologia, quando noi la sottoponiamo a un esame rigoroso? Nulla, assolutamente nulla. Con tutto il rispetto dovuto a ogni fede sincera, è impossibile che uno spirito intellettualmente raffinato non senta ciò che vi è di radicalmente puerile, di ridicolo in questa pretesa rivelazione soprannaturale.

2. La chiesa che ha accolto in sé il maggior numero di elementi estranei e che si è più allontanata dallo spirito del Cristo è la chiesa cattolica. È la chiesa che ha dato il più ricco svolgimento alla tendenza politeistica: non solo essa ha sostituito al culto di Dio il culto del Cristo, ma vi ha associato un'infinità di altri esseri divini. Le distinzioni verbali dei teologi poco contano a questo riguardo; è probabile che i sacerdoti del Paganesimo antico si giustificassero con le stesse riserve, le quali non tolgono che si tratti, nell'un caso e nell'altro, di religioni prettamente politeistiche[864]. È anche la chiesa che al valore spirituale e interiore dell'atto religioso ha più esplicitamente sostituito il valore esteriore, magico: il rito non è un atto che si rivolga all'uomo interiore e agisca sullo spirito, è un atto mistico che, indipendentemente dalla volontà di chi lo compie e di chi vi partecipa, ha una santità sua propria. Ora tutte le dottrine che attribuiscono una virtù spirituale, religiosa a realtà materiali sono nella più diretta opposizione con lo spirito evangelico e appartengono a una forma di mentalità che la nostra ragione e la nostra coscienza recisamente ripudiano. Con questa degenerazione politeistica e magica si è associata una moltitudine di devozioni e di superstizioni di carattere prettamente pagano. Io voglio alludere qui a tutta quella fioritura di reliquie, di santuari, di pellegrinaggi e di industrie religiose che

---

[863] Spinoza, *Tr. theol. poi.*, *Cap.* 11 (ed. Gebhardt, III, pp. 157-158).

[864] «La chiesa cattolica è un sistema politeistico», dice H. Keyserling (*Reisetagebuch*, I, p. 109). Si cfr. anche E. Meyer, I, pp. 78 sgg.

costituisce veramente la *partie honteuse* del cattolicesimo e su cui è superfluo insistere[865]. Loisy riferisce nelle sue memorie che il medico di Leone
XIII aveva preparato un libro sulla leggenda della santa casa di Loreto, di
cui chiariva le origini e mostrava la falsità. Il libro non è stato pubblicato,
ma vi è sempre una congregazione di Loreto, presieduta da un cardinale,
per amministrare i proventi della santa casa[866]. La questione è, dice Loisy,
che l'impostura è comoda per i proventi e i proventi sono comodi per la
curia romana. Ad Aachen vengono conservate le quattro grandi reliquie (un
abito di Maria, le fasce di Gesù bambino, l'abito di Giovanni Battista, la
cintura di Gesù sulla croce) oltre ad altre minori (pezzetti della croce, capelli di Maria, ecc.), le quali ogni sette anni, ai giorni del grande pellegri-
naggio (10-24 luglio), vengono esposte al pubblico, che non solo può ve-
derle, ma può mettere a contatto con esse abiti, medaglie, ecc. Vi concorrono centinaia di migliaia di pellegrini e il lucro che se ne ricava è immenso.
Ora io chiedo a qualunque spirito non prevenuto: che cosa ha di comune
questo sacro commercio col Cristo?

3. La chiesa cattolica è anche la chiesa nella quale l'organizzazione ecclesiastica ha avuto il suo massimo svolgimento. Essa ha trasformato
l'unione delle primitive comunità cristiane, che, come le sinagoghe, erano
strette fra di loro da un semplice legame spirituale, in una teocrazia che
sotto l'apparenza d'una religione internazionale è realmente un'organizzazione politica aspirante al dominio materiale e spirituale di tutto il mondo,
dominio che, quando fosse realizzato, rappresenterebbe la più spaventosa
delle tirannidi che il mondo abbia mai veduto[867]. Essa si è sempre atteggiata
a strumento servile di fronte a un potere energico: Bousset insegna che «bisogna obbedire ai principi come alla giustizia stessa: essi sono degli dei e
partecipano in qualche modo dell'indipendenza divina»[868]. Nel Catechismo
a uso di tutte le chiese dell'impero francese (Paris, 1806, p. 18) si insegna
che sono dovuti all'imperatore l'amore, le imposte e il servizio militare
sotto pena di dannazione eterna. Ma in realtà la chiesa, anche servendo,
mira al dominio: e quando la debolezza dello Stato lo permette, essa teo-
rizza esplicitamente le sue vere esigenze. Già Agostino insegna che la

---

[865] Guignebert, *Le problème religieux de la France d'aujourd'hui*, 1922, pp. 264 sgg.

[866] Loisy, *Mémoires*, I, 1931 p. 542.

[867] *Ce qu'on a fati de l'église*, 1912, pp. 3 sgg. (le rêve romain); Loisy, *L'église et la France*, 1925, cap. II.

[868] Bossuet, *Politique tirée de l'Ecriture Sainte*, IV, 1, 2 (*Oeuvres*, Liège, 1767, VIII, p. 385).

chiesa deve dominare sui re della terra. «Dominus jugo suo in gremio ecclesiae toto orbe diffuso omnia terrena regna subjecit» (*Lettera*, 35). Senza la giustizia e la pace, che il potere terreno non può mai dare, i regni terreni non sono che «latrocinia magna»: lo Stato, se vuole raggiungere i suoi fini, deve subordinarsi alla chiesa e soprattutto servirla docilmente nella persecuzione degli eretici.

4. La chiesa cattolica non ha fatto in questo altro che seguire la naturale tendenza di tutte le società religiose. Il sacerdozio di Ammon a Karnak esplica timidamente la sua potenza sotto re del vigore di Ramses II e Ramses III per crescere poi di audacia ogni giorno più sotto i deboli Faraoni loro successori, fino a impadronirsi della corona[869]. E un esempio parallelo al cattolicesimo ci offre la chiesa lamaica del Tibet. Il Buddismo penetra nel Tibet verso il 630 d.C., ma solo verso il 750 d.C. vi si estende ampiamente. Un secolo dopo il re del Tibet fonda un grande numero di conventi, organizza il monacato con privilegi e dotazioni, tanto da provocare dopo di lui una reazione: il suo successore Langdar-mas, una specie di Giuliano apostata del Buddismo, fu ucciso da un monaco. Segue un periodo di disorganizzazione politica e di imbarbarimento: il regno si spezza in tanti dominii separati. Ma verso il 1000 circa il Buddismo è di nuovo in fiore: dal 1000 al 1200 sorgono numerosi conventi, i cui capi diventano anche reggenti secolari e fra essi emergono i più potenti, con pretesa alla dominazione di tutto il paese, stabilendovi dei principati ereditari[870]. Uno di essi riceve dall'imperatore mongolo Chubilai l'effettivo dominio e il titolo di re: Chubilai è stato il Carlomagno che ha creato il papismo lamaistico. E quando verso il 1600 sorse nel Tibet meridionale un principe laico nazionale, il Dalai Lama fece appello alle tribù mongole confinanti che invasero il Tibet e lo ristabilirono nel suo dominio. Da allora il Gran Lama è rimasto indisturbato sovrano politico di tutto il Tibet[871]. Anche il Sikhismo, che sotto il suo fondatore Nanak (1469-1538) fu una comunità di religiosi che perseguiva una riforma spirituale dell'induismo e condannava recisamente ogni forma di professionalismo ecclesiastico, diventa sotto i suoi successori e special-

---

[869] G. Lefebvre, *Histoire des Grands-Prêtres d'Ammon de Harnak jusqu'à la XXI Dinastie*, 1929.

[870] I monaci potevano sposarsi, ma dissolvevano il matrimonio quando era nato loro un figlio.

[871] Köppen, *Die lamaische Hierarchie*, 1859, pp. 56 sgg.

mente sotto il guru Arjuna (1582-1607) una monarchia fastosa e conquistatrice: un secolo dopo essa è la più potente organizzazione politica dell'India[872].

Ora questa degenerazione politica è nel più alto grado inconciliabile con la sincerità e la purezza della religione: anche gli spiriti migliori del cattolicesimo riconoscono che l'avidità di potere del cattolicesimo politico è ciò che vi è di più contrario allo spirito cristiano. Che cosa ha ancora di comune questa chiesa politica paganizzata con il Vangelo? Essa stessa del resto ha concluso, in pratica, con il ripudio del Vangelo, la cui conoscenza diretta è stata ripetutamente proibita ed è ancora oggi tacitamente ostacolata con ogni mezzo. Il teologo Pedro de Soto (1500-1563) diceva a Francesco Enzinas prima di farlo arrestare per la sua traduzione spagnola del Nuovo Testamento: «La sola lettura del Nuovo Testamento è stata stimata, fra i buoni cattolici, la causa donde sono uscite tutte le eresie della chiesa. Quindi il solo mezzo col quale noi abbiamo conservato la Spagna pura e senza macchia è la proibizione della diffusione del Nuovo Testamento in lingua volgare»[873].

5. Le chiese protestanti hanno eliminato l'elemento superstizioso e paganeggiante e rinunciato alla pretesa di costituire un sistema gerarchico per diritto divino e godono, sotto questo rispetto, d'una incontestabile superiorità sulla chiesa cattolica: ma anch'esse conservano il culto del dio Cristo e all'attaccamento superstizioso alla tradizione hanno il più delle volte sostituito un attaccamento non meno superstizioso alle Scritture. Quindi non dobbiamo meravigliarci se anch'esse sono, per tanti rispetti ancora, «medievali», specialmente nel loro apparato dogmatico e nel loro soprannaturalismo intollerante. Ancora nel 1922 il consiglio ecclesiastico bavarese deponeva il pastore Leinbach perché aveva dichiarato che il Vangelo era per lui non materia di fede, ma strumento per elevarsi alla comunione di vita con Cristo e che non considerava affatto come sostanza del Cristianesimo i dogmi della preesistenza di Gesù, della sua nascita da una vergine e della sua risurrezione corporea[874].

Quest'insufficienza delle chiese si rivela chiaramente nella decadenza religiosa dell'Occidente. Vi sono ancora delle abitudini di culto, delle tradizioni sociali che si conservano con un certo rispetto, ma la religione interiore e vissuta sta scomparendo. Restano le grandi chiese come organismi politici profondamente radicati: ma dal punto di vista spirituale non sono

---

[872] G.C. Narang, *Transition of Sikhism into a political Organization*, Lahore, 1910.

[873] F. Enzinas, *Souvenirs* (tr. fr.), 1910, p. 55.

[874] «RGG», III,[2] p. 1568.

più che splendide apparenze, sotto le quali progrediscono l'indifferentismo religioso, l'amoralità pubblica e la subordinazione di ogni fede e di ogni interesse agli interessi economici e politici.

6. Poiché la dottrina delle chiese cristiane non solo diverge nelle sue linee essenziali dalla dottrina di Gesù, ma ne rappresenta una forma degenerata e superstiziosa, viene spontanea la domanda che è stata a fondamento della maggior parte dei tentativi di riforma spirituale: non è necessario allora un ritorno a Gesù Cristo? Ma la questione non è più per noi così semplice. Essa presuppone almeno altre due domande. In primo luogo: quali sono le vere esigenze della nostra coscienza religiosa? In secondo luogo: quale è il contenuto essenziale della dottrina di Gesù?

Un'adeguata risposta alla prima domanda esigerebbe essa stessa una lunga trattazione. Noi dovremmo anzitutto chiederci: Abbiamo poi ancora una religione? E che cosa è la religione? Ma noi non possiamo riprendere ogni questione dai primi princìpi. Se anche oggi è diffusa tra le persone colte l'opinione che la religione appartenga alla mentalità inferiore e sorpassata, noi non abbiamo qui nulla da opporre. Questo fatto è parallelo a quello per cui innumerevoli altri per un'esigenza inconcepibile del loro spirito adottano credenze che devono ripugnare anche alla loro intelligenza. Noi non possiamo tener conto di queste aberrazioni e ricominciare la lunga via. Nell'esame della tradizione spirituale cristiana abbiamo veduto quali sono i punti essenziali sui quali deve oggi fondarsi, secondo Kant, la coscienza religiosa. Ed è grato vedere che uno spirito penetrante e circospetto, come E. Troeltsch, arriva, in uno studio sul valore di Gesù Cristo e della sua dottrina per l'età nostra, alle stesse conclusioni[875].

La sola alternativa possibile è, secondo il Troeltsch, fra la dissoluzione della religione e della civiltà europea – perché l'una non è senza l'altra – e la formazione d'un Cristianesimo libero che sappia raccogliere in sé ciò che vi è di imperituro nella tradizione cristiana. Il primo elemento essenziale di questa è la fede nel valore assoluto della personalità e nel suo collegamento col mondo divino. Il secondo è la posizione eccezionale accordata alla personalità di Gesù. Certamente ciò non è più possibile nel mondo antico: cioè col divinizzare Gesù e farne il centro della storia. Ma è possibile col riconoscere in Gesù la più eminente delle personalità religiose, da cui anche oggi può discendere in forme sempre rinnovate una forza spirituale che è

---

[875] E. Troeltsch, *Die Absolutheit des Christentums und die Religionsgeschichte*, 1902; *Die Zukunftsmöglichkeiten des Christentums*, 1910; *Die Bedeutung d. Geschichtlichkeit Jesu für den Glauben*, 1911.

senza pari nella storia. Una mistica del Cristo è in questa forma ancora possibile, né le discussioni della critica potranno mai alterarne i tratti essenziali. Ciò non esclude che vi possano essere ancora per l'umanità altri centri della vita religiosa: «nella grande vita divina del mondo vi sono forse altre sfere luminose come altri centri di luce e nelle età venture, forse dopo nuove età glaciali, potranno ancora sorgerne delle nuove dalle profondità della vita divina». Ma questa possibilità non toglie che la religione incarnata in Gesù sia per noi la sorgente più profonda e più intensa della vita in Dio: le altre possibilità sono semplici astrazioni che non diminuiscono il valore che essa ha per noi. Il terzo elemento è il più essenziale. Esso trasporta l'ultimo fine dell'agire in un mondo dell'eternità che trascende la natura e l'umanità e perciò si oppone alle tendenze moderne verso l'idealizzazione e la divinizzazione delle attività dirette verso la conquista del mondo. Nella stessa linea sta il pensiero d'uno svolgimento della personalità di là dalla morte, complemento necessario del riconoscimento di valori assoluti nella vita. Il Troeltsch riconosce tuttavia la legittimità dell'accentuazione delle esigenze terrene: «è impossibile alla semplice buona volontà, all'interiorità del sentimento, di soverchiare gli impedimenti e le miserie che procedono dalla natura e dalle leggi dei movimenti sociali». La conciliazione di queste esigenze con il fine assoluto sta nel riconoscimento di gradi inferiori della morale che, per mezzo del diritto, dell'organizzazione sociale e della cultura, devono creare le condizioni dello svolgimento della personalità morale: sta nell'«imparare dal lavorio del mondo il disgusto di questo puro lavorio del mondo». Il quarto elemento è la continuità nella comunione del culto. Una religione senza culto, senza quella fortificazione del sentimento e del pensiero comune che esso crea, non è religione. L'autore riconosce che l'antica forma di comunione religiosa delle chiese, pretendente a una verità assoluta e a un dominio assoluto sull'individuo non è più sostenibile: oggi le chiese non possono più essere che associazioni volontarie, ma queste non sono più, secondo il Troeltsch, vere comunità e in esse non è più possibile la comunione del culto. Egli vede la salute in quell'ondata di reazione contro il soggettivismo e l'individualismo che già è penetrata (col socialismo) nella politica e che finirà per penetrare anche la vita religiosa riconducendo il bisogno di organizzazioni religiose sociali, in cui sia salvata la libertà dell'individuo, ma anche resa possibile una vera comunione di vita e di culto. Come questosia possibile, nessuno può dirlo: certo però non avverrà con la formazione di nuove chiese, ma con la formazione d'un nuovo spirito nelle antiche chiese.

Quest'acuta analisi suggerisce molte osservazioni. In primo luogo dobbiamo escludere che il riconoscimento della personalità di Gesù sia tra gli elementi primari della fede cristiana. Senza disconoscere l'influenza altissima che essa ha avuto sullo svolgimento della chiesa, non dobbiamo dimenticare che la personalità è sempre qualche cosa di derivato e di secondario rispetto ai valori a cui serve: non è la persona di Gesù che ha dato rilievo al concetto del regno di Dio, ma è la dedizione al regno di Dio che ha dato alla personalità di Gesù un così eccezionale valore. Anche la «religione del personalismo» è dal Troeltsch accolta con troppo visibile condiscendenza per le tendenze irrazionali del pensiero contemporaneo e per il teismo israelitico-cristiano. Il riconoscimento della personalità è il riconoscimento dello spirito per lo spirito e non è tanto irriducibile al concetto della carità da non poter essere inserito in una visione unitaria e razionale delle cose. E per ciò che riguarda i due ultimi punti, il Troeltsch è ancora troppo animato da preoccupazioni contrarie a quelle che sono veramente essenziali al Cristianesimo. Egli considera la conciliazione delle aspirazioni trascendenti di questo con le esigenze del mondo come un compromesso anzi che come una subordinazione e vede in questo contrasto «la grande tensione vitale in cui sta la profondità e la grandezza della vita». Questa è una concezione che distrugge il principio della vita cristiana col riconoscere, accanto ad esso, altre esigenze egualmente legittime: le quali non possono essere invece per il Cristianesimo che una preparazione alla vita superiore. Così rispetto all'associazione cristiana egli è preoccupato più dell'unità che della libertà: come se la storia non ci offrisse un esempio continuo della degenerazione della religione per il sacrificio della libertà all'unità!

Ciò che vi può essere di discutibile nel punto di vista del Troeltsch nulla detrae al valore della sua analisi, in quanto essa mette in chiaro rilievo che la possibilità d'un rinnovamento religioso è condizionata dal consenso in un certo numero di punti essenziali che sono: la fede in un ordine morale trascendente, il rispetto della personalità, la libertà e la sincerità della vita religiosa.

7. Questa determinazione delle esigenze essenziali della nostra vita religiosa ci permette anzitutto di sbarazzare il terreno da quelle interpretazioni forzate che vorrebbero trovare nel Vangelo la preparazione o l'adombramento di indirizzi moderni al Vangelo del tutto stranieri. Tali ad esempio le interpretazioni che, trasportando artificiosamente la personalità di Gesù in mezzo ai problemi del nostro tempo, fanno di lui un riformatore sociale o

un rivoluzionario e quelle che vorrebbero vedere nella sua dottrina un'anticipazione della religione dell'umanità, un'esaltazione dell'istinto sociale e simili. Queste teorie non meriterebbero nemmeno d'essere ricordate se non fosse oggi più viva che mai la tendenza a mettere il Cristianesimo al servizio degli ideali politici.

A questa interpretazione ha dato un'espressione filosofica J. Royce nel suo *Problema del Cristianesimo*[876]. L'essenza della religione sta secondo lui nella «fedeltà», ossia nella dedizione perfetta dell'individuo alla comunità umana. La parola *fedeltà* esprime nel Royce quel senso di istintiva devozione che lega l'individuo alle collettività spirituali superiori cui appartiene (la famiglia, il comune, la patria, ecc.), e i cui interessi sono da lui considerati come infinitamente più preziosi dei suoi interessi individuali (Ibidem, tr. it., I, 68 sgg.; 126 sgg.). Esse cominciano con le comunità spirituali immediate, che, per quanto limitate, rivelano all'individuo una vita più stabile, più vasta, più duratura, in cui egli ama immergersi, ma, svolgendosi, suscitano la coscienza d'una comunità universale ideale, il cui valore trascende tutti i valori e interessi particolari ed è per lo più raffigurata sotto forma religiosa come qualche cosa di divino. Noi non sappiamo se e in quali forme, umane o no, questa comunità ideale potrà trovare la sua incarnazione nel tempo: ad ogni modo è un ideale che ci eccita a progredire sempre e in ogni momento ci addita il passo che dobbiamo fare per realizzarlo più perfettamente. L'idea centrale della predicazione di Cristo, l'idea del regno dei cieli, non è che l'idea della comunità umana nella sua perfezione ideale e implica l'affermazione che la salute dell'uomo è da cercarsi soltanto nella sua dedizione a questa comunità: «il regno dei cieli è sostanzialmente una comunità» (I, p. 223). Certo vi è nella natura umana una disarmonia originaria con le esigenze di questa volontà collettiva: e ciò fa sì che questa non si realizza se non attraverso tensioni e contrasti, i quali sono tanto più gravi e dolorosi quanto più alti sono gli ideali a cui si tende; questo dissidio è il peccato originale, è il disordine inseparabile dalla natura umana, di cui parla san Paolo. Questa è, secondo il Royce, la seconda verità fondamentale del Cristianesimo (I, pp. 93-120).

La religione della fedeltà sta a fondamento di tutte le religioni storiche: il Cristianesimo si distingue da essa solo per la concretezza e l'intensità con cui accolse e promosse l'ideale della comunità visibile, la chiesa, il cui spirito è dal Cristianesimo identificato con quello del suo fondatore. Tuttavia questa concezione nell'insegnamento del Cristo è ancora molto inadeguatamente definita. Il vero fondatore del Cristianesimo è quindi, secondo il

---

[876] J. Royce, *The Problem of Christianity*, (tr. it), 1914, 2 vol.

Royce, san Paolo, le cui epistole contengono la religione della fedeltà nella sua forma classica e universale: egli per il primo sostituisce all'idea indeterminata della carità l'idea della dedizione alla comunità cristiana, alla chiesa, di cui Cristo è il capo (I, p. 265).

Non è il caso di entrare qui in una discussione né di questa interpretazione storica né di queste teorie religiose che in ultimo, nonostante tutte le loro riserve, subordinano la religione ai fini inferiori dell'umanità. È vero che il Royce pone a base della comunità ideale l'idea dell'umanità, non l'umanità come ente biologico collettivo (I, p. 259): e lascia indeterminato questo ideale, che può anche elevarsi fino alle altezze mistiche del divino. Ma in fondo questa non è che un'ambigua riserva: il suo ideale è sempre ancora la continuazione idealizzata della comunità terrena degli uomini. Ben lungi dal compiere l'insegnamento del Cristo sorpassandolo, questa dottrina degrada realmente il Cristianesimo a un'adorazione dell'umanità presente: «d'ora innanzi il commercio e l'industria tenderanno ad occupare nelle anime umane quel posto che una volta era occupato dalle istituzioni religiose» (I, p. 252).

Queste sono aberrazioni. Ma ad ogni modo la prima cosa che dobbiamo opporre a questo rinnovamento religioso è che la religione dell'umanità non è religione. E in via accessoria possiamo anche chiedere: come si può seriamente identificare la religione di Gesù con la religione dell'umanità? Anche il Royce riconosce che ciò non è possibile. E allora non sarebbe meglio lasciare senz'altro da parte Gesù Cristo?

8. Una posizione analoga, ma filosoficamente molto più elevata, è quella di A. Schweitzer[877]. Anch'egli vede la religione dell'avvenire in un Cristianesimo rinnovato, ma rinnovato come un volontarismo eroico, che esclude affatto ogni fattore trascendente. La sua concezione è dualistica nel senso che da una parte l'intelligenza ci mette dinanzi a una realtà ultima infinita, nella quale non troverebbero nessun posto la nostra volontà e i suoi ideali; dall'altra il nostro spirito non può rinunciare alla sua autonomia e alla sua attività e sente il dovere di affermare se stesso e i suoi valori etici indipendentemente dal consenso che può trovare o non trovare nell'ordine delle cose. Perciò in rapporto all'agire la differenza della concezione metafisica poco importa: l'essenziale è di mirare a un «regno di Dio», anche se noi oggi non possiamo più pensarlo che come un ordine morale nel mondo.

---

[877] A. Schweitzer, *Kulturphilosophie*, 1923, 2 vol.; *Das Christentum und die Weltreligionen*, 1924; *Geschichte der Leben-Jesu-Forschung*, 4ª ed., 1926; *Autobiographie*, 1929. Sulla sua complessa personalità si veda: O. Kraus, *A. Schweitzer, sein Werk und seine Weltanschauung*, 1926.

«L'azione di Gesù sta in ciò che la sua naturale e profonda moralità prende possesso dell'escatologia del tardo Ebraismo e così esprime le sue speranze e le sue volontà d'un mondo moralmente migliore nel materiale rappresentativo della sua età» (*Gesch. d. Leben-Jesu-Forschung*, p, 535). Ora noi possiamo, sebbene con una mentalità diversa, appropriarci della stessa volontà morale che ispira il Sermone sulla montagna: la filosofia della «reverenda per la vita» impone all'uomo gli stessi doveri e le stesse rinunce che impone l'aspettazione del regno di Dio. Questo sentimento della «reverenza per la vita» è esso stesso profondamente religioso e può diventare l'ideale d'una comunità religiosa, d'una «chiesa». Perciò questa comunità di volere è anche comunione religiosa con Gesù: la religione non è più il culto di Gesù, ma l'unione mistica con Gesù. Così si appianano tutti i dissensi puramente teoretici nella corrente impetuosa della volontà: come Gesù venga pensato poco importa. «I nomi con i quali si designò Gesù nel materiale rappresentativo del tardo Ebraismo, come messia, Figlio dell'uomo o Figlio di Dio, sono per noi diventati puri simboli storici. Se egli riferì a sé questi titoli, ciò vuol dire solo, nel linguaggio del tempo, che egli si sentiva come un dominatore e un guidatore d'uomini. Noi non troviamo nessun nome per esprimere ciò che egli è per noi. Egli viene a noi come un ignoto e un innominato, così come venne sulla riva del lago a quegli uomini che non sapevano chi egli era. Egli dice la stessa parola: Seguitemi! e ci pone dinanzi ai compiti che egli deve sciogliere nel nostro tempo. Egli comanda. E quelli che lo seguono, dotti e indotti, ne avranno la rivelazione nella vita stessa che si aprirà dinanzi a loro, quando essi entreranno con lui nella comunità della pace, dell'azione, della lotta e del dolore» (Ivi, p. 642). Io credo anzitutto che l'attivismo sentimentale dello Schweitzer non sia per la religione un fondamento migliore dell'amore per l'umanità. L'affermazione della vita e la reverenza dinanzi alla vita, che sono per lui la legge religiosa suprema, vengono da lui considerate come necessità psicologiche irrazionali in quanto non ci son date nel nostro quadro del mondo, anzi sono contraddette dall'esperienza della discordia inconciliabile delle cose. Ma in realtà si tratta di un'intuizione: la volontà che vuole la vita e rispetta la vita non è un istinto cieco, è l'intuizione d'un valore superiore. Ora può la nostra mente arrestarsi nella constatazione di questa dualità? Ciò mi sembra singolarmente difficile. E può il suo nobile appello alla collaborazione nella lotta contro tutte le forze malefiche, dalle quali vengono la lotta, il dolore e la distruzione della vita, costituire la base d'una religione? Io non lo credo. Vi è nel senso del «numinoso», come Otto ha ben veduto, qualche cosa che non dipende da noi e che è ben superiore ad ogni entusiasmo morale. Posto questo concetto della religione, si comprende come lo Schweitzer riduca ad esso la religione di Gesù Cristo solo per una specie di violenza. Egli ha avuto il merito di difendere vittoriosamente l'interpretazione escatologica del pensiero di Gesù: ma dare alla visione escatologica di Gesù un senso puramente immanente, togliendo ad essa il concetto essenziale della negazione del mondo è in realtà un annullarla. Essere un dominatore, un guidatore d'uomini non è ancora un annunciare il regno di Dio: l'adorazione dei guidatori d'uomini, per sé sola, non è che un'aberrazione. In fondo l'idealizzazione sentimentale di Gesù Cristo, che lo Schweitzer associa alla sua concezione della vita, è una semplice sopravvivenza condannata in antecedenza dalla contraddizione teoretica: infatti là dove egli espone rigorosamente e senza preoccupazioni la sua visione delle cose, egli si pone risolutamente sul terreno d'un attivismo etico-ottimistico, col quale Gesù Cristo non ha nulla di comune.

9. Un'altra concezione che fa appello in realtà a una religione immanente e identifica con essa il Cristianesimo è quella che pone il Cristianesimo come fondamento della nostra vita religiosa, ma fa consistere l'essenza sua nell'eccellenza della morale e vede in Gesù Cristo il maestro incomparabile d'una moralità superiore e d'una religiosità pura, che insegnò agli uomini a stabilire su questa terra il regno dei cieli per mezzo della giustizia e della carità. Questa è la conclusione a cui generalmente si arresta la cosiddetta teologia liberale, che tanto ha contribuito con le sue laboriose ricerche a una conoscenza scientifica delle origini del Cristianesimo.

La religione di Gesù rappresenta (dice il Bousset)[878], rispetto all'Ebraismo, la liberazione dell'individuo dalla limitazione nazionalista, dal cerimoniale, dalla tirannia della lettera e della dottrina, la proclamazione d'una religione di pura interiorità, il collegamento profondo della religione con la moralità. Giustamente il Bousset mette in rilievo anche l'alto valore della personalità di Gesù (pp. 212 sgg.). San Paolo ha felicemente completato in questo l'opera del maestro accentuando il valore essenziale della fede in Cristo, in cui il Bousset vede espressa la grande verità del valore assoluto della persona di Gesù per la sua comunità. Noi possiamo quindi rinunciare alla rivelazione, al miracolo, alla divinità di Cristo, a tutte le teorie paoline sulla colpa originaria, sulla virtù espiatrice della morte di Cristo, ecc. Che cosa resta del Cristianesimo? Ecco, secondo il Bousset, che cosa resta: la fede nel padre celeste e l'unione morale degli uomini in una comunità religiosa ispirata a questa fede.

---

[878] Bossuet, *Das Wesen der Religion*, 1904, pp. 192 sgg.

In questa interpretazione dobbiamo distinguere due parti: la fede nel Padre celeste e l'insegnamento morale. Ma la prima è qui solo un elemento accessorio, che, come il concetto di Dio nella mentalità della maggior parte degli uomini, non ha alcun reale valore. Isolato dal contesto della visione delle cose, da cui riceve la sua ragion d'essere, che cosa significa il concetto del «Padre celeste»? Assolutamente nulla. E ciò tanto è vero che questa teologia elimina accuratamente dalla concezione di Gesù tutto quello che non si può conciliare con l'ottimismo terreno della vita: la religione di Gesù è una visione morale che ha per compito di purificare, nobilitare, spiritualizzare questa vita presente. Ora che la religione abbia quest'azione è fuori di dubbio, ma non in questo risiede la sua essenza. In che consiste questa nobilitazione? A che cosa tende? Se essa è fine a sé, il Padre celeste è inutile: basta la religione dell'umanità. Ma se questa è un miraggio ottimistico senza valore religioso, dobbiamo chiederci: a che tende la nobilitazione della vita? Vi deve essere un fine veramente religioso, sufficiente a sé, che trascende assolutamente il mondo dei rapporti umani.

Si aggiunga inoltre che questa concezione quasi idillica di Gesù è, nella sua unilateralità, radicalmente falsa, in quanto lascia da parte aspetti essenziali del suo pensiero, quegli aspetti cioè che sono o sembrano inaccettabili al pensiero moderno. Tutta la predicazione morale di Gesù è fondata sull'aspettazione apocalittica del regno dei cieli: da questa concezione scaturiscono anche dei precetti difficilmente conciliabili con l'ottimismo del Cristianesimo liberale, precetti comprensibili solo in una visione tragica, per la quale il mondo è una vanità che corre rapidamente verso la fine. Questo è un punto che il Loisy ha avuto il merito di mettere chiaramente in luce. «Il Vangelo e il Cristo sono come decomposti in due elementi: un sentimento morale che si trova ammirabile e un sogno che non si osa trovare ridicolo. Con una critica più penetrante e una filosofia più larga si vedrebbe che questi due elementi non sono eterogenei: che se la tradizione non li ha mai separati, è perché non sono separabili; che la religione del cuore e le speranze del regno eterno non sono la realtà e la fantasia del Cristianesimo, ma costituiscono insieme la religione di Gesù... Gesù è morto come messia, tutto pieno dell'idea di quel regno di cui pensava di affrettare la venuta e dove contava rivivere nella gloria messianica. Tale è il Cristo della storia: la sua grandezza vera non deve essere cercata fuori di ciò che ha creduto e voluto essere»[879]. Ciò che in parte giustifica l'insurrezione degli spiriti religiosi contro la teologia liberale è la falsità, in fondo irreligiosa, di questa

---

[879] Loisy, *L'Evangile et l'Eglise*, 1904, pp. 103-105.

interpretazione che vorrebbe relegare nell'ombra le preoccupazioni apocalittiche, interpretare spiritualmente il regno di Dio, avvicinare più che sia possibile la figura spirituale del Cristo alla nostra morale terrena, piena di preoccupazioni e di problemi che hanno la loro radice nelle cose di questo mondo. Ben s'intende che questo riconoscimento non diminuisce per nulla il valore dei principi, dei metodi e dei risultati della sua opera critica: opera che è indipendente dall'interpretazione e che resta, nelle sue linee generali, il fondamento indiscutibile e definitivo di qualunque interpretazione del Cristianesimo evangelico.

10. Una più fedele ricostruzione dell'insegnamento di Gesù e il riconoscimento della parte essenziale che ha in esso l'elemento apocalittico hanno condotto alcuni recenti interpreti a rinunciare a qualunque avvicinamento dottrinale di Gesù all'età nostra: Gesù è ancora il nostro maestro, ma è tale come eroe pratico, come esempio di dedizione al divino; la nostra vita religiosa è fondata su Gesù Cristo, ma unicamente per un'esperienza di carattere sentimentale. Così secondo A. Sabatier[880] Gesù non ha insegnato alcuna dottrina particolare su Dio, sul peccato, sulla vita futura; con ciò si farebbe di lui solo uno scriba più illuminato che gli altri. Il merito suo sta nell'aver creato una vita religiosa nuova nei suoi discepoli, nell'aver fatto passare in essi il contenuto religioso e morale della propria coscienza. È dalla persona di Gesù che il Vangelo ha ricevuto la sua virtù creatrice, perciò la sua persona è così essenziale a quella grande corrente di vita religiosa che è il Cristianesimo. Essenziale, ma non indispensabile: perché Gesù Cristo è il cammino alla verità e alla vita, ma la verità e la vita sono in Dio, non in Gesù Cristo. Si può quindi essere Cristiani senza riconoscere il Cristo (p. 509), anzi senza conoscere le Scritture (p. 548). E tuttavia la piena e normale formazione della nostra coscienza religiosa non può farsi in noi che sotto l'azione del Cristo.

Per i nuovi mistici (R. Otto, K. Barth) la dottrina di Gesù è essenzialmente negazione del mondo e in tale qualità ha un senso per noi, ma non volendo riconoscere questo consenso dottrinale del nostro pensiero con quello di Gesù come qualche cosa di razionale e di obiettivo, essi cercano questo consenso in un'adesione mistica, in un'immedesimazione con il «Santo» che vive nell'eroe religioso. La divinazione del «totalmente altro» di R. Otto implica una coincidenza dottrinale, ma ha luogo per mezzo d'una comunione mistica, non d'una constatazione razionale. Per Carlo Barth Gesù incarna la negazione del mondo ed è la nostra guida in quanto noi per

---

[880] A. Sabatier, *Les religions d'autorité et la religion de l'esprit*, 1904.

un consenso mistico operiamo in noi la stessa conversione[881]. Il consenso mistico con Cristo diventa poi per il Barth consenso anche nella tradizione e nelle Scritture in cui abbiamo trovato la rivelazione mistica del Cristo.

Queste concezioni mistiche non sono certamente da confondersi con le teorie che fanno della religione un'attività limitata a questo mondo. Anzi il momento essenziale della religione è per esse la negazione del mondo, la rivelazione dell'eterno. Ma questo avviene per un atto mistico, non è un principio dottrinale che poi si traduce in vita. E questo atto mistico inizia e giustifica un complesso di dottrine che, nel loro principio almeno, sono una fede ispirata, non un'opera della ragione. Una discussione gnoseologica del valore di questo fideismo mistico non è qui necessaria. Si osservi intanto, in via incidentale, che esso è in diretta opposizione con lo spirito della dottrina evangelica. Gesù non fonda il suo insegnamento su alcuna visione mistica o rivelazione soprannaturale: egli non chiede ai suoi seguaci alcuna fede, alcuna dedizione cieca. Come Buddha, come i grandi profeti di Israele, egli non è un estatico che pretenda di parlare per ispirazione divina: è un veggente nel più alto senso della parola, cioè uno spirito chiaroveggente, che conduce gli uomini a vedere ciò che Dio ha già scritto profondamente nei loro cuori. Perciò la parola sua colpisce per la sua profonda sincerità, mentre in ogni profeta, in ogni veggente resta sempre qualche cosa di patologico e di falso. Perciò egli può ancora parlare a noi come parlava ai suoi umili ascoltatori e trovare in noi lo stesso reverente consenso. Certo egli viveva in un ambiente imbevuto di idee soprannaturali, ma questo soprannaturale era per lui il mondo «naturale» e non ha per la sua religione alcuna importanza.

Ma l'essenziale è per noi di rilevare che una religione ha bisogno d'una visione teoretica come d'un principio direttivo: un puro sentimentalismo mistico non ha per noi alcun valore. La riduzione della religione a un atto sentimentale o volitivo è in realtà solo un artifizio diretto a mascherare l'arbitrio dogmatico. La sola differenza che vi è tra il rivelatore e il filosofo sta in *ciò* che, mentre ciò che occupa i filosofi è la costruzione d'un sistema dalle sue premesse, e così attraverso la successione dei sistemi vengono faticosamente alla luce, a mala pena divinate, le verità più alte – nei rivelatori queste verità sono l'oggetto d'un'intuizione diretta, chiara, semplice, sicura che in essi si compenetra con la personalità e con la vita. La verità superiore è da essi afferrata come un'intuizione spontanea dello spirito, che non ha bisogno di preparazione e di dimostrazioni in quanto ha nella sua

---

[881] Si cfr.: I.W. Schmidt Saping, *Die christologischen Anschauungen der dialektischen Theologie*, 1926.

purezza la sua giustificazione e si manifesta come la luce definitiva verso la quale tendono tutte le opere della ragione. «I veri profeti», dice Mosè Maimonide, «hanno anche delle percezioni speculative quali l'uomo comune per la sola speculazione non saprebbe derivare dalle loro cause... Questa stessa ispirazione che si riflette nella loro facoltà immaginativa, rendendola atta a percepire e predire l'avvenire, ne perfeziona anche la facoltà razionale in modo che essa arriva a conoscere l'essere vero delle cose e ne possiede la percezione come se l'avesse ottenuta per mezzo di speculazioni.» Anche per Averroè il rivelatore religioso è l'uomo giunto al più alto e completo grado della perfezione spirituale. Il perfetto è anche filosofo: le sue intuizioni immaginative sono espressioni perfette delle verità della ragione.

Per questo Gesù non ha sentito il bisogno di darci una costruzione complicata, non si è preoccupato di darci alcuna teoria di Dio e del mondo, alcuna descrizione dei regni soprasensibili: sembra che inconsciamente egli abbia sentito la vanità di tutto questo sapere che, sia esso dottrina di filosofi o immaginazione di visionari, invecchia e muta rapidamente nei secoli. Per questo egli ha respinto la falsa sapienza (teologica) degli scribi (*Matteo*, XI, 25). Il merito suo sta anzi nell'avere escluso da sé tutti i puri svolgimenti teologici o fantastici che servono di preparazione alla verità religiosa, ma nello stesso tempo la particolarizzano e la oscurano, per darci nella loro purezza le grandi verità luminose e immutabili che sono le sole verità essenziali alla vita.

11. Quali sono queste verità? Per rispondere a questa seconda domanda ci basta riassumere quanto si è detto nell'esposizione del pensiero di Gesù, mettendolo in parallelo con le esigenze della coscienza religiosa presente. La prima di queste verità è l'affermazione del regno di Dio e della vanità del mondo: le immagini apocalittiche sono il materiale indifferente di espressione che l'età sua gli offriva. Egli non si preoccupa infatti di ricercare come e quando venga questo regno: il suo spirito è pieno della fede ardente in questa realtà migliore e della necessità di abbandonare tutte le cose e le cure terrene per rendersi degni di entrarvi. Con questo concetto del regno di Dio Gesù traduce nel suo pensiero la prima fondamentale esigenza di una metafisica religiosa: la dualità irriducibile dell'umano e dell'eterno. Anche l'idealismo filosofico, riconoscendo una «coscienza generica», un «io trascendentale» come sorgente di ogni a priori, riconosce come fondamento ultimo dell'essere un valore logico e religioso trascendente, che non è toccato dalle forme della realtà presente perché è esso stesso il principio di queste forme. Questo principio, a cui la filosofia

giunge come al presupposto supremo di tutti i valori ideali, è posto da Gesù come un'intuizione diretta della coscienza religiosa, ed è posto con una decisione, una chiarezza e una coerenza che raramente troviamo nei filosofi. La realtà divina a cui la religione eleva lo spirito non è una realtà accanto alle altre realtà, un valore accanto agli altri valori. La coscienza volgare non conosce altra realtà e altro valore che il mondo: la coscienza cristiana deve elevarsi al pensiero che vi è una sola realtà e un solo valore, la realtà divina, e che essa è qualche cosa di esclusivo e di assoluto. Questo segna la condanna di ogni metafisica e di ogni dommatica che voglia essere un sapere assoluto, una condizione della salute. Una sola è la verità: la negazione di questo mondo, la fede nel regno di Dio. Tutto il resto non è che preparazione e simbolo.

Questo riconoscimento esclusivo del regno di Dio, così come è professato da Gesù Cristo, implica anche la negazione pratica del mondo. Questa negazione non deve naturalmente essere intesa in un senso assoluto: una negazione assoluta del mondo non è possibile, tale negazione fa pure ancora parte del mondo. La condanna del mondo procede dalla posizione d'un fine che è infinitamente superiore al mondo; ma appunto perché questo fine è di là dal mondo, è necessario che noi cooperiamo alla sua realizzazione attraverso il mondo e per mezzo del mondo. Negare il mondo non vuol dire perciò farsi una legge di sterili negazioni, ma tenere costantemente presente allo spirito la legge della dedizione al regno di Dio e ad essa subordinare tutta la vita. La morale di Gesù non ha quindi nulla di ascetico. La negazione ascetica è la negazione fatta fine a se stessa: l'asceta dà ai digiuni e alle astinenze una importanza così essenziale come alla perfezione stessa: il mezzo è trasformato in fine. È questo formalismo che imprime alla mentalità ascetica un carattere ristretto e duro e le fa il più delle volte perdere di vista, per i mezzi, il fine che solo li giustifica. Infatti le regole ascetiche, i voti monastici raramente migliorano l'uomo: essi lo lasciano come prima dandogli l'illusione d'una perfezione sovrumana e aggiungendo spesso un'altra imperfezione: l'ipocrisia. Il principio che riassume tutto l'atteggiamento di Gesù di fronte ai beni terreni è quello del progressivo distacco, dell'indifferenza: non perché il distacco sia un bene, ma perché l'attaccamento alle cose del mondo non è conciliabile con l'amore sincero delle cose divine. Bisogna essere poveri «in ispirito»; bisogna essere distaccati dalle cose della terra, servirsene per i fini dello spirito ed essere indifferenti alla loro perdita. Chi ha in possesso ricchezze temporali (dice il beato Clareno commentando la legge francescana della povertà) e non ha l'ispirazione di distribuirle ai poveri, le ritenga, ma come un amministratore di cose non sue: non ponga in esse l'animo suo, non si conturbi se gli vengono tolte, non perda per esse la pace del cuore, non le accresca, non se ne serva per il suo vantaggio se non in caso di necessità estrema, dispensi il di più segretamente in opere buone, non desista dal lavorare per sé o per altri che ne abbia bisogno[882]. Questo ci spiega perché Gesù non si sia curato dei fatti sociali ed economici: essi non avevano per lui interesse, non vi sono per lui ideali, valori economici. Ciò che è essenziale è lo spirito individuale di rinuncia: quando in una società domina questo spirito, i problemi economici trovano da sé la loro soluzione.

12. Queste considerazioni ci aprono la via a interpretare il secondo grande precetto della dottrina di Gesù e a metterlo nel suo giusto rapporto con la nostra coscienza. La seconda legge del Vangelo è la legge della carità, la condanna assoluta della violenza. E il fondamento che Gesù dà a questo precetto è in fondo un'esigenza logica: se vogliamo il regno di Dio, dobbiamo volere la carità, che, rendendoci simili a Dio, stabilisce già qui sulla terra un'immagine del suo regno (*Luca*, VI, 36).

La pietà, che è qualche cosa di così semplice, intuitivo e immediato sotto l'aspetto pratico, è metafisicamente un mistero. In che cosa l'essere altro da me può costituire un valore tale da giustificare il mio sacrificio? Schopenhauer ha giustamente veduto nella pietà un riconoscimento istintivo dell'unità che lega tutti gli esseri, per cui momentaneamente cade il limite che separa nel mondo fenomenico gli individui. Ma in realtà la legge della carità non è solo il riconoscimento di un'unità, bensì anche un'elevazione, un potenziamento di valore. In ogni senso di pietà vi sono due aspetti inseparabili: l'apprensione della debolezza e del dolore e l'apprensione che in ciò che è debole e soffre vi è qualche cosa di affine alla nostra volontà migliore. Per la pietà la nostra volontà si immedesima con l'altrui in un'unità superiore e concorre così alla creazione di quel regno delle volontà buone che è qui la preparazione e il simbolo dell'unità spirituale divina. La «personalità» è soltanto un'orgogliosa parola per designare l'essere che si cerca e si riconosce nell'unità dello spirito: in questo senso l'uomo stesso non è, ma aspira ad essere una personalità, e ogni più semplice tralucere della bontà nei più umili esseri è anch'esso il risplendere d'un momento dello spirito che anela, come noi, verso l'unità e la luce. Il precetto evangelico della carità esprime quindi questa verità: che la sola via di preparare e di realizzare in questo mondo il regno di Dio è di tendere verso la più grande unità possibile di tutte le buone volontà, di allontanare da sé l'egoismo e la

---

[882] Tocco, *Studi francescani*, 1909, p. 296.

violenza che elevano barricre tra le creature di Dio togliendo loro di riconoscersi e di amarsi. Questo distacco dalla volontà egoistica è condizione essenziale della vita religiosa: la religione che non ha per antecedente una dedizione assoluta alla legge della carità manca di sincerità, è religione di Farisei, cioè non è religione. Soltanto bisogna ricordare che l'esercizio della carità non è fine a sé: esso è un antecedente, una preparazione al regno di Dio; la religione non si esaurisce nella morale. Quindi se è perfettamente conforme allo spirito di Gesù il «servizio silenzioso», l'attività diretta alle opere caritatevoli e alla giustizia sociale, non bisogna però fare di quest'attività un fine a sé, un valore indipendente dall'unico e vero valore che è il regno di Dio.

13. Questo concetto della carità come preparazione d'un'unità spirituale più alta serve anche a determinare i limiti e a risolvere una difficoltà che ha sollevato ab antico il precetto evangelico. Sul precetto in sé non può cader dubbio: lo spirito della dottrina di Gesù è radicalmente contrario alla violenza e quindi anche alla guerra e allo spirito militare. Come si può giurare obbedienza assoluta a un uomo e a Cristo nello stesso tempo? Come si può portar la spada e combattere quando è vietato anche l'entrare in giudizio? Come si può maltrattare, imprigionare, uccidere quando è vietato anche il rendere male per male? Come può un soldato, che abbia coscienza dell'essere suo, recitare il Padre nostro? Sono perciò fedeli allo spirito cristiano Tertulliano e Origene quando affermano l'incompatibilità dello stato militare con la fede cristiana[883]. D'altra parte un divieto assoluto della resistenza alla violenza e della stessa guerra difensiva sembra inapplicabile alla vita reale, ed è anche moralmente problematico perché ricondurrebbe sulla terra il regno della più brutale violenza.

Di questa difficoltà si sono valsi i teologi per interpretare il precetto evangelico in un senso conciliabile con le esigenze del mondo, introducendovi limitazioni e riserve che in fondo lo annullano. Nel rapporto con la condotta individuale essi hanno attribuito ai gravi precetti del Sermone sulla montagna il carattere di semplici consigli: un comodo mezzo per eliminarli e non seguirli mai. Ma la loro preoccupazione maggiore è stata quella di giustificare di fronte al precetto evangelico le violenze dello Stato e la guerra. L'appello a passi dei Vangeli riferentisi in qualche modo allo stato militare o alla guerra (come *Matteo*, VIII, 5; XXVI, 51; *Luca*, III, 14; XXII,

---

[883] Così anche Lattanzio (*De div. instit.*, IV, 20). Si cfr.: Harnack, *Militia Christi, Die christ. Religion und der Soldatenstand in den ersten drei Jahrh.*, 1905, pp. 46 sgg.; Vacandard, *Études de crit. et d'hist. religieuse*, II, 1914, pp. 129-168; C.J. Cadoux, *The early Christian attitude to war*, 1919; Heering, *Der Sundenjall des Christentums*, 1930.

36-38) non ha qui alcuna importanza: perché essi o non hanno alcun reale significato per la questione o lasciano la contraddizione insoluta come prima. I teologi sottopongono in generale il precetto a un'interpretazione restrittiva: esso vieterebbe solo la violenza contro i nemici personali, non contro i nemici dello Stato. Secondo Agostino come secondo Lutero, l'uomo è posto dinanzi a una doppia obbedienza: al Vangelo e al principe. Egli deve andare in battaglia con la certezza di servire ad essi e dire: «Qui non sono io che batto, trucido, sgozzo, ma sono Dio e il mio principe, a cui la mia mano e il mio corpo servono». In un punto solo vince in Lutero la coscienza cristiana: quando (egli dice) si sa con decisione che la guerra è ingiusta, bisogna ubbidire a Dio e piuttosto affrontare le pene della legge che andare contro la coscienza[884]. Anche Calvino approva la guerra come una vendetta pubblica[885]. Questo dualismo è stato espresso in forme più o meno crude nella teologia recente[886]. In verità leggendo le argomentazioni con le quali i teologi delle varie confessioni cercano di giustificare contro il Vangelo la guerra, non si può reprimere un dubbio sulla loro sincerità. Come si può dire seriamente che Gesù, se rivivesse oggi, approverebbe il servizio militare e la guerra con tutti i suoi inevitabili orrori? Come possono conciliarsi, anzi «completarsi» in una coscienza la carità cristiana e l'odio insaziabile che è lo spirito della guerra? Una delle prime conseguenze della guerra è il far risorgere tutti gli istinti antiumani, l'indifferenza al dolore altrui, anzi anche il piacere della crudeltà, del far soffrire i nemici: e per le moltitudini, che hanno un così scarso senso della moralità e del diritto, essa vuol dire un puro e semplice ritorno allo stato selvaggio. Quando Lutero, che giustifica la guerra, si meraviglia e si indigna della vita scellerata dei lanzichenecchi, non c'è che da meravigliarsi della sua meraviglia: come non pensare che l'una cosa è la necessaria conseguenza dell'altra?

L'interpretazione teologica ha questo solo di vero: che il divieto della violenza non deve essere inteso come una legge assoluta che abbia la sua ragione in se stessa. Essa ha valore come preparazione del regno di Dio: isolata da questo suo fine, essa cade in contraddizione col principio che la legittima e riesce così alla negazione di se stessa. Considerata nel suo retto senso questa legge ci impone di mirare sempre nella nostra condotta alla più grande unità possibile di tutte le volontà buone: direttamente, col praticare la rinuncia, il perdono fino al punto in cui si risolverebbero soltanto,

---

[884] Heering, *op. cit.*, p. 64.

[885] Calvino, *Instit. christ.*, 22, 6; 24, 17.

[886] Si cfr. p. es.: F. Naumann, *Briefe über Religion*, 1903; A. Bertholet, *Religion und Krieg*, 1915; O. Dibelius, *Friede auf Erden?*, 1930.

con danno comune, nel trionfo generale dell'ingiustizia e della violenza; indirettamente, con l'evitare di rendersi, per egoismo o per paura, strumento passivo dell'egoismo e della violenza altrui. La condanna incondizionata della professione militare e del ricorso ai giudici nel Vangelo e nell'antico Cristianesimo ha le sue ragioni nelle effettive condizioni della professione di soldato e di giudice che era ed è ancora, per la massima parte dei casi, un asservimento passivo alla volontà dei dominatori, un'accettazione di servire ad essa da strumento sotto il facile pretesto del dovere professionale e della disciplina. Gesù ha rivendicato anche qui il diritto della coscienza religiosa, che è al disopra di tutte le discipline e di tutti i doveri professionali.

La legge della carità non condanna perciò ogni atto di energia speso in pro della carità e della giustizia: la durezza impiegata realmente per il trionfo della carità è carità essa stessa. Essa ci ricorda soltanto che ogni nostro atto deve servire al regno della carità fra gli uomini: e che il modo migliore di vincere l'odio è ancora, come Spinoza insegna, la carità stessa (*Ethica*, III, 43-44; IV, 46). La durezza è lecita nei soli casi nei quali sentiamo di non avere dinanzi a noi nemmeno l'inizio, la possibilità di un consenso per mezzo della bontà e della ragione. Bisogna che il male sia accessibile al bene, sia in grado di riconoscerlo e di accoglierlo, sia già un principio spirituale che può aprirsi al bene. Del resto la rinuncia alla resistenza è un inutile sacrificio; forse che noi opponiamo la rassegnazione passiva alle forze malefiche della natura? Nell'orazione domenicale quale ci è trasmessa dalla tradizione musulmana[887] Gesù prega: «Ne permittas, o Deus, quid adversi in rebus, quae ad vitam spiritualem spectant, me pati». Il che vuol dire: sappia ciascuno soffrire tanto d'ingiustizia quanto non gli impedisce di tendere verso il regno di Dio.

Certamente qui ci si offre una grave difficoltà pratica: come è possibile distinguere i casi nei quali vi è un diritto spirituale del ricorso alla forza? Non è possibile qui dare norme precise: tanto più che il diverso grado di perfezione morale introduce una gradazione di doveri anche nella carità. Ma anche su questo punto la coscienza è una guida alla quale possiamo abbandonarci con fiducia. Se realmente tutti gli uomini di buona volontà mettessero in pratica, ciascuno secondo le sue forze, quella resistenza passiva al male che è conforme allo spirito cristiano e alla ragione, non vi è dubbio che la maggior parte delle violenze e delle iniquità sociali sparirebbero. E lo stesso deve dirsi dei grandi conflitti sociali che sono, nella maggior parte dei casi, dovuti soltanto a interessi o ambizioni di minoranze dominanti. Il carattere della «giusta guerra» si va pure in parte attuando nella

---

[887] Asin y Palacios, *Logia et agrapha apud moslem. scriptores*, I, 1916, p. 25.

polizia interiore degli Stati civili che non fa uso della violenza se non negli stretti limiti del necessario: la difesa dell'individuo contro l'aggressore è regolata dal diritto, non è una corsa alla ferocia. Noi abbiamo un esempio pratico di questa linea di condotta negli Esseni, che disprezzavano la ricchezza, tenevano come cosa impura il commercio e condannavano la guerra e ogni cosa che serve alla preparazione della guerra. Tuttavia in viaggio essi si armavano contro i ladri e nella guerra contro Roma si unirono alla rivolta del loro popolo dando esempio della più eroica fermezza[888]. Anche i catari e i valdesi dovettero dimenticare nel tempo di persecuzione il precetto da essi così rigorosamente rispettato: «Tu non ucciderai»[889]. Tolstoj stesso ammette che il servizio militare possa ancora essere necessario: soltanto dovrebbe essere organizzato in modo da non essere in così evidente contraddizione con la coscienza morale[890]. Però la necessità estrema della violenza, dovrebbe sempre essere considerata, come le esecuzioni capitali, con orrore e con dolore; ed essere ricordata con un senso di tristezza e un desiderio di espiazione, non celebrata dai popoli come documento massimo della loro gloria[891]. Questa limitazione della guerra non verrà dagli Stati, specialmente dai grandi Stati, per i quali la guerra è quasi legge di vita, né dagli individui: solo quando sorgeranno delle chiese sinceramente penetrate dallo spirito cristiano e risolute a tutto soffrire piuttosto che andare contro la legge divina, esse potranno forse con la loro autorità morale mettere un termine all'orribile flagello.

14. Lo stesso principio può regolare anche il rapporto della coscienza cristiana con lo Stato. Lo Stato ha le sue origini nella violenza egoistica degli uomini; e anche più tardi, pure acquistando per virtù del diritto un senso e un valore ideale, non smentisce mai le sue origini. Lo Stato ha la tendenza ad assolutizzare se stesso, a non riconoscere sopra di sé alcun diritto ideale, alcuna legge: questo è già il senso dell'antica divinizzazione dei monarchi. Tale carattere è venuto sempre meglio alla luce nello Stato moderno dopo la caduta dell'ideale cristiano dell'unità della chiesa e dello Stato. Lo Stato moderno con la sua affermazione incondizionata della volontà di potenza appartiene alla sfera puramente naturale: esso non conosce né Dio né la legge morale. E l'egoismo e la cecità delle moltitudini, senza una coercizione violenta, impediranno sempre il formarsi di una società ordinata e renderanno impossibile uno stato morale, cristiano nel vero senso

---

[888] Giuseppe Ebreo, *De bello jud.*, II, 8, 4.

[889] H. Böhmer, *Waldenser*, «RE», XX, p. 833.

[890] Tolstoj, *Les rayons de l'aube*, 1901, pp. 135, 146.

[891] Kant, *Per la pace perpetua* (*Scritti politici*, tr. Lamanna), p. 111.

della parola. Perciò la repugnanza di tante anime sinceramente religiose a esercitare una qualunque autorità nello Stato è perfettamente giustificata. È vero però che la violenza dello Stato può essere diretta verso il trionfo della carità: e in tal caso è legittimo considerarlo, con Hobbes, come un beneficio divino di fronte alla bestialità incomposta dell'uomo naturale. Sotto questo aspetto si capisce come uno Stato «di diritto», non fondato sulla pura violenza, ispirato a principi umani e cristiani, abbia potuto attirare sopra di sé la benedizione degli spiriti religiosi e imporre loro una sommissione volonterosa. Ma l'esercizio del potere, sia pure in un Marco Aurelio, difficilmente può essere diretto da puri motivi morali: in maggiore o minor grado esso rappresenta sempre l'egoismo d'un uomo, d'un gruppo, d'una classe. Quindi difficilmente potrà mai conciliarsi con esso una pura coscienza cristiana. La legge del Vangelo non può dare anche qui altro che un indirizzo: avere sempre presente i precetti della carità e ricordare che nessun dovere professionale salva dalla responsabilità morale che l'uomo assume quando coopera, come strumento, all'esecuzione di volontà inique.

15. Il terzo grande principio della religione di Gesù è la condanna della religione formalistica e farisaica. Anch'esso richiama due esperienze fondamentali della nostra coscienza. La prima è che, con tutto lo sconfortante spettacolo delle chiese attuali, noi non possiamo disconoscere il valore che ha per la vita religiosa la comunità, cioè «la chiesa». Infatti soltanto l'unione con gli spiriti affini può dare al singolo forza e costanza; senza l'appoggio della «chiesa» la vita interiore dell'individuo si immiserisce, soggiace alle suggestioni del momento, si riduce a una vaga aspirazione senza efficacia sulla vita. Soprattutto poi solo la vita nella «chiesa» può dare consistenza e continuità alle istituzioni pratiche che fissano la vita morale e religiosa. Ciò che è meraviglioso e vivo nel cattolicesimo non è né il suo sistema dogmatico né la sua organizzazione gerarchica, ma il complesso dei suoi istituti di carità, in cui sopravvive lo spirito di Gesù Cristo, e il suo ricco rituale, un prezioso materiale che esso accolse e sviluppò, affinandolo, dalle antiche regioni e che è un mezzo meraviglioso di educazione e di elevazione spirituale.

In secondo luogo questo riconoscimento non ci impedisce di vedere che nel Cristianesimo moderno, come nel fariseismo combattuto da Gesù, le esteriorità, le devozioni, i comandamenti hanno soffocato lo spirito e che la fede interiore ha ceduto il posto all'elemento cerimoniale ed ecclesiastico. Vi sono dei paesi in apparenza profondamente cattolici, con un numero inverosimile di chiese e di ecclesiastici, dove in realtà, tolta la parte coreografica, la religione cristiana è spiritualmente assente; il Messico, dice un viaggiatore, è per quattro quinti ancora da evangelizzare. E questo vale, in maggior o minor grado di tutte le confessioni cristiane. Anche su questo terzo punto noi ci troviamo pertanto di fronte alle chiese dominanti nella stessa posizione spirituale in cui si trovò Gesù di fronte ai sacerdoti del tempio e ai Farisei. Le chiese con le loro ordinanze burocratiche hanno trasformato la religione viva e libera di Gesù in una devozione superstiziosa e servile, che è oggi una delle forme più funeste di corruzione della religione.

Ciò che più d'ogni altra cosa ha contribuito al carattere farisaico delle chiese moderne è la costituzione d'una casta religiosa professionale, la distinzione fra chierici e laici. Questo tocca anche le chiese riformate dove il diritto di predicare è riservato a chi «rite vocatus est», ma è applicabile soprattutto alla chiesa cattolica dove il clero solo (anzi in fondo soltanto il suo capo, il Papa) ha il diritto d'avere una coscienza religiosa: gli altri debbono subordinare passivamente le proprie credenze e la propria vita spirituale a una cieca obbedienza. «Laicus taceat in ecclesia et extra». Lainez, il famoso generale dei gesuiti, commentando nel concilio di Trento la distinzione del popolo e del clero in rapporto alla bella immagine evangelica del pastore e del gregge dice: «Le pecore sono animali privi di ragione e perciò non possono avere alcuna parte nel governo della chiesa»[892]. Quanto alla moltitudine, dice l'enciclica *Vehementer*, essa non ha altro dovere che di lasciarsi condurre e, gregge docile, di seguire i suoi pastori[893]. È questa compressione della coscienza individuale che ha permesso alla gerarchia cattolica di fondare un vero reame terreno, che ha la sua solida base nell'ignoranza profonda in cui essa mantiene le moltitudini.

16. Questa distinzione di Cristiani in due categorie, in una gerarchia alla quale spetta d'insegnare e di comandare, e in una collettività di laici, che, come esseri privi di ragione, debbono solo obbedire, non ha alcun fondamento né nel Vangelo né nell'uso della chiesa primitiva. Se un punto è ben chiaro nel Vangelo, questo è l'indipendenza spirituale di tutti gli uomini dinanzi a Dio: il Cristianesimo è essenzialmente una rigenerazione interiore, che non è condizionata dalla sottomissione ad alcuna autorità terrena. Gesù ha condannato esplicitamente ogni gerarchia clericale. «I principi delle nazioni le governano da padroni ed i grandi le dominano. Non così fra voi: il primo fra di voi sarà il vostro servo» (*Matteo*, XX, 25-27). «Non fatevi chiamare maestro, perché uno solo è il vostro maestro: non chiamate

---

[892] Sarpi, *St. d. concilio di Trento* (cit. in Sabatier, *Les relig. d'autorité et la rei. de l'esprit*, p. 163).

[893] *Ce qu'on a fait de l'église*, p. 110.

alcun uomo padre, perché uno solo è il vostro padre, il Padre che è nei cieli» (*Matteo*, XXIII, 8-12). Gesù insegnava, ma appellandosi alla coscienza, non per autorità; quelli che insegnavano per autorità erano gli scribi e i Farisei. I passi dei sinottici in cui si è voluto vedere un accenno alla costituzione della chiesa (*Matteo*, XVI, 17-19; XVIII, 17; XXVIII, 18-20; *Marco*, XVI, 15-16) o sono interpolazioni senza valore o non hanno il senso e la portata che la chiesa loro attribuisce. Anche secondo Paolo credere in Cristo è ricevere lo spirito suo come un ausilio soprannaturale, come un'ispirazione permanente della vita: i Cristiani sono «pneumatici», ispirati. Questa rigenerazione interiore è liberazione da ogni servitù esteriore: «Cristo vi ha rivendicati a libertà. State dunque saldi e non vi piegate di bel nuovo ad un giogo di servitù» (*Gal.*,V, 1). Nell'antica chiesa i laici conservarono ancora fino al III secolo il diritto di predicare; ancora Ireneo dice: «Omnes justi sacerdotalem habent ordinem» (*Adv. haer.*, IV, 8, 3). E la parola *chiesa* nelle lettere di Paolo e nella letteratura primitiva non designa affatto (giustamente nota M. Dibelius) un'organizzazione qualunque, ma si riferisce, secondo il senso primitivo del vocabolo, alla collettività, all'adunanza dei fedeli.

17. La costituzione d'una gerarchia non soltanto non è una derivazione del Vangelo, ma non è affatto essenziale a una società religiosa: essa serve alla chiesa solo in quanto organizzazione politica. Il sogno d'una grande chiesa universale gerarchicamente retta è anticristiano e antireligioso: la vera unità della chiesa cristiana non può essere che un'unità spirituale e interiore, tenuta insieme dallo spirito di carità e di unione con Gesù Cristo. L'ideale della chiesa è un insieme di piccole chiese libere, democraticamente organizzate: non vi può essere una chiesa nel senso spirituale della parola senza una partecipazione diretta e autonoma di tutti gli spiriti, senza cioè quell'organizzazione democratica che caratterizza le chiese cristiane dell'età apostolica. Ora una vera democrazia, come è inconciliabile con un vasto Stato burocraticamente centralizzato così è inconciliabile con le grandi chiese ed è inseparabile dalla forma federativa: le grandi chiese, come i grandi imperi, hanno sempre per condizione la schiavitù dell'individuo. Questo è un punto in cui la riforma deviò quasi subito dalla via d'un radicale rinnovamento del Cristianesimo, come già videro fin d'allora gli spiriti più sinceramente religiosi[894].

Né si deve credere che la forma centralizzata, sorta e impostasi per circostanze particolari, sia la forma naturale della società cristiana: che anzi là dove questa poté svolgersi naturalmente, essa adottò una costituzione molto simile a quella del Buddismo. Così nell'antica chiesa siriaca, dove la società

---

[894] J.B. Morelly, *Traité de la discipline et police chrétienne*, Lyon, 1561.

dei Cristiani era una società di asceti e i fedeli erano semplicemente «aderenti»; solo verso il 430 la chiesa di Edessa si trasformò sul tipo della chiesa cattolica: i «figli della comunità» diventarono monaci; la chiesa venne ordinata gerarchicamente e sottoposta al vescovo[895]. Così erano organizzate anche la chiesa marcionita e la chiesa manichea che persistettero in meravigliosa unità, fra le persecuzioni più ardenti, per quasi un millennio. Anche nella chiesa celtica, isolata politicamente e geograficamente dal resto dell'Occidente, il monachismo (avesse o non avesse connessione con l'antico druidismo indigeno) costituiva tutto il sistema ecclesiastico. L'Irlanda era coperta di stabilimenti cenobitici obbedienti a regole varie e soggetti ciascuno al proprio abate: il Cristo stesso non era che il grande abate, «l'abate della città celeste». La chiesa celtica stabilita in Bretagna mantenne la sua fisionomia e ricusò per secoli di sottomettersi all'organizzazione ecclesiastica romana. È solo col IX secolo che i monasteri di tipo celtico della Bretagna vengono trasformati in diocesi episcopali di tipo romano. La perfetta romanizzazione della chiesa, sia in Irlanda sia in Bretagna non si compì che nel XII secolo. È per l'influenza del monachismo irlandese e dei suoi pellegrini che anche nella chiesa romana i monaci si sottrassero alla giurisdizione episcopale: l'abbazia di Bobbio, la prima che sia stata dal Papa affrancata da ogni giurisdizione episcopale, era stata fondata da san Colombano, il grande apostolo irlandese[896]. E come testimonianza della libertà intellettuale che fiorì nella chiesa celtica, basti ricordare Pelagio e Scoto Eriugena. La maggior parte delle piccole chiese spirituali non ha un clero organizzato, la chiesa Battista riconosce Cristo solo per capo e respinge qualunque capo visibile sulla terra; le loro comunità eleggono esse stesse i loro pastori e sono liberamente unite, senza coazione ecclesiastica, in grandi associazioni[897]. Verso questa organizzazione inclinano oggi anche le chiese protestanti. Alla riunione di Marburgo del 14 settembre 1929 per il 400° anniversario del colloquio tra Lutero e Zwingli convennero in fraterna unità venticinque gruppi di protestanti, «esempio», dice Otto nel suo discorso, «di ricchezza e di pienezza di vita sorgente dal ritrovato puro evangelo», membri d'una grande comunità invisibile[898].

---

[895] Si vedano le ordinanze del vescovo Rabbula in Burkitt, *Urchristentum in Orient* (tr. ted.), 1902.

[896] L. Gougaud, *Les chrétientés celtiques*, 1911; H. Zimmer, *Keltische Kirche*, «RE», X, pp. 204-243.

[897] «RGG»,[2] I, p. 751.

[898] R. Otto, *Aufsätze*, p. 173.

18. La degenerazione ecclesiastica della religione è ciò che più di tutto ha contribuito a trasformare le chiese in organismi politici: per cui esse segretamente sempre aspirano a sostituirsi o a sovrapporsi allo Stato o quanto meno a costituire nello Stato una potenza di cui esso deve pagare caramente i servizi. Gli Stati, accozzi materiali d'interessi, non possono né sanno esercitare un'azione spiritualmente educatrice sulle moltitudini: d'altra parte l'«illuminazione», cioè l'educazione all'autonomia interiore è generalmente considerata dai governi come un indirizzo pericoloso. Perciò essi hanno bisogno d'una superstizione organizzata che, pure mantenendo le folle nel più basso livello intellettuale possibile, fortifichi il rispetto per i governi e contribuisca alla conservazione dell'ordine sociale, al rispetto della proprietà privata, della moralità sessuale e della vita umana. Là dove l'uomo è sottratto all'azione di questa religiosità iniziale, diventa un bruto sanguinario e le sue passioni non possono più venir contenute da nessuna forza umana. Questa è la ragione per cui le organizzazioni ecclesiastiche, pur essendo di fatto minacciose per lo Stato, gli sono indispensabili: e per cui lo Stato, pure temendole e contenendole a fatica, concorre a sostenerle e le aiuta nella repressione di ogni tentativo di liberazione spirituale.

Il carattere politico delle chiese spiega il loro settarismo e la loro intolleranza. L'intolleranza è segno di irreligiosità radicale: chi sinceramente mira a estendere sulla terra il regno di Dio non ha bisogno per questo né della spada né dell'autorità tirannica sulle coscienze. La stessa propaganda fanatica e astiosa delle varie chiese cristiane è un segno d'animo ristretto, oppressivo e grossolano, non penetrato ancora dal vero spirito di Cristo. L'intolleranza sostituisce alla morale di Gesù Cristo quella dell'antico Testamento; il principio suo è che Dio ama solo il suo popolo o la sua chiesa; il sermone sulla montagna è messo completamente da parte. È mia dottrina, dice Calvino, che Dio odia i reprobi... L'affermazione di quelli che dicono: «Dio è il padre di tutti» è una bestemmia. Certo la mano di Dio si estende su tutta la terra, ma egli è così poco il padre dei riprovati come lo è dei cani e dei porci[899]. L'intolleranza religiosa è il vero peccato contro lo Spirito Santo, di cui parla *Marco*, III, 28-30. Gesù aveva guarito un disgraziato cieco e muto. I Farisei, testimoni del miracolo, invece di riconoscervi una manifestazione della bontà divina, attribuiscono il fatto ai demoni. Gesù li intese e rispose le terribili parole: «Ogni peccato ed ogni bestemmia sarà perdonata agli uomini, ma il peccato contro lo Spirito Santo non sarà perdonato in eterno» (Si cfr. *Matteo*, XII, 22-32). «Ora quale era il peccato di questi Farisei? Essi non avevano voluto ammettere che Dio fosse con uno

---

[899] Calvino, *Instit. christ.*, III, 24, 17.

che non era della loro setta. Essi avevano veduto un'opera santa e, spinti dallo spirito settario, avevano chiuso gli occhi, soffocato la voce della coscienza ed avevano spiegato il bene col male, la grazia dello Spirito Santo con l'influenza del demonio. Questo è appunto il procedere della chiesa cattolica. Simile ai Farisei, essa si è attribuito il monopolio della salute e ha fatto dipendere la grazia divina da condizioni esteriori. Con ciò si è preclusa la via ad ammettere la possibilità della vita cristiana altrove che nel proprio seno. E quando essa ha incontrato questa vita cristiana pura, piena di dedizione, luminosa, essa si è vista costretta a misconoscerla, anzi a vilipenderla. È così che essa è venuta a chiamare male il bene e bene il male, che è stata spinta a gettare veleno e fango su tutto ciò che osa essere santo senza essere cattolico, che è stata condannata a bestemmiare lo Spirito Santo là dove questo Spirito si manifesta fuori della chiesa cattolica»[900].

19. L'orrore che i mistici hanno sempre dimostrato contro la chiesa corrotta e persecutrice è una testimonianza della degradazione che il formalismo superstizioso e il carattere politico vi hanno introdotto in misura tanto maggiore quanto più essa si allontanava dalle origini. La chiesa, chiusa nel suo dogmatismo orgoglioso e cieco, asservita ai potenti, si è associata a tutte le violenze, ha giustificato tutte le guerre, ha perseguitato con crudeltà i suoi nemici. Dopo la conversione di Costantino, nel terzo canone del concilio di Arles (314) essa scomunica quelli che si sottraggono al servizio militare: proprio quello che facevano prima i soldati cristiani per non essere in contraddizione con la propria coscienza! La chiesa antica ha avuto i suoi esempi d'intolleranza: ma non è stata sistematicamente persecutrice. L'applicazione regolare della pena di morte agli eretici comincia al XII secolo quando di fronte alle pretensioni della chiesa alla dominazione universale assoluta, l'eterodossia viene considerata come un delitto di lesa maestà divina: Tommaso d'Aquino ne ha formulato per primo la teoria. Non è il caso qui di estendersi sugli orrori dell'inquisizione e delle sue procedure che non conoscevano né giustizia né umanità né diritto di difesa: ogni coscienza cristiana deve sentire che essa è una delle più terribili vergogne della civiltà occidentale. Essa non ha nulla a che vedere con la religione e con Gesù Cristo, è stata un vero terrorismo cattolico che è durato per secoli, una forma atroce di repressione da parte d'un dispotismo che aspirava al dominio materiale e spirituale del mondo. Di tutti questi orrori la responsabilità prima spetta direttamente alla chiesa[901]. Alla vigilia della strage di san Bartolomeo

---

[900] Scherer, *Lettres à mon cure*, pp. 89-90.

[901] Si cfr. C. Schmidt, *Hist. et doctrine des Cathares*, 1849, II, pp. 192 sgg.; Schenkel, *Das Doppelgesicht des Christentums*, 1931, p. 49.

il santo Papa Pio V scriveva a Caterina de' Medici: «Solo per lo sterminio completo degli eretici il re potrà ridonare a questo nobile regno l'antico culto cattolico. Se V.M. continua a combattere apertamente e liberamente i nemici della religione cattolica finché siano tutti massacrati (ad internecionem usque), V.M. può essere sicura che non le mancherà l'aiuto divino»[902].

Anche le chiese riformate hanno seguito la chiesa cattolica su questa triste via. Anch'esse hanno difeso e qualche volta applicato la pena di morte contro l'eresia. I riformati olandesi erano, si può dire, appena liberati dalle sanguinarie persecuzioni dell'inquisizione spagnola (1579), che si affrettavano nel concilio di Dordrecht (1618-1619) a prendere misure intolleranti contro i dissidenti. E il sinodo di Amsterdam del 1690, composto in gran parte di ministri rifugiati dalla Francia in seguito alla revocazione dell'editto di Nantes, condanna come falsa, perniciosa e scandalosa la sentenza che l'autorità civile non ha il diritto di intervenire contro l'eresia[903].

Basta, per caratterizzare lo spirito morale della chiesa, considerare l'indifferenza con cui per milleottocento anni ha sopportato, anzi difeso l'istituto della schiavitù[904]. I suoi missionari parlavano, è vero, dell'uguaglianza degli uomini dinanzi a Dio, della carità e di tante belle cose, ma intanto la schiavitù continuava intorno a loro con tutti i suoi orrori: e la sola preoccupazione della chiesa era di mostrare che la schiavitù è presupposta dal Vangelo. «L'origine della schiavitù», dice Bossuet, «viene dalle leggi d'una giusta guerra... Condannare questa istituzione sarebbe condannare il diritto delle genti, condannare lo Spirito Santo che ordina agli schiavi, per bocca di san Paolo, di restar schiavi e non obbliga affatto i loro padroni a liberarli»[905]. L'opinione dell'apologetica volgare che ascrive al Cristianesimo la soppressione, almeno graduale, della schiavitù, è del tutto errata: la chiesa antica non ha avuto la minima intenzione di abolire la schiavitù e questo non per l'impedimento delle circostanze, ma perché la schiavitù costituiva per essa una istituzione essenziale dello Stato e perché l'avversione con cui noi la consideriamo è ancora ad essa perfettamente straniera. Fin dalle origini i Cristiani ebbero schiavi e anche schiavi cristiani (*Col.*, IV, 1; *Ef.*, VI, 9; *Fm.*, 8 sgg.). Tuttavia la chiesa primitiva pur senza condannare esplicitamente la schiavitù, cerca ancora di realizzare l'ideale stoico della

---

[902] Vacandard, *Les papes et la Saint Barthélemy* (*Études*, etc. I, 1913, pp. 217 sgg.). Si cfr.: *Ce qu'on a fait de l'église*, p. 123.

[903] Bayle, *Dictionn.*, I, p. 574 nota.

[904] Sulla schiavitù e la chiesa si veda: Renan, *Marc-Aurèle*, pp. 605 sgg.; F. Overbeck, *Über das Verhältnis d. alten Kirche z. Sklaverei* (*Studien zur Gesch. d. alten Kirche*, 1875, pp. 158 sgg.); v. Dobschütz, *Sklaverei und Christentum*, «RE», XVIII, pp. 423 sgg.

[905] Bossuet, *Oeuvres*, Liège, 1766, V, pp. 332-333.

fraternità umana: più tardi il suo atteggiamento si fa sempre più ambiguo; dal secolo quinto in poi essa, checché abbiano potuto dire e fare alcuni spiriti migliori, si appropria praticamente la concezione pagana della schiavitù. Secondo gli ordini della chiesa primitiva lo schiavo poteva anche essere eletto vescovo, dopo il IV secolo lo schiavo può assumere un ufficio ecclesiastico solo col consenso del padrone e dopo l'emancipazione. Ciò che nell'antichità ha mitigato questo barbaro istituto è stato lo svolgimento del diritto romano, dovuto ai grandi imperatori del II secolo, che, sotto l'influenza del pensiero stoico, riconobbe, almeno in principio, la schiavitù come una violazione del diritto di natura[906]. Tutte le dottrine che, come quella di Agostino, fanno riposare la schiavitù e in genere tutte le forme di violenza sulla corruzione della natura umana, accettano, sotto questa presupposizione, lo Stato e le sue istituzioni, tra cui la schiavitù, come provvisoriamente necessarie e non hanno nulla a che vedere con la condanna della schiavitù dal punto di vista della sua inumanità e della sua ingiustizia. Non sono mancati, specialmente dopo Costantino, decreti ed esortazioni alla liberazione di schiavi, specialmente Cristiani, ma si tratta di atti isolati ed eccezionali o di esortazioni ad atti di carità, che non toccano la questione della legittimità della schiavitù, la quale è sempre presupposta. Quindi la predicazione cristiana raccomanda la rassegnazione agli schiavi e condanna ogni aspirazione all'emancipazione, ammette come legittime tutte le durezze contro di essi. E coerentemente a questo principio noi vediamo la chiesa, appena riconosciuta nello Stato come corporazione, fare uso di questo diritto: la chiesa, i Papi, i conventi posseggono essi stessi in seguito numerosi schiavi. Così vediamo Gregorio il Grande occuparsi con durezza dell'arresto di uno schiavo che un patrizio di Otranto aveva regalato al fratello del Papa e che era fuggito di nuovo a Otranto per riunirsi alla sua famiglia. Anzi la liberazione degli schiavi ecclesiastici venne vietata per non diminuire il patrimonio della chiesa: cosicché essi non potevano sperare di essere mai liberati: «la chiesa rendeva impossibile ad essi quella liberazione che la legislazione degli imperatori aveva cercato di facilitare sempre più».[907] Il diritto ecclesiastico tratta gli schiavi come cose: la schiavitù è una pena sancita nei decreti papali. Nicolò V e Alessandro VI approvano il commercio degli schiavi; nel 1548 Paolo III riconosce a tutti, anche agli ecclesiastici, il diritto di possedere schiavi. Fatte poche eccezioni, i missionari stessi fino al secolo XVII posseggono schiavi e commerciano in schiavi; i

---

[906] Renan, *Marc-Aurèle*, pp. 24 sgg.
[907] Overbeck, *op. cit.*, p. 213.

Papi ebbero schiavi fino al XVII secolo; fino al 1864 i benedettini del Brasile tennero schiavi. Gli ultimi e più tenaci avversari della soppressione della schiavitù sono stati i gesuiti e i vescovi sudamericani, per i quali il diabolico istituto della schiavitù era «un'istituzione divina». Solo nel 1839 Gregorio XVI condanna il commercio dei negri; ma il P. Gury nella sua Teologia morale giustifica ancora la schiavitù e condanna solo la caccia ai negri, non il commercio degli schiavi che sono già tali[908].

20. Il fatto che le verità insegnate da Gesù sono ancora oggi quelle che, con mutata veste, reggono la nostra vita religiosa non ci esime dal rispondere a una domanda: perché non stiamo paghi a una fede puramente razionale e ci richiamiamo, dopo tanti secoli, al pensiero di Gesù? La ragione di questo appello è la ragione stessa che giustifica, in generale, ogni religione storica. La coscienza religiosa ha sempre bisogno del contatto vivo con una tradizione e specialmente con gli eroi religiosi, è di essenziale importanza per l'uomo religioso «che un uomo reale abbia così vissuto, lottato, creduto e vinto e che da questa vita reale discenda fino a lui una corrente di forza e di certezza. Il simbolo è per lui veramente simbolo solo in quanto dietro ad esso sta la grandezza d'un vero ed alto profeta, dal quale egli poi, nella sua incertezza, attingerà direzione e forza»[909]. Il filosofo può isolarsi dai suoi antecessori: l'uomo religioso deve sentire l'opera e la vita sua inserite in una tradizione. Ora a quale tradizione potremmo riattaccarci noi se non alla luce del Vangelo che è da secoli la guida spirituale dell'Occidente? L'anima nostra è naturalmente cristiana perché il Cristianesimo è la grande corrente spirituale che ci ha formati; le grandi verità immutabili che esso, attraverso tutte le sue degenerazioni, ci ha tramandato, sono ancora oggi in fondo a tutte le aspirazioni della nostra età travagliata.

Ora l'incarnazione più caratteristica e più alta di questa tradizione è ancora sempre Gesù Cristo. Le apparizioni ai discepoli possono essere state la causa occasionale della fondazione del Cristianesimo: ma la causa vera è stata l'azione spirituale della sua personalità e della sua predicazione. Quest'umile galileo che visse sempre tra gli umili e non conobbe nessuna delle grandezze umane ha lasciato parole che oggi ancora turbano l'anima nostra fino in fondo, parole che sono state la meditazione degli spiriti più santi e che hanno confortato schiere di martiri che sono morti nel suo nome. Nessuno ha saputo esprimere con tanta semplicità e con tanta grandezza le verità essenziali dell'anima: nessuno le ha immedesimate con tanta nobiltà

---

[908] Gury, *Théol. mor.*, 1874, I, p. 485.

[909] Troeltsch, *Die Bedeutung der Geschichtlichkeit Jesu für den Glauben*, 1911, p. 32.

e con tanta energia nella propria vita. Per questo egli apparve ai suoi discepoli e ai più grandi spiriti di tutti i secoli come la luce più viva del mondo, come un uomo più vicino a Dio che gli altri, anzi come un uomo che nelle sue ore di grandezza aveva oltrepassato il limite che separa l'uomo da Dio. Vi è nel grido che leva una donna, di mezzo alla turba che lo ascolta, il senso di qualche cosa di unico e di incomparabile: «Beato il corpo che ti ha portato, beate le mammelle che tu hai succhiato!» (*Luca*, XI, 27).

21. Ben s'intende che con questo non vogliamo fare del Cristianesimo la religione assoluta dell'umanità. Come è possibile, anche solo da un punto di vista storico, accentrare tutta la vita spirituale dell'umanità intorno alla personalità e al pensiero d'un uomo? Il concetto d'una religione assoluta è già esso stesso una contraddizione: la rivelazione medesima, per il lato che è aperta all'uomo, in quanto è da parte di Dio una condiscendenza e un adattamento, non può essere qualche cosa di assoluto. Noi dobbiamo riconoscerlo esplicitamente: anche l'insegnamento di Gesù è qualche cosa di umano, che fa parte della storia e, come tale, qualche cosa di relativo. Ora quest'affermazione sembra grave a molte coscienze in quanto vieta loro di vedere nel Vangelo la base sicura e immutabile della loro vita spirituale[910].

Questa difficoltà si connette con un problema più generale che qui può essere toccato solo di passaggio. Nella vita dell'uomo l'assoluto e il relativo si intrecciano come due aspetti inseparabili. Sotto un primo aspetto possiamo dire che l'uomo non conosce nulla di assoluto: ogni attività, ogni oggetto, ogni valore, per il solo fatto che è creato o riconosciuto dal soggetto umano, è qualche cosa di relativo. Ma sotto un altro aspetto dobbiamo riconoscere che se non vi fosse nel nostro spirito almeno una traccia, un presentimento dell'assoluto, noi non potremmo nemmeno porre il concetto di «relativo». In questo concetto è implicito, almeno come negazione, il riferimento che crea le distinzioni e le gradazioni di valore nel mondo dei relativi. Sebbene l'assoluto non sia in ogni momento più che un presentimento e una direzione, noi non possiamo tuttavia fare a meno di incarnarlo praticamente in quella realtà o in quella forma della gradazione dei relativi che è come il limite oltre il quale la natura nostra non ci permette di risalire: questo è un relativo che ha per noi praticamente un valore assoluto. Così noi sappiamo che i precetti morali, secondo i quali dirigiamo la nostra vita, non sono la legge morale assoluta e hanno quindi qualche cosa di relativo alla nostra natura, alla nostra civiltà, ecc. Tuttavia noi regoliamo su di essi

---

[910] Si cfr. Eucken, *Können wir noch Christen sein?*, 1911, pp. 37 sgg.; K. Dunkmann, *Wie kann das Christentum geschichtliche und zugleich absolute Religion sein?*, «Religion und Geisteskultur», VI, 1912, pp. 51 sgg.

la vita e siamo pronti a fare per essi qualunque estremo sacrificio come per un valore assoluto: il riconoscimento del loro carattere relativo è una riserva teorica che può benissimo coesistere col loro valore pratico assoluto.

Così io riconosco, per l'analisi critica della conoscenza, che la mia rappresentazione sensibile del mondo è relativa ai nostri sensi alle forme dell'intelletto, ecc: e che quindi, in astratto, potrebbe trasformarsi e perfezionarsi. Ma ciò non impedisce che essa continui ad essere per me la vera realtà, cioè la più alta unità possibile di tutte le mie esperienze sensibili: un'unità che appare come estensibile anche ad altre esperienze, anzi a tutte le esperienze possibili, e perciò si impone praticamente al mio spirito come qualche cosa di definitivo e di assoluto.

Analogamente l'insegnamento evangelico è per noi il più alto sforzo spirituale che raccolga in una visione definitiva tutte le migliori esperienze spirituali dell'umanità nostra e abbia quindi per noi praticamente il valore d'una verità assoluta. L'affermazione della sua relatività è solo l'affermazione astratta che questa verità è solo praticamente un assoluto, cioè è ancora sempre espressa in forma umana e inadeguata; e che perciò non dobbiamo arrestarci in essa per deificarne anche le parole.

Questo relativismo critico sta fra il dogmatismo che pone l'insegnamento evangelico come divino e assoluto, perciò come qualche cosa che deve essere intangibile anche nei particolari, e il relativismo scettico che dà a tutte le rivelazioni religiose lo stesso valore e perciò in fondo lo nega a tutte egualmente. Il primo è reso impossibile dalla nostra mentalità critica; il secondo dalla nostra coscienza religiosa. Il relativismo critico vede nell'insegnamento evangelico la più alta visione della vita e perciò gli attribuisce praticamente un valore assoluto. D'altra parte lo riconosce come un'opera umana, trasmessa a noi da una tradizione anch'essa umana e relativa, e perciò come qualche cosa che non è perfetto in tutte le sue parti e che deve da noi essere accolto con la cooperazione attiva del nostro intelletto critico e della nostra coscienza religiosa.

22. La possibilità d'un rinnovamento del Cristianesimo nella coscienza religiosa presente deve inoltre essere intesa realisticamente nel suo vero senso, e non in senso apocalittico come se oggi dovesse essere possibile quello che nella storia del Cristianesimo non è mai avvenuto. La storia ci presenta un perenne contrasto fra il Cristianesimo delle chiese – che non è Cristianesimo – e l'arianesimo spirituale, patrimonio d'una piccola minoranza, che è sempre stato avversato dalla chiesa e dal mondo. Anche oggi noi siamo nelle stesse condizioni. Con tutte le sue parvenze d'una religiosità esteriore, la società cristiana è nell'essenza sua ostile a Cristo: la religione

non è che una vernice superficiale, la quale non tocca la vera direzione della vita. Tutte le sue volontà sono tese verso la conquista di questo mondo e dei suoi beni, primo fra tutti il denaro, che è lo strumento e il simbolo di tutti i beni e di tutti i piaceri. Dice giustamente un buddista: «Il Dio di Cristo è solo il Dio domenicale, il Dio degli altri sei giorni è il denaro. Nonostante tutte le ostentazioni religiose, il denaro è oggi la sola cosa in cui l'europeo creda fermamente e che ritenga degno delle sue preoccupazioni e delle sue fatiche»[911]. L'apparente interesse ai problemi religiosi è il più delle volte questione di vanità, di moda o anche d'un vago dilettantismo ideale. Ma basta, per giudicare della profondità di queste aspirazioni, considerare i casi nei quali questi interessi ideali vengono in conflitto con l'interesse materiale dell'individuo. Essi vengono allora brutalmente abbandonati, quasi con derisione, come se il perseguirli seriamente fosse un segno di semplicità di spirito. Questo vale specialmente delle alte classi sociali, orgogliose, raffinate e tuttavia intellettualmente limitate, attaccate alle esteriorità fastose della vita e straniere, in fondo, ad ogni interesse religioso. È difficile trovare chi dia a questi sentimenti una sincera espressione – come quell'uomo politico italiano «che professava per Gesù un disprezzo radicale, fondamentale, continuo»[912] e che morì con la benedizione papale. Ma generalmente la reverenza esterna per la religione è assunta come una maschera, una specie di convenzione che bisogna conservare per la sua utilità sociale ma che in fondo è conciliabile col più perfetto ateismo pratico.

Non è quindi da meravigliarsi se anche la vita degli Stati civili è orientata nello stesso senso. Essi ostentano una religiosità ufficiale, ma la loro politica è cupida, dura, priva di scrupoli. Anche oggi nelle guerre coloniali le navi salpano accompagnate da cappellani e da missionari, ma l'opera di colonizzazione e di repressione non è per questo meno implacabilmente feroce: è Giosuè che stermina i Cananei che si ribellano contro l'invasione e il saccheggio della terra promessa. Tutta la storia dello Stato moderno è retta dal principio machiavellico della «ragion di Stato»: lo «Stato morale» è una parvenza ottimistica che non esiste in nessuna parte. Se noi consideriamo la realtà così come essa è, non come vuole apparire, dobbiamo confessare che il sentimento che ispira tutta la società occidentale nel suo ordinamento interiore come nelle sue manifestazioni esteriori di espansione e di potenza è l'antitesi diretta della legge cristiana: è il riconoscimento del diritto dei forti e degli abili a esplicare in tutti i sensi la loro volontà di vita

---

[911] P. Sacks, *An Outline of Christianity*, «Bilychnis», 1927, p. 28; Friedländer, *Rel. Beweg.*, pp. 60 sgg.

[912] A. Houtin, *Une vie de prêtre*, p. 347.

e di potenza, che è poi anche glorificata nei singoli e nelle collettività come la manifestazione più alta della vita. Al disotto di tutte le concessioni apparenti allo spirito cristiano l'uomo occidentale è rimasto così barbaro e inumano come se Cristo non fosse mai esistito. Basta, per giudicare l'uomo occidentale nella sua vera natura, considerare lo spirito dei suoi istituti, la guerra, le procedure della giustizia, la servitù economica: in modo particolare la sua opera di colonizzazione dove può agire senza ritegno e dare libero corso ai suoi istinti di animale di rapina. E ciò vale di tutte le società umane senza eccezione. Chi oserebbe dire ad esempio che la società americana, votata con una brutalità senza esempio alla conquista della ricchezza, che condanna milioni di uomini a una vita di macchine, la quale li degrada spiritualmente e socialmente ed è la causa prima del carattere brutale e sensuale della vita delle moltitudini, che permette a una parte minima degli individui di arricchire a spese degli altri e di vivere insensibili, accanto alla miseria, in un lusso che demoralizza la società intiera, sia una società cristiana?

Lo sguardo profondo di Hegel ha bene penetrato questa realtà e l'ha convertita in un ordine ideale. L'essenza della realtà sociale non è l'anima dell'uomo, ma lo Stato: nella volontà dominatrice e predatrice dello Stato, che non conosce né senso morale né senso religioso, si afferma una forma superiore di giustizia e di verità. L'uomo ideale è Napoleone, in cui giustamente Fichte vedeva l'incarnazione del «regno del demonio»; lo Stato, che al suo egoismo e al suo orgoglio sacrifica con disprezzo le masse, è il dio vivente opposto a Cristo.

23. Le stesse considerazioni valgono anche delle chiese. Esse, col pretesto di fortificare la religione con la potenza e la ricchezza, ne hanno inrealtà fatto lo strumento per la conquista della ricchezza e della potenza. E anche oggi le loro tendenze, sebbene siano forse meno visibili e più adatte ai costumi contemporanei, sono le stesse: la chiesa cattolica soprattutto è sempre ancora un meraviglioso istituto fiscale che attira a sé per innumerevoli vie le ricchezze della cristianità[913]. Essa è sempre ugualmente ostile ad ogni rinnovamento intellettivo e spirituale, e nel suo intimo è sempre ugualmente intollerante e persecutrice e anche oggi rivendica il diritto di punire l'eresia con la morte[914]. Certamente oggi, «temporum ratione habita», deve rinunciare a esercitare questo suo diritto, ma la glorificazione dell'istituto dell'inquisizione e dei suoi sanguinari esecutori – come ad esempio del fe-

---

[913] *Ce qu'on a fait de l'église*, pp. 32 sgg.: *L'argent*.
[914] *Ce qu'on a fait de l'église*, pp. 440 sgg.

roce Corrado di Marburgo († 1233) che resse per sei anni con metodi terroristici l'inquisizione in Germania martoriando e bruciando colpevoli e innocenti[915] – mostra che lo spirito non è mutato. Chiusa al vero spirito di carità, essa è sempre ugualmente dura e insensibile verso le sofferenze delle classi umili, alle quali ha elargito numerose esortazioni platoniche alla rassegnazione, ma ha sempre opposto il più reciso diniego di giustizia. Ancora nel 1910 Pio X condanna il modernismo perché (come si esprime il Papa nella sua lettera) «si propone l'elevazione e la rigenerazione delle classi lavoratrici»; bisogna invece (dice il Papa) «mantenere la diversità delle classi perché ciò caratterizza lo Stato costituito». «Noi Cristiani dobbiamo in tutta umiltà riconoscere», scrive un pastore luterano, «che la coscienza dell'umanità è stata risvegliata non dalle chiese, ma dal socialismo». La conferenza delle chiese cristiane ha umilmente riconosciuto nel suo messaggio all'umanità questa grave colpa di tutte le chiese, che continuano a riempire le coscienze di preoccupazioni ridicole e sono cieche dinanzi ai veri e grandi peccati dell'umanità: e fa appello «ad un rinnovamento attinto da quell'inesauribile sorgente di forza che è Gesù Cristo». Questo è veramente il grido di un'anima cristiana: ma chi può credere che esso possa trovare un'eco nel cuore delle chiese?

24. Bisogna quindi contenere la nostra affermazione nei limiti in cui essa ha un senso ragionevole. Se per rinnovamento dello spirito cristiano non potessimo intendere altro che il suo trionfo nel mondo, noi saremmo certamente dinanzi a un compito chimerico. Ma tutta l'esposizione precedente ci ha mostrato che altro è il Cristianesimo delle turbe altro la chiesa del Cristo, e che fin dalle origini i veri discepoli di Gesù Cristo hanno sentito la loro opposizione al mondo che li respingeva «perché non era degno di loro» (*Lettera agli Ebrei*, XI, 38). Non vi è mai stata in realtà una conciliazione dello spirito di Gesù Cristo col mondo. La conversione del mondo antico al Cristianesimo è stata una conversione puramente nominale, il cui principale risultato fu quello di assicurare e trasmettere il nome del Cristo e i documenti della sua vita e della sua predicazione. La storia vera della chiesa di Gesù Cristo non è la storia delle grandi chiese – che sono in grandissima parte straniere allo spirito cristiano – ma è la successione degli spiriti simili al suo, che hanno attraversato il mondo umili e miserabili come furono il Cristo e i suoi seguaci. Possiamo noi credere che la storia del Cristianesimo sia per essere altra in avvenire? Sarebbe una semplicità sperarlo. La tradizione cristiana non trionferà mai nel mondo, il regno di Dio non si realizzerà mai nella storia, né nel tempo. Quello che sarà è quello che è

---

[915] Si cfr. *Kirchenlexicon*, VII, pp. 945-950.

sempre stato. Le chiese continueranno nel mondo, finché il mondo sussisterà, l'opera loro; la corruzione richiamerà di tempo in tempo le riforme e le riforme rigenereranno la corruzione; esse rimarranno in perpetuo quello che sono, istituti umani e terreni, il cui compito ideale si esaurisce nella glorificazione esteriore del Cristo e nella conservazione, quasi inconscia, delle tradizioni divine sulla terra.

Ma nessun ostacolo del mondo può impedire il rinnovamento di quella pura tradizione cristiana che si leva sulla storia delle chiese come la Gerusalemme celeste che nell'Apocalisse sorge sulle rovine del cielo e della terra. In ogni tempo vi sono stati uomini che, ispirandosi alle tradizioni sacre del Vangelo di Gesù Cristo, si sono elevati al Vangelo eterno che è scritto nel profondo dello spirito umano: essi non hanno eretto regni, né fondato chiese, ma hanno conservato tra gli uomini la tradizione della verità. Coloro che anelano a questa verità possono anche oggi riposare con fiducia la loro coscienza personale in questa grande tradizione che si continua, come una luce immobile, attraverso i secoli. Essi possono continuare a credere che questo mondo, nel quale operiamo e soffriamo, non è la realtà assoluta e definitiva, ma un passaggio e una prova, e che vi è di là da esso una realtà migliore, alla quale già fin d'ora ogni anima buona sente di appartenere per la sua parte più profonda e più pura. E su questa verità essi possono fondare la loro vita. Questa fede nel regno del Padre celeste, quando non resta una semplice speculazione teorica ma si converte in un'adesione sincera e completa di tutta la personalità, suscita una nuova persona, un nuovo Adamo, come dice Paolo, che è l'immagine del divino nell'uomo. E in questa sfera lo spirito si congiunge in un senso d'unità, che è il sentimento della carità, con tutti gli spiriti simili, umani e non umani, il cui insieme è il regno divino. Così sono possibili anche oggi una fede e una vita cristiana. Ciò che è essenziale è che questa fede conservi la sua purezza. Bisogna ricordare che la realtà divina è data a noi qui solo come un presentimento e un annuncio e che ogni tentativo di fissare la fede in rappresentazioni dogmatiche è superstizione. Soprattutto bisogna che la fede resti un tesoro segreto dell'anima, una presenza del divino, una negazione del mondo. Quando essa discende nel mondo e si mescola con le sue vanità e i suoi interessi, comincia quella abominevole corruzione della religione che Gesù ha condannato con parole di fuoco nei Farisei. Né dobbiamo lasciarci indurre in errore dal pretesto che gli adattamenti terreni della religione siano in pro della religione stessa. La diffusione e il trionfo esteriore non hanno alcuna importanza: soltanto i nostri occhi, accecati dal mondo, possono indurci a credere che la verità divina possa soffrire delle tenebre che in certi momenti sembrano addensarsi sulla terra. La religione vive nelle anime, non nel mondo, e la luce che risplende in una coscienza pura non conosce tramonti. Quindi essa può guardare con indifferenza le cose del mondo, perché per essa niente veramente accade: l'unica realtà vera è l'attività silenziosa dello spirito che si libera dal mondo.

ELENCO DI ALCUNE OPERE
FREQUENTEMENTE CITATE
CON ABBREVIAZIONI

Achelis H., *Das Christentum in den ersten drei Jahrhunderten*, 2ª ed., 1925.

Bauer W., *Das Leben Jesu im Zeitalter der neutestam. Apokryphen*, 1909.

Bertholet A., *Die jüdische Religion von der Zeit Esras bis zum Zeitalter Christi*, 1911.

Boissier G., *La religion romaine d'Auguste aux Antonins*, 1874, 2 vol. *La fin du paganisme*, 8ª ed. (s. a.), 2 vol.

Bousset W., *Die Religion des Spätjudentums im späthellen. Zeitalter*, 3ª ed., 1926.

Brandt W., *Die evangelische Geschichte und der Ursprung des Christentums*, 1893.

Bultmann R., *Jesus*, 1926.

Burckhardt J., *Die Zeit Constantins des Grossen*, 3ª ed., 1898.

Charles R.H., *A critical history of the doctrine of a future Life in Israel, in Judaism and in Christianity*, 2ª ed., 1913.

Clemen C., *Religiongesch. Erklärung des Neuen Test.*, 2ª ed., 1924.

Cumont F., *Les religions orientales dans le paganisme romain*, 3ª ed., 1929.

Deissmann P., *Licht vom Osten*, 1923.

Friedländer M., *Die relig. Bewegungen innerhalb d. Judentums im Zeitalter Jesu*, 1905. *Synagoge und Kirche in ihren Anfängen*, 1908.

Gall A., Βασιλεία τοῦ θεοῦ *Eine religiongesch. Studie zur vorchristl. Eschatologie*, 1926.

Geffcken F., *Der Ausgang d. griechisch-römischen Heidentums*, 1929.

Goguel M., *La vie de Jesus*, 1932.

Gressmann H., *Der Messias*, 1929. *Die oriental. Religionen im hellenistischrömischen Zeitalter*, 1930.

Guignebert G., *Jesus*, 1933.

Harnack A., *Lehrbuch der Dogmengeschichte*, L D G, 4ª ed., 1909-10, 3b.

Havet E., *Le christianisme et ses origines*, 1871-84, 4 vol.

Hennecke E., *Neutestamentliche Apokryphen*, 2ª ed., 1924.

Hölscher G., *Geschichte d. israelitichen und jüd. Religion*, 1922.

Jackson S.F. e K. Lake, *The Beginnings of Christianity*, I, 1 (The jewish, gentile and Christian Background), 1920.

Jülicher A., *Einl, in das Neue Test.*, 4ª ed., 1901.

Kautzsch E., *Die heil. Schrift des Alien Testaments übersetzt*, 4ª ed., 1922, 2b. *Die Apokryphen und Pseudepigraphen des A. Test.*, 1900, 2b.

Kittel R., *Die alttest. Wissenschaft in ihren wichtigsten Ergebn.*, 3ª ed., 1917. *Die Probleme d. palästin. Spätjudentums und das Urchristentum*, 1926.

Klausner S., *Jesus v. Nazareth, seine Zeit, sein Leben, und seine Lehre*, 1930.

Knopf R., *Einführung in das Neue Test.*, 2ª ed., 1923. *Das nachapostolische Zeitalter*, 1905.

Lietzmann H., *Geschichte d. alten Kirche*, 1932.

Loisy A., *Les évangiles synoptiques*, 1907-1908, 2 vol. *La religion d'Israël*, 3ª ed., 1933. *La naissance du christianisme*, 1933.

Meinhold J., *Einführung in das Alte Test.*, 3ª ed., 1932.

Meyer E., *Ursprung und Anfänge des Christentums*, 1923-24, 3B.

Müller K., *Kirchengeschichte*, I, 1, 1929.

Pfleiderer O., *Das Urchristentum, seine Schriften und Lehren*, 2ª ed., 1902, 2B.

Preuschen E., *Antilegomena*, 2ª ed., 1905.

Renan E., *Histoire du peuple d'Israël*, 1887-94, 5 vol. *Histoire des origines du christianisme* (Vie de Jésus; Les Apôtres; Saint Paul; l'Antéchrist; Les évangiles; L'église chrétienne; Marc-Aurèle et la fin du monde antique).

Reville A., *Jésus de Nazareth*, 2ª ed., 1906, 2 vol.

Reville J., *Die Religion d. röm. Gesellschaft im Zeitalter des Synkretismus* (tr. ted.), 1906.

Schlatter A., *Geschichte Israels von Alexander bis Hadrian*, 3ª ed., 1925.

Schmidt K.L., *Der Rahmen der Geschichte Jesu*, 1919.

Schmidt P.W., *Die geschichte Jesu*, 1904, 2B.

Schürer E., *Geschichte d. jüd. Volkes im Zeitalter J. Christ.*, 3-4ª ed., 1898-1901, 3B.

Schweitzer A., *Geschichte der Leben-Jesu-Forschung*, 4ª ed., 1926.

Stapfer E., *La Palestine au temps de Jésus Christ*, 5ª ed., 1892.

Steuernagel C., *Lehrbuch d. Einl. in das Alte Testament*, 1912.

Strack-Billerbeck, *Kommentar zum neuen Test. aus Talmud und Midrasch*, 1922-28, 4B.

Strauss D.F., *Nouvelle vie de Jésus* (tr. fr.), 2 vol.

Toutain J., *Les cultes païens dans l'empire romain*, 1907-20, 4 vol.

Volz P., *Jüdische Eschatologie von Daniel bis Akiba*, 1903.

Weinel H., *Biblische Theologie des Neuen Test.*, 4ª ed., 1928.

Weiss J., *Christus und die Anfänge des Dogmas*, 1909. *Das Urchristentum*, 1917.

Weizsäcker C., *Das apostol. Zeitalter*, 2ª ed., 1892.

Wendland P., *Die hellenistisch-römische Kultur. Die urchristlichen Literaturformen*, 3ª ed., 1912.

Wernle P., *Die Anfänge unserer Religion*, 1904. *Jesus*, 1917.

LDG, *Lehrbuch d. Dogmengeschichte*, 4ª ed. a cura di Harnack, 1909-10.

RE, *Realencyklopädie für protest. Theologie und Kirche*, 3ª ed.

RGG, *Die Religion in Geschichte und Gegenwart*, 2ª ed.

RHLR, «Revue d'histoire et de littérature religieuse» (Loisy).

RHPhR, «Revue d'histoire et de philosophie religieuse».

RR, «Ricerche religiose».

TU, «Texte und Untersuchungen herausg. v. Gebhardt und Harnack. Neue Folge».

ZKG, «Zeitschrift für Kirchengeschichte».

ZNW, «Zeitschrift für die neutestamentliche Wissenschaft».

SOMMARIO